Henning Schoch

Programmieren in PL 1

Informatik · Kybernetik · Rechentechnik

Herausgegeben von der Akademie der Wissenschaften der DDR
Zentralinstitut für Kybernetik und Informationsprozesse

Band 8

Programmieren in PL 1

von Henning Schoch

Programmieren in PL 1

von Henning Schoch

2., berichtigte Auflage

Mit 7 Abbildungen

Akademie-Verlag Berlin 1987

Verfasser: Dipl.-Math. Henning Schoch
VEB Kombinat Geodäsie und Kartographie
Forschungszentrum, Leipzig

ISBN 3-05-500209-1
ISSN 0232-1351

Erschienen im Akademie-Verlag Berlin, DDR-1086 Berlin, Leipziger Straße 3–4

Lizenznummer: 202 · 100/404/87
Printed in the German Democratic Republic
Fotomechanischer Nachdruck und buchbinderische Weiterverarbeitung:
VEB Druckerei „Thomas Müntzer“, 5820 Bad Langensalza/DDR
Lektor: Dipl.-Math. Gesine Reiher
LSV 1084
Bestellnummer: 763 135 2 (6719)

06800

Vorwort

Die Anwendung der elektronischen Datenverarbeitung ist in den letzten Jahren zu einem bedeutenden Faktor in allen gesellschaftlichen Bereichen geworden und nimmt einen wichtigen Platz bei der weiteren Beschleunigung des wissenschaftlich-technischen Fortschritts ein. In immer stärkerem Maße wird sie zur Rationalisierung und Erhöhung der Qualität der Arbeit in Forschung und Entwicklung, zur Projektierung und Lösung technologischer Probleme, zur operativen Planung und Lenkung der Produktion, zur Automatisierung von Routinearbeiten, zur Rationalisierung der Leitungs- und Verwaltungsarbeit in allen Bereichen der Volkswirtschaft sowie zur effektiveren Steuerung und Vervollkommnung zahlreicher anderer Prozesse auf den verschiedensten Gebieten des gesellschaftlichen Lebens genutzt.

Durch die zur Verfügung stehenden ESER-Anlagen der 3. Rechnergeneration sind die technischen Voraussetzungen für die Bewältigung dieser Aufgaben gegeben. Sie besitzen eine hohe Arbeitsgeschwindigkeit und große Speicherkapazitäten und sind damit universell einsetzbar. Bei einem minimalen Bedienungsaufwand ermöglichen sie die rationelle Bearbeitung sowohl rechenintensiver Probleme als auch solcher Aufgaben, die auf Grund umfangreicher Datenmengen besondere Anforderungen an die Ein- und Ausgabe stellen.

Neben der technischen Basis erfordert die umfassende Anwendung leistungsfähiger EDVA jedoch auch entsprechend qualifizierte Mitarbeiter. Das betrifft zunächst natürlich eine Reihe von Spezialisten auf dem Gebiet der elektronischen Rechentechnik, aber ebenso Fachkräfte verschiedener anderer Wissensgebiete. Sie müssen in der Lage sein, spezifische Belange ihres Fachgebiets für eine Bearbeitung mit Hilfe der EDV aufzubereiten und in zunehmendem Maße auch selbständig Aufgaben der Programmierung zu übernehmen. Ihren Niederschlag hat diese Notwendigkeit schon seit vielen Jahren in den Lehrplänen zahlreicher Fachrichtungen des Hoch- und Fachschulstudiums gefunden.

Die Aufbereitung eines Problems zur Bearbeitung mit Hilfe der EDV vollzieht sich im allgemeinen in der Weise, daß der gesamte Lösungsweg zunächst in einem detaillierten Ablaufplan dargestellt wird und dessen Bestandteile anschließend Schritt für Schritt in Anweisungen umgesetzt werden, die den Automaten veranlassen, entsprechende Operationen in der erforderlichen Reihenfolge auszuführen. Eine Folge derartiger Anweisungen wird als Programm bezeichnet und bildet praktisch die Arbeitsvorschrift für die EDVA. Für jeden Automatentyp existiert eine spezielle Maschinensprache, in der allein er die gegebenen Anweisungen direkt verstehen und ausführen kann, die aber auf Grund ihres Aufbaus nicht für Zwecke der Programmierung geeignet ist. Im allgemeinen werden deshalb andere Programmiersprachen benutzt, die zwar eine entsprechende

Umwandlung der Programme in die Maschinensprache notwendig machen, aber die Programmierungsarbeit wesentlich erleichtern. Dabei kann der Programmierer zwischen einer symbolischen Maschinensprache und verschiedenen problemorientierten Programmiersprachen wählen.

Die symbolische Maschinensprache, die für ESER-Anlagen als Assemblersprache bezeichnet wird, ist jeweils an die spezifischen Gegebenheiten einer EDVA angepaßt und verlangt demzufolge bestimmte Maschinenkenntnisse. Ein Austausch von Programmen zwischen Rechenzentren mit unterschiedlicher Ausstattung ist nur in geringem Umfang möglich. Die Programmierung erfolgt praktisch auf dem Niveau der Maschinenbefehle; sie kann damit zwar einerseits die jeweiligen Möglichkeiten einer Anlage optimal nutzen, ist aber andererseits auch sehr zeitaufwendig und erfordert einen hohen Testaufwand.

Eine entscheidende Voraussetzung für den umfassenderen Einsatz der EDV stellte daher die Rationalisierung der Programmierung durch die Entwicklung von problemorientierten Programmiersprachen dar. Dadurch konnte der für Datenverarbeitungsprojekte erforderliche Aufwand erheblich gesenkt werden. Die Programmierung in diesen Sprachen erfolgt in einer weitgehend problemnahen, übersichtlichen Darstellung, ist unabhängig von den Eigenschaften einer speziellen EDVA und verringert den Umfang der zu programmierenden Anweisungen um ein Vielfaches. Damit wurden die Voraussetzungen dafür geschaffen, in die Programmierung immer mehr Mitarbeiter einzubeziehen, die nicht notwendig EDV-Spezialisten sein müssen, um auf diese Weise zur Beseitigung dieses Engpasses beizutragen. Die problemorientierten Programmiersprachen erfordern lediglich entsprechende Übersetzungsprogramme, die als Compiler bezeichnet werden und jeweils aus einem Befehl dieser Sprache eine Folge von Anweisungen in der Maschinensprache erzeugen. Die Maschinenprogramme zur Lösung des gleichen Problems auf unterschiedlichen EDVA weichen zwar vollständig voneinander ab, zu ihrer Herstellung sind jedoch bei der Programmierung in einer problemorientierten Sprache nur jeweils unterschiedliche Compiler erforderlich. Da alle modernen EDVA über entsprechende Compiler verfügen, ist es also nun möglich, Programme zwischen einzelnen Rechenzentren mit unterschiedlicher Ausstattung und selbst auf internationaler Ebene auszutauschen und so durch Vermeidung von Doppel- und Mehrfacharbeiten eine Erhöhung der Effektivität zu erreichen.

Aus einer Vielzahl von Versuchen zur Entwicklung problemorientierter Programmiersprachen konnten sich zunächst vor allem drei Sprachen in breitem Umfang durchsetzen: FORTRAN und ALGOL für die Lösung wissenschaftlich-technischer Probleme, die im allgemeinen die Durchführung komplizierter rechenintensiver Operationen unter Verwendung eines geringen Datenvolumens beinhalten, sowie COBOL für die Durchführung kommerzieller und ökonomischer Berechnungen, bei denen es nur um einfache Grundoperationen, aber die Aufbereitung und Verarbeitung großer Datenmengen geht. Im Zuge der weiteren Durchsetzung der EDV fand jedoch in zunehmendem Maße eine Verschmelzung der Anforderungen dieser ursprünglich abgegrenzten Anwendungsgebiete statt, der auch seitens der technischen Entwicklung Rechnung getragen wurde. Folgerichtig ergab sich daraus die Notwendigkeit der Entwicklung einer Programmiersprache, die in gleicher Weise den unterschiedlichen Bedürfnissen beider Anwendungsrichtungen gerecht wird.

Aus dieser Zielstellung heraus entstand die Programmiersprache PL1 (Programming Language 1), die wesentlich leistungsfähiger ist und sich seit etwa 15 Jahren in der

Praxis mit großem Erfolg bewährt hat. In gleicher Weise können in ihr Probleme wissenschaftlich-technischer oder ökonomischer Natur programmiert werden, und sie ist ebenso geeignet für die Bearbeitung nichtnumerischer Probleme der Text- und Informationsverarbeitung. PL1 vereinigt in sich zahlreiche Bestandteile der anderen problemorientierten Sprachen und enthält darüber hinaus eine Vielzahl von Elementen, die es gestatten, die neuen technischen Möglichkeiten moderner EDVA auszunutzen. Sie enthält u. a. eine große Variabilität in den verwendbaren Datentypen und der Formulierung von Ausdrücken, die Zusammenfassung von Daten zu mehrdimensionalen Feldern und gegliederten Strukturen, eine hohe Flexibilität in der Speicherplatzzuordnung, die Bereitstellung einer Vielzahl von Standardfunktionen sowie umfangreiche Möglichkeiten zur Durchführung von Ein- und Ausgabeoperationen und zur Behandlung von Programmunterbrechungen. Trotz ihrer Universalität ist sie leicht erlernbar, und nur in Ausnahmefällen müssen spezielle Belange der internen Vorgänge berücksichtigt werden. Durch eine ausgezeichnete Fehlerdiagnostik ergibt sich außerdem gegenüber anderen Programmiersprachen eine wesentliche Senkung der Testzeiten für ein Programm.

Unter Berücksichtigung der unterschiedlichen Leistungsparameter der verschiedenen EDVA, die vor allem in der Hauptspeichergröße, den durchschnittlichen Operationszeiten und den vorhandenen Zugriffsmethoden des Betriebssystems zum Ausdruck kommen, wurden für die Programmiersprache PL1 zwei Versionen entwickelt: die volle Sprache mit dem gesamten theoretischen Sprachumfang und eine als Subset-PL1 bezeichnete Sprache, die eine in sich abgeschlossene Teilmenge der vollen Sprache darstellt und durch die Schreibweise PL/I gekennzeichnet ist. Im Rahmen des ESER wurden zunächst in Verbindung mit dem Betriebssystem DOS/ES Compiler für diese Teilsprache bereitgestellt, die den Möglichkeiten der EDVA vom Typ ES 1021 entsprachen. Alle unter dem wesentlich leistungsfähigeren Betriebssystem OS/ES arbeitenden Anlagen (z. B. ES 1040, ES 1055) besitzen jedoch Compiler für die volle Sprache und ermöglichen damit deren umfassende Nutzung.

Das vorliegende Buch behandelt die volle Sprache PL1 und basiert auf der langjährigen Programmierung in problemorientierten Sprachen sowie den bei der Durchführung von Programmierlehrgängen gewonnenen Erfahrungen. Es stellt eine grundlegende Überarbeitung des vom gleichen Verfasser im Jahre 1972 erschienenen Buches „Programmierung in PL/I“ dar, das sich allerdings entsprechend dem damaligen Entwicklungsstand auf die Teilsprache Subset-PL1 beschränkte. Dabei wurden der prinzipielle Aufbau und der Charakter des Buches beibehalten. Neben der Darstellung der erweiterten Möglichkeiten der vollen Sprache wurden auch eine Reihe praktischer Erkenntnisse, die sich aus der Verwendung des Buches in der Aus- und Weiterbildung ergaben, sowie zahlreiche Anregungen berücksichtigt.

Die Bestandteile der Programmiersprache PL1 und ihre Anwendungsmöglichkeiten werden systematisch eingeführt, wobei besonderer Wert darauf gelegt wurde, die jeweilige Thematik vollständig und ohne Vorgriffe auf spätere Kapitel zu behandeln. Für die einzelnen Sprachelemente werden zunächst die allgemeine Grundform und deren zweckmäßige Anwendung dargestellt und anschließend die zulässigen Modifikationen und die Besonderheiten bei ihrem Gebrauch beschrieben. Zur Unterstützung in der Handhabung der Befehle und zum besseren Verständnis ihrer Anwendungsmöglichkeiten dienen zahlreiche Beispiele. Meist handelt es sich dabei um Ausschnitte aus einem Programm, und auch die umfangreicheren Beispiele enthalten naturgemäß gegenüber Aufgabenstellungen in der Praxis eine Reihe von Vereinfachungen. Es wurde auch nicht versucht, in jedem Fall die eleganteste programmtechnische Lösung darzustellen, sondern in erster Linie sollen die jeweiligen Sprachelemente in ihrer Anwendung möglichst gut veranschaulicht werden. Die Beispiele wurden außerdem so ausgewählt, daß sie prinzipielle, in vielfältiger Weise auftretende Aufgabenstellungen beinhalten und damit nützliche Anregungen für die spätere eigene Programmierung vermitteln können. In mehreren Fällen wurden auch alternative Lösungen gegenübergestellt und Hinweise zur Effektivität verschiedener Anwendungsvarianten gegeben. Darüber hinaus werden, obwohl sie nicht zur Programmiersprache PL1 gehören, in einem gesonderten Kapitel die wichtigsten Beziehungen zum Betriebssystem OS/ES dargestellt und dem Programmierer so Grundkenntnisse vermittelt, wie er seine Programme übersetzen und ausführen lassen kann.

In erster Linie soll das Buch als Lehrbuch sowohl für Fachleute der EDV als auch Mathematiker, Ingenieure, Ökonomen und Wissenschaftler der verschiedensten Disziplinen dienen. In diesem Rahmen kann es auch als Material zur Durchführung von Programmierlehrgängen Verwendung finden. Sein Aufbau gestattet weiterhin, sich ohne Schwierigkeiten im Selbststudium mit den Möglichkeiten der Programmiersprache PL1 vertraut zu machen, wobei der Anfänger unbedingt besonderen Wert auf das gründliche Durcharbeiten der Beispiele legen sollte. Voraussetzungen für das Verständnis der Ausführungen sind lediglich allgemeine Grundkenntnisse über die prinzipielle Arbeit von Rechenautomaten, die algorithmische Aufbereitung von Problemen und deren Darstellung in Form schematischer Ablaufpläne. Erfahrungen auf dem Gebiet der Programmierung oder spezielle mathematische Kenntnisse sind nicht erforderlich. Auch die Beispiele wurden so gewählt, daß sie diesbezüglich keine höheren Anforderungen stellen.

Auf Grund seines systematischen Aufbaus ist das Buch aber auch für den ständig in der Programmierung tätigen Spezialisten geeignet. Dem Programmierer mit umfassenden Kenntnissen in anderen Programmiersprachen bietet diese Form den Vorteil, die jeweiligen erweiterten Möglichkeiten von PL1 zusammenhängend überblicken und sich in kurzer Zeit in diese Sprache einarbeiten zu können. Für PL1-Programmierer kann es als Nachschlagewerk ein wertvolles Arbeitsmittel sein, das ihm ermöglicht, sich schnell über einzelne Sprachelemente zu informieren. Nicht vorgesehen ist das Buch allerdings für Spezialisten, die sich mit theoretischen Fragen, dem Konzept und der grundlegenden Struktur von Programmiersprachen beschäftigen. Ausgehend von dem Hauptanliegen, dem Leser die Anwendung der Programmiersprache PL1 in ihren vielfältigen Möglichkeiten nahezubringen, wurde auf eine ausgefeilte formale Syntaxdarstellung für die einzelnen Sprachelemente verzichtet. Die Erfahrungen haben eindeutig gezeigt, daß eine solche Darstellung zwar für Spezialisten von Nutzen, für das Erlernen der Sprache in einem breiteren Rahmen jedoch nicht geeignet ist. Die formale Beschreibung des Sprachumfangs sollte deshalb der betreffenden Systemliteratur vorbehalten bleiben.

Mit dem vorliegenden Buch sind die Voraussetzungen dafür gegeben, einen größeren Kreis mit den Möglichkeiten der Programmiersprache PL1 vertraut zu machen und damit zur weiteren Durchsetzung der EDV auf verschiedenen Gebieten beizutragen. Allerdings sollte sich der Leser von vornherein darüber im klaren sein, daß man nach dem Studium des Buches nicht sofort ein versierter Programmierer sein kann. Die umfassenden Ausführungen ermöglichen zwar eine gute Ausgangsbasis für die Erreichung dieses Ziels, aber erst die ständige Anwendung der erworbenen Kenntnisse in der Praxis kann letzten Endes die notwendige Erfahrung und Routine vermitteln. Dabei ist es sicherlich von Vorteil, wenn man selbst die speziellen Elemente der Sprache kennt und über ihre Anwendung Bescheid weiß. Man sollte sich aber davor hüten, unbedingt alles auch bei der Programmierung eines Problems verwenden zu wollen. Ein Programm wird dadurch nicht besser, daß es besonders kompliziert geschrieben wird; die einfachste Form der Programmierung stellt im allgemeinen auch die effektivste Form dar. Von speziellen Sprachelementen sollte man möglichst nur dann Gebrauch machen, wenn das betreffende Problem nicht auf andere Weise gelöst werden kann.

Bezüglich der graphischen Gestaltung des Buches wurde Wert darauf gelegt, durch Verwendung unterschiedlicher Schriften die Bestandteile der Programmiersprache, die Befehlsfolgen sowie die unmittelbaren Ein- bzw. Ausgabedaten eindeutig von dem normalen Text zu unterscheiden. Leider stand hierfür keine Schrift zur Verfügung, deren Buchstaben, Ziffern und sonstige Zeichen wie bei der Ausgabe mit Hilfe einer EDVA sämtlich die gleiche Breite aufweisen. Dadurch erscheinen in verschiedenen Beispielen und Aufgaben mit Druckausgabe optisch bestimmte Verschiebungen. Ich hoffe aber, daß das Verständnis der jeweiligen Zusammenhänge nicht darunter leidet.

Dem Teubner-Verlag Leipzig möchte ich an dieser Stelle meinen Dank für die Bereitschaft aussprechen, nach der Veränderung seiner thematischen Profilierung einer Weiterentwicklung des Buches im Akademie-Verlag zuzustimmen.

H. Schoch

Inhalt

1. Grundelemente eines Programms

Zur Lösung eines Problems mit Hilfe einer EDVA ist es erforderlich, entsprechende Anweisungen zu formulieren, die eine Beschreibung des Lösungswegs darstellen und von der Anlage verstanden werden können. Die Folge dieser Anweisungen, deren Ausführung die gesuchte Lösung liefert, wird als Programm bezeichnet.

Bei Verwendung der Programmiersprache PL1 werden die einzelnen Anweisungen durch entsprechende PL1-Befehle zum Ausdruck gebracht. Dem Programmierer steht zu diesem Zweck eine Vielzahl von Befehlen zur Verfügung, aus denen er gemäß den jeweiligen Anforderungen des zu lösenden Problems ein Programm zusammenstellen kann. Es handelt sich dabei in erster Linie um Befehle zur Durchführung von arithmetischen, logischen oder Vergleichsoperationen, Befehle zur Steuerung des Programmablaufs oder zur Zuordnung von Variablenwerten sowie Befehle zur Realisierung von Ein- und Ausgabeoperationen. Neben diesen operativen Befehlen gehören dazu aber auch verschiedene Vereinbarungsbefehle, die zur Charakterisierung der im Programm zu verwendenden Größen dienen und zum Beispiel die Darstellungsform, Stelligkeit oder Dimensionierung von Daten festlegen, Eigenschaften von Datenbeständen beschreiben oder Angaben für die Zuweisung von Speicherplätzen enthalten. Durch einen Compiler wird die Folge der Befehle eines PL1-Programms interpretiert und in eine Folge von Anweisungen in der Maschinensprache umgewandelt.

Jeder einzelne aus der Menge der zur Verfügung stehenden PL1-Befehle hat seine eigene, spezifische Bedeutung. Die sich daraus ergebenden Möglichkeiten für seine Anwendung und die dabei jeweils einzuhaltenden syntaktischen Regeln werden in den einzelnen Kapiteln dieses Buches ausführlich beschrieben. Neben den spezifischen Besonderheiten jedes Befehls gibt es jedoch auch eine Reihe allgemeingültiger Gesichtspunkte, die den grundsätzlichen Aufbau sämtlicher PL1-Befehle betreffen und bei der Zusammenstellung eines PL1-Programms zu beachten sind. Das vorliegende Kapitel enthält eine Darstellung dieser Grundelemente.

1.1. Zeichensatz von PL1

Analog zu einer natürlichen Sprache, deren Grundbausteine im allgemeinen die Buchstaben eines Alphabets sowie eine Reihe weiterer Zeichen oder Symbole sind, existiert auch für eine Programmiersprache eine festgelegte Menge von zulässigen Zeichen, die der jeweilige Compiler erkennen und interpretieren kann. Die Gesamtheit dieser Zeichen wird Zeichensatz der Programmiersprache genannt. Sämtliche Bestandteile eines Programms sind durch Kombination von Zeichen des verfügbaren Zeichensatzes zu bilden, wobei ebenfalls wie bei einer natürlichen Sprache eine Reihe syntaktischer Regeln zu beachten ist.

Die interne Darstellung jedes Zeichens erfolgt bei ESER-Anlagen durch eine Folge von 8 Dualziffern (0 oder 1). Der Speicherplatz eines Zeichens im Hauptspeicher wird als Byte bezeichnet und stellt die kleinste adressierbare Einheit dar; eine Dualziffer innerhalb eines Bytes wird als Bit bezeichnet. Aus den möglichen Kombinationen von jeweils 8 Bits ergeben sich 256 verschiedene Darstellungsformen und damit 256 unterschiedliche Zeichen. Für die interne Bearbeitung von Zeichenfolgen als Datenelemente stehen diese Zeichen auch sämtlich zur Verfügung. Der Zeichensatz der Programmiersprache PL1 umfaßt jedoch nur eine Teilmenge dieses theoretischen Zeichenvorrats.

Dabei kann der Programmierer zwischen zwei Zeichensätzen wählen: dem 60-Zeichensatz und dem 48-Zeichensatz. Alle nicht zum jeweiligen Zeichensatz gehörigen Zeichen können innerhalb eines Programms nur als Bestandteil von Zeichenkettenkonstanten oder Kommentaren auftreten.

Der 60-Zeichensatz besteht aus folgenden 60 Zeichen:

— 29 alphabetischen Zeichen. Dazu zählen die 26 großen Buchstaben des lateinischen Alphabets sowie zusätzlich die Zeichen ¤, # und @.

— 10 numerischen Zeichen. Dazu zählen die Ziffern 0 bis 9 des dezimalen Zahlensystems.

— 21 Sonderzeichen:

	Leerzeichen	.	Punkt	<	kleiner als
+	Pluszeichen	;	Semikolon	%	Prozentzeichen
−	Minuszeichen	:	Doppelpunkt	?	Fragezeichen
*	Stern	'	Apostroph	_	Unterstreichungszeichen
/	Schrägstrich	(	öffnende Klammer	¬	logisches „nicht“
=	Gleichheitszeichen	)	schließende Klammer	&	logisches „und“
,	Komma	>	größer als	|	logisches „oder“

(Das Zeichen _ entspricht dem von der Schreibmaschine her bekannten Unterstreichungszeichen.)

Der 48-Zeichensatz stellt eine aus 48 Zeichen bestehende Teilmenge des 60-Zeichensatzes dar. Gegenüber diesem bestehen folgende Einschränkungen:

— es gibt nur 27 alphabetische Zeichen; neben den Buchstaben gehört lediglich noch das Zeichen ¤ zu dieser Kategorie.

— es gibt nur 11 Sonderzeichen; die Zeichen

; : > < % ? _ ¬ & |

stehen im 48-Zeichensatz nicht zur Verfügung. Ein Teil dieser Zeichen kann allerdings durch eine äquivalente Kombination von Zeichen des 48-Zeichensatzes dargestellt und als solche in gleicher Weise wie das betreffende Zeichen des 60-Zeichensatzes verwendet werden. Die bestehenden Möglichkeiten gehen aus der Tabelle auf S. 3 hervor.

Entsprechende Äquivalente existieren auch für die Operatoren, die aus im 48-Zeichensatz nicht enthaltenen Zeichen gebildet werden; bei ihrer Einführung werden jeweils Hinweise auf diese Formen gegeben.

Lediglich die Zeichen #, @, _ sowie ? des 60-Zeichensatzes sind im 48-Zeichensatz überhaupt nicht darstellbar. Daraus ergeben sich jedoch nur unbedeutende Einschrän-

Zeichen des 60-Zeichensatzes	Kombination im 48-Zeichensatz	Zeichen des 60-Zeichensatzes	Kombination im 48-Zeichensatz
;	,.	%	//
:	..	¬	NOT
>	GT	&	AND
<	LT	|	OR

kungen hinsichtlich der Bildung von Bezeichnungen, während die Befehle von PL1 in vollem Umfang anwendbar sind.

Die alphabetischen und die numerischen Zeichen bilden gemeinsam die Menge der alphanumerischen Zeichen. Durch die Zuordnung zusätzlicher Zeichen zu den alphabetischen ist die Möglichkeit gegeben, weitere Buchstaben neben denen des lateinischen Alphabets berücksichtigen zu können.

Zur Unterscheidung des Buchstaben O von der Ziffer 0 hat sich allgemein die auch in den weiteren Ausführungen verwendete Schreibweise Ø für die Ziffer 0 durchgesetzt. Zur Darstellung eines Leerzeichens wird in der Praxis häufig die Schreibweise ƀ benutzt, wovon jedoch in diesem Buch nicht Gebrauch gemacht wird. In den Fällen, in denen es auf das Vorhandensein oder die genaue Anzahl von Leerzeichen ankommt, wird statt dessen zur Erhöhung der Übersichtlichkeit das Symbol ⌣ verwendet.

Für die Wahl des Zeichensatzes, der beim Schreiben eines PL1-Programms Verwendung findet, sind im allgemeinen die Möglichkeiten des verfügbaren Druckers ausschlaggebend. Entsprechend seiner spezifischen Ausrüstung hat dieser einen bestimmten Vorrat an druckbaren Zeichen, der normalerweise dem 60-Zeichensatz entspricht, aber auch auf den 48-Zeichensatz beschränkt sein kann. Er kann aber durchaus auch über den Umfang des 60-Zeichensatzes hinausgehen. Da ja bei der internen zeichenweisen Darstellung alle theoretisch möglichen Bitkombinationen auftreten können, ist durch entsprechende Zuordnungen dann auch die Möglichkeit der Ausgabe beispielsweise von kyrillischen Buchstaben oder zusätzlichen Sonderzeichen gegeben. Kombinationen von 8 Bits, die keinem der jeweils druckbaren Zeichen entsprechen, werden im Druckbild stets durch Leerzeichen dargestellt.

Die Programmierung wird man auf jeden Fall im 60-Zeichensatz durchführen, wenn der Vorrat der druckbaren Zeichen alle Zeichen desselben umfaßt. Ist der Zeichenvorrat des Druckers jedoch auf den 48-Zeichensatz beschränkt, so sollte dieser bei der Programmierung benutzt werden. Es wäre dann zwar auch die Verwendung des 60-Zeichensatzes möglich, aber bei der Auflistung des Programms würden die nicht zum 48-Zeichensatz gehörigen und damit nicht druckbaren Zeichen stets als Leerzeichen ausgegeben werden; die Fehlersuche in einem solchen Programm wird auf diese Weise stark erschwert. Die Information über den bei der Programmierung verwendeten Zeichensatz erhält der Compiler aus der zur Übersetzung eines Programms erforderlichen EXEC-Steuerkarte. Die Standardannahme beim Fehlen einer entsprechenden Angabe wird bei der Systemgenerierung festgelegt und entspricht im allgemeinen der Verwendung des 60-Zeichensatzes.

Abb. 1 enthält eine tabellarische Übersicht über die Zeichen des 60-Zeichensatzes. Für jedes Zeichen wird dessen interne Darstellung durch 8 Bits entsprechend dem von den ESER-Anlagen verwendeten DKOI-Code sowie die aus der Zusammenfassung von jeweils 4 Dualziffern zu einer hexadezimalen Ziffer hervorgehende hexadezimale Dar-

Zeichen	interner DKOI-Code		Lochung KPK-12-Code	Zeichen	interner DKOI-Code		Lochung KPK-12-Code
	dual	hex.			dual	hex.	
Leerz.	01000000	40	keine	G	11000111	C7	12–7
.	01001011	4B	12–8–3	H	11001000	C8	12–8
<	01001100	4C	12–8–4	I	11001001	C9	12–9
(	01001101	4D	12–8–5	J	11010001	D1	11–1
+	01001110	4E	12–8–6	K	11010010	D2	11–2
&	01010000	50	12	L	11010011	D3	11–3
¤	01011011	5B	11–8–3	M	11010100	D4	11–4
*	01011100	5C	11–8–4	N	11010101	D5	11–5
)	01011101	5D	11–8–5	O	11010110	D6	11–6
;	01011110	5E	11–8–6	P	11010111	D7	11–7
¬	01011111	5F	11–8–7	Q	11011000	D8	11–8
–	01100000	60	11	R	11011001	D9	11–9
/	01100001	61	0–1	S	11100010	E2	0–2
|	01101010	6A	12–11	T	11100011	E3	0–3
,	01101011	6B	0–8–3	U	11100100	E4	0–4
%	01101100	6C	0–8–4	V	11100101	E5	0–5
_	01101101	6D	0–8–5	W	11100110	E6	0–6
>	01101110	6E	0–8–6	X	11100111	E7	0–7
?	01101111	6F	0–8–7	Y	11101000	E8	0–8
:	01111010	7A	8–2	Z	11101001	E9	0–9
#	01111011	7B	8–3	Ø	11110000	F0	0
@	01111100	7C	8–4	1	11110001	F1	1
'	01111101	7D	8–5	2	11110010	F2	2
=	01111110	7E	8–6	3	11110011	F3	3
A	11000001	C1	12–1	4	11110100	F4	4
B	11000010	C2	12–2	5	11110101	F5	5
C	11000011	C3	12–3	6	11110110	F6	6
D	11000100	C4	12–4	7	11110111	F7	7
E	11000101	C5	12–5	8	11111000	F8	8
F	11000110	C6	12–6	9	11111001	F9	9

Abb. 1. Tabelle der zulässigen Zeichen im 60-Zeichensatz

stellungsform angegeben. Außerdem enthält die Tabelle für jedes Zeichen die erforderliche Lochkombination im Lochkartencode KPK-12. Die den weiteren theoretisch möglichen 8-Bit-Folgen entsprechenden Lochkombinationen kann man gegebenenfalls der betreffenden Systemliteratur entnehmen, die eventuell dafür vorhandenen druckbaren Zeichen den Informationen des jeweiligen Rechenzentrums.

1.2. Bildung von Bezeichnungen

Für alle variablen Größen, mit denen während der Programmabarbeitung irgendwelche Operationen durchgeführt werden sollen, muß der Programmierer eine Bezeichnung festlegen, die dann in den Befehlen zur Ausführung der betreffenden Operation anzugeben ist. Bezeichnungen sind weiterhin erforderlich für die verwendeten Dateien, zur Markierung von Befehlen, auf die in irgendeiner Form außerhalb der sequentiellen Abarbeitungsfolge Bezug genommen werden soll, oder zur Kennzeichnung von Teilprogrammen. Für konstante Größen ist die Vergabe einer Bezeichnung nicht erforderlich, da ihre Identifikation sich eindeutig aus der Art ihrer Angabe gemäß den Regeln der Programmiersprache ergibt.

Bei der Wahl der Bezeichnungen hat der Programmierer weitgehende Freiheiten. Er muß nur dafür sorgen, daß jede Bezeichnung eindeutig ist und die folgenden Regeln eingehalten werden:

— Eine Bezeichnung darf nur alphanumerische Zeichen sowie das Unterstreichungszeichen enthalten. Andere Sonderzeichen, darunter also auch Leerzeichen, können zur Bildung einer Bezeichnung nicht benutzt werden. Das Unterstreichungszeichen wird vor allem zur besseren Lesbarkeit verwendet, wenn eine Bezeichnung aus mehreren Teilen zusammengesetzt ist.

— Das erste Zeichen einer Bezeichnung muß stets ein alphabetisches Zeichen sein. Dabei ist zu beachten, daß auch die Zeichen ¤, # und @ zu diesen gehören.

— Zur Bildung einer Bezeichnung dürfen maximal 31 Zeichen verwendet werden. Eine Einschränkung besteht allerdings für Dateien, Teilprogramme und andere externe Größen, für deren Bezeichnungen nur maximal 7 Zeichen zulässig sind. Enthält die Bezeichnung einer solchen Größe mehr als 7 Zeichen, so bildet der Compiler von sich aus eine neue Bezeichnung aus ihren ersten 4 und letzten 3 Zeichen. Auf diese Weise kann natürlich leicht ein Fehler der Art auftreten, daß sich für unterschiedliche Größen die gleiche Bezeichnung ergibt und diese folglich als gleiche Größen betrachtet werden.

Obwohl unter Berücksichtigung der oben angeführten Regeln eine Bezeichnung willkürlich gewählt werden kann, sollte sie doch möglichst aussagefähig sein und mehr oder weniger auf die Bedeutung der Größe hinweisen, die durch sie repräsentiert wird. So ist z. B. die Wahl der Bezeichnung TEMP für eine Variable, deren Werte Temperaturangaben im Rahmen einer Berechnung darstellen, sicherlich wesentlich sinnvoller als die Vergabe der Bezeichnung X3A#5, die ja auch zulässig wäre.

Beispiele für zulässige Bezeichnungen

X	ALPHA	F_VON_X
#4	ARTNR	STEUERKLASSE
TEIL_1	SUMME	X_NEU

Beispiele für unzulässige Bezeichnungen

ART.-NR.	%SATZ	KM/H
3XY	AØ.5	_XYZ

Einige Bezeichnungen haben im Rahmen der Programmiersprache PL1 von vornherein eine spezielle Bedeutung. Es handelt sich dabei um die Schlüsselwörter, die jeweils den festen Teil eines Befehls bilden und bestimmte Operationen (z. B. READ für eine Dateneingabe, GOTO für einen Sprung im Programmablauf) oder Eigenschaften von Datenelementen und Dateien (z. B. FLOAT für Gleitkommagrößen, OUTPUT für Ausgabedateien) zum Ausdruck bringen. Diese Schlüsselwörter sowie die an ihrer Stelle in verschiedenen Fällen verwendbaren Abkürzungen stellen jedoch keine reservierten Bezeichnungen dar; der Programmierer kann sie ohne weiteres in der gleichen Weise wie andere Bezeichnungen in seinem Programm verwenden. Der Compiler erkennt von selbst aus dem jeweiligen Zusammenhang heraus, ob es sich beim Auftreten einer solchen Bezeichnung in einem Befehl um ein zur Programmiersprache gehöriges Schlüsselwort oder um eine vom Programmierer vergebene Bezeichnung handelt.

Eine Einschränkung besteht lediglich bei Verwendung des 48-Zeichensatzes. In einem in diesem Zeichensatz geschriebenen Programm sind die aus Buchstaben gebildeten Äquivalente für nicht darin enthaltene Zeichen oder aus solchen gebildete Operatoren reservierte Bezeichnungen und können vom Programmierer anderweitig nicht benutzt werden. Im einzelnen trifft diese Einschränkung auf folgende 12 Bezeichnungen zu:

GT	GE	NG	NE	AND	CAT
LT	LE	NL	OR	NOT	PT

1.3. Schreibweise der Befehle

Jeder PL1-Befehl besteht in seiner allgemeinen Form aus festen und variablen Bestandteilen. Die festen Teile werden von vorgeschriebenen Schlüsselwörtern oder Zeichen gebildet, durch welche die Funktion des Befehls und die Bedeutung der einzelnen Befehlsteile zum Ausdruck gebracht werden. Diese festen Teile stellen jedoch zunächst nur ein Gerüst des vollständigen Befehls dar und sind noch durch entsprechende Angaben für die variablen Teile zu ergänzen, die bei jeder konkreten Anwendung eines Befehls unterschiedlich sein können. Die variablen Teile beinhalten z. B. die für die betreffende Operation zu verwendenden Operanden, Sprungadressen oder Angaben zur Datenübertragung. Der Programmierer kann dafür Konstanten in einer bestimmten vorgeschriebenen Form oder solche Größen einsetzen, die er im Programm durch eine von ihm vergebene Bezeichnung einführt (Variable, Dateien, Teilprogramme). Unter Verwendung der zur Programmiersprache gehörigen Operatoren können aus konstanten und/oder variablen Größen auch Ausdrücke gebildet und im variablen Teil eines Befehls eingetragen werden. In bestimmten Fällen ist es ferner möglich, für den variablen Teil selbst wieder einen Befehl anzugeben. Solche zusammengesetzten Befehle können z. B. bei der Programmierung von bedingten Verzweigungen oder im Zusammenhang mit der Behandlung von Programmunterbrechungen auftreten.

Unabhängig von der jeweiligen spezifischen Bedeutung gelten für die Schreibweise eines Befehls grundsätzlich folgende allgemeine Regeln:

— Jeder Bestandteil eines Befehls muß ein zusammenhängendes Ganzes bilden. Unterbrechungen durch eingefügte Leerzeichen beispielsweise innerhalb von Bezeichnungen, in der Darstellung von Konstanten oder bei Operatoren, die aus mehreren Zeichen bestehen, sind folglich nicht zulässig.

— Zwischen den einzelnen Bestandteilen eines Befehls muß eine eindeutige Trennung vorhanden sein, die am einfachsten durch Einfügen eines Leerzeichens bewirkt werden kann. Dabei dürfen grundsätzlich überall dort, wo ein Leerzeichen stehen kann, auch beliebig viele Leerzeichen stehen. Für die zur Programmiersprache gehörigen Operatoren ist eine Trennung von den benachbarten Bestandteilen nicht notwendig, sofern sie nicht bei der Programmierung im 48-Zeichensatz durch ein aus Buchstaben bestehendes Äquivalent ersetzt wurden. Das gleiche gilt für die sogenannten Trennzeichen Komma, Punkt, Semikolon, Doppelpunkt, Apostroph, öffnende und schließende Klammer sowie das Prozentzeichen, aber auch für ins Programm eingefügte Kommentare.

— Den Abschluß eines Befehls bildet stets ein Semikolon. Eine davon abweichende Regelung besteht lediglich für zusammengesetzte Befehle, bei denen zwar der im variablen Teil angegebene Befehl in dieser Weise abgeschlossen wird, der Ausgangsbefehl jedoch kein eigenes Semikolon enthält. Auf diese Ausnahmen wird bei der Beschreibung der Befehle, für die eine solche Form auftreten kann, noch einmal hingewiesen.

— Jeder Befehl kann durch eine oder auch mehrere Befehlsmarken gekennzeichnet werden. Diese sind nach den für Bezeichnungen gültigen Regeln zu bilden und stets vor dem jeweiligen Befehl anzugeben. Jede Befehlsmarke wird außerdem von einem Doppelpunkt gefolgt. Bei zusammengesetzten Befehlen können auch die im variablen Teil stehenden Befehle eine Befehlsmarke erhalten. Obwohl es möglich wäre, für jeden Befehl eines Programms eine Befehlsmarke zu vergeben, wird man das nur für solche Befehle tun, auf die im Verlauf der Programmabarbeitung von einem anderen Befehl aus Bezug genommen wird. Das ist z. B. der Fall, wenn zur Ausführung von Befehlszyklen oder Verzweigungen abweichend von der gewöhnlichen sequentiellen Abarbeitungsfolge die Fortsetzung bei einem ganz bestimmten Befehl erfolgen soll. Durch Bezugnahme auf eine für diesen Befehl vergebene Befehlsmarke kann eine solche Absicht realisiert werden. Bei einem Befehl mit mehreren Befehlsmarken ist es gleichgültig, welche von ihnen dafür benutzt wird.

Der einfachste darstellbare Befehl besteht lediglich aus einem Semikolon und wird als Leerbefehl bezeichnet. Er bewirkt keine Operation und tritt vor allem in Verbindung mit zusammengesetzten Befehlen auf; eine Befehlsmarke ist für einen Leerbefehl ohne weiteres zulässig.

Beispiele

1. Die einzelnen Bestandteile des Befehls ADD:Z=AX+AY; sind die Befehlsmarke ADD, die drei weiteren Bezeichnungen Z, AX und AY, der auf die Befehlsmarke folgende Doppelpunkt, das den Befehl als Zuordnungsbefehl kennzeichnende Symbol =, der Operator + sowie das den Befehl abschließende Semikolon. Da durch die auftretenden Zeichen eine eindeutige Trennung dieser Bestandteile erfolgt, kann der Befehl in der angegebenen Form ohne jedes eingefügte Leerzeichen geschrieben werden. Es wäre aber auch möglich, den Befehl beispielsweise in der Form ADD : Z = AX + AY ; zu schreiben; dagegen wäre eine Schreibweise ADD: Z = A␣X + AY; falsch, weil hier innerhalb der Bezeichnung AX ein Leerzeichen eingefügt wurde.

2. Ein Sprungbefehl besteht aus dem Schlüsselwort GOTO und der anschließenden Angabe einer Sprungadresse. Verwendet man dafür eine Befehlsmarke M15, so könnte ein solcher Befehl z. B. in der Form GOTO M15; geschrieben werden. Die beiden Bestandteile GOTO und M15 müssen hier unbedingt durch mindestens ein Leerzeichen voneinander getrennt werden. Das abschließende Semikolon kann wahlweise unmittelbar auf die angegebene Befehlsmarke M15 folgen, es können dazwischen aber auch beliebig viele Leerzeichen stehen.

3. Durch einen Befehl K=M&N; kann die logische Verknüpfung der beiden Operanden M und N durch den Operator & und die Zuordnung des Resultats zur Variablen K vorgenommen werden. Die Schreibweise ohne eingefügte Leerzeichen ist hier ohne weiteres zulässig. Bei Programmierung im 48-Zeichensatz wäre dagegen der Operator & durch das Äquivalent AND zu ersetzen. In diesem Fall müßte der Befehl etwa in der Form K=M AND N; geschrieben werden, bei der zwischen den Operanden M und N und dem sie verbindenden Operator jeweils Leerzeichen stehen, da sonst eine eindeutige Identifikation der Bestandteile nicht möglich wäre.

4. Für die Übertragung eines Satzes mit dem Schlüssel SCHL von einer Datei DAT in einen Eingabebereich EBER könnte man einen Befehl der Form EIN : LIES : READ FILE (DAT) INTO (EBER) KEY (SCHL); verwenden. In diesem Befehl mit den beiden Befehlsmarken EIN und LIES (erkennbar an den darauffolgenden Doppelpunkten) stellen die Schlüsselwörter READ, FILE, INTO und KEY ebenso wie die Klammern und das abschließende Semikolon feste Bestandteile dar. DAT, EBER und SCHL sind vom Programmierer vergebene und im variablen Teil eingesetzte Bezeichnungen. Von den in der angegebenen Schreibweise dieses Befehls auftretenden Leerzeichen ist lediglich das zwischen den beiden Schlüsselwörtern READ und FILE stehende erforderlich; alle anderen könnten weggelassen werden.

Die aufeinanderfolgenden Befehle eines Programms, der sogenannte Programmtext, werden auf Formulare übertragen, deren Inhalt in Lochkarten gestanzt und von dort aus in die EDVA eingelesen wird. Analog zum Aufbau einer Lochkarte enthalten die Zeilen dieser Formulare jeweils 80 Spalten, so daß jede Zeile des Formulars einer Lochkarte entspricht. Die Angabe eines Zeichens auf einer bestimmten Position innerhalb einer Zeile erfordert die für dieses Zeichen festgelegte Lochung in der entsprechenden Spalte der Lochkarte.

Beim Eintragen der Befehle in die Formulare bestehen keine speziellen Vorschriften zu deren Positionierung. Lediglich folgende Einschränkungen sind dabei zu berücksichtigen:

— Spalte 1 muß leer bleiben. Angaben in dieser Spalte werden zur Identifizierung von Steuerkarten verwendet.

— Die Spalten 73 bis 80 werden vom Compiler ignoriert und können demzufolge beliebige Informationen oder Bemerkungen enthalten, die bei einer Auflistung des Programms mit ausgegeben werden. Zweckmäßig verwendet man diesen Teil für eine fortlaufende Numerierung.

Die Spalten 2 bis 72 stehen dem Programmierer ohne Einschränkung zur Angabe seiner Befehle zur Verfügung. Der jeweilige Programmtext ergibt sich als eine fortlaufende Zeichenfolge, die aus der Aneinanderreihung der Zeichen dieser Spalten in den einzelnen Formularzeilen entsteht. Die Zeileneinteilung stellt jeweils nur eine formale Unterbrechung dieser Zeichenfolge dar.

Demzufolge ist es völlig gleichgültig, an welcher Stelle innerhalb einer Zeile ein Befehl beginnt oder endet. Er kann sich auch ohne Verwendung spezieller Fortsetzungszeichen beliebig über mehrere Zeilen erstrecken. Dabei ist es durchaus zulässig, daß beispielsweise eine Bezeichnung oder eine Konstante, also ein als Ganzes darzustellender Bestandteil, zunächst auf einer Zeile bis zur Spalte 72 eingetragen und dann in der folgenden Zeile ab Spalte 2 fortgesetzt wird; diese beiden Spalten stellen zwei unmittelbar aufeinanderfolgende Zeichen des Programmtextes dar. Würde allerdings die Fortsetzung in einer anderen Spalte beginnen, so wären unzulässige Leerzeichen vorhanden.

Das Ende eines Befehls wird vom Compiler stets dann angenommen, wenn das abschließende Semikolon erreicht ist. Entsprechend muß auch nicht jeder Befehl auf einer gesonderten Zeile beginnen, sondern es ist ohne weiteres möglich, mehrere Befehle auf einer Zeile unterzubringen. Da ein Semikolon als Trennzeichen betrachtet wird, kann ein Befehl unmittelbar in der nächsten Spalte hinter dem vorangehenden Befehl beginnen; es können aber auch zwischen beiden Befehlen beliebig viele Leerzeichen auftreten.

Beispiele

1. Den Befehl `Z=AX+AY;` wird man normalerweise geschlossen auf eine Zeile schreiben. Man könnte aber ohne weiteres z. B. auch 3 Programmzeilen bilden und den Befehl etwa in der Form

```
Z
=AX
+AY;
```

angeben. Sicherlich ist eine solche Aufteilung, bei der der Beginn für die Eintragungen noch beliebig variiert werden könnte, in diesem Fall nicht sehr sinnvoll; sie verdeutlicht jedoch das der Schreibweise eines Programms zugrunde liegende Prinzip. In der Praxis wird man von einer solchen Verteilung auf mehrere Zeilen im allgemeinen nur bei sehr umfangreichen Befehlen, die häufig vor allem in Verbindung mit der Vereinbarung der im Programm benutzten Größen sowie im Zusammenhang mit Ein- und Ausgabeoperationen auftreten, Gebrauch machen.

2. Für die in 3 aufeinanderfolgenden Programmzeilen stehenden 3 Befehle

```
      I=I+1;
MLT:  W=A(I,J)*B(I);
      GOTO BB;
```

könnte man ohne weiteres auch eine Schreibweise der Form

```
I=I+1; MLT: W=A(I,J)*B(I); GOTO BB;
```

innerhalb einer Programmzeile verwenden.

Diese weitgehenden Freiheiten in der Schreibweise des Programmtextes können vom Programmierer in verschiedener Form vorteilhaft ausgenutzt werden. So läßt sich ohne größeren Aufwand z. B. durch entsprechendes Einrücken einzelner Befehle oder durch das Hervorheben der Befehlsmarken ein übersichtliches Bild über die Programmstruktur und eine wesentlich bessere Lesbarkeit des Programms erreichen. Auch die Angabe mehrerer kurzer, inhaltlich zusammengehöriger Befehle auf einer Zeile ist in den meisten Fällen für die Arbeit mit dem Programm günstiger als die Verlängerung des Programmtextes durch das Eintragen jedes Befehls auf einer gesonderten Zeile, eine Form, die wiederum für die Durchführung von Änderungen odet Ergänzungen vorteilhafter ist. Es liegt schließlich im Ermessen des Programmierers, die ihm von der Sprache her gebotenen Möglichkeiten in der effektivsten Weise einzusetzen.

1.4. Angabe von Kommentaren

Zur übersichtlicheren Gestaltung eines Programms können in die Folge der Befehle Kommentare eingefügt werden. Bei der Übersetzung des Programms werden diese vom Compiler ignoriert und haben folglich keinerlei Einfluß auf seine Ausführung. In der Auflistung eines Programms sind jedoch auch sämtliche Kommentare enthalten, so daß sie wesentlich zum Verständnis des betreffenden Programms beitragen können. Vorzugsweise verwendet man Kommentare, um in übersichtlicher Weise die einzelnen Programmabschnitte voneinander abzugrenzen. ihren Inhalt kurz zu beschreiben oder die Bedeutung einzelner Befehle und Befehlsfolgen näher zu erläutern. Auch eine Beschreibung der wichtigsten im Programm verwendeten Größen durch Einfügen entsprechender Kommentare erweist sich häufig als vorteilhaft. In den meisten Fällen ist ein Programm um so leichter für den Benutzer verständlich, je mehr Kommentare in ihm enthalten sind.

Die allgemeine Darstellungsform eines Kommentars lautet

/* *Zeichenfolge* */

Die beiden Zeichen / und * in ihrer unmittelbaren Aufeinanderfolge kennzeichnen seinen Beginn, die gleichen Zeichen in umgekehrter Reihenfolge sein Ende. Die dazwischenliegende *Zeichenfolge* bildet den eigentlichen Kommentar, der beliebig lang sein kann und sich auch über mehrere Zeilen erstrecken darf. Es können dafür nicht nur die Zeichen des Zeichensatzes, sondern sämtliche 256 theoretisch darstellbare Zeichen verwendet werden. Eine Einschränkung besteht lediglich darin, daß die Aufeinanderfolge der beiden Zeichen * und / nicht als Teil eines Kommentars auftreten darf, da sie sonst als dessen Ende interpretiert werden würde.

Im allgemeinen wird man für Kommentare gesonderte Zeilen benutzen oder sie zumindest rechts von einem Befehl angeben; sie können jedoch auch zwischen den einzelnen Bestandteilen eines Befehls plaziert werden. Grundsätzlich können Kommentare innerhalb des Programmtextes an allen Stellen eingefügt werden, an denen Leerzeichen stehen dürfen. Eine Ausnahme hiervon bilden lediglich Zeichenkettenkonstanten, da in diesen enthaltene Leerzeichen stets einen Teil der Konstanten darstellen.

Beispiele

1.
```
/* KORREKTUR DER PARAMETER */
```
2.
```
DLC A(10,10), /* KOEFFIZIENTENMATRIX */
    B(10),    /* RECHTE SEITEN */
    X(10);    /* LOESUNGSVEKTOR */
```
3.
```
PREIS/*GESAMTPREIS*/=MENGE*EVP/*EINZELPREIS*/;
```
4.
```
/*********************************
*                                *
*  2.TEIL: TRANSFORMATION        *
*                                *
*********************************/
```

2. Daten

Die elektronische Datenverarbeitung beschäftigt sich mit der Verarbeitung von Daten auf elektronischem Wege. Unter diesen Daten versteht man sämtliche Angaben, die zur Abarbeitung eines Programms von außen in die Anlage eingegeben werden, die Operanden und Ergebnisse der intern durchzuführenden Operationen sowie die Angaben, die schließlich nach außen abgegeben werden. Dabei handelt es sich nicht unbedingt um Zahlenwerte, die in Verbindung mit irgendwelchen arithmetischen Berechnungen auftreten, sondern ebenso um logische Größen oder bestimmte textliche Informationen.

In der Programmiersprache PL 1 werden daher folgende Daten unterschieden:

— arithmetische Daten, die einen numerischen Wert haben;

— Kettendaten, die einen Kettenwert haben, der sich aus der Aufeinanderfolge von Zeichen oder Bits ergibt;

— Abbildungsdaten, die sowohl einen numerischen als auch einen Kettenwert haben.

Daneben gibt es noch Daten, die weniger problembezogen sind, sondern vielmehr zur Steuerung des Programmablaufs im Zusammenhang mit bestimmten Befehlen verwendet werden können und als Programmsteuerungsdaten bezeichnet werden. Da jedoch zwischen ihnen keinerlei Verbindung besteht, werden sie nicht in geschlossener Form in diesem Kapitel, sondern jeweils zusammen mit den betreffenden Befehlen beschrieben (Zeigervariable in 2.4.2.2., Markenvariable in 4.1., Ereignisvariable in 4.5.).

Unabhängig von der jeweiligen Art können Daten innerhalb eines Programms in zwei unterschiedlichen Formen auftreten: als Konstanten und als Variable. Während Konstanten durch die unmittelbare Angabe eines Wertes in einem Befehl zur Verfügung stehen, sind Variable stets explizit oder implizit im Programm zu vereinbaren. Durch die verschiedenen Datentypen, die im Automaten darstellbar sind, bestehen dabei zahlreiche Möglichkeiten, für jede Größe die im Hinblick auf das zu lösende Problem günstigste Variante auszuwählen. Zur Bildung von Datenzusammenfassungen, die aus mehreren Variablen bestehen, können auch Felder mit mehreren Dimensionen sowie gegliederte Strukturen vereinbart werden.

2.1. Konstanten

Eine Konstante ist ein Datenelement, das im Programm explizit durch Angabe seines Wertes auftritt, der als feste Größe in den jeweiligen Befehl eingeht. Der Wert einer Konstanten kann sich folglich im Verlauf der Programmabarbeitung nicht verändern und ist bei jeder Anwendung des Programms gleich. Dabei stehen dem Programmierer mehrere verschiedene Typen von arithmetischen sowie Kettenkonstanten zur Verfügung, die er wahlweise in entsprechenden Befehlen benutzen kann. Aus der Form einer Konstanten gehen neben dem Wert auch die ihren Typ kennzeichnenden Attribute hervor, die vor allem bei der Verknüpfung mit anderen Größen von Bedeutung sind.

Bezüglich der Schreibweise einer Konstanten ist grundsätzlich zu beachten, daß deren Angabe stets als Ganzes erfolgen muß, d. h., zwischen den einzelnen Bestandteilen (z. B. Vorzeichen, Ziffernfolge, Exponent) dürfen keine Leerzeichen auftreten.

2.1.1. Arithmetische Konstanten

Arithmetische Konstanten stellen numerische Werte dar, die reell oder imaginär sein können. Ihre Darstellung ist sowohl in Festkomma- als auch in Gleitkommaform möglich. Die Wahl der jeweiligen Form richtet sich in erster Linie danach, in welchem Zusammenhang die Konstante im Programm auftritt und mit welchen Größen sie verknüpft wird. Durch die Verknüpfung einer reellen und einer imaginären Konstanten besteht außerdem die Möglichkeit, konstante komplexe Werte zu verwenden.

Reelle Konstanten in Festkommadarstellung

Festkommakonstanten können in dezimaler oder dualer Form angegeben werden. Sie bestehen jeweils aus einer Folge von Dezimalziffern (0 bis 9) bzw. Dualziffern (0 und 1), in die zur Festlegung der Kommastellung auch ein Punkt eingefügt werden kann. Fehlt ein solcher, so wird die Konstante als ganzzahlig betrachtet. Bei Zahlenwerten, die dem Betrag nach kleiner als 1 sind, braucht die Ziffer 0 vor dem Punkt nicht mit angegeben zu werden, so daß die beiden Konstanten Ø.32 und .32 den gleichen Wert verkörpern.

Die Angabe eines Vorzeichens muß stets unmittelbar vor der ersten Ziffer erfolgen; das positive Vorzeichen kann allerdings auch weggelassen werden.

Äußerlich sind die beiden Darstellungsformen dadurch zu unterscheiden, daß bei dualen Konstanten zusätzlich an den betreffenden Wert als Kennzeichnung das Zeichen B anzufügen ist. Bezüglich des Wertes besteht der Unterschied darin, daß die Stellenwerte der einzelnen angegebenen Ziffern bei dezimaler Darstellung Potenzen mit der Basis 10, bei dualer Darstellung Potenzen mit der Basis 2 sind. 1Ø1.1 stellt folglich eine dezimale Festkommakonstante dar, die den Zahlenwert 101,1 repräsentiert ($1 \cdot 10^2 + 0 \cdot 10^1 + 1 \cdot 10^0 + 1 \cdot 10^{-1}$), 1Ø1.1B dagegen eine duale Festkommakonstante mit dem Wert 5,5 ($1 \cdot 2^2 + 0 \cdot 2^1 + 1 \cdot 2^0 + 1 \cdot 2^{-1}$). Wegen der internen Darstellungsmöglichkeiten für Zahlenwerte in Festkommaform ist die Anzahl der Ziffern für eine Konstante beschränkt. Sie beträgt, unabhängig von einem in die Ziffernfolge eingefügten Punkt,

— maximal 15 Dezimalziffern bei einer dezimalen Festkommakonstanten,
— maximal 31 Dualziffern bei einer dualen Festkommakonstanten.

Beispiele

darzustellender Zahlenwert	mögliche Form einer dezimalen Konstanten	mögliche Form einer dualen Konstanten
114	114	111ØØ1ØB
15	+15	+1111B
−37	−37	−1ØØ1Ø1B
2,5	2.5	1Ø.1B
0,375	.375	Ø.Ø11B
−0,25	−Ø.25	−.Ø1B

Reelle Konstanten in Gleitkommadarstellung

Gleitkommakonstanten werden vor allem in Ausdrücken, deren sonstige Operanden Gleitkommagrößen sind, sowie zur Darstellung von dem Betrag nach sehr großen oder sehr kleinen Zahlenwerten verwendet. Sie sind dadurch gekennzeichnet, daß sie aus zwei zusammengehörigen Teilen gebildet werden: einem Mantissenteil, der die Folge der signifikanten Ziffern enthält, und einem Exponententeil, durch den die Größenordnung des Zahlenwertes festgelegt wird. Die Verbindung der beiden Teile erfolgt durch das Zeichen E, so daß eine Gleitkommakonstante die allgemeine Form

*Mantisse*E*Exponent*

besitzt. Sowohl die *Mantisse* als auch der *Exponent* können mit Vorzeichen versehene Größen sein, und der Wert der betreffenden Konstanten ergibt sich aus

$$\mathit{Mantisse} \cdot \mathit{Basis}^{\mathit{Exponent}}.$$

Für die Angabe einer Gleitkommakonstanten kann man zwischen einer dezimalen und einer dualen Form wählen, die sich jeweils in der Darstellung der Mantisse sowie in der Basis, auf die sich der angegebene Exponent bezieht, unterscheiden:

— Bei der dezimalen Darstellungsform ist die Mantisse als dezimale Festkommakonstante anzugeben. Sie stellt also eine Folge von Dezimalziffern dar, die einen Punkt zur Festlegung der Kommastellung sowie ein Vorzeichen unmittelbar vor der ersten Ziffer enthalten darf. Der Exponent bezieht sich dabei auf die Basis 10.

— Bei der dualen Darstellungsform ist die Mantisse als duale Festkommakonstante ohne das abschließende Zeichen B anzugeben. Sie stellt also eine Folge von Dualziffern dar, die einen Punkt zur Festlegung der Kommastellung und ein Vorzeichen unmittelbar vor der ersten Ziffer enthalten darf. Der Exponent bezieht sich dabei auf die Basis 2.

Die Darstellung des Exponenten selbst ist bei beiden Formen einheitlich; er muß stets als ganzzahlige dezimale Festkommakonstante angegeben werden. Zur Unterscheidung von einer dezimalen ist bei einer dualen Gleitkommakonstanten zusätzlich an den Exponententeil noch das Zeichen B anzufügen. 1ØØ1E−2 stellt folglich eine dezimale Gleitkommakonstante dar, die den Zahlenwert 10,01 repräsentiert ($1001 \cdot 10^{-2}$), 1ØØ1E−2B dagegen eine duale Gleitkommakonstante mit dem Wert 2,25 ($9 \cdot 2^{-2}$). Auf Grund der internen Darstellungsmöglichkeiten für Zahlenwerte in Gleitkommaform ergeben sich folgende Schranken für die Angabe des Exponenten:

$$-78 \leqq \text{Exponent} \leqq +75 \quad \text{bei dezimaler Darstellung,}$$
$$-260 \leqq \text{Exponent} \leqq +252 \quad \text{bei dualer Darstellung.}$$

Beispiele für dezimale Gleitkommakonstanten

darzustellender Zahlenwert	mögliche Formen für die Angabe der Konstanten	
34000	+3.4E4	34E+3
0,00016	16E−5	.16E−3
−5000000000	−5E+9	−.5E1Ø
27	27EØ	Ø.27E2
−10	−1E1	−1ØEØ
$3{,}6 \cdot 10^{-12}$	3.6E−12	+36E−13

Beispiele für duale Gleitkommakonstanten

darzustellender Zahlenwert	mögliche Formen für die Angabe der Konstanten	
5,5	**1Ø11E-1B**	**+1Ø1.1EØB**
-72	**-1ØØ1E3B**	**-1ØØ1ØØØEØB**
3,625	**+11.1Ø1EØB**	**111.Ø1E-1B**
320	**.1Ø1E9B**	**1Ø1ØØØØØE+1B**
$-0{,}75 \cdot 2^{-42}$	**-.11E-42B**	**-11ØE-45B**

In den Beispielen wurden jeweils zwei mögliche Formen für die Darstellung des betreffenden Zahlenwertes als Gleitkommakonstante angegeben; durch entsprechende Veränderung von Mantisse und Exponent ließen sich weitere Möglichkeiten finden.

Imaginäre und komplexe Konstanten

Für die Darstellung imaginärer Konstanten können sämtliche Möglichkeiten für reelle arithmetische Konstanten in Fest- oder Gleitkommaform verwendet werden. Zur Unterscheidung ist lediglich am Ende zusätzlich das Zeichen **I** anzufügen.

Beispiele

darzustellender Zahlenwert	gewünschte Darstellungsform	mögliche Form der Konstanten
1,25i	dezimal Festkomma	**1.25I**
0,75i	dual Festkomma	**Ø.11BI**
$-0{,}000624$i	dezimal Gleitkomma	**-6.24E-4I**
$1{,}625 \cdot 2^{-14}$i	dual Gleitkomma	**1.1Ø1E-14BI**

Obwohl es den Begriff einer komplexen Konstanten in der Programmiersprache PL1 nicht gibt, kann ein konstanter Wert dieses Typs auf einfache Weise durch einen Ausdruck dargestellt werden, indem eine reelle Konstante in einer der dafür zulässigen Formen durch ein Zeichen + oder – mit einer imaginären Konstanten verbunden wird.

Beispiele

darzustellender Zahlenwert	mögliche Form der Konstanten
2,1–0,4i	**2.1-Ø.4I**
–0,75+i	**-Ø.11B+1BI**
0,00126+0,0000017i	**1.26E-3+.17E-5I**

2.1.2. Kettenkonstanten

Kettenkonstanten stellen keinen numerischen Wert, sondern lediglich ein Zeichen oder eine Aufeinanderfolge von Zeichen bzw. ein Bit oder eine Aufeinanderfolge von Bits dar. Je nach ihrer Zusammensetzung wird eine solche Konstante als Zeichenkettenbzw. Bitkettenkonstante bezeichnet, ihr Inhalt entsprechend als Zeichenkette oder Bitkette. Zeichenkettenkonstanten treten vor allem häufig in Verbindung mit der Ausgabe von Texten oder beim Vergleich alphanumerischer Informationen auf, während man Bitkettenkonstanten in erster Linie zur Durchführung logischer Operationen verwendet.

Die Angabe von Kettenkonstanten erfolgt in der Weise, daß das jeweilige Zeichen oder Bit bzw. die aus diesen Elementen gebildete Folge in Apostrophe eingeschlossen wird. Diese dienen jedoch nur dem Compiler zur Identifikation der Konstanten und gehören nicht zur betreffenden Kette selbst. Bei Bitkettenkonstanten ist zur Unterscheidung an den abschließenden Apostroph zusätzlich noch das Zeichen B anzufügen.

Eine Zeichenkettenkonstante darf nicht nur sämtliche Zeichen des zur Verfügung stehenden Zeichensatzes, sondern alle 256 theoretisch darstellbaren Zeichen in beliebiger Folge enthalten; das gilt auch für Leerzeichen. Ein Apostroph, der zu einer Zeichenkette gehören soll, ist jeweils doppelt anzugeben, damit der Compiler dieses Zeichen von dem die gesamte Konstante abschließenden Apostroph unterscheiden kann. Bezüglich des Inhalts der durch die Konstante repräsentierten Zeichenkette stellen die beiden aufeinanderfolgenden Apostrophe nur ein einziges Zeichen dar.

Eine Bitkettenkonstante darf nur die Zeichen Ø und 1 in beliebiger Folge enthalten.

Die Länge der Kettenkonstanten ergibt sich jeweils aus der Anzahl der zwischen den umschließenden Apostrophen angegebenen Zeichen bzw. Bits. Durch unmittelbare Aufeinanderfolge zweier Apostrophe kann eine Kette der Länge 0 gebildet werden, die als leere Zeichen- bzw. Bitkette bezeichnet wird.

Beispiele für Zeichenkettenkonstanten

'CCM' 'FEHLERLISTE' '***⌣ENDE⌣***' '''' ''

Die vorletzte Konstante besteht nur aus einem einzigen Zeichen, einem Apostroph, während die letzte Konstante die leere Zeichenkette darstellt.

Beispiele für Bitkettenkonstanten

'Ø111Ø'B '1'B '111'B ''B

Die letzte Konstante stellt die leere Bitkette dar.

Besteht eine Kettenkonstante aus der mehrfachen Aufeinanderfolge des gleichen Zeichens bzw. der gleichen Dualziffer, so ist durch Verwendung eines Wiederholungsfaktors eine abgekürzte Schreibweise möglich. Der Wiederholungsfaktor ist eine in Klammern eingeschlossene natürliche Zahl, die vor das betreffende, als Konstante dargestellte Zeichen bzw. Bit zu schreiben ist und angibt, wie oft dieses aufeinanderfolgen soll. Analog kann ein Wiederholungsfaktor auch für eine Zeichen- oder Bitfolge verwendet werden, wenn die Konstante aus der Wiederholung einer solchen gebildet wird.

Beispiele

(1Ø)'X' ≙ 'XXXXXXXXXX'   (5)'1'B ≙ '11111'B
(3)'ABC' ≙ 'ABCABCABC'   (2)'1Ø1'B ≙ '1Ø11Ø1'B

Die Konstante (12Ø)'⌣' stellt eine Zeichenkette dar, die aus 120 Leerzeichen besteht.

2.2. Variable

Eine Variable ist ein Datenelement, das im Verlauf der Programmabarbeitung sowie bei jeder erneuten Verwendung eines Programms unterschiedliche Werte annehmen kann. Für jede Variable ist vom Programmierer eine eindeutige symbolische Bezeichnung festzulegen, unter der die betreffende Größe dann in den Befehlen des Programms angesprochen werden kann. Je nach dem vereinbarten oder standardmäßig angenommenen Datentyp werden der Variablen entsprechende Speicherplätze zugeordnet, deren Inhalt ihren jeweiligen Wert darstellt und durch Angabe der symbolischen Bezeichnung in einem Befehl zur Verfügung steht. Durch Zuordnung eines Wertes für eine Variable wird der bisherige Inhalt ihrer Speicherplätze gelöscht und durch einen neuen ersetzt.

2.2.1. Vereinbarung von Variablen

Die Vereinbarung einer Variablen im Programm erfordert zunächst die Vergabe einer symbolischen Bezeichnung. Daneben muß für eine Variable auch deren Datentyp eindeutig festgelegt werden. Bei der Zuordnung eines Wertes erfolgt dann die interne Speicherung desselben stets in der diesem Typ entsprechenden Form, und bei der Bezugnahme auf die Variable in einem Befehl wird ihr Speicherplatzinhalt stets als Darstellung eines Wertes gemäß dem jeweiligen Typ interpretiert.

Die Festlegung der Bezeichnung sowie des Datentyps für eine Variable kann explizit durch einen Vereinbarungsbefehl in der allgemeinen Form

DECLARE *Bezeichnung Attribute* ;

erfolgen. Für das Schlüsselwort DECLARE ist dabei auch die Abkürzung DCL zulässig.

Die *Bezeichnung* kann unter Beachtung der in Abschnitt 1.2. aufgeführten Regeln willkürlich gewählt werden und muß eindeutig sein. Als *Attribute* sind entsprechende Schlüsselwörter anzugeben, die den Typ sowie weitere charakteristische Eigenschaften der Variablen bestimmen. Die hierfür bestehenden Möglichkeiten werden in den folgenden Abschnitten bei der Betrachtung der verschiedenen Datentypen jeweils näher erläutert. Die einzelnen Attribute sind, falls sie nicht mit einem Trennzeichen (z. B. Klammern) beginnen oder enden, lediglich durch ein oder mehrere Leerzeichen voneinander zu trennen. Die Reihenfolge ihrer Angabe ist bis auf wenige Ausnahmen, auf die dann speziell hingewiesen wird, gleichgültig. Der Compiler veranlaßt, daß neben der Speicheradresse für jede Variable auch die aus den Attributen hervorgehenden Informationen gespeichert werden, so daß sie bei jedem Auftreten der Variablen im Programm zur Verfügung stehen und berücksichtigt werden können.

Beispiel

DECLARE A DECIMAL FIXED (7,2);

Durch diesen Befehl wird eine Variable unter der Bezeichnung A als dezimale Festkommagröße vereinbart, deren Wert aus maximal 7 Ziffern besteht, von denen 2 rechts vom Komma angenommen werden. In jedem Befehl, in dem die Variable A auftritt, wird der Inhalt ihrer Speicherplätze als ein Wert dieses Typs interpretiert oder mit einem solchen Wert belegt.

Bei arithmetischen Variablen kann man in vielen Fällen die Angabe einzelner Attribute weglassen, da es hierfür eine Reihe von Standardannahmen gibt. Diese sind zum Teil von der gewählten Variablenbezeichnung abhängig, so daß man u. U. auch auf die explizite Vereinbarung einer Variablen verzichten kann, sofern dabei sämtliche angenommenen Attribute mit den gewünschten übereinstimmen. Die Variable wird dann implizit durch das Auftreten ihrer Bezeichnung in einem Befehl vereinbart.

In jedem Fall muß der Programmierer beachten, daß mit der Vereinbarung einer Variablen zunächst keine automatische Wertzuordnung verbunden ist. Bevor irgendwelche Operationen mit einer Variablen ausgeführt werden können, muß diese also erst einen Wert erhalten, was z. B. durch einen Zuordnungs- oder einen Eingabebefehl erfolgen kann. Es besteht jedoch auch die Möglichkeit, in Verbindung mit der expliziten Vereinbarung einer Variablen für diese einen konstanten Anfangswert festzulegen, welcher der Variablen bei jeder Anwendung des Programms zu Programmbeginn zugeordnet wird. Neben den sonstigen Attributen ist in diesem Fall zusätzlich noch eine Angabe der Form

INITIAL (*Konstante*)

erforderlich. Für das Schlüsselwort INITIAL kann dabei auch die Abkürzung INIT verwendet werden. Die in Klammern stehende *Konstante* stellt den Anfangswert der Variablen dar und ist nach den in Abschnitt 2.1. beschriebenen Regeln zu bilden. Der Wert dieser Konstanten wird jeweils bei der Zuordnung von Speicherplätzen für die betreffende Variable auf diesen abgespeichert, kann aber im Verlauf der Programmabarbeitung ohne weiteres wie der jeder anderen Variablen verändert werden. Stimmt der Typ der Konstanten mit dem der Variablen nicht überein, so wird ihr Wert vorher in den Typ der Variablen umgewandelt.

Beispiel

```
DECLARE A DECIMAL FIXED (7,2) INIT (1.25);
```

Die Variable A, die als dezimale Festkommagröße vereinbart wird, hat zu Programmbeginn stets den Wert 1,25.

Für jede in einem Programm zu vereinbarende Variable könnte man einen gesonderten Befehl DECLARE angeben. Es ist aber auch möglich und für die Übersetzung wesentlich effektiver, mit einem solchen Befehl eine ganze Anzahl von Variablen zu vereinbaren, deren Attribute durchaus unterschiedlich sein können. Im Anschluß an das Schlüsselwort DECLARE werden in diesem Fall die einzelnen Vereinbarungen hintereinander aufgeführt und jeweils durch Komma voneinander getrennt. Das den gesamten Befehl abschließende Semikolon steht erst hinter der letzten zugehörigen Vereinbarung.

Haben mehrere Variable übereinstimmende Attribute, so kann man deren wiederholte Angabe durch „Ausklammern" vermeiden und die entsprechenden Vereinbarungen zusammenfassen. Das geschieht in der Form, daß die Folge der durch Komma voneinander getrennten Bezeichnungen für die betreffenden Variablen in Klammern eingeschlossen wird und dahinter die Attribute geschrieben werden, die sich auf alle in der Klammer enthaltenen Variablen in gleicher Weise beziehen sollen. Bei Angabe eines Attributs INITIAL erhalten folglich auch alle angegebenen Variablen den gleichen Anfangswert. Eine Zusammenfassung von Vereinbarungen in dieser Form ist auch dann möglich, wenn nicht sämtliche Attribute, sondern nur ein Teil von ihnen für mehrere Variable übereinstimmt. Hinter der in Klammern befindlichen Liste von Bezeichnungen sind dann nur die für alle übereinstimmend zutreffenden Attribute anzugeben; die weiteren, für die einzelnen Variablen außerdem zu vereinbarenden unterschiedlichen Attribute sind zusammen mit der Bezeichnung innerhalb der Klammern aufzuführen. Auch eine Ineinanderschachtelung derartiger Ausklammerungen ist zulässig; jedes hinter einer schließenden Klammer stehende Attribut bezieht sich stets auf sämtliche hinter der zugehörigen öffnenden Klammer angegebenen Größen.

Beispiele

1. DCL K BINARY FIXED (31), TEXT CHARACTER (12),

   XØ DECIMAL FLOAT INIT (1E-4);

Durch diesen Befehl werden die Variablen mit den Bezeichnungen K, TEXT und XØ mit jeweils unterschiedlichen Attributen vereinbart; die Variable XØ erhält außerdem den Anfangswert 10^{-4}.

2. DECLARE (SCH1,SCH2,SCH3) CHAR(1) INIT('Ø');

Die 3 angegebenen Variablen werden alle mit dem gleichen Datentyp vereinbart und erhalten außerdem die Zeichenkette 'Ø' als Anfangswert.

3. DCL (WERT DECIMAL(5,2), ANZ BINARY(15)) FIXED;

Den Variablen WERT und ANZ ist nur das Attribut FIXED gemeinsam; daneben besitzen beid noch andere, nicht übereinstimmende Attribute.

4. DCL ((ZW1,ZW2)FIXED(7), EPS FLOAT(6)INIT(1E-6)) DECIMAL;

Die Variablen ZW1, ZW2 und EPS haben alle gemeinsam das Attribut DECIMAL. Weiterhin haben ZW1 und ZW2 übereinstimmend das Attribut FIXED(7), während für die Variable EPS stattdessen noch das Attribut FLOAT(6) vereinbart und ein Anfangswert 10^{-6} festgelegt wird.

Im allgemeinen wird man wegen der größeren Übersichtlichkeit sämtliche Vereinbarungen an den Anfang eines Programms schreiben. Es ist jedoch auch zulässig, zwischen beliebigen anderen Befehlen des Programms einen Befehl DECLARE einzufügen. Die Wirkung einer solchen Schreibweise ist allerdings die gleiche, als wäre die Vereinbarung zu Programmbeginn angegeben worden. Jede an irgendeiner Stelle des Programms vereinbarte Variable kann von Anfang an in entsprechenden Befehlen benutzt werden, da der Compiler vor der Übersetzung der operativen Befehle zunächst sämtliche Vereinbarungsbefehle bearbeitet. Der Programmierer sollte dennoch die einzelnen Größen nicht jeweils dann im Programm vereinbaren, wenn er merkt, daß eine solche Vereinbarung erforderlich ist. Er sollte vielmehr im Verlauf der Programmierung zunächst sämtliche Vereinbarungen gesondert zusammenstellen und sie dann in der endgültigen Fassung des Programms an dessen Beginn schreiben.

2.2.2. Arithmetische Variable

Arithmetische Variable werden für solche Größen vereinbart, die einen numerischen Wert haben und beispielsweise als Zähler oder Index, für die Durchführung arithmetischer Operationen oder zur Abspeicherung entsprechender Ergebnisse Verwendung finden. Hinsichtlich der internen Speicherung und Bearbeitung existieren dafür drei unterschiedliche Darstellungsformen:

— duale Festkommadarstellung,
— dezimale Festkommadarstellung,
— Gleitkommadarstellung.

Jede dieser Darstellungsformen kann sowohl für reelle als auch für komplexe Größen verwendet werden. Daneben enthalten sie jeweils verschiedene Variationsmöglichkeiten bezüglich der Stelligkeit, der Genauigkeit oder des darstellbaren Wertebereichs. Im folgenden wird zunächst eine Übersicht über die für die Vereinbarung arithmetischer Variabler zulässigen Datenattribute und deren grundsätzliche Bedeutung gegeben. Daran anschließend werden dann die einzelnen Darstellungsmöglichkeiten detailliert beschrieben.

2.2.2.1. Zulässige Datenattribute

Die Vereinbarung einer Variablen in einem Befehl DECLARE enthält neben der Festlegung einer Bezeichnung auch eine Beschreibung der vorgesehenen Darstellungsform sowie weiterer, den Datentyp bestimmender Merkmale durch Angabe entsprechender Attribute. Für arithmetische Variable stehen dem Programmierer folgende Datenattribute zur Verfügung:

— Attribute für die *Zahlenart:*

REAL für reelle Variable,
COMPLEX (abgekürzt CPLX) für komplexe Variable.

Fehlt in der Vereinbarung einer arithmetischen Variablen ein solches Attribut, so wird standardmäßig REAL angenommen. Im allgemeinen wird man daher das Attribut für reelle Größen nur dann angeben, wenn in einem Programm außerdem komplexe Größen auftreten. Bei komplexen Variablen gelten die sonstigen Attribute in gleicher Weise für Real- und Imaginärteil, die damit im Typ stets übereinstimmen. Die beiden Teile werden in der vereinbarten Darstellungsform unmittelbar hintereinander wie zwei getrennte Variable des betreffenden Typs gespeichert, bilden aber hinsichtlich der Bearbeitung stets eine Einheit.

— Attribute für die *Art der Kommadarstellung:*

FIXED für Festkommadarstellung,
FLOAT für Gleitkommadarstellung.

Fehlt in der Vereinbarung einer arithmetischen Variablen ein solches Attribut, so wird standardmäßig FLOAT angenommen.

Die Festkommadarstellung ist dadurch gekennzeichnet, daß der Programmierer die Stellung des Kommas selbst festlegt. Er kann diese zwar im Rahmen der allgemeinen Möglichkeiten der jeweiligen Darstellungsform im Prinzip beliebig wählen, das Komma für die Werte der betreffenden Größe steht jedoch während der gesamten Programmabarbeitung stets an der gleichen Stelle.

Die Gleitkommadarstellung ist dadurch gekennzeichnet, daß die Kommastellung für die Werte der betreffenden Größe während der Programmabarbeitung variieren kann. Zu diesem Zweck werden die Werte von Variablen dieser Form stets aus zwei Teilen gebildet: einer Mantisse, die die Folge der signifikanten Ziffern angibt, und einem Exponenten, der die Größenordnung des Zahlenwerts und damit die Kommastellung festlegt.

Welche Darstellungsform für eine Variable gewählt wird, hängt nicht unwesentlich von dem zu erwartenden Wertebereich ab. Da in jedem Fall für die Darstellung eines Zahlenwerts nur eine bestimmte, feste Anzahl von Ziffern zur Verfügung steht, wird der Wertebereich einer Variablen in Festkommadarstellung natürlich stark beschränkt, und man stößt mitunter sehr schnell an die Grenzen der Darstellungsmöglichkeiten. Durch die Festlegung der Größenordnung über den jeweiligen Exponenten erlaubt dagegen die Gleitkommaform die Darstellung von Werten, die einen sehr breiten Wertebereich umfassen können.

— Attribute für die *Basis der Zahlendarstellung:*

BINARY (abgekürzt BIN) für duale Basis,
DECIMAL (abgekürzt DEC) für dezimale Basis.

Fehlt in der Vereinbarung einer arithmetischen Variablen ein solches Attribut, so wird standardmäßig DECIMAL angenommen.

Da die Bauelemente von Rechenautomaten im allgemeinen nur zwei stabile Zustände haben und damit nur die Darstellung zweier unterschiedlicher Ziffern ermöglichen, stehen für sämtliche Darstellungsformen jeweils ausschließlich die Ziffern 0 und 1 zur Verfügung.

Bei Variablen in Festkommadarstellung besagt die Festlegung der dualen Basis, daß die einzelnen Werte in rein dualer Form, d. h. unter Verwendung des dualen Stellenwertsystems, dargestellt werden sollen. Bei Festlegung der dezimalen Basis findet dagegen eine dezimal-duale Darstellung Verwendung, die dadurch gekennzeichnet ist, daß jede einzelne Dezimalziffer durch ihr duales Äquivalent von 4 Dualziffern (mit evtl. führenden Nullen) dargestellt wird und der gesamte Zahlenwert sich aus der Aneinanderreihung dieser Teile ergibt.

Die Wahl der Basis für eine arithmetische Festkommavariable hängt vor allem davon ab, welche Operationen mit ihren Werten ausgeführt werden müssen. Für Rechenoperationen oder Indexangaben ist z. B. die Verwendung von Werten in rein dualer Darstellung vorteilhafter, während bezüglich der bei der Ein- und Ausgabe erfolgenden Umwandlung von extern vorliegenden Daten in die interne Form und umgekehrt andererseits die dezimal-duale Darstellung wesentlich weniger aufwendig ist. Festkommavariable mit dezimaler Basis wird man daher vor allem in solchen Fällen verwenden, in denen relativ wenig Rechenoperationen erforderlich sind, aber sehr viele Ein- und Ausgabevorgänge stattfinden.

Bei Variablen in Gleitkommadarstellung spielt die Festlegung der Basis keine Rolle hinsichtlich der internen Darstellung und Bearbeitung; diese sind in beiden Fällen gleich. Das Attribut für die Basis der Zahlendarstellung wird hier nur in Verbindung mit den Informationen des Genauigkeitsattributs benötigt.

— *Genauigkeitsattribute:*

(m,n) oder (m) bei Variablen in Festkommadarstellung,
(m) bei Variablen in Gleitkommadarstellung.

Dieses Attribut wird nicht durch ein Schlüsselwort dargestellt, sondern besteht lediglich aus dem angegebenen Klammerausdruck. Für m ist jeweils eine positive ganze Zahl einzusetzen, während n eine beliebige ganze Zahl sein darf. Bei Variablen in Gleitkommadarstellung wird durch m die geforderte Mindestanzahl von signifikanten Ziffern für die Mantisse festgelegt, wobei sich diese Angabe je nach der vorliegenden Basis der Zahlendarstellung auf Dual- oder Dezimalziffern bezieht. Bei Variablen in Festkommadarstellung gibt m die maximale Anzahl von Ziffern an, die unabhängig von der Kommastellung insgesamt für einen Wert der Variablen erforderlich ist.

Der Wert von n legt die Größenordnung des Variablenwertes fest und bringt i. allg. die Anzahl der rechts vom Komma stehenden, in der Anzahl m mit enthaltenen Ziffern zum Ausdruck. Bei Verwendung des Genauigkeitsattributs (m) für eine Variable in Festkommadarstellung wird für n der Wert 0 angenommen, und die Werte werden demzufolge als ganze Zahlen betrachtet. Gemeinsam bestimmen die Angaben m und n, die sich auch hier je nach der Basis der Zahlendarstellung auf Dual- oder Dezimalziffern beziehen, den Wertebereich für die Werte der betreffenden Variablen.

Fehlt in der Vereinbarung einer arithmetischen Variablen die Angabe eines Genauigkeitsattributs, so werden Standardannahmen dafür getroffen, die von den sonstigen

Attributen abhängig sind. Grundsätzlich ist zu beachten, daß die interne Darstellung der Zahlenwerte nur die jeweilige Ziffernfolge, nicht aber eine Abbildung des Kommas enthält. Die Kommastellung wird vielmehr vom Compiler bei der Programmübersetzung aus den Informationen des Genauigkeitsattributs entnommen und bei der Generierung der einzelnen Maschinenbefehle entsprechend berücksichtigt.

Die Reihenfolge für die Angabe der einzelnen Attribute in der Vereinbarung für eine Variable ist im allgemeinen gleichgültig. Eine Ausnahme bildet lediglich das Genauigkeitsattribut, das niemals als erstes angegeben werden darf, sondern stets hinter einem der anderen Attribute stehen muß. Soll für eine Variable außerdem ein Anfangswert festgelegt werden, so ist zusätzlich noch das Attribut INITIAL(*Konstante*) anzugeben (Abschnitt 2.2.1.).

Tritt in einem Befehl eine Bezeichnung auf, für die im Programm keine Vereinbarung durch einen Befehl DECLARE angegeben wurde, so wird in verschiedenen Fällen vom Compiler aus dem Zusammenhang heraus erkannt, worum es sich jeweils handelt (z. B. Bezeichnungen von Dateien oder Teilprogrammen). Ist das jedoch nicht möglich, so wird stets eine implizite Vereinbarung als arithmetische Variable vorgenommen, deren Attribute sich aus dem ersten Zeichen der Bezeichnung wie folgt ergeben:

— REAL BINARY FIXED (15,Ø) falls die Bezeichnung mit einem der Buchstaben I, J, K, L, M oder N beginnt;

— REAL DECIMAL FLOAT (6) falls die Bezeichnung mit einem anderen Buchstaben beginnt.

Durch die Wahl entsprechender Bezeichnungen kann man folglich auf die explizite Vereinbarung einer Reihe von variablen Größen verzichten, wenn deren Typ mit diesen Standardannahmen übereinstimmen soll.

2.2.2.2. Duale Festkommavariable

Die duale Festkommadarstellung ist dadurch gekennzeichnet, daß die Werte der Variablen dieses Typs in rein dualer Form gespeichert werden. Die Vereinbarung solcher Variablen kann explizit oder implizit erfolgen, und zwar

— explizit mit Hilfe eines Befehls DECLARE unter Verwendung einer beliebigen Bezeichnung und Angabe der Attribute BINARY und FIXED;

— implizit ohne Angabe in einem Befehl DECLARE durch Verwendung einer Bezeichnung, die mit einem der Buchstaben I, J, K, L, M oder N beginnt.

Für die in einem Programm in Form von Indizes, Zählern und dgl. auftretenden ganzzahligen Größen vergibt man daher häufig eine entsprechende Bezeichnung und kann dann auf eine explizite Vereinbarung der betreffenden Variablen verzichten.

Die interne Speicherung der Werte von dualen Festkommavariablen erfolgt entweder in 2 Bytes (Halbwortdarstellung) oder in 4 Bytes (Vollwortdarstellung). Welche dieser beiden Formen verwendet wird, ergibt sich aus dem Genauigkeitsattribut, das in der Form (m) oder (m,n) angegeben werden kann. Der Wert von m legt in jedem Fall die maximale Anzahl von Dualziffern für die Speicherung der Variablenwerte fest, wobei die Beziehung $1 \leqq m \leqq 31$ einzuhalten ist. In Abhängigkeit davon wird die Form der Darstellung wie folgt bestimmt:

bei $1 \leqq m \leqq 15$ Speicherung in 2 Bytes,
bei $16 \leqq m \leqq 31$ Speicherung in 4 Bytes.

Im allgemeinen hat es wenig Sinn, für m nicht einen der beiden Werte 15 oder 31 anzugeben. An sämtlichen Operationen mit der betreffenden Variablen nehmen auch bei Angabe eines kleineren Werts jeweils alle 15 bzw. 31 Dualziffern teil. Lediglich in Ausnahmefällen könnte eine solche Angabe in Verbindung mit der Durchführung von Konvertierungen oder zur Kontrolle von zugeordneten Werten eine Rolle spielen.

Weiterhin wird durch das Genauigkeitsattribut auch die Größenordnung des Variablenwerts bestimmt, für den nur die jeweilige Ziffernfolge gespeichert wird, während eine explizite Speicherung des Kommas nicht erfolgt. Bei Angabe des Genauigkeitsattributs in der Form (m) entspricht die gespeicherte Ziffernfolge auch unmittelbar dem Wert der Variablen, der in diesem Falle ganzzahlig ist. Bei Angabe des Genauigkeitsattributs in der Form (m,n) wird dagegen die Größenordnung durch den Wert von n bestimmt, indem der der gespeicherten Ziffernfolge entsprechende ganzzahlige Wert vor der Verwendung der Variablen mit 2^{-n} multipliziert wird.

Für $n = 0$ entspricht folglich diese Angabe vollständig der Form (m) des Genauigkeitsattributs. Ein positiver Wert von n besagt, daß der Wert der Variablen n Kommastellen enthält. Bei $n \leqq m$ sind das die n rechten der m gespeicherten Dualziffern; bei $n > m$ ist dagegen der Wert dem Betrage nach stets kleiner als 1 und ergibt sich daraus, daß hinter dem Komma zunächst $n - m$ Dualziffern 0 auftreten, an die sich dann die gespeicherte Ziffernfolge anschließt. Ein negativer Wert von n besagt, daß es sich um einen ganzzahligen Wert handelt, von dem jedoch immer nur die Folge der ersten m Ziffern gespeichert wird und an die noch $|n|$ Dualziffern 0 angefügt werden.

Entsprechend dieser Interpretation der gespeicherten Variablenwerte wird auch bei der Zuordnung eines Werts zu einer dualen Festkommavariablen mit dem Genauigkeitsattribut (m,n) verfahren, indem dieser zunächst mit 2^n multipliziert und anschließend der ganzzahlige Anteil des Resultats abgespeichert wird.

Wird kein Genauigkeitsattribut bei der Vereinbarung einer dualen Festkommavariablen angegeben oder erfolgt deren Vereinbarung implizit, so wird standardmäßig dafür (15,Ø) angenommen, d. h., die Variablenwerte werden als ganzzahlige Größen betrachtet und in 2 Bytes gespeichert.

Beispiele

1. DECLARE ANZ BIN FIXED (15) INIT (Ø);

Hiermit wird unter der Bezeichnung ANZ eine reelle duale Festkommavariable vereinbart, deren Wert ganzzahlig ist und maximal 15 Dualziffern umfassen kann. Für diese Variable werden 2 Bytes zur Speicherung benötigt; als Anfangswert wird der Wert 0 festgelegt.

2. DCL WERT FIXED (31,1Ø) BINARY;

Hiermit wird unter der Bezeichnung WERT eine reelle duale Festkommavariable vereinbart, deren Wert maximal 31 Dualziffern umfassen kann, von denen jeweils 10 rechts vom Komma stehen. Zur Speicherung dieser Variablen werden 4 Bytes benötigt.

3. DECLARE IK BINARY FIXED CPLX;

Hiermit wird unter der Bezeichnung IK eine komplexe duale Festkommavariable vereinbart, deren Real- und Imaginärteil jeweils ganzzahlig ist und maximal 15 Ziffern umfassen kann. Für die beiden Teile werden folglich zur Speicherung je 2 Bytes benötigt. Die Angabe eines Genauigkeitsattributs (15) oder (15,Ø) hätte die gleiche Wirkung.

Schematisch kann die interne Speicherungsform der Werte von dualen Festkommavariablen im Fall der Verwendung von 4 Bytes folgendermaßen dargestellt werden:

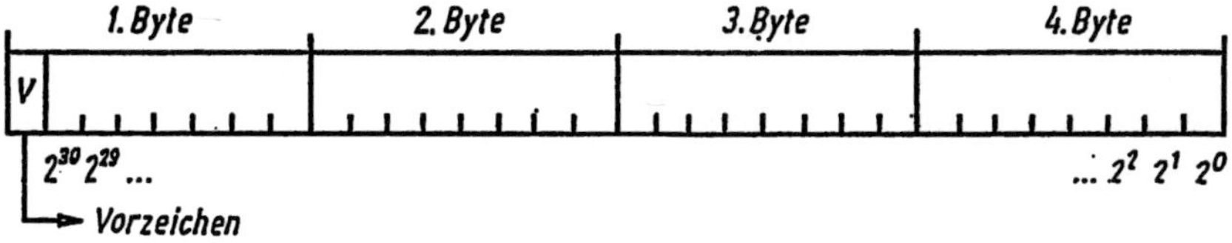

Das erste Bit dient zur Realisierung des Vorzeichens, die restlichen 31 Bits zur Darstellung der Ziffernfolge des Zahlenwertes, wobei die Kommastellung unberücksichtigt bleibt. Die Stellenwerte der einzelnen Dualziffern von rechts nach links sind die Potenzen $2^0, 2^1, \ldots, 2^{30}$, so daß ein Zahlenwert folglich stets rechtsbündig gespeichert wird. Die überschüssigen Bitpositionen einschließlich der Vorzeichenstelle enthalten bei positiven Werten stets die Dualziffer 0. Negative Werte werden grundsätzlich durch das Zweierkomplement des entsprechenden positiven Werts über alle 32 Bits dargestellt. Dieses erhält man, indem jede Dualziffer 0 durch 1 und jede Dualziffer 1 durch 0 ersetzt und anschließend insgesamt 1 zu dem entstandenen Wert addiert wird; die Vorzeichenstelle erhält auf diese Weise dann ebenfalls die Dualziffer 1. Auch im Falle der Verwendung von 2 Bytes zur Speicherung der Variablenwerte werden das erste Bit zur Realisierung des Vorzeichens und die restlichen 15 Bits, die dann von rechts nach links den Stellenwerten $2^0, 2^1, \ldots, 2^{14}$ entsprechen, für die Darstellung des Zahlenwerts verwendet.

Für den gespeicherten ganzzahligen Wert einer dualen Festkommavariablen x ergeben sich daraus folgende Wertebereiche:

$$-32768 \leqq x \leqq 32767 \text{ bei Verwendung von 2 Bytes,}$$
$$-2147483648 \leqq x \leqq 2147483647 \text{ bei Verwendung von 4 Bytes.}$$

Durch die Angabe eines Werts n im Genauigkeitsattribut zur Festlegung der Größenordnung der Variablenwerte kann der Wertebereich in gewissem Umfang natürlich noch weiter ausgedehnt oder eingeschränkt werden.

Beispiel. Die interne Speicherung der Werte 307 und —307 einer dualen Festkommavariablen mit dem Genauigkeitsattribut (15,Ø) ergibt folgenden dualen Inhalt für die erforderlichen 2 Bytes:

Wert 307: 0000000100110011,
Wert —307: 1111111011001101.

Da eine Kommastellung in dem abgespeicherten Wert nicht zum Ausdruck kommt, sondern jeweils nur bei der Verwendung der Variablen im betreffenden Befehl entsprechend berücksichtigt wird, haben die Werte 19,1875 bzw. —19,1875 einer dualen Festkommavariablen mit dem Genauigkeitsattribut (15,4) genau die gleiche interne Darstellung.

2.2.2.3. Dezimale Festkommavariable

Die dezimale Festkommadarstellung ist dadurch gekennzeichnet, daß die Werte der Variablen dieses Typs in dezimal-dualer Form gespeichert werden. Die Vereinbarung solcher Variablen kann nur explizit mit Hilfe eines Befehls DECLARE erfolgen, und zwar wahlweise durch

— die Angabe einer beliebigen Bezeichnung und der Attribute DECIMAL und FIXED;
— die Angabe einer beliebigen Bezeichnung und des Attributs FIXED (das Attribut DECIMAL wird dann standardmäßig angenommen).

Die interne Speicherung der Werte von dezimalen Festkommavariablen erfolgt in der sogenannten gepackten Zahlendarstellung, bei der für jede Ziffer sowie für das Vorzeichen jeweils ein halbes Byte benötigt wird. Jede einzelne Dezimalziffer wird entsprechend ihrer dualen Darstellung durch eine Folge von 4 Bits verschlüsselt:

0 0000	1 0001	2 0010	3 0011	4 0100
5 0101	6 0110	7 0111	8 1000	9 1001

Eine analoge Verschlüsselung wird für das Vorzeichen verwendet:

+ 1100 — 1101

Maximal stehen für die Darstellung eines dezimalen Festkommawerts 15 Dezimalziffern zur Verfügung. Wieviel Ziffern für eine Variable konkret vereinbart werden, geht aus dem Genauigkeitsattribut hervor, das in der Form (m) oder (m,n) angegeben werden kann. Der Wert von m legt in jedem Fall die maximale Anzahl von Dezimalziffern für die Speicherung der Variablenwerte fest, wobei die Beziehung $1 \leqq m \leqq 15$ einzuhalten ist. In Abhängigkeit davon erhält man den benötigten Speicherplatz von $(m + 1) : 2$ Bytes. Ergibt sich im Falle eines geraden Werts von m bei der Berechnung eine gebrochene Zahl, so wird jeweils der nächsthöhere ganzzahlige Wert verwendet und eine führende Dezimalziffer 0 im Wert der Variablen ergänzt, die auch an sämtlichen Operationen mit der betreffenden Variablen teilnimmt. Es empfiehlt sich, von vornherein für m stets einen ungeraden Wert anzugeben. Insgesamt kann der zur Speicherung einer dezimalen Festkommavariablen benötigte Speicherplatz 1—8 Bytes betragen.

Weiterhin wird durch das Genauigkeitsattribut auch die Größenordnung des Variablenwerts bestimmt, für den stets nur die jeweilige Ziffernfolge gespeichert wird, während eine explizite Speicherung des Kommas nicht erfolgt. Bei Angabe des Genauigkeitsattributs in der Form (m) entspricht die gespeicherte Ziffernfolge auch unmittelbar dem Wert der Variablen, der in diesem Falle ganzzahlig ist. Bei Angabe des Genauigkeitsattributs in der Form (m,n) wird dagegen die Größenordnung durch den Wert von n bestimmt, indem der der gespeicherten Ziffernfolge entsprechende ganzzahlige Wert vor der Verwendung der Variablen mit 10^{-n} multipliziert wird.

Für $n = 0$ entspricht diese Angabe folglich vollständig der Form (m) des Genauigkeitsattributs. Ein positiver Wert von n besagt, daß der Wert der Variablen n Kommastellen enthält. Bei $n \leqq m$ sind das die rechten n der m gespeicherten Dezimalziffern; bei $n > m$ ist dagegen der Wert dem Betrag nach stets kleiner als 1 und ergibt sich daraus, daß hinter dem Komma zunächst $n - m$ Dezimalziffern 0 auftreten, an die sich dann die gespeicherte Ziffernfolge anschließt. Ein negativer Wert von n besagt jedoch, daß es sich um einen ganzzahligen Wert handelt, von dem aber immer nur die Folge der ersten m Ziffern gespeichert wird und daran noch $|n|$ Dezimalziffern 0 angefügt werden. Durch den Verzicht auf das Speichern konstant auftretender Nullen in den Fällen $n > m$ bzw. $n < 0$ kann man mitunter allerhand Speicherplatz einsparen.

Entsprechend dieser Interpretation der gespeicherten Variablenwerte wird auch bei der Zuordnung eines Werts zu einer dezimalen Festkommavariablen mit dem Genauigkeitsattribut (m,n) verfahren, indem dieser zunächst mit 10^n multipliziert und anschließend der ganzzahlige Anteil des Resultats abgespeichert wird.

Wird kein Genauigkeitsattribut bei der Vereinbarung einer dezimalen Festkommavariablen angegeben, so wird standardmäßig dafür (5,Ø) angenommen, d. h., der Wert wird als ganzzahlige Größe betrachtet und in 3 Bytes gespeichert.

Beispiele

1. DECLARE SUMME DECIMAL FIXED (7,3);

Hiermit wird unter der Bezeichnung SUMME eine reelle dezimale Festkommavariable vereinbart, deren Wert maximal 7 Dezimalziffern umfassen kann, von denen 3 rechts vom Komma stehen. Zur Speicherung der Variablen werden 4 Bytes benötigt.

2. DCL VGL FIXED INIT (1ØØ);

Hiermit wird unter der Bezeichnung VGL eine reelle dezimale Festkommavariable vereinbart, deren Wert ganzzahlig ist und maximal 5 Dezimalziffern umfassen kann, so daß zur Speicherung 3 Bytes erforderlich sind. Außerdem enthält die Vereinbarung die Festlegung des Werts 100 als Anfangswert für die Variable. Die Angabe eines Genauigkeitsattributs in der Form (5) oder (5,Ø) hätte die gleiche Wirkung.

3. DECLARE AB DEC FIXED (5,7) COMPLEX;

Hiermit wird unter der Bezeichnung AB eine komplexe dezimale Festkommavariable vereinbart, deren Real- und Imaginärteil dem Betrag nach kleiner als 1 ist und 7 Stellen rechts vom Komma enthält. Da die ersten beiden Kommastellen stets 0 sind, werden jeweils nur die restlichen 5 Ziffern gespeichert. Für die beiden Teile der Variablen sind jeweils 3 Bytes erforderlich.

4. DCL U FIXED (3,−2) DEC INIT (32ØØØ);

Hiermit wird unter der Bezeichnung U eine reelle dezimale Festkommavariable vereinbart, deren Wert eine maximal 5stellige ganze Zahl darstellt, wobei die letzten beiden Ziffern stets 0 sind und deshalb nicht mit gespeichert werden. Die Variable benötigt daher nur 2 Bytes, und der jeweilige Wert ergibt sich durch Multiplikation der gespeicherten Ziffernfolge mit 100. Zu Programmbeginn hat die Variable U stets den Wert 32000.

Schematisch kann die interne Speicherungsform der Werte von dezimalen Festkommavariablen folgendermaßen dargestellt werden:

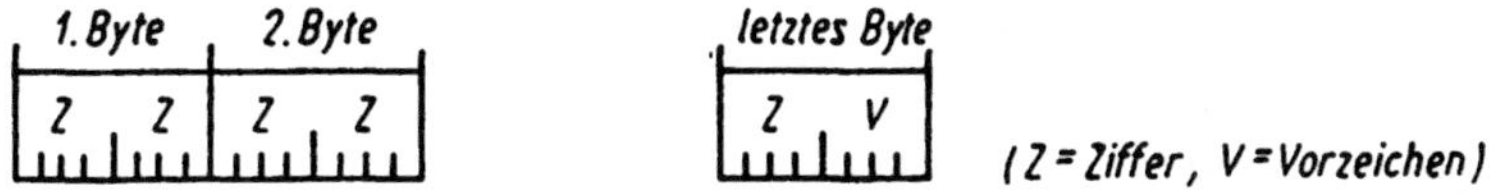

Das rechte Halbbyte enthält stets das Vorzeichen, auf den weiteren Positionen wird die Ziffernfolge des Zahlenwertes rechtsbündig eingetragen. Eventuell nichtbenötigte Halbbytes werden mit der Darstellung der Ziffer 0 belegt. Negative Werte werden in der gleichen Form gespeichert wie positive und unterscheiden sich nur in der Vorzeichendarstellung.

Beispiel. Die interne Speicherung der Werte 7315 und −7315 einer dezimalen Festkommavariablen mit dem Genauigkeitsattribut (5,Ø) ergibt folgenden dualen Inhalt für die erforderlichen 3 Bytes:

Wert 7315: 000001110011000101011100,
Wert −7315: 000001110011000101011101.

Da eine Kommastellung in dem abgespeicherten Wert nicht zum Ausdruck kommt, sondern jeweils nur bei der Verwendung der Variablen im betreffenden Befehl entsprechend berücksichtigt wird, tritt die gleiche interne Darstellung z. B. auch in folgenden Fällen auf: für den Wert 73,15 einer Variablen mit dem Genauigkeitsattribut (5,2), für den Wert 0,007315 einer Variablen mit dem Genauigkeitsattribut (5,6), für den Wert 731500 einer Variablen mit dem Genauigkeitsattribut (5,−2).

2.2.2.4. Gleitkommavariable

Die Gleitkommadarstellung ist dadurch gekennzeichnet, daß die Werte der Variablen dieses Typs in einer Form gespeichert werden, die sich aus zwei Teilen zusammensetzt: einem Teil, der die Folge der signifikanten Ziffern enthält (Mantisse), und einem Teil, der die Größenordnung der Zahl und damit die Kommastellung festlegt (Exponent). Es handelt sich hierbei praktisch um die gleiche Methode, die vom Rechnen mit Logarithmen allgemein bekannt ist. Die Vereinbarung solcher Variablen kann explizit oder implizit erfolgen, und zwar

— explizit mit Hilfe eines Befehls DECLARE unter Verwendung einer beliebigen Bezeichnung und Angabe des Attributs FLOAT;
— implizit ohne Angabe in einem Befehl DECLARE durch Verwendung einer Bezeichnung, die nicht mit einem der Buchstaben I, J, K, L, M oder N beginnt.

Die interne Speicherung der Werte von Gleitkommavariablen erfolgt normalerweise in 4 Bytes (Vollwortdarstellung), womit eine Genauigkeit von 6 signifikanten Dezimalziffern für die Mantisse erreicht werden kann. Zur Erhöhung der Genauigkeit kann aber auch eine Speicherung in 8 Bytes (Doppelwortdarstellung) vereinbart werden, womit dann 16 Dezimalziffern signifikant in der Mantisse dargestellt werden können. Welche dieser beiden Formen verwendet wird, geht aus dem jeweiligen Genauigkeitsattribut hervor, das bei Gleitkommavariablen stets in der Form (m) anzugeben ist. Der Wert von m legt die Mindestanzahl von signifikanten Ziffern fest, die für die Mantisse erforderlich ist, wobei sich diese Angabe je nach dem für die Variable vereinbarten oder angenommenen Attribut für die Basis der Zahlendarstellung auf Dezimal- oder Dualziffern bezieht.

Das Attribut DECIMAL oder BINARY kann bei einer expliziten Vereinbarung zusammen mit dem Attribut FLOAT angegeben werden; ist das nicht der Fall oder liegt eine implizite Vereinbarung vor, so wird standardmäßig DECIMAL angenommen. Auf die interne Darstellungsform hat das Attribut für die Basis der Zahlendarstellung jedoch keinen Einfluß; es ist lediglich für die Interpretation des Genauigkeitsattributs von Bedeutung.

Bei Vorliegen des Attributs DECIMAL bezieht sich der Wert von m im Genauigkeitsattribut auf die Anzahl der Dezimalziffern für die Mantisse, und es ist die Beziehung $1 \leqq m \leqq 16$ einzuhalten. Die Speicherungsform ergibt sich daraus wie folgt:

bei $1 \leqq m \leqq 6$ Speicherung in 4 Bytes,
bei $7 \leqq m \leqq 16$ Speicherung in 8 Bytes.

Bei Vorliegen des Attributs BINARY bezieht sich der Wert von m im Genauigkeitsattribut auf die Anzahl der Dualziffern für die Mantisse, und es ist die Beziehung $1 \leqq m \leqq 53$ einzuhalten. Die Speicherungsform ergibt sich daraus wie folgt:

bei $1 \leqq m \leqq 21$ Speicherung in 4 Bytes,
bei $22 \leqq m \leqq 53$ Speicherung in 8 Bytes.

Im allgemeinen hat es wenig Sinn, für m nicht einen der beiden Werte 6 oder 16 bzw. 21 oder 53 anzugeben. An sämtlichen Operationen mit der betreffenden Variablen nehmen auch bei Angabe eines kleineren Werts alle in den 4 bzw. 8 Bytes enthaltenen Ziffern der Mantisse teil. Lediglich in Ausnahmefällen könnte eine solche Angabe in

Verbindung mit der Durchführung von Konvertierungen oder zur Kontrolle von zugeordneten Werten eine Rolle spielen.

Wird kein Genauigkeitsattribut bei der Vereinbarung einer Gleitkommavariablen angegeben oder diese implizit vereinbart, so wird in Abhängigkeit von der vorliegenden Basis der Zahlendarstellung standardmäßig (6) bzw. (21) angenommen und damit jeweils eine Speicherung in 4 Bytes veranlaßt.

Beispiele

1. DECLARE XALT FLOAT(16) INIT (–1.25EØ);

Hiermit wird unter der Bezeichnung XALT eine reelle Gleitkommavariable vereinbart, für deren Speicherung 8 Bytes verwendet werden, da sich das Genauigkeitsattribut auf die Anzahl der Dezimalziffern bezieht. Außerdem wird für die Variable der Anfangswert –1,25 festgelegt.

2. DCL WINKEL BINARY FLOAT (16);

Hiermit wird unter der Bezeichnung WINKEL eine reelle Gleitkommavariable vereinbart, für deren Speicherung 4 Bytes verwendet werden, da sich das Genauigkeitsattribut auf die Anzahl der Dualziffern bezieht.

3. DECLARE (MESS FLOAT, ZW) COMPLEX;

Hiermit werden unter den Bezeichnungen MESS und ZW komplexe Gleitkommavariable vereinbart, wobei auf Grund der Standardannahmen für das Genauigkeitsattribut jeweils 4 Bytes für Real- und Imaginärteil benötigt werden.

Schematisch kann die interne Speicherungsform der Werte von Gleitkommavariablen im Falle der Verwendung von 4 Bytes folgendermaßen dargestellt werden:

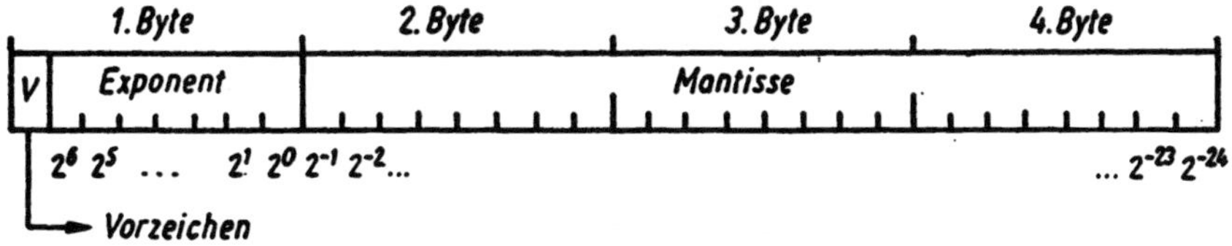

Das erste Bit wird jeweils zur Speicherung des Vorzeichens verwendet; es enthält die Dualziffer 0 bei positiven und die Dualziffer 1 bei negativen Werten. Die restlichen 7 Bits des 1. Bytes enthalten den Exponenten, der stets ganzzahlig ist und sich auf die Basis 16 bezieht. Um für dessen Wert nicht ebenfalls ein Vorzeichen zu benötigen, wird dieser jeweils um 64 erhöht und anschließend in dualer Form gespeichert. Da die 7 zur Verfügung stehenden Bits die duale Darstellung der Werte 0–127 ermöglichen, darf der tatsächliche Wert des Exponenten also im Bereich von –64 bis +63 liegen.

Für die Darstellung der Mantisse stehen die 24 Bits des 2. bis 4. Bytes zur Verfügung. Ihr Wert wird ebenfalls in rein dualer Form, aber durch entsprechende Ausrichtung des Exponenten stets so gespeichert, daß er dem Betrage nach kleiner als 1 ist. Die Stellenwerte der Mantisse sind folglich von links nach rechts die Potenzen $2^{-1}, 2^{-2}, \ldots, 2^{-24}$. Bezeichnet man die einzelnen Dualziffern in dieser Reihenfolge mit z_k, so erhält man den Wert der Mantisse aus

$$\sum_{k=1}^{24} z_k \cdot 2^{-k},$$

und ihr größter darstellbarer Wert ist $1-2^{-24}$. Negative Werte von Gleitkommavariablen werden in der gleichen Form gespeichert wie positive und unterscheiden sich von diesen nur im Vorzeichen. Aus dem gespeicherten Wert E für den Exponenten und der vorliegenden Mantisse ergibt sich unter Berücksichtigung des Vorzeichens der Wert einer Gleitkommavariablen aus

$$\mathit{Mantisse} \cdot 16^{E-64}.$$

Wegen der Vielzahl von Möglichkeiten, durch entsprechende Wahl des Exponenten einen Zahlenwert in Gleitkommaform darzustellen, wird stets eine Normierung in der Weise vorgenommen, daß in den ersten 4 Bits der Mantisse wenigstens einmal die Dualziffer 1 auftritt. Eine Ausnahme bildet lediglich der Wert 0, der durch 32 Dualziffern 0 dargestellt wird. Damit ist $(1-2^{-24}) \cdot 16^{63}$ der dem Betrag nach größte und $2^{-4} \cdot 16^{-64}$ der dem Betrag nach kleinste in Gleitkommaform darstellbare Zahlenwert. Im Dezimalsystem ausgedrückt umfaßt der gesamte Darstellungsbereich folglich alle Zahlenwerte z, für die annähernd die Beziehung

$$5.4 \cdot 10^{-78} \leqq z \leqq 7{,}2 \cdot 10^{75}$$

gilt. Allerdings lassen sich mit den bei der Speicherung in 4 Bytes für die Mantisse zur Verfügung stehenden 24 Dualziffern nur Werte mit maximal 6 Dezimalziffern eindeutig erfassen. Benötigt man eine höhere Genauigkeit, so muß die Speicherung unter Verwendung von 8 Bytes erfolgen, wobei die zusätzlichen 4 Bytes vollständig zur Verlängerung der Mantisse benutzt werden. Es stehen dann also insgesamt für die Mantisse 56 Dualziffern mit den Stellenwerten $2^{-1}, 2^{-2}, \ldots, 2^{-56}$ zur Verfügung, woraus sich die Möglichkeit der eindeutigen Darstellung von Werten mit 16 Dezimalziffern ergibt. Der gesamte Darstellungsbereich bleibt natürlich in der angegebenen Größenordnung erhalten.

Beispiel. Die interne Darstellung des Wertes 147,25 in Gleitkommaform ergibt bei Verwendung von 4 Bytes folgenden dualen Inhalt:

01000010100100110100000000000000

Vorzeichen | Exponent | Mantisse

Diese Darstellung erhält man folgendermaßen: Zunächst entspricht dem dezimalen Wert 147,25 die duale Darstellung 10010011,01. Da die Mantisse aber stets kleiner als 1 sein muß, ist eine Verschiebung des Kommas um 8 Stellen nach links erforderlich; der sich so ergebende duale Wert 0,1001001101 ist nun allerdings noch mit 2^8 bzw. 16^2 zu multiplizieren. Wegen der jeweiligen Erhöhung des sich auf die Basis 16 beziehenden Exponenten um 64 erhält dieser folglich den Wert 66 und damit die duale Darstellung 1000010. Für den Wert $-147{,}25$ ergäbe sich mit Ausnahme des ersten Bits, das dann durch die Dualziffer 1 zu ersetzen wäre, eine identische Darstellung.

2.2.3. Kettenvariable

Kettenvariable werden für solche Größen vereinbart, deren Werte nur als Aufeinanderfolge von einzelnen Zeichen oder Bits betrachtet, im allgemeinen aber nicht zur Durchführung arithmetischer Operationen herangezogen werden. Handelt es sich um eine Zeichenfolge, so wird diese als Zeichenkette und die betreffende Variable als Zeichenkettenvariable bezeichnet; handelt es sich um eine Bitfolge, so wird diese als Bitkette und die betreffende Variable als Bitkettenvariable bezeichnet. Im Spezialfall können Kettenvariable auch nur aus einem einzigen Zeichen oder Bit bestehen.

Zeichenkettenvariable treten vor allem in Verbindung mit alphanumerischen Informationen auf (z. B. Adressen, Bezeichnungen, Texte). Sie finden aber auch häufig für numerische Größen Verwendung, mit denen keine Berechnungen durchgeführt werden, sondern die vielleicht nur für Vergleichs- oder Identifikationszwecke sowie für die Ausgabe benötigt werden (z. B. Kontonummern, Artikelnummern, Postleitzahlen). Bitkettenvariable sind vor allem im Zusammenhang mit logischen Verknüpfungen oder Vergleichsoperationen von Bedeutung. Die logischen Aussagewerte „wahr“ und „falsch“ können praktisch durch eine Bitkette realisiert werden, die nur aus einem einzigen Bit besteht. Häufig treten Zeichen- oder Bitkettenvariable auch als Schalter zur Steuerung des Programmablaufs auf.

In jedem Fall sind Kettenvariable stets explizit mit Hilfe eines Befehls DECLARE zu vereinbaren, wobei folgende Attribute anzugeben sind:

- CHARACTER (abgekürzt CHAR) für Zeichenkettenvariable,
- BIT für Bitkettenvariable.

Auf dieses Schlüsselwort folgt jeweils noch ein Längenattribut in der Form (m). Der Wert von m, der stets eine natürliche Zahl sein und der Beziehung $1 \leqq m \leqq 32767$ genügen muß, bestimmt die Länge der Kettenvariablen, d. h. die Anzahl der Zeichen bzw. Bits, aus denen ihre Werte gebildet werden sollen. Das Längenattribut ist bei der Vereinbarung einer Kettenvariablen unbedingt erforderlich; eine Standardannahme existiert dafür nicht.

Bei der internen Speicherung der Werte einer Zeichenkettenvariablen wird für jedes Zeichen ein Byte benötigt, das die entsprechende duale Verschlüsselung durch 8 Bits enthält. Die einzelnen Zeichen müssen dabei nicht unbedingt zum jeweiligen Zeichensatz gehören, sondern es sind dafür alle 256 theoretisch darstellbaren Bitkombinationen zulässig. Die Speicherung der Werte von Bitkettenvariablen erfolgt in der Weise, daß jeweils 8 Bits der Kette in einem Byte untergebracht werden. Wird einer Kettenvariablen ein Wert zugeordnet, der kürzer ist als die vereinbarte Länge, so wird dieser im Unterschied zu arithmetischen Daten stets linksbündig gespeichert; der restliche Teil der Speicherplätze der Variablen wird bei Zeichenketten mit Leerzeichen und bei Bitketten mit Dualziffern 0 gefüllt.

Beispiele

1. DECLARE TEXT CHARACTER (35);

Hiermit wird unter der Bezeichnung TEXT eine Zeichenkettenvariable vereinbart, deren Wert aus der Aufeinanderfolge von 35 Zeichen besteht.

2. DCL (SCH CHAR(1), TAB CHAR(12)) INIT (' ');

Hiermit wird unter der Bezeichnung SCH eine Zeichenkettenvariable vereinbart, die nur aus einem einzigen Zeichen besteht und für die als Anfangswert ein Leerzeichen festgelegt wird. Außerdem enthält der Befehl die Vereinbarung einer Zeichenkettenvariablen der Länge 12 unter der Bezeichnung TAB, deren Anfangswert aus 12 Leerzeichen gebildet wird.

3. DECLARE B1 BIT(1) INIT ('Ø'B), B2 BIT(24);

Hiermit wird unter der Bezeichnung B1 eine Bitkettenvariable der Länge 1 vereinbart, der als Anfangswert die Dualziffer 0 zugeordnet wird. Außerdem enthält der Befehl die Vereinbarung einer Bitkettenvariablen der Länge 24 unter der Bezeichnung B2, für die insgesamt 3 Bytes benötigt werden.

Zeichenketten- und Bitkettenvariable können auch mit variabler Länge vereinbart werden, indem zusätzlich noch das Attribut

VARYING (abgekürzt VAR)

angegeben wird. Das Längenattribut legt in diesem Fall die maximale Länge der Variablen fest, während ihre aktuelle Länge im Lauf der Programmabarbeitung unterschiedlich sein kann. Sie ergibt sich jeweils aus der Länge des zuletzt zugeordneten Werts und wird bei der Durchführung von Operationen mit der Variablen entsprechend berücksichtigt. Im Unterschied zu Ketten fester Länge, bei denen sich eine Operation stets auf die volle Kette bezieht und bei der Zuordnung kürzerer Werte jeweils Leerzeichen oder Dualziffern 0 ergänzt werden, nimmt bei Ketten variabler Länge jeweils nur die der aktuellen Länge entsprechende Anzahl von Zeichen teil. Durch die Standardfunktion LENGTH (Abschnitt 3.2.3.) kann die aktuelle Länge einer Kettenvariablen bereitgestellt werden.

Beispiele

1. DECLARE LT BIT(1Ø) VARYING;

Hiermit wird unter der Bezeichnung LT eine Bitkettenvariable vereinbart, deren Länge variabel ist und maximal 10 Bits umfassen kann.

2. DCL FEHL CHAR(25) INIT ('FALSCHE STEUERKARTE') VAR;

Hiermit wird unter der Bezeichnung FEHL eine Zeichenkettenvariable variabler Länge vereinbart, die maximal 25 Zeichen umfassen kann. Zu Programmbeginn hat diese auf Grund des angegebenen Anfangswerts eine Länge von 19 Zeichen.

Eine weitere Möglichkeit zur Vereinbarung von Zeichenkettenvariablen besteht durch die Angabe des Attributs

PICTURE '*Abbildungssymbole*'

Für das Schlüsselwort PICTURE kann auch die Abkürzung PIC verwendet werden. Im Unterschied zu einer Vereinbarung der Form CHAR(*m*) wird in diesem Fall nicht nur die Anzahl der Zeichen für die Kette, sondern außerdem noch festgelegt, was für Zeichen auf den einzelnen Positionen stehen dürfen. Diese Festlegungen gehen aus der Folge von *Abbildungssymbolen* hervor, die, in Apostrophe eingeschlossen, stets hinter dem Schlüsselwort PICTURE anzugeben ist und in beliebiger Anordnung die Symbole A, X und 9 enthalten kann. Die Anzahl der Symbole bestimmt die Länge der Zeichenkettenvariablen; eine Vereinbarung von Zeichenkettenvariablen mit variabler Länge kann durch ein Attribut PICTURE nicht vorgenommen werden. Die Symbole selbst beschreiben, welche Zeichen für die einzelnen Positionen zulässig sind. Dabei bedeuten:

X beliebiges Zeichen,
A alphabetisches Zeichen oder Leerzeichen,
9 numerisches Zeichen oder Leerzeichen.

Bei der Zuordnung eines Werts zu einer auf diese Weise vereinbarten Zeichenkettenvariablen findet eine entsprechende Prüfung jedes Zeichens statt. Im Fall des Auftretens eines für eine Position nicht zulässigen Zeichens wird die Fehlerbedingung CONVERSION (Abschnitt 4.4.2.) gesetzt.

Da es bei der Angabe der Abbildungssymbole häufig zur Wiederholung des gleichen Symbols kommt, kann man zur Verkürzung der Schreibarbeit Wiederholungsfaktoren verwenden. Diese sind als in Klammern eingeschlossene natürliche Zahlen anzugeben und stehen (im Unterschied zu Wiederholungsfaktoren für Zeichenkettenkonstanten!) innerhalb der die Folge von Abbildungssymbolen umschließenden Apostrophe. Sie beziehen sich jeweils nur auf das unmittelbar folgende Symbol und geben an, wie oft dieses hintereinander geschrieben werden müßte. Die Folge der Abbildungssymbole kann ohne weiteres mehrere Wiederholungsfaktoren enthalten.

Beispiele

1. DECLARE ZK1 PICTURE 'XXXXX', ZK2 PIC 'XX99A';

Hiermit wird unter den Bezeichnungen ZK1 und ZK2 die Vereinbarung zweier Zeichenkettenvariablen vorgenommen. Während die Vereinbarung für ZK1 vollständig einer solchen mit dem Attribut CHAR(5) entspricht, da jede Position ein beliebiges Zeichen enthalten darf, beinhaltet die Vereinbarung für ZK2 mehr. Für diese Variable wird zusätzlich festgelegt, daß auf der 3. und 4. Position nur ein numerisches oder ein Leerzeichen und auf der letzten Position nur ein alphabetisches oder ein Leerzeichen stehen darf.

2. Die beiden Folgen von Abbildungssymbolen

'XXXAAAX9999X' und '(3)X(3)AX(4)9X'

sind identische Angaben, die zur Vereinbarung einer Zeichenkettenvariablen der Länge 12 mit Hilfe des Attributs PICTURE verwendet werden können.

2.2.4. Numerische Abbildungsvariable

Neben den arithmetischen Variablen, die einen numerischen Wert haben, und den Kettenvariablen, die einen Kettenwert haben, kann man außerdem noch Variable vereinbaren, die sowohl einen numerischen als auch einen Kettenwert haben. Der Vorteil dieser Größen, die als numerische Abbildungsvariable bezeichnet werden, besteht darin, daß sie in einfacher Weise sowohl in Verbindung mit arithmetischen Operationen als auch in Verbindung mit Operationen, die sich auf Zeichenketten beziehen, verwendet werden können.

Intern handelt es sich bei den numerischen Abbildungsvariablen stets um eine zeichenweise Darstellung dezimaler Festkomma- oder Gleitkommagrößen; ihre Speicherungsform entspricht der von Zeichenketten und wird auch als ungepackte Darstellung bezeichnet. Jede einzelne Ziffer des numerischen Wertes und gegebenenfalls das Vorzeichen werden als gesonderte Zeichen gespeichert, wobei zwischen ihnen noch weitere, nicht numerische Zeichen eingefügt werden können. Die Folge aller dieser Zeichen ergibt den Zeichenkettenwert der Variablen, der immer dann verwendet wird, wenn die Variable in Verbindung mit irgendwelchen Operationen für Zeichenketten im Programm auftritt.

Wird die Variable dagegen zur Ausführung arithmetischer Operationen benutzt, so wird aus der gespeicherten Zeichenfolge der numerische Wert extrahiert und in die interne Darstellung einer dezimalen Festkomma- oder Gleitkommagröße umgewandelt. Die zusätzlich eingefügten Zeichen haben auf den numerischen Wert keinen Einfluß. Eine solche Umwandlung von der zeichenweisen Darstellung in die betreffende arithmetische Darstellungsform wird zwar automatisch durchgeführt, ist aber doch zeitaufwendig und damit nicht sehr effektiv. Man sollte daher das Rechnen mit numerischen Abbildungsvariablen weitgehend vermeiden; ihre Bedeutung liegt in erster Linie in der internen zeichenweisen Aufbereitung auszugebender Zahlenwerte (Abschnitt 7.5.2.) sowie in der Möglichkeit, Zeichenketten günstig mit numerischen Werten zu verknüpfen.

Die Vereinbarung von numerischen Abbildungsvariablen kann nur explizit durch einen Befehl DECLARE unter Angabe des Attributs PICTURE (abgekürzt PIC) und einer Folge von Abbildungssymbolen in der Form

Bezeichnung PICTURE '*Abbildungssymbole*'

vorgenommen werden. Die Folge der *Abbildungssymbole* wird stets in Apostrophe eingeschlossen und stellt eine formale Abbildung des Zeichenkettenwerts der Variablen dar, in der jedes einzelne Zeichen durch ein entsprechendes Symbol zu beschreiben ist. Außerdem müssen daraus sämtliche zur Bildung des numerischen Wertes benötigten Datenattribute hervorgehen. Stellt eine numerische Abbildungsvariable eine Festkommagröße dar, so muß durch die Abbildungssymbole also eine Aussage über die Anzahl der Ziffern, die Kommastellung und die Vorzeichendarstellung getroffen werden. Bei Gleitkommagrößen ist das Gleiche sowohl für die Mantisse als auch für den Exponenten erforderlich.

Maximal können 255 Symbole in der Folge enthalten sein. Das einzige Datenattribut, das noch zusätzlich zum Attribut PICTURE angegeben werden kann, ist das Attribut COMPLEX für den Fall der Vereinbarung von komplexen Größen als numerische Abbildungsvariable. Zur Festlegung eines Anfangswerts ist für eine numerische Abbildungsvariable in Verbindung mit dem Attribut INITIAL nicht eine Zeichenkette, sondern stets eine arithmetische Konstante anzugeben.

Durch die Vielzahl von Symbolen sind zahlreiche Möglichkeiten für eine zeichenweise Darstellung und Aufbereitung numerischer Werte gegeben. Die Bedeutung der einzelnen Symbole wird im folgenden näher beschrieben.

Symbole zur Darstellung von Festkommawerten

Bei dezimalen Festkommavariablen, die mit Hilfe der Attribute DECIMAL FIXED vereinbart werden, werden die Anzahl der Ziffern sowie die Kommastellung durch das Genauigkeitsattribut festgelegt (Abschnitt 2.2.2.3.). Für eine als numerische Abbildungsvariable vereinbarte Größe dieses Typs stehen dazu folgende Symbole zur Verfügung:

9 Z * Y V

Die Symbole 9, Z, * und Y beschreiben jeweils eine Ziffernstelle; ihre Gesamtzahl entspricht dem Wert von *m*, der im Genauigkeitsattribut anzugeben wäre und folglich auf maximal 15 beschränkt ist. Die ersten drei Symbole unterscheiden sich lediglich in der unterschiedlichen Darstellung für eventuell im ganzzahligen Teil des Variablenwertes auftretende führende Nullen:

9 — führende Nullen werden durch das Zeichen Ø dargestellt,
Z — führende Nullen werden durch Leerzeichen dargestellt,
* — führende Nullen werden durch das Zeichen * dargestellt.

Im gebrochenen Teil des Variablenwerts haben alle 3 Symbole die gleiche Bedeutung, da hier keine Nullenunterdrückung erfolgt. Eine Ausnahmeregelung hiervon tritt allerdings auf, wenn sämtliche Ziffernstellen durch Symbole Z oder * beschrieben werden und die Variable den Wert 0 hat; in diesem Fall werden alle Ziffernstellen durch Leerzeichen bzw. Sterne dargestellt.

Das Symbol Y beschreibt eine Ziffernstelle mit unbedingter Nullenunterdrückung, d. h. unabhängig davon, ob es sich um eine führende Null handelt oder nicht.

Die Symbole Z und 9 bzw. * und 9 können in dieser Reihenfolge auch beide in einer Folge von Abbildungssymbolen auftreten. Damit hat man die Möglichkeit, festzulegen, von welcher Stelle an die Unterdrückung von Nullen vorgenommen werden soll. Symbole Z oder * dürfen jedoch niemals rechts von einem Symbol 9 stehen, so wie auch ein gemeinsames Auftreten von Symbolen Z und * nicht zulässig ist. Tritt bei der Beschreibung des gebrochenen Teils des Werts ein Symbol Z oder * auf, so müssen auch alle anderen, rechts davon stehenden Ziffernstellen durch dieses Symbol beschrieben werden. Weitere Möglichkeiten zur Beschreibung von Ziffernstellen ergeben sich in Verbindung mit der Vorzeichendarstellung.

Für die Festlegung der Kommastellung wird das Symbol V verwendet. Dabei ist zu beachten, daß es sich hier ausnahmsweise um ein Symbol handelt, welches nicht die Aufnahme eines Zeichens in die Zeichenkettendarstellung der Variablen bewirkt; soll ein Komma oder Punkt in diese Darstellung aufgenommen werden, so ist das durch entsprechende Einfügungszeichen zu veranlassen. Das Symbol V kennzeichnet lediglich die Position zwischen zwei Ziffernstellen, die das Komma einnehmen soll, und diese Festlegung wird bei der Zuordnung eines Werts bzw. bei der Durchführung von Operationen mit der Variablen berücksichtigt. Fehlt ein Symbol V in der Folge von Abbildungssymbolen, so wird der Variablenwert stets als ganzzahlig betrachtet.

Das Symbol V beinhaltet also in Verbindung mit seiner Stellung innerhalb der Folge von Abbildungssymbolen die Festlegungen, die durch den Wert von *n* in einem Genauigkeitsattribut zum Ausdruck gebracht werden. Die beiden Vereinbarungen

DCL A PIC'99V99'; und DCL A DEC FIXED (4,2);

sind folglich hinsichtlich des numerischen Werts der Variablen A gleichbedeutend.

Beispiele

vereinbarte Abbildungssymbole	Wert der Variablen	interne Darstellung
'999'	16	Ø16
'ZZZV9'	47,3	⌣473
'ZZVZZ'	81,25	8125
'Z99V99'	0,12	⌣ØØ12
'ZVZZZ'	0,005	⌣ØØ5
'****9'	129	**129
'ZZZZZ'	0	⌣⌣⌣⌣⌣
'9Y9Y9'	30000	3⌣Ø⌣Ø

Symbole für die Vorzeichendarstellung

Die Vorzeichensymbole dienen zur Beschreibung derjenigen Position innerhalb der Zeichenfolge einer numerischen Abbildungsvariablen, auf der das Vorzeichen ihres numerischen Wertes gespeichert werden soll. Fehlt ein solches Symbol, so wird der numerische Wert der Variablen stets als positiv betrachtet, und die zeichenweise interne

Darstellung enthält kein Vorzeichen. Für die Beschreibung der Vorzeichenstelle stehen in erster Linie folgende Symbole zur Verfügung:

S + −

Die 3 Symbole unterscheiden sich darin, in welchen Fällen die Aufnahme des Vorzeichens in die betreffende Position der zeichenweisen Darstellung erfolgt oder nicht:

S — Aufnahme des Vorzeichens unabhängig vom Wert,
+ — Aufnahme des Vorzeichens nur bei Werten > 0,
− — Aufnahme des Vorzeichens nur bei Werten < 0.

Das Vorzeichensymbol kann wahlweise rechts oder links von den angegebenen Ziffernstellen stehen. Entfällt bei den Symbolen + oder − die Aufnahme des Vorzeichens, so wird die betreffende Position mit einem Leerzeichen belegt.

In vielen Fällen möchte man jedoch das Vorzeichen nicht auf einer festen Position darstellen, sondern stattdessen an die erste signifikante Ziffer heranrücken. Eine solche Möglichkeit besteht durch Angabe mehrerer aufeinanderfolgender Vorzeichensymbole, die dann natürlich nicht unterschiedlich sein dürfen und vor den Ziffernstellen stehen müssen. Bis auf das erste dieser Vorzeichensymbole haben alle die gleiche Bedeutung wie ein an dieser Stelle angegebenes Symbol Z, d. h., sie beschreiben Ziffernstellen, wobei führende Nullen unterdrückt werden. Für die Vorzeichendarstellung wird jeweils die unmittelbar vor der ersten nicht unterdrückten Ziffernstelle stehende Position verwendet, während alle vorangehenden Positionen Leerzeichen enthalten. Innerhalb der Folge von Vorzeichensymbolen darf kein Symbol für Ziffernstellen, aber durchaus das Symbol V stehen; allerdings findet auch bei dieser Form keine Nullenunterdrückung im gebrochenen Teil des Werts statt. Außerdem darf die Folge der Abbildungssymbole dann kein anderes Symbol zur Nullenunterdrückung enthalten.

Weitere Vorzeichensymbole stehen für solche Fälle zur Verfügung, in denen die Werte einer Abbildungsvariablen so aufbereitet werden sollen oder zeichenweise vorliegende Werte so beschaffen sind, daß für die Angabe des Vorzeichens nicht ein gesondertes Zeichen verwendet, sondern dieses mit der letzten Ziffer des Zahlenwertes gekoppelt wird. Bei der Eingabe in dieser Weise dargestellter Werte über Lochkarten enthält eine Spalte für eine mit einem positiven Vorzeichen gekoppelte Ziffer zusätzlich zur Lochung für die Ziffer noch die Überlochung 12, eine Spalte für eine mit einem negativen Vorzeichen gekoppelte Ziffer zusätzlich die Überlochung 11. In der internen Darstellung steht auf einer solchen Position dasjenige Zeichen, das der Lochung für die betreffende Ziffer zuzüglich der jeweiligen Überlochung entspricht.

Folgende Symbole können für diese Art der Vorzeichendarstellung verwendet werden:

T I R

Die 3 Symbole verkörpern in jedem Fall Ziffernstellen. Sie unterscheiden sich darin, in welchen Fällen eine Kopplung der letzten Ziffer mit dem Vorzeichen vorgenommen wird:

T — Kopplung mit dem Vorzeichen unabhängig vom Wert,
I — Kopplung mit dem Vorzeichen nur bei Werten > 0,
R — Kopplung mit dem Vorzeichen nur bei Werten < 0.

In der Folge der Abbildungssymbole dürfen diese Vorzeichensymbole nur ein einziges Mal auftreten; andere Vorzeichensymbole sind in dieser Folge selbstverständlich nicht zulässig.

Beispiele

vereinbarte Abbildungssymbole	Wert der Variablen	interne Darstellung
'+9999'	−16	‿ØØ16
'ZZ9V99–'	−17,19	‿1719–
'SZZZV99'	43,27	+‿4327
'SSSSV99'	43,27	‿+4327
'−−−9V99'	0,38	‿‿‿Ø38
'ZZ9V9T'	−68,59	‿685R

Symbole zur Darstellung von Gleitkommawerten

Bei der Beschreibung der zeichenweisen Darstellung einer Gleitkommagröße muß aus den angegebenen Abbildungssymbolen eindeutig die Zweiteilung des Werts in einen Mantissen- und einen Exponententeil hervorgehen. Zu diesem Zweck stehen zusätzlich zu den Symbolen für die Darstellung von Festkommagrößen noch die Symbole

E und K

zur Verfügung. Links von E oder K sind jeweils die Symbole für die Mantisse, rechts davon diejenigen für den Exponenten anzugeben. Beide Symbole unterscheiden sich darin, daß bei

E die betreffende Position in der Zeichenkettendarstellung das Zeichen E enthält und damit den Beginn des Exponententeils sichtbar macht,
K kein Zeichen für den Beginn des Exponententeils in die Zeichenkettendarstellung aufgenommen wird (ähnlich wie beim Symbol V).

Zur Beschreibung der Mantisse und des Exponenten selbst gelten im wesentlichen die gleichen Möglichkeiten wie für Festkommagrößen, wobei allerdings für den Exponenten nur 2 Ziffernstellen vorgesehen werden dürfen. Außerdem besteht noch die Einschränkung, daß die Verwendung der Vorzeichensymbole T, I und R sowie die Darstellung des Vorzeichens rechts von den Ziffernstellen bei Gleitkommagrößen weder für die Mantisse noch für den Exponenten möglich ist.

Für die Speicherung der Mantisse wird jeweils durch entsprechende Festlegung des Exponenten eine Normierung in der Form vorgenommen, daß die erste signifikante Ziffer stets auf der ersten durch ein Ziffernsymbol beschriebenen Position erscheint. Damit gibt es für die Mantisse keine führenden Nullen, und es hat keine unterschiedliche Wirkung, wenn man bei der Beschreibung der Mantissenstellen statt des Symbols 9 vielleicht das Symbol Z oder * benutzt oder mehrere aufeinanderfolgende Vorzeichensymbole angibt. Bei einem Wert 0 für die darzustellende Größe werden sämtliche Ziffernstellen mit Nullen belegt.

Bei der Darstellung des Exponenten werden allerdings Symbole zur Unterdrückung führender Nullen oder mehrfach aufeinanderfolgende Vorzeichensymbole in gleicher Weise wirksam wie bei Festkommagrößen.

Beispiele

vereinbarte Abbildungssymbole	Wert der Variablen	interne Darstellung
'9V999E9'	16,27	1627E1
'9999K–99'	16,27	1627–Ø2
'ZZZZESZZ'	5,06	5Ø6ØE–␣3
'SS99V99K—9'	0,448 25	+44825␣–3

Symbole für Einfügungszeichen

Neben den für die Bestimmung des numerischen Wertes erforderlichen Abbildungssymbolen können noch weitere Symbole angegeben werden, die lediglich im Zeichenkettenwert der Variablen als Einfügungszeichen in Erscheinung treten. Mit Hilfe dieser Zeichen kann man z. B. die Darstellung eines Kommas zwischen den einzelnen Ziffern, die Trennung bestimmter Ziffernstellen oder ähnliche Kennzeichnungen realisieren. Es stehen dafür folgende Abbildungssymbole zur Verfügung:

B . , /

In der zeichenweisen Darstellung des Variablenwerts enthält bei Angabe des Symbols B die betreffende Position ein Leerzeichen, bei Angabe der übrigen Symbole das durch dieses beschriebene Zeichen (Punkt, Komma, Schrägstrich). Die Einfügungszeichen können in der Folge der Abbildungssymbole für eine Variable beliebig oft vorkommen.

Es ist dabei stets zu berücksichtigen, daß sämtliche Einfügungszeichen keinerlei Auswirkungen auf den numerischen Wert der Variablen haben. So hat beispielsweise ein eingefügtes Symbol , auch keinen Einfluß auf die Kommastellung des Wertes; diese wird einzig und allein durch das Symbol V festgelegt, das aber andererseits nicht die Aufnahme eines Kommas in die zeichenweise Darstellung bewirkt. Es bleibt dem Programmierer überlassen, das Komma dort einzufügen, wo es auf Grund des Symbols V stehen müßte. Er kann dafür aber auch eine andere Stelle wählen und auch mehrere Kommas in die zeichenweise Darstellung aufnehmen. Auf diese Weise hat man z. B. die Möglichkeit, bestimmte Berechnungen zunächst ganzzahlig auszuführen und erst bei der Aufbereitung des auszugebenden Wertes das Komma durch ein Einfügungszeichen auf die betreffende Position zu bringen.

Weiterhin ist zu beachten, daß Einfügungszeichen nur bedingt in der zeichenweisen Darstellung auftreten. Stehen sie innerhalb einer Folge von Symbolen Z oder * oder mehrfach angegebener Vorzeichensymbole, so erscheinen sie nur dann, wenn nicht alle vorangehenden Ziffernstellen Nullen enthalten, die unterdrückt wurden. Andernfalls werden auch die durch Symbole für Einfügungszeichen beschriebenen Positionen mit einem Leerzeichen oder einem Stern bzw. unter Umständen mit dem Vorzeichen besetzt. Daraus folgt auch, daß ein unmittelbar links von dem Symbol V angegebenes Einfügungszeichen nur dann erscheint, wenn im ganzzahligen Teil des Wertes signifikante Ziffern stehen. Steht das Einfügungssymbol jedoch rechts von dem Symbol V, so erscheint es immer, wenn der Zahlenwert nicht 0 ist.

Beispiele

vereinbarte Abbildungssymbole	Wert der Variablen	interne Darstellung
'9.999,999'	1005	0.ØØ1,ØØ5
'Z.ZZ9V9'	16,3	␣␣␣163
'ZBZZV,ZZ'	624,17	6␣24,17
'99/99/99'	160482	16/Ø4/82
'9,9V99'	43,75	4,375
'9BB/9BB'	12	1␣␣/2␣␣
'SS.SS.V99'	2,71	␣␣␣-2.71
'----,V99'	−0,08	␣␣␣␣-Ø8
'-----V,99'	−0,08	␣␣␣-,Ø8
'9.V999/KS9'	16,8	1.68Ø/+1

Da es bei der Angabe der Abbildungssymbole häufig zur mehrfachen Wiederholung des gleichen Symbols kommt, können zur Erleichterung der Schreibarbeit Wiederholungsfaktoren verwendet werden. Diese sind als in Klammern eingeschlossene natürliche Zahl anzugeben und stehen innerhalb der die Folge von Abbildungssymbolen umschließenden Apostrophe. Sie beziehen sich jeweils nur auf das darauffolgende Symbol und geben an, wie oft dieses hintereinander geschrieben werden müßte. Die Folge der Abbildungssymbole kann natürlich auch mehrere Wiederholungsfaktoren enthalten.

Beispiel. **Für die Folge der Abbildungssymbole 'ZZZZV.999' könnte man unter Verwendung von Wiederholungsfaktoren auch schreiben '(4)ZV.(3)9'.**

Zusammenfassende Beispiele

1. Es soll eine numerische Abbildungsvariable A in Festkommadarstellung mit maximal 5 Ziffern links und 2 Ziffern rechts vom Komma vereinbart werden. Die Tausenderstelle ist von den folgenden durch ein Leerzeichen abzuheben, führende Nullen sind außer an der Einerstelle zu unterdrücken. Die Kommastellung ist durch Einfügen eines entsprechenden Zeichens zum Ausdruck zu bringen; ein negatives Vorzeichen soll unmittelbar vor der ersten Ziffer stehen, bei positiven Werten soll kein Vorzeichen in die zeichenweise Darstellung aufgenommen werden. Eine entsprechende Vereinbarung könnte folgendermaßen lauten:

```
DECLARE A PICTURE '---B--9V,99';
```

2. Es soll eine numerische Abbildungsvariable B mit maximal 7stelligen ganzzahligen Werten in Festkommadarstellung vereinbart werden. Nur an der vordersten Stelle soll eine führende Null durch einen Stern ersetzt werden. Vor den letzten beiden Ziffern soll ein Komma eingefügt werden; das Vorzeichen soll in jedem Fall rechts von sämtlichen Ziffern stehen. Außerdem soll die Variable den Anfangswert 200 erhalten. Eine entsprechende Vereinbarung könnte folgendermaßen lauten:

```
DCL B PIC '*9999,99S' INIT (2ØØ);
```

3. Es soll eine numerische Abbildungsvariable C in Gleitkommadarstellung vereinbart werden. Für die Mantisse sollen eine Ziffer vor und 4 Ziffern hinter dem Komma angegeben werden, wobei das Komma mit in die zeichenweise Darstellung aufzunehmen ist. Das Vorzeichen soll nur bei negativen Werten erscheinen. Der Exponent soll 2stellig sein können, wobei eine führende Null stets zu unterdrücken ist; das Vorzeichen des Exponenten ist in jedem Falle anzugeben. Mantisse und Exponent sollen durch ein Zeichen E voneinander getrennt werden. Eine entsprechende Vereinbarung könnte folgendermaßen lauten:

```
DECLARE C PICTURE '-9,V9999ESZ9';
```

2.3. Zusammenfassungen von Daten

In den vorangehenden Abschnitten wurden Daten stets als einzelne Größen in Form von Konstanten oder Variablen irgendeines Datentyps betrachtet. Variable Größen können jedoch auch zu größeren Komplexen zusammengefaßt werden, wodurch die Möglichkeit entsteht, nicht nur auf die einzelnen Datenelemente, sondern auch auf die Gesamtheit derselben oder eine Teilmenge Bezug zu nehmen. Zusammenfassungen dieser Art sind für jeden Datentyp möglich und treten z. B. beim Rechnen mit Vektoren oder Matrizen sowie bei der Ein- und Ausgabe von Datensätzen mit den verschiedensten Informationen auf.

Für die Art und Weise einer solchen Zusammenfassung bestehen unterschiedliche Möglichkeiten. In PL1 kann sie in Form eines Felds oder einer Struktur erfolgen. Beiden Formen ist gemeinsam, daß jeweils mehrere Datenelemente zu einem Ganzen zusammengefaßt werden. Der Unterschied besteht im wesentlichen darin, daß

— in einem Feld alle Elemente die gleichen Attribute besitzen,
— in einer Struktur die einzelnen Elemente unterschiedliche Attribute haben können.

2.3.1. Felder

In der Praxis treten häufig in den verschiedensten Formen tabellarische Aufteilungen einer Größe in eine Vielzahl von Teilgrößen bzw. umgekehrt Zusammenfassungen von gleichartigen Größen zu einem Ganzen auf. Benötigt man z. B. zur Durchführung bestimmter Auswertungen die Einwohnerzahl der DDR, so stellt diese eine einzelne Größe E dar. Ist es jedoch erforderlich, die Einwohnerzahl nach Bezirken aufzuschlüsseln, so ergibt sich eine Folge von 15 gleichartigen Werten, die in einer eindimensionalen Tabelle zusammengefaßt werden können. Eine Bezugnahme auf die einzelnen Elemente dieser Tabelle wird im allgemeinen in der Form $E_1, E_2, \ldots, E_{15}$ vorgenommen, wobei der Index den jeweiligen Bezirk kennzeichnet.

Unterteilt man die nach Bezirken ausgewiesenen Einwohnerzahlen weiterhin nach dem Geschlecht, so erhält man eine zweidimensionale Tabelle mit insgesamt $15 \cdot 2 = 30$ Elementen; dementsprechend würde jetzt eine Bezugnahme auf einen speziellen Wert durch die Angabe von 2 Indizes in der Form E_{ij} $(1 \leq i \leq 15,\ 1 \leq j \leq 2)$ erfolgen müssen.

Schlüsselt man die bisherigen Werte wiederum nach 10 verschiedenen Altersgruppen auf, so ergibt sich daraus eine 3. Dimension, und die Tabelle enthält jetzt insgesamt $15 \cdot 2 \cdot 10 = 300$ Einzelwerte. Zur Identifikation eines speziellen Wertes wäre die Angabe von 3 Indizes in der Form E_{ijk} $(1 \leq i \leq 15,\ 1 \leq j \leq 2,\ 1 \leq k \leq 10)$ erforderlich.

Analog ließen sich sicherlich noch verschiedene andere Unterteilungen vornehmen und damit weitere Dimensionen erzeugen.

Zur Bearbeitung durch ein PL1-Programm könnte man für jedes Element einer solchen Tabelle eine gesonderte Bezeichnung vergeben (beispielsweise E1, E2 usw.) und damit eine Folge von einzelnen Variablen vereinbaren. Es würde damit allerdings zumindest bei umfangreicheren Tabellen ein erheblicher Aufwand entstehen, und man hätte außerdem nicht die Möglichkeit, Algorithmen zu programmieren, die eine gleichgeartete Bearbeitung der einzelnen Elemente einfach durch entsprechende Veränderung von Indizes gestatten. Gerade das ist jedoch ein prinzipielles Erfordernis bei der Arbeit mit den Elementen einer Tabelle.

Es wurde deshalb die Möglichkeit geschaffen, neben einzelnen Variablen auch Felder von Daten zu vereinbaren, die eine Zusammenfassung von Elementen des gleichen Datentyps darstellen und eine oder mehrere Dimensionen besitzen können. Für das gesamte Feld wird dabei eine einheitliche Bezeichnung festgelegt, und die dafür vereinbarten Attribute gelten für sämtliche zugehörigen Elemente. Der Zugriff zu den einzelnen Elementen erfolgt auch im Programm durch Indexangaben.

Typische Fälle für ein- und zweidimensionale Felder sind vor allem Vektoren und Matrizen. Ein eindimensionales Feld könnte aber z. B. auch aus den textlichen Bezeichnungen für die einzelnen Bezirke der DDR, die vielleicht zur Ausgabe einer Auswertungsliste benötigt werden, bestehen.

2.3.1.1. Vereinbarung von Feldern

Die Einführung eines Feldes in einem Programm erfordert stets die Angabe einer Feldvereinbarung. Diese erfolgt mit Hilfe eines Befehls DECLARE in der allgemeinen Form

Bezeichnung Dimensionsattribut Datenattribute

Die angegebene *Bezeichnung* gilt symbolisch für das gesamte Feld und ist nach den allgemein dafür gültigen Regeln (Abschnitt 1.2.) zu bilden. Die *Datenattribute* beziehen sich in gleicher Weise auf alle Elemente des Feldes, und es bestehen dafür dieselben Möglichkeiten und Standardannahmen wie bei der Vereinbarung einer einzelnen Variablen. Ihre Angabe kann folglich auch vollständig weggelassen werden, wenn die standardmäßig angenommenen Attribute in Abhängigkeit vom Anfangsbuchstaben der Bezeichnung des Felds gelten sollen (Abschnitt 2.2.2.1.). In Verbindung mit den Datenattributen können durch ein zusätzliches Attribut INITIAL auch für die Elemente eines Felds Anfangswerte festgelegt werden; die erforderliche Form für die Angabe dieser Werte wird gesondert in Abschnitt 2.3.1.3. beschrieben.

Neben diesen auch bei der Vereinbarung von einzelnen Variablen erforderlichen bzw. zulässigen Angaben enthält eine Feldvereinbarung noch ein Dimensionsattribut, durch welches die Anzahl der Dimensionen und die Grenzen für deren Ausdehnung festgelegt werden. Die maximal zulässige Anzahl von Dimensionen für ein Feld beträgt 32. Die Grenzen für deren Ausdehnung geben an, in welchem Bereich sich bei der Bezugnahme auf die Elemente des Felds der Index für die jeweilige Dimension bewegen darf. Das Dimensionsattribut muß in der Feldvereinbarung stets hinter der Bezeichnung, aber noch vor den Datenattributen stehen und hat die allgemeine Form

$$(a_1:b_1, a_2:b_2, \ldots, a_n:b_n)$$

für ein n-dimensionales Feld. Die Größen a_i und b_i sind im Normalfall als ganzzahlige dezimale Konstanten anzugeben, können also auch mit einem Vorzeichen versehen werden. a_i legt jeweils den niedrigsten und b_i den höchsten Wert des Bereichs fest, in dem der Index der i-ten Dimension mit einer Schrittweite von 1 variieren darf; es muß also stets die Beziehung $a_i \leqq b_i$ gelten. Die Anzahl der angegebenen Wertepaare $a_i:b_i$ legt die Anzahl der Dimensionen des Felds fest.

Da die Indizierung häufig mit dem Wert 1 beginnt, ist eine verkürzte Schreibweise des Dimensionsattributs in der Form zulässig, daß statt der Beziehung $a_i:b_i$ jeweils nur der höchste Wert b_i angegeben wird; für a_i wird dann automatisch der Wert 1 angenommen. Vor allem bei der Arbeit mit Vektoren oder Matrizen wird man gewöhnlich von dieser Form Gebrauch machen.

Durch das Dimensionsattribut wird eindeutig die Anzahl der Elemente eines Felds bestimmt, deren interne Speicherung unabhängig von der Anzahl der Dimensionen stets fortlaufend hintereinander erfolgt. Bei mehrdimensionalen Feldern ergibt sich die Reihenfolge der abzuspeichernden Elemente daraus, daß sich ihre Indizes von rechts nach links jeweils von der im Dimensionsattribut angegebenen unteren Grenze bis zur entsprechenden oberen Grenze verändern. Stellen bei einer Matrix in der üblichen Weise die Zeilen die erste und die Spalten die zweite Dimension dar, so werden ihre Elemente folglich zeilenweise gespeichert. Für ein dreidimensionales Feld A mit der Feldvereinbarung DCL A(3,2,3); hat die Anordnung der Elemente hintereinander folgendes Aussehen:

$$A_{111}\ A_{112}\ A_{113}\ A_{121}\ A_{122}\ A_{123}\ A_{211}\ A_{212}\ A_{213}$$
$$A_{221}\ A_{222}\ A_{223}\ A_{311}\ A_{312}\ A_{313}\ A_{321}\ A_{322}\ A_{323}$$

Der gesamte für ein Feld benötigte Speicherplatz ergibt sich aus der Multiplikation der Anzahl der Elemente mit der entsprechend dem jeweiligen Datentyp für ein Element benötigten Anzahl von Bytes. Bei Feldern von Bitketten erfolgt im Normalfall die Speicherung so, daß jedes Element in dem auf das letzte Bit des vorangehenden folgenden Bit (nicht Byte!) beginnt. Durch zusätzliche Angabe des Attributs ALIGNED kann abweichend davon erreicht werden, daß jedes Element stets in einem neuen Byte gespeichert wird (Abschnitt 2.4.1.).

Obwohl der Speicherplatz für ein Feld stets entsprechend den Festlegungen des Dimensionsattributs bereitgestellt wird, stellen diese nur den maximalen Umfang des Feldes dar, der bei der Anwendung des Programms jedoch nicht unbedingt ausgenutzt werden muß. Die tatsächliche Ausdehnung der Dimensionen im konkreten Anwendungsfall kann durchaus kleiner, aber natürlich nicht größer sein, als es den Angaben im Dimensionsattribut entspricht.

Im Zusammenhang mit der programmgesteuerten Speicherplatzzuordnung (Abschnitt 2.4.3.1.) kann auch eine variable Dimensionierung von Feldern vorgenommen werden. Weitere Möglichkeiten dieser Art bestehen bei der Verwendung von Unterprogrammen oder Funktionsprogrammen (Abschnitt 8.3.2.2.).

Beispiele

1. Für die 3 bei der Begriffserklärung betrachteten Tabellen könnte man folgende Feldvereinbarungen angeben:

a) DCL E(1:15) DEC FIXED(7);

benötigter Speicherplatz: 15 · 4 = 60 Bytes.

b) DCL E(1:15,1:2) DEC FIXED(7);

benötigter Speicherplatz: 15 · 2 · 4 = 120 Bytes.

c) DCL E(1:15,1:2,1:10) DEC FIXED(7);

benötigter Speicherplatz: 15 · 2 · 10 · 4 = 1200 Bytes.

In allen drei Fällen könnte das Dimensionsattribut auch in der verkürzten Form geschrieben werden. Im Fall c hätte die Feldvereinbarung dann folgendes Aussehen:

DCL E(15,2,10) DEC FIXED(7);

2. Bei den Elementen eines zweidimensionalen Felds handelt es sich um die Produktionswerte der Jahre 1975—80 für die 15 Abteilungen eines Betriebs. Will man die Elemente direkt mit den

zugehörigen Jahreszahlen als Index ansprechen, die Abteilungen aber fortlaufend von 1···15 durchnumerieren, so könnte man folgende Feldvereinbarung vornehmen:

```
DCL PRODW (15,1975:1980);
```

Benötigter Speicherplatz: 15 · 6 · 4 = 360 Bytes (da keine Datenattribute vorliegen, werden die Elemente des Feldes wegen des Anfangsbuchstabens P der Bezeichnung als Gleitkommagrößen mit einfacher Mantissenlänge betrachtet).

3. Sind für die Elemente eines eindimensionalen Felds A im Laufe der Programmabarbeitung Differenzen der Form $A_i - A_{i-1}$ zu bilden, so ist es häufig zweckmäßig, noch ein 0. Element mit dem Wert 0 in das Feld aufzunehmen und als Feldvereinbarung beispielsweise

```
DECLARE A(0:20) FLOAT(16);
```

anzugeben. Die Differenzbildung kann dann in gleicher Weise wie für die anderen Elemente auch für $i = 1$ vorgenommen werden; benötigter Speicherplatz: 21 · 8 = 168 Bytes.

4. Für die Anwendung der Entscheidungstabellentechnik soll ein Feld aus 20 Zeilen und 12 Spalten aufgebaut werden, dessen Elemente nur die Werte 0 oder 1 annehmen können. Die Feldvereinbarung könnte in diesem Fall folgendermaßen lauten:

```
DECLARE ET(20,12) BIT(1);
```

benötigter Speicherplatz: 20 · 12 · 1/8 = 30 Bytes.
Bei Angabe eines Attributs ALIGNED begänne jedes Element in einem neuen Byte, so daß für das Feld ET dann 20 · 12 = 240 Bytes erforderlich wären.

2.3.1.2. Bezugnahme auf Felder und Feldelemente

Der Programmierer kann in seinem Programm auf das gesamte Feld als Ganzes Bezug nehmen, er hat aber auch die Möglichkeit, einzelne Elemente desselben sowie Teilfelder anzusprechen. Ausgehend von der Anfangsadresse eines Felds kann der Compiler anhand des Dimensionsattributs, der vorliegenden Datenattribute und der Festlegungen bezüglich der Speicherungsfolge ohne weiteres den Speicherplatz jedes einzelnen, durch entsprechende Angaben spezifizierten Elements ermitteln. Je nach der gewünschten Bezugnahme sind diese Angaben in unterschiedlicher Form vorzunehmen.

Bezugnahme auf das gesamte Feld

Die Bezugnahme auf ein vollständiges Feld als Datenelement ist zulässig

— in Feldausdrücken (Abschnitt 3.1.6.), bei denen bestimmte Operationen in gleicher Weise mit allen Elementen des Felds durchzuführen sind;

— bei der Zuordnung eines einheitlichen Wertes für alle Elemente des Felds (z. B. Nullsetzen einer Matrix) oder der Zuordnung von Werten eines anderen Felds;

— in Verbindung mit der Ein- und Ausgabe als Element der Datenliste eines Befehls zur reihenweisen Datenübertragung (Abschnitt 6.1.3.) oder als Ein- bzw. Ausgabebereich eines Befehls der satzweisen Datenübertragung (Abschnitt 7.1.).

Im betreffenden Befehl ist dann für das Feld lediglich die in der Feldvereinbarung enthaltene Bezeichnung anzugeben. Zu beachten ist allerdings, daß sich in diesem Fall die Operation stets auf die gesamte durch das Dimensionsattribut festgelegte Ausdehnung der einzelnen Dimensionen bezieht.

Beispiel. In einer Matrix mit der Feldvereinbarung DCL A(15,10) BIN FIXED; sollen alle Elemente den Wert 0 erhalten. Hierfür könnte ein Zuordnungsbefehl der Form A = 0; verwendet werden.

Bezugnahme auf einzelne Elemente des Felds

Für die Verwendung von Feldelementen in einem Programm bestehen die gleichen Möglichkeiten wie für einzelne Variable; lediglich als Ein- oder Ausgabebereich in einem Befehl zur satzweisen Datenübertragung dürfen Feldelemente nicht auftreten.

Die Bezugnahme erfolgt zunächst durch die Bezeichnung des Felds, die aber zusätzlich noch mit einer Indexangabe zur Identifizierung des betreffenden Elements zu versehen ist; eine solche Bezugnahme wird daher auch als indizierte Variable bezeichnet. Die Indexangabe ist in Klammern einzuschließen und enthält für jede Dimension des Felds einen Indexwert; die einzelnen Indizes sind durch Komma voneinander zu trennen. Der jeweilige Index bezieht sich stets auf die im Dimensionsattribut an der gleichen Position befindliche Dimension, und sein Wert muß sich im Rahmen der dafür angegebenen Grenzen bewegen. Ist letzteres nicht der Fall, so erfolgt keine Fehleranzeige, sondern es wird der sich theoretisch aus den Angaben des Dimensionsattributs für dieses Element ergebende Speicherplatz ermittelt und dessen Inhalt verwendet; es kann damit natürlich sehr leicht zum Überspeichern von anderen Daten oder auch Befehlen kommen. Durch ein Bedingungspräfix mit der Fehlerbedingung SUBSCRIPTRANGE kann man allerdings erreichen, daß beim Überschreiten der im Dimensionsattribut festgelegten Grenzen durch eine Indexangabe eine Programmunterbrechung erfolgt und entsprechende Maßnahmen durchgeführt werden (Abschnitt 4.4.2.).

Für die Angabe der Indexwerte können Konstanten, aber auch Variable, die ihrerseits wiederum indiziert sein können, sowie Ausdrücke verwendet werden, die einen numerischen Wert ergeben. Ist ein solcher Wert nicht ganzzahlig, so bleibt der gebrochene Anteil ohne Rundung unberücksichtigt.

Beispiele

1. Auf das Element $Z_{2,8}$ eines Felds mit der Feldvereinbarung DCL Z(10,10) CHAR(25); kann man im Programm in der Form Z(2,8) Bezug nehmen.

2. Mögliche Bezugnahmen auf einzelne Feldelemente beim Vorliegen entsprechender Feldvereinbarungen sind:

```
E(12,3)       A(I,J)     TAB(M,0,M+1)
FELD(-3,2)    W(I(K))    PRODW(6,1977)
```

Bezugnahme auf Teilfelder

Bei mehrdimensionalen Feldern können Teilfelder angesprochen werden, die sich dadurch ergeben, daß für einen Teil der Dimensionen die gesamte Ausdehnung, für den anderen Teil aber jeweils nur ein spezieller Wert benutzt wird. Solche Teilfelder stellen folglich ebenfalls Felder dar, die lediglich eine geringere Anzahl von Dimensionen gegenüber dem ursprünglichen Feld besitzen. Beispielsweise ist eine spezielle Zeile oder Spalte einer Matrix ein eindimensionales Teilfeld eines zweidimensionalen Felds.

Die Bezugnahme auf ein Teilfeld erfolgt im Programm in der gleichen Schreibweise wie die auf ein einzelnes Feldelement, d. h. durch die Bezeichnung des Felds und eine anschließende Indexangabe. Innerhalb derselben ist für diejenigen Dimensionen, deren gesamte Ausdehnung für die Bildung des Teilfelds benutzt wird, anstelle eines Indexwerts das Zeichen * anzugeben. Die Benutzung von Teilfeldern ist jeweils nur in einem solchen Zusammenhang möglich, in dem auch eine Bezugnahme auf das gesamte Feld zulässig ist.

Beispiel. Beim Vorliegen einer Feldvereinbarung DCL MAT(10,12) FIXED(7,3); stellt die Angabe MAT(*,5) ein Teilfeld dar, das der 5. Spalte der Matrix MAT entspricht, während durch die Angabe MAT(4,*) die 4. Zeile dieser Matrix als Teilfeld bestimmt wird.

Die Angabe MAT(*,*) entspricht der vollständigen Matrix, und man würde hierfür zweckmäßig lediglich die Bezeichnung MAT ohne Indexangabe verwenden.

2.3.1.3. Festlegung von Anfangswerten für Felder

Wie für einzelne Variable können auch für Felder bei deren Vereinbarung Anfangswerte festgelegt werden (Abschnitt 2.2.1.). Hinter dem dazu erforderlichen Schlüsselwort INITIAL (abgekürzt INIT) ist in diesem Falle allerdings in Klammern eine Liste von mehreren Konstanten anzugeben, die durch Komma voneinander getrennt werden:

INITIAL (*Konstante*$_1$, *Konstante*$_2$, ..., *Konstante*$_n$)

Die angegebenen *Konstanten* stellen in dieser Reihenfolge die Anfangswerte für die entsprechend der Speicherung aufeinanderfolgenden Feldelemente dar und stehen bei jeder Anwendung des Programms zu Programmbeginn zur Verfügung. Werden weniger Konstanten angegeben, als sich Elemente aus dem Dimensionsattribut der Feldvereinbarung ergeben, so erhalten die letzten Elemente des Felds keinen Anfangswert; werden mehr Konstanten angegeben, so bleiben die überschüssigen unberücksichtigt.

Sollen einzelne Elemente des Felds keinen Anfangswert erhalten, so ist in der Liste hinter dem Attribut INITIAL an den betreffenden Stellen statt einer Konstanten ein Zeichen * einzutragen; sie haben zu Programmbeginn folglich noch keinen definierten Wert.

Treten in der Folge der Konstanten bestimmte Werte mehrfach hintereinander auf, so läßt sich die Schreibarbeit durch Verwendung eines Wiederholungsfaktors verringern. Dieser gibt durch eine in Klammern eingeschlossene natürliche Zahl an, wie oft die betreffende Konstante oder gegebenenfalls auch das Zeichen * hintereinander auftreten soll. In gleicher Weise kann auch ein Wiederholungsfaktor für eine Folge von mehreren Konstanten verwendet werden; die sich wiederholende Folge ist dann ihrerseits ebenfalls in Klammern einzuschließen. Dabei sind durchaus auch Ineinanderschachtelungen solcher Wiederholungen zulässig.

Vereinbart man Anfangswerte für Felder von Zeichen- oder Bitketten, so ist die Darstellung zunächst nicht eindeutig, wenn dabei Wiederholungsfaktoren verwendet werden, denn auch für Zeichen- oder Bitkettenkonstanten ist ja ein Wiederholungsfaktor zulässig, der in der gleichen Form geschrieben wird (Abschnitt 2.2.3.). Die Eindeutigkeit wird in diesem Fall durch folgende Regelung erzielt:

— steht in einer Liste von Anfangswerten vor einer Kettenkonstanten nur ein Wiederholungsfaktor, so bezieht sich dieser auf die angegebene Zeichenfolge und es handelt sich nur um einen einzigen Anfangswert;

— stehen in einer Liste von Anfangswerten vor einer Kettenkonstanten zwei Wiederholungsfaktoren, so bezieht sich der erste auf die gesamte Konstante, gibt also an, wie oft dieser Anfangswert hintereinander auftreten soll, während der zweite Wiederholungsfaktor derjenige für die angegebene Zeichenfolge ist.

Will man also für mehrere aufeinanderfolgende Elemente eines Felds die gleiche Kettenkonstante als Anfangswert festlegen, so muß man für die angegebene Kette den Wiederholungsfaktor (1) verwenden, wenn noch kein diesbezüglicher Wiederholungsfaktor vorhanden ist; vor diese Angabe ist dann der Wiederholungsfaktor zu schreiben, der angibt, wie oft die Konstante als Anfangswert hintereinander auftreten soll.

Beispiele

1. DCL A(2,3) BIN FIXED INIT(6,3,−7,2,*,4), X(25) FIXED(7,3) INIT((20)0),
   Y(25) FIXED(5,1) INIT(0);

Durch die erste Feldvereinbarung wird folgende Zuordnung von Anfangswerten vorgenommen:

$$A_{11} = 6,\quad A_{12} = 3,\quad A_{13} = -7,\quad A_{21} = 2,\quad A_{23} = 4.$$

Das Element A_{22} erhält keinen Anfangswert.

Im Feld X erhalten die ersten 20 Elemente den Anfangswert 0, während den restlichen fünf Elementen kein Anfangswert zugeordnet wird. Im Feld Y wird dieser Anfangswert nur für das erste Element festgelegt.

2. DCL A(3,3) FIXED(5,2) INIT ((2)((3)2.66,0.03),7.51);

Die angegebene Liste ist eine abgekürzte Schreibweise für

((2)(2.66,2.66,2.66,0.03),7.51) bzw.
(2.66,2.66,2.66,0.03,2.66,2.66,2.66,0.03,7.51),

so daß sich für die Elemente des Feldes A folgende Zuordnung von Anfangswerten ergibt:

$$A_{11} = A_{12} = A_{13} = 2{,}66,\quad A_{21} = 0{,}03,$$
$$A_{22} = A_{23} = A_{31} = 2{,}66,\quad A_{32} = 0{,}03\quad A_{33} = 7{,}51.$$

3. DECLARE X(3) CHAR(3) INIT ((3)'A'),
   Y(3) CHAR(3) INIT ((3)(1)'A');

Da in der Liste der Anfangswerte für das Feld X nur ein Wiederholungsfaktor vorliegt, entspricht die Angabe der Konstanten 'AAA'; diese wird dem Element X_1 des Felds zugeordnet, während die Elemente X_2 und X_3 keinen Anfangswert erhalten. In der Liste der Anfangswerte für das Feld Y sind dagegen zwei Wiederholungsfaktoren enthalten, und die gesamte Angabe entspricht damit einer Liste der Form ('A','A','A'). Die Zeichenkette 'A' wird damit einheitlich allen Elementen des Felds Y als Anfangswert zugeordnet.

2.3.2. Strukturen

In der Praxis treten mitunter Anordnungen verschiedener, in bestimmter Weise zusammengehöriger Größen auf, die aus der Aufgliederung eines oder mehrerer Begriffe in untergeordnete Begriffe bzw. umgekehrt aus der Zusammenfassung von Begriffen zu übergeordneten Begriffen entstanden sind.

Für die Arbeit der Kaderabteilung eines Betriebs werden z. B. verschiedene Angaben über jeden Mitarbeiter benötigt, um entsprechende Auswertungen vornehmen zu können. Zur Vereinfachung wollen wir uns dabei auf folgende Begriffe beschränken: Personalnummer, Vorname, Zuname, Postleitzahl, Wohnort und Straße. Durch Zusammenfassung solcher elementarer Begriffe kann man jedoch auch Oberbegriffe auf verschiedenen Ebenen bilden. So könnte z. B. Vor- und Zuname zum Oberbegriff „Name", Postleitzahl und Wohnort zum Oberbegriff „Ort" zusammengefaßt werden. Weiterhin könnte man einen Oberbegriff „Adresse" einführen, der aus dem bereits einen Oberbegriff darstellenden Ort sowie der Straße besteht. „Adresse" ist damit ein Oberbegriff für die drei elementaren Begriffe Postleitzahl, Wohnort und Straße. Schließlich bildet die Gesamtheit aller elementaren Begriffe den obersten Begriff „Mitarbeiter".

Auf diese Weise erhält man eine Menge von über- und untergeordneten Begriffen, die schematisch als Bestandteile einer strukturierten Gliederung dargestellt werden können:

<table>
<tr><td colspan="6">Mitarbeiter</td></tr>
<tr><td rowspan="3">Pers.-Nr.</td><td colspan="2">Name</td><td colspan="3">Adresse</td></tr>
<tr><td rowspan="2">Vorname</td><td rowspan="2">Zuname</td><td colspan="2">Ort</td><td rowspan="2">Straße</td></tr>
<tr><td>PLZ</td><td>Wohnort</td></tr>
</table>

Zur Bearbeitung derartiger hierarchisch gegliederter Datenanordnungen durch ein PL1-Programm wurde die Möglichkeit der Vereinbarung von Strukturen geschaffen. Diese stellen eine Zusammenfassung von Datenelementen dar, die von ganz unterschiedlichem Typ sein können, zwischen denen aber in irgendeiner Form ein logischer Zusammenhang besteht. Auf Grund entsprechender Beziehungen können einzelne Datenelemente der Struktur zu Oberbegriffen auf verschiedenen Stufen zusammengefaßt werden, so daß die Struktur schließlich eine gegliederte Anordnung einzelner Elemente bildet. Je nach Bedarf kann man auf die gesamte Struktur als oberstem Begriff, auf die übergeordneten Begriffe der niedrigeren Gliederungsstufen oder auf die elementaren Bestandteile der Struktur Bezug nehmen.

In erster Linie treten Strukturen in Verbindung mit der Durchführung von Ein- und Ausgabeoperationen auf, bei denen die verschiedenen, zu einem Datensatz zusammengestellten Informationen auf diese Weise beschrieben werden können. In vielen Fällen handelt es sich dabei allerdings um eine vereinfachte Form, bei der nur eine einzige Gliederungsstufe vorliegt. Die gesamte Struktur besteht dann lediglich aus dem obersten Begriff als Zusammenfassung sämtlicher elementarer Begriffe und den elementaren Begriffen selbst. So könnte z. B. die Bestandsdatei eines Großhandelsbetriebs aus Sätzen für die einzelnen Artikel gebildet werden, wobei jeder Satz u. a. die Artikelnummer, die Bezeichnung, die Mengeneinheit, den Preis und den Bestand enthält. Hier handelt es sich um eine fortlaufende Aneinanderreihung dieser Angaben als elementare Begriffe, ohne daß eine Zusammenfassung zu übergeordneten Begriffen erfolgt; es existiert lediglich ein Oberbegriff, der aus der Gesamtheit aller Angaben gebildet wird.

2.3.2.1. Vereinbarung von Strukturen

Die Einführung einer Struktur in einem Programm erfordert stets die Angabe einer Strukturvereinbarung. Diese erfolgt mit Hilfe eines Befehls DECLARE und beinhaltet folgende Angaben:

— Bezeichnungen für sämtliche elementaren und übergeordneten Begriffe jeder Gliederungsstufe. Im Unterschied zu Feldern erhält in einer Struktur jeder zugehörige Begriff eine eigene symbolische Bezeichnung.

— Stufennummern für sämtliche elementaren und übergeordneten Begriffe, aus denen eindeutig die hierarchische Gliederung der Struktur hervorgeht.

— Datenattribute für die elementaren Begriffe, die ohne weiteres unterschiedlich und auch mit der Festlegung von Anfangswerten verbunden sein können.

Die Zusammenstellung all dieser Angaben zu einer Strukturvereinbarung wird durch eine Folge von Einzelangaben vorgenommen. Diese sind für jeden in der Struktur auftretenden Begriff erforderlich, werden durch Komma voneinander getrennt und haben folgende allgemeine Form:

für übergeordnete Begriffe: *Stufennummer Bezeichnung*
für elementare Begriffe: *Stufennummer Bezeichnung Datenattribute*

Die *Bezeichnungen* der verschiedenen Begriffe sind nach den allgemein dafür gültigen Regeln zu bilden (Abschnitt 1.2.). Abweichend von der Forderung, daß eine Bezeichnung innerhalb des Programms eindeutig einer bestimmten Größe zugeordnet sein muß und nicht für mehrere unterschiedliche Größen verwendbar ist, kann in einer Struktur mehrfach die gleiche Bezeichnung vergeben werden, und es können auch Begriffe in unterschiedlichen Strukturen die gleiche Bezeichnung erhalten. Es muß in diesen Fällen lediglich gewährleistet sein, daß es für die gleich bezeichneten Begriffe jeweils mindestens einen unterschiedlichen Oberbegriff auf irgendeiner Gliederungsstufe gibt. Entsprechend darf für ein Strukturelement auch eine Bezeichnung vergeben werden, die bereits für eine einzelne Variable verwendet wurde.

Zur Angabe der *Datenattribute* für die elementaren Begriffe stehen sämtliche in PL1 bestehenden Möglichkeiten zur Verfügung. Auch ein Dimensionsattribut kann in diesem Zusammenhang angegeben werden, so daß als Elemente von Strukturen ohne weiteres Felder auftreten können. Für einen elementaren Begriff, für den die Standardattribute entsprechend dem Anfangsbuchstaben seiner Bezeichnung gelten sollen, können die Datenattribute auch weggelassen werden. Die Festlegung von Anfangswerten durch zusätzliche Angabe eines Attributs INITIAL ist in der gleichen Weise wie für einzelne Variable auch für die elementaren Begriffe einer Struktur zulässig. Oberbegriffe als Zusammenfassung mehrerer Datenelemente, die unter Umständen von unterschiedlichem Typ sind, können natürlich keine Datenattribute erhalten, und es ist für sie folglich auch keine Zuordnung von Anfangswerten möglich.

Aus der Reihenfolge der einzelnen Angaben für die verschiedenen Begriffe muß in Verbindung mit den jeweiligen *Stufennummern* eindeutig die hierarchische Gliederung der Struktur hervorgehen. Eine Strukturvereinbarung beginnt daher stets mit dem höchsten Begriff, der die gesamte Struktur darstellt und die Stufennummer 1 erhalten muß. Die Reihenfolge der weiteren Begriffe sowie die dafür erforderlichen Stufennummern ergeben sich nach folgender Regel:

Ein Begriff mit der Stufennummer n ist stets Oberbegriff für alle darauffolgenden Begriffe mit einer höheren Stufennummer, die vor dem Auftreten einer Stufennummer $\leqq n$ oder dem Ende der Struktur angegeben werden.

Da die gesamte Struktur die Stufennummer 1 hat, müssen sämtliche zugehörigen Begriffe höhere Stufennummern haben. Sind darunter Begriffe, die ihrerseits ebenfalls gegliedert sind und folglich Oberbegriffe darstellen, so müssen die untergeordneten Begriffe wiederum höhere Stufennummern erhalten als die übergeordneten. Oberbegriffe werden deshalb auch als Unterstrukturen bezeichnet.

Als Stufennummer können beliebige natürliche Zahlen $\leqq 255$ angegeben werden, die durchaus nicht unmittelbar aufeinanderfolgen müssen, sondern lediglich so zu wählen sind, daß aus ihrem Wert die relative Stellung des jeweiligen Begriffs innerhalb der Hierarchie eindeutig hervorgeht. In den Angaben der Strukturvereinbarung ist die Stufennummer jeweils durch mindestens ein Leerzeichen von der zugehörigen Bezeichnung zu trennen. Haben mehrere aufeinanderfolgende Strukturelemente die gleiche

Stufennummer, so kann man diese „ausklammern". Die betreffenden Bezeichnungen sind dann zusammen mit den zugehörigen Attributen in Klammern einzuschließen, und die gemeinsame Stufennummer ist davor zu schreiben.

Das Ende einer Strukturvereinbarung wird vom Compiler erkannt, wenn

— ein Semikolon auftritt, das den gesamten Vereinbarungsbefehl abschließt, oder
— ein Begriff mit der Stufennummer 1 auftritt, der damit den Beginn einer neuen Struktur kennzeichnet, oder
— ein Datenelement ohne Stufennummer auftritt.

Die interne Speicherung einer Struktur erfolgt durch Aneinanderreihung der Speicherplätze für die elementaren Begriffe in der aus der Strukturvereinbarung hervorgehenden Reihenfolge und der den jeweiligen Datenattributen entsprechenden Form. Im Prinzip ergibt sich daraus auch die gesamte Länge der Struktur; es kann allerdings vorkommen, daß auf Grund bestimmter vom System festgelegter Anforderungen an die Speicherplatzadressen einiger Datentypen (Abschnitt 2.4.1.) zwischen den Werten zweier aufeinanderfolgender Begriffe unbenutzte Bytes auftreten. Normalerweise braucht sich der Programmierer darum nicht zu kümmern; lediglich bei der Überlagerung von Strukturen durch andere Größen sowie bei der Bestimmung der Satzlänge in Verbindung mit der Ein- und Ausgabe können entsprechende Betrachtungen eine Rolle spielen.

Die für die einzelnen Begriffe vergebenen Stufennummern werden nicht mit gespeichert; sie dienen lediglich dem Compiler zur Erkennung der jeweiligen Strukturierung.

Beispiele

1. Für das eingangs betrachtete Beispiel einer Struktur mit Angaben für die Mitarbeiter eines Betriebs könnte folgende Strukturvereinbarung angegeben werden:

```
DCL 1 MITARBEITER, 2 NR FIXED(7), 2 NAME, 3 VORNAME CHAR(12),
      3 ZUNAME CHAR(18), 2 ADRESSE, 3 ORT, 4 PLZ FIXED(4),
      4 WOHNORT CHAR(20), 3 STRASSE CHAR(20);
```

Diese Form der Darstellung ist allerdings nicht sehr übersichtlich. Strukturvereinbarungen schreibt man deshalb vorteilhafter in einer Form, aus der schon durch entsprechendes Einrücken die jeweilige Gliederung ersichtlich ist. Im vorliegenden Fall könnte das etwa folgendermaßen aussehen:

```
DCL 1 MITARBEITER,
        2 NR FIXED(7),
        2 NAME,
          3 VORNAME CHAR(12),
          3 ZUNAME CHAR(18),
        2 ADRESSE,
          3 ORT,
            4 PLZ FIXED(4),
            4 WOHNORT CHAR(20),
          3 STRASSE CHAR(20);
```

Die in dieser Form vorliegende Übereinstimmung der Stufennummern mit der jeweiligen Gliederungsstufe ist nicht unbedingt notwendig. Die Stufennummern sind lediglich so zu wählen, daß eindeutig die entsprechende Gliederung zum Ausdruck kommt. Man könnte deshalb unter Verwendung anderer Stufennummern die Strukturvereinbarung auch folgendermaßen schreiben:

```
DCL 1 MITARBEITER,
        4 NR FIXED(7),
        3 NAME,
          7 VORNAME CHAR(12),
```

```
        4 ZUNAME CHAR(18),
      2 ADRESSE,
        6 ORT,
          8 PLZ FIXED(4),
          7 WOHNORT CHAR(2Ø),
        4 STRASSE CHAR(2Ø);
```

Für die Speicherung der Struktur werden 77 Bytes benötigt.

2. Für das ebenfalls bereits erwähnte Beispiel einer Struktur mit Angaben für die Artikel eines Großhandelsbetriebs könnte folgende Strukturvereinbarung angegeben werden:

```
DECLARE 1 ARTIKEL,
          2 ARTNR CHAR(5),
          2 BEZEICHNUNG CHAR(3Ø),
          2 ME CHAR(2),
          2 PREIS FIXED (7,2),
          2 BESTAND FIXED (9);
```

Da keine weitere Gliederung vorliegt, verwendet man zweckmäßig gleiche Stufennummern. Durch Ausklammern derselben könnte man auch schreiben:

```
DECLARE 1 ARTIKEL,
          2 (ARTNR CHAR(5), BEZEICHNUNG CHAR(3Ø), ME CHAR(2),
            PREIS FIXED(7,2), BESTAND FIXED(9));
```

3. Für eine Struktur liegt folgende Strukturvereinbarung vor:

```
DCL 1 STR, 2 (A CHAR(4Ø), B(5) FIXED(9,2) INIT ((5)Ø)),
           2 STCD, 3 (C FIXED(5), D CHAR(1Ø) INIT('␣'));
```

Die elementaren Begriffe dieser Struktur sind zunächst eine Zeichenkette A sowie ein Feld B mit 5 Elementen, die alle den Anfangswert 0 erhalten. Danach folgt ein Oberbegriff STCD, zu dem die beiden elementaren Begriffe C und D gehören. Für die Zeichenkettenvariable D wird als Anfangswert eine Zeichenktte aus 10 Leerzeichen festgelegt (da kürzere Werte bei der Zuordnung zu Zeichenkettenvariablen stets mit Leerzeichen aufgefüllt werden, genügt die Angabe eines Leerzeichens).

Durch Angabe eines Dimensionsattributs für einen elementaren Begriff können Felder als Elemente einer Struktur auftreten. Daneben ist es aber auch möglich, für einen Oberbegriff oder die gesamte Struktur ein Dimensionsattribut anzugeben. Auf diese Weise wird jeweils ein Feld vereinbart, dessen Elemente Strukturen entsprechend der Angaben in der Strukturvereinbarung sind. Für eine solche dimensionierte Struktur oder Unterstruktur wird der dafür benötigte Speicherplatz so oft hintereinander angelegt, wie es den Angaben des Dimensionsattributs entspricht.

Beispiele

1. Ein Programm enthält folgende Strukturvereinbarung:

```
DECLARE 1 STR(5), 2 X, 2 Y, 2 Z;
```

In diesem Fall handelt es sich um ein Feld mit 5 Elementen, von denen jedes eine Struktur darstellt, die aus den elementaren Begriffen X, Y und Z besteht. Intern wird die Aufeinanderfolge dieser 3 Elemente 5mal gespeichert.

2. Ein Programm enthält folgende Strukturvereinbarung:

```
DCL 1 A(3), 2 B, 3 (C, D(1Ø)),
            2 E(4,6), 3 (F(2Ø), G);
```

(die Datenattribute wurden zur Vereinfachung weggelassen).
Hierbei handelt es sich um ein Feld A mit 3 Elementen, die Strukturen darstellen. Jede von ihnen enthält zunächst eine Variable C sowie ein Feld D mit 10 Elementen und anschließend ein Feld

mit 24 Elementen, die ihrerseits selbst wiederum Strukturen sind, die jeweils aus einem Feld F mit 20 Elementen und der Variablen G bestehen. Die Größe G tritt somit 72mal auf; durch entsprechende Indexangaben ist eine Bezugnahme auf ein ausgewähltes Element G möglich (Abschnitt 2.3.2.2.).

Mitunter kommt es in der Praxis vor, daß in einem Programm mehrere Strukturen benötigt werden, die in gleicher Weise gegliedert sind, weil ihre entsprechenden Elemente jeweils die gleiche Bedeutung haben. Ein solcher Sachverhalt ist beispielsweise dann gegeben, wenn in Strukturen angeordnete Daten bearbeitet werden sollen, die für unterschiedliche Monate, unterschiedliche Territorien oder vielleicht für das laufende Jahr und das Vorjahr vorliegen. Analog könnte auch der Aufbau einer Unterstruktur mit dem einer anderen Struktur übereinstimmen.

Zur Vereinfachung kann in einem solchen Fall durch Verwendung des Attributs LIKE die Vereinbarung einer Struktur oder einer Unterstruktur in der abgekürzten Form

Stufennummer Bezeichnung LIKE *Basisstruktur*

vorgenommen werden, ohne daß für die Elemente derselben weitere Angaben erforderlich sind. Diese Schreibweise besagt, daß die unter der angegebenen *Bezeichnung* vereinbarte Struktur oder Unterstruktur den gleichen Aufbau wie die angegebene *Basisstruktur* haben soll. Die Bezeichnungen der einzelnen Elemente in der neuen Struktur oder Unterstruktur sowie deren Attribute stimmen damit vollständig mit denen der Basisstruktur überein. Das Gleiche gilt für ihre relative Stellung innerhalb der neuen Vereinbarung, unabhängig davon, welche Stufennummern in der Strukturvereinbarung für die Basisstruktur verwendet wurden.

Zu beachten ist allerdings, daß ein für die Basisstruktur eventuell vorhandenes Dimensionsattribut sowie auch alle anderen dafür vorliegenden Attribute auf die neue Vereinbarung nicht mit übertragen werden. Soll die neue Struktur oder Unterstruktur ebenfalls ein solches Attribut der Basisstruktur haben, so müßte dieses in der abgekürzten Vereinbarung vor dem Attribut LIKE angegeben werden. Entsprechend könnte auch für die neue Struktur oder Unterstruktur beispielsweise ein Dimensionsattribut vereinbart werden, obwohl dieses für die Basisstruktur nicht vorhanden ist.

Als Basisstruktur ist jeweils die Bezeichnung einer Struktur oder Unterstruktur anzugeben, für die eine vollständige Strukturvereinbarung vorliegt.

Beispiele

1. Ein Programm enthält folgenden Vereinbarungsbefehl:

```
DCL 1 STR, 2 A, 3 (B CHAR(10), C FIXED(7,2)),
           2 D PICTURE 'ZZ999V.99',
           2 E(4), 3 ((F,G,H) FLOAT(16)),
    1 NEU1 LIKE STR,
    1 NEU2 LIKE E,
    1 NEU3 (3) LIKE A;
```

Unter den Bezeichnungen NEU1, NEU2 und NEU3 werden hiermit drei Strukturen vereinbart, deren Aufbau jeweils der Struktur STR oder einer ihrer Unterstrukturen entspricht. Die verkürzten Angaben unter Verwendung des Attributs LIKE sind identisch mit folgenden vollständigen Strukturvereinbarungen:

```
DCL 1 NEU1, 2 A, 3 (B CHAR(10), C FIXED(7,2)),
            2 D PICTURE 'ZZ999V.99',
            2 E(4), 3 ((F,G,H) FLOAT(16)),
    1 NEU2, 2 ((F,G,H) FLOAT(16)),
    1 NEU3 (3), 2 (B CHAR(10), C FIXED(7,2));
```

Das Dimensionsattribut von E wurde nicht mit auf die Struktur NEU2 übertragen. Das mehrfache Auftreten der gleichen Bezeichnungen spielt keine Rolle, da jeweils ein unterschiedlicher übergeordneter Begriff vorhanden ist.

2. Ein Programm enthält folgende Vereinbarungsbefehle:

```
DCL 1 ST1, 2 (A CHAR(25), B CHAR(7), C(5) FIXED);
DCL 1 ST2, 2 ((U,V,W) FLOAT(16)),
           2 ABC LIKE ST1,
           2 Z CHARACTER(32);
```

Ohne Verwendung von LIKE hätte die Strukturvereinbarung für ST2 folgendermaßen aussehen müssen:

```
DCL 1 ST2, 2 ((U,V,W) FLOAT(16)),
           2 ABC, 3 (A CHAR(25), B CHAR(7), C(5) FIXED),
           2 Z CHARACTER(32);
```

Die von der Basisstruktur abweichenden Stufennummern für die Elemente der Unterstruktur ABC sind erforderlich, um die richtige relative Stellung der betreffenden Elemente zum Ausdruck zu bringen.

2.3.2.2. Bezugnahme auf Strukturen und Strukturelemente

Der Programmierer hat die Möglichkeit, auf die gesamte Struktur Bezug zu nehmen, er kann aber auch Unterstrukturen (Oberbegriffe) oder die elementaren Begriffe einer Struktur ansprechen. Da alle Begriffe einer Struktur eine eigene Bezeichnung haben, ist diese jeweils ohne die zugehörige Stufennummer im betreffenden Befehl anzugeben.

Die elementaren Begriffe einer Struktur können im Programm in gleicher Weise wie einzelne Variable verwendet werden. Felder, die Bestandteile von Strukturen sind, können als Ganzes im Rahmen der Möglichkeiten für die Angabe von Feldern, ihre Elemente wie gewöhnliche indizierte Variable verwendet werden.

Die Bezugnahme auf eine vollständige Struktur oder eine Unterstruktur als Datenelement ist zulässig

— in Strukturausdrücken (Abschnitt 3.1.6.), bei denen bestimmte Operationen in gleicher Weise mit allen Elementen der Struktur bzw. Unterstruktur durchzuführen sind;

— bei der Zuordnung eines einheitlichen Werts für alle Elemente der Struktur bzw. Unterstruktur oder der Zuordnung von Werten einer anderen Struktur;

— in Verbindung mit der Ein- und Ausgabe als Element der Datenliste eines Befehls zur reihenweisen Datenübertragung (Abschnitt 6.1.3.) oder als Ein- bzw. Ausgabebereich eines Befehls der satzweisen Datenübertragung (Abschnitt 7.1.).

Da innerhalb einer Struktur die gleiche Bezeichnung durchaus mehrfach verwendet werden kann, wenn jeweils nur mindestens ein unterschiedlicher Oberbegriff vorhanden ist, reicht die Angabe der Bezeichnung mitunter nicht aus, um eine eindeutige Bezugnahme auf einen Begriff zu erreichen. In einem solchen Fall ist im betreffenden Befehl eine Qualifizierung der Bezeichnung in der Weise vorzunehmen, daß vor die eigentliche Bezeichnung noch die eines oder mehrerer übergeordneter Begriffe geschrieben wird. Die einzelnen Bezeichnungen sind durch einen Punkt voneinander zu trennen, wobei links und rechts von diesem Punkt Leerzeichen stehen können. Bei einer Qualifizierung durch Angabe mehrerer übergeordneter Begriffe müssen diese entsprechend der Hierarchie von oben nach unten, also in der Reihenfolge steigender Stufennummern angeordnet sein, wobei jedoch einzelne Zwischenstufen ausgelassen werden können. Die

Qualifizierung einer Bezeichnung ist stets nur soweit erforderlich, daß eine Eindeutigkeit in der Bezugnahme gewährleistet ist; sie kann aber auch verwendet werden, wenn sie zur Erreichung der Eindeutigkeit nicht unbedingt erforderlich wäre.

Wurde die gleiche Bezeichnung in zwei unterschiedlichen Strukturen verwendet, so ist eine Bezugnahme auf die betreffenden Elemente nur über eine Qualifizierung der Bezeichnung möglich, wofür in diesem Falle die zusätzliche Angabe der jeweiligen Gesamtstruktur ausreicht. Ein solcher Sachverhalt liegt z. B. vor, wenn eine Struktur mit dem Attribut LIKE vereinbart wurde; sowohl die Elemente der Basisstruktur als auch die der neuen Struktur können dann nur über qualifizierte Bezeichnungen angesprochen werden.

Wurde eine in einer Struktur verwendete Bezeichnung außerdem noch für eine einzelne Variable vergeben, so bezieht sich eine nicht qualifizierte Angabe dieser Bezeichnung in einem Befehl stets auf die Variable; die Bezugnahme auf das betreffende Strukturelement ist nur über eine qualifizierte Bezeichnung möglich.

Beispiele

1. Für die Bezugnahme auf den Begriff Wohnort der in Beispiel 1 des vorangehenden Abschnitts angegebenen Struktur könnte in einem Befehl lediglich die Bezeichnung WOHNORT verwendet werden. Es könnte aber auch eine Qualifizierung dieser Bezeichnung z. B. in folgender Weise vorgenommen werden:

```
ORT.WOHNORT      ADRESSE.ORT.WOHNORT      ADRESSE.WOHNORT
MITARBEITER.WOHNORT      MITARBEITER.ADRESSE.ORT.WOHNORT
```

2. Ein Programm enthält folgende Strukturvereinbarungen:

```
DECLARE 1 X, 2 A, 2 B, 2 C,
        1 Y, 2 A, 2 B, 2 C;
```

Da die Elemente beider Strukturen die gleichen Bezeichnungen haben, ist eine Bezugnahme auf sie nur mit Hilfe einer Qualifizierung möglich. Eine Angabe X.A oder Y.B beispielsweise wäre wegen der eindeutigen übergeordneten Strukturbezeichnung völlig eindeutig.

Die gleiche Notwendigkeit bestünde, wenn für die Struktur Y die Strukturvereinbarung in der Form 1 Y LIKE X vorläge.

3. Ein Programm enthält folgende Vereinbarungen:

```
DCL A CHARACTER(12),
    1 STR, 2 A, 3 (V, W(15)),
           2 B, 3 (V, W(15));
```

Eine Bezugnahme auf den Oberbegriff A der Struktur kann nur über die qualifizierte Bezeichnung STR.A erfolgen; die Bezeichnung A ohne Qualifizierung bezieht sich stets auf die neben der Struktur vereinbarte Zeichenkettenvariable.

Da die Bezeichnungen V und W in beiden Unterstrukturen auftreten, können die betreffenden Elemente ebenfalls nur durch qualifizierte Bezeichnungen angesprochen werden, z. B. in der Form A.V; dagegen könnte durch STR.V in diesem Fall keine Eindeutigkeit erreicht werden. Unter der qualifizierten Bezeichnung A.W ober B.W ist jeweils ein Feld von 15 Elementen zu verstehen; eine Angabe A.W(4) bezieht sich dagegen nur auf das 4. Element aus dem Feld W der Unterstruktur A.

Bei der Bezugnahme auf die Elemente dimensionierter Strukturen reicht ebenfalls nicht die Angabe der jeweiligen Bezeichnung aus; hier handelt es sich um die mehrfach aufeinanderfolgende Speicherung der jeweiligen Struktur, so daß deren Elemente mehrmals auftreten. Die Eindeutigkeit in der Bezugnahme wird in diesem Fall dadurch erreicht, daß zusammen mit der Bezeichnung eines Elements eine Indexangabe erfolgt, die dem für die Struktur vergebenen Dimensionsattribut entsprechen muß und diejenige Struktur aus dem vorliegenden Feld von Strukturen bezeichnet, zu der das angesprochene Element gehört.

Haben mehrere Oberbegriffe eines Strukturelements ein Dimensionsattribut, so muß die Indexangabe für ein solches Element soviel Indizes enthalten, wie sich aus der Aneinanderreihung der Dimensionsattribute dieser Oberbegriffe ergibt; die Reihenfolge muß dabei der Hierarchie der betreffenden Begriffe von oben nach unten entsprechen. Hat das Strukturelement selbst auch noch ein Dimensionsattribut, so erhöht sich die Anzahl der Indizes weiter, wobei die diesem Dimensionsattribut entsprechenden Indizes als letzte anzugeben sind.

Bei der Verwendung qualifizierter Bezeichnungen ist es gleichgültig, hinter welcher der angegebenen Bezeichnungen die Indexangabe steht. Sie kann auch durch mehrere, auf die einzelnen Bezeichnungen verteilte Indexangaben ersetzt werden, sofern dabei die Reihenfolge der Indizes erhalten bleibt.

Beispiel. Beim Vorliegen der Strukturvereinbarung (siehe auch Abschnitt 2.3.2.1.)

```
DCL 1 A(3), 2 B, 3 (C, D(10)),
            2 E(4,6), 3 (F(20), G);
```

stellt die Angabe C die Bezugnahme auf ein Feld von 3 Elementen dar; die Angabe C(2) dagegen bezieht sich nur auf ein einzelnes Element, und zwar die Größe C aus der 2. Struktur A. Verwendet man hierfür eine qualifizierte Bezeichnung, so könnte diese beispielsweise B(2).C oder A.B.C(2) lauten; die Position für die Indexangabe ist gleichgültig.
Für das Element D_7 der 2. Struktur A wäre z. B. eine der Angaben D(2,7) oder A(2).D(7) oder A(2,7).D zulässig.
Da die Unterstruktur E selbst wiederum dimensioniert ist, sind für die Bezugnahme auf ein Element G stets 3 und für ein Element des Felds F 4 Indizes erforderlich. G(1,2,3) stellt dasjenige der 72 Elemente mit der Bezeichnung G dar, das in der 1. Struktur A und innerhalb dieser in der Unterstruktur E liegt, die durch die Indizes 2,3 gekennzeichnet ist. F(1,2,3,14) stellt innerhalb der gleichen Unterstruktur das 14. Element des Felds F dar. Eine übersichtlichere Angabe wäre in diesem Fall vielleicht A(1).E(2,3).F(14), man könnte jedoch auch ohne weiteres z. B. A(1.2).E(3,14).F oder E(1,2,3).F(14) oder A(1,2,3,14).F schreiben.

2.4. Speicherung von Daten

Für alle variablen Größen eines Programms werden explizit oder implizit verschiedene Datenattribute vereinbart, aus denen unter anderem auch hervorgeht, wieviel Bytes zur Speicherung ihrer Werte erforderlich sind. Die Zuordnung dieser Speicherplätze kann auf unterschiedliche Weise erfolgen und ist abhängig vom Speicherungsklassenattribut des betreffenden Datenelements.

Im Normalfall hat eine Größe standardmäßig das Speicherungsklassenattribut AUTOMATIC; sie erhält dann ihren Speicherplatz automatisch mit Beginn der Abarbeitung des Programms, wobei gleichzeitig auch die Speicherung eines vereinbarten Anfangswerts erfolgt. Mit Beendigung der Programmabarbeitung wird der betreffende Speicherplatz wieder freigegeben. Abweichend davon kann durch die Vereinbarung des Speicherungsklassenattributs STATIC bewirkt werden, daß die Speicherplatzzuordnung für eine Größe sowie die eventuelle Bereitstellung eines Anfangswerts bereits vor der Abarbeitung in Verbindung mit der Übersetzung des Programms vorgenommen wird. Die Freigabe des Speicherplatzes erfolgt dann erst am Ende des gesamten Jobs.

Von Bedeutung ist die Unterscheidung dieser beiden Möglichkeiten nur in Zusammenhang mit der Verwendung mehrerer miteinander verbundener Teilprogramme (Unterprogrammtechnik); die Wirkung der Speicherungsklassenattribute AUTOMATIC und STATIC in diesen Fällen wird ausführlich in Abschnitt 8.2.1.2. erläutert.

Daneben kann der Programmierer durch entsprechende Vereinbarungen aber auch noch in verschiedener Weise auf die Speicherung der Daten Einfluß nehmen. Er kann bestimmte Festlegungen bezüglich der Ausrichtung von Speicherplätzen treffen oder veranlassen, daß eine Überlagerung vorgenommen wird, bei der die gleichen Speicherplätze mehreren unterschiedlichen Größen zugeordnet werden. Er kann aber auch verlangen, daß die Zuordnung von Speicherplätzen für eine Größe sowie deren Freigabe grundsätzlich durch Angabe entsprechender Befehle im Programm gesteuert wird, wobei wiederum mehrere Varianten zur Verfügung stehen.

2.4.1. Ausrichtung von Speicherplätzen

Verschiedene bei der Übersetzung eines PL1-Programms erzeugte Befehle in der Maschinensprache verlangen, daß die zu ihrer Ausführung verwendeten Operanden auf Speicherplätzen stehen, deren Adresse bestimmte Bedingungen erfüllt. Bei der Bereitstellung von Speicherplätzen für die in einem Programm explizit oder implizit vereinbarten Größen muß der Compiler folglich diese Anforderungen, die für die einzelnen Datentypen unterschiedlich sind, berücksichtigen und eine entsprechende Ausrichtung derselben vornehmen. Im einzelnen lauten die Bedingungen folgendermaßen:

Datenelement	Ausrichtung der Speicheradresse
Gleitkommavariable (8 Bytes)	durch 8 teilbare Adresse (Doppelwortgrenze)
Gleitkommavariable (4 Bytes)	durch 4 teilbare Adresse (Wortgrenze)
duale Festkommavariable (4 Bytes)	durch 4 teilbare Adresse (Wortgrenze)
duale Festkommavariable (2 Bytes)	durch 2 teilbare Adresse (Halbwortgrenze)
dezimale Festkommavariable	beliebiges Byte
numerische Abbildungsvariable	beliebiges Byte
Zeichenkettenvariable	beliebiges Byte
Bitkettenvariable	beliebiges Bit

Die Vergabe der Speicherplätze durch den Compiler erfolgt daher auch nicht unbedingt in der Reihenfolge, in der die einzelnen Vereinbarungen im Programm enthalten sind, sondern so, daß alle Größen fortlaufend hintereinander gespeichert werden und zwischen ihnen keine Zwischenräume auf Grund der Ausrichtungsanforderungen auftreten. Der Programmierer braucht sich jedoch um diese Belange nicht zu kümmern; durch Angabe der jeweiligen Bezeichnung im Programm wird automatisch der Zugriff zu den zugeordneten Speicherplätzen veranlaßt.

Schwierigkeiten können sich allerdings bei der Verwendung von Strukturen ergeben, denn hier wird die Reihenfolge, in der die einzelnen Elemente gespeichert werden sollen, durch die Strukturvereinbarung eindeutig festgelegt. Auf Grund der Ausrichtungsanforderungen kann es dabei notwendig sein, daß ein Element der Struktur nicht in dem unmittelbar auf das vorangehende Element folgenden Byte beginnt, sondern zwischen beiden zwangsläufig unbenutzte Bytes auftreten. Auf diese Weise werden für die Speicherung der Struktur mehr Speicherplätze benötigt, als sich aus der Addition der für die einzelnen Elemente erforderlichen Bytes ergibt. Liegt z. B. innerhalb einer Struktur zwischen zwei dualen Festkommagrößen eine Zeichenkette der Länge 1, so lassen sich die Festlegungen zur Speicherplatzausrichtung nur durch Einfügen eines unbenutzten Bytes erfüllen. Der Compiler versucht allerdings auch bei der Speicherplatzzuordnung für Strukturen die Anzahl der unbenutzten Bytes so gering wie möglich zu halten; durch entsprechende Anordnung der Strukturelemente kann der Programmierer auch selbst darauf Einfluß nehmen.

Da auch im Falle des Auftretens unbenutzter Bytes innerhalb einer Struktur durch Angabe der Bezeichnung für ein Strukturelement der Zugriff stets auf die tatsächlich dafür vergebenen Speicherplätze erfolgt, sind diese Gesichtspunkte normalerweise für den Programmierer ohne Bedeutung. Lediglich im Fall von Überlagerungen einer Struktur durch Verwendung der Attribute DEFINED oder BASED (Abschnitt 2.4.2.) sowie bei der Bestimmung der Satzlänge in Verbindung mit der Verwendung von Strukturen als Ein- und Ausgabebereiche zur Durchführung der satzweisen Datenübertragung (Abschnitt 7.1.) muß er sie kennen und entsprechend berücksichtigen. Angaben über die tatsächliche Anzahl der für eine Struktur benötigten Speicherplätze können aus den bei der Übersetzung eines Programms erhältlichen Systemmitteilungen entnommen werden.

Abweichend von den beschriebenen Speicherplatzausrichtungen zur Erfüllung der diesbezüglichen Anforderungen kann der Programmierer aber auch eigene Festlegungen mit Hilfe der Attribute

ALIGNED und UNALIGNED (abgekürzt UNAL)

treffen, die bei der Vereinbarung jeder Größe angegeben werden können.

Das Attribut ALIGNED bewirkt, daß mit Ausnahme von Bitketten die betreffende Größe gemäß den standardmäßigen Ausrichtungsregeln gespeichert wird; für Bitketten wird durch dieses Attribut festgelegt, daß die Speicherung jeweils in einem neuen Byte beginnt.

Das Attribut UNALIGNED bewirkt, daß mit Ausnahme von Bitketten die Speicherung der betreffenden Größe an der nächstfolgenden Byteposition beginnt und eine Ausrichtung des Speicherplatzes unterbleibt; für Bitketten wird durch dieses Attribut festgelegt, daß die Speicherung jeweils an der nächstfolgenden Bitposition beginnt. Beim Fehlen eines solchen Attributs gelten die der obigen Übersicht entsprechenden standardmäßigen Ausrichtungsregeln, d. h., für Bitketten wird das Attribut UNALIGNED, für alle anderen Größen das Attribut ALIGNED angenommen. Dabei haben die beiden Attribute für dezimale Festkommagrößen, numerische Abbildungsvariable sowie Zeichenketten keine unterschiedliche Bedeutung.

Für eine einzelne Variable hat es im Prinzip kaum Sinn, ein Attribut ALIGNED oder UNALIGNED anzugeben, wenn nicht damit entsprechende Ausrichtungen für spätere Überlagerungen vorgenommen werden sollen. Bei Feldern spielen sie im Prinzip nur dann eine Rolle, wenn es sich bei den Feldelementen um Bitketten handelt; die Verwendung eines Attributs ALIGNED kann in diesem Fall zu einer beträchtlichen Erhöhung des Speicherplatzbedarfs führen, da hier jedes Element in einem neuen Byte beginnt.

Wesentlich größere Bedeutung haben die beiden Attribute im Zusammenhang mit Strukturen. Sie können dabei nicht nur für die elementaren Begriffe derselben, sondern auch für die gesamte Struktur oder für Unterstrukturen angegeben werden und beziehen sich dann auf alle dazugehörigen Elemente, sofern für diese nicht ein anderes diesbezügliches Attribut vereinbart wurde. Will man also erreichen, daß die Elemente einer Struktur fortlaufend hintereinander gespeichert werden, ohne daß unbenutzte Bytes auftreten, so kann man die gesamte Struktur mit dem Attribut UNALIGNED versehen; lediglich bei der Verwendung von Bitketten können dann unter Umständen unbenutzte Bits auftreten. Es ist dabei allerdings zu beachten, daß die Angabe des Attributs UNALIGNED für eine Struktur zwar hinsichtlich der Verwendung des Speicherplatzes ökonomisch ist, sich daraus jedoch ungünstigere Verarbeitungszeiten für die einzelnen Größen ergeben, denn die erforderlichen Speicherplatzausrichtungen müssen dann im erzeugten Maschinenprogramm jeweils durch gesonderte Befehle vorgenommen werden, bevor die eigentliche Operation ausgeführt werden kann.

Zu beachten ist weiterhin, daß zwar bei der Vereinbarung einer Struktur unter Verwendung des Attributs LIKE eventuell für die Elemente der Basisstruktur vergebene Attribute ALIGNED oder UNALIGNED mit auf die neue Vereinbarung übernommen werden, ein für die gesamte Basisstruktur vergebenes Attribut jedoch nicht. Soll dieses auch für die neue Struktur bzw. Unterstruktur gelten, so müßte es bei deren Vereinbarung erneut angegeben werden.

Beispiel. Ein Programm enthält folgende Strukturvereinbarung:

```
DCL 1 STR, 2 X FLOAT(16),
           2 TSTR UNALIGNED, 3 KK CHAR(5),
                             3 IA BIN FIXED(15),
                             3 Y FLOAT(6) ALIGNED,
           2 B(5) BIT(2);
```

Da kein entsprechendes Attribut für die gesamte Struktur angegeben wurde, gelten für die Größen X und B die jeweiligen Standardregeln, d. h. für die Variable X das Attribut ALIGNED und für das Feld B das Attribut UNALIGNED. Die Elemente KK und IA haben ebenfalls das Attribut UNALIGNED, weil dieses für die Unterstruktur TSTR vergeben wurde. Für die Variable Y dagegen gilt das Attribut ALIGNED, da durch dessen explizite Angabe für dieses Element die Vereinbarung für die übergeordnete Unterstruktur aufgehoben wird.

2.4.2. Überlagerung von Speicherplätzen

Im Normalfall erhält jede in einem Programm vereinbarte Größe ihren eigenen, ihrem Datentyp entsprechenden Speicherplatz zugeordnet. Abweichend davon kann der Programmierer jedoch auch verlangen, daß für eine Größe kein gesonderter Speicherplatz zur Verfügung gestellt wird, sondern der bereits einer anderen Größe zugeordnete verwendet und damit praktisch überlagert wird. Von der Möglichkeit derartiger Überlagerungen macht man unter anderem Gebrauch, wenn

— der Inhalt von Speicherplätzen auf unterschiedliche Weise interpretiert werden soll (z. B. als arithmetische Größe und als Bitfolge, als Festkommagröße in Mark und in Pfennig);

— einzelne Bestandteile einer Größe gesondert benötigt werden (z. B. bestimmte Positionen der Personenkennziffer, der den Bezirk zum Ausdruck bringende Teil der Gemeindenummer);

— Ein- oder Ausgabesätze mit unterschiedlichem Satzaufbau auftreten (indem man jeden möglichen Satzaufbau durch eine entsprechende Struktur beschreibt und diese Strukturen einander überlagert);

— eine Größe unter verschiedenen Bezeichnungen ansprechbar sein soll (z. B., um die für die einzelnen Abschnitte eines Programms in der Literatur verwendeten Bezeichnungen ebenfalls benutzen zu können).

Eine Überlagerung über bereits vergebene Speicherplätze kann für einzelne Variable (mit Ausnahme von Zeichen- oder Bitketten, die das Attribut VARYING haben), Felder oder Strukturen vereinbart werden. Es stehen dafür die beiden Attribute DEFINED und BASED zur Verfügung. Unterstrukturen oder Strukturelemente können ebenso wie Teilfelder oder Elemente von Feldern ein solches Attribut nicht erhalten. Die Festlegung eines Anfangswerts durch ein Attribut INITIAL ist für Größen, deren Speicherplätze denen einer anderen Größe überlagert wurden, nicht möglich.

Die Größe, deren Speicherplätze durch die neu vereinbarte Größe überlagert werden, stellt die Basis der Überlagerung dar. Bei einer durch das Attribut DEFINED bewirkten Überlagerung ist als Basis jeweils eine entsprechende Größe explizit vorzugeben; bei Verwendung des Attributs BASED handelt es sich dagegen um eine variable Überlagerung, und die jeweilige Basis ergibt sich aus dem Wert einer Zeigervariablen, die im Verlauf der Programmabarbeitung unterschiedliche Werte annehmen kann.

2.4.2.1. Feste Überlagerungen

Die Festlegung, daß für eine Größe kein gesonderter Speicherplatz vergeben, sondern dieser dem bereits vorhandenen Speicherplatz einer explizit vorgegebenen anderen Größe überlagert werden soll, erfolgt in Verbindung mit der betreffenden Vereinbarung durch Verwendung des Attributs DEFINED (abgekürzt DEF). Die allgemeine Form einer solchen Angabe lautet:

Bezeichnung Attribute DEFINED *Basis*

Die *Datenattribute* können natürlich entfallen, wenn die Standardannahmen in Abhängigkeit vom Anfangsbuchstaben der Bezeichnung für die betreffende Größe gelten sollen. Bei Strukturen kann das Attribut DEFINED lediglich für die Bezeichnung der gesamten Struktur angegeben werden.

Als *Basis* ist die Bezeichnung derjenigen Größe anzugeben, deren Speicherplätze auch für die neu vereinbarte Größe verwendet werden sollen. Es kann sich dabei um eine einzelne Variable (mit Ausnahme von Zeichen- oder Bitkettenvariablen mit dem Attribut VARYING), ein Feld, eine Struktur oder Unterstruktur sowie ein Strukturelement handeln. Elemente von Feldern, Teilfelder sowie dimensionierte Strukturen sind als Basis nicht zulässig. Ferner darf es sich bei der Basis nicht um eine Größe handeln, die ihrerseits schon einer weiteren Größe überlagert wurde. Die gleiche Größe kann andererseits aber durchaus als Basis für mehrere unterschiedliche Überlagerungen verwendet werden.

Durch die Überlagerung der Speicherplätze für die neu vereinbarte Größe über die der Basisgröße kann auf den Inhalt derselben unter jeder der beiden Bezeichnungen Bezug genommen werden. Dabei ist zu beachten, daß eine Wertzuordnung zu einer dieser Größen sich stets auch in einer Veränderung des Werts der anderen auswirkt. Nach den strengen Regeln der Programmiersprache sollten beide Größen von gleichem Typ sein; lediglich bei Zeichen- oder Bitketten kann die Länge der neu vereinbarten Größe kürzer als die der Basis sein. Tatsächlich kann man jedoch durchaus auch Überlagerungen von

Speicherplätzen für Daten unterschiedlichen Typs vornehmen und auf diese Weise den Inhalt der betreffenden Speicherplätze jeweils unterschiedlich interpretieren.

Die Realisierung einer Überlagerung kann nach zwei unterschiedlichen Methoden erfolgen: fortlaufend oder elementweise. Im allgemeinen wird von der ersten Form Gebrauch gemacht und die Überlagerung fortlaufend durchgeführt; die elementweise Überlagerung wird nur dann verwendet, wenn sowohl die neu vereinbarte als auch die Basisgröße Felder darstellen.

Die *fortlaufende Überlagerung* ist dadurch gekennzeichnet, daß der vereinbarten Größe die gleiche Speicheradresse zugeordnet wird wie der Basisgröße. Entsprechend den Datenattributen beziehen sich sämtliche Bytes der vereinbarten Größe fortlaufend auf diese Anfangsadresse.

Vorsicht ist dabei geboten bei der Überlagerung einer Struktur, die nicht das Attribut UNALIGNED (Abschnitt 2.4.1.) hat, da in diesem Fall unter Umständen unbenutzte Bytes zwischen den einzelnen Strukturelementen auftreten können. Grundsätzlich sind bei einer Überlagerung auch die Regeln der Speicherplatzausrichtung zu beachten; man sollte z. B. niemals eine Größe, für die entsprechende Bedingungen bestehen, einer anderen Größe überlagern, für die das nicht der Fall ist, weil es auf diese Weise leicht zu sog. Spezifikationsfehlern kommen kann, wenn der für die Basisgröße vergebene Speicherplatz den Anforderungen für die überlagerte Größe nicht entspricht. Größen mit entsprechenden Speicherplatzanforderungen sollten vielmehr bei Überlagerungen stets als Basis verwendet werden.

Soll die Überlagerung durch die vereinbarte Größe nicht mit der ersten, sondern einer höheren Position der Basisgröße beginnen, so kann man hinter der Basis im Vereinbarungsbefehl noch zusätzlich ein Attribut

POSITION(n) (abgekürzt POS(n))

angeben, wobei n eine positive ganzzahlige dezimale Konstante ist. Die Anfangsadresse für die vereinbarte Größe ist dann jeweils das n-te Byte des Speicherplatzes der Basisgröße. Stellt die Basisgröße allerdings eine Bitkette dar, so wird damit das n-te Bit zur Anfangsadresse erklärt.

Beispiele

1. In einem Programm steht der Inhalt einer Lochkarte als Zeichenkette der Länge 80 zur Verfügung; daneben werden jedoch auch der Inhalt der ersten sowie der Inhalt der letzten 40 Zeichen ebenso wie der Inhalt der Lochspalten 7—12 als gesonderte Zeichenketten benötigt. Durch einen Vereinbarungsbefehl der Form

```
DCL KARTE CHAR(8Ø),
    TEIL1 CHAR(4Ø) DEF KARTE,
    TEIL2 CHAR(4Ø) DEF KARTE POS(41),
    KENNZ CHAR(6) DEF KARTE POS(7);
```

hat man verschiedene Bezeichnungen zur Verfügung, um sowohl auf den gesamten Karteninhalt als auch die benötigten Teile desselben Bezug nehmen zu können.

An Stelle der beiden Vereinbarungen für die Größen TEIL1 und TEIL2 könnte man auch eine Überlagerung in der Form

```
1 STT DEF KARTE, 2 ((TEIL1,TEIL2)CHAR(4Ø)),
```

vornehmen.

2. Der Inhalt einer Lochkarte wird in einem Programm als Ganzes benötigt. Darüber hinaus soll aber auch ein Zugriff auf jedes einzelne Zeichen, vielleicht zum Zwecke der Gültigkeitsprüfung,

möglich sein. Durch den Vereinbarungsbefehl

DCL ZEICHEN (8Ø) CHAR(1), KETTE CHAR(8Ø) DEF ZEICHEN;

kann unter der Bezeichnung KETTE auf den gesamten Inhalt Bezug genommen werden, während für den Zugriff zu den einzelnen Zeichen die Angabe einer indizierten Variablen aus dem Feld ZEICHEN erforderlich ist.

3. Für eine Gleitkommagröße wird außer ihrem algebraischen Wert auch dessen interne Darstellung als Bitfolge benötigt. Durch einen Vereinbarungsbefehl

DCL X FLOAT(6), B BIT(32) DEF X;

hat man die Möglichkeit, unter der Bezeichnung X den Wert der Gleitkommagröße zu benutzen, während unter der Bezeichnung B dessen interne Darstellung als Bitkette zur Verfügung steht. Die 4 zur Speicherung von X benötigten Bytes werden also nur in unterschiedlicher Weise interpretiert.

4. Der Wert einer dezimalen Festkommagröße stellt bestimmte Aufwendungen dar, die im Programm sowohl in Mark als auch in Pfennig benötigt werden. Mit Hilfe eines Vereinbarungsbefehls

DCL MARK FIXED(7,2), PFG FIXED(7) DEF MARK;

ist man dann in der Lage, unter der Bezeichnung MARK den jeweiligen Betrag in Mark und unter der Bezeichnung PFG in Pfennig für weitere Operationen benutzen zu können.

5. Den Elementen eines Felds A mit der Feldvereinbarung

DCL A(1Ø) CHAR(1);

sollen der Reihe nach die 10 numerischen Zeichen Ø—9 zugeordnet werden. Um nicht 10 einzelne Zuordnungen programmieren zu müssen, ist es einfacher, über das Feld A eine Zeichenkette z. B. in der Form

DCL ZKA CHAR(1Ø) DEF A;

zu legen und dieser dann den Wert 'Ø123456789' zuzuordnen. Durch Bezugnahme auf die Elemente A_i stehen dann die betreffenden Ziffernzeichen zur Verfügung.

Die *elementweise Überlagerung* ist dadurch gekennzeichnet, daß das mit dem Attribut DEFINED vereinbarte Feld nicht als Ganzes in der Aufeinanderfolge seiner Elemente den Speicherplätzen des als Basis angegebenen Felds überlagert wird. Für jedes Element des vereinbarten Felds wird vielmehr ein entsprechendes (korrespondierendes) Element des Basisfeldes bestimmt, welches für die Überlagerung benutzt werden soll. Für diese Zuordnung des entsprechenden Elements bestehen zwei Möglichkeiten:

— direkte Zuordnung, bei der den Elementen des vereinbarten Felds diejenigen Elemente des Basisfelds entsprechen, die die gleichen Indizes haben. Vereinbartes Feld und Basisfeld müssen in diesem Fall also die gleiche Anzahl von Dimensionen haben.

— Zuordnung über eine Indexliste, die im Vereinbarungsbefehl unmittelbar hinter der Basis in Klammern anzugeben ist und festlegt, welches Element des Basisfelds einem bestimmten Element des vereinbarten Felds als Basis für die Überlagerung dienen soll. Die Anzahl der Dimensionen muß in diesem Fall nicht in beiden Feldern übereinstimmen.

In jedem Fall dürfen die Dimensionsgrenzen des vereinbarten Felds natürlich nicht die des Basisfelds überschreiten. Welche der beiden Formen vom Compiler verwendet wird, ist abhängig vom Vorliegen einer Indexliste; ist eine solche nicht vorhanden, so wird die elementweise Überlagerung durch direkte Zuordnung der Elemente vorgenommen.

Die Angaben in einer Indexliste stellen Vorschriften dar, nach denen sich einheitlich aus den Indexkombinationen für sämtliche Elemente des vereinbarten Felds die Indizes des entsprechenden Elements des Basisfelds ergeben. Zur Bezeichnung der Indizes des vereinbarten Felds werden in diesen Vorschriften speziell nur in einem solchen Zusammenhang verwendbare Variable eingeführt, die die Bezeichnungen 1SUB, 2SUB, ..., *n*SUB haben. Die Variable *i*SUB bezeichnet jeweils den Index für die *i*-te Dimension, so daß in der Indexliste insgesamt soviel unterschiedliche Variablen dieser Art enthalten sein müssen, wie das vereinbarte Feld Dimensionen hat. Die Variablen können dabei allein eine solche Vorschrift darstellen, es können aber auch entsprechende arithmetische Ausdrücke gebildet werden, und die gleiche Variable kann ohne weiteres mehrfach auftreten. Daneben kann die Indexliste Konstanten sowie andere variable Größen enthalten, die allerdings nicht das Attribut DEFINED haben dürfen. Für ein spezielles Element des vereinbarten Felds ergeben sich die Indizes für das Element des Basisfelds, das für die Überlagerung verwendet werden soll, aus den Vorschriften der Indexliste, indem die Indizes dieses speziellen Elementes für die einzelnen *i*SUB-Variablen eingesetzt werden.

Will man für zwei Felder keine elementweise, sondern eine fortlaufende Überlagerung durchführen, so genügt es, eine Struktur zu definieren, deren einziges Element das Feld darstellt, das einem anderen Feld überlagert werden soll. Da es sich dann um die Überlagerung einer Struktur über ein Feld handelt, wird diese folglich fortlaufend durchgeführt. Eine weitere Möglichkeit wäre auch die Verwendung der im nächsten Abschnitt beschriebenen variablen Überlagerung, die in jedem Falle fortlaufend erfolgt.

Beispiele

1. Ein Programm enthält folgenden Vereinbarungsbefehl:

```
DCL A(6) CHAR(4), B(4) CHAR(2) DEF A;
```

Die 4 Elemente des Felds B überlagern jeweils die ersten beiden Zeichen der Elemente $A_1, \ldots, A_4$.

2. Durch den Vereinbarungsbefehl

```
DCL A(25,25), B(20) DEF A(1SUB,1SUB), C(25) DEF A(3,1SUB);
```

wird ein eindimensionales Feld B den ersten 20 Elementen der Diagonale des zweidimensionalen Felds A überlagert, denn dem Element B_i entspricht auf Grund der angegebenen Indexliste das Element $A_{i,i}$. Weiterhin wird ein Feld C vereinbart, das eine Überlagerung über die 3. Zeile des Felds A darstellt, da jedem Element C_i das Element $A_{3,i}$ entsprechen soll.

3. Ein Programm enthält folgenden Vereinbarungsbefehl:

```
DCL X(25,25), Y(5) DEF X(5*1SUB,1),
              Z(25,25) DEF X(2SUB,1SUB);
```

5*1SUB ist dabei ein arithmetischer Ausdruck, der die Multiplikation der Variablen 1SUB mit dem Faktor 5 zum Ausdruck bringt. Die 5 Elemente des Felds Y überlagern folglich die Elemente $X_{5,1}, X_{10,1}, X_{15,1}, X_{20,1}$ und $X_{25,1}$, denn dem Element Y_i soll auf Grund der angegebenen Indexliste das Element $X_{5\cdot i,1}$ entsprechen. Die Elemente $Z_{i,j}$ des Feldes Z überlagern dagegen die Elemente $X_{j,i}$, so daß das Feld Z die transponierte Matrix zur X darstellt.

2.4.2.2. Variable Überlagerungen

Die Festlegung, daß für eine Größe kein gesonderter Speicherplatz vergeben, sondern dieser dem Speicherplatz einer anderen Größe überlagert werden soll, ohne daß bereits eine nähere Spezifizierung derselben angegeben wird, erfolgt in der betreffenden Vereinbarung durch das Attribut BASED. Erst im Verlauf der Programmabarbeitung wird die Basisgröße für die Überlagerung bestimmt, wobei zu unterschiedlichen Zeitpunkten durchaus unterschiedliche Basisgrößen verwendet werden können. Für eine solche variable Überlagerung ist die betreffende Vereinbarung in folgender allgemeiner Form vorzunehmen:

Bezeichnung Attribute BASED (*Zeigervariable*)

Die unter der angegebenen *Bezeichnung* vereinbarte Größe wird als basisbezogene Größe bezeichnet. Handelt es sich dabei um eine Struktur, so ist das Attribut BASED lediglich hinter deren Bezeichnung anzugeben. Die *Datenattribute* in der Vereinbarung können natürlich entfallen, wenn die Standardannahmen in Abhängigkeit vom Anfangsbuchstaben der Bezeichnung gelten sollen.

Bei der hinter dem Schlüsselwort BASED in Klammern anzugebenden *Zeigervariablen* handelt es sich um eine Variable, deren Wert jeweils eine Hauptspeicheradresse ist. Als Basis für die Überlagerung wird stets diejenige Größe verwendet, deren Adresse den Wert dieser Zeigervariablen darstellt. Entsprechend ihren Datenattributen überlagert die vereinbarte Größe fortlaufend die an dieser Adresse beginnenden Bytes. Da die Zeigervariable im Lauf der Programmabarbeitung unterschiedliche Werte annehmen kann, sind damit variable Speicherplatzzuordnungen für basisbezogene Größen möglich. Die Bezugnahme auf eine basisbezogene Größe im Programm ist stets eine Bezugnahme auf die durch den aktuellen Wert der mit ihr verknüpften Zeigervariablen repräsentierten Speicherplätze. Der Datentyp spielt bei variablen Überlagerungen keine Rolle; im Prinzip können Daten beliebigen Typs auf diese Weise überlagert werden. Schwierigkeiten können sich allerdings dann ergeben, wenn dabei eventuell erforderliche Speicherplatzausrichtungen (Abschnitt 2.4.1.) nicht eingehalten werden.

Die Vereinbarung einer Zeigervariablen kann mit Hilfe des Befehls DECLARE durch Angabe des Attributs

POINTER (abgekürzt PTR)

für eine Bezeichnung erfolgen. Mit ihrem Auftreten in Klammern hinter einem Attribut BASED wird eine Bezeichnung jedoch auch implizit als Zeigervariable vereinbart.

Zeigervariable können als einzelne Variable oder Elemente von Strukturen auftreten; durch Angabe eines entsprechenden Dimensionsattributs können auch Felder von Zeigervariablen eingeführt werden. Allerdings dürfen indizierte Zeigervariable nicht in Verbindung mit dem Attribut BASED angegeben werden. Die Festlegung eines Anfangswerts für eine Zeigervariable ist in der üblichen Form unter Verwendung des Attributs INITIAL nicht möglich; sie kann jedoch über die erweiterte Form CALL INITIAL (Abschnitt 8.1.2.1.) erfolgen.

Die Zuordnung eines Werts für eine Zeigervariable geschieht am einfachsten durch Anwendung der Standardfunktion ADDR. Durch einen Befehl der allgemeinen Form

Zeigervariable = ADDR (*Bezeichnung*);

wird der links vom Gleichheitszeichen stehenden *Zeigervariablen* die Adresse der unter der angegebenen *Bezeichnung* vereinbarten Größe als Wert zugeordnet. Nähere Ausführungen dazu sind in Abschnitt 3.3.2. enthalten.

Die Zuordnung eines Werts zu einer Zeigervariablen bedeutet jedoch zunächst noch keine Bezugnahme auf den betreffenden Speicherplatz. Diese erfolgt erst durch Verwendung der basisbezogenen Größe oder ihrer Elemente (falls es sich um basisbezogene Felder oder Strukturen handelt), für die bei ihrer Vereinbarung die Zeigervariable angegeben wurde. Vor der ersten Bezugnahme auf eine basisbezogene Größe muß folglich die zugehörige Zeigervariable einen Wert erhalten haben.

Außer durch Verwendung der Standardfunktion ADDR können Zeigervariable vor allem in Verbindung mit der programmgesteuerten Zuordnung von Speicherplätzen (Abschnitt 2.4.3.2.) sowie der pufferinternen Durchführung der satzweisen Ein- und Ausgabe (Abschnitt 7.1.) einen Wert erhalten und damit eine Adresse für basisbezogene Größen vermitteln.

Beispiele

1. In einem Programm wurde durch DCL A(12,15) FIXED(7,2); eine Matrix vereinbart, deren Elemente dezimale Festkommagrößen darstellen, für die jeweils 4 Bytes an Speicherplatz benötigt werden. Zur Durchführung bestimmter Operationen soll jeweils die dem Wert einer Variablen K entsprechende Zeile der Matrix in einen anderen Bereich übertragen werden. Natürlich könnte man die 15 Elemente der jeweiligen Zeile einzeln übertragen. Es ist aber viel zweckmäßiger, in einem solchen Fall eine variable Überlagerung der Zeilen durch eine Zeichenkette vorzunehmen und diese geschlossen zu übertragen; an Stelle von 15 Übertragungen ist dann lediglich eine solche erforderlich. Die entsprechende Vereinbarung könnte lauten:

```
DCL CA CHAR(60) BASED (PC), PC POINTER;
```

Zur Übertragung der *k*-ten Zeile wäre der angegebenen Zeigervariablen PC jeweils der Wert von ADDR(A(K,1)) zuzuordnen. Die Zeichenkettenvariable CA überlagert dann diese Zeile von A und kann demzufolge unmittelbar für die Übertragung verwendet werden.

2. In einem Programm werden bestimmte Berechnungen für die Elemente eines Felds X durchgeführt, die an anderer Stelle des Programms in gleicher Weise für die Elemente eines Felds Y erforderlich sind. Um die Befehlsfolge für diese Berechnungen nicht einmal unter Verwendung des Felds X und einmal unter Verwendung des Felds Y programmieren zu müssen, verfährt man in solchen Fällen häufig so, daß man ein fiktives Feld, beispielsweise unter der Bezeichnung Z, als basisbezogene Größe vereinbart und dessen Elemente in den einzelnen Befehlen verwendet. Durch Überlagerung dieses basisbezogenen Felds über das Feld X erreicht man, daß die betreffenden Operationen mit dessen Elementen durchgeführt werden, während eine anschließende Überlagerung über das Feld Y bewirkt, daß sich die Elemente von Z auf die Elemente von Y beziehen. Die Vereinbarung der benötigten Felder könnte in diesem Fall in der Form

```
DCL X(100) FLOAT(16), Y(100) FLOAT(16), Z(100) FLOAT(16) BASED(P),
    P POINTER;
```

erfolgen. Vor Ausführung der Berechnungen müßte dann der Zeigervariablen P zunächst der Wert von ADDR(X) und später der Wert von ADDR(Y) zugeordnet werden.

2.4.3. Programmgesteuerte Speicherplatzzuordnung

Im allgemeinen haben die Daten eines Programms die Speicherungsklassenattribute AUTOMATIC oder STATIC; die Speicherplatzzuordnung wird dann vollständig vom Betriebssystem übernommen. Der Programmierer hat aber auch die Möglichkeit, für explizit eingeführte Größen stattdessen eines der beiden Speicherungsklassenattribute CONTROLLED oder BASED zu vergeben. Das Attribut CONTROLLED bewirkt die Vereinbarung von kontrollierten und das Attribut BASED die Vereinbarung von basisbezogenen Größen, wobei letztere bereits in Verbindung mit der variablen Überlagerung von Speicherplätzen aufgetreten sind. Für die mit diesen Attributen versehenen Größen kann der Programmierer nach eigenem Ermessen selbst den Zeitpunkt der Speicherplatzzuordnung bestimmen bzw. dessen Freigabe veranlassen. Es stehen ihm dazu die

Befehle ALLOCATE und FREE zur Verfügung. Mit Hilfe der Standardfunktion ALLOCATION (Abschnitt 3.2.4.) kann überprüft werden, ob für eine Größe bereits Speicherplatz zugeordnet wurde oder nicht.

2.4.3.1. Verwendung von kontrollierten Größen

Zur Vereinbarung von kontrollierten Größen ist im Befehl DECLARE zusätzlich zu den sonstigen Angaben das Attribut

CONTROLLED (abgekürzt CTL)

erforderlich. Es kann für einzelne Variable, Felder oder Strukturen angegeben werden, die nicht bereits mit einem anderen Speicherungsklassenattribut oder dem Attribut DEFINED vereinbart wurden. Unterstrukturen oder Elemente von Strukturen können mit diesem Attribut nicht versehen werden.

Das Attribut CONTROLLED besagt, daß die Speicherplatzzuordnung für die vereinbarte Größe vollständig der Kontrolle durch den Programmierer unterliegt und nur mit Hilfe eines Befehls

ALLOCATE *Bezeichnung Spezifikationen*;

durchgeführt werden kann. Als *Bezeichnung* ist die betreffende kontrollierte Größe anzugeben. Die Abarbeitung des Befehls bewirkt, daß dieser Größe Speicherplatz in dem ihren Attributen entsprechenden Umfang zugeordnet wird und damit eine Bezugnahme auf sie möglich ist. Vor der Speicherplatzzuordnung kann die Bezugnahme auf eine kontrollierte Größe nicht erfolgen.

Durch einen einzigen Befehl kann die Speicherplatzzuordnung für mehrere kontrollierte Größen vorgenommen werden. Hinter dem Schlüsselwort ALLOCATE sind dann, durch Komma voneinander getrennt, die einzelnen Bezeichnungen mit ihren eventuellen Spezifikationen anzugeben. Auch die gleichzeitige Speicherplatzzuordnung für kontrollierte und basisbezogene Größen durch einen Befehl ist zulässig. Die Verwendung von *Spezifikationen* im Befehl ALLOCATE ist wahlweise möglich und kann auch entfallen. Es ist dafür die Angabe eines Attributs INITIAL, eines Dimensionsattributs sowie eines der Attribute CHARACTER oder BIT mit einer zugehörigen Längenangabe zugelassen.

Die Angabe eines Attributs INITIAL als Spezifikation kann zur Festlegung eines Anfangswerts verwendet werden, der zum Zeitpunkt der Speicherplatzzuordnung für die kontrollierte Größe vergeben werden soll. Die gleiche Wirkung hat die Angabe eines Anfangswerts in Verbindung mit der Vereinbarung der betreffenden Größe. Wird ein Anfangswert sowohl in der Spezifikation eines Befehls ALLOCATE als auch im Vereinbarungsbefehl festgelegt, so wird der erstere der Variablen zugeordnet.

Für kontrollierte Größen, die Felder darstellen, können im Dimensionsattribut des entsprechenden Vereinbarungsbefehls für die einzelnen Dimensionsgrenzen nicht nur Konstanten, sondern auch Variable oder arithmetische Ausdrücke angegeben werden. Unter Verwendung der Werte der Variablen bzw. der vorher berechneten Ausdrücke bestimmen diese Angaben den Umfang des Felds bei der Ausführung des Befehls ALLOCATE, sofern in diesem als Spezifikation nicht ebenfalls ein Dimensionsattribut enthalten ist.

In gleicher Weise kann mit kontrollierten Größen verfahren werden, die Zeichen- oder Bitketten darstellen. Auch hier sind im Vereinbarungsbefehl nicht nur Konstanten, sondern auch Variable oder arithmetische Ausdrücke für das Längenattribut zulässig. Deren Werte bestimmen die Länge der Kette zum Zeitpunkt der Speicherplatzzuordnung, falls in der Spezifikation des Befehls ALLOCATE keine diesbezüglichen Angaben vorliegen.

Enthält ein Befehl ALLOCATE jedoch als Spezifikation ein Dimensionsattribut bzw. eines der Attribute CHARACTER oder BIT mit zugehörigem Längenattribut, so erfolgt die Speicherplatzzuordnung nicht gemäß der betreffenden Werte aus dem Vereinbarungsbefehl, sondern gemäß dieser Spezifikation, für deren Angaben ebenfalls Konstanten, Variable oder arithmetische Ausdrücke verwendet werden können. Weiterhin besteht die Möglichkeit, für kontrollierte Größen, die Felder oder Kettendaten darstellen, von vornherein zu vereinbaren, daß ihr Dimensionsattribut bzw. ihre Kettenlänge erst bei der Speicherplatzzuordnung festgelegt wird. Der Befehl ALLOCATE muß in diesem Falle unbedingt eine entsprechende Spezifikation enthalten, während im Vereinbarungsbefehl der betreffenden Größe für jede Dimension im Dimensionsattribut bzw. für die Angabe im Längenattribut das Zeichen * einzusetzen ist. Soll die Festlegung der Dimensionsgrenzen bzw. Kettenlängen für Elemente einer Struktur erst in Verbindung mit der Speicherplatzzuordnung erfolgen, so ist die Gliederung der gesamten Struktur einschließlich der Stufennummern im Befehl ALLOCATE anzugeben; das Ausklammern von Attributen oder Stufennummern ist dabei nicht zulässig.

Durch die programmgesteuerte Speicherplatzzuordnung ist auf diese Weise die Möglichkeit gegeben, den Speicherplatz für Felder oder Kettendaten, deren Dimensionen bzw. Längen nicht von vornherein bekannt sind, jeweils im benötigten Umfang anzufordern. In Programmen beispielsweise, die für Matrizen unterschiedlicher Dimensionen anwendbar sind, braucht man dann nicht für die betreffenden Felder deren maximal zulässige Ausdehnung zu vereinbaren und damit den entsprechenden Speicherplatz zu belegen, obwohl nur ein kleiner Teil davon vielleicht tatsächlich benötigt wird; die Dimensionierung kann vielmehr gemäß dem jeweiligen konkreten Anwendungsfall vorgenommen werden.

Weitere Anwendungsmöglichkeiten bestehen auch im Zusammenhang mit der sogenannten Listenbearbeitung, bei der auch noch weitere Formen des Befehls ALLOCATE verwendet werden können (Abschnitt 9.3.).

Die Freigabe des durch einen Befehl ALLOCATE einer kontrollierten Größe zugeordneten Speicherplatzes kann ebenfalls durch den Programmierer vorgenommen werden und erfolgt mit Hilfe eines Befehls

FREE *Bezeichnung*;

Nach Ausführung dieses Befehls ist eine Bezugnahme auf die als Bezeichnung angegebene kontrollierte Größe nicht mehr möglich. Enthält das Programm keinen entsprechenden Befehl FREE, so wird der betreffende Speicherplatz erst am Ende desselben freigegeben. Über Gesichtspunkte, die diesbezüglich in Verbindung mit dem Aufruf von Teilprogrammen auftreten, sind nähere Ausführungen in Abschnitt 8.2.1.2. enthalten.

Analog zum Befehl ALLOCATE kann auch durch den Befehl FREE gleichzeitig der Speicherplatz mehrerer kontrollierter (oder auch basisbezogener) Größen freigegeben werden. Die Bezeichnungen dieser Größen sind dann hinter dem Schlüsselwort FREE in beliebiger Folge, durch Komma voneinander getrennt, anzugeben.

Durch die programmgesteuerte Freigabe von Speicherplatz ist es mitunter möglich, den Speicherplatzbedarf eines Programms beträchtlich zu verringern. Treten zum Beispiel in einem Programm mehrere größere Felder auf, die jedoch nicht gleichzeitig, sondern zeitlich hintereinander benötigt werden, so kann man durch Vereinbarung dieser Felder als kontrollierte Größen erreichen, daß jeweils nur einem von ihnen durch einen Befehl ALLOCATE Speicherplatz zugeordnet wird und folglich nicht die Summe ihrer Speicherplätze erforderlich ist. Der zugeordnete Speicherplatz wird jeweils durch einen Befehl FREE wieder freigegeben, bevor die Zuordnung für das nächste Feld erfolgt.

Beispiele

1. Ein Programm enthält u. a. folgende Befehle:

```
DCL (FELD1(*,*) FLOAT(16), FELD2(10,25) FIXED(5),
     FELD3(M) CHAR(1)) CONTROLLED;
:
ALLOCATE FELD1(M,N), FELD2, FELD3(12);
```

Durch die Abarbeitung des Befehls ALLOCATE wird folgender Speicherplatz für die 3 angegebenen Felder bereitgestellt:

für FELD1 $k \cdot 8$ Bytes, wobei sich k aus dem Produkt der Werte für die beiden Variablen M und N ergibt,
für FELD2 $250 \cdot 3$ Bytes und
für FELD3 12 Bytes (unabhängig vom Wert der Variablen M).

2. Ein Programm enthält u. a. folgende Befehle:

```
DCL (ZK1 CHAR(*), ZK2 CHAR(10) INIT(' '), ZK3 BIT(N)) CTL;
:
ALLOCATE ZK1 CHAR(LG) INIT('*******'), ZK2, ZK3 BIT(LL);
```

Durch die Abarbeitung des Befehls ALLOCATE werden folgende Speicherplätze für die angegebenen Kettenvariablen bereitgestellt:

für ZK1 LG Bytes, auf denen als Anfangswert 7 Sterne gespeichert werden,
für ZK2 10 Bytes, die als Anfangswert Leerzeichen enthalten, und
für ZK3 LL Bits.

3. Ein Programm benötigt zur Abarbeitung zwei umfangreiche Tabellen, die jedoch zeitlich nicht neben-, sondern hintereinander angesprochen werden. Die Vereinbarung der entsprechenden Felder erfolgt daher als kontrollierte Größen, und die Speicherplatzzuordnung wird so organisiert, daß nicht beide Tabellen gemeinsam im Hauptspeicher stehen. Die entsprechenden Befehle könnten folgendermaßen lauten:

```
DCL (TAB1(250,80) BIN FIXED(15), TAB2(6000)FLOAT(6)) CTL;
:
ALLOCATE TAB1;
:
FREE TAB1;
:
ALLOCATE TAB2;
:
FREE TAB2;
```

Vor der Zuordnung des Speicherplatzes für die zweite Tabelle wird der Speicherplatz für die erste wieder freigegeben.

Nach Freigabe des Speicherplatzes für eine kontrollierte Größe kann diese durch Abarbeitung eines Befehls ALLOCATE ohne weiteres zu einem späteren Zeitpunkt erneut Speicherplatz erhalten und damit auch wieder für eine Bezugnahme im Programm zur Verfügung stehen. Es ist aber auch möglich, einer kontrollierten Größe, der bereits Speicherplatz zugeordnet wurde, vor dessen Freigabe wiederum Speicherplatz zuzuordnen. Der bereits vorhandene Speicherplatz bleibt dann unverändert erhalten, und es wird an anderer Stelle des Hauptspeichers eine neue Generation der Größe gebildet. Unter deren Bezeichnung steht allerdings jeweils nur der Wert der jüngsten Generation, d. h. der Inhalt des zuletzt zugeordneten Speicherplatzes, zur Verfügung, während ein unmittelbarer Zugriff auf den Inhalt des Speicherplatzes für die vorangehende Generation nicht möglich ist. Mit der Abarbeitung eines Befehls FREE erfolgt jedoch ebenfalls nur die Freigabe des Speicherplatzes für die jüngste Generation, und unter der gleichen Bezeichnung kann danach auf die vorangehende Generation, falls eine solche vorhanden ist, Bezug genommen werden.

Bei einer solchen Zuordnung von Speicherplatz für mehrere Generationen einer kontrollierten Größe kann in der Spezifikation des Befehls ALLOCATE für die Dimensions- bzw. Längenangabe ebenfalls das Zeichen * verwendet werden. Dieses besagt dann, daß die betreffenden Angaben mit denen der vorangegangenen Zuordnung übereinstimmen sollen.

Beispiel. Ein Programm enthält folgende Befehle:

```
DCL A(*) CONTROLLED;
:
M1: ALLOCATE A(30);
:
M2: ALLOCATE A(*);
:
M3: FREE A;
:
M4: ALLOCATE A(M);
:
M5: FREE A;
:
M6: FREE A;
:
```

Im Befehl M1 wird für das Feld A Speicherplatz im Umfang von 30 Elementen bereitgestellt. Bis zum Erreichen des Befehls M2 kann auf die Elemente dieses Felds Bezug genommen werden. Im Befehl M2 erfolgt jedoch im gleichen Umfang eine neue Zuordnung, so daß eine zweite Generation gebildet wird. Jede Bezugnahme auf ein Element von A ist von nun an eine Bezugnahme auf diese zweite Generation. Erst nach deren Freigabe im Befehl M3 steht im Bereich bis zum Befehl M4 wieder die erste Generation zur Verfügung. Im Befehl M4 wird wiederum eine neue Generation gebildet, wobei die Anzahl der zugehörigen Elemente durch den Wert der Variablen M bestimmt wird. Bis zum Befehl M5 ist unter der Bezeichnung A nur eine Bezugnahme auf diese Generation möglich, während danach bis zum Befehl M6 wieder auf die Elemente des zuerst zugeordneten Felds zurückgegriffen werden kann. Nach dessen Freigabe ist eine Bezugnahme auf die Größe A erst wieder nach Abarbeitung eines weiteren Befehls ALLOCATE möglich.

2.4.3.2. Verwendung von basisbezogenen Größen

Zur Vereinbarung von basisbezogenen Größen, für die eine programmgesteuerte Speicherplatzzuordnung vorgenommen werden soll, ist analog zu der Verwendung solcher Größen in Verbindung mit einer variablen Überlagerung (Abschnitt 2.4.2.2.) im Befehl DECLARE zusätzlich zu den sonstigen Angaben das Attribut

BASED (*Zeigervariable*)

erforderlich. Es kann für einzelne Variable, Felder oder Strukturen angegeben werden, die nicht bereits mit einem anderen Speicherungsklassenattribut oder dem Attribut DEFINED vereinbart wurden. Unterstrukturen oder Elemente von Strukturen sowie

Teilfelder oder Feldelemente können mit diesem Attribut nicht versehen werden. Das Attribut BASED (*Zeigervariable*) besagt, daß für die damit vereinbarte Größe derjenige Speicherplatz verwendet werden soll, der an der durch den jeweiligen Wert der angegebenen *Zeigervariablen* spezifizierten Adresse beginnt. Während bei einer variablen Überlagerung die Festlegung des Speicherplatzes für die basisbezogene Größe dadurch erfolgt, daß der Zeigervariablen ein entsprechender Wert zugeordnet wird (im allgemeinen durch die Standardfunktion ADDR), wird diese bei der programmgesteuerten Speicherplatzzuordnung stets nach dem Ermessen des Programmierers mit Hilfe eines Befehls

ALLOCATE *Bezeichnung*;

vorgenommen. Als *Bezeichnung* ist die betreffende basisbezogene Größe anzugeben. Die Abarbeitung des Befehls bewirkt, daß dieser Größe Speicherplatz in dem ihren Attributen entsprechenden Umfang zugeordnet und seine Anfangsadresse als Wert der bei der Vereinbarung angegebenen Zeigervariablen festgehalten wird. Die basisbezogene Größe stellt praktisch eine Überlagerung über den durch den Befehl ALLOCATE bereitgestellten Speicherplatz und damit eine Beschreibung desselben dar. Jede Bezugnahme auf die basisbezogene Größe oder eines ihrer Elemente (im Falle eines Felds oder einer Struktur) ist eine Bezugnahme auf seinen Inhalt. Liegen weitere Vereinbarungen von basisbezogenen Größen mit der gleichen Zeigervariablen vor, so bilden auch diese eine Überlagerung des zugeordneten Speicherplatzes.

Durch einen einzigen Befehl ALLOCATE kann die Speicherplatzzuordnung für mehrere basisbezogene Größen vorgenommen werden. Hinter dem Schlüsselwort ALLOCATE sind dann, durch Komma voneinander getrennt, die einzelnen Bezeichnungen anzugeben. Auch die gleichzeitige Speicherplatzzuordnung für basisbezogene und kontrollierte Größen (Abschnitt 2.4.3.1.) durch einen Befehl ist zulässig.

Die Angabe von Anfangswerten für basisbezogene Größen ist weder bei deren Vereinbarung noch in Verbindung mit dem Befehl ALLOCATE möglich. Auch die bei Verwendung kontrollierter Größen mögliche Festlegung von Dimensionsgrenzen und Kettenlängen in Verbindung mit dem Befehl ALLOCATE ist im Fall basisbezogener Größen nicht zulässig.

Die Freigabe des durch einen Befehl ALLOCATE einer basisbezogenen Größe zugeordneten Speicherplatzes kann ebenfalls durch den Programmierer vorgenommen werden und erfolgt mit Hilfe eines Befehls

FREE *Bezeichnung*;

Nach Ausführung dieses Befehls ist eine Bezugnahme auf die als *Bezeichnung* angegebene basisbezogene Größe nicht mehr möglich. Enthält das Programm keinen entsprechenden Befehl FREE, so wird der betreffende Speicherplatz erst am Ende desselben freigegeben. Über Gesichtspunkte, die diesbezüglich in Verbindung mit dem Aufruf von Teilprogrammen auftreten, sind nähere Ausführungen in Abschnitt 8.2.1.2. enthalten.

Analog zum Befehl ALLOCATE kann auch durch den Befehl FREE gleichzeitig der Speicherplatz mehrerer basisbezogener (oder auch kontrollierter) Größen freigegeben werden. Die Bezeichnungen dieser Größen sind dann hinter dem Schlüsselwort FREE in beliebiger Folge, durch Komma voneinander getrennt, anzugeben.

Beispiel. Ein Programm enthält u. a. folgende Befehle:

```
DCL CH CHAR(160) BASED(Z1), FELD(35) FLOAT(16) BASED(Z2),
```

```
         A(*) CONTROLLED, (Z1,Z2) POINTER,
         1 STR BASED(Z1), 2 (TEIL1 CHAR(74), TEIL2 CHAR(86));
      :
      ALLOCATE CH, FELD, A(35);
      :
      FREE CH, FELD, A;
      :
```

Der Befehl ALLOCATE bewirkt die Zuordnung von Speicherplatz für die basisbezogenen Größen CH und FELD sowie für das als kontrollierte Größe vereinbarte Feld A, für das gleichzeitig das Dimensionsattribut (35) festgelegt wird. Eine anschließende Verwendung der Elemente TEIL1 oder TEIL2 der basisbezogenen Struktur STR stellt eine Bezugnahme auf die für CH zugeordneten Speicherplätze dar, da hier die gleiche Zeigervariable benutzt wird. Mit dem Befehl FREE werden alle zugeordneten Speicherplätze wieder freigegeben.

Nach Freigabe des Speicherplatzes für eine basisbezogene Größe kann diese durch Abarbeitung eines Befehls ALLOCATE ohne weiteres zu einem späteren Zeitpunkt erneut Speicherplatz erhalten und damit auch wieder für eine Bezugnahme im Programm zur Verfügung stehen. Es ist aber auch möglich, einer basisbezogenen Größe, der bereits Speicherplatz zugeordnet wurde, vor dessen Freigabe erneut Speicherplatz zuzuordnen. Der bereits vorhandene Speicherplatz bleibt dann unverändert erhalten, und es wird an anderer Stelle des Hauptspeichers eine neue Generation der Größe gebildet. Der Befehl ALLOCATE ist in diesem Fall allerdings in der modifizierten Form

ALLOCATE *Bezeichnung* SET (*Zeigervariable*);

zu verwenden. Die hinter dem Schlüsselwort SET stehende *Zeigervariable* darf nicht mit der in der Vereinbarung der basisbezogenen Größe angegebenen übereinstimmen und erhält als Wert die Adresse der neuen Generation. Auf diese Weise kann man beliebig viele Generationen einer Größe anlegen, deren Speicherplatzadressen als Werte unterschiedlicher Zeigervariablen gespeichert werden. Im Unterschied zu den kontrollierten Größen ist damit jeweils nicht nur der Zugriff auf die jüngste Generation möglich, sondern es kann gleichzeitig auf sämtliche Generationen Bezug genommen werden.

Da auch basisbezogene Größen und deren Elemente nur unter der im jeweiligen Vereinbarungsbefehl vergebenen Bezeichnung angesprochen werden können, ist es bei der Bildung mehrerer Generationen erforderlich, eine Qualifizierung der Bezeichnung vorzunehmen, die auf die jeweilige Generation hinweist. Zur Qualifizierung wird in diesem Fall die mit der betreffenden Generation verbundene Zeigervariable in der Form

Zeigervariable —> *Bezeichnung*

verwendet. Die beiden Zeichen —> stellen ein zusammengesetztes Symbol dar und dürfen nicht durch Leerzeichen voneinander getrennt werden; vor und hinter diesem Symbol können beliebig viele Leerzeichen stehen. Bei Programmierung im 48-Zeichensatz ist stattdessen das Schlüsselwort PT zu verwenden. Die für die Qualifizierung benutzte Zeigervariable darf nicht indiziert und nicht ebenfalls eine basisbezogene Größe sein.

Durch die Qualifizierung erfolgt eine Bezugnahme auf diejenige Generation der angegebenen Bezeichnung, bei deren Zuordnung im Befehl ALLOCATE die zur Qualifizierung benutzte Zeigervariable angegeben wurde. Bei Verwendung der Bezeichnung einer basisbezogenen Größe ohne Qualifizierung durch eine Zeigervariable wird jeweils die Generation angesprochen, deren Adresse den Wert der bei der Vereinbarung dieser Größe angegebenen Zeigervariablen darstellt.

Bei der Freigabe von Speicherplatz, dessen Zuordnung durch einen Befehl **ALLOCATE** mit dem Zusatz **SET** und der Angabe einer anderen als der in der Vereinbarung der basisbezogenen Größe verwendeten Zeigervariablen erfolgte, ist ebenfalls eine entsprechende qualifizierte Bezeichnung erforderlich, so daß der Befehl dann die Form

FREE *Zeigervariable* —> *Bezeichnung*;

hat. Die durch diesen Befehl nicht freigegebenen Generationen der betreffenden basisbezogenen Größe, für die andere Zeigervariable verwendet wurden, stehen weiterhin zur Verfügung.

Eines der wichtigsten Anwendungsgebiete für die Bildung und Verwendung mehrerer Generationen von basisbezogenen Größen ist die Realisierung von Verkettungen, wie sie vor allem im Zusammenhang mit der sog. Listenbearbeitung (Abschnitt 9.3.) auftreten. Im allgemeinen wird dann als basisbezogene Größe eine Struktur benutzt, zu deren Elementen eine Zeigervariable gehört, durch die ein Verweis auf die logisch nächstfolgende Generation erfolgt. Durch Verwendung mehrerer Zeigervariablen läßt sich auch eine Verknüpfung der einzelnen Generationen in unterschiedlicher Reihenfolge durchführen (z. B. Vorwärts- und Rückwärtsverkettung).

Beispiel. Ein Programm enthält u. a. folgende Befehle:

```
DCL ZW(25) FLOAT(6) BASED(P), (P,ZG) PTR;
:
ALLOCATE ZW;
:
X=ZW(K)*Ø.84EØ;
:
ALLOCATE ZW SET(ZG);
:
ZG->ZW(K)=EXP(A)*OMEGA;
P->ZW(K)=SQRT(ZG->ZW(K)+1EØ);
PUT EDIT (K,ZG->ZW(K))(SKIP,F(2),E(12,5));
:
FREE ZW;
:
FREE ZG->ZW;
:
```

Durch den ersten Befehl **ALLOCATE** wird dem Feld **ZW** Speicherplatz zugeordnet, dessen Anfangsadresse den Wert der Zeigervariablen **P** darstellt. Die Angabe **ZW(K)** im nachfolgend angegebenen Befehl bezieht sich auf das k-te Element dieses Feldes. Der Befehl könnte auch in der Form **X=P->ZW(K)*Ø.84EØ;** geschrieben werden. Der zweite Befehl **ALLOCATE** ordnet Speicherplatz für eine neue Generation des Felds **ZW** zu und speichert die Anfangsadresse als Wert der Zeigervariablen **ZG**. Anschließend werden Elemente beider Generationen verwendet. **ZG->ZW(K)** bezieht sich stets auf ein Element der zweiten Generation, **P->ZW(K)** auf ein Element der ersten Generation; es wäre dafür auch nur die Angabe **ZW(K)** zulässig.
Die Bedeutung der im Beispiel angegebenen Befehle ergibt sich aus den Ausführungen der weiteren Kapitel.

Normalerweise sind die Dimensionen von Feldern sowie die Längen von Ketten bei der Vereinbarung basisbezogener Größen im Unterschied zu kontrollierten Größen stets als ganzzahlige Konstanten anzugeben. Handelt es sich jedoch um eine basisbezogene Struktur, so können in geringem Umfang auch variable Dimensionsgrenzen oder Kettenlängen vereinbart werden. Diese Möglichkeit ist allerdings auf das letzte Element der Struktur und im Falle der Dimensionsgrenzen auf die obere Grenze der ersten Dimension desselben beschränkt. Gegebenenfalls kann es sich auch um das Dimensionsattribut der letzten Unterstruktur handeln.

In der Strukturvereinbarung für die betreffende basisbezogene Größe ist in solchen Fällen an Stelle der Kettenlänge oder der Dimensionsgrenze eine Angabe der Form

$Variable_1$ REFER ($Variable_2$)

erforderlich. Für die beiden Variablen sind nichtindizierte, ganzzahlige duale Festkommagrößen mit gleicher Genauigkeit zu verwenden.

$Variable_1$ muß eine Variable sein, die nicht zur betreffenden Struktur gehört und deren Wert die jeweilige Kettenlänge oder Dimensionsgrenze zum Zeitpunkt der Speicherplatzzuordnung darstellt.

$Variable_2$ muß eine Variable sein, die Bestandteil der basisbezogenen Struktur ist und der im Zusammenhang mit der Speicherplatzbereitstellung der Wert von $Variable_1$ zugeordnet wird. Damit wird der tatsächliche Wert für die Kettenlänge oder Dimensionsgrenze innerhalb der Struktur gespeichert und später bei jeder Bezugnahme auf die betreffende basisbezogene Größe verwendet. Der Wert von $Variable_1$ spielt dann keine Rolle mehr; eine Änderung desselben wirkt sich nicht auf den Wert von $Variable_2$ aus. Ändert sich der Wert von $Variable_2$ im Laufe der Programmabarbeitung, so darf die Freigabe des Speicherplatzes für die gesamte Struktur erst dann erfolgen, wenn diese Variable wieder den Wert hat, der ihr bei der Speicherplatzbereitstellung zugeordnet wurde.

Beispiel. Ein Programm enthält u. a. folgende Befehle:

```
DCL 1 STR BASED(ZG),
      2 A(1Ø) FIXED(7),
      2 CH CHAR(52),
      2 N BIN FIXED(15),
      2 F(NREF REFER (N)) FLOAT(16);
  :
NREF=24;
  :
ALLOCATE STR;
  :
NREF=NREF-6;
F=F*(1-ALPHA);
  :
FREE STR;
```

Die Abarbeitung des Befehls ALLOCATE bewirkt die Zuordnung von Speicherplatz für die Struktur STR, wobei für das Feld F das Dimensionsattribut (24) auf Grund des aktuellen Werts der Variablen NREF eingesetzt und dem Strukturelement N der Wert 24 zugeordnet wird. Für alle weiteren Bezugnahmen wird die Dimensionsgrenze von F stets gemäß dem aktuellen Wert von N angenommen. Obwohl also der Wert von NREF später um 6 verringert wird, gilt für den Feldausdruck im nachfolgenden Befehl das Dimensionsattribut (24), wenn sich der Wert von N nicht ebenfalls verändert hat. Das volle Verständnis der angegebenen Befehle ergibt sich nach dem Studium von Kapitel 3.

3. Berechnung und Zuordnung von Werten

Neben der Ein- und Ausgabe von Daten sind zur Lösung eines Problems zahlreiche interne Operationen erforderlich, die bestimmte arithmetische Berechnungen, logische Verknüpfungen sowie die Durchführung von Vergleichen beinhalten können oder sich in irgendeiner Form auf die Behandlung von Zeichen- bzw. Bitketten beziehen. Entsprechende Vorschriften zur Ausführung solcher Operationen müssen folglich auch aus den Befehlen eines Programms hervorgehen. Der Programmierer hat dazu die Möglichkeit durch die Bildung von Ausdrücken, in denen er konstante oder variable Größen durch geeignete Operatoren miteinander verbinden kann. Das Resultat der dadurch bewirkten Operationen stellt jeweils den Wert des betreffenden Ausdrucks dar.

Für eine Reihe von häufig benötigten Berechnungsalgorithmen oder immer wiederkehrenden Operationen mit Kettendaten kann der Programmierer auch verschiedene zur Programmiersprache gehörige Standardfunktionen benutzen. Er braucht dann nicht die dafür erforderlichen einzelnen Operationen selbst zu programmieren, sondern erhält das Ergebnis als Funktionswert unmittelbar durch die Bezugnahme auf die jeweilige Funktion.

Mitunter genügt es, wenn der Wert eines Ausdrucks oder einer Standardfunktion vorliegt; dieser Wert kann dann beispielsweise unmittelbar zur Ausgabe gelangen, zur Spezifizierung der variablen Angaben innerhalb eines Befehls dienen oder zur Entscheidung über eine Verzweigung im Programm herangezogen werden. In vielen Fällen ist es jedoch erforderlich, den betreffenden Wert aufzuheben, um im weiteren Verlauf der Programmabarbeitung darauf zurückgreifen zu können. Das geschieht im allgemeinen in der Weise, daß er mit Hilfe eines Zuordnungsbefehls einer Variablen zugeordnet und damit als deren Wert gespeichert wird. Durch Angabe dieser Variablen in einem entsprechenden Befehl steht er folglich für die Ausführung beliebiger anderer Operationen zur Verfügung. Auf Grund der unterschiedlichen Möglichkeiten, die bezüglich des Datentyps sowohl für den zu speichernden Wert als auch für die betreffende Variable bestehen, können bei der Abarbeitung eines Zuordnungsbefehls unter Umständen entsprechende Wertumwandlungen erforderlich sein.

3.1. Ausdrücke

Ausdrücke stellen keine selbständigen Befehle dar, sondern sind stets nur Bestandteile von Befehlen. In jedem Programm treten sie in den verschiedensten Zusammenhängen auf. Sämtliche Vorschriften zur Durchführung arithmetischer oder logischer Operationen, zur Auswertung von Vergleichen oder zur Bearbeitung alphanumerischer Informationen müssen z. B. durch Bildung entsprechender Ausdrücke programmiert werden. Hinsichtlich des Inhalts der auszuführenden Operationen unterscheidet die Programmiersprache PL1 vier verschiedene Arten von Ausdrücken: arithmetische, logische, Vergleichs- und Verkettungsausdrücke. Für jede Art stehen spezielle Operatoren zur Verfügung, mit deren Hilfe unter Verwendung geeigneter Operanden entsprechende Vorschriften formuliert werden können.

Die Operanden eines Ausdrucks sind im allgemeinen Konstanten, einzelne Variable (einschließlich Elementen von Feldern und Strukturen) sowie Funktionswerte von Standardfunktionen (Abschnitt 3.2.) oder vom Programmierer selbst geschriebener Funktionsprogramme (Abschnitt 8.1.1.2.). Als Operanden können aber auch selbst wiederum Ausdrücke auftreten, so daß auf diese Weise eine Kombination verschiedener Ausdrücke gebildet wird. Außerdem besteht die Möglichkeit, als Operanden Datenzusammenfassungen (Felder oder Teilfelder, Strukturen oder Unterstrukturen) zu verwenden, wenn bestimmte Operationen für alle Elemente derselben bzw. für miteinander korrespondierende Elemente durchgeführt werden sollen; Ausdrücke dieser Art werden als Feld- bzw. Strukturausdrücke bezeichnet.

Obwohl sämtliche Operationen stets mit Daten des gleichen Typs ausgeführt werden, können die Operanden eines Ausdrucks beliebige arithmetische, Ketten- oder Abbildungsdaten sein. Entspricht ihr Typ nicht den Anforderungen der jeweiligen Ausdrucksart oder stimmen die Operanden im Typ nicht überein, so wird vor der Ausführung der betreffenden Operation eine automatische Umwandlung nach den allgemeinen Konvertierungsregeln (Anhang 1) vorgenommen. Lediglich für Zeichenketten kann dabei der Fall eintreten, daß auf Grund ihres spezifischen Werts eine solche Umwandlung nicht möglich ist.

Das Resultat der Anwendung der angegebenen Operatoren auf die jeweiligen Operanden stellt den Wert des Ausdrucks dar; sein Typ ergibt sich aus der Art des Ausdrucks in Verbindung mit dem Typ der Operanden. Unter Verwendung dieses Werts erfolgt dann die weitere Abarbeitung des Befehls, dessen Bestandteil der Ausdruck ist.

3.1.1. Arithmetische Ausdrücke

Arithmetische Ausdrücke dienen zur Ausführung arithmetischer Berechnungen. Als Operanden werden folglich im allgemeinen arithmetische oder Abbildungsdaten auftreten, deren numerischer Wert für die Berechnung verwendet wird. Es dürfen aber auch alle anderen Datenelemente oder Ausdrücke, deren Wert numerisch ist oder sich in einen solchen umwandeln läßt, als Operanden eines arithmetischen Ausdrucks auftreten. Bei Zeichenketten besteht dabei die Einschränkung, daß ihr Inhalt der zeichenweisen Darstellung einer arithmetischen Konstanten entsprechen muß, deren Wert dann in die Berechnung eingeht; Bitketten werden als duale Festkommagrößen interpretiert. Auch Felder und Teilfelder sowie Strukturen und Unterstrukturen können als Operanden von arithmetischen Ausdrücken auftreten; nähere Ausführungen über Ausdrücke dieser Art sind in Abschnitt 3.1.6. enthalten.

Zur Ausführung arithmetischer Operationen mit den jeweils angegebenen Operanden stehen folgende Operatoren zur Verfügung:

+ für Addition oder als positives Vorzeichen,
− für Subtraktion oder als negatives Vorzeichen,

- `*` für Multiplikation,
- `/` für Division,
- `**` für Potenzieren.

Die beiden Operatoren + und − haben dabei doppelte Bedeutung: als Vorzeichen beziehen sie sich jeweils nur auf den nachfolgenden Operanden, als Symbole für Addition bzw. Subtraktion verknüpfen sie wie die anderen Operatoren stets zwei Operanden miteinander. Zwei Operatoren können nur dann unmittelbar aufeinanderfolgen, wenn der rechte Operator als Vorzeichen betrachtet werden soll. Enthält ein arithmetischer Ausdruck mehrere unterschiedliche Operatoren, so erfolgt die Ausführung der einzelnen Operationen nach folgender auf die Operatoren bezogenen Rangordnung:

1. Potenzieren, Vorzeichen,
2. Multiplikation, Division,
3. Addition, Subtraktion.

Liegen mehrere Operatoren vor, die zur gleichen Stufe dieser Rangordnung gehören, so wird die Abarbeitung

— in der Reihenfolge ihres Auftretens von rechts nach links ausgeführt, wenn es sich um Operatoren der 1. Rangstufe handelt;

— in der Reihenfolge ihres Auftretens von links nach rechts ausgeführt, wenn es sich um Operatoren der 2. oder 3. Rangstufe handelt.

Eine von diesen Festlegungen abweichende Reihenfolge der Abarbeitung kann man durch Verwendung von Klammern erreichen, die auch ineinandergeschachtelt sein dürfen. Ein in Klammern stehender Teil eines Ausdrucks wird unabhängig von den anderen Teilen nach den angegebenen Regeln berechnet und das Ergebnis dann wie ein einzelner Operand weiterverwendet. Bei ineinandergeschachtelten Klammern beginnt die Berechnung stets mit der innersten Klammer. Während der Abarbeitung eines arithmetischen Ausdrucks kann es zum Auftreten verschiedener Fehlerbedingungen kommen, die im allgemeinen auf fehlerhafte Werte der Operanden zurückzuführen sind (Division durch 0, Überlauf des Darstellungsbereichs usw.); in Abschnitt 4.4.2. wird ausführlich auf diese Bedingungen und ihre Behandlung eingegangen.

Beispiele

1. Zulässige arithmetische Ausdrücke sind beispielsweise:

```
WEG/ZEIT**2              A**2+2*A*B+B**2
3.141592654EØ*R**2       WERT/-12
A(I,J)*B(J,K)            (A+B)/(A-B)
```

2. Gegenüberstellung einiger Ausdrücke, die auf Grund der Vorrangregeln für die Operatoren ohne Verwendung von Klammern geschrieben werden können, mit solchen, bei denen Klammern unbedingt erforderlich sind:

$\frac{2a}{b} - c$	`2*A/B-C`	$\frac{2a}{b+c}$	`2*A/(B+C)`
$a - \frac{b}{c^4}$	`A-B/C**4`	$\frac{a-b}{c^4}$	`(A-B)/C**4`
$\frac{a}{b} \cdot c + d$	`A/B*C+D`	$\frac{a}{b} \cdot (c+d)$	`A/B*(C+D)`
$a^2 \cdot n$	`A**2*N`	a^{2n}	`A**(2*N)`
$-a^n$	`-A**N`	$(-a)^n$	`(-A)**N`

Der Typ der Operanden in einem arithmetischen Ausdruck kann ohne weiteres unterschiedlich sein. Jede einzelne Operation wird jedoch, sofern es sich um die 4 Grundrechenarten handelt, stets mit Operanden vom gleichen Typ ausgeführt. Ist eine solche Übereinstimmung von vornherein nicht gegeben, so findet vorher eine automatische Umwandlung (Konvertierung) nach folgenden Regeln statt:

— ist die *Zahlenart* unterschiedlich, so wird die Operation mit komplexen Werten ausgeführt, und der reelle Operand wird als komplexe Größe mit dem Imaginärteil 0 betrachtet;
— ist die *Basis* unterschiedlich, so wird die Operation dual ausgeführt, und der dezimale Operand wird vorher in eine entsprechende duale Größe umgewandelt;
— ist die *Kommadarstellung* unterschiedlich, so wird die Operation in Gleitkommaform ausgeführt, und der Festkommaoperand wird vorher in eine entsprechende Gleitkommagröße umgewandelt.

Unterschiede in den Genauigkeitsattributen der beiden Operanden bewirken jeweils keine Datenumwandlung. Allerdings ist zu beachten, daß die erforderliche Konvertierung eines Werts in eine andere Basis oder Kommadarstellung durchaus eine Veränderung der Genauigkeit nach sich ziehen kann; eine ausführliche Darstellung der diesbezüglichen Konvertierungsregeln ist in Anhang 1 enthalten.

Das Ergebnis der betreffenden Operation liegt ebenfalls in dem, eventuell durch Konvertierung erreichten, gemeinsamen Typ seiner Operanden vor. Handelt es sich dabei nur um ein Zwischenresultat, mit dem weitere Operationen innerhalb des Ausdrucks auszuführen sind, so kann durchaus eine erneute Konvertierung erforderlich sein. Der Wert des gesamten Ausdrucks ist schließlich stets vom gleichen Typ wie die Operanden für die letzte Operation, die bei der Abarbeitung des Ausdrucks ausgeführt wird.

Das Genauigkeitsattribut (m,n) für das Ergebnis einer arithmetischen Operation in Festkommadarstellung erhält man jeweils in Abhängigkeit von den Genauigkeitsattributen (m_1,n_1) bzw. (m_2,n_2) der beiden Operanden gemäß folgenden Formeln:

Addition/Subtraktion	$m = 1 + \max(m_1 - n_1, m_2 - n_2) + \max(n_1, n_2)$ $n = \max(n_1, n_2)$
Multiplikation	$m = m_1 + m_2 + 1$ $n = n_1 + n_2$
Division	$m = C$ (mit $C = 15$ für dezimale $n = C - (m_1 - n_1 + n_2)$ und $C = 31$ für duale Operanden)

Überschreitet der Wert von m oder n die Grenzen für den betreffenden Datentyp, so wird stattdessen der maximal zulässige Wert verwendet.

Das Genauigkeitsattribut (m) für das Ergebnis einer arithmetischen Operation in Gleitkommadarstellung erhält man für alle 4 Grundrechenoperationen aus den Genauigkeitsattributen (m_1) und (m_2) der beiden Operanden nach der Formel

$$m = \max(m_1, m_2).$$

Bei Operanden, für die eine Konvertierung erforderlich war, ist in den Formeln jeweils das daraus hervorgehende Genauigkeitsattribut zu verwenden.

Für die Operation des Potenzierens gilt eine gesonderte Regelung: Im allgemeinen werden beide Operanden, falls sie nicht bereits Gleitkommagrößen sind, in solche umgewandelt, und der Wert des Ergebnisses hat ebenfalls diese Form. Eine Ausnahme bildet lediglich der Fall, daß der Exponent eine Festkommagröße ohne Kommastellen ist. Es findet dann keine Umwandlung statt, und der Typ des Ergebnisses entspricht dem des ersten Operanden. Hat dieser das Genauigkeitsattribut (m_1,n_1), so erhält man für das Ergebnis

$$m = (m_1 + 1) \cdot E - 1 \qquad n = n_1 \cdot E,$$

wobei E den Wert des Exponenten darstellt. Nicht wirksam wird diese Ausnahmeregelung allerdings dann, wenn das Resultat den Darstellungsbereich des jeweiligen Datentyps überschreitet.

Beispiele

1. Beim Vorliegen des Vereinbarungsbefehls

DCL A FIXED (9,2), B FIXED (7,3);

haben die aus den Größen A und B gebildeten Ausdrücke folgende Genauigkeitsattribute:

A+B:	DECIMAL FIXED (11,3),
A*B:	DECIMAL FIXED (15,5),
A/B:	DECIMAL FIXED (15,5).

2. Besonders bei der Division sollte man stets darauf achten, ob das Resultat eine ausreichende Anzahl von Kommastellen enthält. So ergibt sich z. B. bei der Division zweier Größen mit den Attributen BINARY FIXED (15) für das Resultat das Genauigkeitsattribut (31,16), während bei der Division zweier Größen mit den Attributen BINARY FIXED (31) das Resultat das Genauigkeitsattribut (31,Ø) hat und folglich keine einzige Kommastelle enthält.

Die Tatsache, daß in einem Ausdruck völlige Freiheit hinsichtlich der Verwendung unterschiedlicher Datentypen besteht und die erforderlichen Umwandlungen automatisch vorgenommen werden, vereinfacht natürlich die Arbeit des Programmierers. Andererseits muß man jedoch berücksichtigen, daß Umwandlungen von einem Typ in einen anderen den Aufwand an Rechenzeit erhöhen und in verschiedenen Fällen außerdem zu unangenehmen Genauigkeitsverlusten führen können. Man sollte sich deshalb bemühen, in Ausdrücken weitgehend nur Operanden des gleichen Typs zu verwenden. Tritt eine Größe in mehreren Ausdrücken in Verbindung mit Operanden unterschiedlichen Typs auf, so kann es mitunter durchaus sinnvoll sein, diese einmal in jeden benötigten Typ umzuwandeln und im jeweiligen Ausdruck dann die entsprechende Form zu verwenden.

3.1.2. Logische Ausdrücke

Logische Ausdrücke dienen zur Ausführung logischer Operationen mit einzelnen Bits oder mit Bitfolgen. Die Operanden werden folglich im allgemeinen Bitketten sein; es dürfen aber auch alle anderen Datenelemente oder Ausdrücke, deren Wert eine Bitkette darstellt oder sich in eine solche umwandeln läßt, als Operand eines logischen Ausdrucks auftreten. Felder und Teilfelder sowie Strukturen und Unterstrukturen können ebenfalls als Operanden verwendet werden (Abschnitt 3.1.6.).

Für die Ausführung logischer Operationen mit den jeweils angegebenen Operanden stehen folgende Operatoren zur Verfügung:

¬	(NOT)	Komplement (Negation),
&	(AND)	Logisches Und (Durchschnitt),
|	(OR)	Logisches Oder (Vereinigung).

Die in Klammern stehenden Schlüsselwörter sind bei Programmen im 48-Zeichensatz an Stelle der betreffenden Operatoren zu verwenden.

Der Operator ¬ bezieht sich stets nur auf den nachfolgenden Operanden, während die Operatoren & und | jeweils zwei Operanden miteinander verknüpfen. Zwei Operatoren können nur dann hintereinander angegeben werden, wenn der rechte der Operator ¬ ist. Operanden, deren Wert nicht von vornherein eine Bitkette darstellt, werden vorher automatisch nach den Konvertierungsregeln in Bitketten umgewandelt (Anhang 1). Stimmen bei Verknüpfung zweier Operanden beide in ihrer Länge nicht überein, so wird an den kürzeren rechts eine entsprechende Anzahl von Dualziffern 0 angefügt. Der Wert eines logischen Ausdrucks ist ebenfalls eine Bitkette in der Länge des bzw. der Operanden, die durch bitweise Ausführung der betreffenden Operation von links nach rechts mit sämtlichen Bits der Operanden entsteht. In Abhängigkeit von dem verwendeten Operator haben die einzelnen Bits dieser Kette folgenden Inhalt:

Operator ¬: 1, wenn das entsprechende Bit des Operanden die Dualziffer 0 enthält, sonst 0;

Operator &: 1, wenn die entsprechenden Bits beider Operanden die Dualziffer 1 enthalten, sonst 0;

Operator |: 1, wenn wenigstens eines der entsprechenden Bits beider Operanden die Dualziffer 1 enthält, sonst 0.

Etwas anschaulicher kann man die Wirkungsweise der Operatoren auf die möglichen Bitkombinationen der Operanden durch folgende Tabellen darstellen, deren Angaben sich jeweils auf ein Bit beziehen:

A	B	¬A	A&B	A|B
1	1	0	1	1
1	0	0	0	1
0	1	1	0	1
0	0	1	0	0

Durch Verwendung der Standardfunktion BOOL (Abschnitt 3.2.3.) besteht die Möglichkeit, weitere logische Verknüpfungen zu realisieren.

Enthält ein logischer Ausdruck mehrere unterschiedliche Operatoren, so erfolgt die Abarbeitung nach der Rangordnung ¬, &, |. Liegen mehrere gleiche Operatoren vor, so werden die entsprechenden Operationen in der Reihenfolge ihres Auftretens von links nach rechts ausgeführt. Eine von diesen Festlegungen abweichende Reihenfolge der Ausarbeitung kann man wie bei den arithmetischen Ausdrücken durch das Setzen von Klammern erreichen. Ein in Klammern stehender Teil eines Ausdrucks wird unabhängig von den anderen Teilen nach den angeführten Regeln berechnet und das Ergebnis wird dann wie ein einzelner Operand weiterverwendet. Bei ineinandergeschachtelten Klammern beginnt die Berechnung stets mit der innersten Klammer.

Beispiele

1. Unter Verwendung der durch den Vereinbarungsbefehl

DCL L1 BIT(7) INIT('1Ø1ØØ11'B), L2 BIT(6) INIT('11ØØØ1'B);

definierten Bitketten L1 und L2 ergeben sich folgende Werte für die nachstehenden Ausdrücke, dargestellt durch eine Bitkettenkonstante:

¬L1	bzw.	NOT L1:	'Ø1Ø11ØØ'B,
L1&L2	bzw.	AND L1:	'1ØØØØ1Ø'B,
L1|L2	bzw.	OR L1:	'111ØØ11'B.

(Der Operand L2 wird vor Ausführung der jeweiligen Operation rechts um eine Dualziffer 0 ergänzt.)

2. Die Abarbeitungsfolge eines logischen Ausdrucks der Form

K|¬L&(¬M|N)

ergibt sich entsprechend der Rangordnung der Operatoren folgendermaßen:

¬L	→ Zwischenergebnis Z_1,	¬M	→ Zwischenergebnis Z_2,
Z_2|N	→ Zwischenergebnis Z_3,	Z_1&Z_3	→ Zwischenergebnis Z_4,
K|Z_4	→ Wert des gesamten Ausdrucks.		

Der Ausdruck hat den Wert '1'B, wenn die Variablen K, L, M und N jeweils Bitketten der Länge 1 sind, die sämtlich den Wert 'Ø'B oder sämtlich den Wert '1'B haben.

3.1.3. Vergleichsausdrücke

Vergleichsausdrücke treten im allgemeinen als Bestandteile von IF-Befehlen auf (Abschnitt 4.2.), durch die in Abhängigkeit von der Erfüllung bestimmter Bedingungen alternative Möglichkeiten für die Fortsetzung der Programmabarbeitung (Verzweigungen) programmiert werden können. Sie beinhalten die Formulierung der auszuwertenden Bedingung, wobei die Operanden arithmetische Daten von beliebigem Typ, Ketten- oder Abbildungsdaten, aber auch Ausdrücke, die solche Werte ergeben, sein können. Felder oder Teilfelder sowie Strukturen oder Unterstrukturen können prinzipiell als Operanden ebenfalls auftreten; ihre Anwendung ist jedoch dadurch stark eingeschränkt, daß sie in Verbindung mit IF-Befehlen nicht zulässig ist.

Ein Vergleichsausdruck stellt in jedem Fall die Verknüpfung zweier Operanden durch einen der folgenden Operatoren dar:

=		gleich,
¬=	(NE)	nicht gleich,
<	(LT)	kleiner als,
<=	(LE)	kleiner als oder gleich,
¬<	(NL)	nicht kleiner als,
>	(GT)	größer als,
>=	(GE)	größer als oder gleich,
¬>	(NG)	nicht größer als.

Die in Klammern stehenden Schlüsselwörter sind bei Programmierung im 48-Zeichensatz an Stelle der betreffenden Operatoren zu verwenden. Bei Operatoren, die aus 2 Zeichen bestehen, müssen diese stets unmittelbar hintereinander stehen; Leerzeichen zwischen den beiden Zeichen sind nicht zulässig. Für komplexe Operanden ist nur die Verwendung der Operatoren = und ¬= zulässig. Außerdem können diese beiden

Operatoren auch noch in Verbindung mit Zeigerdaten (Abschnitt 2.4.2.2.) benutzt werden.

Der Wert eines Vergleichsausdrucks ist stets eine Bitkette der Länge 1, deren Inhalt das Ergebnis des durchgeführten Vergleichs darstellt. Sie enthält die Dualziffer

1, wenn der Ausdruck den logischen Wert „wahr" hat, d. h. die Werte der Operanden die angegebene Beziehung erfüllen;

0, wenn der Ausdruck den logischen Wert „falsch" hat, d. h. die Werte der Operanden die angegebene Beziehung nicht erfüllen.

Zulässige Vergleichsausdrücke sind zum Beispiel:

```
N>1ØØ          EPSILON<1E-5        KENNZ¬='X'
(P*P/4-Q)¬<Ø   (A&B)='1'B          A NE Ø
```

Die Kriterien, nach denen der durch einen Vergleichsausdruck formulierte Vergleich durchgeführt wird, ergeben sich aus dem Typ der beiden Operanden; er kann algebraisch, zeichenweise oder bitweise vorgenommen werden. Bei Zeigerdaten ist nur eine Prüfung auf Übereinstimmung oder Nichtübereinstimmung möglich.

Ein Vergleich erfolgt *algebraisch*, d. h. anhand numerischer Werte unter Berücksichtigung ihres Vorzeichens, wenn wenigstens ein Operand eine arithmetische Größe oder eine numerische Abbildungsvariable ist. Intern wird der Vergleich durch Subtraktion der beiden Operanden realisiert. Sind die Operanden arithmetische Größen unterschiedlichen Typs oder ist ein Operand keine arithmetische Größe, so findet eine automatische Konvertierung wie in einem entsprechenden arithmetischen Ausdruck statt (Abschnitt 3.1.1.). Für numerische Abbildungsvariable wird in Vergleichsausdrücken stets deren numerischer Wert verwendet; ein Vergleich einer solchen Variablen mit einer Zeichenkette wird also algebraisch durchgeführt, nachdem der Inhalt der Zeichenkette vorher in eine arithmetische Größe umgewandelt wurde.

Ein Vergleich erfolgt *zeichenweise*, wenn beide Operanden Kettendaten sind und wenigstens ein Operand eine Zeichenkette ist. Ist ein Operand eine Bitkette, so wird diese vor dem Vergleich in eine Zeichenkette umgewandelt, wobei jedes einzelne Bit ein Zeichen Ø oder 1 ergibt. Enthält ein Operand weniger Zeichen als der andere, so wird rechts eine entsprechende Anzahl von Leerzeichen ergänzt. Die Durchführung des Vergleichs findet zeichenweise von links nach rechts statt. Die Größenbeziehungen ergeben sich dabei aus der internen Verschlüsselung der einzelnen Zeichen, die nicht notwendig zum Zeichensatz gehören müssen. 00000000 ist der kleinste Inhalt eines Bytes, 11111111 der größte. Für die Zeichen des 60-Zeichensatzes (Abschnitt 1.1.) ergibt sich dementsprechend folgende aufsteigende Reihenfolge:

```
˘ . < ( + & ¤ * ) ; ¬ - / | , % _ > ? : # @ ' =
A B C D E F G H I J K L M N O P Q R S T U V W X Y Z
Ø 1 2 3 4 5 6 7 8 9
```

Das kleinste Zeichen des Zeichensatzes ist also das Leerzeichen, das größte die Ziffer 9. Alle Sonderzeichen sind kleiner als Buchstaben oder Ziffern, Ziffern stets größer als Buchstaben.

Ein Vergleich erfolgt *bitweise*, wenn beide Operanden Bitketten darstellen. Enthält ein Operand weniger Bits als der andere, so wird rechts eine entsprechende Anzahl von Dualziffern 0 ergänzt. Der Vergleich der einzelnen Bits wird von links nach rechts gemäß dem Wert der Dualziffern durchgeführt.

Beispiele

1. Auf Grund des Vereinbarungsbefehls

```
DCL A FIXED(3,1) INIT(3.5), B FIXED(3,1) INIT(-4.2);
```

haben nachstehende Vergleichsausdrücke folgende Werte (algebraischer Vergleich):

```
A=B   → 'Ø'B,     A<B   → 'Ø'B,
A>=B  → '1'B,     A¬<B  → '1'B.
```

2. Der zeichenweise Vergleich in folgenden Vergleichsausdrücken, bei denen zur Verdeutlichung als Operanden ausschließlich Konstanten verwendet wurden, liefert folgende Werte:

```
'ALPHA'>'BETA'   → 'Ø'B,     'MAX'<='MORITZ'  → '1'B,

'ØØØ'='␣␣␣'      → 'Ø'B,     '11'='11'B       → '1'B,
'11'='11Ø'B      → 'Ø'B,     '1'>'TAB'        → '1'B,
'%18'¬<'#Ø5'     → 'Ø'B,     '1.5'<'1,5'      → '1'B.
```

3. Der bitweise Vergleich in folgenden Vergleichsausdrücken, bei denen ebenfalls Konstanten als Operanden verwendet wurden, liefert folgende Werte:

```
'1Ø1'B>'Ø11'B → '1'B,     '111'B<='11'B → 'Ø'B,
'11Ø'B='11'B  → '1'B,     '1Ø1'B>'11'B  → 'Ø'B.
```

Ein Operand kann nicht gleichzeitig zwei Vergleichsoperatoren zugeordnet werden; eine Angabe der Form `1<=N<=1ØØ` ist also nicht zulässig. Will man für eine Größe einen mehrfachen Vergleich durchführen, so kann das nur durch mehrere gesonderte Vergleiche erfolgen.

Durch die Bildung von logischen Ausdrücken ist es allerdings möglich, das Ergebnis eines mehrfachen Vergleichs auch unmittelbar als Bitkette der Länge 1 zu erhalten. Da der Wert eines Vergleichsausdrucks stets eine Bitkette darstellt, können Vergleichsausdrücke ohne weiteres als Operanden von logischen Ausdrücken verwendet werden. Will man z. B. durch den Wert `'1'B` einer Bitkette zum Ausdruck bringen, daß zwei Bedingungen gleichzeitig erfüllt sind, so müßte man dafür zwei Vergleichsausdrücke formulieren und diese durch den Operator `&` miteinander verbinden. Will man andererseits durch den Wert `'1'B` einer Bitkette zum Ausdruck bringen, daß wenigstens eine von zwei Bedingungen erfüllt ist, so müßte eine Verknüpfung der beiden Vergleichsausdrücke durch den Operator `|` erfolgen.

Beispiel. Für eine Größe n soll die Gültigkeit der Beziehung $1 \leqq n \leqq 100$ geprüft werden. Dafür könnte ein logischer Ausdruck der Form

```
(1<=N) & (N<=1ØØ)
```

verwendet werden, in dem zwei Vergleichsausdrücke miteinander verknüpft werden. Der Ausdruck liefert stets eine Bitkette der Länge 1, da beide Operanden als Vergleichsausdrücke einen solchen Wert haben. Der Inhalt dieser Bitkette ist `'1'B`, wenn beide Bedingungen erfüllt sind, und er ist `'Ø'B`, wenn das nicht der Fall ist.

3.1.4. Verkettungsausdrücke

Verkettungsausdrücke dienen zum Aneinanderfügen einzelner Zeichen- oder Bitketten zu einer neuen Kette. Die Operanden werden folglich im allgemeinen Kettendaten oder numerische Abbildungsvariable sein, für die in diesem Fall ihr Kettenwert benutzt wird. Es dürfen jedoch auch alle anderen Datenelemente oder Ausdrücke als Operanden eines Verkettungsausdrucks auftreten, deren Wert eine Zeichen- oder Bitkette darstellt bzw. sich in eine solche umwandeln läßt. Auch Felder oder Teilfelder sowie Strukturen oder Unterstrukturen können als Operanden verwendet werden.

Für die Verknüpfung der Operanden zu einem Verkettungsausdruck steht nur der Operator

||

zur Verfügung; bei Programmierung im 48-Zeichensatz ist stattdessen das Schlüsselwort CAT zu verwenden.

Der Wert eines Verkettungsausdrucks ergibt sich aus der unmittelbaren Aneinanderreihung der Zeichen bzw. Bits der Operanden. Diese erfolgt nur dann bitweise, wenn die Werte beider Operanden Bitketten sind; in allen anderen Fällen wird sie zeichenweise durchgeführt. Operanden, die keinen Zeichenkettenwert haben, werden vorher automatisch gemäß den allgemeinen Konvertierungsregeln (Anhang 1) in einen solchen umgewandelt. Die Länge für den Wert des Verkettungsausdrucks ergibt sich aus der Summe der Längen der Operanden (gegebenenfalls nach deren Umwandlung); sie darf maximal 32767 Zeichen bzw. Bits betragen.

Es ist ohne weiteres möglich, eine ganze Reihe von Operanden jeweils durch Operatoren || miteinander zu verknüpfen. Nach der Bestimmung des Werts des aus den ersten beiden Operanden gebildeten Verkettungsausdrucks, der ja wiederum eine Kette darstellt, kann dieser als erster Operand für den nächsten Operator || verwendet und mit dem darauffolgenden Operanden verknüpft werden. Durch analoge Ausführung der weiteren Verkettungen erhält man schließlich die gewünschte Aneinanderreihung sämtlicher Operanden.

Beispiele

1. Die nachstehenden Verkettungsausdrücke liefern für die angegebenen konstanten Operanden folgende Werte:

'ABC'||'DEF' → 'ABCDEF'
'ADAM⌣'||'UND'||'⌣EVA' → 'ADAM⌣UND⌣EVA'
'1Ø'B CAT 'XYZ' → '1ØXYZ'
'11Ø1'B||'1Ø'B → '11Ø11Ø'B

2. Zur Vorbereitung für die Ausgabe einer Fehlermeldung könnte die Verkettung

'FALSCHES⌣KENNZEICHEN⌣AUF⌣DER⌣'||NR||'.KARTE'

dienen, bei der zwei Zeichenkettenkonstanten mit der Variablen NR verkettet werden. Wird die zur Zählung eingelesener Lochkarten benutzte Variable NR mit dem Attribut PICTURE 'Z9' vereinbart und es tritt ein Fehler in der 13. Karte auf, so wäre das Ergebnis der Verkettung die Zeichenkette

'FALSCHES⌣KENNZEICHEN⌣AUF⌣DER⌣13.KARTE'

Für die Verkettung von Zeichenketten mit numerischen Werten ist die Verwendung einer solchen numerischen Abbildungsvariablen die einfachste Möglichkeit. Würde man die Größe NR dagegen beispielsweise mit dem Attribut BINARY FIXED (15) vereinbaren und die gleiche Verkettung durchführen, so müßte der Wert von NR nach den Konvertierungsregeln in eine Zeichenkette umgewandelt werden, und der Verkettungsausdruck würde folgendes, kaum der gewünschten Form entsprechendes Ergebnis liefern:

'FALSCHES⌣KENNZEICHEN⌣AUF⌣DER⌣⌣⌣⌣⌣⌣⌣⌣13.KARTE'

3.1.5. Kombination von Ausdrücken

Jeder Ausdruck hat einen Wert, der sich gemäß der jeweiligen Ausdrucksart aus den Werten seiner Operanden durch Anwendung bestimmter Operatoren ergibt und folglich wie jede andere Größe auch als Operand eines weiteren Ausdrucks verwendet werden kann. Auf diese Weise kommt es also zur Kombination verschiedener Ausdrücke miteinander.

Arithmetische, logische oder Verkettungsausdrücke mit mehreren Operanden stellen im Prinzip bereits solche Kombinationen dar. Die auf Grund der Rangfolge der Operatoren zuerst ausgeführte Operation ergibt einen Wert, der anschließend als Operand für die nächste auszuführende Operation Verwendung findet. Grundsätzlich ist eine solche Kombination aber auch zwischen unterschiedlichen Arten von Ausdrücken möglich. Ein als Operand verwendeter Ausdruck muß lediglich einen Wert haben oder in einen solchen umgewandelt werden können, der den Anforderungen der jeweiligen Ausdrucksart entspricht, in der er als Operand auftritt; dabei unter Umständen erforderliche Typumwandlungen erfolgen nach den allgemeinen Konvertierungsregeln (Anhang 1). Die zur Durchführung mehrfacher Vergleiche in Abschnitt 3.1.3. vorgenommene Bildung eines logischen Ausdrucks, dessen Operanden Vergleichsausdrücke sind, stellt ein Beispiel für die Kombination von Ausdrücken unterschiedlicher Art dar.

Die Abarbeitungsfolge beim Vorliegen kombinierter Ausdrücke ergibt sich nach folgender, alle zulässigen Operatoren der verschiedenen Ausdrucksarten umfassenden Rangordnung:

1. ** ¬ + − (Vorzeichen)
2. * /
3. + − (Addition bzw. Subtraktion)
4. ||
5. = < > <= >= ¬= ¬< ¬>
6. &
7. |

Zuerst erfolgt innerhalb einer Kombination von Ausdrücken die Ausführung der Operationen mit Operatoren der ersten Stufe (falls vorhanden), danach mit denen der zweiten Stufe usw. Treten mehrere Operatoren auf, die in der Rangordnung auf der gleichen Stufe stehen, so werden die betreffenden Operationen

— in der Reihenfolge ihres Auftretens von rechts nach links ausgeführt, wenn es sich um Operatoren der 1. Stufe handelt;

— in der Reihenfolge ihres Auftretens von links nach rechts ausgeführt, wenn es sich nicht um Operatoren der 1. Stufe handelt.

Eine von dieser Rangordnung der Operatoren abweichende Abarbeitungsfolge kann man durch die Verwendung von Klammern erreichen. Ein in Klammern eingeschlossener Ausdruck wird stets wie ein einzelner Operand behandelt; unabhängig von dem gesamten Ausdruck werden die in Klammern stehenden Operationen nach der festgelegten Rangordnung ausgeführt und das Resultat schließlich als Operand weiterverwendet. Aber auch in Fällen, in denen an sich nicht die Notwendigkeit für das Setzen von Klammern besteht, kann es wegen der besseren Übersichtlichkeit zweckmäßig sein, Ausdrücke einzuklammern, wenn sie in anderen Ausdrücken als Operanden verwendet werden.

Die Festlegungen über die Abarbeitungsfolge bei Kombinationen von Ausdrücken schließen die für die einzelnen Ausdrucksarten im Fall mehrerer Operatoren geltenden Regeln für deren Rangordnung in sich ein.

Beispiele

1. In Abschnitt 3.1.3. wurde zur Realisierung eines mehrfachen Vergleichs durch `(1<=N)&(N<=1ØØ)` ein logischer Ausdruck gebildet, dessen beide Operanden Vergleichsausdrücke sind. Durch das Setzen der Klammern wurde hier deutlich gemacht, daß es sich um einen logischen Ausdruck handelt. Entsprechend der Rangordnung der Operatoren hätte man diese Kombination von Ausdrücken auch ohne Setzen von Klammern in der Form

`1<=N&N<=1ØØ`

schreiben können, da Operatoren von Vergleichsausdrücken vor denen für logische Verknüpfungen abgearbeitet werden.

2. Die Abarbeitung des kombinierten Ausdrucks

`A-B<X|(Y>Ø)||'1'B&(U+V)=Z*3`

geschieht in folgenden Schritten, wobei die jeweiligen Zwischenergebnisse symbolisch mit $Z_1, Z_2, \ldots, Z_6$ bezeichnet werden:

1. Schritt: Ausführung der arithmetischen Operationen

$\mathsf{Z*3} \rightarrow Z_1, \quad \mathsf{A-B} \rightarrow Z_2.$

2. Schritt: Ausführung der Verkettung

`(Y>Ø)||'1'B` → Z_3.

Vor der Verkettung wird der in Klammern stehende Vergleichsausdruck ausgewertet. Z_3 stellt eine Bitkette der Länge 2 dar.

3. Schritt: Ausführung der Vergleiche

$Z_2 < \mathsf{X} \rightarrow Z_4, \quad (\mathsf{U+V}) = Z_1 \rightarrow Z_5.$

Vor dem 2. Vergleich wird der in Klammern stehende Ausdruck berechnet. Z_4 und Z_5 stellen jeweils Bitketten der Länge 1 dar.

4. Schritt: Ausführung der logischen Operationen:

$Z_3 \& Z_5 \rightarrow Z_6, \quad Z_4 | Z_6 \rightarrow$ Wert des gesamten Ausdrucks.

Der Wert des gesamten Ausdrucks ist in diesem Fall eine Bitkette der Länge 2, deren Inhalt von den Werten der verwendeten Operanden abhängt.
Die Klammern um die Summe `U+V` könnten auch weggelassen werden. Ein Verzicht auf die Klammern um den Ausdruck `Y>Ø` liefert jedoch ein anderes Ergebnis; zunächst würde dann die Verkettung von `Ø` mit `'1'B` und danach erst der Vergleich von `Y` mit dem Ergebnis der Verkettung ausgeführt werden.

3. Die Wirkungsweise des Setzens von Klammern bei der Kombination von Ausdrücken soll an folgenden Beispielen verdeutlicht werden:

a) `U|'1'B>V*N`

Zuerst wird das Produkt `V*N` berechnet, anschließend wird das Resultat mit der Konstanten `'1'B` verglichen und das Ergebnis dieses Vergleichs durch den Operator `|` logisch mit der Größe `U` verknüpft.

b) `(U|'1'B)>V*N`

Der Wert des logischen Ausdrucks `U|'1'B` wird mit dem Produkt `V*N` verglichen.

c) `U|('1'B>V)*N`

Der in Klammern stehende Vergleichsausdruck liefert zunächst eine Bitkette der Länge 1. Diese wird mit `N` multipliziert und das Produkt schließlich durch den Operator `|` mit der Größe `U` verknüpft.

Dabei sind natürlich in Abhängigkeit vom Typ der verwendeten Operanden in einzelnen Fällen entsprechende Typumwandlungen erforderlich, die aber automatisch durchgeführt werden.

3.1.6. Feld- und Strukturausdrücke

Die in den vorangegangenen Abschnitten beschriebenen Arten von Ausdrücken können als Operanden nicht nur einzelne Größen, sondern auch Zusammenfassungen von Daten in Form von Feldern oder Teilfeldern sowie Strukturen oder Unterstrukturen enthalten; sie werden dann als Feld- bzw. Strukturausdrücke bezeichnet.

Ein *Feldausdruck* liegt vor, wenn in einem Ausdruck wenigstens ein Operand ein Feld ist. Teilfelder werden in diesem Zusammenhang in der gleichen Weise wie vollständige Felder behandelt, so daß eine entsprechende Unterscheidung nicht erforderlich ist. Ein Feld kann im einfachsten Fall allein den gesamten Ausdruck darstellen, es kann aber auch durch jeden der zulässigen Operatoren mit einer einzelnen konstanten oder variablen Größe sowie mit einem anderen Feld verknüpft werden; lediglich zusammen mit einer Struktur oder Unterstruktur darf ein Feld in einem Ausdruck nicht auftreten.

Bei der Verknüpfung eines Felds mit einer einzelnen Größe wird die durch den jeweiligen Operator bestimmte Operation mit jedem Element des Felds in gleicher Weise ausgeführt. Bei der Verknüpfung eines Felds mit einem anderen Feld wird die betreffende Operation elementweise jeweils mit den Elementen ausgeführt, deren Indizes in beiden Feldern übereinstimmen. Dabei ist es notwendig, daß die beiden Operanden die gleiche Anzahl von Dimensionen und sowohl für die untere als auch die obere Grenze jeder Dimension die gleichen Werte besitzen. In jedem Fall erfolgt die Ausführung in der Reihenfolge, in der die Elemente gespeichert sind. Ein Feldausdruck entspricht damit einer Folge von einzelnen Ausdrücken. Sein Wert ist stets wiederum ein Feld mit der gleichen Anzahl von Dimensionen und den gleichen Grenzen für deren Ausdehnung wie die als Operanden verwendeten Felder. Zu beachten ist, daß bei der Verknüpfung von zweidimensionalen Feldern nur die Operationen der Addition und Subtraktion den Regeln der Matrizenrechnung entsprechen.

Ein *Strukturausdruck* liegt vor, wenn in einem Ausdruck mindestens ein Operand eine Struktur ist. Unterstrukturen werden in diesem Zusammenhang in der gleichen Weise wie vollständige Strukturen behandelt, so daß eine entsprechende Unterscheidung nicht erforderlich ist. Eine Struktur kann im einfachsten Fall allein den gesamten Ausdruck darstellen, sie kann aber auch durch jeden der zulässigen Operatoren mit einer einzelnen konstanten oder variablen Größe sowie mit einer anderen Struktur verknüpft werden; lediglich zusammen mit einem Feld oder Teilfeld darf eine Struktur in einem Ausdruck nicht auftreten.

Bei der Verknüpfung einer Struktur mit einer einzelnen Größe wird die durch den jeweiligen Operator bestimmte Operation mit jedem Element der Struktur in gleicher Weise ausgeführt. Bei der Verknüpfung einer Struktur mit einer anderen Struktur wird die betreffende Operation elementweise jeweils mit den Elementen ausgeführt, die in beiden Strukturen auf der gleichen Position stehen. Dabei ist es notwendig, daß die beiden Operanden in ihrem Aufbau übereinstimmen, d. h. die gleiche Gliederung und die gleiche Anzahl von Elementen aufweisen; die Stufennummern müssen in beiden Operanden nicht übereinstimmen, da sie nur relativen Charakter haben. In jedem Fall erfolgt die Ausführung in der Reihenfolge, in der die Elemente auf Grund der Strukturvereinbarung gespeichert sind. Ein Strukturausdruck entspricht damit einer Folge von einzelnen Ausdrücken. Sein Wert ist stets wiederum eine Struktur mit dem gleichen Aufbau wie die als Operanden verwendeten Strukturen.

Bei der Verwendung von Feld- oder Strukturausdrücken ist es nicht erforderlich, daß die miteinander zu verknüpfenden Elemente im Datentyp übereinstimmen. Die einzelnen Werte müssen lediglich die Anforderungen erfüllen, die an die Operanden der jeweiligen Ausdrucksart gestellt werden; dabei unter Umständen erforderliche Typumwandlungen erfolgen nach den allgemeinen Konvertierungsregeln (Anhang 1). Entsprechend wird auch der Datentyp für die Elemente der Felder oder Strukturen, die den Wert eines Feld- oder Strukturausdrucks darstellen, in der gleichen Weise wie für einzelne Größen bestimmt.

Bei Vergleichsausdrücken ist zu beachten, daß dort zwar prinzipiell die Verwendung von Feld- oder Strukturausdrücken als Operanden ebenfalls zulässig ist, daß jedoch in Verbindung mit IF-Befehlen, die das Hauptanwendungsgebiet dieser Ausdrucksart darstellen, keine Feld- oder Strukturausdrücke verwendet werden dürfen.

Beispiele

1. Die Verknüpfung der beiden durch den Befehl

```
DCL A(2,3) CHAR(4), B(2,3) CHAR(7);
```

vereinbarten Felder A und B in Form des Ausdrucks A||B ist gleichbedeutend mit nachstehender Folge von Verkettungsausdrücken:

```
A(1,1)||B(1,1),    A(1,2)||B(1,2),    A(1,3)||B(1,3),
A(2,1)||B(2,1),    A(2,2)||B(2,2),    A(2,3)||B(2,3).
```

2. Für die Elemente der beiden durch den Befehl

```
DCL A(2,3) FIXED, B(2,3) FIXED;
```

vereinbarten Felder (Matrizen) werden nachstehende Werte angenommen:

$$A: \begin{pmatrix} 1 & 2 & 3 \\ 4 & 5 & 6 \end{pmatrix}, \qquad B: \begin{pmatrix} 4 & 5 & 6 \\ 7 & 8 & 9 \end{pmatrix}.$$

Die folgenden, unter Verwendung dieser Operanden gebildeten Feldausdrücke liefern jeweils wiederum Felder:

$$A+B: \begin{pmatrix} 5 & 7 & 9 \\ 11 & 13 & 15 \end{pmatrix}, \qquad A*4: \begin{pmatrix} 4 & 8 & 12 \\ 16 & 20 & 24 \end{pmatrix},$$

$$A*B: \begin{pmatrix} 4 & 10 & 18 \\ 28 & 40 & 54 \end{pmatrix}, \qquad 10-B: \begin{pmatrix} 6 & 5 & 4 \\ 3 & 2 & 1 \end{pmatrix}.$$

3. Unter Verwendung der durch den Befehl

```
DCL 1 ST1, 2 A1, 3 B1, 3 B2, 2 A2,
    1 ST2, 2 X1, 3 Y1, 3 Y2, 2 X2;
```

vereinbarten Strukturen ST1 und ST2 bewirken nachstehende Ausdrücke die Ausführung folgender einzelner Operationen:

```
ST1*5.4   → B1*5.4,   B2*5.4,   A2*5.4,
ST1+ST2   → B1+Y1,    B2+Y2,    A2+X2.
```

3.2. Standardfunktionen

Außer konstanten oder variablen Größen können in einem Ausdruck auch Funktionswerte als Operanden auftreten. Entsprechende Funktionen kann der Programmierer selbst mit Hilfe von Funktionsprogrammen definieren (Abschnitt 8.1.1.2.) und durch ihren Aufruf innerhalb eines Ausdrucks die Bestimmung des Funktionswertes veranlassen, der dann als Operand weiterverwendet werden kann. Daneben existieren jedoch auch zahlreiche Standardfunktionen, die zum festen Bestandteil der Programmiersprache PL1 gehören und dem Programmierer ohne gesonderte Definition zur Verfügung stehen. Jede dieser Funktionen kann durch Angabe einer vorgeschriebenen Bezeichnung in einem Ausdruck aufgerufen werden, falls nicht unter der gleichen Bezeichnung im Programm eine explizite Vereinbarung für eine andere Größe enthalten ist. Für die meisten Standardfunktionen ist bei ihrem Aufruf neben der Bezeichnung noch ein Argument oder auch eine Liste von mehreren Argumenten anzugeben, auf deren Grundlage die Berechnung des Funktionswerts erfolgt. Diese Argumente sind stets hinter der Funktionsbezeichnung anzugeben, durch Komma voneinander zu trennen und insgesamt in Klammern einzuschließen. Die allgemeine Form der Bezugnahme auf eine Standardfunktion lautet also:

Funktionsbezeichnung oder
Funktionsbezeichnung (*Argument*) oder
Funktionsbezeichnung (*Argument*$_1$, ..., *Argument*$_n$).

Bei der weiteren Abarbeitung des Ausdrucks wird an die Stelle dieses Aufrufs der jeweilige Funktionswert gesetzt und anschließend wie ein gewöhnlicher Operand verwendet.

Auf Grund ihrer inhaltlichen Bedeutung sowie bestimmter Gemeinsamkeiten in ihrer Anwendung können die Standardfunktionen in mehrere Gruppen eingeteilt werden. Hier werden die Gruppe der allgemeinen mathematischen Funktionen, die Gruppe der arithmetischen Funktionen, die Gruppe der Funktionen zur Behandlung von Kettendaten sowie eine weitere Gruppe von verschiedenen Funktionen behandelt, die an sich nicht näher miteinander in Verbindung stehen. Weitere zur Programmiersprache gehörige Standardfunktionen treten in Zusammenhang mit der Behandlung von Fehlerbedingungen (Abschnitt 4.4.), in Verbindung mit der Ein- und Ausgabe (Abschnitte 6.1.2. und 7.6.) sowie bei der Arbeit im Multiaufgabenbetrieb (Abschnitt 9.4.) auf; bei der Behandlung der betreffenden Problematik wird darauf jeweils näher eingegangen.

3.2.1. Mathematische Funktionen

Zu dieser Gruppe gehört eine Reihe häufig benötigter mathematischer Funktionen, deren Werte im allgemeinen in Formelsammlungen tabelliert sind und für die bei Anwendung der EDV folglich über Reihenentwicklungen oder andere Näherungsverfahren entsprechende Funktionswerte berechnet werden müssen.

Die Argumente der mathematischen Standardfunktionen können sein:

— einzelne Größen (Konstanten und Variable einschließlich Elemente von Feldern oder Strukturen) oder Ausdrücke, die einen einzelnen Wert ergeben,
— Felder oder Feldausdrücke.

Strukturen oder Strukturausdrücke sind als Argumente dagegen nicht zulässig.

Der Datentyp der Argumente kann im Prinzip beliebig sein. Es ist nur erforderlich, daß die Argumente einen arithmetischen Wert oder einen Wert haben, der sich nach den allgemeinen Konvertierungsregeln in einen solchen umwandeln läßt. Da die Berechnung des Funktionswerts stets in Gleitkommaform vorgenommen wird, ist es zweckmäßig, als Argumente der mathematischen Standardfunktionen von vornherein arithmetische Daten in Gleitkommadarstellung zu verwenden. Im allgemeinen können die Werte der

Argumente reell oder komplex sein; auf Ausnahmen von diesen Möglichkeiten wird bei den betreffenden Funktionen hingewiesen.

In der allgemeinen Beschreibung der einzelnen Funktionen wird das Argument stets mit x bezeichnet; im Fall zweier Argumente werden die Bezeichnungen x_1 und x_2 verwendet.

Die Funktionswerte der mathematischen Standardfunktionen sind stets Gleitkommagrößen, die bezüglich Zahlenart und Mantissenlänge mit den betreffenden Attributen der Argumente (nach evtl. erfolgter Umwandlung) übereinstimmen. Im Fall der Angabe von Feldern oder Feldausdrücken als Argument stellt der Funktionswert ebenfalls ein Feld dar, das die gleiche Anzahl von Dimensionen sowie die gleichen Grenzen für deren Ausdehnung besitzt wie das Argument. Die Werte für die Elemente dieses Felds ergeben sich aus der Anwendung der Funktion auf jedes Element des Arguments. Bei Verwendung von komplexen Argumenten ist bei einigen Funktionen der Funktionswert nicht eindeutig; es wird dann stets der jeweilige Hauptwert benutzt.

Im einzelnen stehen dem Programmierer folgende mathematische Standardfunktionen zur Verfügung:

Quadratwurzel

SQRT(x)	Funktionswert: $\sqrt{x}$, Bedingung: $x \geqq 0$ bei reellem Argument;

Exponentialfunktion

EXP(x)	Funktionswert: e^x;

Logarithmusfunktionen

LOG(x)	Funktionswert: $\ln x$ (natürlicher Logarithmus), Bedingung: $x > 0$ bei reellem Argument, $x \neq 0 + 0i$ bei komplexem Argument;
LOG1Ø(x)	Funktionswert: $\lg x$ (dekadischer Logarithmus), Bedingung: $x > 0$, reell;
LOG2(x)	Funktionswert: $^2\log x$ (dualer Logarithmus), Bedingung: $x > 0$, reell;

Winkelfunktionen

SIN(x)	Funktionswert: $\sin x$ (x in Bogenmaß),
SIND(x)	Funktionswert: $\sin x$ (x in Altgrad, reell),
COS(x)	Funktionswert: $\cos x$ (x in Bogenmaß),
COSD(x)	Funktionswert: $\cos x$ (x in Altgrad, reell),
TAN(x)	Funktionswert: $\tan x$ (x in Bogenmaß),
TAND(x)	Funktionswert: $\tan x$ (x in Altgrad, reell);

Arcusfunktionen

ATAN(x)	Funktionswert: $\arctan x$ (in Bogenmaß), Bedingung: $x \neq i$ bei komplexem Argument,
ATAND(x)	Funktionswert: $\arctan x$ (in Altgrad), Bedingung: x reell,

ATAN(x_1,x_2) Funktionswert: $\arctan \frac{x_1}{x_2}$ (in Bogenmaß),

Bedingung: x_1, x_2 reell; $x_1 \neq 0$ oder $x_2 \neq 0$;

ATAND(x_1,x_2) Funktionswert: $\arctan \frac{x_1}{x_2}$ (in Altgrad),

Bedingung: x_1, x_2 reell; $x_1 \neq 0$ oder $x_2 \neq 0$.

Für die Funktion ATAN(x) wird eine Normierung der Funktionswerte auf den Bereich $-\frac{\pi}{2} < \arctan x < \frac{\pi}{2}$ vorgenommen, während die Funktionswerte der Funktion ATAND(x) entsprechend stets im Bereich $-90 < \arctan x < 90$ liegen.

Die Normierung für den Funktionswert der Funktion ATAN(x_1,x_2) erfolgt in Abhängigkeit vom Vorzeichen der beiden Argumente und ergibt folgende Wertebereiche:

	$x_2 \geqq 0$	$x_2 < 0$
$x_1 \geqq 0$	$0 \leqq \arctan \frac{x_1}{x_2} \leqq \frac{\pi}{2}$	$\frac{\pi}{2} < \arctan \frac{x_1}{x_2} \leqq \pi$
$x_1 < 0$	$-\frac{\pi}{2} \leqq \arctan \frac{x_1}{x_2} < 0$	$-\pi < \arctan \frac{x_1}{x_2} < -\frac{\pi}{2}$

Für die Normierung der Funktionswerte der Funktion ATAND(x_1,x_2) gelten die gleichen Regeln wie für die Funktion ATAN(x_1,x_2), jeweils nur bezogen auf Grad- statt Bogenmaß. Es gilt also stets

$$\text{ATAND}(x_1,x_2) = \frac{180}{\pi} \cdot \text{ATAN}(x_1,x_2).$$

Hyperbel- und Areafunktionen

SINH(x) Funktionswert: $\sinh x = \frac{1}{2} \cdot (e^x - e^{-x})$,

COSH(x) Funktionswert: $\cosh x = \frac{1}{2} \cdot (e^x + e^{-x})$,

TANH(x) Funktionswert: $\tanh x = \frac{e^x - e^{-x}}{e^x + e^{-x}}$,

ATANH(x) Funktionswert: $\text{arctanh}\, x = \frac{1}{2} \cdot \ln \frac{1+x}{1-x}$,

Bedingung: $|x| < 1$ bei reellem x,
$|x| \neq 1$ bei komplexem x.

Gaußsche Fehlerfunktion

ERF(x) Funktionswert: $\frac{2}{\sqrt{\pi}} \int_0^x e^{-t^2} dt$,

Bedingung: x reell,

ERFC(x) Funktionswert: 1 — ERF(x) (Komplement der Gaussschen Fehlerfunktion),

Bedingung: x reell.

Beispiele

ERF(1EØ) ergibt den Wert 0,842701,
ERF(—2EØ) ergibt den Wert —0,995322.

Bestimmung von Polynomwerten

POLY(a,x) Funktionswert: Wert eines Polynoms, das aus den beiden Argumenten a und x gebildet wird

Bedingung: a muß ein eindimensionales Feld sein.

Nimmt man für das als Argument a angegebene Feld das Dimensionsattribut $(m{:}n)$ an und stellt das Argument x eine einzelne Größe dar, so ergibt sich der Funktionswert gemäß der Vorschrift

$$\sum_{k=0}^{n-m} a_{m+k} \cdot x^k .$$

Es handelt sich also um den Funktionswert einer ganzrationalen Funktion $(n - m)$-ten Grades mit den Koeffizienten $a_m, a_{m+1}, \ldots, a_n$. Wird für a ein Feld mit dem Dimensionsattribut $(0{:}n)$ angegeben, so erhält man danach den Funktionswert $a_0 + a_1x + a_2x^2 + \cdots + a_nx^n$. Stellt das Argument x jedoch ebenfalls ein Feld dar, dessen Dimensionsattribut mit $(p{:}q)$ bezeichnet wird, so ergibt sich der Funktionswert gemäß der Vorschrift

$$a_m + \sum_{k=1}^{n-m} a_{m+k} \cdot \prod_{l=0}^{k-1} x_{p+l} .$$

Wird für a ein Feld mit dem Dimensionsattribut $(0{:}n)$ und für x ein Feld mit dem Dimensionsattribut $(1{:}n)$ angegeben, so erhält man danach den Funktionswert $a_0 + a_1x_1 + a_2x_1x_2 + \cdots + a_nx_1x_2 \ldots x_n$.

Besteht das für a angegebene Feld aus mehr Elementen als das für x angegebene, so wird für die fehlenden Elemente stets das letzte vorhandene Element verwendet. Besteht das für x angegebene Feld folglich nur aus einem einzigen Element, so ergibt sich daraus der oben beschriebene Fall, bei dem x eine einzelne Größe ist.

Die Berechnung des Funktionswerts erfolgt stets in Gleitkommaform; die Zahlenart sowie die Länge der Mantisse richten sich nach den Attributen der Argumente. Um unnötige Konvertierungen zu vermeiden, sollte man für die Argumente ebenfalls von vornherein Größen in Gleitkommadarstellung verwenden.

Beispiel. Stellt Z ein Feld mit der Feldvereinbarung

DCL Z (Ø:3) FLOAT(6) INIT (5EØ, Ø, −3EØ, 4EØ);

und X eine Gleitkommavariable mit dem Wert 2 dar, so liefert POLY(Z,X) den Funktionswert 25, der sich für die ganzrationale Funktion $y = 4x^3 - 3x^2 + 5$ und das Argument 2 ergibt.

Nachstehend wird für einige Berechnungsvorschriften die Schreibweise eines entsprechenden PL1-Ausdrucks unter Verwendung mathematischer Standardfunktionen angegeben:

$$-\frac{p}{2} + \sqrt{\frac{p^2}{4} - q} \rightarrow \text{−P/2EØ + SQRT (P*P/4EØ − Q)}$$

$$\sqrt{x + \sqrt{9 + x^2}} \rightarrow \text{SQRT (X + SQRT(9EØ+X*X))}$$

$$\frac{1}{2} \ln \frac{1 + \sin x}{1 + \cos x} \rightarrow \text{5E−1*LOG((1EØ+SIN(X))/(1EØ+COS(X)))}$$

$$\ln \tan \sqrt{x^2 + z^2} \rightarrow \text{LOG(TAN(SQRT(X*X+Z*Z)))}$$

$$2{,}5e^{-\arctan\left(\frac{x}{a}\right)} \rightarrow \text{2.5EØ*EXP(−ATAN(X,A))}$$

3.2.2. Arithmetische Funktionen

Zu dieser Gruppe gehört eine Reihe von Funktionen zur Durchführung einfacher arithmetischer Operationen, wie z. B. die Bestimmung des Absolutbetrags oder des Vorzeichens eines Wertes sowie die Rundung von Zahlenwerten. Aber auch Typumwandlungen sowie Festlegungen bezüglich der Genauigkeit des Resultats einer arithmetischen Operation können mit Hilfe arithmetischer Standardfunktionen realisiert werden. Die meisten dieser Funktionen werden häufig automatisch bei der internen Abarbeitung arithmetischer Ausdrücke aufgerufen.

Die Argumente der arithmetischen Standardfunktionen können sein:

— einzelne Größen (Konstanten und Variable einschließlich Elemente von Feldern oder Strukturen) oder Ausdrücke, die einen einzelnen Wert ergeben,

— Felder oder Feldausdrücke.

Strukturen oder Strukturausdrücke sind als Argumente dagegen nicht zulässig.

Werden mehrere Argumente angegeben, die Felder darstellen, so müssen diese in der Anzahl der Dimensionen sowie den Grenzen für deren Ausdehnung übereinstimmen. Der Datentyp für die Argumente kann im Prinzip beliebig sein. Es ist nur erforderlich, daß die Argumente einen arithmetischen Wert oder einen Wert haben, der sich nach den allgemeinen Konvertierungsregeln in einen solchen umwandeln läßt. Im allgemeinen können die Werte der Argumente reell oder komplex sein; auf Ausnahmen von diesen Möglichkeiten wird bei den betreffenden Funktionen hingewiesen.

In der allgemeinen Beschreibung der einzelnen Funktionen werden die Argumente normalerweise mit $x_1, x_2, \ldots$ bezeichnet. Für zusätzliche Argumente, die ganzzahlige Werte darstellen, wird die Bezeichnung n verwendet.

Die Funktionswerte der arithmetischen Standardfunktionen sind mit wenigen Ausnahmen stets arithmetische Größen, deren Typ entweder von vornherein für die betreffende Funktion festgelegt ist oder sich aus den Attributen der Argumente ergibt. In einigen Fällen ist es auch möglich, durch Angabe entsprechender Argumente beim

Aufruf der Funktion nach eigenem Ermessen Festlegungen für das Genauigkeitsattribut explizit zu vereinbaren. Im Fall der Angabe von Feldern oder Feldausdrücken als Argument stellt der Funktionswert ebenfalls ein Feld dar, das die gleiche Anzahl von Dimensionen sowie die gleichen Grenzen für deren Ausdehnung besitzt wie das Argument. Die Werte für die Elemente dieses Felds ergeben sich aus der Anwendung der Funktion auf jedes Element des Arguments.

Im einzelnen stehen dem Programmierer folgende arithmetischen Standardfunktionen zur Verfügung:

Absolutbetrag

ABS(x) Funktionswert: $|x|$ bei reellem x,
$\sqrt{a^2 + b^2}$ bei komplexem $x = a + bi$.

Der Funktionswert ist stets eine reelle Größe, deren Basis, Kommadarstellung und Genauigkeit mit den betreffenden Attributen des Arguments übereinstimmen.

Bestimmung des Vorzeichens

SIGN(x) Funktionswert: 1 bei $x > 0$, Bedingung: x reell.
0 bei $x = 0$,
-1 bei $x < 0$.

Der Funktionswert stellt eine duale Festkommagröße mit der Genauigkeit (15,Ø) dar.

Modulo-Funktion

MOD(x_1, x_2) Funktionswert: x_1 mod x_2,
Bedingung: x_1, x_2 reell; $x_2 \neq 0$.

Bei positivem Wert von x_1 stellt der Funktionswert den Rest dar, der sich bei der Division von x_1 durch x_2 ergibt, unabhängig vom Vorzeichen von x_2. Bei negativem Wert von x_1 stellt der Funktionswert das modulare Äquivalent dieses Restes dar, d. h. den Wert $|x_2|$ — Rest.

Bei der Bestimmung des Funktionswerts werden die Werte der beiden Argumente, falls erforderlich, wie die Operanden eines arithmetischen Ausdrucks in einen gemeinsamen Typ umgewandelt; der Funktionswert ist dann ebenfalls von diesem Typ.

Ist das erste Argument ein Feld, so kann das zweite Argument ein einzelner Wert oder ebenfalls ein Feld sein. Während im ersten Fall für jedes Element von x_1 der gleiche Wert von x_2 verwendet wird, erfolgt die Berechnung im zweiten Fall jeweils unter Verwendung derjenigen Elemente von x_1 und x_2, die die gleichen Indizes haben. Es ist jedoch nicht möglich, als erstes Argument eine einzelne Größe und als zweites Argument ein Feld anzugeben.

Beispiel. MOD(17,4) ergibt den Wert 1, MOD(−17,4) den Wert 3.

Maximum und Minimum

MAX(x_1, x_2, ..., x_n) Funktionswert: Wert desjenigen Arguments mit dem größten Wert,

MIN(x_1, x_2, ..., x_n) Funktionswert: Wert desjenigen Arguments mit dem kleinsten Wert.

Bedingung für beide Funktionen: $x_1, x_2, \ldots, x_n$ reell. Bei der Bestimmung des Funktionswerts werden die Werte der angegebenen Argumente nach den allgemeinen Konvertierungsregeln in einen gemeinsamen Typ umgewandelt; der Funktionswert ist dann ebenfalls von diesem Typ.

Beispiel. Der Ausdruck $\max(|a|, |b|, |c|)$ kann in PL1 folgendermaßen geschrieben werden: MAX(ABS(A),ABS(B),ABS(C)).

Rundung

ROUND(x, n) Funktionswert: gerundeter Wert von x,
Bedingung: n ganzzahlige dezimale Konstante.

Bei Angabe einer Festkommagröße als Argument x wird deren Wert auf die Stelle gerundet, die dem Stellenwert 10^{-n} bei dezimaler bzw. 2^{-n} bei dualer Basis entspricht. Bei $n > 0$ erfolgt also eine Rundung auf die n-te dezimale bzw. duale Position rechts vom Komma, während es sich bei $n \leqq 0$ stets um einen ganzzahligen Wert handelt, für den die Rundung auf die $(|n| + 1)$-te Position links vom Komma vorgenommen wird.

Bei Angabe einer Gleitkommagröße als Argument x bleibt der Wert von n unberücksichtigt. Es wird lediglich bei einfacher Mantissenlänge das Bit mit dem Stellenwert 2^{-24} bzw. bei verlängerter Mantisse das mit dem Stellenwert 2^{-56} auf 1 gesetzt, falls es nicht bereits diesen Inhalt hat.

Bei Angabe eines komplexen Arguments x erfolgt die Rundung sowohl für den Real- als auch den Imaginärteil. Stellt das Argument einen Kettenwert dar, so wird dieser unverändert als Funktionswert verwendet.

Zahlenart, Basis und Kommadarstellung des Funktionswerts stimmen mit den betreffenden Attributen des Arguments x überein.

Beispiel. Einer mit dem Atrribut FIXED(7,4) vereinbarten Größe A wurde der Wert 214,3794 zugeordnet, der in Verbindung mit bestimmten Berechnungen in gerundeter Form benötigt wird. Durch ROUND(A,2) wird auf die zweite Kommastelle gerundet, und man erhält den Funktionswert 214,38, während durch ROUND(A,−1) eine Rundung auf die Zehnerstelle erfolgt und der Funktionswert 210 entsteht.

Obere und untere Schranken

CEIL(x) Funktionswert: kleinste ganze Zahl, die nicht kleiner als der Wert von x ist,

FLOOR(x) Funktionswert: größte ganze Zahl, die nicht größer als der Wert von x ist,

TRUNC(x) Funktionswert: Wert von x ohne gebrochenen Anteil, wobei keinerlei Rundung erfolgt.

Es gilt also: TRUNC(x) = CEIL(x) bei $x < 0$,
TRUNC(x) = FLOOR(x) bei $x \geqq 0$.

Bedingung für alle drei Funktionen: x reell.
Der Datentyp des Funktionswerts entspricht in sämtlichen Attributen dem des angegebenen Arguments.

Beispiele

CEIL(9.32) ergibt den Wert 10, CEIL(−4.86) den Wert −4.
FLOOR(9.32) ergibt den Wert 9, FLOOR(−4.86) den Wert −5.
TRUNC(9.32) ergibt den Wert 9, TRUNC(−4.86) den Wert −4.

Summe/Produkt der Elemente eines Felds

SUM(x) Funktionswert: Summe aller Elemente des als Argument angegebenen Felds,

PROD(x) Funktionswert: Produkt aller Elemente des als Argument angegebenen Felds.

Die Durchführung der Berechnung erfolgt stets in Gleitkommaform: Sind die Elemente des als Argument angegebenen Felds nicht von vornherein Gleitkommagrößen, so findet vorher eine Umwandlung in diesen Typ nach den allgemeinen Konvertierungsregeln statt. Der Funktionswert ist ebenfalls eine Gleitkommagröße, deren Mantissenlänge und Zahlenart den Elementen des Arguments entsprechen.

Behandlung komplexer Größen

CONJG(x) Funktionswert: konjugiert komplexer Wert $a - bi$ zum Wert $a + bi$ des Arguments x,

REAL(x) Funktionswert: reeller Wert, der den Realteil des Arguments x darstellt,

IMAG(x) Funktionswert: reeller Wert, der den Imaginärteil des Arguments x darstellt;

Das Argument der drei Funktionen wird im allgemeinen eine komplexe Größe sein. Ist das nicht der Fall, so wird für den Real- bzw. Imaginärteil der Wert 0 angenommen.

COMPLEX(x_1, x_2) Funktionswert: komplexer Wert, dessen Realteil dem Wert des Arguments x_1 und dessen Imaginärteil dem Wert des Arguments x_2 entspricht.
Bedingung: x_1, x_2 reell.

Beispiele

1. Unter Verwendung einer komplexen Größe K mit dem Wert 0,24−1,86i als Argument ergibt sich für CONJG(K) der Wert 0,24 + 1,86i, für REAL(K) der Wert 0,24 und für IMAG(K) der Wert −1,86.

2. Unter Verwendung einer Größe X1 mit dem Wert −0,1 und einer Größe X2 mit dem Wert 0,36 als Argument ergibt sich für COMPLEX(X1,X2) der komplexe Funktionswert −0,1 + 0,36i.

Festlegung der Genauigkeit für arithmetische Operationen

ADD(x_1, x_2, m, n) bzw. ADD(x_1, x_2, m)

Funktionswert: Summe der Argumente x_1 und x_2 mit dem vorgegebenen Genauigkeitsattribut (m, n) für Festkomma- bzw. (m) für Gleitkommagrößen.

MULTIPLY(x_1, x_2, m, n) bzw. MULTIPLY(x_1, x_2, m)

Funktionswert: Produkt der Argumente x_1 und x_2 mit dem vorgegebenen Genauigkeitsattribut (m, n) für Festkomma- bzw. (m) für Gleitkommagrößen.

DIVIDE(x_1, x_2, m, n) bzw. DIVIDE(x_1, x_2, m)

Funktionswert: Quotient der Argumente x_1 und x_2 mit dem vorgegebenen Genauigkeitsattribut (m, n) für Festkomma- bzw. (m) für Gleitkommagrößen.

Bedingung für alle drei Funktionen: die Argumente m und n sind als ganzzahlige dezimale Konstanten anzugeben, wobei nur für n auch negative Werte erlaubt sind;

sie müssen selbstverständlich im Rahmen der Darstellungsmöglichkeiten für den Datentyp der Argumente x_1 und x_2 liegen.

Während sich normalerweise das Genauigkeitsattribut für das Resultat einer arithmetischen Operation standardmäßig aus den Attributen der Operanden ergibt (Abschnitt 3.1.3.), kann man durch Verwendung dieser Standardfunktionen davon abweichend die Anzahl der signifikanten Ziffern oder die Mantissenlänge explizit festlegen. Ansonsten verläuft die Bestimmung des Funktionswerts wie die Abarbeitung eines arithmetischen Ausdrucks mit den Operanden x_1 und x_2.

Beispiele. In einem Programm mit dem Vereinbarungsbefehl

```
DCL (A,B) FLOAT(16), C DECIMAL FIXED(7,2), D DECIMAL FIXED(7,5);
```

bewirkt eine Angabe MULTIPLY(A,B,6), daß das Ergebnis der Multiplikation A*B nicht wie die Operanden eine Gleitkommagröße mit verlängerter, sondern nur mit einfacher Mantisse darstellt, und eine Angabe DIVIDE(C,D,9,4) bewirkt, daß das Ergebnis der Division C/D nicht das sich aus den allgemeinen Regeln ergebende Genauigkeitsattribut (15,10), sondern stattdessen (9,4) hat. Eine solche Festlegung kann von Bedeutung sein, wenn der Wert des Ausdrucks anschließend für weitere Operationen verwendet wird.

Typumwandlungen

Typumwandlungen, die bei der Abarbeitung eines Programms erforderlich sind, erfolgen stets automatisch nach den allgemeinen Konvertierungsregeln (Anhang 1), wofür meist verschiedene Standardfunktionen verwendet werden. Der Programmierer wird von sich aus diese Funktionen nur sehr selten aufrufen, z. B., um gegebenenfalls abweichend von den Standardfestlegungen das Genauigkeitsattribut des aus einer Typumwandlung hervorgehenden Werts vorgeben zu können. Entsprechend den verschiedenen Möglichkeiten der Typumwandlung in eine arithmetische Größe oder in eine Zeichen- bzw. Bitkette stehen dafür folgende Standardfunktionen zur Verfügung:

BINARY(x, m, n)	bzw.	BINARY(x, m)	bzw.	BINARY(x),
DECIMAL(x, m, n)	bzw.	DECIMAL(x, m)	bzw.	DECIMAL(x),
FIXED(x, m, n)	bzw.	FIXED(x, m)	bzw.	FIXED(x),
FLOAT(x, m)	bzw.	FLOAT(x),		
CHAR(x, m)	bzw.	CHAR(x),		
BIT(x, m)	bzw.	BIT(x).		

Die Bezeichnung der Funktion weist jeweils auf das Attribut hin, welches das Ziel der Typumwandlung für das Argument x darstellt; die anderen Attribute des Arguments bleiben erhalten. So dient beispielsweise die Funktion FIXED zur Umwandlung des jeweiligen Arguments in die entsprechende Festkommadarstellung.

Wird bei der Bezugnahme auf eine dieser Funktionen nur das Argument x angegeben, so wird das Genauigkeits- bzw. Längenattribut des Funktionswertes nach den Konvertierungsregeln so bestimmt, als würde der Wert von x einer dem durch die Funktion verkörperten Typ entsprechenden Größe zugeordnet werden. Soll für dieses Attribut jedoch eine davon abweichende Festlegung getroffen werden, so kann das durch Angabe weiterer Argumente erfolgen.

Die Argumente m und n sind jeweils als ganzzahlige dezimale Konstanten anzugeben, wobei nur n auch negativ sein kann. Durch sie wird das Genauigkeitsattribut (m, n) für Festkomma- bzw. (m) für Gleitkommagrößen bestimmt, während sich für Zeichen- bzw. Bitketten das Längenattribut (m) ergibt.

Soll lediglich eine Veränderung des Genauigkeitsattributs einer Größe vorgenommen werden, so steht noch die Standardfunktion

PRECISION(x, m, n) bzw. PRECISION(x, m)

zur Verfügung. Ihr Wert ist der unter Beibehaltung der vorliegenden Zahlenart, Zahlenbasis und Kommadarstellung in das Genauigkeitsattribut (m, n) bei Festkomma- bzw. (m) bei Gleitkommagrößen umgewandelte Wert des Arguments x.

Beispiel. Stellt A eine Größe mit dezimaler Basis dar, so wird ihr Wert durch FLOAT(A,16) in eine Gleitkommagröße mit verlängerter Mantisse umgewandelt. Wurde für A jedoch die duale Basis vereinbart, so erfolgt die Umwandlung in eine Gleitkommagröße mit einfacher Mantissenlänge, da sich dann die Angabe 16 auf die Anzahl der Dualziffern bezieht.

3.2.3. Funktionen zur Behandlung von Kettendaten

Zu dieser Gruppe gehört eine Reihe von Funktionen zur Durchführung verschiedener Operationen mit Zeichen- oder Bitketten, durch die sich die Breite und Wirksamkeit der Anwendung solcher Daten wesentlich erhöht.

Die Argumente der Funktionen zur Behandlung von Kettendaten können sein:

— einzelne Größen (Konstanten oder Variable einschließlich Elemente von Feldern und Strukturen) oder Ausdrücke, die einen einzelnen Wert ergeben,
— Felder oder Feldausdrücke.

Strukturen oder Strukturausdrücke sind dagegen nicht zulässig. Bei Angabe mehrerer Felder als Argumente einer Funktion müssen diese in der Anzahl der Dimensionen und den Grenzen für deren Ausdehnung übereinstimmen.

In fast allen Funktionen dieser Gruppe wird mindestens ein Argument als Zeichen- bzw. Bitkette betrachtet, mit der entsprechende Operationen ausgeführt werden. Bei der allgemeinen Beschreibung der einzelnen Funktionen werden für solche Argumente die Bezeichnungen k bzw. $k_1, k_2, \ldots$ verwendet. Hat das betreffende Argument nicht von vornherein einen Kettenwert, so erfolgt eine Umwandlung nach den Konvertierungsregeln (Anhang 1), wobei duale arithmetische Daten stets Bitketten und dezimale arithmetische Daten stets Zeichenketten ergeben. Bei numerischen Abbildungsvariablen wird jeweils deren Zeichenkettenwert verwendet.

Die Funktionswerte der Funktionen zur Behandlung von Kettendaten sind mit wenigen Ausnahmen stets Zeichen- oder Bitketten; welche Art von Kettendaten vorliegt, ist abhängig vom Typ der angegebenen Argumente oder den spezifischen Eigenschaften der Funktion. Im Falle der Angabe von Feldern oder Feldausdrücken als Argumente stellt der Funktionswert ebenfalls ein Feld dar, das die gleiche Anzahl von Dimensionen sowie die gleichen Grenzen für deren Ausdehnung besitzt wie die Argumente. Die Werte für die Elemente dieses Felds ergeben sich aus der Anwendung der Funktion auf jedes Element des Arguments.

Im einzelnen stehen dem Programmierer folgende Funktionen zur Behandlung von Kettendaten zur Verfügung:

Bildung von Ketten oder Teilketten

HIGH(n)

Der Funktionswert ist eine Zeichenkette der durch das Argument n festgelegten Länge, deren sämtliche Zeichen dem höchsten Zeichen der Sortierfolge (duale Darstellung

11111111) entsprechen. Für n ist eine positive ganzzahlige dezimale Konstante anzugeben.

LOW(n)

Der Funktionswert ist eine Zeichenkette der durch das Argument n festgelegten Länge, deren sämtliche Zeichen dem niedrigsten Zeichen der Sortierfolge (duale Darstellung 00000000) entsprechen. Für n ist eine positive ganzzahlige dezimale Konstante anzugeben.

REPEAT(k, n)

Der Funktionswert ist eine Zeichen- oder Bitkette, die sich aus der n-fachen Aufeinanderfolge der als Argument angegebenen Kette k ergibt. Für n ist eine positive ganzzahlige dezimale Konstante anzugeben.

Beispiel. REPEAT('HE',3) liefert den Funktionswert 'HEHEHE'.

SUBSTR(k, m, n) bzw. **SUBSTR(k, n)**

Der Funktionswert ist eine Teilkette der als Argument angegebenen Kette k, die an der Position m derselben beginnt und eine Länge von n Zeichen bzw. Bits hat. Wird das 3. Argument nicht angegeben, so erstreckt sich die Teilkette von der Position m bis zum Ende der Kette k. Für m und n können Konstanten, Variable oder Ausdrücke angegeben werden, deren Wert gegebenenfalls in eine ganzzahlige Größe umgewandelt wird.

Die Angaben bezüglich der zu bildenden Teilkette dürfen nicht aus der Kette k herausführen. Es gelten also die Bedingungen

$$1 \leqq m \leqq l, \quad 0 \leqq n \leqq l \quad \text{und} \quad m + n \leqq l + 1,$$

wobei l die Länge der Kette k darstellt. Durch die Fehlerbedingung STRINGRANGE kann die Einhaltung dieser Bedingung kontrolliert werden (Abschnitt 4.4.2.). Für $n = 0$ stellt die Teilkette die leere Kette dar.

Beispiele

1. Wird das i-te Zeichen einer durch den Befehl DCL Z1 CHAR(8); vereinbarten Zeichenkettenvariablen gesondert benötigt, so kann dieses als Funktionswert von SUBSTR(Z1,I,1) ermittelt werden. Man könnte allerdings ebensogut über Z1 durch einen Befehl DCL Z1F (8) CHAR(1); ein Feld überlagern und das betreffende Zeichen dann durch Z1F(I) ansprechen.
2. Aus einer Bitkette BK der Länge 24 soll die Folge der Bits 7—12 für die Ausführung bestimmter Operationen herausgelöst werden. Diese Teilkette erhält man als Funktionswert von SUBSTR(BK,7,6).

STRING(x)

Der Funktionswert ist eine Zeichen- oder Bitkette, die sich aus der Verkettung sämtlicher Elemente eines Felds oder einer Struktur ergibt.

Als Argument x ist beim Aufruf der Funktion die Bezeichnung eines Felds oder Teilfelds bzw. einer Struktur oder Unterstruktur anzugeben; lediglich die Verwendung eines Teilfelds von einem Feld von Strukturen ist nicht zulässig. Strukturen oder Unterstrukturen müssen dabei vollständig aus Zeichenketten und/oder numerischen Abbildungsvariablen oder vollständig aus Bitketten bestehen. Je nach dem Typ des Arguments stellt der Funktionswert dann eine Zeichen- oder Bitkette dar. Wird als

Argument eine einzelne Größe angegeben, so entspricht der Funktionswert unverändert derselben.

Die Verkettung erfolgt jeweils in der Reihenfolge der Speicherung der Elemente, die bei Feldern durch das Dimensionsattribut und bei Strukturen durch die Strukturvereinbarung bestimmt wird. Eventuell nicht benutzte Bytes einer mit dem Attribut ALIGNED versehenen Struktur (Abschnitt 2.4.1.) treten bei der Verkettung nicht in Erscheinung.

Beispiel. Für eine durch die Strukturvereinbarung

```
DCL 1 STR, 2 (A CHAR(5) INIT('ABCDE'), B CHAR(7) VAR INIT('#U#'),
    C PICTURE 'ZZ99,V99' INIT(146.29));
```

definierte Struktur erhält man als Wert des Funktionsaufrufs STRING(STR) die Zeichenkette 'ABCDE#U#␣146,29'.

Untersuchung und Veränderung des Inhalts von Kettendaten

Bei den folgenden Funktionen sind als Argumente jeweils mehrere Ketten anzugeben. Stellen alle Argumente Zeichenketten oder alle Argumente Bitketten dar, so bezieht sich die jeweilige Operation unmittelbar auf diese; bei numerischen Abbildungsvariablen wird deren Zeichenkettenwert verwendet. Werden als Argumente Bitketten und duale Größen oder ausschließlich duale Größen angegeben, so werden letztere in Bitketten umgewandelt und die Operationen bitweise ausgeführt. In allen anderen Fällen erfolgt die Ausführung der Operation zeichenweise; Argumente, die keine Zeichenketten darstellen, werden vorher in solche umgewandelt. Bei Angabe von Feldern als Argumente wird die Operation jeweils unter Verwendung der in ihren Indizes übereinstimmenden Elemente ausgeführt.

INDEX(k_1, k_2)

Mit Hilfe dieser Funktion kann man untersuchen, ob in einer Kette k_1 eine vorgegebene Kette k_2 enthalten ist. In den meisten Fällen wird es sich bei k_2 um ein einzelnes Zeichen oder Bit handeln, dessen Auftreten innerhalb der Kette k_1 überprüft werden soll. Die Länge von k_2 kann dabei natürlich nicht größer als die von k_1 sein.

Der Funktionswert ist eine duale Festkommagröße mit dem Genauigkeitsattribut (15,Ø) und gibt die Position an, ab der die Kette k_2 innerhalb der Kette k_1 von links nach rechts zum ersten Mal auftritt. Ist die Kette k_2 in der Kette k_1 nicht enthalten, so hat die Funktion den Wert 0.

Beispiele

1. INDEX('FEBRUAR', 'R') ergibt den Wert 4,
   INDEX('TEIL␣I','1') den Wert 0 und
   INDEX('1Ø1ØØ111Ø11'B,'11'B) den Wert 6.
2. In einer Zeichenkettenvariablen TEXT der Länge 100 soll nur der Teil des Werts bearbeitet werden, der vor dem auf jeden Fall darin enthaltenen Zeichen # liegt. Die Anzahl der Zeichen dieses Teils ergibt sich dann als Wert des Ausdrucks INDEX(TEXT,'#')−1.

VERIFY(k_1, k_2)

Mit Hilfe dieser Funktion kann man untersuchen, ob der Inhalt einer Kette k_1 aus speziell vorgegebenen Zeichen oder Bits besteht, die in einer Kette k_2 in beliebiger Folge zusammengefaßt sind. Bei der Prüfung bestimmter Angaben auf zulässige Zeichen liegt ein solcher Fall vor.

Der Funktionswert ist eine duale Festkommagröße mit dem Genauigkeitsattribut (15,Ø) und gibt die erste Position innerhalb der Kette k_1 von links nach rechts an, auf der ein nicht in der Kette k_2 enthaltenes Zeichen oder Bit auftritt. Ist die Zulässigkeitsprüfung positiv ausgefallen, d. h., alle Zeichen bzw. Bits der Kette k_1 sind auch in der Kette k_2 enthalten, so hat die Funktion den Wert 0.

Beispiele

1. Der Wert einer Zeichenkettenvariablen LK der Länge 80 darf nur numerische Zeichen, Leerzeichen und Minuszeichen enthalten. Eine entsprechende Kontrolle könnte unter Verwendung des Funktionswerts VERIFY(LK,'Ø123456789␣–') durchgeführt werden; der Inhalt von LK ist in Ordnung, wenn sich als Funktionswert 0 ergibt.
2. Für ein spezielles Kennzeichen KENNZ sind die Zeichen E, K und T zulässig. Eine Kontrolle der richtigen Angabe dieses Kennzeichens könnte durch VERIFY(KENNZ,'EKT') auf einfache Weise durchgeführt werden.

LENGTH(k)

Der Funktionswert stellt als duale Festkommagröße mit dem Genauigkeitsattribut (15,Ø) die aktuelle Länge der als Argument angegebenen Kette k dar. Eine sinnvolle Anwendung dieser Funktion ergibt sich vor allem für Zeichen- oder Bitketten variabler Länge sowie für Ketten, die als kontrollierte Größen vereinbart wurden und deren Länge erst bei der Zuordnung von Speicherplatz mit Hilfe eines Befehls ALLOCATE festgelegt wird (Abschnitt 2.4.3.1.).

TRANSLATE(k_1, k_2, k_3) bzw. TRANSLATE(k_1, k_2)

Mit Hilfe dieser Funktion kann man den Inhalt von Zeichen- oder Bitketten gemäß einer vorgegebenen Codierungsvorschrift umwandeln. Als Argument k_1 ist die Kette anzugeben, deren Inhalt umgewandelt werden soll, während die Argumente k_2 und k_3 die Codierungsvorschrift zum Ausdruck bringen. k_3 enthält in beliebiger Folge die Zeichen, für die eine Umwandlung durchzuführen ist, und k_2 die entsprechenden Zeichen, die im Zuge der Umwandlung entstehen sollen. Ist die Kette k_2 kürzer als die Kette k_3, so wird k_2 rechts mit Leerzeichen bzw. dualen Nullen bis zur Länge von k_3 aufgefüllt.

Wurden nur zwei Argumente angegeben, so wird für k_3 standardmäßig eine sämtliche Zeichen des DKOI-Codes in aufsteigender Sortierfolge enthaltende Zeichenkette der Länge 256 angenommen, wenn die beiden anderen Argumente Zeichenketten sind, sowie eine Bitkette mit dem Inhalt 'Ø1'B, wenn die beiden anderen Argumente Bitketten darstellen.

Der Funktionswert ist ebenfalls eine Kette, die in Typ und Länge der als k_1 angegebenen Kette entspricht. Für jedes Zeichen bzw. Bit von k_1 wird der Reihe nach untersucht, ob es innerhalb der Kette k_3 vorkommt. Ist das nicht der Fall, so wird das betreffende Zeichen bzw. Bit von k_1 unverändert in den Funktionswert übernommen. Kommt aber das Zeichen bzw. Bit von k_1 in der Kette k_3 auf der Position n vor, so wird in den Funktionswert statt dieses Zeichens bzw. Bits das in der Kette k_2 an der Position n stehende Zeichen bzw. Bit eingetragen.

Beispiel. In der Folge der letzten 40 Zeichen einer Zeichenkette KETTE der Länge 75 sollen alle Zeichen # in Leerzeichen und alle Punkte in Kommas umgewandelt werden. Zur Ausführung dieser Operation könnte der Funktionswert

TRANSLATE (SUBSTR(KETTE,36,4Ø), '␣,', '#.')

bestimmt und anschließend der Variablen KETTE zugeordnet werden.

Logische Operationen mit Bitketten

Die Durchführung der durch nachfolgende Funktionen bewirkten Operationen erfolgt stets unter Verwendung von Bitketten. Um unnötige Umwandlungen in diesen Datentyp zu vermeiden, sollten die anzugebenden Argumente deshalb von vornherein Bitketten darstellen.

BOOL(k_1,k_2,k_3)

Der Funktionswert ist das Ergebnis der bitweisen logischen Verknüpfung der beiden Argumente k_1 und k_2, wobei die Art und Weise dieser Verknüpfung beliebig über ein weiteres Argument k_3 vorzugeben ist.

Sind die Argumente k_1 und k_2 Bitketten unterschiedlicher Länge (eventuell nach erfolgter Umwandlung), so wird die kürzere bis zur Länge der anderen rechts mit dualen Nullen aufgefüllt; der Funktionswert stellt eine Bitkette der gleichen Länge dar. Das Argument k_3 muß stets eine Bitkette der Länge 4 sein, deren Bits durch ihren Wert festlegen, welches Resultat sich für die vier möglichen Bitkombinationen bei Ausführung der logischen Verknüpfung ergeben soll. Diese Festlegung ist folgendermaßen vorzunehmen:

i-tes Bit von k_1	i-tes Bit von k_2	i-tes Bit im Funktionswert
0	0	1. Bit von k_3
0	1	2. Bit von k_3
1	0	3. Bit von k_3
1	1	4. Bit von k_3

Das 1. Bit von k_3 bestimmt also, welches Resultat sich aus der Verknüpfung zweier Dualziffern 0 ergeben soll, das 2. Bit dasjenige für die Verknüpfung der Dualziffer 0 im ersten und der Dualziffer 1 im zweiten Argument usw.

Da es für den Inhalt einer Bitkette der Länge 4 insgesamt 16 verschiedene Möglichkeiten gibt, stehen dem Programmierer damit 16 verschiedene logische Operationen zur Verfügung. Darunter befinden sich auch die durch die Operatoren & und | mit Hilfe logischer Ausdrücke realisierbaren Verknüpfungen. An Stelle des logischen Ausdrucks A&B könnte man auch den Funktionsaufruf BOOL(A,B,'ØØØ1'B), für den logischen Ausdruck A|B auch BOOL(A,B,'Ø111'B) verwenden.

ALL(x)

Der Funktionswert ist eine Bitkette, deren Wert sich durch die Verknüpfung sämtlicher Elemente eines Felds x von Bitketten mit Hilfe des Operators & ergibt (Abschnitt 3.1.2.). Seine Länge entspricht folglich der Länge der einzelnen Elemente. Er enthält in der Position i nur dann die Dualziffer 1, wenn bei sämtlichen Elementen des Felds auf dieser Position die Dualziffer 1 steht; in allen anderen Fällen enthält die betreffende Position des Funktionswerts die Dualziffer 0.

ANY(x)

Der Funktionswert ist eine Bitkette, deren Wert sich durch die Verknüpfung sämtlicher Elemente eines Felds x von Bitketten mit Hilfe des Operators | ergibt (Abschnitt 3.1.2.). Seine Länge entspricht folglich der Länge der einzelnen Elemente. Er enthält in der

Position *i* stets dann die Dualziffer 1, wenn bei wenigstens einem Element des Felds auf dieser Position die Dualziffer 1 steht; nur wenn alle Elemente auf dieser Position die Dualziffer 0 enthalten, ist auch im Funktionswert diese Position mit 0 besetzt.

Beispiel. Für ein durch den Befehl

```
DCL B(4) BIT(5) INIT('Ø11Ø1'B,'11ØØ1'B,'Ø1ØØ1'B,'Ø1ØØØ'B);
```

vereinbartes Feld B ist der Funktionswert von ALL(B) die Bitkette 'Ø1ØØØ'B und der Funktionswert von ANY(B) die Bitkette '111Ø1'B.

Im allgemeinen erfolgt die Anwendung der beiden Funktionen ALL und ANY in Verbindung mit Feldern, deren Elemente Bitketten der Länge 1 sind. Wird z. B. bei einer Kontrolle von Eingabedaten die Erfüllung verschiedener Bedingungen kontrolliert, so kann man ein Feld von Bitketten der Länge 1 vereinbaren und das Ergebnis jedes entsprechenden Tests durch den Wert '1'B (erfüllt) oder 'Ø'B (nicht erfüllt) eines Elements dieses Felds festhalten. Nach Beendigung der Kontrolle läßt sich dann leicht mit Hilfe der Funktion ALL ermitteln, ob alle kontrollierten Bedingungen erfüllt sind, während man mit Hilfe der Funktion ANY eine Aussage darüber erhalten kann, ob wenigstens eine Bedingung erfüllt wurde.

3.2.4. Verschiedene Funktionen

Zu dieser Gruppe wurden einige Standardfunktionen zusammengefaßt, die nur wenig Gemeinsamkeit miteinander und mit anderen Gruppen besitzen. Entsprechend sind auch die Anforderungen an die Argumente sowie die Aussagen bezüglich der Funktionswerte spezifisch für jede einzelne Funktion.

Ermittlung von Datum und Uhrzeit

Die nachfolgenden Funktionen ermöglichen die Bereitstellung des aktuellen Datums bzw. der aktuellen Uhrzeit im Augenblick des Funktionsaufrufs. Sie erfordern keine Argumente und werden lediglich durch Angabe ihrer Bezeichnung aufgerufen.

DATE

Der Funktionswert stellt das aktuelle Datum als Zeichenkette der Länge 6 dar. Die einzelnen Zeichen haben von links nach rechts folgende Bedeutung:

1. und 2. Zeichen: letzte Ziffern der Jahreszahl,
3. und 4. Zeichen: laufende Nummer des Monats,
5. und 6. Zeichen: Nummer des Tages.

Einstellige Werte werden jeweils mit einer führenden Null dargestellt.

Beispiel. Am 3. 8. 1982 liefert die Funktion DATE eine Zeichenkette mit dem Wert '82Ø8Ø3'. Zur Aufbereitung des Datums für die Ausgabe über eine Druckliste könnte man den Ausdruck

```
SUBSTR(DATE,5,2)||'.'||SUBSTR(DATE,3,2)||'.19'||SUBSTR(DATE,1,2)
```

bilden, dessen Wert die Zeichenkette 'Ø3.Ø8.1982' darstellt. Diese Schreibweise hat allerdings den Nachteil, daß dreimal die Funktion DATE aufgerufen wird. Es ist deshalb günstiger, statt dessen die Funktion nur einmal aufzurufen und den Funktionswert z. B. einer in der Form DCL DATUM CHAR(6); vereinbarten Variablen zuzuordnen, deren Bezeichnung man dann als erstes Argument für die jeweilige Funktion SUBSTR angeben müßte. Noch besser ist allerdings eine Überlagerung dieser Zeichenkette durch eine Struktur, beispielsweise in der Form

DCL 1 STDAT DEF DATUM, 2 ((JAHR,MONAT,TAG)CHAR(2));

und die Aufbereitung des Datums durch den Ausdruck

TAG||'.'||MONAT|| '.19'||JAHR

unter Verwendung der Strukturelemente.

TIME

Der Funktionswert stellt die aktuelle Uhrzeit als Zeichenkette der Länge 9 dar. Die einzelnen Zeichen haben von links nach rechts folgende Bedeutung:

1. und 2. Zeichen: Stunden,
3. und 4. Zeichen: Minuten,
5. und 6. Zeichen: Sekunden,
7. bis 9. Zeichen: Millisekunden.

Benötigt eine Angabe weniger Stellen, so werden jeweils führende Nullen ergänzt.

Die Anwendung dieser Funktion beschränkt sich im allgemeinen auf die Testphase eines Programms. Durch entsprechende Aufrufe kann man mit ihrer Hilfe den Zeitbedarf für die einzelnen Programmabschnitte untersuchen und auf dieser Grundlage gegebenenfalls noch Veränderungen im Programm vornehmen.

Beispiel. 16 Minuten, 24 Sekunden und 83 Millisekunden nach 23 Uhr liefert ein Aufruf der Standardfunktion TIME die Zeichenkette '231624083'.

Bestimmung von Speicherplatzadressen

ADDR(*x*)

Der Funktionswert ist die Adresse der als Argument angegebenen Größe, d. h. die absolute Hauptspeicheradresse des ersten zu ihrer Speicherung verwendeten Bytes. Als Argument können einzelne Variable, Felder, Strukturen oder Unterstrukturen sowie Feld- bzw. Strukturelemente angegeben werden; die betreffende Größe kann von beliebigem Typ sein.

Ist das Argument eine basisbezogene Größe (Abschnitt 2.4.), so ist der Funktionswert undefiniert, so lange der zugehörigen Zeigervariablen noch kein Wert zugeordnet wurde. Bei einer kontrollierten Größe (Abschnitt 2.4.3.1.), für die noch keine Speicherplatzzuordnung erfolgte, ergibt sich als Funktionswert die fiktive Adresse 0.

Der Funktionswert der Funktion ADDR ist nur für die Zuordnung eines Adreßwerts zu einer Zeigervariablen verwendbar. Sie wird daher vor allem dazu benutzt, um im Falle einer variablen Überlagerung den Speicherplatz für die betreffende basisbezogene Variable festzulegen.

NULL

Der Funktionswert ist eine fiktive Hauptspeicheradresse 0, die keinen echten Speicherplatz identifiziert. Ein Argument ist für diese Funktion nicht erforderlich. Analog zur Funktion ADDR kann sie zur Festlegung des Adreßwerts 0 für eine Zeigervariable verwendet werden. Mit Hilfe eines IF-Befehls (Abschnitt 4.2.) kann man im Verlauf der Programmabarbeitung abfragen, ob der Wert einer Zeigervariablen ein solcher fiktiver Adreßwert ist oder ihr bereits eine echte Speicherplatzadresse zugeordnet wurde.

Kontrolle der Speicherplatzzuordnung

ALLOCATION(x)

Mit Hilfe dieser Funktion kann bestimmt werden, ob einer durch das Attribut CONTROLLED vereinbarten kontrollierten Größe, deren Bezeichnung als Argument anzugeben ist, zum Zeitpunkt des Funktionsaufrufs Speicherplatz zugeordnet ist (Abschnitt 2.4.3.1.). Der Funktionswert ist stets eine Bitkette der Länge 1, deren Wert '1'B zum Ausdruck bringt, daß eine Speicherplatzzuordnung für das angegebene Argument vorliegt, während der Wert 'Ø'B besagt, daß eine solche nicht existiert.

Aussagen zur Dimensionierung

In Verbindung mit der Verwendung kontrollierter Größen (Abschnitt 2.4.3.1.) oder dem Aufruf von Teilprogrammen (Abschnitt 8.3.2.2.) ist es möglich, Felder variabel zu dimensionieren. Mit Hilfe nachfolgender Standardfunktionen können für solche Felder Informationen bezüglich der aktuellen Dimensionierung bereitgestellt werden.

DIM(x,n)

Der Funktionswert ist die Ausdehnung der n-ten Dimension des als Argument x angegebenen Felds; darunter ist die Anzahl der unterschiedlichen Werte zu verstehen, die der betreffende Index annehmen kann.

LBOUND(x,n)

Der Funktionswert ist die untere Grenze der n-ten Dimension des als Argument x angegebenen Felds.

HBOUND(x,n)

Der Funktionswert ist die obere Grenze der n-ten Dimension des als Argument x angegebenen Felds.

Das Argument x kann bei allen drei Funktionen ein Feld oder Feldausdruck von beliebigem Typ sein. Das Argument n ist im allgemeinen eine ganzzahlige Größe oder ein Ausdruck, der einen solchen Wert liefert; andere Werte werden vor Berechnung des Funktionswerts entsprechend umgewandelt. Der Funktionswert wird stets als duale Festkommagröße mit dem Genauigkeitsattribut (15,Ø) dargestellt.

Beispiel. Für ein durch die Feldvereinbarung DCL MAT(−3:5,14); definiertes Feld ergibt DIM(MAT,1) den Wert 9, LBOUND(MAT,2) den Wert 1 und HBOUND(MAT,1) den Wert 5.

Interne Datendarstellung

UNSPEC(x)

Der Funktionswert ist eine Bitkette, deren Wert der internen Darstellungsform der als Argument angegebenen Größe entspricht. Das Argument kann eine einzelne Größe von beliebigem Typ oder ein Ausdruck sein, der einen einzelnen Wert liefert. Zulässig ist aber auch die Angabe eines Felds oder eines Feldausdrucks als Argument; der Funktionswert stellt dann ein Feld von Bitketten dar, das in der Anzahl der Dimensionen und den Grenzen für deren Ausdehnung mit den betreffenden Attributen des Arguments übereinstimmt und dessen Elemente sich aus der Anwendung der Funktion auf die einzelnen Elemente des Arguments ergeben.

Die Länge des Funktionswerts ergibt sich aus den Attributen des Arguments. Sie entspricht bei arithmetischen Daten, numerischen Abbildungsvariablen und Zeichenketten der zu ihrer Speicherung benötigten Anzahl von Bytes, multipliziert mit 8. Eine Ausnahme bilden lediglich duale Festkommadaten mit dem Genauigkeitsattribut (m, n) und $m \leqq 15$, wenn es sich nicht um eine einzelne Konstante oder Variable handelt; als Funktionswert der Funktion UNSPEC wird in diesen Fällen eine Bitkette der Länge 32 gebildet. Ist das Argument eine Zeigervariable, so wird deren Wert ebenfalls durch eine Bitkette der Länge 32 dargestellt.

Beispiele

1. Für die in dem Befehl DCL A FIXED(3,1) INIT(46.5), Z FLOAT(6) INIT(1.4725E2); vereinbarten Variablen ergibt sich als Funktionswert
   von UNSPEC(A) die Bitkette 'Ø1ØØØ11ØØ1Ø111ØØ'B, sowie
   von UNSPEC(Z) die Bitkette 'Ø1ØØØØ1Ø1ØØ1ØØ11Ø1ØØØØØØØØØØØØØØ'B.

2. Zur Bestimmung, ob der Wert einer durch den Befehl DCL FK FIXED(5); vereinbarten Variablen FK ungerade ist, könnte man den Funktionswert SUBSTR(UNSPEC(FK),2Ø,1) verwenden. Ergibt sich für die aus einem einzigen Bit bestehende Teilkette der Wert '1'B, so handelt es sich um einen ungeraden, sonst um einen geraden Wert.

3.3. Zuordnungsbefehle

Für variable Größen kann im Zusammenhang mit ihrer Vereinbarung in einem Befehl DECLARE mit Hilfe des Attributs INITIAL ein Anfangswert festgelegt werden. Nach erfolgter Speicherplatzzuordnung steht dieser als Wert der betreffenden Größe zur Verfügung. Im allgemeinen liegt ein solcher Anfangswert jedoch nicht vor, und nach der Zuordnung von Speicherplatz ist der Wert der Variablen zunächst undefiniert.

Spätere Wertzuordnungen für eine Variable sind im Lauf der Programmabarbeitung beliebig oft möglich; der bisherige Wert wird dann jedesmal durch den neuen Wert ersetzt. Der Programmierer kann dazu in erster Linie entsprechende Zuordnungsbefehle verwenden, mit deren Hilfe der Wert eines Ausdrucks einer Variablen zugeordnet und damit für die Durchführung weiterer Operationen gespeichert wird. Daneben besteht eine Möglichkeit für die Wertzuordnung über die Eingabe von außen, worauf in den Kapiteln 6 und 7 näher eingegangen wird.

3.3.1. Möglichkeiten der Zuordnung

Die allgemeine Form eines Zuordnungsbefehls lautet

Zielgröße = *Ausdruck*;

Anstelle eines Schlüsselworts wird hier lediglich das Symbol = verwendet, das bereits als Operator in Vergleichsausdrücken benutzt wird. Die jeweilige Bedeutung geht jedoch stets eindeutig aus dem Zusammenhang hervor.

Als *Ausdruck* kann in einem Zuordnungsbefehl jede der 4 in Abschnitt 3.1. beschriebenen Arten auftreten, so wie auch eine Kombination von Ausdrücken zulässig ist. Im einfachsten Fall stellt der Ausdruck nur eine einzelne Größe dar.

Die *Zielgröße* auf der linken Seite eines Zuordnungsbefehls kann eine einfache Variable, ein Feld oder Teilfeld sowie eine Struktur oder Unterstruktur sein; auch Pseudovariable können als Zielgröße angegeben werden (Abschnitt 3.3.3.).

Die Abarbeitung eines Zuordnungsbefehls beinhaltet zunächst die Ausführung der Operationen, die in dem auf der rechten Seite angegebenen Ausdruck enthalten sind. Anschließend wird der dabei entstandene Wert der auf der linken Seite angegebenen Zielgröße als neuer Wert zugeordnet; ihr bisheriger Wert steht damit nicht mehr zur Verfügung.

Soll der Wert eines Ausdrucks gleichzeitig mehreren Größen als neuer Wert zugeordnet werden, so kann der Zuordnungsbefehl in der Weise modifiziert werden, daß die einzelnen Zielgrößen, durch Komma voneinander getrennt, auf der linken Seite aufgeführt werden:

$$Zielgröße_1, Zielgröße_2, \ldots, Zielgröße_n = Ausdruck;$$

Es ist dabei nicht erforderlich, daß sämtliche angegebenen Zielgrößen in ihrem Datentyp übereinstimmen.

Ist die Zielgröße eine einfache Variable, wozu auch indizierte Variable sowie Strukturelemente zählen, so muß auf der rechten Seite des Zuordnungsbefehls ein Ausdruck stehen, der einen einzelnen Wert liefert; Feld- oder Strukturausdrücke sind in diesem Fall nicht zulässig.

Beispiele

1. KMH = WEG/ZEIT;

Der aktuelle Wert der Variablen WEG wird durch den aktuellen Wert der Variablen ZEIT dividiert und der Quotient der Variablen KMH als neuer Wert zugeordnet.

2. Die beiden Befehle X=Z; und Z=X; stellen völlig unterschiedliche Beziehungen dar. Im ersten Befehl wird der gegenwärtige Wert der Variablen Z zum neuen Wert der Variablen X, während im zweiten Befehl der Variablen Z der gegenwärtige Wert der Variablen X zugeordnet wird.

3. I = I+1;

Der aktuelle Wert der Variablen I wird um 1 erhöht, und dieses Ergebnis wird als neuer Wert von I gespeichert.

4. A, B, C = Ø;

Die drei Variablen A, B und C erhalten alle den Wert 0 zugeordnet.

5. Weitere Beispiele für zulässige Zuordnungsbefehle sind:

```
X(I) = XNEU – XALT;
D = (SUMXX*SUMY – SUMX*SUMY)/(N*SUMXX – SUMX**2);
TEXT=SUBSTR(KETTE(I,K),LL,8Ø) || 'CCM';
ST1.LOG = BB & '11ØØ'B | BC;
```

6. Ein Programm enthält u. a. folgende Befehle:

	S	A	B
S=Ø;	0		
A=3; B=4;		3	4
S=S+A;	3		
S=B**2+S;	19		
A=2*A;		6	
B=2*A;			12
B=B–1;			11

Die neben der Befehlsfolge stehende Tabelle gibt an, welche Wertzuordnungen und damit -veränderungen für die Variablen S, A und B nach Ausführung der einzelnen Befehle auftreten.

Nach Abarbeitung der gesamten Befehlsfolge haben die Variablen demnach folgende Werte: S = 19, A = 6, B = 11.

7. Die Lösung eines linearen Gleichungssystems von zwei Gleichungen mit zwei Unbekannten, die in der Form

$$a_{11}x_1 + a_{12}x_2 = b_1$$
$$a_{21}x_1 + a_{22}x_2 = b_2$$

vorliegen, kann durch Abarbeitung folgender Befehle erreicht werden:

```
DECLARE A(2,2), B(2);
Eingabe der Werte für die Felder A und B
D=A(1,1)*A(2,2) − A(1,2)*A(2,1);
X1 = (B(1)*A(2,2) − B(2)*A(1,2))/D;
X2 = (A(1,1)*B(2) − A(2,1)*B(1))/D;
```

Wird als Zielgröße eine Struktur oder Unterstruktur angegeben, so kann auf der rechten Seite des Zuordnungsbefehls ein Ausdruck stehen, der einen einzelnen Wert ergibt, oder aber ein Strukturausdruck, dessen Wert eine Struktur mit dem gleichen Aufbau wie die Zielgröße darstellt. Beim Vorliegen eines einzelnen Werts wird dieser jedem Element der als Zielgröße angegebenen Struktur zugeordnet. Beim Vorliegen eines Strukturausdrucks erfolgt die Zuordnung elementweise für diejenigen Elemente, die in beiden Strukturen auf der gleichen Position stehen; die Reihenfolge der Zuordnung entspricht der Speicherung der Elemente gemäß der jeweiligen Strukturvereinbarung. Bei Angabe mehrerer Strukturen als Zielgrößen müssen diese ausnahmslos den gleichen Aufbau haben; die Stufennummern können allerdings jeweils unterschiedlich sein.

Folgt auf den Strukturausdruck auf der rechten Seite ein Komma und darauf die zusätzliche Angabe BY NAME, so erfolgt die Zuordnung nur für die Strukturelemente, die in beiden Strukturen die gleiche Bezeichnung haben; das ist dann der Fall, wenn mit Ausnahme der Bezeichnung der gesamten Struktur auch sämtliche Oberbegriffe in ihrer Bezeichnung übereinstimmen. Die Forderung, daß beide Strukturen den gleichen Aufbau haben müssen, entfällt dann; die einander zugeordneten Elemente können auf beliebigen Positionen stehen. Elemente der Zielgröße, für die auf der rechten Seite kein Element mit der gleichen Bezeichnung vorliegt, erhalten durch eine solche Zuordnung keinen neuen Wert.

Wird als Zielgröße ein Feld oder ein Teilfeld angegeben, so kann auf der rechten Seite des Zuordnungsbefehls ein Ausdruck stehen, der einen einzelnen Wert ergibt, oder aber ein Feldausdruck, dessen Wert ein Feld darstellt, das in der Anzahl der Dimensionen und den Grenzen für deren Ausdehnung mit der Zielgröße übereinstimmt. Beim Vorliegen eines einzelnen Werts wird dieser jedem Element des als Zielgröße angegebenen Felds zugeordnet. Beim Vorliegen eines Feldausdrucks erfolgt die Zuordnung elementweise in der Reihenfolge ihrer Abspeicherung jeweils für die Elemente, deren Indizes in der Zielgröße und im Wert des Ausdrucks übereinstimmen, und zwar unmittelbar nach der Berechnung jedes Werts. Bei Angabe mehrerer Felder als Zielgrößen müssen diese ausnahmslos die gleiche Anzahl von Dimensionen sowie die gleichen Grenzen für deren Ausdehnung besitzen.

Wird als Zielgröße ein Feld von Strukturen (eine dimensionierte Struktur) angegeben, so kann auf der rechten Seite des Zuordnungsbefehls ein Ausdruck stehen, der einen einzelnen Wert ergibt oder aber ein Feld- oder Strukturausdruck.

Beispiele

1. DECLARE A(10) DECIMAL FIXED(5,1);
   A = 0;

Der angegebene Zuordnungsbefehl ist gleichbedeutend mit der Folge von Befehlen A(1)=0; A(2)=0; ... A(10)=0;

2. DECLARE A(2,3) INIT(3,10,7,2,4,8);
   A = A*A(1,2);

Durch die Abarbeitung des angegebenen Zuordnungsbefehls ergeben sich für die Elemente der Matrix A folgende Werte:

$$A_{11} = 30, \quad A_{12} = 100, \quad A_{13} = 700, \quad A_{21} = 200, \quad A_{22} = 400, \quad A_{23} = 800.$$

Die Multiplikation und die jeweilige Zuordnung erfolgen elementweise in der Reihenfolge der Abspeicherung. Nach der zweiten Multiplikation erhält das für alle weiteren Multiplikationen ebenfalls verwendete Element A_{12} statt des bisherigen Wertes 10 den neuen Wert 100.

3. DECLARE X(10,10), Y(10);
   X(*,3) = Y/N;

Die Elemente der 3. Spalte des Felds X ergeben sich auf Grund des vorliegenden Zuordnungsbefehls aus den entsprechenden Elementen des Felds Y, jeweils geteilt durch den Wert der Variablen N.

4. Für die 16 Abteilungen eines Betriebs liegen die Produktionsergebnisse der 4 Quartale eines Jahres als Werte der Felder P1, P2, P3 und P4 vor. Mit Hilfe folgender Befehle kann daraus die durchschnittliche Monatsproduktion dieser Abteilungen berechnet und in einem Feld D gespeichert werden:

```
DCL (D,P1,P2,P3,P4) (16) FIXED (9,2);
D = (P1+P2+P3+P4)/12;
```

5.
```
DCL 1 ST1, 2 A, 3 ((U,V) BIT(3)),
           2 B, 3 ((X,Y) BIT(4)),
    1 ST2, 3 A, 4 ((U,X) BIT(3)),
           3 B, 4 ((Y,Z) BIT(2));
ST2 = ST1 & '011'B;
```

Der angegebene Zuordnungsbefehl ist gleichbedeutend mit der Befehlsfolge

```
ST2.U = ST1.U&'011'B;     ST2.X = ST1.V&'011'B;
ST2.Y = ST1.X&'011'B;     ST2.Z = ST1.Z&'011'B;
```

Die unterschiedlichen Stufennummern der beiden Strukturen spielen keine Rolle; es muß lediglich die gleiche Gliederung vorliegen. Ein Zuordnungsbefehl der Form

```
ST2 = ST1 & '011'B, BY NAME;
```

wäre dagegen gleichbedeutend mit der Befehlsfolge

```
ST2.U = ST1.U&'011'B;     ST2.Y = ST1.Y&'011'B;
```

Eine Zuordnung für ST2.X erfolgt nicht, da die Bezeichnungen der jeweiligen Oberbegriffe nicht übereinstimmen (A bzw. B).

6.
```
DCL 1 STA(5), 2 U, 3 (U1,U2), 2 V,
    1 STB, 5 A, 6 (A1,A2), 5 B;
STA = STB;
```

Der angegebene Zuordnungsbefehl bewirkt, daß die Struktur STB allen 5 Strukturen STA, die zu einem Feld zusammengefaßt wurden, zugeordnet wird. Sämtliche Elemente U1 bzw. U2 erhalten folglich den Wert der Elemente A1 bzw. A2, und sämtliche Elemente V erhalten den Wert von B.

3.3.2. Ausführung der Zuordnung

Bei der Abarbeitung eines Zuordnungsbefehls wird zunächst der Wert des auf der rechten Seite stehenden Ausdrucks unabhängig vom Typ der auf der linken Seite stehenden Zielgröße berechnet. Der Typ dieses Werts hängt von der innerhalb des Ausdrucks zuletzt ausgeführten Operation sowie den verwendeten Operanden ab. Nach der Berechnung erfolgt die Zuordnung zu der angegebenen Zielgröße. Stimmt der Wert des Ausdrucks im Typ nicht mit der Zielgröße überein, so wird vor der Zuordnung eine automatische Umwandlung in diesen Typ nach den allgemeinen Konvertierungsregeln (Anhang 1) vorgenommen. Bei Angabe mehrerer Zielgrößen können dabei Umwandlungen in verschiedene Typen erforderlich sein.

Für die Ausführung der Wertzuordnung gelten in Abhängigkeit vom Typ der jeweiligen Zielgröße unterschiedliche Regeln. Im Falle der Einbeziehung von Feldern oder Strukturen finden diese in gleicher Weise für die dabei auftretenden elementweisen Zuordnungen Anwendung.

Arithmetische oder numerische Abbildungsdaten als Zielgröße

Im allgemeinen wird der Wert des auf der rechten Seite des Zuordnungsbefehls stehenden Ausdrucks in diesem Fall eine arithmetische Größe oder eine numerische Abbildungsvariable sein; er kann aber auch eine Bit- oder Zeichenkette darstellen.

Der arithmetische Wert eines Ausdrucks oder der Wert einer numerischen Abbildungsvariablen wird vor der eigentlichen Zuordnung in die Zahlenart, Basis und Kommadarstellung der Zielgröße umgewandelt, falls nicht von vornherein Übereinstimmung darin besteht. Stellt der Wert des Ausdrucks eine Bitkette dar, so wird diese als duale Festkommagröße interpretiert; stellt er eine Zeichenkette dar, so muß diese die zeichenweise Darstellung einer zulässigen arithmetischen Konstanten zum Inhalt haben, die dann für die Zuordnung verwendet wird. In beiden Fällen ist es unter Umständen erforderlich, den betreffenden Wert noch in die Attribute der Zielgröße umzuwandeln. Enthält die Zeichenkette nicht die Darstellung einer arithmetischen Konstanten, so wird die Abarbeitung im Normalfall wegen Konvertierungsfehler abgebrochen; der Programmierer hat allerdings die Möglichkeit, über einen ON-Befehl für die Bedingung CONVERSION (Abschnitt 4.4.2.) eine andere Behandlung eines solchen Fehlers im Programm festzulegen.

Die eigentliche Wertzuordnung erfolgt prinzipiell ohne Rundung entsprechend den für die Zielgröße vorliegenden Genauigkeitsattributen. Abbildungsdaten werden gemäß den jeweiligen Abbildungssymbolen als dezimale Fest- oder Gleitkommagrößen behandelt. Dabei ist darauf zu achten, daß die Folge der Abbildungssymbole auch ein Vorzeichensymbol enthält, falls der betreffenden Zielgröße auch negative Werte zugeordnet werden können. Ist kein Vorzeichensymbol vorhanden, so geht ein negatives Vorzeichen bei der Zuordnung verloren, und der Wert wird positiv gespeichert.

Für Zielgrößen in Festkommadarstellung gelten bei der Wertzuordnung folgende Regeln:

— enthält der Wert weniger Ziffern im ganzzahligen Anteil, als für die Zielgröße vereinbart wurden, so wird eine entsprechende Anzahl führender Nullen ergänzt. Enthält er mehr Ziffern, so gehen die führenden Stellen verloren, ohne daß im Normalfall eine diesbezügliche Mitteilung erfolgt. Nur über die Fehlerbedingung SIZE (Abschnitt

4.4.2.) hat der Programmierer die Möglichkeit, entsprechende Maßnahmen beim Auftreten eines solchen Fehlers zu veranlassen.

— Enthält der Wert weniger Kommastellen, als für die Zielgröße vereinbart wurden, so wird rechts eine entsprechende Anzahl von Nullen ergänzt. Enthält er mehr Kommastellen, so gehen die überzähligen Stellen verloren.

Für Zielgrößen in Gleitkommadarstellung sind folgende Regeln bezüglich der Wertzuordnung zu beachten:

— Wurde für die Zielgröße nur eine einfache Mantissenlänge vereinbart, während der Wert mit verlängerter Mantisse vorliegt, so gehen die überzähligen Mantissenstellen des Werts verloren.

— Wurde für die Zielgröße eine verlängerte Mantisse vereinbart, während der Wert nur mit einfacher Mantissenlänge vorliegt, so werden an diesen noch 32 Dualziffern 0 angefügt.

Bei der Zuordnung eines reellen Werts zu einer komplexen Größe wird als Imaginärteil der Wert 0 gespeichert, während bei der Zuordnung eines komplexen Wertes zu einer reellen Größe der Imaginärteil verlorengeht.

Beispiele

1. Durch die Abarbeitung der Befehle

```
DECLARE (A,B,C,D) BINARY FIXED(15);
A=23.65; B='11Ø11Ø'B; C=32E-4; D='␣7.94␣␣';
```

erhalten die als duale Festkommagrößen vereinbarten Variablen folgende Werte:

```
A: 23   B: 54   C: 0   D: 7
```

(es erfolgt keine Rundung, und sämtliche Kommastellen gehen verloren).

2. Durch die Abarbeitung der Befehle

```
DCL (X,Y,Z) DECIMAL FIXED (5,2);
X=37.148; Y=-16; Z=4ØØ3.8;
```

erhalten die als dezimale Festkommagrößen vereinbarten Variablen folgende Werte:

```
X: 37,14    Y: -16,00    Z: 3,80
```

(bei der Zuordnung zur Variablen Z geht die führende Ziffer 4 verloren).

Die gleichen Resultate bezüglich des numerischen Werts der Zielgrößen würden die angegebenen Zuordnungsbefehle dann liefern, wenn die Vereinbarung der Variablen mit einem Befehl

```
DCL (X,Y,Z) PICTURE 'SZZ9V99';
```

erfolgt wäre.

3. Durch die Abarbeitung der Befehle

```
DCL A DEC FIXED(5,2), B DEC FIXED(7,4);
A = B;
```

wird der Wert von B zum neuen Wert von A, wobei die beiden letzten Kommastellen ohne Rundung abgeschnitten werden. Will man eine solche Zuordnung mit Rundung durchführen, so könnte man die Standardfunktion ROUND in der Form A = ROUND(B,2); verwenden. Eine andere Möglichkeit wäre die Addition (bei positiven Werten) bzw. die Subtraktion (bei negativen Werten) von 0,005 zum Wert von B vor der Zuordnung; der entsprechende Befehl könnte dann in der Form A = B + SIGN(B)*Ø.ØØ5; angegeben werden.

Bitketten als Zielgröße

Im allgemeinen wird der Wert des auf der rechten Seite des Zuordnungsbefehls stehenden Ausdrucks in diesem Fall eine Bitkette darstellen. Er kann aber auch eine arithmetische Größe, numerische Abbildungsvariable oder Zeichenkette sein; vor der eigentlichen

Zuordnung wird dann der Wert des Ausdrucks in eine Bitkette umgewandelt. Nach den allgemeinen Konvertierungsregeln werden dabei die Werte von arithmetischen oder numerischen Abbildungsdaten zunächst in eine duale Festkommagröße und danach in eine Bitkette umgewandelt, deren Länge sich aus dem jeweiligen Genauigkeitsattribut ergibt. Zeichenketten dürfen nur die Zeichen Ø oder 1 enthalten, die dann in die entsprechenden Bits umgewandelt werden, so daß eine Bitkette der gleichen Länge entsteht.

Die Wertzuordnung selbst erfolgt für Bitketten fester Länge in folgender Weise:

— Enthält die zuzuordnende Bitkette weniger Bits, als für die Zielgröße vereinbart wurden, so werden diese linksbündig eingetragen, und die restlichen Bits werden mit Dualziffern 0 belegt.

— Enthält die zuzuordnende Bitkette mehr Bits, als für die Zielgröße vereinbart wurden, so gehen die überzähligen Bits rechts verloren; eine Fehlerbedingung wird in diesem Fall nicht gesetzt.

Handelt es sich bei der Zielgröße um eine Bitkette variabler Länge, so wird durch die Länge des zugeordneten Werts auch deren aktuelle Länge festgelegt; ein eventuelles Auffüllen mit Dualziffern 0 entfällt. Überschreitet allerdings die Länge des zugeordneten Werts die vereinbarte maximale Länge, so gehen auch in diesem Fall die überzähligen Bits verloren, und die aktuelle Länge der Zielgröße entspricht dann ihrer maximalen Länge.

Beispiele

1. Durch Abarbeitung der Befehle

```
DECLARE (B,C) BIT(5);
B='1Ø1'B; C='11ØØ111'B;
```

erhalten die vereinbarten Bitkettenvariablen folgenden dualen Inhalt: B: 10100 C: 11001
Wird im Vereinbarungsbefehl für B und C zusätzlich das Attribut VARYING angegeben, so erhält B durch die erfolgte Zuordnung die aktuelle Länge 3, C die aktuelle Länge 5.

2. Durch Abarbeitung der Befehle

```
DECLARE (BK1, BK2) BIT(4), A FIXED(3,1) INIT(9.3),
        I BINARY FIXED(2) INIT(3);
BK1 = A;  BK2 = I;
```

erhalten die Variablen BK1 und BK2 folgenden dualen Inhalt:

BK1: 0001 BK2: 1100

Entsprechend dem angegebenen Längenattribut für A entsteht bei der Umwandlung ihres Werts eine Bitkette der Länge 7, die den ganzzahligen Anteil enthält (0001001); bei der anschließenden Zuordnung zu einer Bitkette der Länge 4 gehen die überzähligen 3 Stellen rechts verloren. Im anderen Fall wird der Wert von I in eine Bitkette der Länge 2 umgewandelt, die den Inhalt 11 hat; bei der anschließenden Zuordnung zu einer Bitkette der Länge 4 werden rechts noch 2 Dualziffern 0 ergänzt.

Zeichenketten als Zielgröße

Im allgemeinen wird der Wert des auf der rechten Seite des Zuordnungsbefehls stehenden Ausdrucks in diesem Fall eine Zeichenkette oder eine numerische Abbildungsvariable sein, deren Zeichenkettenwert für die Zuordnung verwendet wird. Er kann aber auch eine arithmetische Größe oder eine Bitkette darstellen; vor der eigentlichen Zuordnung wird dann der Wert des Ausdrucks in eine Zeichenkette umgewandelt. Die Länge der Zeichenkette, die sich nach den allgemeinen Konvertierungsregeln aus einer arithmetischen Größe ergibt, ist abhängig von deren Genauigkeitsattribut, während bei Bitketten jede Dualziffer 0 in das Zeichen Ø und jede Dualziffer 1 in das Zeichen 1 umgewandelt wird, so daß eine Zeichenkette der gleichen Länge entsteht.

Die Wertzuordnung selbst erfolgt für Zeichenketten fester Länge in folgender Weise:

— Enthält die zuzuordnende Zeichenkette weniger Zeichen, als für die Zielgröße vereinbart wurden, so werden diese linksbündig eingetragen, und die restlichen Zeichen werden mit Leerzeichen belegt.

— Enthält die zuzuordnende Zeichenkette mehr Zeichen, als für die Zielgröße vereinbart wurden, so gehen die überzähligen Zeichen rechts verloren; eine Fehlerbedingung wird in diesem Fall nicht gesetzt.

Handelt es sich bei der Zielgröße um eine Zeichenkette variabler Länge, so wird durch die Länge des zugeordneten Wertes auch deren aktuelle Länge festgelegt; ein eventuelles Auffüllen mit Leerzeichen entfällt. Überschreitet die Länge des zugeordneten Werts die für die Zielgröße vereinbarte maximale Länge, so gehen auch in diesem Fall die überzähligen Zeichen rechts verloren, und die aktuelle Länge der Zielgröße entspricht dann ihrer maximalen Länge.

Beispiele

1. Durch Abarbeitung der Befehle

```
DECLARE (A,B,C) CHAR(5);
A='ABC'; B='ZEICHENFOLGE'; C='11'B;
```

erhalten die vereinbarten Zeichenkettenvariablen folgenden zeichenweisen Inhalt:

```
A: ABC␣␣     B: ZEICH     C: 11␣␣␣
```

Wird im Vereinbarungsbefehl für die Variablen zusätzlich das Attribut VARYING angegeben, so erhält A durch die erfolgte Zuordnung die aktuelle Länge 3, B die aktuelle Länge 5 und C die aktuelle Länge 2.

2. Durch Abarbeitung der Befehle

```
DCL (ZK1,ZK2) CHAR(6), PP PIC'Z9.V99' INIT(7.36);
ZK1 = PP;     ZK2 = 7.36;
```

erhalten die vereinbarten Zeichenkettenvariablen folgenden zeichenweisen Inhalt:

```
ZK1: ␣7.36␣     ZK2: ␣␣␣7.3
```

Bei der ersten Zuordnung wird an die 5 Zeichen des Wertes von PP noch ein Leerzeichen angefügt. Vor der zweiten Zuordnung wird der Wert der arithmetischen Größe auf der rechten Seite entsprechend den Konvertierungsregeln in eine Zeichenkette mit dem Inhalt ␣␣␣7.36 umgewandelt; bei der Zuordnung zur Variablen ZK2 geht das letzte Zeichen verloren.

Beim Auftreten von Markenvariablen auf der linken Seite eines Zuordnungsbefehls darf auf der rechten Seite nur eine Befehlsmarke oder eine andere Markenvariable stehen; nähere Ausführungen dazu sind in Abschnitt 4.1. enthalten.

Beim Auftreten von Zeigervariablen auf der linken Seite eines Zuordnungsbefehls darf auf der rechten Seite nur ein Funktionswert, der eine Hauptspeicheradresse darstellt, oder eine andere Zeigervariable stehen; nähere Ausführungen dazu sind in den Abschnitten 2.4.2.2. und 3.2.4. enthalten.

3.3.3. Verwendung von Pseudovariablen

An Stelle einer einzelnen Variablen, eines Felds oder einer Struktur kann auf der linken Seite eines Zuordnungsbefehls auch eine Pseudovariable als Zielgröße stehen. Dabei handelt es sich um eine Angabe, die der Bezugnahme auf eine Standardfunktion entspricht (Abschnitt 3.2.), wobei jedoch für die angegebenen Argumente nicht ein Funktionswert berechnet werden soll, sondern durch diese eine Zielgröße definiert wird, welcher der Wert des auf der rechten Seite des Zuordnungsbefehls stehenden Ausdrucks zuzuordnen ist. Die Realisierung dieser Zuordnung erfolgt nach den gleichen Regeln wie für gewöhnliche Variable, so daß unter Umständen vorher noch eine automatische Umwandlung des Werts in den Typ der durch die Pseudovariable definierten Zielgröße erforderlich ist.

Stellt die Pseudovariable ein Feld dar, so gelten auch in diesem Fall die allgemeinen Regeln für die Zuordnung eines Werts. Der Ausdruck auf der rechten Seite kann folglich dann eine einzelne Größe oder ebenfalls ein Feld darstellen, das in der Anzahl der Dimensionen und den Grenzen für deren Ausdehnung mit der Zielgröße übereinstimmen muß.

Im folgenden werden die Bedeutung einiger Pseudovariablen und die Möglichkeiten für ihre Anwendung erläutert. Neben den in diesem Abschnitt aufgeführten gibt es noch einige weitere Pseudovariable, die sich auf die Behandlung von Fehlerbedingungen beziehen (Abschnitt 4.4.) oder in Verbindung mit Ereignisvariablen (Abschnitt 4.5.) sowie der Multiaufgabenverarbeitung (Abschnitt 9.4.) auftreten; auf sie wird in den angegebenen Abschnitten näher eingegangen.

SUBSTR(*Kette*,*m*,*n*) oder SUBSTR(*Kette*,*m*)

Die Pseudovariable SUBSTR definiert eine Zeichen- oder Bitkette als Zielgröße für den Wert des angegebenen Ausdrucks, die eine Teilkette einer im Programm vereinbarten Zeichen- oder Bitkette darstellt. Die Bezeichnung dieser Ursprungskette ist als erstes Argument der Pseudovariablen anzugeben. Durch den Wert des zweiten Arguments *m* erfolgt die Festlegung, auf welcher Position innerhalb der Ursprungskette die definierte Teilkette beginnen soll, während der Wert des dritten Arguments *n* ihre Länge bestimmt. Fehlt die Angabe des dritten Arguments, so erstreckt sich die Teilkette von der festgelegten Anfangsposition bis zum Ende der Ursprungskette. *m* und *n* sind im allgemeinen einzelne Konstanten oder Variable; es können dafür aber auch beliebige Ausdrücke angegeben werden.

Je nachdem, ob die Ursprungskette eine Zeichen- oder Bitkette darstellt, erfolgt die Zuordnung des Werts für die Teilkette nach den betreffenden Regeln für Zeichen- oder Bitketten. Diejenigen Zeichen oder Bits der Ursprungskette, die nicht zu der definierten Teilkette gehören, behalten ihren bisherigen Inhalt.

Wird als erstes Argument ein Feld angegeben und damit ein solches als Zielgröße definiert, so können auch das zweite und dritte Argument Felder sein, die hinsichtlich der Anzahl der Dimensionen und der Grenzen für deren Ausdehnung mit den betreffenden Angaben des ersten Arguments übereinstimmen müssen. Für die Zuordnung werden dann die Angaben der einander entsprechenden Elemente dieser Felder benutzt.

Beispiele

1.
```
DECLARE X CHAR(14) INIT('PROGRAMMIERUNG');
SUBSTR(X,9,2)='SP';
```

Nach Abarbeitung dieser Befehle stellt der Wert der Variablen X die Zeichenkette 'PROGRAMMSPRUNG' dar.

2. Die letzten 30 Bytes einer Zeichenkettenvariablen KK der Länge 100 sollen mit Leerzeichen belegt werden. Dafür könnten folgende Befehle verwendet werden:

```
DECLARE KK CHAR(100);
SUBSTR(KK,71)=' ';
```

Soll lediglich das 71. Zeichen mit einem Leerzeichen belegt werden, so müßte dafür SUBSTR(KK,71,1)=' '; geschrieben werden.

3. In den einzelnen Bits einer Bitkette der Länge 5 soll auf rationelle Weise für eine spätere Auswertung im Programm eine Information über das Ergebnis der Untersuchung festgehalten werden, ob die 5 Elemente eines Felds A positiv sind oder nicht. Das *i*-te Bit der Bitkette soll den Wert 1 erhalten, wenn der Wert von A_i größer als 0 ist, ansonsten den Wert 0. Dafür könnten folgende Befehle verwendet werden:

```
DCL B BIT(5), A(5) FIXED(5);
   :
SUBSTR(B,I,1)=A(I)>Ø;
```

STRING(*Kette*)

Die Pseudovariable STRING definiert eine Zeichen- oder Bitkette als Zielgröße für den Wert des angegebenen Ausdrucks, die eine Überlagerung über die Folge der zu einer Struktur oder zu einem Feld zusammengefaßten Datenelemente darstellt. Diese Elemente müssen ausnahmslos Zeichenketten oder numerische Abbildungsvariable oder ausnahmslos Bitketten sein. Die Bezeichnung der Struktur bzw. des Felds ist das einzige für die Pseudovariable erforderliche Argument. An Stelle einer Struktur kann auch eine entsprechende Unterstruktur verwendet werden; die Bezugnahme auf ein Teilfeld ist allerdings nicht zulässig.

Die Überlagerung erfolgt durch eine Zeichenkette, wenn als Argument ein Feld von Zeichenketten oder numerischen Abbildungsvariablen bzw. eine nur aus solchen Größen gebildete Struktur angegeben wurde; sie erfolgt durch eine Bitkette, wenn das Argument ein Feld von Bitketten bzw. eine nur aus solchen Elementen gebildete Struktur darstellt. Die Länge der durch die Pseudovariable definierten Kette ergibt sich aus der Summe der Längen für die einzelnen Feld- oder Strukturelemente; Ketten variabler Länge werden dabei in der für sie vereinbarten maximalen Länge berücksichtigt.

Je nachdem, ob die Pseudovariable eine Zeichen- oder Bitkette darstellt, erfolgt die Zuordnung des Werts nach den betreffenden Regeln für Zeichen- oder Bitketten als Zielgröße. Auf Grund der Überlagerung ändert sich damit natürlich auch der Wert der betreffenden Elemente des Felds oder der Struktur, die als Argument angegeben wurde.

Ist der zugeordnete Wert kürzer als die Länge der definierten Kette, so erhalten die restlichen Elemente des Arguments, die das Attribut VARYING haben, als Wert die leere Kette, während alle anderen Elemente in üblicher Weise mit Leerzeichen bzw. Dualziffern 0 belegt werden.

Beispiel. Die Elemente eines Felds mit der Feldvereinbarung

```
DECLARE CH (26) CHAR(1);
```

sollen als Werte der Reihe nach die 26 Buchstaben des Alphabets erhalten. An Stelle einer Folge von Zuordnungsbefehlen der Form CH(1)='A'; CH(2)='B'; ... CH(26)='Z'; kann man diese Aufgabe wesentlich einfacher durch

```
STRING(CH)='ABCDEFGHIJKLMNOPQRSTUVWXYZ';
```

lösen. Zur Verdeutlichung soll noch auf den Unterschied zu einem Zuordnungsbefehl hingewiesen werden, der auf der rechten Seite die gleiche Zeichenkettenkonstante, links aber nur die Bezeichnung des Felds CH enthält. Die Zuordnung des aus 26 Zeichen bestehenden Werts würde dann für jedes einzelne Element vorgenommen werden, so daß diese einheitlich den Buchstaben A als Wert erhalten (die restlichen 25 Zeichen gehen bei der Zuordnung verloren). Das gleiche Ergebnis wie im Fall der Angabe STRING(CH) könnte man dagegen durch Überlagerung des Felds mit einer Zeichenkettenvariablen in der Form DCL ZK CHAR(26) DEF CH; und Zuordnung des Werts zu dieser erreichen.

UNSPEC(*Variable*)

Die Pseudovariable UNSPEC definiert eine Bitkette als Zielgröße für den Wert des angegebenen Ausdrucks, die eine Überlagerung über sämtliche Bytes der als einziges Argument anzugebenden Größe darstellt. Die Länge der Bitkette ergibt sich folglich aus den Attributen der betreffenden Variablen. Ist das Argument ein Feld, so wird durch die Pseudovariable ein Feld von Bitketten definiert, dessen Elemente jeweils den entsprechenden Elementen des Arguments überlagert werden.

Die Zuordnung erfolgt nach den üblichen Regeln für Bitketten; der Wert des Ausdrucks wird im allgemeinen ebenfalls von vornherein eine Bitkette darstellen. Die Verwendung der Pseudovariablen UNSPEC ermöglicht es auf diese Weise, einen durch eine Bitkette beschriebenen Wert in der internen Darstellungsform auf die Speicherplätze der betreffenden Größe zu bringen, ohne daß dabei irgendwelche Konvertierungen stattfinden. Durch Überlagerung der Variablen unter Verwendung des Attributs DEFINED (Abschnitt 2.4.2.1.) ist die gleiche Aufgabe im allgemeinen ebenfalls lösbar.

Beispiele

1. Durch die Befehle

```
DECLARE ZKV CHAR(2);
UNSPEC(ZKV)='1000111100111001'B;
```

können der Variablen ZKV als Wert zwei Zeichen zugeordnet werden, die nicht zum PL1-Zeichensatz (Abschnitt 1.1.) gehören und die interne duale Darstellung 10001111 bzw. 00111001 haben. Eine andere Möglichkeit wäre die Vereinbarung

```
DECLARE BKV BIT(16) DEFINED ZKV;
```

und die Zuordnung der Bitkettenkonstanten zur Variablen BKV.

2. In einem Programm sind verschiedene Gleitkommagrößen zu bearbeiten, deren Werte von außen vorgegeben wurden. Es kann aber auch sein, daß für eine Größe kein solcher Vorgabewert existiert und statt dessen ein im Programm vereinbarter Standardwert verwendet werden soll; die betreffenden Speicherplätze sind dann zur Kennzeichnung mit 4 aufeinanderfolgenden Leerzeichen belegt. Durch die Befehle

```
DCL VGL FLOAT(6);
UNSPEC(VGL)=(4)'01000000'B;
```

könnte man in diesem Fall eine entsprechende Vergleichsgröße VGL vereinbaren und die zu bearbeitende Größe jeweils vorher damit vergleichen. Es muß lediglich gewährleistet sein, daß ein dieser internen Darstellung entsprechender Gleitkommawert nicht als echter Wert auftreten kann.

COMPLEX(*Variable*$_1$, *Variable*$_2$)

Die Pseudovariable COMPLEX kann nur dann auf der linken Seite eines Zuordnungsbefehls verwendet werden, wenn der Ausdruck auf der rechten Seite desselben einen komplexen Wert hat. Der Realteil dieses Werts wird dann der als erstes Argument angegebenen *Variablen*$_1$ und der Imaginärteil der als zweites Argument angegebenen *Variablen*$_2$ zugeordnet. Der Typ der beiden Variablen kann jeweils unterschiedlich sein. Man hat auf diese Weise die Möglichkeit, mit den beiden Teilen eines komplexen Werts gesondert arbeiten zu können. Als Argumente der Pseudovariablen COMPLEX können auch zwei Felder angegeben werden, die in der Anzahl der Dimensionen und den Grenzen für deren Ausdehnung übereinstimmen müssen.

Beispiel. Durch Abarbeitung der Befehle

```
DCL C COMPLEX FIXED(5,3), (A,B) FIXED(5,3);
C=2.5-0.04I;
COMPLEX(A,B)=C;
```

erhalten die Variablen A und B folgende Werte: A: 2,5 B: −0,04

REAL(*Variable*) bzw. IMAG(*Variable*)

Die Pseudovariablen REAL und IMAG können nur in Verbindung mit der Angabe eines komplexen Arguments verwendet werden; sie dienen dazu, für jeden der beiden Teile desselben eine gesonderte Wertzuordnung vorzunehmen. Die Pseudovariable REAL bewirkt, daß der Wert des angegebenen Ausdrucks dem Realteil des Arguments zugeordnet wird, während der Imaginärteil unverändert bleibt. Die Pseudovariable IMAG bewirkt, daß der Wert des angegebenen Ausdrucks dem Imaginärteil des Arguments zugeordnet wird, während der Realteil unverändert bleibt. Hat der Ausdruck einen komplexen Wert, so wird für die Zuordnung in jedem Fall dessen Realteil verwendet!

Das Argument kann ohne weiteres auch ein Feld von komplexen Elementen sein.

Beispiel. Durch Abarbeitung der Befehle

```
DCL (C,P) CPLX FLOAT(16), A FLOAT(16);
P=5E-3+0.135E01;    A=2.748E-4;
REAL(C)=A; IMAG(C)=P;
```

erhält die komplexe Variable C den Wert 0,0002748 + 0,005i.

4. Steuerung des Programmablaufs

Zur Lösung eines Problems stellt der Programmierer eine Folge von Befehlen zu einem Programm zusammen. Diese Befehle enthalten neben verschiedenen Vereinbarungen bestimmte Anweisungen an die EDVA, deren Abarbeitung letzten Endes die benötigten Resultate liefert. Zur Identifizierung durch den Compiler wird jedes Programm, unabhängig davon, ob es selbständig oder nur in Verbindung mit anderen Programmen abzuarbeiten ist, zusätzlich durch einen vorangehenden Befehl PROCEDURE; sowie einen abschließenden Befehl END; gekennzeichnet. Eine ausführliche Beschreibung beider Befehle sowie der in Zusammenhang mit ihnen erforderlichen bzw. zulässigen Angaben ist in Abschnitt 8.1.1.1. enthalten.

Während die Vereinbarungsbefehle des Programms bereits bei dessen Übersetzung entsprechend berücksichtigt werden, beinhaltet die Abarbeitung des Programms die Ausführung der zwischen den Befehlen PROCEDURE; und END; befindlichen operativen Befehle in der Reihenfolge ihrer fortlaufenden Angabe. Ein typisches Merkmal der inhaltlich-logischen Bearbeitung eines Problems und damit auch seiner EDV-mäßigen Realisierung besteht jedoch darin, daß mehrfache Wiederholungen bestimmter Abläufe, Verzweigungen sowie andere, einer streng linearen Abarbeitungsfolge nicht entsprechende Operationen auftreten. Zur Programmiersprache PL1 gehören deshalb verschiedene Befehle, deren Ausführung eine von der fortlaufenden Befehlsfolge abweichende Programmfortsetzung veranlaßt und durch die folglich der gesamte Programmablauf gesteuert werden kann. Sie werden als Steuerungsbefehle bezeichnet und dienen

— zur Ausführung unbedingter Sprünge, die eine Fortsetzung bei einem beliebig vorgebbaren Befehl bewirken;

— zur Realisierung bedingter Verzweigungen, die eine alternative Fortsetzung der Programmabarbeitung in Abhängigkeit von der Erfüllung einer Bedingung erlauben;

— zur Bildung von Befehlsschleifen, die bewirken, daß eine Befehlsfolge mehrfach hintereinander abgearbeitet wird;

— zur Festlegung von Maßnahmen, die im Falle auftretender Fehler- oder Ausnahmebedingungen ausgeführt werden sollen;

— zum Abbruch der Programmabarbeitung oder zu deren Unterbrechung.

Die zahlreichen Variationsmöglichkeiten dieser Befehle gestatten es dem Programmierer, auch kompliziertere logische Abläufe auf rationelle Weise zu programmieren.

4.1. Sprungbefehle

Die Ausführung eines Sprungbefehls bewirkt einen unbedingten Sprung in der Programmabarbeitung. Die sequentielle Abarbeitungsfolge der einzelnen Befehle des betreffenden Programms wird unterbrochen und mit der Ausführung desjenigen Befehls fortgesetzt, der durch den Sprungbefehl festgelegt wird. Die weitere Abarbeitung erfolgt dann fortlaufend von diesem Befehl aus, wobei es gleichgültig ist, ob er im Programm vor oder hinter dem Sprungbefehl steht.

Die allgemeine Form eines Sprungbefehls lautet:

GOTO *Sprungadresse*;

Das Schlüsselwort GOTO kann auch durch zwei von Leerzeichen getrennte Schlüsselwörter GO und TO ersetzt werden. Die anzugebende *Sprungadresse* verweist auf den Befehl, der als nächster abgearbeitet werden soll. Handelt es sich bei jeder Ausführung des Sprungbefehls um einen Verweis auf den gleichen Befehl, so ist dieser mit einer Befehlsmarke zu versehen, die dann als Sprungadresse anzugeben ist.

Beispiel. GOTO M46;

Im Anschluß an diesen Sprungbefehl wird der Befehl mit der Befehlsmarke M46 ausgeführt.

Bestehen jedoch für die Fortsetzung der Programmabarbeitung im Anschluß an einen Sprungbefehl mehrere unterschiedliche Möglichkeiten, so ist als Sprungadresse an Stelle einer konkreten Befehlsmarke die Bezeichnung einer Markenvariablen anzugeben. Dabei handelt es sich um einen Datentyp, dessen Werte Befehlsmarken des jeweiligen Programms sein können. Die Angabe einer Markenvariablen als Sprungadresse bewirkt, daß derjenige Befehl als nächster abgearbeitet wird, dessen Befehlsmarke den aktuellen Wert der Markenvariablen darstellt.

Die Vereinbarung einer *Markenvariablen* erfolgt mit Hilfe eines Befehls DECLARE durch Angabe des Attributs LABEL:

DECLARE *Bezeichnung* LABEL;

Die Zuordnung eines Wertes ist wie bei einer anderen Variablen durch einen Zuordnungsbefehl möglich, wobei auf der linken Seite eine Markenvariable und auf der rechten Seite eine Befehlsmarke oder eine andere Markenvariable stehen muß. Ausdrücke können mit Markenvariablen nicht gebildet werden (auch nicht Vergleichsausdrücke!). Durch entsprechende unterschiedliche Zuordnungen kann im Lauf der Programmabarbeitung der Wert einer Markenvariablen und damit auch die Sprungadresse eines Sprungebfehls beliebig verändert werden. Außerdem ist es zulässig, durch Angabe eines Attributs INITIAL (*Befehlsmarke*) bei der Vereinbarung einer Markenvariablen einen Anfangswert für diese festzulegen.

Durch Angabe eines Dimensionsattributs hinter der jeweiligen Bezeichnung ist auch die Vereinbarung eines Felds von Markenvariablen möglich. Die Sprungadresse eines Sprungbefehls kann dann eine indizierte Markenvariable sein, und die unterschiedlichen Möglichkeiten für die Programmfortsetzung können über die Variation der Indizes realisiert werden. Die Festlegung von Werten für die Elemente eines solchen Felds erfolgt ebenfalls durch entsprechende Zuordnungsbefehle oder durch eine Liste von Anfangswerten in der gleichen Weise wie für ein gewöhnliches Feld (Abschnitt 2.3.1.3.). Es besteht aber auch die Möglichkeit, die indizierten Elemente eines Felds von Markenvariablen direkt als Befehlsmarken für die Befehle eines Programms zu verwenden.

Mit der Vereinbarung einer Markenvariablen kann dieser im Prinzip jede Befehlsmarke des betreffenden Programms als Wert zugeordnet werden. Die Ausführung eines Sprungbefehls mit variabler Sprungadresse erfolgt jedoch in effektiverer Form, wenn im Vereinbarungsbefehl für die entsprechende Markenvariable hinter dem Attribut LABEL zusätzlich eine in Klammern eingeschlossene Liste derjenigen Befehlsmarken angegeben wird, die im Lauf der Programmabarbeitung tatsächlich dieser Variablen zugeordnet werden können. Die einzelnen Befehlsmarken sind innerhalb der Liste durch Komma voneinander zu trennen, so daß die allgemeine Form des Vereinbarungsbefehls dann folgendermaßen lautet:

DCL *Bezeichnung* LABEL (*Befehlsmarke*$_1$, ..., *Befehlsmarke*$_n$);

Die Angabe einer solchen Liste ist allerdings nicht möglich für ein Feld von Markenvariablen, dessen indizierte Elemente direkt als Befehlsmarken verwendet werden. Außerdem besteht die Einschränkung, daß die angegebene Liste stets vollständig sein muß, d. h., es ist dann nicht möglich, der betreffenden Markenvariablen eine Befehlsmarke als Wert zuzuordnen, die nicht in der Liste enthalten ist.

Die Verwendung von Sprungbefehlen mit variabler Sprungadresse ist vor allem dann sinnvoll, wenn bestimmte Befehlsfolgen an verschiedenen Stellen eines Programms durchlaufen werden müssen. Man programmiert dann eine solche Befehlsfolge nur einmal, versieht ihren ersten Befehl mit einer Befehlsmarke und schließt die Folge durch einen Sprungbefehl mit variabler Sprungadresse ab. An jeder Stelle des Programms, an der die Befehlsfolge abzuarbeiten ist, wird dann ein Sprung zum ersten Befehl der Befehlsfolge ausgeführt. Vorher sind jedoch noch Vorkehrungen dafür zu treffen, daß nach deren Abarbeitung die Fortsetzung jeweils an der richtigen Stelle erfolgt. Zu diesem Zweck wird der Markenvariablen, die als variable Sprungadresse am Ende der Befehlsfolge verwendet wurde, die Befehlsmarke des betreffenden Befehls zugeordnet, der anschließend abgearbeitet werden soll.

Indizierte Markenvariable wird man vor allem dann verwenden, wenn in Abhängigkeit vom Wert einer bestimmten Größe (z. B. Karten- oder Satzkennzeichen) jeweils unterschiedliche Bearbeitungen erfolgen sollen. Der betreffende Wert wird dann entweder unmittelbar oder nach eventueller Umrechnung als Index für die jeweilige Markenvariable verwendet.

Beispiele

1. Durch den Befehl

```
DCL MV1 LABEL, MV2 LABEL INIT (M45),
    MV3 LABEL (M16, M23, M67);
```

werden drei Markenvariable MV1, MV2 und MV3 vereinbart. Während als Werte von MV1 und MV2 im Verlauf der Programmabarbeitung alle Befehlsmarken des Programms auftreten können, dürfen der Markenvariablen MV3 nur die in Klammern angegebenen Befehlsmarken M16, M23 und M67 zugeordnet werden. Für MV2 wird als Anfangswert zu Beginn der Programmabarbeitung die Befehlsmarke M45 festgelegt.

2. Ein Programm enthält unter anderem folgende Befehle:

```
DCL MV LABEL;
MV = M1;

M0: ...
    :
    GOTO MV;
```

```
M1: ...
      ⋮
    MV = M2;
    GOTO MØ;
M2: ...
      ⋮
```

Der umrandete Teil stellt eine Befehlsfolge dar, die zweimal an verschiedenen Stellen des Programms zu durchlaufen ist; ihren Abschluß bildet daher ein Sprungbefehl mit variabler Sprungadresse unter Verwendung der Markenvariablen MV. Zuerst wird die Befehlsfolge in der sequentiellen Programmabarbeitung erreicht. Die Fortsetzung soll danach mit dem sich unmittelbar anschließenden Befehl mit der Marke M1 erfolgen. Zu diesem Zweck wird der Markenvariablen MV vorher der Wert M1 zugeordnet. Vor Ausführung des Befehls mit der Marke M2 soll die umrandete Befehlsfolge erneut abgearbeitet werden. Es erfolgt daher ein Sprung zu dieser durch Angabe der Sprungadresse MØ. Außerdem wird vorher der Markenvariablen MV mit M2 die Befehlsmarke desjenigen Befehls zugeordnet, bei dem im Anschluß an die Befehlsfolge die Abarbeitung fortgesetzt werden soll.

3. In einem Programm werden in beliebiger Folge Lochkarten eingelesen, für deren Inhalt drei verschiedene Möglichkeiten bestehen. Jede Karte enthält daher an einer bestimmten Stelle ein entsprechendes Kartenkennzeichen KKZ, das mit eingelesen wird und dessen unterschiedliche Werte 1, 2 oder 3 den jeweiligen Inhalt kennzeichnen. Die Programmierung dieses Sachverhalts könnte man auf einfache Weise in einer der beiden folgenden Formen vornehmen:

```
     DECLARE KA(3) LABEL          |         DECLARE KA(3) LABEL;
         INIT (M1,M2,M3);         |
     ⋮                            |         ⋮
EIN: Eingabe einer Karte          |   EIN:  Eingabe einer Karte
     GOTO KA(KKZ);                |         GOTO KA(KKZ);
M1:  ...                          | KA(1):  ...
     ⋮                            |         ⋮
     GOTO EIN;                    |         GOTO EIN;
M2:  ...                          | KA(2):  ...
     ⋮                            |         ⋮
     GOTO EIN;                    |         GOTO EIN;
M3:  ...                          | KA(3):  ...
     ⋮                            |         ⋮
     GOTO EIN;                    |         GOTO EIN;
```

In beiden Fällen wird das Kartenkennzeichen KKZ unmittelbar als Index für die dimensionierte Markenvariable KA verwendet, durch die ein Sprung zu der dem jeweiligen Kartenaufbau entsprechenden unterschiedlichen Abarbeitung erfolgt. Im linken Beispiel werden die betreffenden Befehlsmarken M1, M2 und M3 den einzelnen Elementen von KA über das Attribut INITIAL zugeordnet, während im rechten Beispiel die indizierten Elemente des Felds direkt als Befehlsmarken verwendet werden. Der Programmablauf ist in beiden Fällen gleich.

4. Für unterschiedliche Werte einer Größe n soll in einem Programm die Abarbeitung mit verschiedenen Befehlen fortgesetzt werden, und zwar

für $n = 2$, 3 oder 6 beim Befehl mit der Marke B1,
für $n = 0$ oder 5 beim Befehl mit der Marke B2,
für $n = 1$, 4 oder 7 beim Befehl mit der Marke B3.

Nach Festlegung der Sprungadressen in einem Vereinbarungsbefehl

```
DCL LB(Ø:7) LABEL INIT (B2,B3,B1,B1,B3,B2,B1,B3);
```

könnte die jeweilige Programmfortsetzung durch Abarbeitung des Sprungbefehls

```
GOTO LB(N);
```

in Abhängigkeit vom Wert der Variablen N erreicht werden.

4.2. Bedingte Verzweigungen

Die in Abschnitt 4.1. betrachteten Sprungbefehle bewirken stets eine unbedingte Verzweigung im Programm. Die sequentielle Befehlsabarbeitung wird unterbrochen und unbedingt mit dem durch die jeweilige Sprungadresse bestimmten Befehl fortgesetzt. Daneben stehen zur Programmierung von bedingten Verzweigungen noch Befehle zur Verfügung, die in Abhängigkeit von einer Bedingung zwei alternative Programmfortsetzungen ermöglichen. Ein solcher Sachverhalt liegt z. B. vor, wenn bei der fortlaufenden Bearbeitung von Personendaten die Anzahlen der männlichen und der weiblichen Personen gesondert ermittelt werden sollen. Es müßte dann in Abhängigkeit vom Kennzeichen für das Geschlecht die eine oder die andere Anzahl jeweils um 1 erhöht werden. Sind mehr als zwei Fälle zu unterscheiden, so sind entsprechend mehrere solcher Befehle zu programmieren

Die Befehle zur Realisierung bedingter Verzweigungen, die praktisch bedingte Sprungbefehle darstellen, werden auch als Testbefehle bezeichnet, weil die Entscheidung über die Fortsetzung des Programmabarbeitung jeweils selbständig vom Automaten in Abhängigkeit vom Ergebnis des Tests einer bestimmten Bedingung getroffen wird. Durch Ineinanderschachtelung entsprechender Befehle können auch weitergehende Verzweigungen im Programm dargestellt werden.

4.2.1. Einfache Verzweigungen

Für die Programmierung bedingter Verzweigungen steht ein durch das Schlüsselwort IF gekennzeichneter, zusammengesetzter Befehl zur Verfügung, der im folgenden mitunter kurz als IF-Befehl bezeichnet wird. Seine allgemeine Form lautet:

IF *Ausdruck* THEN *Zweig*$_1$
ELSE *Zweig*$_2$

Ausdruck beinhaltet die zur Entscheidung über die Programmfortsetzung auszuwertende Bedingung, die im allgemeinen in Form eines Vergleichsausdrucks angegeben wird. Zulässig sind dafür jedoch auch beliebige andere Ausdrücke, die einen einzelnen Wert ergeben, der eine Bitkette darstellt oder sich in eine solche umwandeln läßt. Feld- oder Strukturausdrücke sind allerdings nicht erlaubt.

Zweig$_1$ und *Zweig*$_2$ stellen jeweils einen beliebigen ausführbaren PL1-Befehl oder eine Folge von solchen dar. In letzterem Fall ist zusätzlich ein Befehl DO; vor dem ersten und ein Befehl END; hinter dem letzten Befehl dieser Folge anzugeben. Die beiden Befehle bewirken keine inhaltlichen Operationen, sondern dienen lediglich dem Compiler zur eindeutigen Kennzeichnung dafür, wo der betreffende Zweig beginnt und endet. Weiterhin besteht noch die Möglichkeit, für *Zweig*$_1$ und *Zweig*$_2$ einen Befehlsblock (Abschnitt 8.2.2.) anzugeben.

Die angegebene Schreibweise des Befehls, bei der die beiden Schlüsselwörter THEN und ELSE untereinander stehen, stellt eine Möglichkeit dar, durch welche die Gegenüberstellung der beiden Zweige im Programm deutlich zum Ausdruck kommt und die daher hinsichtlich der Übersichtlichkeit gut geeignet ist. Sie ist jedoch nicht unbedingt in dieser Form erforderlich; wie alle anderen Befehle kann auch dieser fortlaufend hintereinander geschrieben werden. Zu beachten ist dabei, daß der IF-Befehl selbst kein abschließendes Semikolon enthält; lediglich die in *Zweig*$_1$ bzw. *Zweig*$_2$ angegebenen Befehle werden wie gewöhnlich jeweils durch Semikolon abgeschlossen.

Die Ausführung eines IF-Befehls beinhaltet die Berechnung des angegebenen Ausdrucks und die Steuerung der Programmfortsetzung in Abhängigkeit vom Wert desselben. Stellt der Ausdruck einen Vergleichsausdruck dar, so ist sein Wert stets eine Bitkette der Länge 1 (Abschnitt 3.1.3.). Enthält diese die Dualziffer 1, d. h., die Bedingung ist erfüllt, so werden anschließend die Befehle ausgeführt, die als *Zweig*$_1$ angegeben wurden (auch THEN-Zweig genannt). Enthält die Bitkette jedoch die Dualziffer 0, d. h., die Bedingung ist nicht erfüllt, so werden anschließend die Befehle ausgeführt, die als *Zweig*$_2$ angegeben wurden (auch ELSE-Zweig genannt). Die Befehle des anderen Zweigs werden jeweils übergangen.

Nach Ausführung der Befehle des betreffenden Zweigs wird im allgemeinen die Verzweigung wieder zusammengeführt, d. h., die Programmfortsetzung erfolgt in beiden Fällen mit dem auf den IF-Befehl folgenden Befehl. Schematisch kann der Ablauf der Abarbeitung dann also folgendermaßen dargestellt werden:

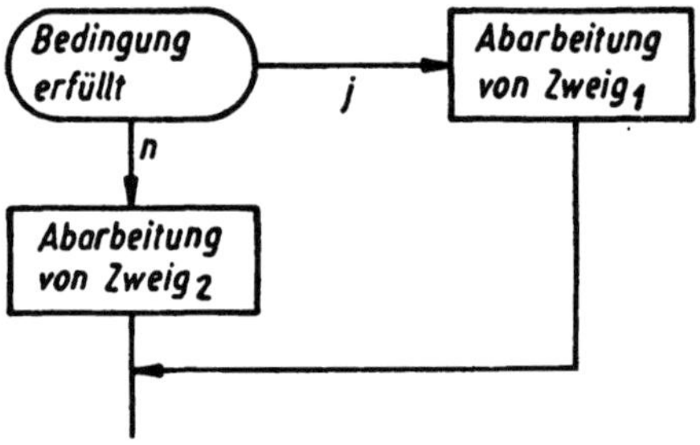

Die Zusammenführung der Verzweigung erfolgt natürlich nur dann in dieser Weise, wenn nicht durch einen Sprungbefehl in einem der Zweige zu einer anderen Stelle im Programm gesprungen wird.

Wird hinter dem Schlüsselwort IF statt eines Vergleichsausdrucks ein beliebiger anderer Ausdruck angegeben, so wird dessen Wert nach den allgemeinen Konvertierungsregeln (Anhang 1) in eine Bitkette umgewandelt, falls es sich nicht schon um eine solche handelt. Zur Entscheidung über die Programmfortsetzung wird dann der Inhalt dieser Bitkette wie folgt ausgewertet: Liegt wenigstens eine Dualziffer 1 vor oder handelt es sich um die leere Kette, so werden anschließend die Befehle von *Zweig*$_1$ ausgeführt; die Befehle von *Zweig*$_2$ werden nur dann ausgeführt, wenn die Bitkette vollständig aus Dualziffern 0 besteht.

Jeder zu *Zweig*$_1$ oder *Zweig*$_2$ gehörige Befehl kann wie alle anderen Befehle eine Befehlsmarke haben. Die Ausführung eines Sprungbefehls mit einer solchen Sprungadresse hat dann die gleiche Wirkung, als wäre der betreffende Befehl in Auswertung der angegebenen Bedingung erreicht worden, d. h., der jeweilige andere Zweig bleibt auch in diesem Fall unberücksichtigt. Unzulässig ist jedoch die Angabe von Befehlsmarken vor den Schlüsselwörtern THEN bzw. ELSE.

Häufig kommt es vor, daß nur im Fall der Erfüllung oder nur im Fall der Nichterfüllung einer Bedingung zusätzlich bestimmte Operationen auszuführen sind, die im jeweils anderen Fall übergangen werden. Ein derartiger Sachverhalt liegt z. B. vor, wenn innerhalb einer Auswertung unter anderem die Betriebe mit einer Planerfüllung unter 95% über eine Liste auszudrucken sind oder wenn beim Vorliegen eines fehlerhaften Eingabewerts eine Verzweigung zur Ausgabe einer Fehlermeldung erfolgen soll. In allen solchen Fällen kann dann für einen der beiden Zweige des IF-Befehls ein Leerbefehl angegeben werden, der lediglich aus einem Semikolon besteht und keinerlei Operationen veranlaßt. Handelt es sich dabei um den ELSE-Zweig, so hat man außerdem die Möglichkeit, diesen zusammen mit dem Schlüsselwort ELSE völlig wegzulassen; bei Nichterfüllung der angegebenen Bedingung erfolgt dann die Programmfortsetzung automatisch mit dem auf den IF-Befehl folgenden Befehl. Die Angabe eines Leerbefehls im THEN-Zweig läßt sich im allgemeinen durch eine andere Formulierung der Bedingung leicht vermeiden.

Beispiele

1. Das Zählen der weiblichen und der männlichen Personen im Rahmen der Abarbeitung eines Programms könnte folgendermaßen programmiert werden:

```
        IF GES='W' THEN NW=NW+1;
                    ELSE NM=NM+1;
    F:...
```

Beim Vorliegen des Kennzeichens W für das Geschlecht wird die Anzahl NW der weiblichen Personen um 1 erhöht, im anderen Fall die Anzahl NM der männlichen Personen. In beiden Fällen wird anschließend der Befehl mit der Marke F abgearbeitet. Eine Schreibweise

```
IF GES='W' THEN NW=NW+1; ELSE NM=NM+1; F:...
```

hätte die gleiche Wirkung, wäre aber wesentlich weniger übersichtlich.

2. Ist der Absolutbetrag einer Größe Z kleiner als 10^{-6}, so soll die Programmabarbeitung beim Befehl mit der Marke M1, andernfalls beim Befehl mit der Marke M2 fortgesetzt werden. Ein entsprechender Befehl könnte folgendermaßen lauten:

```
IF ABS(Z)<1E-6 THEN GOTO M1;
                ELSE GOTO M2;
```

3. Hat eine durch den Vereinbarungsbefehl DCL A BIN FIXED(15); eingeführte ganzzahlige Größe A den Wert 0, so soll die Programmfortsetzung bei dem Befehl mit der Marke NULL, andernfalls beim Befehl mit der Marke NICHTNULL fortgesetzt werden. Die Verzweigung könnte folgendermaßen programmiert werden:

```
IF A=0 THEN GOTO NULL; ELSE GOTO NICHTNULL;
```

Eine andere Möglichkeit wäre die Verwendung der Befehle

```
IF A THEN GOTO NICHTNULL; ELSE GOTO NULL;
```

In diesem Fall liegt kein Vergleichsausdruck vor, der ausgewertet werden soll, sondern ein arithmetischer Ausdruck, der nur aus der Variablen A besteht. Dieser wird folglich in eine Bitkette umgewandelt, und es wird der THEN-Zweig abgearbeitet, wenn darin nicht nur Dualziffern 0 enthalten sind; die Angabe der Variablen A als Ausdruck entspricht demzufolge der Angabe eines Vergleichsausdrucks A¬=0.

Einen entsprechenden Test auf den Wert 0 für eine nicht ganzzahlige Größe sollte man allerdings nicht in einer der beiden Formen vornehmen, weil es infolge von Rundungsfehlern sein kann, daß der Wert 0 nicht exakt vorliegt. In den meisten Fällen ist es statt dessen besser, in ähnlicher Weise wie in Beispiel 2 zu fragen, ob der Wert eine bestimmte niedrige Schranke nicht überschreitet.

4. Von den drei Variablen A, B und C soll diejenige mit dem höchsten Wert ermittelt und das Quadrat dieses Werts einer Variablen Z zugeordnet werden. Zur Lösung dieser Aufgabe könnte man folgende Befehle verwenden:

```
IF A<=B THEN Z=B; ELSE Z=A;
IF Z<C THEN Z=C;
Z=Z*Z;
```

Zunächst wird der größere der beiden Werte A und B als Wert von Z gespeichert und anschließend noch mit dem Wert von C verglichen. Ist er kleiner als C, so wird Z gleich dem Wert von C gesetzt; ist das nicht der Fall, so enthält Z bereits den höchsten Wert und der ELSE-Zweig kann deshalb weggelassen werden. Der letzte Befehl ermittelt schließlich noch das Quadrat des größten Wertes. Die 2. Befehlszeile hätte auch in der Form

```
IF Z<C THEN Z=C; ELSE;
```

geschrieben werden können.

5. Ein Programm enthält folgende Befehle:

```
    IF A>B THEN DO; M1: SCH='0'; D=A-B; END;
              ELSE DO; SCH='1'; M2: D=B-A; END;
F: ...
```

Ist der Wert von A größer als der Wert von B, so wird zunächst der Schalter SCH auf den Wert 0 gestellt und anschließend der Wert von D als Differenz A—B bestimmt. Ist der Wert von A jedoch nicht größer als der Wert von B, so erhält der Schalter SCH den Wert 1, und der Wert von D wird als Differenz B—A bestimmt. In beiden Fällen erfolgt die Fortsetzung beim Befehl mit der Marke F.

Erfolgt von irgendeiner Stelle des Programms ein Sprung zum Befehl mit der Marke M1, so wird ebenfalls der Schalter SCH auf 0 gestellt und die Differenz D=A—B ermittelt, bevor die Abarbeitung beim Befehl mit der Marke F fortgesetzt wird. Bei einem Sprung zum Befehl mit der Marke M2 bleibt die Schalterstellung von SCH unverändert, und es wird lediglich die Differenz D=B—A bestimmt.

6. In einer Zeichenkette EIN der Länge 100 sollen alle nichtnumerischen Zeichen durch Nullen ersetzt werden. Enthält die Zeichenkette allerdings das Zeichen % in der n-ten Position, so soll das Ersetzen nur bis zur Position $n-1$ durchgeführt werden. Anschließend soll die Programmabarbeitung beim Befehl mit der Marke FORT fortgesetzt werden. Die Befehle zur Lösung dieser Aufgabe könnten folgendermaßen aussehen:

```
      I1=1; I2=INDEX(EIN,'%')-1; IF I2<0 THEN I2=100;
M1:   IA=VERIFY(SUBSTR(EIN,I1,I2),'0123456789');
      IF IA>0 THEN DO;
      SUBSTR(EIN,I1+IA-1,1)='0';
      IF IA<I2 THEN DO; I1=I1+IA; I2=I2-IA; GOTO M1; END;
      END;
FORT: ...
```

Durch die Einführung der Größen I1 und I2 wird gesichert, daß nach dem Auftreten eines nichtnumerischen Zeichens und dessen Ersetzung die weitere Prüfung nicht wieder von vorn beginnt, sondern sich jeweils nur noch auf die restliche Teilkette erstreckt.

4.2.2. Ineinandergeschachtelte Verzweigungen

Da die beiden Zweige eines IF-Befehls beliebige ausführbare Befehle enthalten dürfen, können dort natürlich auch weitere IF-Befehle stehen. Bildet ein solcher Befehl allein den gesamten Zweig, so kommt es zu einer unmittelbaren Ineinanderschachtelung von IF-Befehlen, wobei natürlich die beiden Zweige des zweiten IF-Befehls ihrerseits wiederum IF-Befehle enthalten können. Die Zuordnung der verschiedenen in solchen Fällen auftretenden ELSE-Zweige zu den entsprechenden THEN-Zweigen erfolgt aus der Sicht des Compilers stets von innen nach außen, d. h., das erste ELSE gehört zu dem letzten zuvor angegebenen THEN, das zweite ELSE zu dem vorletzten THEN usw. Allgemein wird jedes einzelne ELSE folglich als Alternative desjenigen THEN betrachtet, das als letztes davor angegeben wurde und für das noch kein ELSE vorhanden ist.

Etwas anders ist der Sachverhalt bei Angabe einer Folge von Befehlen für einen THEN-Zweig. Das Ende desselben wird dann natürlich stets durch den Befehl END;

festgelegt, und ein nachfolgendes ELSE gehört eindeutig zu diesem THEN, auch wenn vielleicht innerhalb der Befehlsfolge des THEN-Zweigs ein IF-Befehl ohne ELSE-Zweig aufgetreten ist.

Besondere Vorsicht ist bei solchen Ineinanderschachtelungen von IF-Befehlen bezüglich des Weglassens von ELSE-Zweigen geboten. Ein ELSE-Zweig kann in diesem Fall nur weggelassen werden, wenn auch zu allen in der Ineinanderschachtelung davor liegenden THEN-Zweigen kein ELSE-Zweig erforderlich ist. Sind jedoch nachfolgend noch entsprechende ELSE-Zweige anzugeben, so muß für einen ELSE-Zweig, der sonst weggelassen werden könnte, der Leerbefehl verwendet werden.

Eine Schreibweise, bei der weitgehend versucht wird, die zusammengehörigen Schlüsselwörter THEN und ELSE jeweils untereinander zu schreiben, ist bei Ineinanderschachtelungen von IF-Befehlen besonders zu empfehlen.

Beispiele

1. Ein Programm enthält folgende Befehle:

```
IF A=B THEN IF C=D THEN SCH='1'; ELSE SCH='2'; ELSE SCH='3';
```

Den THEN-Zweig des ersten IF-Befehls stellt hier wiederum ein IF-Befehl dar. Sind die Werte von A und B gleich, so werden anschließend die beiden Variablen C und D miteinander verglichen; stimmen deren Werte ebenfalls überein, so erhält die Variable SCH den Wert 1; ist aber C von D verschieden, so wird SCH der Wert 2 zugeordnet. Stimmen andererseits bereits die Werte von A und B nicht überein, so erhält SCH den Wert 3.
Eine günstigere Schreibweise wäre

```
IF A=B THEN IF C=D THEN SCH='1';
                    ELSE SCH='2';
       ELSE SCH='3';
```

2. Es soll ein Sprung zum Befehl mit der Marke M1 ausgeführt werden, wenn die Variablen X, Y und Z alle den Wert 100 haben. Andernfalls soll die Programmabarbeitung sequentiell fortgesetzt werden. Dafür könnten folgende Befehle angegeben werden:

```
IF X=1ØØ THEN IF Y=1ØØ THEN IF Z=1ØØ THEN GOTO M1;
```

Sämtliche ELSE-Zweige können in diesem Fall weggelassen werden.

3. Folgender Ausschnitt aus einem Programmablaufplan soll programmiert werden:

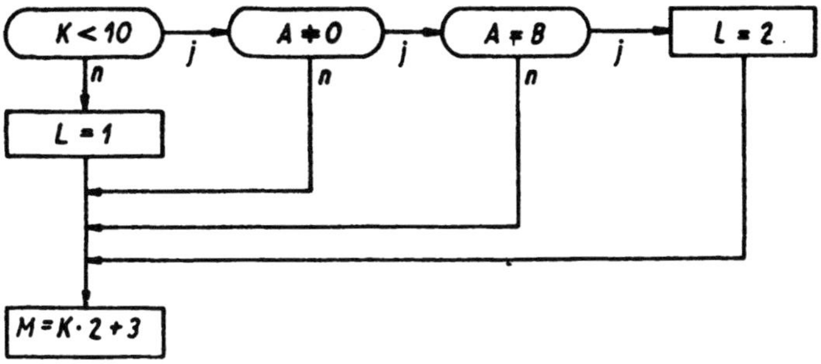

Die entsprechenden Befehle könnten lauten:

```
IF K<1Ø THEN IF A¬=Ø THEN IF A=B THEN L=2;
                                  ELSE;
                             ELSE;
             ELSE L=1;
M=K*2+3;
```

Die ELSE-Zweige für die letzten beiden THEN-Zweige können nicht weggelassen werden, da sonst eine falsche Zuordnung des ELSE-Zweiges für den ersten THEN-Zweig erfolgen würde.
Auch hier wäre eine Schreibweise

```
IF K<1Ø THEN IF A¬=Ø THEN IF A=B THEN L=2;ELSE;ELSE;ELSE L=1;
M=K*2+3;
```

zwar ebenfalls richtig, erschwert aber das Lesen des Programms erheblich.

Eine andere Möglichkeit der Programmierung dieser Aufgabe wäre:

```
IF K<1Ø THEN DO; IF A¬=Ø THEN IF A=B THEN L=2; END;
        ELSE L=1;
M=K*2+3;
```

Der THEN-Zweig wurde in diesem Fall als Befehlsfolge betrachtet und von den beiden Befehlen DO; und END; eingeschlossen. Das nachfolgende ELSE bezieht sich dann auf das erste THEN und die ELSE-Zweige innerhalb der Befehlsfolge konnten weggelassen werden.

4. In Abhängigkeit vom Wert einer Größe x soll die Größe y unterschiedliche Werte annehmen, und zwar

$$y = 1{,}20 \text{ für } 0 \leqq x < 10,$$
$$y = 2{,}25 \text{ für } 10 \leqq x < 100,$$
$$y = 3{,}10 \text{ für } 100 \leqq x < 500.$$

Für $x < 0$ oder $x \geqq 500$ soll y den Wert 0 erhalten.

Die Befehle zur Bestimmung des jeweiligen y-Wertes könnten folgendermaßen lauten:

```
      IF X<Ø|X>=5ØØ THEN DO; Y=Ø; GOTO FORT; END;
      IF X<1Ø THEN Y=1.2Ø;
              ELSE IF X<1ØØ THEN Y=2.25;
                             ELSE Y=3.1Ø;
FORT: ...
```

Die auszuwertende Bedingung des ersten IF-Befehls ist nicht ein Vergleichsausdruck, sondern ein logischer Ausdruck, dessen beide Operanden Vergleichsausdrücke sind. Der THEN-Zweig dieses Befehls wird nur dann ausgeführt, wenn wenigstens eine der beiden Bedingungen erfüllt ist. Andernfalls erfolgt die Fortsetzung mit dem nächstfolgenden Befehl IF X<1Ø THEN ..., da ein ELSE-Zweig nicht angegeben wurde.

5. Es soll getestet werden, ob für den Wert einer Größe n die Bedingung $1 \leqq n \leqq 100$ erfüllt ist. Bei Erfüllung soll die Programmabarbeitung beim Befehl mit der Marke JA, sonst beim Befehl mit der Marke NEIN fortgesetzt werden. Es könnten dafür folgende Befehle verwendet werden:

```
IF N>=1 THEN IF N<=1ØØ THEN GOTO JA;
GOTO NEIN;
```

Die Angabe des zweiten Befehls in der Form ELSE GOTO NEIN; würde einen Fehler darstellen, denn er bezöge sich dann nur auf die Nichterfüllung der zweiten Bedingung. Für die erste Bedingung wäre dagegen kein ELSE-Zweig vorhanden, so daß bei deren Nichterfüllung in der Programmabarbeitung fortlaufend fortgefahren würde. Allerdings kann man auf den zweiten Befehl dann vollständig verzichten, wenn der Befehl mit der Marke NEIN unmittelbar auf den IF-Befehl folgt.

Eine weitere Möglichkeit zur Durchführung des Tests wäre die Verwendung eines logischen Ausdrucks mit Vergleichsausdrücken als Operanden in der Form

```
IF N>=1 & N<=1ØØ THEN GOTO JA;
                 ELSE GOTO NEIN;
```

Diese Form ist allerdings ungünstiger als die obige Ineinanderschachtelung, da hier auf jeden Fall beide Vergleichsausdrücke ausgewertet und danach logisch verknüpft werden müssen, während sonst der zweite Vergleich entfällt, wenn schon die erste Bedingung nicht erfüllt ist.

6. **Folgender Ausschnitt aus einem Programmablaufplan soll programmiert werden:**

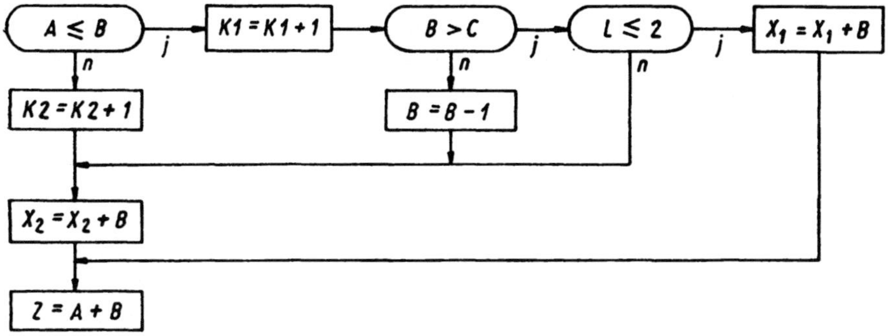

Die entsprechenden Befehle dafür könnten folgendermaßen lauten:

```
     IF A<=B THEN DO; K1=K1+1;
                          IF B>C THEN IF L<=2 THEN DO;J=1;GOTO M2;END;
                                                 ELSE GOTO M1;
                             ELSE DO;B=B-1;GOTO M1;END
                      END;
                ELSE  DO; K2=K2+1;
M1:                       J=2;
M2:                       X(J)=X(J)+B;
                      END;
     Z=A+B;
```

4.3. Befehlsschleifen

Befehlsschleifen stellen Folgen von Befehlen dar, die in einem Programm unmittelbar hintereinander mehrmals abgearbeitet werden sollen. Sie werden deshalb auch als Zyklen bezeichnet, die einzelnen Abarbeitungen als ihre Durchläufe. Probleme dieser Art treten zum Beispiel bei der Arbeit mit Vektoren oder Matrizen auf, wo in großer Zahl immer wieder die prinzipiell gleichen arithmetischen Verknüpfungen ausgeführt werden müssen und sich jeweils nur die Indizes der Operanden verändern. Die Anzahl der Durchläufe ist in solchen Fällen normalerweise fest und vor Beginn der Abarbeitung der Schleife bekannt. Befehlsschleifen treten aber auch häufig bei iterativen Berechnungen auf. Hier ist die Anzahl der Durchläufe im allgemeinen variabel und liegt zu Beginn der Abarbeitung der Schleife noch nicht vor; sie ergibt sich aus der jeweils erreichten Genauigkeit, d. h. aus dem Betrag der Änderung einer Näherung gegenüber der vorangehenden.

4.3.1. Grundformen

Für die Programmierung von Befehlsschleifen wären die bereits bekannten Befehle völlig ausreichend. Durch einen IF-Befehl am Ende der mehrfach abzuarbeitenden Befehlsfolge könnte man die Anzahl der Durchläufe oder die erreichte Genauigkeit testen und in Abhängigkeit davon durch entsprechende Sprungbefehle die nochmalige

Ausführung der Befehlsfolge oder die Fortsetzung der Abarbeitung außerhalb derselben veranlassen. Zur Erleichterung der Programmierung wurde jedoch für diese sehr häufige Aufgabenstellung ein gesonderter Befehl eingeführt, der aus dem Schlüsselwort DO und einer nachfolgenden Anweisung besteht, die sämtliche zur automatischen Steuerung der Durchläufe erforderlichen Angaben enthält. Diese Anweisung kann eine

— Laufanweisung sein, wenn es sich um eine feste Anzahl von Durchläufen handelt, die durch die Werte von konstanten oder variablen Größen bestimmt wird;
— Testanweisung sein, wenn die Anzahl der Durchläufe nicht fest vorgegeben werden kann, sondern sich erst im Verlauf der Abarbeitung aus der Erfüllung einer Bedingung ergibt.

Unmittelbar auf diesen sogenannten DO-Befehl folgen die Befehle, aus denen die Befehlsschleife gebildet wird, und im Anschluß daran ist zur Kennzeichnung für den Compiler ein Befehl END; anzugeben. Es handelt sich dabei also um das gleiche Prinzip, das bereits beim IF-Befehl verwendet wurde, wenn dort zu einem Zweig mehrere Befehle gehören. Die gesamte Befehlsschleife hat danach folgendes Aussehen:

DO *Anweisung*;
⋮
Befehle der Schleife
⋮
END;

Stellt eine solche Befehlsschleife den gesamten THEN- oder ELSE-Zweig eines IF-Befehls dar, so genügt die Angabe dieser Form; ein zusätzlicher Befehl DO; ohne Anweisung und der zugehörige Befehl END; sind dann nicht erforderlich.

Durch die jeweiligen Angaben im DO-Befehl kann die Steuerung einer Befehlsschleife in folgender Weise vorgenommen werden:

— *Verwendung einer Laufanweisung.* Der Befehl DO ist in diesem Fall in der allgemeinen Form

DO *Variable* = *Ausdruck*$_1$ TO *Ausdruck*$_2$ BY *Ausdruck*$_3$;

anzugeben; für die beiden Teile TO *Ausdruck*$_2$ und BY *Ausdruck*$_3$ ist auch die umgekehrte Reihenfolge möglich.

Variable ist im allgemeinen eine einzelne Variable von arithmetischem Typ und wird als Laufvariable bezeichnet. Es kann dafür aber auch eine indizierte Variable oder die qualifizierte Bezeichnung eines Strukturelements angegeben werden. Mit bestimmten Einschränkungen ist auch die Verwendung von Variablen eines anderen Typs zulässig.

Ausdruck$_i$ sind beliebige Ausdrücke mit einem einzelnen Wert; Feld- oder Strukturausdrücke sind dafür nicht zulässig. Durch sie wird eine Folge von Werten festgelegt, die der Reihe nach der Laufvariablen zugeordnet werden. Ihr Typ muß folglich derart sein, daß unter eventueller Berücksichtigung einer Typumwandlung eine eindeutige Zuordnung zu der angegebenen Laufvariablen möglich ist. Für jeden dieser Werte erfolgt eine Abarbeitung der zur Schleife gehörigen Befehle, sofern diese nicht vorher durch einen Sprungbefehl verlassen wird. Häufig wird es sich bei den drei Ausdrücken um Konstanten handeln. In allen anderen Fällen wird ihr Wert vor Ausführung der Schleife berechnet und intern zwischengespeichert. Ändern sich im Verlauf der Abarbeitung der Schleife Werte von Größen, die in diesen Ausdrücken vorkommen, so hat das folglich keine Wirkung auf die Steuerung der Durchläufe. Im einzelnen haben die Ausdrücke folgende Bedeutung:

Ausdruck$_1$ bestimmt den Wert, der der Laufvariablen vor Beginn des ersten Schleifendurchlaufs zugeordnet wird;

Ausdruck$_2$ legt den letzten Wert fest, den die Laufvariable annehmen soll;

Ausdruck$_3$ stellt eine Größe dar, um die der Wert der Laufvariablen nach jedem Durchlauf verändert wird (Schrittweite).

Vor jedem Durchlauf wird zunächst geprüft, ob der gegenwärtige Wert der Laufvariablen den letzten Wert (*Ausdruck*$_2$) bei positiver Schrittweite überschreitet bzw. bei negativer Schrittweite unterschreitet. Ist das nicht der Fall, so wird die zur Schleife gehörige Befehlsfolge ausgeführt. Anschließend wird der Wert der Laufvariablen um die Schrittweite (*Ausdruck*$_3$) verändert, und der Ablauf beginnt wieder von vorn mit der Prüfung, ob weitere Durchläufe erforderlich sind. Wird jedoch eine Über- bzw. Unterschreitung des letzten Wertes festgestellt, so ist die Schleife beendet, und die Programmabarbeitung wird mit dem Befehl fortgesetzt, der auf den die Schleife abschließenden Befehl END; folgt.

Schematisch kann dieser Ablauf folgendermaßen dargestellt werden:

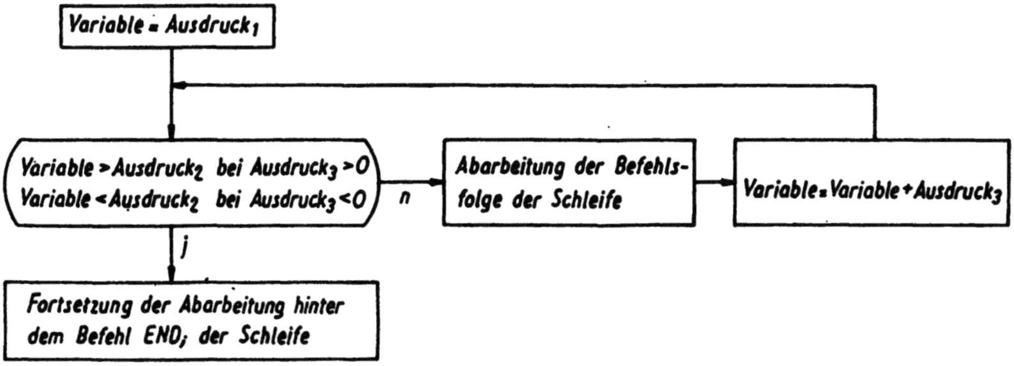

Aus dem dargestellten Ablauf ergibt sich, daß die Befehlsschleife unter Umständen nicht ein einziges Mal abgearbeitet wird, wenn nämlich der Anfangswert der Laufvariablen (*Ausdruck*$_1$) bei positiver Schrittweite bereits größer bzw. bei negativer Schrittweite bereits kleiner als der letzte Wert ist; die Programmfortsetzung erfolgt dann unmittelbar hinter dem Befehl END; der Schleife. Zu beachten ist ferner, daß nach der vollständigen Abarbeitung einer durch eine Laufanweisung gesteuerten Befehlsschleife der Wert der Laufvariablen nicht dem Wert entspricht, den diese bei der Durchführung des letzten Durchlaufs hatte; er ist vielmehr stets um den Wert von *Ausdruck*$_3$ verändert, da die Abfrage nach weiteren erforderlichen Durchläufen immer erst nach der Addition der Schrittweite zum Wert der Laufvariablen erfolgt. Wird jedoch die Schleife vor ihrer vollständigen Abarbeitung gemäß der jeweiligen Laufanweisung eventuell durch einen Sprungbefehl verlassen, so hat die Laufvariable natürlich auch außerhalb der Schleife zunächst den Wert, den sie während des letzten ausgeführten Durchlaufs hatte. Sowohl innerhalb als auch außerhalb der Befehlsschleife kann die Laufvariable wie jede andere Variable zur Ausführung beliebiger Operationen verwendet werden. Tritt dabei während der Abarbeitung der Schleife eine Veränderung ihres Werts auf, so wird diese zusätzlich zu der nach jedem Durchlauf durch die Berücksichtigung der Schrittweite automatisch erfolgenden Veränderung wirksam und hat folglich auch Auswirkungen auf die Steuerung der Durchläufe.

Beispiele

1. Es soll die Summe der ersten n Elemente eines Vektors **A** gebildet werden. Dafür könnte man folgende Befehle angeben:

```
SUMME=Ø;
DO I=1 TO N BY 1;
   SUMME=SUMME+A(I);
END;
```

Zur jeweiligen Zwischensumme **SUMME** wird jedesmal ein weiteres Element addiert; nach n Durchläufen ist die Schleife beendet. Damit die Zwischensumme auch beim ersten Durchlauf bereits einen definierten Inhalt hat, wird ihr zu Beginn der Schleifenabarbeitung der Wert 0 zugeordnet.

Ohne Verwendung eines **DO**-Befehls hätte man zur Lösung der vorliegenden Aufgabe folgende Befehle verwenden müssen:

```
      SUMME=Ø;
      I=1;
ZYK: IF I<=N THEN DO; SUMME=SUMME+A(I);
                      I=I+1;
                      GOTO ZYK;
                  END;
```

Die durch die Einführung des **DO**-Befehls bewirkten Vereinfachungen für den Programmierer gehen bereits aus diesem kleinen Beispiel deutlich hervor.

2. Die n Elemente eines Feldes **X** sollen in umgekehrter Reihenfolge in einem Feld **Z** gespeichert werden. Dafür könnte man folgende Befehle verwenden:

```
DO I=N TO 1 BY -1;
   Z(I)=X(N-I+1);
END;
```

3. Die Berechnung von $n!$ könnte man unter Verwendung folgender Befehle durchführen:

```
FAK=1EØ;
DO F=2EØ TO FN BY 1EØ;
   FAK=FAK*F;
END;
```

n wird hier als Wert der Variablen **FN** vorausgesetzt.

4. In einem Feld **X** von 100 Elementen soll das Element ermittelt werden, das den kleinsten Wert hat. Dazu könnten folgende Befehle dienen:

```
MIN=X(1); J=1;
DO I=2 TO 1ØØ BY 1;
   IF X(I)<MIN THEN DO; J=I; MIN=X(I); END;
END;
```

Nach Ausführung der Schleife enthält die Variable **MIN** den kleinsten Wert und die Variable **J** den Index des betreffenden Elements.

5. Die Funktionswerte einer Funktion $y = 24{,}2x + 7{,}1x^2$ sollen für die Argumente $x = 1{,}0$ bis $x = 9{,}9$ bei einer Schrittweite von 0,1 hintereinander in einem Feld gespeichert werden. Dazu könnten folgende Befehle verwendet werden:

```
DECLARE Y(9Ø);
I=1;
```

```
DO X=1.Ø TO 9.9 BY Ø.1;
   Y(I)=24.2*X+7.1*X*X;
   I=I+1;
END;
```

— *Verwendung einer Testanweisung.* Der Befehl DO ist in diesem Fall in der allgemeinen Form

DO WHILE (*Ausdruck*);

anzugeben. Als *Ausdruck* wird dabei im allgemeinen ein Vergleichsausdruck auftreten; die Auswertung der darin enthaltenen Bedingung entscheidet darüber, ob die Befehlsschleife zu durchlaufen oder zu beenden ist. Ist die angegebene Bedingung erfüllt, hat also der Vergleichsausdruck den Wert '1'B, so wird die zur Schleife gehörige Befehlsfolge ausgeführt. Anschließend beginnt der Ablauf wieder von vorn mit der Prüfung, ob die Bedingung erfüllt ist und damit weitere Durchläufe erforderlich sind. Innerhalb der Befehlsschleife muß natürlich jeweils mindestens eine im angegebenen Ausdruck enthaltene Größe einen neuen Wert erhalten, damit keine endlose Wiederholung eintritt. Ist die angegebene Bedingung jedoch nicht erfüllt, hat also der Vergleichsausdruck den Wert 'Ø'B, so ist die Schleife beendet, und die Programmabarbeitung wird mit dem Befehl fortgesetzt, der auf den die Schleife abschließenden Befehl END; folgt.

Schematisch kann dieser Ablauf folgendermaßen dargestellt werden:

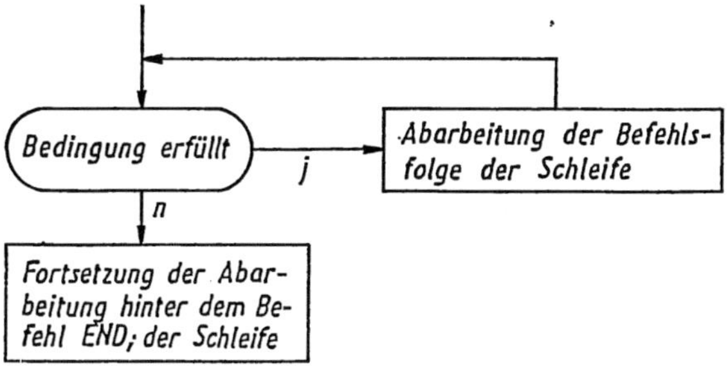

Hierbei ist zu beachten, daß der gesamte Ablauf stets mit der Auswertung der angegebenen Bedingung beginnt; die im betreffenden Ausdruck enthaltenen Größen müssen folglich vor Abarbeitung der Schleife bereits einen entsprechenden Wert haben. Will man erreichen, daß die Schleife mindestens einmal ausgeführt wird, so sind diese Werte so festzulegen, daß die Bedingung auf jeden Fall zunächst erfüllt ist. Andernfalls könnte natürlich auch bei Verwendung einer Testanweisung der Fall eintreten, daß die Schleife unter Umständen kein einziges Mal durchlaufen wird.

Wird in der Testanweisung kein Vergleichsausdruck, sondern ein beliebiger anderer Ausdruck angegeben, so muß dessen Wert eine Bitkette darstellen oder sich in eine solche umwandeln lassen, die dann in der gleichen Weise wie in einem IF-Befehl ausgewertet wird: enthält sie wenigstens eine Dualziffer 1 oder handelt es sich um die leere Bitkette, so gilt die Bedingung als erfüllt, und die Schleife wird abgearbeitet; die Schleife wird nur dann beendet, wenn die Bitkette vollständig aus Dualziffern 0 besteht.

Beispiele

1. Die 3. Wurzel w einer Größe x soll mit einer Genauigkeit von 10^{-5} nach der Iterationsformel

$$w_{i+1} = \frac{2w_i + \frac{x}{w_i^2}}{3}$$

berechnet werden. Man könnte dafür folgende Befehle angeben:

```
DIFF=1E0; WALT=1E0;
DO WHILE (DIFF>1E-5);
   W=(WALT*2E0+X/WALT**2)/3E0;
   DIFF=ABS(W-WALT);
   WALT=W;
END;
```

Der Größe DIFF ist vor Beginn der Schleifenabarbeitung ein beliebiger Wert zuzuordnen, der größer als 10^{-5} ist, so daß die angegebene Bedingung erfüllt ist. Auch für WALT ist vorher ein erster Näherungswert anzugeben.

2. Es soll der größte Wert n bestimmt werden, für den die Beziehung

$$1{,}25^n + 4{,}3^n < 62000$$

gilt. Anschließend soll die Summe der beiden Potenzen mit diesem Exponenten berechnet werden. Dazu könnte man folgende Befehle verwenden:

```
N=1;
DO WHILE (1.25**N + 4.3**N < 62000);
   N=N+1;
END;
SUMME=1.25**(N-1) + 4.3**(N-1);
```

Die Abarbeitung einer Befehlsschleife kann vorzeitig beendet werden, d. h. nach einer geringeren Anzahl von Durchläufen, als sich aus der vorliegenden Anweisung ergeben würde, wenn durch einen Sprungbefehl — im allgemeinen im Zusammenhang mit einer bedingten Verzweigung — zu einem Befehl verzweigt wird, der außerhalb der Schleife liegt. Die Abarbeitung des Programms wird dann an dieser Stelle fortgesetzt, wobei aber durchaus die Möglichkeit besteht, wieder in die gerade verlassene Schleife zurückzuspringen und mit deren weiterer Abarbeitung fortzufahren. Probleme dieser Art können zum Beispiel in Verbindung mit der Ausgabe von Fehlermeldungen oder anderer Mitteilungen auftreten. Da die gesamte Steuerung der Durchläufe an Hand der Angaben im DO-Befehl vorgenommen wird, ist es jedoch nicht möglich, von einem Befehl außerhalb einer Schleife zu einem Befehl innerhalb einer solchen zu springen, wenn diese nicht vorher im Verlauf ihrer Abarbeitung verlassen wurde.

Mitunter tritt der Fall ein, daß auf Grund der Auswertung einer Bedingung ein Durchlauf der Schleife vor dem Erreichen ihres letzten Befehls beendet und die Abarbeitung mit dem eventuell nachfolgenden Durchlauf fortgesetzt werden soll. Der die Befehlsschleife abschließende Befehl END; muß dann eine Befehlsmarke erhalten, die als Sprungadresse eines entsprechenden Sprungbefehls anzugeben ist. Ein Sprung zu dieser Befehlsmarke bewirkt auf jeden Fall den Übergang zur Prüfung, ob noch weitere Durchläufe erforderlich sind, wobei im Falle einer Laufanweisung vorher die entsprechende Veränderung des Werts der Laufvariablen erfolgt. Ein Sprung zum Befehl DO selbst hätte natürlich zur Folge, daß die Abarbeitung der Schleife wieder ganz von vorn beginnt, d. h. mit dem Wert von *Ausdruck*$_1$ für die Laufvariable.

Beispiele

1. Unter den 60 Elementen eines Felds X ist ein Wert gleich dem einer Variablen XØ. Der Index dieses Elements soll ermittelt und als Wert einer Variablen M gespeichert werden. Durch folgende Befehle könnte man diese Aufgabe lösen:

```
      DO I=1 TO 6Ø BY 1;
         IF X(I)=XØ THEN GOTO FORT;
      END;
FORT: M=I;
```

Verwendet man M unmittelbar als Laufvariable, so kann man die Zuordnung M=I; bei der Fortsetzung der Programmabarbeitung weglassen.

2. Es sollen die Funktionswerte der Funktion $y = \frac{x}{x^2 - x - 2}$ für die Argumente $x = -3$ bis $x = +3$ bei einer Schrittweite von 0,1 berechnet und gedruckt werden. Ergibt der Nenner den Wert 0, soll in diesem Fall der Druck unterbleiben. Die Aufgabe könnte durch folgende Befehle gelöst werden:

```
     DO X=-3EØ TO 3EØ BY 1E-1;
        DIV=X*X-X-2EØ
        IF DIV=Ø THEN GOTO M51;
        Y=X/DIV;
        Drucke X und Y
M51: END;
```

Besser ist es allerdings, die Abfrage nach dem Wert 0 des Nenners beispielsweise in der Form IF ABS(DIV)<1E-5 vorzunehmen, um Rundungsfehlern damit entgegentreten zu können.

3. Die Zeichen einer Lochkarte wurden in ein Feld mit der Feldvereinbarung DCL X(8Ø) CHAR(1); eingelesen. Es soll in einer Befehlsschleife geprüft werden, ob alle Zeichen numerisch sind. Beim Auftreten anderer Zeichen soll ein Sprung zu einem Befehl mit der Marke FEHL erfolgen, der sich außerhalb der Schleife befindet und die Ausgabe einer Fehlermeldung bewirkt. Anschließend soll die Prüfung der weiteren Zeichen der gleichen Karte fortgesetzt werden. Dafür könnte man folgende Befehle verwenden:

```
    DO I=1 TO 8Ø BY 1;
       IF X(I)<'Ø' THEN GOTO FEHL;
MF: END;
```

Nach der Ausgabe der Fehlermeldung ist ein Sprungbefehl mit der Sprungadresse MF anzugeben.

4. Es soll ein Programm zur Berechnung der Gewerkschaftsbeiträge aufgestellt werden. Die Beiträge ergeben sich in Abhängigkeit vom Gehalt nach folgender Tabelle:

Beitrag b_1 für $0 <$ Gehalt $\leqq v_1$
Beitrag b_2 für $v_1 <$ Gehalt $\leqq v_2$
⋮
Beitrag b_{16} für $v_{15} <$ Gehalt $\leqq v_{16}$
Beitrag b_{17} für $v_{16} <$ Gehalt.

Die oberen Schranken v_i der einzelnen Gruppen stehen als Elemente eines eindimensionalen Felds V, die dazugehörigen Beitragswerte b_i als Elemente eines eindimensionalen Felds B im Speicher zur Verfügung. Da für die letzte Gruppe keine obere Schranke angegeben ist, wird diese gesondert behandelt. Es könnten dafür folgende Befehle verwendet werden:

```
    DO I=1 TO 16 BY 1;
       IF GEHALT<=V(I) THEN DO; BEITRAG=B(I);
                                GOTO XX;
                            END;
    END;
    BEITRAG=B(17);
XX: Programmfortsetzung
```

4.3.2. Verkürzte und erweiterte Formen

Neben den beiden Grundformen für die Steuerung von Befehlsschleifen gibt es noch mehrere Möglichkeiten dafür, verkürzte oder auch in verschiedener Weise erweiterte Anweisungen zu formulieren.

Reduzierte Formen der Laufanweisung

Innerhalb einer Laufanweisung müssen nicht unbedingt alle Angaben vorhanden sein, sondern diese können wahlweise auch weggelassen werden. Möglichkeiten dafür bestehen in folgenden Formen:

— Wird der Teil BY *Ausdruck*$_3$ in einer Laufanweisung weggelassen, so wird standardmäßig die Schrittweite +1 verwendet. Damit vereinfacht sich die Angabe in den häufig vor allem bei der Arbeit mit Vektoren oder Matrizen auftretenden Fällen, in denen die Laufvariable einer Befehlsschleife fortlaufende Werte annimmt, die nach jedem Durchlauf um 1 erhöht werden.

— Wird in einer Laufanweisung der Teil BY *Ausdruck*$_3$, aber nicht der Teil TO *Ausdruck*$_2$ angegeben, so findet zwar nach jedem Durchlauf die Veränderung der Laufvariablen um die Schrittweite statt, aber es entfällt die Abfrage, ob der letzte Wert bereits über- oder unterschritten wurde. Die Abarbeitung der Schleife wird dann unter Verwendung des veränderten Werts der Laufvariablen auf jeden Fall ausgeführt. Die Beendigung der Schleife muß sich dann aus einer innerhalb der Befehlsfolge enthaltenen bedingten Verzweigung ergeben, bei der in einem Zweig ein Sprungbefehl enthalten ist, der aus der Schleife herausführt.

— Wird sowohl der Teil TO *Ausdruck*$_2$, als auch der Teil BY *Ausdruck*$_3$ in einer Laufanweisung weggelassen, so erfolgt für die Befehlsschleife nur ein einziger Durchlauf; die Laufvariable hat dabei den durch *Ausdruck*$_1$ festgelegten Wert.

Beispiele

1. In einem Feld A mit der Feldvereinbarung DCL A(15,20); sollen die Elemente der 3. und der 1. Spalte gegenseitig ihre Plätze wechseln. Man könnte dafür folgende Befehle angeben:

```
DO I=1 TO 15;
   Z=A(I,1);  A(I,1)=A(I,3);  A(I,3)=Z;
END;
```

Die Variable Z wurde zur Zwischenspeicherung eingeführt.

2. Das in Abschnitt 4.3.1. angegebene 2. Beispiel für die Verwendung einer Testanweisung könnte auch folgendermaßen geschrieben werden:

```
    SUMME=0;
    DO N=1 BY 1;
       IF SUMME>62000 THEN GOTO FF;
       SUMME=1.25**N + 4.3**N;
    END;
FF: ...
```

Durch die Angabe des IF-Befehls vor der Berechnung von SUMME stellt diese Variable bei der Programmfortsetzung im Befehl FF bereits den gesuchten Funktionswert dar.

Kombination von Laufanweisung und Testanweisung

Die beiden möglichen Grundformen zur Formulierung von Anweisungen zur Steuerung der Durchläufe einer Befehlsschleife können auch miteinander kombiniert werden. Der DO-Befehl hat dann folgendes Aussehen:

DO *Variable* = $Ausdruck_1$ TO $Ausdruck_2$ BY $Ausdruck_3$ WHILE ($Ausdruck_4$);

Durch die darin enthaltene Laufanweisung wird in diesem Fall die maximale Anzahl von Durchläufen festgelegt. Vor jeder sich gemäß dieser Laufanweisung ergebenden Abarbeitung wird zusätzlich noch geprüft, ob die durch $Ausdruck_4$ angegebene Bedingung erfüllt ist. Nur dann wird die Schleife tatsächlich abgearbeitet, andernfalls wird sie beendet. Ist die Bedingung für jeden Durchlauf erfüllt, so hat die Kombination die gleiche Wirkung, als wäre nur die Laufanweisung angegeben worden.

Beispiel. Das in Abschnitt 4.3.1. als 1. Beispiel für Testanweisungen angegebene Beispiel soll so verändert werden, daß maximal 10 Iterationsschritte ausgeführt werden. Die Befehle könnten dann folgendermaßen lauten:

```
DIFF=1EØ; WALT=1EØ;
DO I=1 TO 1Ø WHILE(DIFF<1E-5);
   W=(WALT*2EØ+X/WALT**2)/3EØ;
   DIFF=ABS(W-WALT);
   WALT=W;
END;
```

Angabe mehrerer voneinander unabhängiger Anweisungen

Für die Steuerung der Durchläufe einer Befehlsschleife können auch mehrere voneinander unabhängige Anweisungen angegeben werden, die durch Komma voneinander zu trennen sind. Der DO-Befehl hat dann also folgendes Aussehen:

DO $Anweisung_1$, $Anweisung_2$, …, $Anweisung_n$;

Die einzelnen Anweisungen können beliebige Lauf- oder Testanweisungen oder auch Kombinationen von beiden sein; ihre Aufeinanderfolge hat den gleichen Effekt, als wäre für jede Anweisung eine gesonderte Befehlsschleife mit der gleichen zugehörigen Folge von Befehlen gebildet worden. Nach Abschluß der Durchläufe gemäß der ersten Anweisung wird die Programmabarbeitung nicht mit dem auf den Befehl END; folgenden Befehl fortgesetzt, sondern mit der erneuten Abarbeitung der Schleife gemäß der zweiten Anweisung usw. Erst mit der Beendigung der Abarbeitung für die letzte angegebene Anweisung ist das Ende der gesamten Befehlsschleife erreicht. Anstelle der Angabe mehrerer Anweisungen könnte man die Programmierung folglich auch in der Form

```
DO Anweisung1;
  ⋮
END;
DO Anweisung2;
  ⋮
END;
  ⋮
DO Anweisungn;
  ⋮
END;
```

vornehmen. Die gleiche Befehlsfolge wäre dann allerdings n-mal anzugeben, während das bei mehreren Anweisungen in einem einzigen DO-Befehl nur einmal erforderlich ist.

Typische Anwendungen dieser Form treten bei der Verwendung unterschiedlicher Schrittweiten innerhalb des Wertebereichs der Laufvariablen auf, wie es zum Beispiel bei Tarifberechnungen häufig vorkommt. Aber auch solche Fälle, in denen eine Abarbeitung für konkrete, sich aber nicht systematisch ändernde einzelne Werte der Laufvariablen erforderlich ist, lassen sich auf diese Weise sehr einfach programmieren.

Beispiele

1. DO I=1 TO 10, 20 TO 100 BY 10;

Dieser Befehl enthält zwei getrennte Laufanweisungen zur Abarbeitung der anschließenden Befehlsfolge. Gemäß der ersten Laufanweisung mit der impliziten Schrittweite 1 ergeben sich zunächst 10 Durchläufe. Danach folgen jedoch auf Grund der zweiten Laufanweisung noch weitere 9 Durchläufe, bei deren erstem die Laufvariable I den Wert 20 hat und dieser nach jedem Durchlauf um 10 erhöht wird.

2. DO K=4,1,−2,3;

Dieser Befehl enthält 4 getrennte Anweisungen zur Abarbeitung der anschließenden Befehlsfolge. Jede von ihnen stellt eine reduzierte Laufanweisung ohne die beiden Teile TO $Ausdruck_2$ und BY $Ausdruck_3$ dar und bewirkt folglich einen einzigen Durchlauf. Insgesamt werden daher 4 Durchläufe ausgeführt, bei denen die Laufvariable K jeweils die Werte 4, 1, −2 und 3 annimmt.

3. DO I=1 TO 10, WHILE(DIFF<1E−5);

Dieser Befehl enthält zunächst eine Laufanweisung, nach der die Befehlsfolge 10mal zu durchlaufen ist, und anschließend eine Testanweisung, nach der die weitere Abarbeitung der Schleife noch so lange erfolgt, wie der Wert von DIFF kleiner als 10^{-5} ist.

Gegenüber dem bei der Kombination von Laufanweisung und Testanweisung angegebenen Beispiel unterscheidet sich der vorliegende Befehl lediglich durch das Komma, das hier die beiden Anweisungen trennt. Während hier mindestens 10 Durchläufe erfolgen (vorausgesetzt, daß die Schleife nicht vorzeitig verlassen wird) und anschließend weitere in Abhängigkeit von der Erfüllung der Bedingung stattfinden, sind dort maximal 10 Durchläufe vorgesehen, die aber nur dann ausgeführt werden, wenn auch jeweils die Bedingung erfüllt ist.

Ineinandergeschachtelte Befehlsschleifen

Da für die Befehle einer Befehlsschleife keine Einschränkungen bestehen, können innerhalb derselben folglich auch weitere Befehlsschleifen enthalten sein und auf diese Weise eine Ineinanderschachtelung von solchen ergeben. Eine innere Schleife muß dabei einschließlich ihres abschließenden Befehls END; natürlich stets vollständig in der jeweiligen äußeren enthalten sein, da sie ja zu deren Befehlen gehört. Der Compiler betrachtet daher bei der Übersetzung einer solchen Ineinanderschachtelung einen Befehl END; stets als zu dem nächsten davor stehenden DO gehörig, zu dem noch kein Befehl END; aufgetreten ist.

Zu beachten ist weiterhin, daß bei einer Ineinanderschachtelung von Befehlsschleifen mit Laufanweisungen jede Laufanweisung eine andere Laufvariable verwenden muß; außerhalb der Ineinanderschachtelung können natürlich verschiedene Laufanweisungen durchaus die gleiche Laufvariable benutzen.

Die Abarbeitung zweier ineinandergeschachtelter Schleifen beginnt stets mit dem ersten Durchlauf der äußeren Schleife. Beim Erreichen des DO-Befehls der inneren Schleife wird zunächst diese so oft abgearbeitet, wie es sich aus der dafür angegebenen Anweisung ergibt. Anschließend wird die Programmfortsetzung mit der weiteren Abarbeitung des ersten Durchlaufs der äußeren Schleife fortgesetzt. Danach wird der gesamte Vorgang für eventuelle weitere Durchläufe der äußeren Schleife wiederholt. Befehle, die sowohl in der äußeren als auch in der inneren Schleife einer Ineinanderschachtelung stehen könnten, sollten daher zweckmäßig in die äußere Schleife gelegt werden.

Hinsichtlich der Möglichkeiten, aus einer Schleife heraus- oder in eine Schleife hineinzuspringen, gelten auch bei Ineinanderschachtelungen die gleichen Prinzipien, die für die Grundformen bereits erläutert wurden. Es ist also stets möglich, aus einer inneren Schleife in eine diese umfassende äußere Schleife zu springen und wieder in die innere Schleife zurückzukehren. Nach einem Sprung aus einer inneren Schleife zu einem Befehl, der sich außerhalb der Ineinanderschachtelung befindet, kann man ebenfalls wieder in die innere Schleife, aber auch in jede diese umfassende äußere Schleife zurückkehren. Es darf jedoch kein Sprung aus einer äußeren in eine innere Schleife ausgeführt werden, wenn nicht vorher die innere Schleife verlassen wurde; das Gleiche gilt natürlich für einen Sprung, der von einem Befehl außerhalb der Ineinanderschachtelung ausgeht.

Beispiele

1.
```
DO I=1 TO 5;
    DO J=1 TO 10;
        DO K=1 TO 8;
            :
        END;
    END;
END;
```

Dieses Beispiel zeigt eine Ineinanderschachtelung von drei Befehlsschleifen. Geht man davon aus, daß keine dieser Schleifen vorzeitig beendet wird, so wird die äußere Schleife mit der Laufvariablen I insgesamt 5mal durchlaufen. Da für jeden Wert von I die mittlere Schleife mit der Laufvariablen J 10mal durchlaufen werden muß, ergeben sich für diese insgesamt 50 Durchläufe. Entsprechend wird die innere Schleife mit der Laufvariablen K jeweils 8mal für jeden Wert von J und damit insgesamt 400mal durchlaufen.

Die eingerückte Schreibweise der einzelnen Schleifen einer Ineinanderschachtelung in der dargestellten Form erhöht den Überblick über die Struktur des Programms; sie sollte deshalb in solchen Fällen möglichst immer angewendet werden.

2. Für die Berechnung der Elemente eines Felds Z, das die Zeilensummen einer aus 10 Zeilen und 15 Spalten bestehenden Matrix X aufnehmen soll, könnte man folgende Befehle verwenden:

```
DCL X(10,15), Z(10);
DO I=1 TO 10;
    SUM=0;
    DO J=1 TO 15;
        SUM=SUM+X(I,J);
    END;
    Z(I)=SUM;
END;
```

Anstelle von SUM hätte man natürlich auch Z(I) schreiben können, und die Zuordnung Z(I)=SUM; wäre damit überflüssig. Für die Durchführung der Addition wären dafür aber jeweils drei indizierte Größen erforderlich.

3. Von einer symmetrischen Matrix A mit der Feldvereinbarung DCL A(12,12); ist die rechte obere Dreiecksmatrix einschließlich der Diagonalelemente berechnet worden. Auf Grund der Symmetrie sollen daraus die Werte für den unteren Teil der Matrix bestimmt und gespeichert werden. Dazu könnten folgende Befehle dienen:

```
DO I=2 TO 12;
    DO J=1 TO I-1;
```

```
        A(I,J)=A(J,I);
    END;
END;
```

4. Für die Multiplikation der beiden Matrizen A und B mit den Dimensionen (10, 15) bzw. (15, 20) nach der Formel

$$c_{ij} = \sum_{k=1}^{15} a_{ik} \cdot b_{kj} \qquad (i = 1, \ldots, 10; j = 1, \ldots, 20)$$

kann man folgende Befehle verwenden:

```
DCL A(10,15), B(15,20), C(10,20);
DO I=1 TO 10;
    DO J=1 TO 20;
        C(I,J)=0;
        DO K=1 TO 15;
            C(I,J)=C(I,J)+A(I,K)*B(K,J);
        END;
    END;
END;
```

4.4. Behandlung von Fehler- und Ausnahmebedingungen

Während der Abarbeitung eines Programms wird automatisch das Auftreten zahlreicher Fehler- und Ausnahmebedingungen registriert. Es erfolgt dann jeweils eine Unterbrechung des normalen Programmablaufs, und standardmäßig werden bestimmte vom Betriebssystem vorgesehene Maßnahmen ausgeführt, die im allgemeinen mit dem Abbruch der Abarbeitung enden.

Für eine Reihe dieser Bedingungen bietet PL1 dem Programmierer jedoch die Möglichkeit, unter Bezugnahme auf eine dafür festgelegte Bezeichnung eigene Maßnahmen im Falle ihres Auftretens zu veranlassen, die auch durchaus eine Fortsetzung der Programmabarbeitung gestatten können. Es handelt sich dabei um

— Bedingungen, die bei der Durchführung von Berechnungen und Wertzuordnungen auftreten können (z. B. Überlauf, Division durch 0, Konvertierungsfehler, Überschreitung der Dimensionsgrenzen);
— Bedingungen, die bei der Durchführung von Ein- und Ausgabeoperationen auftreten können (Dateiende, Seitenende, Satzlängenfehler, Schlüsselfehler);
— Bedingungen, die vom Programmierer eingeführt werden (im allgemeinen zu Testzwecken);
— Bedingungen, die vom System gesetzt werden.

Die für diese Bedingungen festgelegten Bezeichnungen können wie alle anderen Schlüsselwörter ohne weiteres auch für andere Größen verwendet werden; ihre Interpretation als Bezeichnung einer Fehler- oder Ausnahmebedingung erfolgt jeweils aus dem Zusammenhang heraus. Auf die Bedingungen, für die PL1 keine entsprechende Bezeichnung enthält (z. B. Datenfehler, Adreßfehler oder Fehler bei Verwendung der Standardfunktionen) kann durch den Programmierer nicht unmittelbar Bezug genommen werden. Lediglich über die bei ihrem Auftreten standardmäßig gesetzte Systembedingung ERROR kann man in beschränktem Umfang die Ausgabe zusätzlicher Informationen im Falle ihres Auftretens veranlassen.

4.4.1. Generelle Möglichkeiten

Voraussetzung dafür, daß das Auftreten einer Fehler- oder Ausnahmebedingung automatisch durch das System registriert und anschließend einer standardmäßigen oder vom Programmierer speziell festgelegten Behandlung unterzogen werden kann, ist, daß sich diese Bedingung im wirksamen Status befindet. Ist das nicht der Fall, so wird der betreffende Fehler- oder Ausnahmezustand nicht erkannt, und es ist folglich auch keine Behandlung desselben möglich. Hinsichtlich ihres Status kann man für die einzelnen Bedingungen folgende Einteilung vornehmen:

— Bedingungen, die sich ständig im wirksamen Status befinden und deren Auftreten damit stets zu einer Programmunterbrechung führt; eine Veränderung des Status durch den Programmierer ist in diesen Fällen nicht möglich.

Hierzu zählen sämtliche Bedingungen der Ein- und Ausgabe, die Systembedingung ERROR, die Bedingung CONDITION sowie alle die Bedingungen, auf die keine unmittelbare Bezugnahme in einem PL1-Programm möglich ist.

— Bedingungen, die sich standardmäßig im wirksamen Status befinden, der jedoch vom Programmierer verändert werden kann. Das Auftreten einer solchen Bedingung führt stets zu einer Programmunterbrechung, wenn sie nicht durch den Programmierer in den unwirksamen Status versetzt wurde.

Hierzu zählen die Bedingungen FIXEDOVERFLOW, OVERFLOW, UNDERFLOW, ZERODIVIDE und CONVERSION.

— Bedingungen, die sich standardmäßig im unwirksamen Status befinden, der jedoch vom Programmierer verändert werden kann. Das Auftreten eines entsprechenden Fehlerzustands führt nur dann zu einer Programmunterbrechung, wenn die Bedingung durch den Programmierer in den wirksamen Status versetzt wurde.

Hierzu zählen die Bedingungen SIZE, SUBSCRIPTRANGE, STRINGRANGE und CHECK.

Die Möglichkeit der Veränderung des Status für einige Fehler- und Ausnahmebedingungen besteht durch die Verwendung eines Bedingungspräfixes. Ein *Bedingungspräfix* hat die allgemeine Form

$$(\textit{Angabe})\text{:}\quad \text{oder}\quad (\textit{Angabe}_1, \textit{Angabe}_2, \ldots, \textit{Angabe}_n)\text{:}$$

und steht jeweils vor einem Befehl bzw. vor dessen Befehlsmarke, falls eine solche vorliegt. *Angabe* stellt dabei die Bezeichnung der betreffenden Bedingung dar, wenn diese in den wirksamen Status versetzt werden soll; die Bezeichnung ist mit dem vorangehenden Zusatz NO zu versehen, wenn es darum geht, durch das Bedingungspräfix die Bedingung in den unwirksamen Status zu versetzen. Der Zusatz NO ist jeweils unmittelbar mit der Bezeichnung zu verbinden. Ein Bedingungspräfix kann innerhalb der Klammern mehrere, durch Komma voneinander getrennte Angaben für unterschiedliche Bedingungen enthalten. Es ist aber auch möglich, mehrere Bedingungspräfixe für einen Befehl anzugeben.

Die Wirkung eines Bedingungspräfixes für einen ausführbaren Befehl besteht darin, daß der damit festgelegte Status der betreffenden Bedingung während der Ausführung dieses Befehls gilt; auf weitere Befehle des Programms hat ein solches Bedingungspräfix keinen Einfluß. Handelt es sich dabei um einen IF-Befehl, so gilt das Bedingungspräfix auch nicht für die beiden Zweige desselben, so wie sich ein Bedingungspräfix für einen DO-Befehl ebenfalls nur auf diesen, nicht aber auf die Befehle der nachfolgenden Befehlsschleife bezieht.

Einen größeren Gültigkeitsbereich umfaßt ein Bedingungspräfix für einen Befehl PROCEDURE, der stets am Beginn eines Programms stehen muß, auch wenn es sich dabei um ein nur in Verbindung mit anderen verwendbares Teilprogramm handelt. Die Angaben im Bedingungspräfix gelten dann für alle zu diesem Programm gehörigen Befehle mit Ausnahme derjenigen, die ein entgegengesetztes Bedingungspräfix für die gleiche Bedingung enthalten. Genauso wirkt auch die Angabe eines Bedingungspräfix für einen Befehl BEGIN, durch den ein Befehlsblock gekennzeichnet ist (Abschnitt 8.2.2.).

Zu beachten ist, daß ein Bedingungspräfix für die Bedingung CHECK nicht für einen einzelnen Befehl, sondern nur für einen Befehl PROCEDURE oder BEGIN und damit eine ganze Folge von Befehlen angegeben werden kann.

Beispiele

1.
```
      :
(SUBSCRIPTRANGE): M36: X(K)=(A(I)-A(I-1))/N;
      :
(NOOVERFLOW): M58: Z=ALPHA**(1E0+GAMMA);
      :
```

Das erste Bedingungspräfix besagt, daß in einem Befehl mit der Befehlsmarke M36 geprüft werden soll, ob einer der Indizes außerhalb der für die betreffenden Felder festgelegten Dimensionsgrenzen liegt. Da die Bedingung SUBSCRIPTRANGE standardmäßig im unwirksamen Status ist, wird eine solche Prüfung normalerweise nicht durchgeführt.

Das zweite Bedingungspräfix setzt die ansonsten im wirksamen Status befindliche Bedingung OVERFLOW während der Abarbeitung des Befehls mit der Befehlsmarke M58 in den unwirksamen Status.

2.
```
(SIZE): HP: PROCEDURE;
      :
(NOSIZE,NOZERODIVIDE): Y(J)=X**N/(1E0-BETA);
      :
```

Für das gesamte Programm HP wird die Bedingung SIZE, die sich standardmäßig im unwirksamen Status befindet, in den wirksamen Status versetzt. Für den Befehl mit der Zuordnung zur indizierten Variablen Y(J) wird diese Festlegung jedoch außer Kraft gesetzt. Außerdem wird für diesen Befehl die Bedingung ZERODIVIDE, die sich ansonsten im wirksamen Status befindet, in den unwirksamen Status versetzt. Das kann z. B. sinnvoll sein, wenn man auf Grund vorangegangener Kontrollen sicher sein kann, daß der Nenner stets von 0 verschieden ist.

Beim Auftreten einer im wirksamen Status befindlichen Bedingung erfolgt stets eine Programmunterbrechung. Standardmäßig werden nachfolgend automatisch entsprechende Maßnahmen ausgeführt, deren Inhalt für die einzelnen Bedingungen unterschiedlich und deren ausführlicher Beschreibung zu entnehmen ist. In den meisten Fällen bestehen sie lediglich in der Ausgabe einer Fehlermeldung, dem Setzen der Systembedingung ERROR und dem anschließenden Abbruch der Programmabarbeitung. Für alle Bedingungen, für die in PL1 eine Bezeichnung existiert, hat der Programmierer jedoch auch die Möglichkeit, eine von diesen Standardmaßnahmen abweichende Behandlung nach eigenem Ermessen vorzunehmen. Diesbezügliche Festlegungen kann er über einen Befehl ON vereinbaren, dessen allgemeine Form lautet:

ON *Bedingung Maßnahmen*

Bedingung stellt die Bezeichnung derjenigen Bedingung dar, für die die Festlegungen gelten sollen. Dabei ist zu beachten, daß für die Bedingungen der Ein- und Ausgabe neben deren Bezeichnung auch noch die der betreffenden Datei anzugeben ist. Außerdem kann im Anschluß an die Bezeichnung der Bedingung zusätzlich noch das Schlüsselwort SNAP angegeben werden, wodurch die Ausgabe einer Mitteilung darüber veranlaßt wird, in welchem Befehl und welchem Programm bzw. Teilprogramm die Bedingung aufgetreten ist.

Maßnahmen enthält die im Fall des Auftretens der Bedingung auszuführenden Operationen. Dieser Teil des Befehls wird auch als ON-Einheit bezeichnet, und es kann dafür angegeben werden:

— ein beliebiger ausführbarer Befehl ohne Befehlsmarke.

Handelt es sich dabei nicht um einen Sprungbefehl, so wird nach seiner Ausführung die Programmabarbeitung automatisch gemäß spezieller Festlegungen fortgesetzt. Diese sind für die einzelnen Bedingungen unterschiedlich und werden daher bei deren ausführlicher Beschreibung mit angegeben. Im allgemeinen erfolgt die Fortsetzung an oder hinter der Stelle, an der die Bedingung ausgelöst wurde.

Handelt es sich jedoch bei dem angegebenen Befehl um einen Sprungbefehl, so wird die Programmabarbeitung mit dem durch die Sprungadresse spezifizierten Befehl fortgesetzt. Der Programmierer muß dann selbst dafür sorgen, daß er gegebenenfalls wieder an die Stelle zurückkehrt, an der die Bedingung aufgetreten war.

— eine Folge von Befehlen.

Vor dem ersten Befehl der Folge ist in diesem Fall ein Befehl BEGIN; und hinter dem letzten Befehl ein Befehl END; anzugeben. Diese beiden zusätzlichen Befehle dienen zur Mitteilung an den Compiler, welche Befehle zu der jeweiligen Folge und damit zur betreffenden Maßnahme gehören sollen. Ausführliche Angaben über einen auf diese Weise gebildeten Befehlsblock sind in Abschnitt 8.2.2. enthalten. Die Fortsetzung der Programmabarbeitung nach Ausführung der angegebenen Folge von Befehlen geschieht in der gleichen Weise wie bei Angabe eines einzelnen Befehls. Enthält die Befehlsfolge einen Sprungbefehl, der aus der Befehlsfolge herausführt, so bewirkt dessen Abarbeitung die Fortsetzung des Programms an der durch die Sprungadresse spezifizierten Stelle, während in allen anderen Fällen die Fortsetzung gemäß der für die betreffende Bedingung geltenden Festlegungen automatisch erfolgt.

— ein Leerbefehl.

Dieser lediglich aus einem Semikolon bestehende Befehl bewirkt, daß beim Auftreten der Bedingung die Programmabarbeitung so fortgesetzt wird, als wäre die Bedingung gar nicht ausgelöst worden. Da in einem solchen Fall jedoch meist undefinierte Werte vorliegen, kommt es im allgemeinen dann zu Folgefehlern und damit zum Auftreten weiterer Bedingungen.

Günstiger kann man für einige Bedingungen diese Art der Behandlung dadurch erreichen, daß man sie in den unwirksamen Status versetzt. Der Vorteil dieser Form besteht darin, daß jeweils gar nicht erst geprüft wird, ob die Bedingung gesetzt werden müßte, während bei Angabe des Leerbefehls stets eine solche Prüfung stattfindet und im Falle des Auftretens der Bedingung dann festgestellt wird, daß diese ignoriert werden soll.

— die Angabe SYSTEM;

Hiermit wird festgelegt, daß beim Auftreten der Bedingung die Standardmaßnahme ausgeführt werden soll. Eine solche Angabe ist natürlich nur dann sinnvoll, wenn die Behandlung der betreffenden Bedingung im Verlauf der Programmabarbeitung unterschiedlich gehandhabt werden soll und vorher eine andere Festlegung dafür getroffen wurde.

Zu beachten ist, daß es sich bei dem ON-Befehl analog zum IF-Befehl (Abschnitt 4.2.) um einen zusammengesetzten Befehl handelt, der selbst kein abschließendes Semikolon enthält.

Die jeweilige ON-Einheit bringt die Maßnahmen zum Ausdruck, die im Falle des Auftretens der betreffenden Bedingung an Stelle der Standardmaßnahmen realisiert werden sollen. Wird ein ON-Befehl im Laufe der Programmabarbeitung erreicht, so werden folglich zunächst nur diese entsprechenden Informationen intern gespeichert; ausgeführt werden sie jedoch erst dann, wenn die Bedingung im weiteren Verlauf ausgelöst wird und sich zu diesem Zeitpunkt im wirksamen Status befindet. Tritt eine Bedingung auf, bevor die Abarbeitung eines entsprechenden ON-Befehls erfolgte, so werden die jeweiligen Standardmaßnahmen ausgeführt.

Durch die Angabe mehrerer ON-Befehle für die gleiche Bedingung können im Laufe der Programmabarbeitung unterschiedliche Maßnahmen für deren Behandlung festgelegt werden. Die Abarbeitung eines ON-Befehls für eine Bedingung, für die bereits ein solcher Befehl ausgeführt wurde, bewirkt, daß die vorangehenden Festlegungen gelöscht und durch die neuen ersetzt werden. Auf diese Weise kann man z. B. durch eine Angabe SYSTEM; veranlassen, daß vorherige Festlegungen für den Fall des Auftretens einer Bedingung wieder aufgehoben werden und die Behandlung derselben von nun an standardmäßig erfolgt.

Auch für die Fehlerbedingungen, für die in PL1 keine Bezeichnung existiert, kann mit gewissen Einschränkungen eine vom Programmierer speziell festgelegte Behandlung durchgeführt werden. Im Rahmen der Standardmaßnahmen wird beim Auftreten einer derartigen Bedingung stets die Systembedingung ERROR gesetzt; durch einen entsprechenden ON-Befehl für diese besteht die Möglichkeit, auch in einem solchen Fall noch verschiedene zweckmäßige Maßnahmen auszuführen, die dann allerdings den anschließenden Abbruch der Programmabarbeitung nicht verhindern können. Ausführliche Angaben über den Gültigkeitsbereich der durch einen ON-Befehl getroffenen Festlegungen bei der Zerlegung eines Programms in mehrere Teilprogramme sind in Abschnitt 8.2.1.2. enthalten. Dort wird auch der nur im Zusammenhang mit der Festlegung von Maßnahmen zur Behandlung von Fehler- und Ausnahmebedingungen verwendbare Befehl REVERT beschrieben.

Zur Unterstützung der Behandlung von Fehler- und Ausnahmebedingungen stehen dem Programmierer neben den in Abschnitt 3.2. beschriebenen noch einige weitere Standardfunktionen zur Verfügung. Diese Funktionen haben die Bezeichnungen

ONCODE	ONLOC	ONCHAR	ONSOURCE
ONFILE	ONKEY	DATAFIELD	

und sind stets ohne Argumente anzugeben. Sie können innerhalb von ON-Einheiten für verschiedene Bedingungen verwendet werden und liefern als Funktionswert bestimmte Informationen über die Ursache für deren Auftreten. Eine Verwendung dieser Standardfunktionen außerhalb einer ON-Einheit liefert keinen sinnvollen Funktionswert. Die beiden Funktionen ONCODE und ONLOC können in der ON-Einheit für jede Bedingung benutzt werden.

Der Funktionswert von ONCODE stellt in dualer Festkommadarstellung mit dem Genauigkeitsattribut (15,Ø) einen numerischen Code dar, dessen Wert die Ursache für das Auftreten der Bedingung charakterisiert; tabellarische Übersichten über die Bedeutung der einzelnen Werte sind der jeweiligen Systemliteratur zu entnehmen. Sinnvoll ist die Verwendung dieser Funktion vor allem, wenn für das Auftreten einer Bedingung mehrere unterschiedliche Möglichkeiten bestehen. Ferner ist auf diese Weise auch in einer ON-Einheit für die Systembedingung ERROR die Ursache der Programmunterbrechung im Falle des Auftretens von Bedingungen feststellbar, für die in PL1 keine Bezeichnung existiert, so daß eine entsprechende Behandlung veranlaßt werden kann.

Der Funktionswert von ONLOC ist eine Zeichenkette variabler Länge, deren Wert die Bezeichnung desjenigen Programms oder Teilprogramms darstellt, bei dessen Abarbeitung die Fehlermeldung aufgetreten ist. Eine Verwendung dieser Funktion ist vor allem dann sinnvoll, wenn das Programm aus einer Vielzahl von ineinandergeschachtelten Teilprogrammen besteht.

Alle weiteren oben aufgeführten Standardfunktionen sind nur in ON-Einheiten für spezielle Bedingungen anwendbar und werden daher im Rahmen der ausführlichen Beschreibung derselben näher erläutert. So beziehen sich die Funktionen ONCHAR und ONSOURCE stets auf die Bedingung CONVERSION, die Funktionen ONKEY und ONFILE auf die Bedingungen der Ein- und Ausgabe und die Funktion DATAFIELD auf die Bedingung NAME. Da bei der standardmäßigen Behandlung der Bedingungen meist die Systembedingung ERROR gesetzt wird, ist auch in einer dafür vorliegenden ON-Einheit die Verwendung dieser Standardfunktionen möglich. ONCHAR und ONSOURCE können darüber hinaus als Pseudovariable (Abschnitt 3.3.3.) zur Durchführung von Korrekturen beim Auftreten der Bedingung CONVERSION verwendet werden.

Beispiel. Ein Programm enthält u. a. folgende Befehle:

```
ON FIXEDOVERFLOW GOTO FEHL1;
ON CONVERSION BEGIN; ...
                     ...
                     ...
                 END;
ON UNDERFLOW;
   ⋮
ON FIXEDOVERFLOW GOTO FEHL2;
ON CONVERSION SYSTEM;
```

Zu Programmbeginn wird festgelegt, daß im Fall eines Festkommaüberlaufs ein Sprung zum Befehl mit der Marke FEHL1 durchgeführt werden soll, bei dem eine entsprechende Fehlerbehandlung erfolgt. Beim Auftreten der Bedingung CONVERSION sollen mehrere Befehle ausgeführt werden, während das Auftreten der Bedingung UNDERFLOW ignoriert werden soll. An einer anderen Stelle im Programm werden diese Festlegungen zum Teil wieder rückgängig gemacht. Im Falle des Auftretens eines Festkommaüberlaufs soll dann die Fortsetzung beim Befehl mit der Marke FEHL2 erfolgen, während bei Konvertierungsfehlern die Standardmaßnahmen wirksam werden sollen.

Das Auftreten von Fehler- und Ausnahmebedingungen kann nach Bedarf auch durch den Programmierer simuliert werden. Es steht ihm dazu der Befehl

SIGNAL *Bedingung*;

zur Verfügung, dessen Abarbeitung die gleiche Wirkung hat, als wäre die darin angegebene Bedingung auf Grund eines entsprechenden Fehler- oder Ausnahmezustands aufgetreten. Befindet sich die Bedingung im wirksamen Status, so werden folglich entweder die betreffenden Standardmaßnahmen oder die Maßnahmen ausgeführt, die durch einen ON-Befehl festgelegt wurden. Wird dabei nicht durch einen Sprungbefehl eine spezielle Fortsetzung vorgesehen, so erfolgt diese anschließend unmittelbar hinter dem Befehl SIGNAL. Befindet sich die Bedingung im unwirksamen Status, so wirkt der Befehl SIGNAL wie ein Leerbefehl.

Besondere Bedeutung kommt dieser Möglichkeit der Simulation von Bedingungen in der Phase des Programmtests zu. Durch Einfügen von SIGNAL-Befehlen während dieses Stadiums läßt sich die richtige Ausführung der beim Auftreten einer Bedingung im Programm vorgesehenen Maßnahmen im allgemeinen wesentlich einfacher überprüfen als durch die Bereitstellung speziell ausgerichteter Testdaten. Aber auch in einem ausgetesteten Programm können durchaus noch SIGNAL-Befehle enthalten sein, sofern es sich dabei um die Simulation von Ausnahmezuständen handelt. So legt man z. B. häufig in einem ON-Befehl für die Bedingung ENDPAGE (*Dateibezeichnung*), die beim Erreichen des Seitenendes einer Druckliste gesetzt wird, als Maßnahme den Übergang auf eine neue Seite und die Ausgabe einer entsprechenden Überschrift fest. Mit Hilfe eines Befehls SIGNAL kann man zu Programmbeginn das Auftreten dieser Bedingung simulieren und damit auf einfache Weise erreichen, daß auch die erste Seite dieser Liste die Überschrift enthält.

Ausschließlich durch die Abarbeitung eines Befehls SIGNAL ist das Auftreten von Bedingungen möglich, die vom Programmierer zusätzlich zu den als Bestandteil der Programmiersprache vorliegenden eingeführt wurden (CONDITION-Bedingung).

Beispiel. In einem Programm ist ein ON-Befehl für die Bedingung OVERFLOW enthalten, der die Ausführung bestimmter spezieller Maßnahmen bewirkt. Um die richtige Ausführung derselben kontrollieren zu können, wird während des Programmtests ein entsprechender Befehl SIGNAL verwendet:

```
ON OVERFLOW BEGIN; ... END;
      :
SIGNAL OVERFLOW;
```

4.4.2. Beschreibung einzelner Bedingungen

Dieser Abschnitt enthält die nähere Beschreibung einer Reihe von Fehler- und Ausnahmebedingungen. Ausgenommen sind allerdings die Bedingungen, die in Verbindung mit Operationen der Ein- und Ausgabe auftreten, da hierfür die Kenntnis der Ein- und Ausgabebefehle erforderlich ist; sie werden daher im Zusammenhang mit der Behandlung dieser Befehle beschrieben (Abschnitte 6.4. und 7.6.). Es wird jeweils erläutert, unter welchen Voraussetzungen die betreffende Bedingung gesetzt wird, welche Möglichkeiten für ihren Status bestehen und welche Standardmaßnahmen bei ihrem Auftreten ausgeführt werden. Weiterhin wird angegeben, wie die Programmfortsetzung nach einer normalen Beendigung der ON-Einheit eines entsprechenden ON-Befehls erfolgt; eine normale Beendigung liegt dann vor, wenn nicht durch Ausführung eines Sprungbefehls zu einem Befehl außerhalb der ON-Einheit verzweigt wurde.

FIXEDOVERFLOW, OVERFLOW und ZERODIVIDE

Die Bedingung FIXEDOVERFLOW (abgekürzt FOFL) tritt auf, wenn das Ergebnis einer arithmetischen Operation mit Festkommadaten dem Betrag nach so groß wird, daß es die maximal zulässige Ziffernanzahl m überschreitet ($m = 15$ bei dezimalen, $m = 31$ bei dualen Festkommadaten).

Die Bedingung OVERFLOW (abgekürzt OFL) tritt auf, wenn das Ergebnis einer arithmetischen Operation mit Gleitkommadaten dem Betrag nach so groß wird, daß es die Darstellungsmöglichkeiten für Gleitkommagrößen überschreitet (Abschnitt 2.2.2.4.).

Die Bedingung ZERODIVIDE (abgekürzt ZDIV) tritt auf, wenn eine Divison ausgeführt werden soll und der Divisor den Wert 0 hat.

In jedem Fall ist das Ergebnis der beabsichtigten Operation undefiniert.

Standardmäßig sind alle drei Bedingungen stets im wirksamen Status, der jedoch durch ein Bedingungspräfix verändert werden kann. Die Standardmaßnahme beim Auftreten einer der Bedingungen ist die Ausgabe einer Fehlermeldung und das anschließende Setzen der Systembedingung ERROR. Werden durch einen ON-Befehl spezielle Maßnahmen festgelegt, so erfolgt nach normaler Beendigung der ON-Einheit die automatische Fortsetzung der Programmabarbeitung unmittelbar hinter der Stelle, an der die Bedingung ausgelöst wurde. Dabei handelt es sich allerdings nicht um den nächsten PL1-Befehl, sondern die nächstfolgende Anweisung innerhalb des vom Compiler erzeugten Maschinenprogramms.

Tritt zum Beispiel in einem Programm ein Befehl Y=X/Z; auf, so hat es keinen Sinn, vielleicht einen Befehl ON ZDIV Y=Ø; als Behandlungsmaßnahme zu programmieren. Beim Auftreten der Bedingung ZERODIVIDE würde zwar der Größe Y zunächst der Wert 0 zugeordnet werden, nach der Rückkehr an die Stelle der Unterbrechung erfolgt jedoch die weitere Berechnung des Ausdrucks unter Verwendung des undefinierten Werts und die anschließende Zuordnung zur Variablen Y; damit ist der Wert 0 wieder verloren gegangen. Eine Möglichkeit zur Umgehung dieser Schwierigkeiten besteht darin, die ON-Einheit stets mit einem Sprung zu einem anderen PL1-Befehl abzuschließen. Schreibt man beispielsweise den ON-Befehl in der Form ON ZDIV BEGIN; Y=Ø; GOTO M1; END; und versieht den auf den Befehl Y=X/Z; folgenden Befehl mit der Befehlsmarke M1, so kann man alle weiteren Operationen so ausführen, als wäre bei der Division der Wert 0 herausgekommen.

UNDERFLOW

Die Bedingung UNDERFLOW (abgekürzt UFL) tritt auf, wenn das Ergebnis einer arithmetischen Operation mit Gleitkommadaten dem Betrag nach so klein wird, daß der Wert unterhalb des kleinsten darstellbaren Werts liegt (Abschnitt 2.2.2.4.). Das Ergebnis der Operation wird in diesem Fall auf 0 gesetzt.

Standardmäßig ist die Bedingung stets im wirksamen Status, der jedoch durch ein Bedingungspräfix verändert werden kann. Die Standardmaßnahme beim Auftreten der Bedingung ist die Ausgabe einer Fehlermeldung und die anschließende Fortsetzung der Programmabarbeitung an der Stelle der Unterbrechung. Auf Grund der Korrektur durch Nullsetzen des Resultats ist im allgemeinen ein ON-Befehl für diese Bedingung nicht erforderlich. Muß man jedoch öfters mit dem Auftreten der Bedingung rechnen, so ist es zweckmäßig, die Bedingung in den unwirksamen Status zu versetzen oder einen Befehl der Form ON UFL; anzugeben, um die Ausgabe der sonst erfolgenden Fehlermeldungen zu vermeiden. Die automatische Fortsetzung nach Ausführung eines ON-Befehls erfolgt wie bei der Standardmaßnahme an der Stelle der Unterbrechung.

CONVERSION

Die Bedingung CONVERSION (abgekürzt CONV) tritt auf, wenn bei der Berechnung eines Ausdrucks oder der Abarbeitung eines Zuordnungsbefehls der Inhalt einer Zeichenkette auf Grund der Konvertierungsregeln in einen anderen Datentyp umgewandelt werden muß, diese Umwandlung aber nicht ausführbar ist. Ein solcher Fall liegt z. B. vor, wenn eine Zeichenkette nicht die zeichenweise Darstellung einer arithmetischen Konstanten enthält, aber eine Konvertierung in einen arithmetischen Typ erforderlich ist, oder wenn eine Zeichenkette in eine Bitkette umzuwandeln ist und andere Zeichen als Ø oder 1 enthält. Da es sich bei der Eingabe von Daten im Falle der reihenweisen Datenübertragung ebenfalls um eine Umwandlung zeichenweise auf einem externen Speichermedium dargestellter Werte in eine interne Darstellungsform handelt, kann die Bedingung CONVERSION auch in diesem Zusammenhang auftreten. In jedem Fall ist das Ergebnis der beabsichtigten Operation undefiniert.

Standardmäßig befindet sich die Bedingung CONVERSION stets im wirksamen Status, der jedoch durch ein Bedingungspräfix auch verändert werden kann. Die Standardmaßnahme beim Auftreten der Bedingung ist die Ausgabe einer Fehlermeldung und das anschließende Setzen der Systembedingung ERROR. Durch einen ON-Befehl für die Bedingung können Maßnahmen festgelegt werden, die eine Korrektur der fehlerhaften Zeichenkette bewirken und einen erneuten Versuch zur Umwandlung derselben veranlassen; zu diesem Zweck stehen die beiden Standardfunktionen ONCHAR und ONSOURCE zur Verfügung.

Der Funktionswert der Funktion ONCHAR ist eine Zeichenkette der Länge 1 und stellt dasjenige Zeichen dar, durch welches die Bedingung ausgelöst wurde. Durch Verwendung von ONCHAR als Pseudovariable kann diesem Zeichen innerhalb der ON-Einheit ein neuer Wert zugeordnet werden.

Der Funktionswert der Funktion ONSOURCE ist eine Zeichenkette variabler Länge und stellt die gesamte Zeichenkette dar, bei deren versuchter Umwandlung die Bedingung ausgelöst wurde. Durch Verwendung von ONSOURCE als Pseudovariable kann dieser Zeichenkette innerhalb der ON-Einheit ein neuer Wert zugeordnet werden.

Im Fall des Ersetzens des fehlerhaften Zeichens oder der gesamten Zeichenkette mit Hilfe einer der angegebenen Pseudovariablen wird nach der normalen Abarbeitung der betreffenden ON-Einheit die Konvertierung automatisch erneut versucht. Wurde jedoch keine solche Ersetzung vorgenommen, so wird die Abarbeitung mit der Ausführung der Standardmaßnahmen fortgesetzt.

SIZE und SUBSCRIPTRANGE

Die Bedingung SIZE tritt auf, wenn einer arithmetischen Größe oder einer numerischen Abbildungsvariablen ein Wert zugeordnet werden soll, der den durch das Genauigkeitsattribut festgelegten Wertebereich überschreitet. Möglichkeiten dafür bestehen bei der Abarbeitung von Zuordnungsbefehlen sowie in Verbindung mit der Eingabe von Daten. Das Ergebnis der Wertzuordnung ist dann undefiniert, weil die führenden (linken) Ziffern des betreffenden Zahlenwerts verlorengehen. So bleibt beispielsweise bei der Zuordnung des Werts 7342,5 zu einer mit dem Attribut FIXED(5,2) vereinbarten Variablen die führende Ziffer 7 unberücksichtigt, und die Variable erhält den Wert 342,5, mit dem auch sämtliche Operationen ausgeführt werden. Bei der Zuordnung längerer Zeichen- oder Bitketten zu entsprechenden Kettenvariablen wird die Bedingung nicht gesetzt.

Die Bedingung SUBSCRIPTRANGE (abgekürzt SUBRG) tritt auf, wenn der Wert eines Index für eine indizierte Größe außerhalb der im Dimensionsattribut für das betreffende Feld vereinbarten Dimensionsgrenzen liegt. Das Ergebnis ist auch in diesem Fall undefiniert.

Standardmäßig befinden sich beide Bedingungen im unwirksamen Status, und beim Vorliegen eines entsprechenden Sachverhalts wird folglich die Programmabarbeitung unter Verwendung des undefinierten Werts fortgesetzt. In den wirksamen Status können die Bedingungen nur durch Angabe eines Bedingungspräfixes versetzt werden. Die Standardmaßnahme zu ihrer Behandlung ist in diesem Falle die Ausgabe einer Fehlermeldung und das Setzen der Systembedingung ERROR. Nach der normalen Beendigung der ON-Einheit eines für die Bedingung angegebenen ON-Befehls erfolgt die Programmfortsetzung unmittelbar hinter der Stelle, an der die Unterbrechung auftrat; im allgemeinen wird man folglich die weitere Abarbeitung durch einen Sprungbefehl steuern.

STRINGRANGE

Die Bedingung STRINGRANGE (abgekürzt STRG) tritt auf, wenn bei Verwendung der Standardfunktion SUBSTR(*k*,*m*,*n*) (Abschnitt 3.2.3.) oder der gleichlautenden Pseudovariablen (Abschnitt 3.3.3.) die erforderlichen Beziehungen zwischen den anzugebenden Argumenten nicht eingehalten wurden und damit die gewünschte Teilkette nicht gebildet werden kann. Die Beziehungen lauten:

$$1 \leqq m \leqq \mathrm{l}, \qquad 0 \leqq n \leqq \mathrm{l} \quad \text{und} \quad m + n \leqq \mathrm{l} + 1,$$

wobei l die Länge der als erstes Argument angegebenen Kette *k* darstellt.

Standardmäßig befindet sich die Bedingung STRINGRANGE stets im unwirksamen Status; in den wirksamen Status kann sie nur durch Angabe eines entsprechenden Bedingungspräfixes versetzt werden. Die Standardmaßnahme zu ihrer Behandlung ist dann im allgemeinen die Wiederholung der Teilkettenbildung mit verändertem Argument *n*, dessen Wert so bestimmt wird, daß sich die Teilkette vollständig innerhalb der ursprünglichen Kette *k* befindet. Liegt allerdings die Anfangsposition *m* der Teilkette außerhalb von *k*, so ergibt sich die leere Kette. Nach normaler Beendigung einer ON-einheit wird ebenfalls die Standardmaßnahme ausgeführt.

Normalerweise ist es ausreichend, die Bedingung durch ein Bedingungspräfix in den wirksamen Status zu versetzen, wenn man entsprechende Kontrollen ins Programm aufnehmen will. Ein ON-Befehl ist im allgemeinen nicht erforderlich, da die Standardmaßnahmen in diesem Fall eine wirksame Korrektur liefern.

CHECK (*Liste von Bezeichnungen*)

Diese Bedingung dient zur Unterstützung des Programmtests und ist ein wirksames Hilfsmittel bei der Fehlersuche. Hinter dem Schlüsselwort CHECK ist in Klammern eine Liste von durch Komma voneinander getrennten Bezeichnungen anzugeben. Diese Bezeichnungen können einzelne Variable, Felder oder Strukturen, Befehlsmarken oder Bezeichnungen von Teilprogrammen sein. Nicht zulässig sind indizierte Variable, Bezeichnungen von Standardfunktionen sowie solche Größen, die mit einem der Attribute DEFINED oder BASED vereinbart wurden oder Parameter von Teilprogrammen (Abschnitt 8.3.2.) darstellen.

Die Bedingung CHECK befindet sich nur dann im wirksamen Status, wenn ein entsprechendes Bedingungspräfix vorliegt, das in diesem Fall stets für einen Befehl PROCEDURE oder BEGIN (Abschnitt 8.2.2.) angegeben werden muß und damit für das gesamte Teilprogramm oder den gesamten Block gilt. Durch ein Bedingungspräfix NOCHECK (*Liste von Bezeichnungen*): kann die Bedingung für darin enthaltene andere

Teilprogramme oder Blöcke in den unwirksamen Status versetzt werden (siehe auch Abschnitt 8.2.1.2.).

Befindet sich die Bedingung im wirksamen Status, so werden standardmäßig innerhalb des Gültigkeitsbereichs des Bedingungspräfixes verschiedene Mitteilungen über den Ablauf der Programmabarbeitung über die Standardausgabeeinheit ausgegeben. Diese beinhalten folgende Informationen über die in der Liste der Bezeichnungen enthaltenen Größen:

— für eine Variable deren Bezeichnung und Wert, sobald dieser oder ein Teil desselben durch irgendeinen Befehl verändert wurde;

— für eine Struktur die qualifizierte Bezeichnung und den Wert jedes Strukturelements, das einen neuen Wert erhält;

— für ein Feld stets sämtliche indizierten Elemente mit ihren Werten, wenn sich auch nur der Wert eines Elements ändert;

— für eine Befehlsmarke deren Bezeichnung, wenn die Abarbeitung des betreffenden Befehls beginnt;

— für ein Teilprogramm dessen Bezeichnung, wenn seine Abarbeitung begonnen wird.

Die Ausgabe erfolgt stets in standardisierter Form nach den Regeln der reihenweisen Ausgabe unter Verwendung einer Datenspezifikation mit dem Schlüsselwort DATA (Abschnitt 6.3.2.). Auf die Ausführung der betreffenden Befehle hat diese Ausgabe keinen Einfluß. Gibt man für die Bedingung CHECK einen ON-Befehl an, so können natürlich auch beliebige andere Informationen ausgegeben werden. Nach normaler Beendigung der betreffenden ON-Einheit erfolgt die Fortsetzung der Programmabarbeitung an der Stelle, an der die Unterbrechung aufgetreten ist.

CONDITION (*Bezeichnung*)

Zusätzlich zu den zur Programmiersprache gehörigen kann der Programmierer noch eigene Bedingungen vereinbaren. Durch einen Befehl der Form

ON CONDITION (*Bezeichnung*) *Maßnahmen*

steht unter der angegebenen Bezeichnung eine zusätzliche Bedingung zur Verfügung, die stets im wirksamen Status ist, deren Auftreten allerdings nur durch die Abarbeitung eines Befehls

SIGNAL CONDITION (*Bezeichnung*);

im Programm bewirkt wird. Nach Ausführung der angegebenen ON-Einheit erfolgt die Programmfortsetzung mit dem auf den Befehl SIGNAL folgenden Befehl.

In erster Linie zu Testzwecken kann man auf diese Weise durch entsprechende SIGNAL-Befehle an verschiedenen Stellen eines Programms jeweils die gleichen Maßnahmen abarbeiten, ohne diese mehrfach ins Programm aufnehmen zu müssen.

ERROR

Hierbei handelt es sich um eine Systembedingung, die als Abschluß der Standardmaßnahmen für die meisten Fehlerbedingungen gesetzt wird und den Abbruch der Programmabarbeitung zur Folge hat. Sie befindet sich stets im wirksamen Status. Durch einen ON-Befehl für diese Bedingung besteht die Möglichkeit, noch entsprechende Informationen auszugeben oder andere geeignete Maßnahmen zu veranlassen. Besonders für solche Bedingungen, die in PL1 keine spezielle Bezeichnung haben und demzufolge vom Programmierer nicht unmittelbar behandelt werden können, spielt diese Möglichkeit eine Rolle. Durch Anwendung der Standardfunktion ONCODE kann man sich dann zum Beispiel eine Information darüber verschaffen, welcher Fehlerzustand zum Setzen der Bedingung ERROR geführt hat. Nach normaler Beendigung der betreffenden ON-Einheit wird die Abarbeitung abgebrochen.

Beispiele

1. Es sollen die Funktionswerte der Funktion $y = \frac{x}{x^2 - x - 2}$ für die Argumente $x = -3, \ldots, +3$ bei einer Schrittweite von 0,1 berechnet und gedruckt werden. In den Fällen, in denen der Nenner den Wert 0 hat, soll der Druck unterbleiben. Für diese Aufgabe könnten folgende Befehle verwendet werden:

```
        ON ZDIV GOTO M5;
        DO X=-3E0 TO 3E0 BY 1E-1;
           Y=X/(X*X-X-2E0);
           Drucke X und Y
    M5: END;
```

An den Nullstellen des Nenners wird die Bedingung ZERODIVIDE gesetzt. Auf Grund des angegebenen ON-Befehls wird in diesem Fall der Druck übergangen und die Abarbeitung der Schleife mit dem nächsten Durchlauf fortgesetzt.

2. Beim Auftreten der Bedingung UNDERFLOW soll normalerweise die Programmabarbeitung fortgesetzt werden, nachdem der betreffende Wert automatisch auf 0 gesetzt wurde. Tritt die Bedingung jedoch mehr als 10mal auf, so soll die Abarbeitung nach der Ausgabe einer entsprechenden Fehlermeldung abgebrochen werden. Das Programm könnte dafür folgende Befehle enthalten:

```
ON UNDERFLOW BEGIN;
   N=N+1;
   IF N>10 THEN DO; Ausgabe der Fehlermeldung
                    GOTO EX;
                END;
 END;
N=0;
   :
```

(Die Befehlsmarke EX soll vor dem das Programm abschließenden Befehl END; stehen.)

3. In einem Programm soll in allen Fällen, in denen die Bedingung CONVERSION auftritt, das diese Bedingung verursachende unzulässige Zeichen durch die Ziffer 0 ersetzt werden. Es könnte dazu ein Befehl

```
ON CONVERSION ONCHAR='0';
```

verwendet werden. Nach dem Ersetzen des Zeichens wird die Umwandlung erneut versucht.

4. Bei Fehlern, die in Verbindung mit der Anwendung von Standardfunktionen auftreten, wird jeweils eine Fehlermeldung ausgegeben und die Bedingung ERROR gesetzt; eine unmittelbare Behandlung über einen ON-Befehl ist nicht möglich. Soll in einem Programm für den Fall des Auftretens negativer Radikanden bei der Funktion SQRT ein Sprung zum Befehl mit der Befehlsmarke M47 erfolgen und bei negativen Argumenten für die Funktion LOG ebenfalls eine spezielle Behandlung durchgeführt werden, so ist das nur über einen ON-Befehl für die Bedingung ERROR in Verbindung mit der Standardfunktion ONCODE möglich. Das Programm könnte dann etwa folgende Befehle enthalten:

```
ON ERROR BEGIN;
   IF ONCODE=1501 THEN GOTO M47;
      ELSE IF ONCODE=1505 THEN DO; ...; END;
         ELSE GOTO EX;
   END;
```

Beim Auftreten der ERROR-Bedingung wird im Falle des Fehlercodes 1501, der bei negativem Argument für SQRT gesetzt wird, und des Fehlercodes 1505, der bei negativem Argument für die Funktion LOG gesetzt wird, eine spezielle Behandlung durchgeführt. In allen anderen Fällen wird zur Befehlsmarke EX gesprungen, die für den END-Befehl des Programms vergeben worden sein soll.

5. Durch einen Befehl

```
ON CONDITION (ZWDRUCK) BEGIN; ... ; END;
```

wird unter der Bezeichnung ZWDRUCK eine zusätzliche Bedingung eingeführt. An jeder Stelle des Programms, an der ein Befehl

```
SIGNAL ZWDRUCK;
```

auftritt, wird die angegebene ON-Einheit ausgeführt und die Programmabarbeitung anschließend mit dem auf den Befehl SIGNAL folgenden Befehl fortgesetzt.

6. Ein Programm enthält unter anderem folgende Befehle:

```
(CHECK(STR,K,I,M1,M2)): PROG1: PROCEDURE;
    DCL K(3), 1 STR,2 ((A,B,C)CHAR(3)), (U,V)(10), PAR CHAR(1);
    :
    K=0; A='AAA'; B='BBB';
    IF PAR='0' THEN GOTO M1;
    DO I=1 TO 3;
        K(I)=I*4;
    END;
    IF PAR='1' THEN GOTO M2;
M1:DO J=1 TO 10;
        U(J)=V(J)*MY/1000;
    END;
M2:C='CCC';
    :
```

Die Abarbeitung dieser Befehlsfolge bewirkt folgende Ausgabezeilen als Ergebnis der Angabe des Bedingungspräfixes CHECK, wobei angenommen wird, daß die Größe PAR den Wert '1' hat:

```
K(1)=       0       K(2)=    0       K(3)=    0;
STR.A='AAA';
STR.B='BBB';
I=         1;
K(1)=       4       K(2)=    0       K(3)=    0;
I=         2;
K(1)=       4       K(2)=    8       K(3)=    0;
I=         3;
K(1)=       4       K(2)=    8       K(3)=   12;
I=         4;
M2
STR.C='CCC';
```

4.5. Abbruch und Unterbrechung der Programmabarbeitung

Die Beendigung eines Programms erfolgt normalerweise mit dem Erreichen seines abschließenden END-Befehls entweder im Verlauf der sequentiellen Befehlsabarbeitung oder durch einen Sprungbefehl. Durch das Auftreten von Fehlerbedingungen kann das Ende auch vorzeitig hervorgerufen werden.

Bestehen innerhalb des Programms mehrere Möglichkeiten für eine planmäßige Beendigung der Abarbeitung oder einen programmierten Abbruch in Abhängigkeit von bestimmten Bedingungen, so kann an Stelle eines Sprungs zum Programmende auch ein spezieller Befehl

```
STOP;
```

verwendet werden. Dieser darf im Programm beliebig oft auftreten und bewirkt, daß mit seiner Ausführung die Programmabarbeitung sofort beendet wird. Er hat vor allem Bedeutung im Zusammenhang mit der Untergliederung eines Programms in mehrere Teilprogramme (Kapitel 8); ein Befehl STOP führt dann nicht wie das Erreichen des END-Befehls nur zur Beendigung des jeweiligen Teilprogramms, sondern der gesamten Programmabarbeitung.

Während nach einem Abbruch eine erneute Abarbeitung nur wieder von Anfang an erfolgen kann, besteht daneben noch die Möglichkeit, die Programmabarbeitung zeitweilig zu unterbrechen und später an der Stelle der Unterbrechung fortzusetzen. Eine solche Unterbrechung wird stets in Verbindung mit der Ausgabe einer Mitteilung an den Bediener über die Bedieneinheit (Konsolschreibmaschine, Bildschirm) realisiert und gestattet diesem, in bestimmter Weise in die Abarbeitung eines Programms einzugreifen und geeignete Maßnahmen zur Gewährleistung eines ordnungsgemäßen Ablaufs zu veranlassen. Für diese Art der Kommunikation mit dem Bediener können nicht die sonst üblichen Ein- und Ausgabebefehle verwendet werden, sondern es steht dafür ein spezieller, durch das Schlüsselwort DISPLAY gekennzeichneter Befehl zur Verfügung.

In seiner einfachsten Form

DISPLAY (*Ausdruck*);

bewirkt dieser Befehl lediglich die Ausgabe einer Mitteilung über die Bedieneinheit und die Fortsetzung der Abarbeitung ohne Unterbrechung mit dem darauffolgenden Befehl. Der Wert des in Klammern anzugebenden Ausdrucks, der im allgemeinen eine Zeichenkette ergeben sollte und ansonsten in eine solche umgewandelt wird, stellt die auszugebende Mitteilung dar; diese darf aus maximal 72 Zeichen bestehen und beginnt automatisch stets auf einer neuen Zeile.

Auf Grund der geringen Ausgabegeschwindigkeit sollte möglichst von einer Ausgabe über die Bedieneinheit in dieser Form kein Gebrauch gemacht werden. Lediglich in Ausnahmefällen ist es beispielsweise bei Programmen mit sehr langen Laufzeiten unter Umständen angebracht, nach größeren Programmabschnitten zu Kontrollzwecken eine kurze Information über den Stand der Abarbeitung auszugeben. Gegebenenfalls trifft das auch auf bestimmte Fehlermeldungen zu, wenn der Bediener an Hand seiner Unterlagen über das abzuarbeitende Projekt eine Beseitigung des Fehlers und eine anschließende erneute Abarbeitung selbständig veranlassen kann. Im Programm wird in diesem Fall auf den Befehl DISPLAY im allgemeinen ein Befehl STOP oder ein Sprungbefehl zum Programmende folgen.

Beispiele

1. Durch einen Befehl

DISPLAY ('ENDE DES 1.ABSCHNITTS');

wird dem Bediener lediglich eine Information über den gegenwärtigen Stand der Bearbeitung gegeben.

2. In einem Programm werden zunächst zwei Lochkarten eingelesen, die bestimmte, für die Steuerung des Programmablaufs benötigte Daten beinhalten. Die erste Karte ist durch das Zeichen 1, die zweite durch das Zeichen 2 in Lochspalte 1 gekennzeichnet. Bei der Eingabe ist die richtige Reihenfolge dieser Karten zu prüfen und im Falle eines Fehlers eine entsprechende Mitteilung an den Bediener auszugeben; nach dem anschließenden Programmabbruch kann dieser dann eine Berichtigung vornehmen und die Abarbeitung erneut veranlassen.

Das Programm könnte dafür etwa folgende Befehle enthalten:

```
      DCL (KKZ,VG) CHAR(1);
      VG='1'; GET EDIT (KKZ)(A(1));
      IF KKZ=VG THEN DO;
                     :
           weitere Eingabe der 1. Karte
                     :
                     END;
                ELSE DO;
DISP: DISPLAY ('FALSCHE KARTENEINGABE: KK'||VG||'='||KKZ);
                     STOP;
                     END;
      VG='2'; GET EDIT (KKZ) (SKIP,A(1));
      IF KKZ=VG THEN DO;
                     :
           weitere Eingabe der 2. Karte
                     :
                     END;
                ELSE GOTO DISP;
                     :
```

Die Befehle GET EDIT ... bewirken jeweils das Einlesen des Kartenkennzeichens; ihre ausführliche Behandlung erfolgt in Kapitel 6. Enthält die 2. Karte nicht das Kartenkennzeichen 2, so wird eine Information

FALSCHE KARTENEINGABE: KK2=x

ausgegeben.

Von größerer Bedeutung ist jedoch die Verwendung des Befehls DISPLAY in seiner erweiterten Form

DISPLAY (*Ausdruck*) REPLY (*Zeichenkettenvariable*);

Auch hier wird zunächst die dem Wert des angegebenen Ausdrucks entsprechende Information über die Bedieneinheit ausgegeben. Anschließend wird aber die Programmabarbeitung solange unterbrochen, bis vom Bediener eine Antwort darauf ebenfalls über die Bedieneinheit eingegeben wurde, die maximal 126 Zeichen umfassen kann. Erst danach wird die Programmabarbeitung mit dem auf den Befehl DISPLAY folgenden Befehl fortgesetzt. Die vom Bediener als Antwort eingegebenen Zeichen werden der hinter dem Schlüsselwort REPLY in Klammern angegebenen Zeichenkettenvariablen zugeordnet und stehen damit im Programm zur Verfügung. Der Programmierer kann unter Verwendung dieser Variablen beispielsweise eine entsprechende Kontrolle der Antwort vornehmen oder auch eine davon abhängige alternative Fortsetzung der Programmabarbeitung veranlassen.

Gebrauch machen wird man von der Möglichkeit einer solchen Programmunterbrechung vor allem in Fällen, in denen gewisse Entscheidungen über den weiteren Programmablauf erst während der Programmausführung getroffen werden können oder in irgendeiner anderen Weise ein Eingriff des Bedieners erforderlich ist. Die jeweils auszuführende Operation wird dem Bediener dann über die Bedieneinheit mitgeteilt, und dieser kann nach Ausführung derselben durch eine vereinbarte Eingabe die Fortsetzung der Programmabarbeitung veranlassen.

Zur rationelleren Gestaltung des gesamten Ablaufs besteht darüber hinaus noch die Möglichkeit, die Programmabarbeitung nicht vollständig zu unterbrechen, bis eine Antwort des Bedieners eingegeben wurde, sondern inzwischen mit der Ausführung anderer Operationen fortzufahren, die natürlich unabhängig von der vom Bediener auszuführenden Aktion sein müssen. Erst an der Stelle, an der die Antwort des Bedieners tatsächlich vorliegen muß, weil anschließend diesbezügliche Operationen abzuarbeiten sind, muß dann dafür gesorgt werden, daß eventuell eine Unterbrechung eintritt, bis mit der Eingabe einer Antwort die gesamte Aktion des Bedieners beendet ist. Der Befehl DISPLAY ist zur Realisierung dieser Möglichkeit in der Form

DISPLAY (*Ausdruck*) REPLY (*Zeichenkettenvariable*) EVENT (*Ereignisvariable*);

anzugeben und bewirkt wie üblich die Ausgabe der dem Ausdruck entsprechenden Mitteilung über die Bedieneinheit. Zusätzlich wird das Vorliegen der Antwort des Bedieners als Ereignis definiert, dessen Erfüllung über eine damit verknüpfte Ereignisvariable, deren Bezeichnung in Klammern hinter dem Schlüsselwort EVENT anzugeben ist, kontrolliert wird. Bei einer Ereignisvariablen handelt es sich um einen speziellen Datentyp, der explizit in der Form

DCL *Bezeichnung* EVENT;

zu vereinbaren ist und vor allem in Verbindung mit der Multiaufgabenverarbeitung (Abschnitt 9.4.) eine wichtige Rolle bei der Synchronisation der gesamten Abarbeitung spielt. In analoger Weise kann damit jedoch auch im Zusammenhang mit der satzweisen Ein- und Ausgabe (Kapitel 7) sowie dem Befehl DISPLAY gearbeitet werden.

Eine Ereignisvariable hat zwei unterschiedliche Werte: einen Beendigungswert, der eine Bitkette der Länge 1 darstellt, und einen Zustandswert mit den Attributen BINARY FIXED(15). Bei der Zuordnung einer Ereignisvariablen zu einer anderen werden jeweils beide Werte zugeordnet. Eine Verknüpfung von Ereignisvariablen mit anderen Variablen ist nicht möglich. Durch Verwendung der beiden Standardfunktionen COMPLETION (*Ereignisvariable*) bzw. STATUS (*Ereignisvariable*), die jeweils nur die Angabe der betreffenden Ereignisvariablen als Argument erfordern, kann man deren Beendigungs- bzw. Zustandswert auch im Programm zur Verfügung haben; durch analoge Pseudovariable ist weiterhin eine Wertzuordnung möglich.

In Verbindung mit dem Befehl DISPLAY spielt nur der Beendigungswert der Ereignisvariablen eine Rolle. Die Abarbeitung des Befehls bewirkt die Verknüpfung der angegebenen Ereignisvariablen mit dem Ereignis „Antwort des Bedieners", und ihr Beendigungswert wird zunächst auf 'Ø'B gesetzt (nicht beendet). Die anschließende Befehlsfolge wird danach soweit abgearbeitet, bis ein mit der gleichen Ereignisvariablen verbundener Befehl

WAIT (*Ereignisvariable*);

auftritt, der eine Abfrage ihres Beendigungswerts beinhaltet. Ist das mit der Variablen verknüpfte Ereignis beendet, d. h., der Bediener hat seine Aktion ausgeführt und bereits eine entsprechende Antwort eingegeben, so wird der Beendigungswert auf '1'B (beendet) gesetzt und die weitere Abarbeitung mit dem auf den Befehl WAIT folgenden Befehl fortgesetzt. Die Ereignisvariable kann anschließend wieder mit einem neuen Ereignis verknüpft werden. Ist das betreffende Ereignis jedoch noch nicht beendet, so wird die weitere Abarbeitung so lange unterbrochen, bis die Ereignisvariable auf Grund der Antwort des Bedieners den Wert '1'B erhält. Erst dann wird die Abarbeitung in gleicher Weise fortgesetzt.

Beispiele

1. In Abhängigkeit vom Wert einer Größe A soll der Bediener an einer bestimmten Stelle eines Programms nach Ausgabe dieses Wertes über die Bedieneinheit entscheiden, ob die Abarbeitung fortgesetzt werden soll oder nicht. Im Falle der Fortsetzung sind durch ihn die Zeichen FORT, im anderen Fall die Zeichen NEIN einzugeben. Stimmt die Antwort des Bedieners nicht mit einer der beiden Angaben überein, so soll er vom Programm aus nochmals zur Eingabe einer Antwort aufgefordert werden.

Das Programm könnte dazu folgende Befehle enthalten:

```
        DCL A FIXED(4,2), PA PIC'Z9V,99', CH CHAR(4);
        :
        PA=A;
        DISPLAY ('A='||PA||'␣␣FORTSETZUNG␣?') REPLY (CH);
     M2:IF CH='NEIN' THEN GOTO EX;
          ELSE IF CH¬='FORT' THEN DO;
             DISPLAY ('ANTWORT NOCHMALS EINGEBEN') REPLY (CH);
             GOTO M2;
             END;
        :
```

Nach der Ausgabe über die Bedieneinheit wird die Abarbeitung jeweils so lange unterbrochen, bis der Bediener seine Antwort eingegeben hat.

2. Nach Ausgabe verschiedener Listen soll in einem Programm die weitere Ausgabe mit zwei Durchschlägen erfolgen. Der Bediener wird daher vom Programm aus aufgefordert, einen entsprechenden Papierwechsel vorzunehmen und die Beendigung dieser Operation durch Eingabe der Zeichen WEITER mitzuteilen. Während des Papierwechsels sollen im Programm eine (36 × 52)-Matrix A mit einem Vektor X multipliziert und die Resultate als Elemente eines Vektors V gespeichert werden. Es könnten dafür folgende Befehle verwendet werden:

```
DCL ANTWORT CHAR(6), EREIG EVENT,
    A(36,52), X(52), V(36);
:
DISPLAY ('PAPIERWECHSEL 3-FACH') REPLY (ANTWORT) EVENT (EREIG);
DO I=1 TO 36;
   S=0;
   DO J=1 TO 52; S=A(I,J)*X(J); END; V(I)=S;
END;
WAIT (EREIG);
:
```

Liegt nach Ausführung der Multiplikation A · X die Antwort des Bedieners noch nicht vor, so bewirkt der Befehl WAIT eine Unterbrechung, die erst mit der Eingabe der Antwort bendet ist.

5. Dateien

Der logische Ablauf eines Programms zur rechentechnischen Realisierung eines Projekts besteht im allgemeinen darin, daß auf der Grundlage vorzugebender Daten mehr oder weniger umfangreiche Operationen ausgeführt und bestimmte Ergebnisse ausgegeben werden. Die vorzugebenden Daten müssen entweder unmittelbar vom Anwender erfaßt und bereitgestellt werden oder liegen bereits als Ergebnis der Abarbeitung anderer Programme vor. Für die Berechnung einer Kreisringfläche handelt es sich dabei lediglich um die Vorgabe des inneren und des äußeren Radius, bei einem Programm zur Lösung eines linearen Gleichungssystems um die jeweilige Koeffizientenmatrix und den Vektor der rechten Seiten. Für ein Projekt zur Ausgabe von Telefonrechnungen sind andererseits umfangreiche Datenbestände erforderlich, die die einzelnen Fernsprechanschlüsse sowie die stattgefundenen Gespräche beinhalten.

Analog sind die auszugebenden Resultate entweder in einer für den Anwender lesbaren Form zu drucken, oder sie dienen als Zwischenergebnis zur weiteren Bearbeitung in anderen Programmen. Bei der Berechnung der Kreisringfläche handelt es sich dabei nur um einen einzelnen Wert, in dem Programm zur Lösung eines linearen Gleichungssystems um den Lösungsvektor. Im Projekt zur Ausgabe von Telefonrechnungen wiederum liegt das Ergebnis in Form umfangreicher Drucklisten vor.

In allen diesen Fällen werden neben dem Hauptspeicher der EDVA außerdem noch externe Speichermedien benötigt, welche die einzugebenden Daten enthalten bzw. die Ergebnisse der Programmabarbeitung aufnehmen. Es können dafür Lochkarten oder Lochstreifen, Magnetbänder oder Direktzugriffsspeicher sowie Drucker verwendet werden. Über entsprechende Kanäle werden die Daten von den externen Speichermedien zur Verarbeitung in den Hauptspeicher (Eingabe) bzw. aus dem Hauptspeicher auf die externen Speichermedien (Ausgabe) übertragen.

Im Programm kommen die verschiedenen Übertragungsoperationen durch bestimmte Ein- oder Ausgabebefehle zum Ausdruck. Das Programm ist aber völlig unabhängig von den jeweiligen konkreten Werten der Daten und enthält auch keinerlei Festlegungen über die zu verwendenden externen Speichermedien. Die Ein- und Ausgabebefehle beziehen sich stets auf fiktive, nur im Programm vereinbarte Datenbestände. Erst zum Zeitpunkt der Ausführung des Programms muß jeweils vom Anwender festgelegt werden, auf welchen Speichermedien sich die Eingabedaten befinden und wohin die Ausgabedaten übertragen werden sollen. Bei jeder Abarbeitung des Programms können diese Festlegungen, die über entsprechende Jobsteuerkarten erfolgen, durch die eine Verbindung zwischen den fiktiven und den tatsächlichen Datenbeständen hergestellt wird, unterschiedlich sein, so daß eine allgemeine Anwendbarkeit gewährleistet ist.

Die Form der Ein- und Ausgabebefehle, die zulässigen Variationsmöglichkeiten und deren Wirkungsweise werden ausführlich in den Kapiteln 6 und 7 beschrieben. Das vorliegende Kapitel befaßt sich ausschließlich mit den Datenbeständen selbst und behandelt unter anderem die Möglichkeiten ihrer physischen Organisation auf den Speichermedien und die Beschreibung weiterer Eigenschaften sowie ihre Vereinbarung im Programm. Da die rationelle Realisierung der Ein- und Ausgabe für eine effektive rechentechnische Bearbeitung vieler Projekte von ausschlaggebender Bedeutung ist, sollte sich der Programmierer umfassend mit den vielfältigen Möglichkeiten derselben vertraut machen, so daß er in der Lage ist, die für sein Problem jeweils günstigste Variante auszuwählen.

Die Jobsteuerkarten werden anhand der Regeln der Jobsteuersprache gebildet, die nicht Bestandteil der Programmiersprache PL1 ist, sondern unmittelbar zum Betriebssystem gehört. Zur Aufstellung eines Programms werden Kenntnisse der Jobsteuersprache auch nicht benötigt. Diese sind allerdings erforderlich für die Abarbeitung desselben, denn durch Jobsteuerkarten werden sämtliche Beziehungen zwischen dem jeweiligen Programm und dem Betriebssystem der EDVA sowie die zu den externen Speichermedien hergestellt, so daß der Programmierer auf jeden Fall über entsprechende Grundkenntnisse verfügen sollte. Obwohl natürlich in diesem Buch über die Programmiersprache PL1 keine ausführliche Beschreibung der Jobsteuersprache enthalten sein kann, wird deshalb in Kapitel 10 eine kurze systematische Darstellung ihrer wichtigsten Bestandteile gegeben. Auf Grund ihrer besonderen Bedeutung in Verbindung mit der Ein- und Ausgabe sind auch im vorliegenden Kapitel verschiedene Hinweise auf Angaben in der Jobsteuersprache enthalten, die zur Beschreibung von Datenbeständen erforderlich sind und als DD-Steuerkarten bezeichnet werden.

5.1. Einführung einiger Grundbegriffe

Zur Realisierung der in einem Programm notwendigen Ein- und Ausgabeoperationen kann der Programmierer aus einer Vielzahl von unterschiedlichen Möglichkeiten auswählen. Vor einer ausführlichen Beschreibung derselben ist es jedoch erforderlich, einige Grundbegriffe näher zu erläutern, die im Zusammenhang mit der Ein- und Ausgabe immer wieder auftreten.

Dabei handelt es sich zunächst um die beiden Grundformen der Datenübertragung, die reihenweise und die satzweise Ein- und Ausgabe. Beide Formen unterscheiden sich hinsichtlich ihrer Anwendung darin, ob eine Aufbereitung der ein- oder auszugebenden Daten erfolgen soll oder nicht. In ihrer Wirkung sowie im gesamten Ablauf der betreffenden Operationen bestehen jedoch auch wesentliche Unterschiede hinsichtlich der Effektivität. Diese Gesichtspunkte werden daher für beide Formen ausführlich beschrieben und zur Erleichterung bei der Wahl der günstigsten Möglichkeiten gegenübergestellt.

Eingeführt und erläutert wird auch der Begriff der Datei in Verbindung mit den Möglichkeiten seiner Vereinbarung im Programm. Durch die Anwendung dieses Begriffs können sämtliche Ein- und Ausgabeoperationen programmiert werden, ohne dabei auf einen konkreten Datenbestand Bezug nehmen zu müssen, so daß auf diese Weise allgemein anwendbare Programme entstehen.

Zur Ergänzung enthält dieser Abschnitt noch einige Ausführungen zu den verschiedenen Speichermedien, in denen auf die spezifischen Möglichkeiten und Besonderheiten derselben hingewiesen wird.

5.1.1. Grundformen der Datenübertragung

Hinsichtlich ihres Grundanliegens hat die Ein- und Ausgabe zwei prinzipiell unterschiedliche Aufgabenstellungen zu erfüllen:

— die Herstellung der Verbindung zwischen dem Anwender und der EDVA in beiden Richtungen;

— die Herstellung der Verbindung zwischen verschiedenen Abarbeitungen mittels der EDVA.

In beiden Fällen handelt es sich zwar um die Durchführung von Operationen, die zwischen externen Speichermedien und dem Hauptspeicher der Anlage ablaufen, es werden dabei jedoch jeweils ganz andersgeartete Anforderungen gestellt.

Bei der ersten Aufgabenstellung handelt es sich bezüglich der Eingabe um die vom Anwender unter Einsatz von Datenerfassungsgeräten bereitzustellenden Daten, die für die Abarbeitung von EDV-Programmen erforderlich sind. Für ein allgemeines Programm zur Matrizeninversion ist vom Anwender z. B. die Koeffizientenmatrix einzugeben. Für den Aufbau eines Datenbestands mit Informationen über die Arbeitskräfte eines Betriebs müssen dagegen erst einmal die Angaben über die einzelnen Personen erfaßt und mit Hilfe maschinenlesbarer Datenträger zur EDVA übertragen werden. Die Ausgabe beinhaltet in erster Linie die Bereitstellung von Ergebnissen und Informationen in Form von Drucklisten als Resultat der Programmabarbeitung. Inhaltlich kann es sich dabei um die Elemente einer inversen Matrix handeln, aber auch z. B. um eine Übersicht über nach bestimmten Kriterien ausgewählte Personen aus dem Datenbestand der Arbeitskräfte eines Betriebes.

Bei allen diesen und ähnlichen Problemen besteht eine unmittelbare Schwierigkeit darin, daß der Anwender ausschließlich auf das dezimale Zahlensystem eingestellt ist, während es innerhalb der EDVA verschiedene Möglichkeiten für die Zahlendarstellung gibt, die jedoch alle in irgendeiner Form auf dem dualen Zahlensystem aufbauen. Selbstverständlich ist es nicht möglich, sämtliche Zahlenwerte, die verarbeitet werden sollen, vorher in das duale System umzurechnen, so wie es völlig unzureichend wäre, wenn die Ausgabe der Ergebnisse auf einer Druckliste in dualer Form erfolgen würde. Die Datenübertragung ist in diesem Fall also stets mit der Notwendigkeit verbunden, daß der Automat selbständig die Umwandlung (Konvertierung) aus der dezimalen Darstellungsform des Anwenders in die jeweilige interne Darstellungsform und umgekehrt ausführt.

Bei der zweiten Aufgabenstellung handelt es sich bezüglich der Eingabe um Daten, die das Ergebnis der vorangegangenen Abarbeitung eines EDV-Programms darstellen, und bezüglich der Ausgabe um Daten, die zwecks späterer Bearbeitung durch andere EDV-Programme auf einem externen Speichermedium festgehalten werden. Probleme dieser Art treten bei fast allen größeren Projekten auf, da diese im allgemeinen aus einer Folge nacheinander abzuarbeitender Programme bestehen und der Datenfluß meist so verläuft, daß Datenbestände von einem Programm zum anderen übergeben werden müssen. Ähnlich liegen die Verhältnisse bei sogenannten Stammdateien, die einmal durch ein EDV-Programm aufgebaut und regelmäßig aktualisiert werden und die von mehreren Programmen für die unterschiedlichsten Bearbeitungen angesprochen werden.

In allen solchen Fällen hat es keinen Sinn, die Daten bei der Ausgabe aus der internen Darstellungsform in eine dezimale Form umzuwandeln und diesen Vorgang später bei der Eingabe in umgekehrter Richtung zu wiederholen, da eine Lesbarkeit durch den Anwender nicht erforderlich ist. Die auszugebenden Daten können vielmehr unmittelbar in der internen Darstellungsform auf dem externen Speichermedium gespeichert werden, wobei dafür in erster Linie Magnetbänder und Direktzugriffsspeicher in Frage kommen. Bei der späteren Eingabe liegen die Daten dann folglich ohne weitere Umwandlung von vornherein in der für die interne Bearbeitung erforderlichen Form vor.

Entsprechend diesen unterschiedlichen Anforderungen enthält die Programmiersprache PL1 zwei verschiedene Grundformen für die Durchführung von Ein- und Ausgabeoperationen:

— die Datenübertragung mit Aufbereitung der Daten, die als reihenweise Ein- und Ausgabe bezeichnet wird;

— die Datenübertragung ohne Aufbereitung der Daten, die als satzweise Ein- und Ausgabe bezeichnet wird.

Die *reihenweise Ein- und Ausgabe* dient in erster Linie zur Realisierung der Anforderungen, die sich aus den Beziehungen zwischen Anwender und EDVA ergeben. Sie beinhaltet demzufolge neben der eigentlichen Übertragung auch noch die Umwandlung von extern vorliegenden Daten in eine interne Darstellungsform und umgekehrt. Folgende Gesichtspunkte charakterisieren diese Form der Datenübertragung:

— Der gesamte Datenbestand auf dem externen Speichermedium wird als ununterbrochene, kontinuierliche Aneinanderreihung einzelner Datenelemente in zeichenweiser Darstellung betrachtet (Eingabe- bzw. Ausgabestrom). Die physische Einteilung des Datenbestands in einzelne Sätze, die darin zum Ausdruck kommt, daß die Daten z. B. auf verschiedenen Lochkarten stehen oder unterschiedliche Druckzeilen ergeben, ist rein formal; die Satzgrenzen bedeuten keine Unterbrechung des Datenstroms. Jeder Ein- oder Ausgabebefehl kann die Übertragung beliebig vieler Daten bewirken, d. h., es kann sich dabei um einen vollständigen Satz, um mehrere Sätze oder auch nur um Teile eines Satzes handeln.

— Die Ein- und Ausgabebefehle enthalten in einer Datenliste Angaben darüber, für welche speziellen Größen die jeweilige Datenübertragung erfolgen soll, d. h., welchen Größen die Eingabedaten als neue Werte zugeordnet oder von welchen Größen die aktuellen Werte ausgegeben werden sollen. Bei der Zuordnung von Eingabedaten wird der bisherige Wert der betreffenden Größen wie im Falle eines Zuordnungsbefehls durch den neuen Wert überspeichert, während ausgegebene Werte auch weiterhin auf ihren Speicherplätzen zur Verfügung stehen.

— Die Ein- und Ausgabe findet stets auf der Grundlage spezifischer Angaben oder standardmäßiger Festlegungen über die Art und Weise der vorzunehmenden Aufbereitung statt. Daraus ergibt sich, wie die Konvertierung von der zeichenweisen Darstellung eines Werts im Eingabestrom in die jeweilige interne Darstellungsform der betreffenden Größe, die diesen Wert erhalten soll, sowie umgekehrt von der Darstellungsform eines intern gespeicherten Wertes in eine zeichenweise externe Darstellung erfolgen soll.

— Die Datenübertragung ist ausschließlich in sequentieller Form möglich, d. h., die Daten können nur in der Reihenfolge eingegeben werden, in der sie auf dem externen Speichermedium stehen, und ein auszugebender Datenbestand kann nur in der Reihenfolge aufgebaut werden, in der die Abarbeitung der einzelnen Ausgabebefehle erfolgt. Grundsätzlich ist folglich auch als einzige die starr fortlaufende Dateiorganisationsform anwendbar (Abschnitt 5.2.1.).

— Der Ablauf der reihenweisen Ein- und Ausgabe vollzieht sich stets in zwei Stufen unter Verwendung eines oder mehrerer Puffer. Bei der Eingabe beinhaltet die erste Stufe die Übertragung der Daten vom externen Speichermedium in einen Eingabepuffer und die zweite Stufe die Übertragung von diesem auf die Speicherplätze der in der Datenliste angegebenen Größen. Bei der Ausgabe beinhaltet die erste Stufe die Übertragung der Daten von den Speicherplätzen der in der Datenliste angegebenen Größen in einen Ausgabepuffer und die zweite Stufe die Übertragung aus diesem auf das externe Speichermedium. Die Übertragung zwischen externem Speichermedium und Puffer erfolgt dabei in beiden Richtungen stets zeichenweise in der externen Darstellungsform der Daten, während die Konvertierung von der externen in die interne Darstellungsform und umgekehrt jeweils auf der Strecke zwischen Puffer und Speicherplätzen der Datenelemente stattfindet.

Eine ausführliche Beschreibung der Befehle für die reihenweise Ein- und Ausgabe ist in Kapitel 6 enthalten.

Die *satzweise Ein- und Ausgabe* dient in erster Linie zur Realisierung der Anforderungen, die sich aus dem Datenfluß innerhalb der EDVA, also der Verbindung zwischen verschiedenen Programmen oder Programmabarbeitungen, ergeben. Folgende Gesichtspunkte charakterisieren diese Form der Datenübertragung:

— Der gesamte Datenbestand auf dem externen Speichermedium wird als Aufeinanderfolge diskreter Sätze betrachtet, und die Ein- und Ausgabe erfolgt stets satzweise entsprechend der physischen Einteilung des Datenbestands. Jeder Ein- und Ausgabebefehl bezieht sich auf einen bestimmten Satz und bewirkt dessen vollständige Übertragung. Es ist nicht möglich, nur Teile eines Satzes oder mehrere Sätze gleichzeitig durch einen Eingabebefehl bereitzustellen oder durch einen Ausgabebefehl auszugeben. Die Sätze können allerdings durchaus unterschiedliche Längen haben.

— Die Ein- und Ausgabebefehle enthalten anstelle einer Datenliste die Angabe eines Ein- oder Ausgabebereichs, dessen Umfang jeweils der Länge eines Satzes entspricht. Ein durch einen Eingabebefehl eingelesener Satz kann nur auf die Speicherplätze eines solchen Eingabebereichs übertragen werden, ebenso wie ein Satz stets nur aus den Speicherplätzen eines Ausgabebereichs ausgegeben werden kann. Da es sich bei den in einem Satz zusammengefaßten Daten meist um Größen unterschiedlichen Typs handelt, werden die Ein- und Ausgabebereiche im allgemeinen Strukturen sein, die eine Beschreibung des Satzinhalts darstellen; es können dafür aber auch Felder oder einzelne Variable verwendet werden.

— Bei der satzweisen Ein- und Ausgabe findet keinerlei Konvertierung statt. Die Ausgabesätze sind das unmittelbare Abbild der im Ausgabebereich intern gespeicherten Daten, und bei der Eingabe werden die Daten ohne jede Umwandlung so in den Eingabebereich übertragen, wie sie auf dem externen Speichermedium gespeichert sind.

— Die Datenübertragung ist nicht nur in sequentieller Form entsprechend der physischen Aufeinanderfolge der Sätze möglich, sondern bei Verwendung entsprechender

Speichermedien (im allgemeinen Wechselplattenspeicher) besteht auch die Möglichkeit des wahlfreien Direktzugriffs zu beliebigen Sätzen des Datenbestands. Dementsprechend können bei der satzweisen Ein- und Ausgabe auch sämtliche durch PL1 unterstützten Dateiorganisationsformen verwendet werden.

— Der Ablauf der satzweisen Ein- und Ausgabe vollzieht sich im allgemeinen analog zur reihenweisen Ein- und Ausgabe ebenfalls in zwei Stufen unter Einbeziehung von Puffern. Diese Verfahrensweise ist vor allem dann sinnvoll, wenn man von den Möglichkeiten der automatischen Blockung und Entblockung der Sätze Gebrauch machen will. Andererseits ist es in Abhängigkeit von der jeweiligen Dateiorganisationsform aber auch zulässig, die Übertragung nur in einer Stufe durchzuführen, indem entweder die Puffer umgangen werden und die Übertragung direkt vom externen Speichermedium in den Eingabebereich bzw. vom Ausgabebereich auf das externe Speichermedium erfolgt oder indem als Ein- oder Ausgabebereiche unmittelbar die Speicherplätze der Puffer verwendet werden. Durch die Wahrnehmung dieser Möglichkeiten wird weniger Speicherplatz benötigt und die Anzahl der internen Datenbewegungen gesenkt.

Eine ausführliche Beschreibung der Befehle für die satzweise Ein- und Ausgabe ist in Kapitel 7 enthalten.

Bei der Eingabe von Datenbeständen, die vorher mit Hilfe einer EDVA aufgebaut wurden, bzw. der Ausgabe von Datenbeständen, die für eine spätere Bearbeitung durch andere EDV-Programme vorgesehen sind, ist die Entscheidung über die zu verwendende Übertragungsform eindeutig. In diesen Fällen wird man ausschließlich die satzweise Ein- und Ausgabe verwenden, da keine Aufbereitung der Daten erforderlich ist und eine solche folglich nur unnötige Zeitaufwendungen mit sich bringen würde. Auf Grund der zeichenweisen Darstellung aller Daten auf dem externen Speichermedium wäre bei Verwendung der reihenweisen Ein- und Ausgabe im allgemeinen außerdem mehr Speicherplatz erforderlich.

Bei Datenbeständen, die vom Anwender für die Eingabe in ein Programm von außen bereitgestellt werden müssen oder die für eine Auswertung durch den Anwender in Form von Drucklisten vorgesehen sind, ist die Entscheidung über die zu verwendende Übertragungsform nicht so eindeutig und von verschiedenen Gesichtspunkten abhängig. Auf der einen Seite ist die Handhabung der reihenweisen Ein- und Ausgabe für den Programmierer im allgemeinen am einfachsten und bequemsten. Ohne größere Überlegungen über Fragen der internen Datenorganisation kann er die von ihm bereitzustellenden Eingabedaten nach Belieben auf einzelne Lochkarten verteilen und sich ohne viel Aufwand ein entsprechendes Druckbild für die auszugebenden Informationen zusammenstellen. Andererseits ist aber zu berücksichtigen, daß die satzweise Ein- und Ausgabe bezüglich der Ausführungszeit wesentlich effektiver ist als die reihenweise. Die Ursache dafür liegt in erster Linie in der mit der reihenweisen Datenübertragung stets verbundenen Aufbereitung der Daten und dem dabei verwendeten Prinzip der Zerlegung bzw. Zusammenstellung eines kontinuierlichen Datenstroms.

Wegen des höheren Zeitaufwands sollte man deshalb die reihenweise Ein- und Ausgabe lediglich in solchen Programmen verwenden, die nur eine relativ geringe Anzahl von Eingabewerten und eine beschränkte Druckausgabe (z. B. Fehlermeldungen) enthalten. In Programmen mit einer größeren Anzahl von Eingabedaten oder umfangreichen Drucklisten sollte man statt dessen die satzweise Ein- und Ausgabe benutzen. Dabei ist allerdings zu berücksichtigen, daß im Unterschied zur reihenweisen Datenübertragung keine Aufbereitung der Daten erfolgt. Die Eingabedaten stehen also intern im Eingabebereich zunächst in einer Form zur Verfügung, die ihrer externen Darstellung z. B. auf der Lochkarte entspricht; die notwendigen Konvertierungen in die jeweilige interne Darstellungsform der Größen, denen die Werte zugeordnet werden sollen, sind jeweils vom Programmierer gesondert zu veranlassen. Analog ist der Inhalt der einzelnen Druckzeilen vor der Ausgabe durch entsprechende Befehle zeichenweise im Ausgabebereich zusammenzustellen. Trotz des höheren Programmieraufwands kann bei umfangreichen Drucklisten die Bearbeitungszeit auf diese Weise mitunter beträchtlich verringert werden.

Grundsätzlich ist es ohne weiteres möglich, daß ein durch Befehle der reihenweisen Ausgabe aufgebauter Datenbestand durch Befehle der satzweisen Eingabe eingelesen wird. Desgleichen kann ein durch Befehle der satzweisen Ausgabe aufgebauter Datenbestand durch Befehle der reihenweisen Eingabe eingelesen werden, wobei hier allerdings vorausgesetzt wird, daß sämtliche Datenelemente auf dem externen Speichermedium in zeichenweiser Darstellung gespeichert sind.

5.1.2. Vereinbarung von Dateien

Die Ein- und Ausgabedaten eines Programms werden stets als Bestandteile bestimmter Datenbestände betrachtet, die sich auf externen Speichermedien befinden oder auf solchen aufgebaut werden sollen. Innerhalb des Programms trägt ein Datenbestand jedoch ganz allgemeinen Charakter. Es sind darin in keiner Weise irgendwelche Festlegungen darüber enthalten, auf welchen konkreten Datenträger sich ein Datenbestand bezieht. In vielen Fällen ist es sogar völlig gleichgültig, welche Art von externem Speicher jeweils verwendet wird. Beispielsweise ist zur Durchführung von Lohnberechnungen mit Hilfe eines EDV-Programms zwar die Bereitstellung verschiedener Eingabedaten für jeden Beschäftigten in einer bestimmten festgelegten Form und Anordnung erforderlich, es wird aber durch das Programm nicht vorgeschrieben, ob diese sich auf einem Magnetband oder einem Wechselplattenspeicher befinden müssen oder vielleicht auch über Lochkarten eingegeben werden.

Erst recht spielt es im Programm überhaupt keine Rolle, auf welchem konkreten Magnetband vielleicht die Daten gespeichert sind. Lediglich die Organisationsform der Daten und die Art des Zugriffs werden auf jeden Fall durch das Programm bestimmt und damit die Verwendung eines Speichermediums verlangt, das zur Aufnahme eines solchen Datenbestands geeignet ist. Alle weiteren spezifischen Angaben können bei jeder Anwendung unterschiedlich sein und sind dafür jeweils über entsprechende Jobsteuerkarten festzulegen. Ohne jegliche Veränderung kann das gleiche Programm folglich durch Angabe unterschiedlicher Steuerkarten für die Bearbeitung oder Erstellung ganz unterschiedlicher Datenbestände verwendet werden, die sich gegebenenfalls auch auf anderen Speichermedien befinden können.

Durch die Verlagerung sämtlicher konkreter Angaben für einen Datenbestand in die für die Abarbeitung ohnehin erforderlichen Jobsteuerkarten ist die völlige Unabhängigkeit eines Programms von den jeweils zu verwendenden Datenträgern gewährleistet. Innerhalb eines Programms treten stets nur fiktive Datenbestände auf, die als Dateien bezeichnet werden. Diese erhalten eine symbolische Bezeichnung, unter deren Verwendung die erforderlichen Ein- und Ausgabeoperationen programmiert werden können.

Erst bei der Abarbeitung des Programms wird dem Betriebssystem über die Jobsteuerkarten mitgeteilt, auf welchen konkret vorliegenden Datenbestand diese Operationen angewendet werden sollen bzw. wo der betreffende Datenbestand anzulegen ist. Die Verbindung zwischen den Steuerkarten und der jeweiligen Datei des Programms wird über die für letztere vergebene symbolische Bezeichnung herbeigeführt.

Die Definition einer Datei kann im Programm explizit mit Hilfe eines Befehls DECLARE durch eine Dateivereinbarung in der allgemeinen Form

DECLARE *Bezeichnung* FILE *Dateiattribute*;

vorgenommen werden.

Bezeichnung stellt dabei die symbolische Bezeichnung des betreffenden Datenbestands dar. Diese ist nach den allgemeinen Regeln zur Bildung von Bezeichnungen (Abschnitt 1.2.) zu vergeben, sollte allerdings aus maximal 7 Zeichen bestehen und darf nicht das Unterstreichungszeichen enthalten. Dieses Zeichen ist zwar für Bezeichnungen in der Programmiersprache PL1 durchaus zulässig, jedoch in der Jobsteuersprache nicht verwendbar; die Jobsteuerkarten müssen aber die Dateibezeichnung ebenfalls enthalten.

Das Schlüsselwort FILE gibt an, daß es sich bei der betreffenden Bezeichnung um eine Datei handeln soll.

Dateiattribute steht für eine Folge von Schlüsselwörtern, die jeweils bestimmte Eigenschaften der Datei beschreiben. Durch die Angabe entsprechender Attribute kann der Programmierer aus den vorhandenen Möglichkeiten die für das jeweilige Problem zweckmäßigsten Festlegungen bezüglich der Übertragungsart, der Dateiorganisation, der Zugriffstechnik, des Satzformats, der Pufferung und dergl. auswählen. Die Reihenfolge der Angabe der einzelnen Attribute ist beliebig; ihre Trennung voneinander erfolgt durch mindestens ein Leerzeichen, falls die Darstellung eines Attributs nicht bereits mit einem anderen Trennzeichen abschließt.

Für die beiden Grundformen der Datenübertragung stehen folgende Dateiattribute zur Verfügung:

— reihenweise Ein- und Ausgabe

STREAM,
INPUT oder OUTPUT oder PRINT,
ENVIRONMENT (spezielle Angaben);

— satzweise Ein- und Ausgabe

RECORD,
INPUT oder OUTPUT oder UPDATE oder BACKWARDS,
SEQUENTIAL oder DIRECT,
BUFFERED oder UNBUFFERED,
KEYED,
ENVIRONMENT (spezielle Angaben).

Die Bedeutung der einzelnen Attribute wird ausführlich in Abschnitt 5.3.1. beschrieben. In den Fällen, in denen alternative Angaben zu einem Attribut möglich sind, wird standardmäßig stets die erste aufgeführte Angabe verwendet. In manchen Fällen kann auf Grund der Standardannahmen die Angabe von Dateiattributen völlig entfallen; die Dateivereinbarung schließt dann mit dem Schlüsselwort FILE ab. Andererseits impliziert jedes Dateiattribut automatisch die Angabe FILE, so daß diese in Verbindung mit Dateiattributen auch weggelassen werden kann.

Statt in der Dateivereinbarung können sämtliche Attribute mit Ausnahme von ENVIRONMENT auch in Verbindung mit der expliziten Dateieröffnung (Abschnitt 5.4.1.) angegeben werden. Davon wird man vor allem dann Gebrauch machen, wenn sich während der Programmabarbeitung die Angaben zu einem Attribut für eine Datei ändern. Die in Zusammenhang mit dem Attribut ENVIRONMENT zulässigen speziellen Angaben können zum überwiegenden Teil statt dessen auch über die DD-Steuerkarten festgelegt werden, die für jede Datei erforderlich sind, um dem Betriebssystem den konkret zu verwendenden Datenträger mitzuteilen. Auch auf Grund dieser Möglichkeiten kann der Fall eintreten, daß bei der Vereinbarung einer Datei keinerlei Dateiattribute angegeben werden.

Unbedingt erforderlich ist eine explizite Dateivereinbarung nur für Dateien der indexsequentiellen und der regionalen Organisationsform; für starr fortlaufende Dateien kann eine solche entfallen. Tritt in einem Ein- oder Ausgabebefehl bzw. einem anderen Befehl, der sich auf einen Datenbestand bezieht, eine Bezeichnung auf, für die im Programm keine explizite Dateivereinbarung enthalten ist, so bewirkt das erstmalige Auftreten dieser Bezeichnung eine implizite Dateivereinbarung. Die Attribute der Datei ergeben sich dann aus der Bedeutung des Befehls, den Angaben in Verbindung mit einer evtl. expliziten Dateieröffnung sowie den entsprechenden standardmäßigen Festlegungen.

In jedem Fall werden sämtliche für eine Datei angegebenen bzw. angenommenen Informationen in einen Datensteuerblock eingetragen, der für jede Datei angelegt wird. Die Vollständigkeit der erforderlichen Angaben wird jeweils bei der Dateieröffnung kontrolliert.

Beispiele

1. DECLARE EIN FILE STREAM INPUT;

Durch diesen Befehl erfolgt die Vereinbarung einer Datei EIN, die zur Eingabe nach dem Prinzip der reihenweisen Datenübertragung verwendet werden soll. Die Vereinbarung enthält die beiden Attribute STREAM und INPUT. Die Angaben zum Attribut ENVIRONMENT sind vollständig über die Steuerkarte bereitzustellen.

2. DCL INV FILE RECORD UPDATE DIRECT KEYED ENVIRONMENT
   (INDEXED KEYLENGTH(10));

Durch diesen Befehl wird unter der Bezeichnung INV eine Datei der satzweisen Datenübertragung vereinbart, für die die Atrribute RECORD, UPDATE, DIRECT, KEYED sowie in Verbindung mit dem Attribut ENVIRONMENT die speziellen Angaben INDEXED und KEYLENGTH(10) festgelegt wurden.

Neben den explizit oder implizit vom Programmierer vereinbarten Dateien können in einem Programm ohne jede Vereinbarung noch zwei Standarddateien für die reihenweise Datenübertragung benutzt werden. Es handelt sich dabei um die Eingabedatei SYSIN und die Ausgabedatei SYSPRINT, die beide automatisch den Systemeingabe- bzw. Systemausgabeeinheiten zugeordnet werden. Die dafür standardmäßig festgelegten Attribute lauten:

für SYSIN: STREAM INPUT ENVIRONMENT(U(80) CONSECUTIVE)
für SYSPRINT: STREAM PRINT ENVIRONMENT(V(125) CONSECUTIVE)

Davon abweichende Festlegungen können über die DD-Steuerkarten vorgenommen werden. Das ist vor allem für die Datei SYSPRINT erforderlich, wenn mehr als 120 Druckzeichen pro Zeile ausgegeben werden sollen.

Die Bezugnahme auf die Standarddateien erfolgt in den Ein- und Ausgabebefehlen nicht durch Angabe ihrer Bezeichnungen, sondern durch eine spezielle Form der Befehlsangabe. Lediglich in Verbindung mit der Behandlung von Fehlerbedingungen, die sich auf diese Dateien beziehen, sind die Bezeichnungen SYSIN und SYSPRINT anzugeben.

5.1.3. Bemerkungen zu den Speichermedien

Während die Abarbeitung aller übrigen Befehle ausschließlich im Hauptspeicher erfolgt, wird die Ein- und Ausgabe von Daten unter zusätzlicher Verwendung peripherer Speichermedien vorgenommen. Natürlich kann in diesem Buch nicht im Detail der technische Aufbau der verschiedenen Speichermedien und die Art und Weise der Speicherung auf ihnen beschrieben werden. Durch den vorliegenden Abschnitt sollen jedoch einige diesbezügliche Grundkenntnisse vermittelt werden, die zum Verständnis der Problematik der Datenübertragung erforderlich sind und den Programmierer gegebenenfalls bei der Wahl der geeignetsten Form für die Datenspeicherung unterstützen können.

Lochkarten und Lochstreifen

Lochkartenleser und -stanzer arbeiten stets zeichenweise. Im Normalfall wird der Inhalt jeder Lochspalte als ein Zeichen in der Darstellung des Lochkartencodes KPK-12 (Abschnitt 1.1.) betrachtet, in dem entsprechend den theoretisch möglichen Bitkombinationen für ein Zeichen 256 verschiedene Lochkombinationen zulässig sind. Da der Inhalt einer Lochkarte stets einen Satz darstellt, ist die maximale Satzlänge in diesem Falle auf 80 Zeichen beschränkt. Liegt eine kleinere Satzlänge vor, so bleiben die überzähligen Spalten rechts unberücksichtigt.

Bei der Eingabe werden die einzelnen Lochungen Spalte für Spalte auf fotoelektrischem Weg gelesen, in den internen DKOI-Code umgewandelt und in dieser Form zeichenweise in den Hauptspeicher übertragen. Analog werden die auszugebenden Zeichen aus dem DKOI-Code in den Lochkartencode umgewandelt und zeichenweise gestanzt. Über Steuerzeichen, die zusammen mit den Ausgabedaten gespeichert sein müssen, besteht die Möglichkeit der Benutzung unterschiedlicher Ablagefächer für die gestanzten Karten.

Durch entsprechende Angaben auf den DD-Steuerkarten ist es auch möglich, die Lochkarten-Ein- und Ausgabe im Dualkartenmodus vorzunehmen, bei dem keine Umschlüsselung erfolgt. Der Inhalt einer Lochkartenspalte wird dann unmittelbar als Bitkombination für jeweils 2 Bytes betrachtet und unverändert in den Hauptspeicher oder aus diesem übertragen. Die Satzlänge darf in diesem Fall natürlich bis zu 160 Bytes betragen. Die gelochten Informationen müssen bei der Eingabe anschließend von einem Übersetzungsprogramm in den internen DKOI-Code umgewandelt werden. Es besteht damit die Möglichkeit der Eingabe von Lochkarten, deren Code nicht dem KPK-12-Code entspricht. Vor der Ausgabe ist eine interne Umwandlung in der umgekehrten Richtung auszuführen, durch die eine Ausgabe in einem beliebigen Code erfolgen kann.

Lochstreifenleser und -stanzer arbeiten wie die entsprechenden Kartengeräte ebenfalls zeichenweise. Durch einen Parameter auf den DD-Steuerkarten ist der Code anzugeben, der bei der Lochung verwendet wurde bzw. verwendet werden soll, wofür dem Anwender zahlreiche Möglichkeiten zur Verfügung stehen. Bei der Eingabe werden die Daten Zeichen für Zeichen gelesen und, falls die Lochungen nicht bereits der zeichenweisen Darstellung im internen DKOI-Code entsprechen, vor der Übertragung in den Hauptspeicher in diesen umgewandelt. Bei der Ausgabe können die einzelnen Zeichen unverändert im DKOI-Code in den Lochstreifen gestanzt werden; es ist aber auch die vorherige Umschlüsselung in einen anderen Code möglich. Neben den Lochstreifencodes, für die das Betriebssystem eine solche automatische Umwandlung ermöglicht, kann prinzipiell auch jeder beliebige andere Code bei der Ein- und Ausgabe verwendet werden. Es ist dann lediglich erforderlich, daß der Programmierer eine entsprechende Umcodierungstabelle definiert und mit Hilfe eines Assembler-Unterprogramms die sich daraus ergebenden Umwandlungen selbst veranlaßt; die unmittelbare Abarbeitung eines solchen Codes durch ein PL1-Programm ist nicht möglich.

Auf Lochstreifen können Sätze sowohl fester als auch undefinierter Satzlänge gespeichert werden. In letzterem Fall können die Sätze eine unterschiedliche Anzahl von Zeichen enthalten, und bei der Ausgabe wird zum Abschluß jedes Satzes eine spezielle Satzmarke gestanzt. Bei der Eingabe des Streifens ist die dieser Satzmarke entsprechende Lochkombination am Lochstreifenleser einzustellen, so daß auf diese Weise jeweils das Satzende erkannt werden kann.

Die Realisierung der Ein- und Ausgabe unter Verwendung von Lochkarten oder Lochstreifen erfolgt auf Grund des damit verbundenen hohen Zeitaufwands im allgemeinen allerdings nicht in der Form, daß bei der Programmabarbeitung unmittelbar ein entsprechender Leser oder Stanzer benutzt wird. Die Eingabesätze werden vielmehr vorher durch entsprechende Systemeingabeprogramme in unveränderter Form auf Direktzugriffsspeichern zwischengespeichert und von dort bei der Ausführung des Programms abgerufen. Analog werden auch die auszugebenden Sätze zunächst auf Direktzugriffsspeicher und erst zu einem späteren Zeitpunkt durch entsprechende Systemausgabeprogramme von dort auf Lochkarten oder Lochstreifen übertragen. Die Effektivität der Arbeitsprozesse kann dadurch beträchtlich erhöht werden. Der Programmierer braucht sich jedoch um diese Belange nicht zu kümmern und kann sein Programm so schreiben, als würde unmittelbar mit Lochkarten oder Lochstreifen gearbeitet werden. Es ergibt sich für ihn außerdem daraus die Möglichkeit, mit mehreren Dateien dieser Art parallel zu arbeiten, wenn diese jeweils nur eine andere Bezeichnung haben.

Drucklisten

Zur Ausgabe von Drucklisten dienen Paralleldrucker, die eine ständig rotierende Drucktypenwelle enthalten, auf der an jeder Druckposition der gesamte Zeichenvorrat vorhanden ist. Die auszugebenden Informationen werden zunächst in einen Druckpuffer übertragen, dessen Kapazität einer Druckzeile entspricht, die von dort dann geschlossen ausgedruckt wird. Je nach dem Typ des zur Verfügung stehenden Druckers können pro Zeile 120—156 Zeichen ausgegeben werden.

Im allgemeinen erfolgt die unmittelbare Ausgabe über einen Drucker allerdings nur in Ausnahmefällen auf Grund spezieller Anforderungen. Normalerweise werden die auszugebenden Datensätze zunächst auf einem Direktzugriffsspeicher zwischengespeichert, wobei unter mehreren Ausgabeklassen gewählt werden kann, die sich jeweils bezüglich der Papierbreite, der Anzahl der Durchschläge, des Zeilenabstandes, der Realisierung des Seitenvorschubs o. ä. unterscheiden. Durch eine Angabe auf der DD-Steuerkarte muß der Anwender gemäß den Festlegungen des jeweiligen Rechenzentrums für jede Druckdatei die benötigte Ausgabeklasse bestimmen. Erst zu einem späteren

Zeitpunkt werden die Daten dann mit Hilfe entsprechender Systemausgabeprogramme für die einzelnen Ausgabeklassen von dem Direktzugriffsspeicher zu einem Drucker übertragen und tatsächlich ausgedruckt. Diese Zwischenspeicherung wirkt sich sehr vorteilhaft auf die Effektivität der gesamten Abarbeitung und eine günstige Kapazitätsauslastung der Anlage aus, denn die Ausführung des Programms wird damit von der relativ langsamen Druckausgabe entlastet, und das Systemausgabeprogramm kann in einem kleinen Programmbereich parallel zu den nächsten Abarbeitungen laufen.

Außerdem wird auf diese Weise eine Schwierigkeit beseitigt, die bei der unmittelbaren Druckerausgabe darin besteht, daß mehrere während der Programmabarbeitung parallel zueinander entstehende Drucklisten nicht gleichzeitig ausgegeben werden können, ohne ihren Inhalt miteinander zu mischen oder mehrere Drucker zu benutzen. Es ist lediglich für jede Druckliste unter einer anderen Bezeichnung eine gesonderte Ausgabedatei zu vereinbaren, die dann auch gesondert auf dem als Zwischenspeicher verwendeten Datenträger untergebracht wird. Das Systemausgabeprogramm veranlaßt den Druck der einzelnen Zeilen nicht in der Reihenfolge der während der Programmabarbeitung aufgetretenen Ausgabebefehle, sondern geordnet nach den einzelnen Dateien, innerhalb derer die Ausgabe natürlich der Reihenfolge der Ausgabebefehle für die betreffende Datei entspricht. Für jede Datei wird dabei auch automatisch eine neue Seite begonnen.

Unabhängig davon, in welcher Form die Druckausgabe realisiert wird, stellt eine Druckzeile stets einen Datensatz der jeweiligen Ausgabedatei dar. Dabei muß jeder Satz unmittelbar vor den auszugebenden Zeichen zusätzlich ein weiteres Zeichen enthalten, das nicht mit gedruckt wird, sondern zur Steuerung des Druckers dient (Papiervorschub, Seitenwechsel). Bei der reihenweise Ausgabe wird dieses Zeichen automatisch den zu druckenden Informationen vorangestellt, während bei der satzweisen Ausgabe über Drucker der Programmierer selbst dafür sorgen muß, daß jeweils das richtige Steuerzeichen zu Beginn eines Satzes vorliegt.

Magnetbänder

Die Verwendung von Magnetbändern ist auf Dateien mit starr fortlaufender Organisation beschränkt, da es sich hierbei um Datenträger handelt, die nur für die fortlaufende Speicherung von Daten und deren Abarbeitung in der gleichen Form geeignet sind. Ein unmittelbarer Direktzugriff zu einem beliebigen Datensatz ist nicht möglich. Allerdings kann die Bezugnahme auf die Datensätze einer Magnetbanddatei auch in rückwärtiger Folge vorgenommen werden. Magnetbänder haben eine Länge von etwa 732 m und besitzen eine magnetisierbare Schicht. Die Aufzeichnung der darauf zu speichernden Daten sowie der Zugriff zu ihnen erfolgt durch das Vorbeiführen des Bandes an entsprechenden Lese- und Schreibköpfen. Beim Beschreiben werden die bisher gespeicherten Informationen überschrieben und damit gelöscht.

Die Aufzeichnungsdichte ist für einzelne Typen von Magnetbändern unterschiedlich; im Normalfall beträgt sie etwa 32 Bytes pro mm. Bei der Bestimmung der für eine Datei benötigten Bandkapazität ist allerdings davon auszugehen, daß die Speicherung der Datensätze stets blockweise erfolgt und sich zwischen zwei aufeinanderfolgenden Blöcken jeweils eine technisch bedingte Aufzeichnungslücke befindet, die keine Informationen enthält und eine konstante Länge von 1,54 cm hat. Pro Block tritt damit ein

Kapazitätsverlust von fast 500 Bytes auf, und die Speicherkapazität eines Magnetbandes ist damit nicht nur von der festgelegten Aufzeichnungsdichte, sondern in starkem Maße auch von der Blockung der Sätze abhängig. Bei ungeblockter Speicherung entspricht jedem Satz ein Block und wird damit von einer solchen Aufzeichnungslücke gefolgt. Werden jedoch mehrere Sätze jeweils zu einem Block zusammengefaßt, so reduziert sich die Anzahl der Lücken, und die Kapazität des Bandes kann wesentlich erhöht werden.

Für die Speicherung einer Datei mit Sätzen von 100 Bytes Länge werden z. B. auf einem Band etwa 0,32 cm pro Satz benötigt. Bei ungeblockter Speicherung kommen dazu noch hinter jedem Satz etwa 1,54 cm für die Aufzeichnungslücke, so daß in diesem Fall für 5000 Sätze etwa 93 cm an Bandkapazität erforderlich sind. Werden jedoch jeweils 10 Sätze zu einem Block zusammengefaßt, so benötigt dieser auf dem Band etwa 3,2 cm, und nur hinter jedem Block folgt eine Aufzeichnungslücke. Die sich für die Datei ergebenden 500 Blöcke erfordern dann lediglich noch eine Bandkapazität von insgesamt etwa 23,7 m.

Das Ende einer Magnetbanddatei wird bei ihrem Aufbau dadurch gekennzeichnet, daß vom System ein spezieller Satz ausgegeben wird, der auch als Bandmarke bezeichnet wird. Im Falle des sequentiellen Zugriffs zu den Datensätzen wird beim Erreichen dieses Satzes das Dateiende automatisch erkannt und durch Setzen der Ausnahmebedingung ENDFILE zum Ausdruck gebracht, so daß eine entsprechende Behandlung durch das Programm erfolgen kann. Erstrecken sich Magnetbanddateien über mehrere Bänder, so erfolgt auch der Übergang von einem Band zum anderen automatisch.

Auf einem Magnetband können beliebig viele Dateien hintereinander gespeichert werden, für die dann auf den entsprechenden DD-Steuerkarten die jeweilige Dateifolgenummer anzugeben ist. Es besteht allerdings die Einschränkung, daß zur gleichen Zeit immer nur eine Datei desselben Bands eröffnet werden kann und damit für die Bearbeitung zur Verfügung steht. Nach der Eröffnung einer Magnetbanddatei ist die Eröffnung einer anderen Datei des gleichen Bandes nur nach Abschluß der zuerst eröffneten möglich. Werden mehrere Magnetbanddateien zur parallelen Bearbeitung benötigt, so müssen sie sich also auf unterschiedlichen Bändern befinden. Soll eine Datei mit der Folgenummer n auf einem Magnetband aufgebaut werden, so müssen mindestens $n-1$ Dateien dort bereits gespeichert sein. Enthält das Band schon mehr Dateien, so ist nach Ausgabe der Datei mit der Folgenummer n der Zugriff zu sämtlichen bisherigen Dateien mit einer Folgenummer $\geqq n$ nicht mehr möglich. Man kann also nicht eine Datei aus einer Folge von mehreren Dateien überschreiben, wenn der Zugriff auf die danach folgenden Dateien erhalten bleiben soll.

Das Betriebssystem erlaubt zwar auch die Arbeit mit Magnetbanddateien ohne Kennsätze, im allgemeinen wird man jedoch stets mit Standardkennsätzen arbeiten, mit deren Hilfe die einzelnen Dateien identifiziert werden können. Bei Ausgabedateien wird vor dem eigentlichen Datenbestand ein Dateivorsatz und zum Abschluß ein Dateinachsatz ausgegeben. In den Dateivorsatz werden neben der Dateiidentifikation verschiedene geräteabhängige Informationen sowie Angaben über die physischen Eigenschaften der Datei eingetragen. Der Dateinachsatz stimmt in seinem Inhalt weitgehend mit dem Dateivorsatz überein und ist vor allem für Dateien wichtig, die in rückwärtiger Richtung gelesen werden sollen. Die Trennung der Kennsätze von den Datensätzen erfolgt jeweils durch eine Bandmarke. Bei bereits vorliegenden Dateien stehen die in den Kennsätzen enthaltenen Informationen bei der Dateieröffnung zur Verfügung und müssen daher nicht mehr im Attribut ENVIRONMENT der Dateivereinbarung oder über die DD-Steuerkarten angegeben werden.

Wechselplattenspeicher

Für den wahlfreien Zugriff zu beliebigen Sätzen einer Datei existieren mit Magnetplattenspeichern oder Magnettrommeln verschiedene Speichermedien, die als Direktzugriffsspeicher bezeichnet werden. Da eine sequentielle Bearbeitung der Datensätze ebenfalls möglich ist, wenn auch nicht in rückwärtiger Richtung, sind diese im Unterschied zu Magnetbändern nicht nur für starr fortlaufende Dateien einsetzbar, sondern auch für alle anderen Dateiorganisationsformen. Die weiteren Ausführungen beschränken sich allerdings auf die am häufigsten verwendeten Wechselplattenspeicher.

Ein Wechselplattenspeicher besteht aus mehreren auswechselbaren, übereinander angeordneten Platten, die ständig mit hoher Geschwindigkeit rotieren. Bis auf die Unterseite der untersten sowie die Oberseite der obersten Platte, die jeweils als Schutzplatte dienen, sind die Plattenoberflächen magnetisierbar, so daß auf ihnen Daten gespeichert werden können. Jede Plattenoberfläche besteht dazu aus 203 in sich geschlossenen Spuren, von denen 200 zur Speicherung benutzt werden, während die drei innersten als Ersatzspuren dienen, auf die beim Auftreten schadhafter Spuren automatisch übergegangen wird. Die auf den einzelnen Plattenoberflächen an der gleichen Stelle befindlichen und damit praktisch übereinander liegenden Spuren bilden jeweils einen Zylinder, so daß der gesamte Datenträger aus 203 konzentrischen Zylindern besteht. Die verschiedenen Typen von Wechselplattenspeichern unterscheiden sich in der Anzahl der Plattenoberflächen und damit der Spuren pro Zylinder sowie der jeweiligen Spurkapazität. Die folgende Tabelle gibt eine kurze diesbezügliche Übersicht über die gegenwärtig üblichen Typen EC5055 und EC5061:

	EC5055	EC5061
Kapazität pro Spur	3625 Bytes	7294 Bytes
Anzahl Spuren pro Zylinder	10	20
Gesamtkapazität	7,25Mio Bytes	29,176Mio Bytes

Bei der Bestimmung der für eine Datei benötigten Plattenkapazität ist davon auszugehen, daß auch hier die Speicherung stets blockweise erfolgt. Vor jedem Block steht eine spezielle Kennzeichnung sowie bei Dateien mit gespeichertem Schlüssel ein separates Schlüsselfeld. Zwischen diesen verschiedenen Informationen befinden sich jeweils bestimmte Aufzeichnungslücken, deren Länge für die einzelnen Gerätetypen unterschiedlich ist. Eine optimale Speicherauslastung ist damit abhängig von der maximalen Spurkapazität, der Satzlänge, der Blockung der Sätze sowie den zu berücksichtigenden zusätzlichen Informationen und Aufzeichnungslücken. Im allgemeinen stehen in der Systemliteratur entsprechende Angaben darüber zur Verfügung.

Die Aufzeichnung der Datensätze sowie der Zugriff zu ihnen erfolgt durch einen horizontal beweglichen Zugriffsmechanismus, der je einen Schreib- und einen Lesekopf für jede Plattenoberfläche enthält. Da sich auf diese Weise stets gleichzeitig sämtliche Spuren eines Zylinders im Zugriff befinden, kann ohne zusätzliche Bewegung des Mechanismus hintereinander mit mehreren Sätzen des gleichen Zylinders gearbeitet werden. Der fortlaufende Aufbau einer Datei erfolgt daher auch nicht in der Form, daß die einzelnen Plattenoberflächen der Reihe nach vollständig belegt werden. Er wird vielmehr nach dem Zylinderprinzip vorgenommen, d. h., erst nach der Belegung sämtlicher Spuren eines Zylinders wird die Speicherung auf dem nächsten Zylinder fortgesetzt. Auf diese Weise wird beim sequentiellen Zugriff die Anzahl der Bewegungen des Zugriffsmechanismus und damit der insgesamt erforderliche Zeitaufwand minimiert.

Auf einem Wechselplattenspeicher werden im allgemeinen mehrere Dateien untergebracht, die im Unterschied zu Magnetbändern auch alle gleichzeitig eröffnet und parallel bearbeitet werden können. Die Anzahl der in einem Programm benötigten peripheren Einheiten kann auf diese Weise unter Umständen reduziert werden. Andererseits ist natürlich zu berücksichtigen, daß die Zugriffszeiten für die gleichzeitige sequentielle Bearbeitung mehrerer Dateien bedeutend geringer sind, wenn diese sich auf unterschiedlichen Plattenspeichern befinden.

Entsprechend dem über die DD-Steuerkarte festgelegten Gesamtumfang wird jeder Datei bei ihrem Aufbau freier Speicherplatz zugeordnet. Dieser muß nicht unbedingt aus aufeinanderfolgenden Zylindern bestehen, sondern kann möglicherweise auch mehrere Bereiche umfassen, die räumlich über den gesamten Plattenspeicher verteilt sind. Eine Datei kann sich auch über mehrere Plattenspeicher erstrecken; der entsprechende Übergang sowie überhaupt die gesamte Speicherplatzzuordnung und deren Verwaltung werden automatisch durch das Betriebssystem vorgenommen. Die Anfangsadresse der Datei wird jeweils in ein auf jedem Plattenspeicher eingerichtetes Datenträgerinhaltsverzeichnis (VTOC) eingetragen. Diese Eintragung bleibt so lange erhalten, bis die Datei gelöscht wird; erst dann kann auch der von ihr belegte Speicherplatz anderweitig verwendet werden. Außerdem werden im Datenträgerinhaltsverzeichnis noch den Standardkennsätzen von Magnetbanddateien entsprechende Informationen für jede Datei gespeichert (Dateiidentifikation, Angaben über ihre physischen Eigenschaften). Bei bereits vorliegenden Dateien stehen diese dann ohne weitere Vereinbarung bei der Dateieröffnung zur Verfügung.

Das Ende einer Datei wird wie auf Magnetbändern durch einen speziellen, vom System ausgegebenen Satz gekennzeichnet. Im Fall des sequentiellen Zugriffs zu den Datensätzen wird beim Erreichen dieses Satzes das Dateiende automatisch erkannt und durch Setzen der Ausnahmebedingung ENDFILE zum Ausdruck gebracht. Mit Hilfe eines dafür angegebenen ON-Befehls kann dann die erforderliche Programmfortsetzung veranlaßt werden.

5.2. Dateiorganisationsformen

Die Dateiorganisationsform bestimmt die physischen Merkmale der Daten eines Datenbestandes. Charakterisiert werden diese vor allem durch das Grundprinzip der Datenspeicherung, die möglichen Zugriffsformen, die verwendbaren Satzformate und die zulässigen Datenträger. Die Festlegung der jeweiligen Organisationsform für eine Datei erfolgt durch eine entsprechende Angabe im Attribut ENVIRONMENT der Dateivereinbarung oder/und über die DD-Steuerkarte. Sie leitet sich in erster Linie aus den erforderlichen Zugriffsmöglichkeiten ab.

Unabhängig von der Organisationsform besteht eine Datei logisch stets aus einer Folge von Datensätzen. Bei der satzweisen Ein- und Ausgabe werden diese aus bestimmten, inhaltlich zusammengehörigen Datenelementen gebildet, während bei der reihenweisen Ein- und Ausgabe die gesamte Datei eine kontinuierliche Zeichenfolge darstellt und nur formal in einzelne Sätze eingeteilt wird. Die physische Speicherung auf einem externen Speichermedium erfolgt jedoch nicht unbedingt satzweise, sondern in Form von Blöcken. Ein Block stellt jeweils die Datenmenge dar, die auf dem Speichermedium als geschlossene Einheit gespeichert und dementsprechend bei einem Übertragungsvorgang von diesem in den Hauptspeicher oder umgekehrt übertragen wird. Dabei kann ein Block durchaus mit einem Satz identisch sein, er kann aber auch eine größere Anzahl von Sätzen enthalten, und es besteht sogar die Möglichkeit, einen Satz auf mehrere Blöcke aufzuteilen. Die Berücksichtigung dieser organisatorischen Probleme wird dem Programmierer allerdings vom Betriebssystem abgenommen, so daß er sich im Programm nicht darum zu kümmern braucht. Alle von ihm programmierten Ein- und Ausgabebefehle beziehen sich bei der satzweisen Datenübertragung stets auf einen vollständigen Satz und bei der reihenweisen Datenübertragung auf die für die Elemente der Datenliste angegebenen Ein- und Ausgabebereiche. Er muß lediglich auf Grund von Überlegungen über die zweckmäßigste Form der Speicherung spätestens bei der Abarbeitung des Programms eine entsprechende Festlegung über die Blockgröße treffen.

Bei einigen Organisationsformen wird zusammen mit den eigentlichen Daten zur Realisierung des direkten Zugriffs zu beliebigen Datensätzen noch ein gesonderter Schlüssel gespeichert. Es handelt sich dabei im allgemeinen um einen mit jedem Satz verbundenen Ordnungsbegriff (z. B. Artikelnummer, Personenkennzahl), um eine laufende Nummer (z. B. Zeilen- oder Spaltennummer einer Matrix) oder dergleichen. Dieser auf dem Speichermedium mit aufgezeichnete Schlüssel wird als gespeicherter Schlüssel bezeichnet. Demgegenüber wird unter dem Quellenschlüssel der bei einer solchen Organisationsform in den Ein- und Ausgabebefehlen zur Identifikation eines bestimmten Satzes anzugebende Schlüssel verstanden.

Die Befehle, die für die Durchführung der bei den einzelnen Organisationsformen zulässigen Ein- und Ausgabeoperationen verwendet werden müssen, werden in den Kapiteln 6 und 7 ausführlich beschrieben. In diesem Abschnitt werden lediglich verschiedene Hinweise auf speziell erforderliche Angaben zur Realisierung bestimmter Vorgänge sowie auf Angaben in der Dateivereinbarung bzw. auf den Steuerkarten gegeben.

5.2.1. Starr fortlaufende Dateien

Die starr fortlaufende Dateiorganisationsform ist die einzige Form, die für die reihenweise Ein- und Ausgabe zulässig ist. Für die satzweise Ein- und Ausgabe ist sie eine von mehreren möglichen Organisationsformen, allerdings diejenige mit den geringsten Übertragungszeiten. Sie ist auch die einzige Organisationsform, die in Verbindung mit Lochkarten, Lochstreifen, Magnetbändern oder der Ausgabe von Drucklisten benutzt werden kann.

Das charakteristische Merkmal der starr fortlaufenden Dateiorganisationsform besteht darin, daß die logische Folge der Datensätze sich nicht aus deren Inhalt oder einem mit ihnen verbundenen Ordnungsbegriff ergibt, sondern aus ihrer physischen Aufeinanderfolge. Dabei ist die Verwendung sämtlicher zur Verfügung stehender Satzformate gestattet.

Aufbau einer starr fortlaufenden Datei

Beim Aufbau einer Datei mit starr fortlaufender Organisation werden die Datensätze entsprechend der Abarbeitung von Ausgabebefehlen fortlaufend — unter Berücksichtigung einer eventuellen Blockbildung — auf das externe Speichermedium übertragen und in dieser Reihenfolge auch physisch hintereinander abgespeichert. Die Speicherung erfolgt grundsätzlich ohne Satzschlüssel. Eine Sortierung der Ausgabesätze nach einem Ordnungsbegriff ist nicht erforderlich; es besteht folglich im allgemeinen auch keine Beziehung zwischen den Werten eines vielleicht mit jedem Satz verbundenen Ordnungsbegriffs und der Position des Satzes innerhalb der Datei.

Eine bereits aufgebaute Datei kann zu einem späteren Zeitpunkt erneut als Ausgabedatei vereinbart werden. Die neuen Ausgabesätze werden dann unmittelbar im Anschluß an den bisher letzten Datensatz gespeichert und stellen praktisch eine Erweiterung der Datei dar.

Eine spezielle Form der Dateien mit starr fortlaufender Organisation sind diejenigen, die für die Ausgabe über einen Drucker vorgesehen sind. Sie bilden insofern eine Ausnahme, als das erste Byte jedes Satzes in diesem Fall nicht mit ausgegeben wird, sondern lediglich zur Steuerung des Druckers hinsichtlich Papiervorschub, Seitenwechsel usw. dient. Wird eine solche Datei allerdings nicht unmittelbar über einen Drucker ausgegeben, sondern zunächst auf ein anderes Speichermedium übertragen, so wird dieses Steuerzeichen ebenfalls mit gespeichert, um für die spätere Druckausgabe zur Verfügung zu stehen.

Verwendung einer starr fortlaufenden Datei

Der Zugriff zu den Sätzen einer Datei mit starr fortlaufender Organisation ist nur sequentiell möglich; ein wahlfreier Zugriff zu einem bestimmten Satz kann nicht durchgeführt werden. Die Sätze können nur in der Reihenfolge fortlaufend bearbeitet werden, in der sie beim Aufbau der Datei auf einem externen Speichermedium gespeichert oder in Form von Lochkarten oder Lochstreifen hintereinander zu einer Datei zusammengestellt wurden. Bei der satzweisen Eingabe können allerdings zu jeder Zeit beliebig viele Sätze übergangen werden. Außerdem ist es möglich, auf die Sätze in der ihrer physischen Speicherung entgegengesetzten Reihenfolge zuzugreifen, wenn die Datei sich auf einem Magnetband befindet.

Eine Aktualisierung der Sätze einer starr fortlaufenden Datei ist nur bei der satzweisen Datenübertragung und der Verwendung von Direktzugriffsspeichern möglich. Sie beschränkt sich allerdings auf das Verändern und Ersetzen bereits zur Datei gehöriger Sätze und ist ebenfalls nur in sequentieller Folge möglich. Die einzelnen Sätze können fortlaufend gelesen und, falls erforderlich, mit verändertem Inhalt auf die Datei zurückgeschrieben werden; das Zurückschreiben bezieht sich stets auf den zuletzt gelesenen Satz. Sätze, die bei einer solchen fortlaufenden Aktualisierung keiner Veränderung unterliegen, müssen dann zwar auch gelesen, brauchen aber nicht zurückgeschrieben zu werden; sie bleiben unverändert in der Datei enthalten.

Neuzugänge können in eine starr fortlaufende Datei nicht eingefügt werden, und es ist auch nicht möglich, einzelne Datensätze zu löschen. In beiden Fällen müßte, ausgehend von der vorhandenen Datei, unter Berücksichtigung der gewünschten Veränderungen eine neue Datei aufgebaut werden. Diese Verfahrensweise ist auch generell bei der Aktualisierung von Magnetbanddateien erforderlich.

5.2.2. Regionale Dateien

Die regionale Dateiorganisationsform ist nur für die satzweise Ein- und Ausgabe und nur unter Benutzung von Direktzugriffsspeichern möglich. Sie ist vor allem dann zweckmäßig wenn ausschließlich der direkte Zugriff zu den Datensätzen in beliebiger Reihenfolge erforderlich ist. Sowohl der Aufbau als auch der Zugriff zu ihren Sätzen kann jedoch auch sequentiell durchgeführt werden.

Das Grundprinzip dieser Organisationsform besteht darin, daß der gesamte für die Datei vorgesehene Speicherbereich in Regionen eingeteilt wird, die, beginnend mit 0, fortlaufend numeriert und denen die Datensätze zugeordnet werden. Nach der Art der Zuordnung zu den einzelnen Regionen und damit der Bestimmung der Satzadresse stehen 3 unterschiedliche Typen der regionalen Organisationsform zur Verfügung, die jedoch alle auf einer rechnerischen Beziehung zwischen dem Wert eines mit jedem Satz verbundenen Ordnungsbegriffs und der jeweiligen Regionsnummer basieren.

Beim Typ 1 ergibt sich daraus auch sofort die Position des Satzes innerhalb der Datei (direkte Adressierung), während beim Typ 2 und 3 diese nicht unmittelbar aus der Regionsnummer bestimmbar ist, sondern die eindeutige Identifikation eines Satzes anhand eines gespeicherten Schlüssels erfolgt (indirekte Adressierung). Der gespeicherte Schlüssel wird stets als Zeichenkette betrachtet und steht auf dem Speichermedium in einem gesonderten Feld unmittelbar vor dem jeweiligen Satz; seine maximale Länge beträgt 255 Bytes. Die tatsächliche Länge des gespeicherten Schlüssels wird für eine regionale Datei mit Hilfe der Angabe KEYLENGTH im Attribut ENVIRONMENT der Dateivereinbarung oder durch die Angabe KEYLEN auf der DD-Steuerkarte festgelegt.

Mit Ausnahme des sequentiellen Lesens und Zurückschreibens ist in den Ein- und Ausgabebefehlen für regionale Dateien stets die Regionsnummer des Satzes anzugeben, auf den sich der Befehl bezieht. Diese Nummer ist die zeichenweise Darstellung einer 8stelligen Dezimalzahl ohne Vorzeichen, wobei nur die Ziffern 0···9 sowie führende Leerzeichen zulässig sind, die dann als 0 interpretiert werden. Zweckmäßig vereinbart man für die Regionsnummer daher im allgemeinen eine Variable mit dem Attribut PICTURE '(8)9'. Wird in einem Befehl eine längere Regionsnummer angegeben, so werden nur die rechten 8 Zeichen berücksichtigt. Besteht eine Regionsnummer aus weniger als 8 Zeichen, so werden links entsprechend viele Ziffern 0 angefügt.

5.2.2.1. Charakterisierung der verschiedenen Typen

Die verschiedenen Typen, die für die regionale Organisationsform existieren, verwirklichen alle das Prinzip der Einteilung der Datei in einzelne Regionen und der Zuordnung der Datensätze zu ihnen auf Grund der Werte eines Ordnungsbegriffs. Sie unterscheiden sich jedoch zum Teil wesentlich in der Art dieser Zuordnung, der Beziehung zwischen den Werten des Ordnungsbegriffs und der Regionsnummer sowie der Verwendung von Schlüsseln. Aus diesen Unterschieden leiten sich auch entsprechende Gesichtspunkte ab, die bei der Wahl des jeweiligen Typs zu berücksichtigen sind.

Regionale Dateien vom Typ 1

Dieser Typ der regionalen Organisationsform ist dadurch gekennzeichnet, daß jede Region genau einen Datensatz enthält, und die Regionen innerhalb des gesamten Datenbestands und damit auch innerhalb der einzelnen Spuren des Speichermediums fortlaufend nach aufsteigender Regionsnummer angeordnet sind. Die größte zulässige Regionsnummer ist 16777215, und es kann nur mit ungeblockten Sätzen fester Länge gearbeitet werden. Bei bekannter Satzlänge und Spurkapazität reicht folglich zur Identifikation eines Satzes die jeweilige Regionsnummer völlig aus, so daß der in den Ein- und Ausgabebefehlen anzugebende Quellenschlüssel lediglich aus dieser besteht. Gespeicherte Schlüssel für die Datensätze existieren bei diesem Typ nicht.

Voraussetzung für die Anwendung von Typ 1 der regionalen Organisationsform ist das Vorliegen einer umkehrbar eindeutigen Beziehung zwischen der Regionsnummer und einem mit jedem Datensatz verbundenen Ordnungsbegriff. Diese Beziehung kann entweder darin bestehen, daß der Wert des Ordnungsbegriffs selbst unmittelbar als Regionsnummer verwendet wird, oder darin, daß er z. B. durch Subtraktion eines konstanten Wertes so in eine Regionsnummer umgerechnet wird, daß die Sortierfolge der Datensätze bezüglich dieses Begriffs erhalten bleibt. Die Regionsnummer verkörpert damit praktisch die relative Satznummer innerhalb der Datei, woraus sich eindeutig die Position des betreffenden Satzes ergibt.

Auf Grund dieses Vorgehens entsteht beim Typ 1 eine proportionale Beziehung zwischen dem Nummernkreis des Ordnungsbegriffs und der Anzahl der für die Datei benötigten Regionen. Das hat den Nachteil, daß für jeden theoretisch möglichen Wert aus dem betreffenden Nummernkreis der Platz für eine Region auf dem externen Speichermedium bereitgestellt werden muß, obwohl vielleicht zahlreiche Werte tatsächlich überhaupt nicht vorkommen können. Regionale Dateien vom Typ 1 werden in der Praxis deshalb im allgemeinen nur dann verwendet, wenn für einen Ordnungsbegriff ein ziemlich lückenloser Nummernkreis existiert. Weist dieser jedoch relativ viele Lücken auf, die ungleichmäßig auftreten und daher bei einer Umrechnung nicht berücksichtigt werden können, so würde man sehr viel Speicherplatz verschenken.

Regionale Dateien vom Typ 2

Dieser Typ der regionalen Organisationsform ist dadurch gekennzeichnet, daß wie beim Typ 1 jede Region genau einen Datensatz enthält, die zur gleichen Spur gehörigen Regionen jedoch im Unterschied zum Typ 1 nicht nach aufsteigender Regionsnummer angeordnet sind, sondern in beliebiger Reihenfolge vorliegen können. Auch hier ist die größte zulässige Regionsnummer 16777215, und es kann nur mit ungeblockten Sätzen fester Länge gearbeitet werden. Es muß damit beim Typ 2 zwar eine eindeutige Beziehung zwischen dem Wert des mit den Datensätzen verbundenen Ordnungsbegriffs und der Regionsnummer bestehen, es ergibt sich daraus aber noch nicht unmittelbar die Position eines Satzes innerhalb der Datei. Zu jedem Satz muß folglich ein gesonderter Satzschlüssel gespeichert werden. Aus dem Wert des Ordnungsbegriffs wird jeweils zunächst die Regionsnummer und daraus die Spur bestimmt, zu der die betreffende Region gehört. Innerhalb dieser Spur muß dann die Identifikation eines Satzes auf Grund der gespeicherten Schlüssel erfolgen.

Der in den Ein- und Ausgabebefehlen anzugebende Quellenschlüssel besteht inhaltlich aus zwei Teilen: der Regionsnummer und einem Vergleichsschlüssel. Als Regionsnummer werden stets die rechten 8 Zeichen des Quellenschlüssels betrachtet, während der linke Teil desselben den Vergleichsschlüssel darstellt. Dieser beginnt mit dem ersten Zeichen des Quellenschlüssels und umfaßt soviel Zeichen, wie in der Dateivereinbarung oder über die DD-Steuerkarte für die Datei festgelegt wurden. Vergleichsschlüssel und Regionsnummer können sich dabei durchaus überlappen. Der Vergleichsschlüssel kann die gesamte Regionsnummer mit einschließen, so daß Quellenschlüssel und Vergleichsschlüssel identisch sind, oder es können auch nur die ersten Bytes der Regionsnummer mit in den Vergleichsschlüssel einbezogen werden. Ist der gesamte Quellenschlüssel kürzer als die festgelegte Schlüssellänge, so werden rechts Leerzeichen angefügt, was allerdings im allgemeinen zu fehlerhaften Regionsnummern führt.

Regionale Dateien vom Typ 3

Dieser Typ der regionalen Organisationsform ist dadurch gekennzeichnet, daß jede Region eine vollständige Spur auf dem Speichermedium umfaßt und folglich im allgemeinen mehrere Sätze in der gleichen Region enthalten sind. Die Regionsnummer allein reicht damit nicht zur eindeutigen Bestimmung eines Satzes aus, so daß zu jedem Satz zusätzlich ein gesonderter Satzschlüssel gespeichert werden muß. Die größte zulässige Regionsnummer ist 32767. Im Unterschied zum Typ 1 und 2 ist beim Typ 3 der regionalen Organisationsform die Arbeit mit ungeblockten Sätzen fester, variabler oder undefinierter Satzlänge erlaubt.

Die Zuordnung der Sätze zu den einzelnen Regionen erfolgt auch hier über einen mit jedem Satz verbundenen Ordnungsbegriff. Es besteht aber keine direkte Beziehung zwischen den Werten dieses Ordnungsbegriffs und der jeweiligen Regionsnummer. Diese wird vielmehr mit Hilfe eines frei wählbaren Umrechnungsverfahrens hergestellt, das so beschaffen sein sollte, daß sich eine möglichst gleichmäßige Verteilung der Sätze auf die einzelnen Spuren der Datei ergibt. Aus dem Wert des Ordnungsbegriffs wird durch die Umrechnung zunächst die Regionsnummer und damit die Spur bestimmt, zu der der betreffende Satz gehört. Innerhalb dieser Spur stehen die einzelnen Sätze in ungeordneter Reihenfolge und werden auf Grund des gespeicherten Schlüssels identifiziert. Bezüglich des in den Ein- und Ausgabebefehlen anzugebenden Quellenschlüssels gelten die gleichen Ausführungen wie für den Typ 2.

Ein häufig verwendetes Umrechnungsverfahren zur Ermittlung der Regionsnummer aus den Werten eines Ordnungsbegriffs ist das sogenannte Divisionsrestverfahren. Hierbei wird zunächst abgeschätzt, wieviel Werte innerhalb des für den Ordnungsbegriff theoretisch vorliegenden Nummernkreises tatsächlich auftreten werden. Zur Festlegung des für die Datei benötigten Speicherplatzes geht man von einer etwa 20% höheren Anzahl von Sätzen aus und berechnet anhand der Satzlänge und der bekannten Spurkapazität die insgesamt benötigte Anzahl von Spuren und damit Regionen. Der jeweilige Wert des Ordnungsbegriffs wird dann durch diese Anzahl dividiert und der sich dabei ergebende Rest als Regionsnummer verwendet, die damit praktisch die relative Spurnummer innerhalb der Datei darstellt. Entscheidet man sich bei der Festlegung der zur Speicherung der gesamten Datei vorgesehenen Anzahl von Spuren für eine Primzahl in der Nähe des berechneten Wertes, so erreicht man im allgemeinen noch besser, daß sich gleiche Reste bei der Ausführung der Division nicht häufen und sich damit eine gleichmäßigere Streuung der Sätze über den gesamten Dateibereich ergibt.

Die Verwendung des Typs 3 der regionalen Organisationsform ist vor allem in solchen Fällen zweckmäßig, in denen man es mit einem Ordnungsbegriff zu tun hat, dessen Nummernkreis zwar sehr umfangreich ist, aber große, unregelmäßige Lücken aufweist. Die Programmierung des zu verwendenden Umrechnungsverfahrens ist jeweils vom Programmierer selbst vorzunehmen.

Beispiele

1. Die Sätze einer aufzubauenden regionalen Datei sind mit einem 5stelligen Ordnungsbegriff verbunden, der den Nummernkreis 20000–24999 umfaßt, wobei der überwiegende Teil dieser Werte auch tatsächlich vorkommt.

In diesem Fall wird man sich für den Typ 1 der regionalen Organisationsform entscheiden, bei dem wegen der direkten Satzadressierung die kürzesten Zugriffszeiten auftreten. Außerdem bleibt dabei die Sortierfolge der Sätze nach aufsteigenden Werten des Ordnungsbegriffs erhalten, und auf Grund der nur wenigen Lücken ist dieser Typ auch hinsichtlich der benötigten Kapazität auf dem Plattenspeicher am günstigsten. Die gesamte Datei wird dann entsprechend der Anzahl von unterschiedlichen Werten des Ordnungsbegriffs für einen Umfang von 5000 Sätzen ausgelegt und besteht folglich aus 5000 Regionen. Die Beziehung zwischen den Werten des Ordnungsbegriffs und der Regionsnummer wird einfach dadurch hergestellt, daß jeweils 20000 vom Wert des Ordnungsbegriffs subtrahiert und das Resultat dann als Regionsnummer verwendet wird.

2. Die Sätze einer aufzubauenden regionalen Datei sind mit einem 6stelligen Ordnungsbegriff verbunden, für den folglich theoretisch 1 Million unterschiedliche Werte möglich sind. Davon treten jedoch insgesamt nur etwa 16000 Werte tatsächlich auf, die sich unregelmäßig über den gesamten Nummernkreis verteilen und daher nicht systematisch bestimmt werden können.

Entschiede man sich in diesem Fall für den Typ 1 der regionalen Organisationsform, so müßte man zwangsläufig für die Datei eine Million Regionen anlegen und würde für deren Speicherung wahrscheinlich mehrere Platteneinheiten benötigen. Der Wert des Ordnungsbegriffs wäre dann zwar unmittelbar als Regionsnummer verwendbar, aber die tatsächlich auftretenden Datensätze würden nur 1,6% der Regionen belegen, während alle anderen unbenutzt bleiben.

Wesentlich günstiger liegen dagegen die Verhältnisse bei Verwendung des Typs 3. Hier sieht man für die Datei Speicherplatz lediglich im Umfang von etwa 20000 Datensätzen vor (also nur 5% des bei Typ 1 benötigten Platzes) und erhält folglich eine 80%ige Belegung desselben. Unter der Annahme, daß auf Grund der vorliegenden Satzlänge pro Spur 40 Sätze gespeichert werden können, sind für die gesamte Datei etwa 500 Spuren = 25 Zylinder erforderlich. Bei Anwendung des Divisionsrestverfahrens zur Bestimmung der Regionsnummer würde man demzufolge als Divisor zweckmäßig die Primzahl 499 wählen. Für den Satz mit dem Wert 246816 des Ordnungsbegriffs ergäbe sich dann die Berechnung 246816:499 = 494 Rest 310 und damit die Regionsnummer 310. Der Satz wird folglich auf die 311. Spur der Datei gespeichert, da die Numerierung der Regionen stets mit 0 beginnt. Um die Sätze innerhalb einer Spur eindeutig voneinander unterscheiden zu können, wäre als gespeicherter Schlüssel jeweils der vollständige Wert des Ordnungsbegriffs zu verwenden.

Natürlich könnte man z. B. auch eine Division mit dem Divisor 2000 durchführen und den ganzzahligen Anteil des Quotienten als Regionsnummer verwenden; auf diese Weise würde man stets einen der Werte 0···499 erhalten und folglich 500 Spuren für die Datei benötigen. Bei ungünstiger Verteilung der Werte des Ordnungsbegriffs könnte dann allerdings der Fall eintreten, daß sich in bestimmten Bereichen die Datensätze häufen, während andere wiederum sehr gering besetzt sind, was zu beträchtlich höheren Zugriffszeiten führen kann. Durch das Divisionsrestverfahren ist dagegen im allgemeinen eine gleichmäßige Verteilung der Sätze über die gesamte Datei erreichbar.

Die Verwendung des Typs 2 der regionalen Organisationsform wäre im vorliegenden Fall ebenfalls möglich. Entsprechend dem auch hier vorzusehenden Umfang von etwa 20000 Datensätzen würde die Datei dann aus 20000 Regionen bestehen, und als Regionsnummer könnte der ganzzahlige Anteil des Quotienten dienen, der bei der Division des Werts des Ordnungsbegriffs durch 50 entsteht. Da die Sätze innerhalb einer Spur bei diesem Typ nicht nach aufsteigenden Regionsnummern geordnet sind, spielt es keine Rolle, daß dabei die gleiche Regionsnummer mehrfach auftreten kann; die Identifikation der Sätze erfolgt ja ohnehin anhand des gespeicherten Schlüssels. Es ergeben sich hierbei jedoch die gleichen Probleme, die beim Typ 3 auftreten können, wenn nicht das Divisionsrestverfahren angewendet wird.

5.2.2.2. Aufbau und Verwendung regionaler Dateien

Der gesamte für eine regionale Datei auf dem verwendeten Direktzugriffsspeicher erforderliche Speicherplatz muß bereits bei deren Aufbau endgültig festgelegt werden; es dient dazu der SPACE-Parameter auf der DD-Steuerkarte. Eine spätere Erweiterung, die bei den anderen Organisationsformen durch Verwendung des Parameters DISP=MOD zulässig ist, kann bei regionalen Dateien nicht vorgenommen werden.

Im allgemeinen wird der Aufbau einer regionalen Datei zumindest bei Typ 2 und 3 im direkten Zugriff erfolgen; es ist jedoch auch möglich, diesen Aufbau sequentiell durchzuführen. Die Kennzeichnung der in beiden Fällen auftretenden Pseudosätze geschieht in der Weise, daß beim Typ 1 das erste Zeichen des Satzes und bei den anderen Typen das erste Zeichen des Satzschlüssels mit dem dualen Inhalt 11111111 belegt wird; der Inhalt der restlichen Zeichen ist jeweils undefiniert.

Beim Aufbau einer regionalen Datei im direkten Zugriff wird der gesamte vorgesehene Speicherbereich während der Dateieröffnung mit Pseudosätzen gefüllt. Beim Typ 3 gilt das allerdings nur im Falle der Verwendung von Sätzen fester Länge; bei Sätzen variabler oder undefinierter Länge wird statt dessen an den Anfang jeder Spur ein Kapazitätssatz geschrieben, der entsprechende Eintragungen über den darauf noch verfügbaren Speicherplatz enthält. Danach kann die Ausgabe der Datensätze in beliebiger, ungeordneter Reihenfolge vorgenommen werden. Die Position jedes Satzes innerhalb der Datei wird anhand des im Ausgabebefehl anzugebenden Schlüssels bestimmt.

Beim Typ 1 stellt dieser Schlüssel unmittelbar die Nummer der Region dar, in die der Satz einzutragen ist. Bei den anderen beiden Typen wird dagegen aus der Regionsnummer zunächst nur die Spur bestimmt, zu der der jeweilige Satz gehört, und innerhalb derselben wird dieser dann auf die Position des ersten auftretenden Pseudosatzes bzw., falls es sich nicht um Sätze fester Länge handelt, auf den ersten freien Speicherplatz derselben geschrieben. Ist in der betreffenden Spur kein entsprechender Platz vorhanden, so kann der Satz auch in eine der folgenden Spuren aufgenommen werden.

Beim sequentiellen Aufbau einer regionalen Datei sind die Sätze in der aufsteigenden Sortierfolge der Regionsnummern für die Ausgabe bereitzustellen. Die Einrichtung der einzelnen Regionen erfolgt bei Typ 1 und 2 fortlaufend in der Weise, daß Regionen, für die ein Satz vorliegt, mit dessen Inhalt, und Regionen, für die kein Satz vorliegt, mit einem Pseudosatz gefüllt werden. Beim Typ 3 gilt die Besonderheit, daß in der Folge der aufsteigenden Regionsnummern durchaus die gleiche Nummer mehrfach auftreten darf, da ja eine Region eine ganze Spur umfaßt. Die zur gleichen Region gehörigen Sätze werden dann fortlaufend auf dieser Spur gespeichert und der restliche Teil mit Pseudosätzen belegt.

Unabhängig davon, ob der Aufbau einer regionalen Datei im direkten oder sequentiellen Zugriff erfolgt, wird im Falle von Typ 2 und 3 vor den eigentlichen Datensätzen jeweils ein gesonderter Schlüssel gespeichert, dessen Inhalt ebenfalls dem im betreffenden Ausgabebefehl anzugebenden Quellenschlüssel entnommen wird. Beim Typ 1 wird dagegen kein gesonderter Satzschlüssel gespeichert.

Der Zugriff zu den Datensätzen einer regional organisierten Datei erfolgt im allgemeinen direkt in beliebiger Folge, da eine solche Form dem eigentlichen Anliegen dieser Dateiorganisation entspricht. Es besteht jedoch auch die Möglichkeit der sequentiellen Bearbeitung regionaler Dateien.

Bei regionalen Dateien mit direktem Zugriff können die Datensätze in beliebiger, ungeordneter Reihenfolge gelesen werden. Im jeweiligen Eingabebefehl ist deshalb die Angabe eines Quellenschlüssels zur Identifikation des gesuchten Satzes erforderlich. Beim Typ 1 ergibt sich aus diesem unmittelbar die Position des Satzes innerhalb der Datei, und dessen Inhalt wird im Eingabebereich zur Verfügung gestellt. Bei Typ 2 und 3 wird dagegen aus der im Quellenschlüssel enthaltenen Regionsnummer zunächst nur die Spur bestimmt, zu der der betreffende Satz gehört; innerhalb dieser Spur wird dann durch fortlaufenden Vergleich des gespeicherten Schlüssels mit dem ebenfalls im Quellenschlüssel enthaltenen Vergleichsschlüssel gesucht. Gegebenenfalls wird die Suche auch auf die folgenden Spuren ausgedehnt.

Neben dem Lesen von Datensätzen ist es bei Verwendung des direkten Zugriffs außerdem möglich, zur Aktualisierung einer regionalen Datei bereits vorhandene Sätze in beliebiger Folge in ihrem Inhalt zu verändern oder zu löschen sowie neue Sätze zur Datei hinzuzufügen. Auch in diesen Fällen erfolgt die Identifikation des jeweiligen Satzes anhand des im betreffenden Befehl anzugebenden Quellenschlüssels.

Ist der Wert einzelner Elemente eines Satzes zu verändern, so kann dieser Satz gelesen und nach Durchführung der Änderung auf seine ursprüngliche Position in der Datei zurückgeschrieben werden. Es ist aber auch möglich, ohne vorheriges Lesen eines Satzes dessen bisherigen Inhalt durch einen vollständig vorzugebenden neuen Inhalt zu ersetzen.

Das Löschen eines Satzes erfolgt in der Form, daß dieser durch einen Pseudosatz ersetzt wird. Bei fester Satzlänge kann der Speicherplatz eines auf diese Weise gelöschten Satzes bei allen Typen für das spätere Hinzufügen neuer Sätze verwendet werden; bei variabler oder undefinierter Satzlänge, mit denen beim Typ 3 gearbeitet werden kann, ist das jedoch nicht möglich.

Das Hinzufügen neuer Sätze zu einer regionalen Datei mit direktem Zugriff erfolgt für jeden Typ in der gleichen Form wie beim Aufbau der Datei.

Bei regionalen Dateien mit sequentiellem Zugriff kann das Lesen der Sätze nur fortlaufend in der Reihenfolge ihrer physischen Speicherung erfolgen. Auf Grund der Zuordnung zu den einzelnen Regionen entspricht diese Reihenfolge beim Typ 1 der Sortierfolge des mit den Sätzen verbundenen Ordnungsbegriffs, wobei keine Unterscheidung zwischen echten Datensätzen und Pseudosätzen vorgenommen wird. Bei Typ 2 und 3 liegen die Sätze dagegen beim sequentiellen Lesen in ungeordneter und vom jeweiligen Satzschlüssel unabhängiger Reihenfolge vor; Pseudosätze werden in diesem Fall allerdings übergangen. Für jeden Typ besteht außerdem die Möglichkeit, im Verlauf der sequentiellen Abarbeitung einer Datei eine beliebig vorgebbare Anzahl von aufeinanderfolgenden Sätzen zu ignorieren.

Im allgemeinen wird bei Typ 2 und 3 der regionalen Organisationsform der zu jedem Satz gesondert gespeicherte Schlüssel nicht außerdem noch im Datenteil enthalten sein, um nicht unnötig Speicherplatz auf dem externen Speichermedium zu belegen. Da aber stets nur der Inhalt des Datenteils in den Eingabebereich übertragen wird, hat man unter diesen Umständen folglich bei der sequentiellen Eingabe keinerlei Kenntnis über die Satzschlüssel der eingelesenen Sätze. Es wurde daher die Möglichkeit geschaffen, durch eine zusätzliche Angabe im Eingabebefehl zu erreichen, daß der gespeicherte Schlüssel einer vorzugebenden Variablen zugeordnet wird und damit ebenfalls für die weitere Bearbeitung zur Verfügung steht.

Die Aktualisierung einer regionalen Datei ist bei sequentiellem Zugriff nur insofern möglich, als bestehende Sätze in ihrem Inhalt verändert werden können. Das Löschen von Sätzen sowie das Hinzufügen neuer Sätze ist in diesem Fall nicht durchführbar. Voraussetzung für die Veränderung eines Satzes ist allerdings, daß dieser jeweils vorher gelesen wurde; anschließend kann er dann mit verändertem Inhalt auf die Datei zurückgeschrieben werden.

Beispiel. Auf einem Wechselplattenspeicher soll eine regionale Datei vom Typ 3 mit Sätzen fester Länge aufgebaut werden. Die Sätze sind mit einem 5stelligen Ordnungsbegriff verbunden, und die vorliegende Satzlänge erlaubt die Speicherung von 5 Sätzen pro Spur. Auf Grund der tatsächlich vorkommenden Werte des Ordnungsbegriffs sind etwa 240 Spuren für die Datei vorzusehen; zweckmäßig legt man deshalb insgesamt 241 Spuren an, um diese Primzahl als Divisor beim Divisionsrestverfahren zur Bestimmung der Regionsnummer verwenden zu können. Aus der Umrechnung der Werte des Ordnungsbegriffs ergeben sich dann die Regionsnummern 0—240.

⋮										
Spur 4	51156	//////	24164	//////	72364	//////	72123	//////	PS	//////
Spur 5	72847	//////	01270	//////	50434	//////	51157	//////	42722	//////
Spur 6	36216	//////	22961	//////	PS	//////	PS	//////	PS	//////
Spur 7	58148	//////	99359	//////	65137	//////	45375	//////	PS	//////
⋮										

Abb. 2. Schematischer Dateiausschnitt nach dem Aufbau

Abb. 2 enthält eine vereinfachte schematische Darstellung für einen Teil des 4. Zylinders der Datei unmittelbar nach deren Aufbau im direkten Zugriff; die Spuren 0···19 dieses Zylinders entsprechen den relativen Spurnummern 60···79 der Datei. Für die einzelnen Sätze wird der jeweilige Satzschlüssel bzw. die Kennzeichnung PS angegeben, falls es sich um einen Pseudosatz handelt. Zu einem späteren Zeitpunkt wird eine Aktualisierung der Datei durchgeführt, bei der im direkten Zugriff verschiedene Sätze neu zur Datei hinzugefügt oder gelöscht werden. Im einzelnen werden nacheinander folgende Veränderungen vorgenommen: 26815 neu, 65137 löschen, 21274 neu, 96466 neu, 50434 löschen, 80320 neu; die angegebenen Nummern stellen den Wert des Ordnungsbegriffs für den jeweiligen Satz dar. Eine schematische Darstellung des betrachteten Dateiausschnitts nach Ausführung dieser Operationen ist in Abb. 3 enthalten.

⋮										
Spur 4	51156	//////	24164	//////	72364	//////	72123	//////	26815	//////
Spur 5	72847	//////	01270	//////	PS	//////	51157	//////	42722	//////
Spur 6	36216	//////	22961	//////	21274	//////	96466	//////	PS	//////
Spur 7	58148	//////	99359	//////	80320	//////	45375	//////	PS	//////
⋮										

Abb. 3. Schematischer Dateiausschnitt nach der Aktualisierung

5.2.3. Indexsequentielle Dateien

Die indexsequentielle Dateiorganisation ist nur für die satzweise Ein- und Ausgabe und nur unter Benutzung von Direktzugriffsspeichern möglich. Auf Grund der relativ hohen Zugriffszeiten ist ihre Verwendung im allgemeinen nur für solche Dateien zweckmäßig, zu deren Datensätzen sowohl fortlaufend als auch wahlfrei in beliebiger Reihenfolge zugegriffen werden muß. Die Sätze können bei dieser Organisationsform feste oder variable Länge haben, und in beiden Fällen ist auch eine Blockung derselben zulässig.

Alle Sätze einer indexsequentiellen Datei sind mit einem Ordnungsbegriff verbunden, dessen Wert den jeweiligen Satzschlüssel darstellt, der zusammen mit dem eigentlichen Datenteil gespeichert wird. Seine maximale Länge beträgt 255 Bytes; die tatsächliche Länge wird durch die Angabe KEYLENGTH im Attribut ENVIRONMENT der Dateivereinbarung oder die Angabe KEYLEN im DCB-Parameter der DD-Steuerkarte festgelegt. Die Form der Speicherung des Schlüssels ist abhängig vom jeweiligen Satzformat (Blockung, feste oder variable Länge) und seiner eventuellen Einbettung in den Datenteil.

Die physische Speicherung einer indexsequentiellen Datei erfolgt stets so, daß die aufsteigende Sortierfolge der Sätze gemäß ihrem Schlüssel gewährleistet ist. Es besteht allerdings keine rechnerische Beziehung zwischen den Werten des als Schlüssel verwendeten Ordnungsbegriffs und der Position des betreffenden Satzes innerhalb der Datei. Die Bestimmung der Satzadresse erfolgt vielmehr über ein mehrstufiges Adreßverzeichnis, das einen unmittelbaren Bestandteil der Datei darstellt. Die Eintragungen in diesem Verzeichnis beziehen sich auf die einzelnen Satzschlüssel und werden vom Betriebssystem automatisch verwaltet. Sie sind so angelegt, daß mit ihrer Hilfe sowohl ein sequentieller als auch ein wahlfreier Zugriff zu den Datensätzen ohne weiteres realisiert werden kann.

5.2.3.1. Aufbau indexsequentieller Dateien

Der Aufbau einer indexsequentiellen Datei kann nur sequentiell erfolgen. Die auszugebenden Datensätze sind in aufsteigender Sortierfolge des mit ihnen verbundenen Ordnungsbegriffs bereitzustellen, wobei zwischen zwei aufeinanderfolgenden Werten durchaus größere Lücken auftreten können, und werden fortlaufend in den Datenbestand übertragen.

Die Speicherungsform des Satzschlüssels ist davon abhängig, ob dieser im Datenteil jedes Satzes eingebettet ist und ob eine Blockung der Sätze vorliegt. Die Festlegungen über die relative Position des Schlüssels im Datenteil werden im allgemeinen mit Hilfe des Unterparameters RKP im DCB-Parameter der DD-Steuerkarte getroffen; man kann statt dessen aber auch die Angabe KEYLOC im Attribut ENVIRONMENT der Dateivereinbarung verwenden. Ist der Schlüssel nicht in den Datenteil des Satzes eingebettet, so ist entsprechend bei Sätzen fester Länge RKP=Ø und bei Sätzen variabler Länge RKP=4 (wegen der zusätzlich an den Satz angefügten Längeninformationen) anzugeben. Außer bei ungeblockten Sätzen fester Länge wird in diesem Fall vor der Ausgabe des Satzes der Schlüssel automatisch links an den im Ausgabebereich enthaltenen Datenteil angefügt; die Länge des Schlüssels ist folglich bei der Bestimmung der Satzlänge mit zu berücksichtigen.

Weiterhin wird der Schlüssel bei ungeblockten Sätzen in ein jedem Satz vorangehendes gesondertes Schlüsselfeld eingetragen. Im Falle fester Satzlänge kann man folglich die Verwendung des doppelten Speicherplatzes für den Schlüssel vermeiden, wenn dieser nicht auch im Datenteil des Satzes auftritt. Bei geblockten Sätzen enthält nur jeder Block ein gesondertes Schlüsselfeld, welches diesem vorangestellt und in das der Schlüssel des letzten zum Block gehörigen Satzes eingetragen wird.

Zum späteren Wiederauffinden der entsprechend der Sortierfolge des jeweiligen Ordnungsbegriffs fortlaufend gespeicherten Datensätze wird gleichzeitig mit deren Ausgabe ein mehrstufiges Adreßverzeichnis aufgebaut, das zum festen Bestandteil der Datei wird. Im allgemeinen besteht dieses Adreßverzeichnis aus zwei Teilen:

— einem Verzeichnis für jeden Zylinder der Datei, das Angaben über die einzelnen Spuren dieses Zylinders enthält und als Spurindex bezeichnet wird;

— einem Verzeichnis für die gesamte Datei, das Angaben über die einzelnen Zylinder derselben enthält und als Zylinderindex bezeichnet wird.

Der Spurindex befindet sich meist auf der ersten Spur jedes Zylinders, obwohl dafür auch eine andere Spur verwendet werden kann. Er enthält für jede Spur des jeweiligen Zylinders bestimmte Angaben über die zu ihr gehörigen Sätze der Datei. Diese bestehen im wesentlichen aus dem Schlüsselwert des letzten physisch auf der Spur gespeicherten Satzes, dem höchsten Schlüsselwert der logisch ebenfalls noch zu dieser Spur gehörigen Sätze sowie der Satzadresse des Satzes, der logisch als erster auf den letzten physisch auf der Spur gespeicherten Satz folgt. Unmittelbar nach dem Aufbau einer indexsequentiellen Datei sind die beiden ersten Angaben identisch; alle logisch zu einer Spur gehörigen Sätze sind auch physisch auf ihr gespeichert. Diesbezügliche Veränderungen ergeben sich erst durch das spätere Hinzufügen von Sätzen im Rahmen der Aktualisierung, weil es dabei zu Auslagerungen in Überlaufbereiche kommt.

Der Zylinderindex steht in einem speziellen Bereich der Datei, der sich meist auf einem gesonderten Zylinder befindet und zur Verringerung der Zugriffszeiten auch auf einer anderen Platteneinheit untergebracht werden kann. Er enthält für jeden Zylinder der Datei den höchsten Schlüsselwert der logisch zu ihm gehörigen Sätze sowie eine Angabe über die Nummer der Spur, auf der der betreffende Spurindex untergebracht ist. Bei kleineren Dateien, für deren Speicherung ein einziger Zylinder ausreicht, entfällt die Notwendigkeit des Aufbaus eines Zylinderindex.

Ist der Zylinderindex sehr umfangreich, so läßt sich das spätere Wiederauffinden der Sätze dadurch beschleunigen, daß eine weitere, dem Zylinderindex übergeordnete Stufe des Adreßverzeichnisses eingeführt wird. Diese wird als Hauptindex bezeichnet und stets vor dem Zylinderindex gespeichert; sie enthält die letzte Eintragung jeder vom Zylinderindex belegten Spur. Ein Hauptindex wird automatisch für eine Datei angelegt, wenn in der betreffenden DD-Steuerkarte die Angaben NTM=n und OPTCD=M enthalten sind und die Anzahl der Spuren für den Zylinderindex den Wert n erreicht oder überschreitet. Ist bei besonders großen Dateien auch die Anzahl der für den Hauptindex benötigten Spuren $\geqq n$, so werden für den Hauptindex noch maximal zwei weitere, jeweils übergeordnete Stufen gebildet.

Bereits beim Aufbau einer indexsequentiellen Datei ist ebenfalls festzulegen, welche Art von Überlaufbereichen für sie angelegt werden sollen. Diese Bereiche sind später für die Aufnahme von Datensätzen erforderlich, wenn bei der Aktualisierung der Datei neue Sätze zum bisherigen Datenbestand hinzugefügt werden sollen. Für die Festlegung der Überlaufbereiche gibt es zwei Möglichkeiten, die alternativ oder auch kombiniert verwendet werden können:

— Vereinbarung von Zylinderüberlaufbereichen

Überlaufbereiche dieser Art bestehen aus einer oder auch mehreren Spuren, die auf jedem Zylinder beim Aufbau der Datei zunächst nicht belegt, sondern als Überlaufspuren reserviert werden. Sie nehmen später diejenigen Sätze auf, die wegen des Hinzufügens neuer Sätze aus irgendeiner Spur des betreffenden Zylinders ausgelagert werden müssen. Die Vereinbarung von Zylinderüberlaufbereichen erfolgt durch die Angabe OPTCD=Y auf der DD-Steuerkarte für die Datei, während die Anzahl der Überlaufspuren pro Zylinder ebenfalls dort durch die Angabe CYLOFL=n festgelegt wird.

— Vereinbarung unabhängiger Überlaufbereiche

Überlaufbereiche dieser Art bestehen aus einem oder mehreren Zylindern, die sich auch auf einer anderen Platteneinheit befinden können. Auch sie bleiben zunächst beim Aufbau der Datei leer und nehmen später diejenigen Sätze auf, die wegen des Hinzufügens neuer Sätze aus irgendeiner Spur eines beliebigen Zylinders ausgelagert werden müssen. Bei gleichzeitiger Verwendung von Zylinderüberlaufbereichen tritt dieser Fall erst dann ein, wenn der auszugebende Satz nicht mehr auf den Überlaufspuren des betreffenden Zylinders untergebracht werden kann. Für die Vereinbarung unabhängiger Überlaufbereiche ist auf der DD-Steuerkarte für die Datei die Angabe OPTCD=I erforderlich.

Bei der Entscheidung über die Wahl der Überlaufbereiche muß man natürlich von der zu erwartenden Anzahl von Zugängen zur Datei ausgehen und dabei berücksichtigen, daß die Verwendung eines Zylinderüberlaufbereiches einen wesentlich schnelleren Zugriff zu den ausgelagerten Sätzen ermöglicht als ein unabhängiger Überlaufbereich, da keine zusätzlichen Bewegungen des Zugriffsmechanismus erforderlich sind. Dagegen ergibt die Verwendung eines unabhängigen Überlaufbereichs unter Umständen eine bessere Ausnutzung des zur Verfügung stehenden externen Speicherplatzes, falls die auszulagernden Sätze nicht gleichmäßig über die gesamte Datei verteilt sind.

Sind für eine Datei die Schlüssel von Sätzen bekannt, deren Inhalt noch nicht vorliegt und die folglich später zum Datenbestand noch hinzugefügt werden müssen, so kann man dafür beim Aufbau der Datei Pseudosätze ausgeben, die sonst beim Löschen von Datensätzen entstehen. Beim späteren Vorliegen der echten Daten für die betreffenden Sätze wird dann lediglich der Inhalt der bisherigen Pseudosätze verändert, und ein Auslagern auf Überlaufbereiche kann vermieden werden.

Eine bereits aufgebaute Datei kann zu einem späteren Zeitpunkt erneut als Ausgabedatei vereinbart werden, um eine Erweiterung des vorliegenden Datenbestandes vorzunehmen. Die neuen Ausgabesätze müssen allerdings alle einen Schlüsselwert haben, der größer ist als der bisher höchste der gesamten Datei. Sie sind dann ebenfalls in der Sortierfolge des als Schlüssel verwendeten Ordnungsbegriffs bereitzustellen und werden unmittelbar im Anschluß an den bisher letzten Datensatz abgespeichert; das Adreßverzeichnis der Datei wird automatisch entsprechend ergänzt. Auf der jeweiligen DD-Steuerkarte ist für eine solche Erweiterung die Angabe DISP=MOD erforderlich.

5.2.3.2. Verwendung indexsequentieller Dateien

Anhand des mit dem Aufbau der Datei gleichzeitig angelegten Adreßverzeichnisses sowie der gespeicherten Schlüssel ist der Zugriff zu den Sätzen einer indexsequentiellen Datei sowohl sequentiell in logisch aufsteigender Folge des Schlüsselbegriffs als auch direkt in beliebiger Folge möglich.

Verwendung einer Datei im sequentiellen Zugriff

Beim sequentiellen Lesen der Sätze einer indexsequentiellen Datei erhält man diese in logisch fortlaufender Folge, d. h. in der aufsteigenden Sortierfolge der Werte des mit den Datensätzen verbundenen und als Schlüsselbegriff verwendeten Ordnungsbegriffs.

Nach der Übertragung der entsprechend dieser Reihenfolge physisch auf einer Spur gespeicherten Sätze wird jeweils mit Hilfe des Spurindex bestimmt, ob sich in den Überlaufbereichen noch logisch zu dieser Spur gehörige Sätze befinden.

Ist das der Fall, so werden zunächst diese Sätze in logisch fortlaufender Folge bereitgestellt, bevor die der nächsten Spur übertragen werden. Die Adresse des ersten logisch zu einer Spur gehörigen Satzes in den Überlaufbereichen wird ebenfalls aus den Eintragungen des Spurindex entnommen; die logische Aufeinanderfolge der weiteren in den Überlaufbereichen befindlichen Sätze einer Spur wird durch zusammen mit diesen gespeicherte Verkettungsadressen gewährleistet. Pseudosätze, die beim Löschen von Sätzen entstehen oder auch bewußt vom Programmierer für solche Sätze in die Datei aufgenommen wurden, deren Inhalt zunächst noch nicht vorliegt, können beim sequentiellen Lesen übergangen werden. Es besteht außerdem die Möglichkeit, innerhalb der logischen Aufeinanderfolge eine beliebig vorgebbare Anzahl von Sätzen zu übergehen.

Soll die sequentielle Abarbeitung nicht mit dem ersten Datensatz beginnen oder während derselben unterbrochen und an einer bestimmten Stelle fortgesetzt werden, so kann eine entsprechende Positionierung der Datei vorgenommen werden. Diese kann einmal durch Angabe eines vollständigen Satzschlüssels erfolgen, was zu einer Positionierung auf den dadurch identifizierten Satz führt. Zum anderen kann aber auch durch Angabe eines verkürzten Schlüssels eine Schlüsselklasse definiert werden, und die Datei wird dann auf den ersten Satz positioniert, dessen Schlüssel mit den Zeichen dieser Schlüsselklasse beginnt; im Attribut ENVIRONMENT der Dateivereinbarung ist in diesem Fall außerdem die Angabe GENKEY erforderlich. Nach der jeweiligen Positionierung kann von der betreffenden Stelle aus die weitere sequentielle Bearbeitung durchgeführt werden.

Positionierungen dieser beiden Arten können für eine Datei während der Programmabarbeitung mehrfach vorgenommen werden und durchaus auch zu einem Satz führen, der vor dem zuletzt gelesenen in der Datei gespeichert ist oder gegebenenfalls schon vorher einmal gelesen oder übergangen wurde.

Die Abarbeitung eines Eingabebefehls bewirkt, daß lediglich der Datenteil eines Satzes in den Eingabebereich übertragen wird; der jeweilige Satzschlüssel steht folglich nur zur Verfügung, wenn er in den Datenteil eingebettet ist. Ist das jedoch nicht der Fall, so kann er nur durch eine Zusatzangabe im Eingabebefehl als Wert einer anzugebenden Variablen bereitgestellt werden.

Die Aktualisierung einer indexsequentiellen Datei ist bei Verwendung des sequentiellen Zugriffs nur insofern möglich, als die Sätze in logisch fortlaufender Folge gelesen und, falls erforderlich, in ihrem Inhalt verändert oder als gelöscht gekennzeichnet auf die Datei zurückgeschrieben werden. Sätze, die dabei keiner Veränderung unterliegen sollen, müssen dann zwar ebenfalls gelesen, brauchen aber nicht zurückgeschrieben zu werden; sie bleiben mit unverändertem Inhalt in der Datei enthalten. Die Form der Kennzeichnung gelöschter Sätze wird bei der Behandlung des direkten Zugriffs näher beschrieben.

Das Einfügen einzelner neuer Datensätze in eine Datei ist bei sequentiellem Zugriff nicht durchführbar. Es besteht lediglich die im Zusammenhang mit dem Aufbau indexsequentieller Dateien beschriebene Möglichkeit einer Erweiterung derselben durch das Hinzufügen von Sätzen, deren Schlüsselwerte größer sind als der bisher höchste der Datei.

Verwendung einer Datei im direkten Zugriff

Bei Verwendung des direkten Zugriffs für eine indexsequentielle Datei können deren Sätze in beliebiger Folge gelesen, verändert oder gelöscht werden; außerdem besteht die Möglichkeit, neue Sätze in die bestehende Datei einzufügen. Auf Grund der ungeordneten Satzfolge ergeben sich dabei wesentlich höhere Zugriffszeiten als bei der sequentiellen Bearbeitung. Diese können allerdings reduziert werden, indem man durch eine Angabe INDEXAREA im Attribut ENVIRONMENT der Dateivereinbarung verlangt, daß der Zylinderindex einschließlich eines eventuell angelegten Hauptindexes bei der Dateieröffnung in den Hauptspeicher übertragen wird. Der Zugriffsmechanismus muß dann nicht mehr ständig zwischen Adreßverzeichnis und Datenbereich hin und her bewegt werden, so daß auf diese Weise eine beträchtliche Erhöhung der Effektivität erreicht werden kann.

Der direkte Zugriff zu einem beliebigen Datensatz erfordert die Angabe seines Schlüssels im betreffenden Befehl. Das Aufsuchen des dem Schlüssel entsprechenden Satzes in der Datei erfolgt dann automatisch anhand des zur Datei gehörigen Adreßverzeichnisses. Aus den Eintragungen des Zylinderindex wird zunächst bestimmt, zu welchem Zylinder der Satz logisch gehört. Danach wird mit Hilfe des Spurindex dieses Zylinders ermittelt, welcher Spur der Satz logisch zuzuordnen ist. Existiert als Teil des Adreßverzeichnisses noch ein Hauptindex, so wird zuerst aus dem Vergleich des Quellenschlüssels mit den Eintragungen desselben die Spur des Zylinderindex bestimmt, auf dem die Suche beginnen soll. Aus dem Spurindex geht jeweils auch hervor, ob der Satz physisch auf der ermittelten Spur gespeichert ist oder sich in einem Überlaufbereich befindet.

Ist der Satz auf der Spur selbst gespeichert, so kann darauf bei ungeblockten Sätzen durch fortlaufenden Vergleich mit dem für jeden Satz gesondert gespeicherten Schlüsselfeld der betreffende Satz gefunden werden. Bei geblockten Sätzen existiert ein solches Schlüsselfeld lediglich für jeden Block, und durch einen Vergleich kann folglich zunächst nur der Block bestimmt werden, in dem sich der Satz befinden muß. Die weitere Suche erfolgt dann innerhalb dieses Blocks durch Vergleiche mit dem vor dem eigentlichen Datenteil oder innerhalb desselben befindlichen Schlüssel jedes Satzes.

Befindet sich der Satz jedoch in einem Überlaufbereich, so wird aus dem Spurindex die Adresse des ersten logisch zur betreffenden Spur gehörigen, aber nicht physisch auf ihr gespeicherten Satzes entnommen, und alle weiteren zugehörigen Sätze ergeben sich durch die zwischen ihnen in den Überlaufbereichen stets bestehende Adreßverkettung. Innerhalb dieser Kette wird der Satz ebenfalls durch Vergleiche mit dem gespeicherten Schlüssel gesucht. Da die Speicherung der Sätze in den Überlaufbereichen stets ungeblockt erfolgt, kann eine starke Belegung derselben die Zugriffszeiten mitunter ganz beträchtlich erhöhen.

Soll ein beliebiger Satz einer indexsequentiellen Datei gelesen werden, so wird seine Position in der beschriebenen Weise anhand des Adreßverzeichnisses bestimmt und sein Inhalt in den jeweiligen Eingabebereich übertragen. Ist der Wert einzelner Elemente eines Satzes zu ändern, so kann dieser Satz gelesen und nach Durchführung der Änderung auf seine ursprüngliche Position in der Datei zurückgeschrieben werden. Im Unterschied zur sequentiellen Bearbeitung besteht im Fall ungeblockter Sätze aber auch die Möglichkeit, den bisherigen Inhalt eines beliebigen Satzes durch einen vollständig vorzugebenden neuen Inhalt zu ersetzen, ohne den Satz vorher lesen zu müssen.

Die Position des zu verändernden Satzes wird dann wie beim Lesen automatisch anhand des Adreßverzeichnisses bestimmt. Beim Vorliegen geblockter Sätze ist es dagegen stets erforderlich, den Satz vorher zu lesen, ehe eine Veränderung vorgenommen werden kann.

In der gleichen Weise kann auch das Löschen eines beliebigen Satzes erfolgen. Dabei wird dieser nicht physisch aus der Datei entfernt, sondern durch einen Pseudosatz ersetzt, der dadurch gekennzeichnet ist, daß bei fester Satzlänge das 1. Byte und bei variabler Satzlänge das 5. Byte (davor stehen in diesem Fall noch 4 Bytes mit Längeninformationen) den dualen Inhalt 11111111 enthält. Der Versuch, auf einen in dieser Form „gelöschten" Satz Bezug zu nehmen, löst die gleiche Reaktion aus, als wäre der Satz überhaupt nicht in der Datei vorhanden. Bei Sätzen ohne eingebetteten Schlüssel, die variable Länge haben oder geblockt sind, beginnt allerdings in der für die Kennzeichnung verwendeten Position der automatisch an den eigentlichen Datenteil angefügte Schlüssel. Um diesen nicht zu überschreiben, sollte man in einem solchen Fall das Löschen von Sätzen nicht mit dem dafür vorgesehenen PL1-Befehl durchführen, sondern gegebenenfalls eine entsprechend geeignete Kennzeichnung selbst veranlassen, deren Erkennung durch das Programm beim Lesen der Datei dann natürlich ebenfalls gesondert programmiert werden muß.

Neue Sätze, die zu einer indexsequentiellen Datei hinzugefügt werden sollen, werden entsprechend des anzugebenden Quellenschlüssels in die bestehende Sortierfolge der Datensätze eingeordnet. Da beim Aufbau der Datei die Sätze jedoch dicht hintereinander auf die einzelnen Spuren geschrieben werden und folglich keine Lücken zur Aufnahme neuer Sätze existieren, findet in diesem Fall eine Auslagerung in die vereinbarten Überlaufbereiche statt.

Zunächst wird, wie bei allen anderen Ein- und Ausgabeoperationen im direkten Zugriff, anhand des Adreßverzeichnisses die Spur ermittelt, zu der der neue Satz auf Grund seines Schlüssels logisch gehört. Ist der Schlüssel des letzten physisch darauf gespeicherten Satzes größer als der des neuen, so wird der neue Satz entsprechend der Sortierfolge physisch in die Folge der Sätze dieser Spur eingeordnet, während der bisher physisch letzte Satz derselben in den jeweiligen Überlaufbereich ausgelagert wird, falls es sich dabei nicht um einen gelöschten Satz handelt. Gelöschte Sätze werden nicht ausgelagert, sondern bei dieser Gelegenheit physisch aus der Datei entfernt. Beim Vorliegen geblockter Sätze kann es dabei durch die eventuell notwendige Neuzusammenstellung der gespeicherten Blöcke innerhalb der Spur zu weiteren Verschiebungen kommen.

In den Überlaufbereichen werden die Sätze stets ungeblockt und nicht der Sortierfolge entsprechend gespeichert. Um für den späteren Zugriff zur Datei sowie für weitere Auslagerungen aus der gleichen Spur die richtige logische Aufeinanderfolge der Datensätze trotzdem zu gewährleisten, wird in den Überlaufbereichen zusammen mit jedem Satz eine Verkettungsadresse gespeichert. Aus dieser geht jeweils die Satzadresse des logisch nächstfolgenden Satzes oder aber die Information hervor, daß es sich um den letzten logisch zur betreffenden Spur gehörigen Satz handelt.

Ist der Schlüssel des neu einzufügenden Satzes größer als der des letzten physisch auf der betreffenden Spur gespeicherten Satzes, so kommt der neue Satz selbst auf die nächste freie Position des jeweiligen Überlaufbereichs und wird durch entsprechende Veränderung der Verkettungsadressen in die logische Folge der aus der gleichen Spur ausgelagerten Sätze eingeordnet.

Alle in Verbindung mit dem Hinzufügen neuer Sätze erforderlichen Veränderungen im Adreßverzeichnis der Datei werden automatisch durch das Betriebssystem ausgeführt. Allerdings erhöht eine starke Belegung der Überlaufbereiche mitunter die Zugriffszeiten ganz erheblich, besonders dann, wenn nur unabhängige Überlaufbereiche verwendet werden. Es ist daher zu empfehlen, nach der Aufnahme einer größeren Anzahl von Neuzugängen in die Datei eine Reorganisation derselben vorzunehmen, die darin besteht, daß die Sätze sequentiell gelesen und, falls es sich nicht um gelöschte Sätze handelt, aus ihnen eine neue Datei aufgebaut wird. Damit erreicht man, daß die Überlaufbereiche zunächst wieder vollständig leer sind und sich demzufolge wieder günstigere Zugriffszeiten ergeben. Es stehen für den Zweck einer Reorganisation auch einfach zu handhabende Dienstprogramme des Betriebssystems zur Verfügung. Zweckmäßig ist es weiterhin, im Attribut ENVIRONMENT der Dateivereinbarung die Angabe NOWRITE zu benutzen, wenn für eine indexsequentielle Aktualisierungsdatei in einem Programm keine Neuzugänge auftreten können; auf diese Weise läßt sich eine Verringerung der benötigten Hauptspeicherkapazität erreichen.

Beispiel. Auf einem Magnetplattenspeicher wird eine indexsequentielle Datei mit einem 3stelligen Schlüssel aufgebaut. Je drei Sätze werden zu einem Block zusammengefaßt, und auf Grund der Satzlänge können pro Spur 3 Blöcke gespeichert werden. Auf jedem Zylinder ist Spur 0 für den Zylinderindex und Spur 19 als Überlaufbereich vorgesehen. Abb. 4 enthält eine vereinfachte schematische Darstellung für einen Teil des ersten Zylinders unmittelbar nach dem Aufbau der Datei. Die Sätze werden jeweils durch Angabe ihres Schlüssels gekennzeichnet, der vor jedem Block stehende gespeicherte Schlüssel bleibt unberücksichtigt. Die Angaben im Spurindex bedeuten jeweils die Spurnummer, den physisch höchsten Schlüssel der Spur und den logisch höchsten Schlüssel der Spur. Die beiden letzten Angaben sind beim Aufbau der Datei zunächst identisch, und die Überlaufspuren sind noch unbenutzt.

Spur 0 (Spurindex)			3 221 221 —	4 249 249 —	5 285 285 —	6 300 300 —	7 320 320 —	8 342 342 —		...		
⋮												
Spur 3	189	194	197	//////	202	204	205	//////	206	218	221	//////
Spur 4	227	231	233	//////	236	239	240	//////	244	245	249	//////
Spur 5	255	257	270	//////	274	276	278	//////	281	284	285	//////
Spur 6	288	289	291	//////	292	295	296	//////	297	298	300	//////
Spur 7	303	305	306	//////	308	311	314	//////	316	319	320	//////
Spur 8	325	326	327	//////	328	333	335	//////	338	341	342	//////
⋮												
Spur 19 (Folgespur)	leer											

Abb. 4. Schematischer Dateiausschnitt nach dem Aufbau

Zu einem späteren Zeitpunkt wird eine Aktualisierung der Datei vorgenommen, indem neue Sätze mit den Schlüsselwerten 279, 294, 200, 273, 220 und 315 in dieser Reihenfolge hinzugefügt werden. Eine schematische Darstellung des betrachteten Dateiausschnitts nach Einordnung der neuen Sätze in die einzelnen Spuren entsprechend der Sortierfolge des Schlüsselbegriffs und der

Spur 0 (Spurindex)			3 218 221 19/5	4 249 249 –	5 281 285 19/4	6 298 300 19/2	7 319 320 19/6	8 342 342 –				
⋮												
Spur 3	189	194	197	//////	200	202	204	//////	205	206	218	//////
Spur 4	227	231	233	//////	236	239	240	//////	244	245	249	//////
Spur 5	255	257	270	//////	273	274	276	//////	278	279	281	//////
Spur 6	288	289	291	//////	292	294	295	//////	296	297	298	//////
Spur 7	303	305	306	//////	308	311	314	//////	315	316	319	//////
Spur 8	315	326	327	//////	328	333	335	//////	338	341	342	//////
⋮												
Spur 19 (Folgespur)	285 –	///// /////	300 –	///// /////	221 –	///// /////	284 19/1	///// /////	220 19/3	///// /////	320 –	////////// //////////

Abb. 5. Schematischer Dateiausschnitt nach der Aktualisierung

damit verbundenen Auslagerung von Sätzen in die Überlaufspur wird durch Abb. 5 gegeben. Im Spurindex besteht jetzt nicht mehr unbedingte Übereinstimmung zwischen physisch und logisch höchstem Schlüssel, und es ist als 4. Angabe jeweils die Adresse des logisch ersten aus der Spur ausgelagerten Satzes, gekennzeichnet durch die Nummer der Überlaufspur und die laufende Satznummer innerhalb derselben, enthalten. Auf der Überlaufspur befinden sich 6 Datensätze entsprechend der Anzahl der neu hinzugefügten; neben dem Schlüssel enthält das Schema für diese die Verkettungsadresse, die auf die Position des nächsten logisch zur gleichen Spur gehörigen Satzes verweist. Die Angabe eines Strichs an Stelle einer Verkettungsadresse besagt, daß es sich um den letzten zur betreffenden Spur gehörigen Satz handelt.

5.3. Angaben zur Dateibeschreibung

Sämtliche zur Beschreibung einer Datei sowie zur Arbeit mit ihr erforderlichen Informationen werden in einen Datensteuerblock eingetragen, der für jede Datei eines Programms angelegt wird. Zunächst werden diese Eintragungen aus den Dateiattributen gebildet, die entweder in einer expliziten Dateivereinbarung enthalten sind oder sich im Falle einer impliziten Dateivereinbarung aus dem entsprechenden Ein- oder Ausgabebefehl ergeben bzw. auf Grund von Standardfestlegungen angenommen werden. Sie gelten unverändert während der gesamten Abarbeitung des Programms. Bei der Dateieröffnung können diese Eintragungen durch weitere Attribute vervollständigt werden, die in Verbindung mit einem Befehl OPEN auftreten, allerdings jeweils nur bis zum Abschluß der Datei gültig sind. Von dieser Möglichkeit wird man vor allem dann Gebrauch machen, wenn sich die Angaben zu einem Attribut während der Programmabarbeitung ändern. Eine Festlegung des Attributs in der Dateivereinbarung ist dann natürlich nicht möglich; vielmehr muß vor jeder Veränderung desselben eine gesonderte Dateieröffnung durchgeführt und dort das für den weiteren Verlauf vorgesehene Attribut angegeben werden. Dabei ist zu beachten, daß vor einer erneuten Eröffnung mit veränderten Attributen die betreffende Datei stets abgeschlossen werden muß (Abschnitt 5.4.).

Eine Reihe von Informationen über die verwendeten Dateien, die sich auf die Charakterisierung ihres physischen Aufbaus beziehen (z. B. Satzart, Blockung, Pufferanzahl, Verwendung von Überlaufbereichen usw.), brauchen jedoch nicht im Programm enthalten zu sein und damit von vornherein endgültig festgelegt zu werden. Sie können statt dessen auch auf der für jede Datei bei der Programmabarbeitung erforderlichen DD-Steuerkarte angegeben werden, wodurch die Möglichkeit besteht, entsprechend den jeweiligen Erfordernissen und Gegebenheiten bei jeder Ausführung des Programms dafür unterschiedliche Vereinbarungen vorzunehmen. Für bereits bestehende Dateien können diese Informationen außerdem aus den Dateikennsätzen entnommen werden, so daß ihre Angabe an anderer Stelle nicht mehr erforderlich ist.

In jedem Fall ist darauf zu achten, daß die angegebenen Attribute und sonstigen Angaben nicht gegenseitig in Widerspruch stehen.

5.3.1. Dateiattribute

Die Dateiattribute können im Rahmen einer expliziten Dateivereinbarung (Abschnitt 5.1.2.) oder in Verbindung mit einer expliziten Dateieröffnung (Abschnitt 5.4.1.) angegeben werden und dienen zur Festlegung der charakteristischen Merkmale für die betreffende Datei. Sie bestimmen unter anderem die Grundform der durchzuführenden Datenübertragung und deren Richtung, die Art des Zugriffs auf die Datei und die Verwendung von Schlüsseln, die Benutzung von Ein- bzw. Ausgabepuffern sowie verschiedene Eigenschaften der physischen Speicherung der Daten auf dem jeweiligen externen Speichermedium.

Grundform der Datenübertragung

Zulässige Angaben: STREAM oder RECORD.
Dieses Attribut bringt zum Ausdruck, welche der beiden Grundformen der Datenübertragung verwendet werden soll. Dabei bedeuten:

STREAM reihenweise Ein- und Ausgabe
Auszugebende Daten werden zunächst zeichenweise aufbereitet, bevor ihre Ausgabe auf ein externes Speichermedium erfolgt; Eingabedaten müssen in zeichenweiser Darstellung auf einem externen Speichermedium vorliegen und werden entsprechend in eine interne Darstellungsform umgewandelt.

RECORD satzweise Ein- und Ausgabe
Auszugebende Daten werden in ihrer internen Darstellungsform auf ein externes Speichermedium übertragen, Eingabedaten müssen auf dem externen Speichermedium bereits in ihrer internen Darstellungsform vorliegen.

Liegt zum Zeitpunkt einer expliziten Eröffnung für eine Datei noch keine Angabe zu diesem Attribut vor, so wird standardmäßig STREAM angenommen; für Dateien der reihenweisen Ein- und Ausgabe braucht folglich die Grundform der Datenübertragung nicht angegeben zu werden. Wird die Datei implizit eröffnet, so ergibt sich die Grundform der Datenübertragung aus dem betreffenden Ein- oder Ausgabebefehl.

Nähere Ausführungen über die Merkmale der beiden Grundformen sowie deren zweckmäßigste Wahl sind in Abschnitt 5.1.1. enthalten.

Richtung der Datenübertragung

Zulässige Angaben bei reihenweiser Datenübertragung:

INPUT oder OUTPUT oder PRINT.

Zulässige Angaben bei satzweiser Datenübertragung:

INPUT oder OUTPUT oder UPDATE oder BACKWARDS.

Dieses Attribut bringt in erster Linie zum Ausdruck, ob eine Datenübertragung vom Hauptspeicher auf ein externes Speichermedium (Ausgabe) oder umgekehrt von einem externen Speichermedium in den Hauptspeicher (Eingabe) erfolgen soll. Dabei bedeuten:

INPUT Verwendung als Eingabedatei

Die Datei dient zur Eingabe von Daten von einem externen Speichermedium in den Hauptspeicher. Der DISP-Parameter der entsprechenden DD-Steuerkarte muß die Angabe OLD oder SHR enthalten. Es ist nicht möglich, Daten auf eine mit dem Attribut INPUT versehene Datei auszugeben oder eine Aktualisierung ihrer Datensätze vorzunehmen.

OUTPUT Verwendung als Ausgabedatei

Die Datei dient zur Ausgabe von Daten aus dem Hauptspeicher auf ein externes Speichermedium. Im allgemeinen handelt es sich dabei um den vollständigen Neuaufbau eines Datenbestands, und der DISP-Parameter der entsprechenden DD-Steuerkarte muß dann die Angabe NEW enthalten. Außer bei Dateien mit regionaler Organisationsform ist es aber auch möglich, eine Erweiterung einer bereits bestehenden und mit dem Attribut OUTPUT versehenen Datei insofern vorzunehmen, als neue Ausgabesätze fortlaufend an den bisherigen Datenbestand angefügt werden; im DISP-Parameter der DD-Steuerkarte ist in diesem Fall die Angabe MOD erforderlich. Es ist nicht möglich, Daten von einer mit dem Attribut OUTPUT vereinbarten Datei zu lesen oder eine Aktualisierung ihrer Datensätze vorzunehmen.

PRINT Verwendung als Ausgabedatei mit Druckaufbereitung

Diese Angabe ist nur für die reihenweise Datenübertragung zulässig und impliziert das Attribut OUTPUT. Sie besagt, daß es sich um eine Ausgabedatei handelt, die für die Ausgabe über einen Drucker aufbereitet werden soll, auch wenn sie vielleicht zunächst auf einem anderen Medium zwischengespeichert wird. Die Aufbereitung für die Druckerausgabe verlangt, daß die einzelnen Sätze, die jeweils einer Druckzeile entsprechen, neben der auszugebenden Zeichenfolge als erstes Zeichen noch zusätzlich ein Zeichen enthalten, das für die Steuerung des Druckers verwendet wird (Zeilen- und Seitenvorschub). Dieses Steuerzeichen wird automatisch durch entsprechende Angaben von Steuerformaten sowie andere Festlegungen bei der Ausgabe angefügt und nicht mit gedruckt. Das Attribut PRINT kann auch zusammen mit dem Attribut OUTPUT angegeben werden, ohne daß daraus eine andere Wirkung resultiert.

UPDATE Verwendung als Aktualisierungsdatei

Diese Angabe ist nur für die satzweise Datenübertragung zulässig. Sie besagt, daß es sich um einen bereits vorliegenden Datenbestand handelt, dessen Sätze wie die einer mit dem Attribut INPUT vereinbarten Eingabedatei in den Hauptspeicher übertragen werden können, für den aber darüber hinaus die Möglichkeit der Veränderung des Inhalts von Sätzen (Aktualisierung) besteht. Nur bei einer Datei mit dem Attribut

UPDATE ist es auch möglich, neue Sätze in den bestehenden Datenbestand einzufügen oder Sätze zu löschen. Für diese Operationen sind allerdings die sich aus der jeweiligen Organisationsform der Datei und der gewählten Zugriffsart ergebenden Einschränkungen zu beachten. Auf jeden Fall muß sich eine Aktualisierungsdatei auf einem Direktzugriffsspeicher befinden; der DISP-Parameter der entsprechenden DD-Steuerkarte muß die Angabe OLD enthalten.

BACKWARDS Verwendung als Eingabedatei in rückwärtiger Richtung

Diese Angabe ist nur für die satzweise Datenübertragung zulässig und impliziert das Attribut INPUT. Sie besagt, daß es sich um eine Eingabedatei handelt, deren Sätze in umgekehrter Reihenfolge, d. h. beginnend mit dem letzten Satz der Datei, gelesen werden sollen; das Dateiende wird nach dem Lesen des ersten Satzes der Datei erreicht. Voraussetzung für diese Form der Eingabe ist, daß die betreffende Datei sich auf einem Magnetband befindet und nicht aus Sätzen variabler Länge besteht.

Das Attribut BACKWARDS kann auch zusammen mit dem Attribut INPUT angegeben werden, ohne daß daraus eine andere Wirkung resultiert.

Liegt zum Zeitpunkt einer expliziten Eröffnung für eine Datei noch keine Angabe zur Richtung der Datenübertragung vor, so wird standardmäßig das Attribut INPUT angenommen. Wird die Datei implizit eröffnet, so ergibt sich das Attribut aus dem betreffenden Ein- oder Ausgabebefehl.

Die Richtung der Datenübertragung kann für eine Datei innerhalb eines Programms durchaus verändert werden. So kann z. B. ein Datenbestand unter Verwendung des Attributs OUTPUT zunächst aufgebaut werden und anschließend im gleichen Programm als Eingabedatei dienen (Attribut INPUT) oder einer Aktualisierung unterworfen werden (Attribut UPDATE). Die Festlegung des betreffenden Attributs kann dann nicht in der Dateivereinbarung erfolgen, sondern ist in Verbindung mit der in einem solchen Fall bei jeder Veränderung erforderlichen expliziten Dateieröffnung vorzunehmen. Während der Programmabarbeitung kann jeweils nur die bei der letzten Eröffnung angegebene Datenübertragungsrichtung benutzt werden.

Art des Zugriffs

Zulässige Angaben: SEQUENTIAL oder DIRECT.

Dieses Attribut kann nur für die satzweise Datenübertragung verwendet werden. Es legt fest, in welcher Form auf die Sätze einer bestehenden Datei zugegriffen werden soll bzw. wie die Ausgabesätze zu einer Datei zusammenzustellen sind. Dabei bedeuten:

SEQUENTIAL (abgekürzt SEQL) sequentieller Zugriff

Die Sätze einer Ausgabedatei werden in der gleichen Reihenfolge physisch auf dem externen Speichermedium gespeichert, in der ihre Ausgabe im Verlauf der Programmabarbeitung erfolgt. Bei einer Eingabe- oder einer Aktualisierungsdatei werden die Sätze entweder in der Reihenfolge ihrer physischen Anordnung innerhalb des Datenbestands bei starr fortlaufender und regionaler Organisation) oder logisch fortlaufend entsprechend der Sortierfolge eines Ordnungsbegriffs (bei indexsequentieller Organisation) übertragen.

DIRECT direkter Zugriff

Die Ein- oder Ausgabe der Sätze erfolgt wahlfrei in beliebiger Reihenfolge, unabhängig von dem zuvor gelesenen oder ausgegebenen Satz. Voraussetzung für die Anwendung dieser Zugriffsart ist das Vorliegen einer regionalen oder indexsequentiellen Dateiorganisation und die Verwendung eines Direktzugriffsspeichers. Die Festlegung des aus dem Bestand der Datei zu lesenden bzw. in diesen aufzunehmenden Satzes erfolgt jeweils mit Hilfe eines entsprechenden Quellenschlüssels im Ein- oder Ausgabebefehl.

Die Entscheidung über die Wahl der Zugriffsart sollte vor allem davon ausgehen, daß der Zeitaufwand für den direkten Zugriff zu den Sätzen einer Datei wesentlich höher ist als der für eine sequentielle Bearbeitung. Man wird deshalb den direkten Zugriff nur dann verwenden, wenn relativ wenig Sätze aus dem Datenbestand angesprochen werden oder die wahlfreie Reihenfolge unerläßlich ist. Liegen jedoch Zugriffe zum überwiegenden Teil der Sätze vor, wenn auch in ungeordneter Reihenfolge, so ist es in vielen Fällen zweckmäßiger, durch eine vorangehende Sortierung Voraussetzungen für eine sequentielle Bearbeitung zu schaffen.

Liegt für eine Datei keine Angabe bezüglich der Art des Zugriffs vor, so wird standardmäßig das Attribut SEQUENTIAL angenommen. Es ist möglich, in einem Programm auf den gleichen Datenbestand sowohl sequentiell als auch direkt zuzugreifen. Werden diese unterschiedlichen Zugriffsformen bezüglich der Programmabarbeitung zeitlich hintereinander benötigt, so ist das Attribut für die Art des Zugriffs nicht in der Dateivereinbarung, sondern jeweils in Verbindung mit den in diesem Fall bei jeder Veränderung erforderlichen expliziten Dateieröffnungen festzulegen. Eine Datei wird dann z. B. zunächst mit dem Attribut SEQUENTIAL eröffnet, nach Beendigung der Abarbeitung in dieser Zugriffsart abgeschlossen und anschließend mit dem Attribut DIRECT erneut eröffnet. Der Zugriff kann jeweils nur in der bei der letzten Eröffnung festgelegten Form ausgeführt werden.

Werden jedoch beide Zugriffsarten parallel zueinander benötigt, so vereinbart man zweckmäßig im Programm zwei getrennte Dateien, je eine mit sequentiellem und mit direktem Zugriff. In den Ein- oder Ausgabebefehlen kann man dann für die Ausführung der einzelnen Operationen diejenige der beiden Dateibezeichnungen angeben, für die die benötigte Zugriffsart vereinbart wurde. Die Festlegung, daß sich beide Dateien auf den gleichen Datenbestand beziehen, geht lediglich aus den Angaben auf den betreffenden DD-Steuerkarten hervor. Vorsicht ist dabei allerdings in solchen Fällen geboten, bei denen im direkten Zugriff Sätze zu einem Datenbestand hinzugefügt werden; bei einer parallel dazu ablaufenden sequentiellen Bearbeitung der gleichen Datei können dann unter Umständen Fehler auftreten.

Verwendung von Puffern

Zulässige Angaben: BUFFERED oder UNBUFFERED

Dieses Attribut kann nur für die satzweise Datenübertragung sowie Dateien mit sequentiellem Zugriff verwendet werden. Es legt fest, ob die Übertragung der Sätze von der Datei in den Eingabebereich oder vom Ausgabebereich auf die Datei unmittelbar oder in zwei Schritten unter Einbeziehung von Zwischenspeichern, die als Puffer bezeichnet werden, erfolgen soll. Dabei bedeuten:

BUFFERED (abgekürzt BUF) gepufferte Bearbeitung

Die Datenübertragung erfolgt in zwei Schritten. Bei der Eingabe werden die Sätze von dem externen Speichermedium in einen Puffer und von diesem dann in den Eingabebereich übertragen. Analog werden bei der Ausgabe die Sätze zunächst vom Ausgabebereich in einen Puffer und von hier aus dann auf das externe Speichermedium übertragen. Es handelt sich dabei um die gleiche Verfahrensweise, die bei der reihenweise Ein- und Ausgabe grundsätzlich Verwendung findet. Wahlweise können für eine Datei bis zu 255 Puffer benutzt werden; die konkrete Festlegung ihrer Anzahl erfolgt im Attribut ENVIRONMENT der Dateivereinbarung oder über die DD-Steuerkarte. Fehlt eine solche Angabe, so werden standardmäßig 2 Puffer verwendet. Die Größe eines Puffers entspricht stets der Länge eines Blocks. Seine Bereitstellung erfolgt durch das Betriebssystem, so daß im Programm dafür keine Vereinbarung vorzunehmen ist. Auch der Übergang von einem Puffer zum nächsten wird vollständig durch das Betriebssystem geregelt und bedarf keiner entsprechenden Maßnahmen seitens der Programmierung.

UNBUFFERED (abgekürzt UNBUF) ungepufferte Bearbeitung

Die Datenübertragung erfolgt direkt vom externen Speichermedium in den Eingabebereich bzw. vom Ausgabebereich auf das externe Speichermedium.

Liegt für eine Datei mit sequentiellem Zugriff kein Attribut bezüglich der Pufferung vor, so wird standardmäßig BUFFERED angenommen.

Durch Verwendung von mindestens 2 Puffern für eine Datei erhöht sich im allgemeinen die Effektivität der Ein- und Ausgabe. Man kann auf diese Weise eine weitgehende Überlappung der für die Datenübertragung benötigten Zeiten mit den eigentlichen Verarbeitungszeiten erreichen und damit wesentlich zur Senkung der gesamten Laufzeit eines Programms beitragen. Bei der gepufferten Eingabe können während der Bearbeitung der Sätze eines Puffers bereits weitere Blöcke in die nächsten Puffer eingelesen werden, und bei der Ausgabe kann der Inhalt eines Puffers auf das externe Speichermedium übertragen werden, während der nächste Puffer bereits mit den folgenden Ausgabesätzen gefüllt wird. Zur Bestimmung der Anzahl der zu verwendenden Puffer ist allerdings auch die Berücksichtigung des dafür benötigten Speicherplatzes von Bedeutung.

Die Verwendung von Puffern bei der satzweisen Datenübertragung hat außerdem den Vorteil, daß damit die Arbeit mit geblockten Sätzen möglich wird, durch die sich die Anzahl der Zugriffe auf das externe Speichermedium reduziert und die Effektivität des Programms weiterhin beträchtlich erhöht werden kann. Die Zusammenstellung der einzelnen Blöcke aus den Ausgabesätzen bzw. die Zerlegung der eingelesenen Blöcke erfolgen automatisch durch das Betriebssystem in den jeweiligen Puffern.

Ein Verzicht auf die Verwendung von Puffern verringert zwar die Anzahl der Datenbewegungen und den Speicherplatzbedarf im Hauptspeicher. Es entfällt aber im allgemeinen die Überlappung der Zeiten für Datenübertragung und Bearbeitung, und es ist nicht möglich, mit geblockten Sätzen zu arbeiten. Lediglich unter Verwendung von Ereignisvariablen besteht für ungepufferte Dateien mit starr fortlaufender oder regionaler Organisationsform in beschränktem Umfang die Möglichkeit, parallel zur Ausführung der Ein- und Ausgabeoperationen andere Befehle abzuarbeiten.

Vor allem wird man die ungepufferte Form der Bearbeitung dann verwenden, wenn es sich um Dateien mit sehr umfangreichen Datensätzen handelt. In manchen Fällen kann es z. B. durchaus sinnvoll sein, eine vollständige Matrix oder irgendeine Tabelle geschlossen als einzigen Satz einer Datei zu speichern. Der Vorteil der Zeitüberlappung bei der gepufferten Datenübertragung würde dann natürlich nicht wirksam werden, während man andererseits ohne Pufferung in diesem Fall viel Speicherplatz spart. Selbst bei Verwendung nur eines einzigen Puffers würde ja der umfangreiche Speicherplatz für die Matrix oder Tabelle bereits zweimal benötigt werden, nämlich für den Puffer und für den Eingabebereich.

Verwendung von Schlüsseln

Zulässige Angabe: KEYED

Diese Angabe kann nur für die satzweise Datenübertragung verwendet werden. Sie ist erforderlich, wenn für eine regionale oder indexsequentielle Datei Ein- oder Ausgabebefehle im Programm verwendet werden, die sich in irgendeiner Weise auf den Satzschlüssel beziehen oder die Angabe eines Quellenschlüssels enthalten, unabhängig davon, ob die Datei gespeicherte Schlüssel hat oder nicht. Bei sequentiellem Zugriff ist das für Ausgabedateien dieser beiden Organisationsformen stets der Fall, für Eingabe- oder Aktualisierungsdateien nur dann, wenn eine Positionierung der Datei erfolgt oder durch eine Angabe KEYTO die Übertragung des gespeicherten Schlüssels auf den Speicherplatz einer Variablen verlangt wird. Bei direktem Zugriff ist in jedem Ein- oder Ausgabebefehl die Angabe eines Quellenschlüssels erforderlich; das Attribut KEYED kann dann jedoch entfallen, weil es auf Grund des Attributs DIRECT standardmäßig angenommen wird.

Festlegung physischer Dateieigenschaften

Zulässige Angabe: ENVIRONMENT (*spezielle Angaben*)

Für das Schlüsselwort ENVIRONMENT kann auch die Abkürzung ENV verwendet werden.

Dieses Attribut ist sowohl für die reihenweise als auch die satzweise Datenübertragung zulässig. Es kann in einer in Klammern eingeschlossenen Liste verschiedene spezielle Angaben über die Organisationsform der Datei, das Satzformat, die Schlüsselbildung sowie weitere Festlegungen bezüglich der physischen Speicherungsform der Datensätze enthalten. Die einzelnen Angaben dieser Liste können in beliebiger Reihenfolge auftreten und sind jeweils durch mindestens ein Leerzeichen voneinander zu trennen, falls nicht zum Abschluß einer Angabe bereits ein anderes Trennzeichen vorliegt. Im Grunde genommen ist ein Programm allerdings unabhängig von den speziellen physischen Eigenschaften der verwendeten Dateien. Die Angaben des Attributs ENVIRONMENT können daher auch zum überwiegenden Teil wahlweise durch entsprechende Angaben in den DD-Steuerkarten ersetzt werden, die für jede Datei bei Abarbeitung eines Programms ohnehin erforderlich sind. Für bereits vorhandene Dateien können die meisten diesbezüglichen Festlegungen bei der Dateieröffnung auch aus den Standardkennsätzen entnommen werden, so daß sie dann weder im Attribut ENVIRONMENT noch in den DD-Steuerkarten nochmals anzugeben sind.

Bei starr fortlaufenden Dateien und damit der gesamten reihenweisen Ein- und Ausgabe kann das Attribut ENVIRONMENT aus diesen Gründen vollständig entfallen. Für regionale und indexsequentielle Dateien ist seine Angabe jedoch notwendig und muß zumindest die jeweilige Organisationsform (REGIONAL(*n*) bzw. INDEXED) enthalten. Im Unterschied zu den anderen Dateiattributen besteht für das Attribut ENVIRONMENT nicht die Möglichkeit, dieses statt in einer Dateivereinbarung in einem Befehl OPEN zur Dateieröffnung anzugeben.

Eine ausführliche Beschreibung der speziellen Angaben, die in der Liste eines Attributs ENVIRONMENT auftreten können, sowie ihrer Wirkung ist im folgenden Abschnitt 5.3.2. enthalten.

Beispiele

1. DECLARE A FILE INPUT;

Durch diesen Befehl wird unter der Bezeichnung A eine Eingabedatei vereinbart, für die standardmäßig die reihenweise Datenübertragung sowie sequentieller Zugriff angenommen werden. Die Angaben zu den physischen Eigenschaften werden vollständig aus der DD-Steuerkarte bzw. einem Standardkennsatz entnommen, so daß ein Attribut ENVIRONMENT nicht erforderlich ist.

2. DECLARE B FILE RECORD UPDATE DIRECT KEYED ENV (...);

Durch diesen Befehl wird unter der Bezeichnung B eine Aktualisierungsdatei der satzweisen Datenübertragung vereinbart, auf deren Sätze direkt unter Angabe von Quellenschlüsseln zugegriffen wird.

5.3.2. Angaben zum Attribut ENVIRONMENT

Mit Hilfe des Attributs ENVIRONMENT können bei der Dateivereinbarung verschiedene Festlegungen über die physische Speicherung der Datensätze sowie über bestimmte Maßnahmen zur Erhöhung der Effektivität der Dateiarbeit getroffen werden. Es sind dafür entsprechende Angaben in einer mit diesem Attribut verbundenen Liste erforderlich.

Die allgemeine Form des Attributs ENVIRONMENT wurde bereits im vorangehenden Abschnitt 5.3.1. in Verbindung mit den sonstigen Dateiattributen beschrieben. Der vorliegende Abschnitt enthält nähere Ausführungen dazu, welche Angaben in diesem Zusammenhang zulässig sind und welche Bedeutung ihnen bezüglich der Datei bzw. der Datenübertragung zukommt. In erster Linie beinhalten diese Angaben spezielle Festlegungen zur Organisationsform der Datei, zum Satzformat, zu dem unter Umständen erforderlichen Satzschlüssel sowie zur Anzahl der zu verwendenden Puffer. Weiterhin gehören dazu Vereinbarungen bezüglich der Steuerzeichen für Drucker und Stanzer, der Positionierung von Magnetbändern sowie zur effektiveren Arbeit mit indexsequentiellen Dateien.

Mit wenigen Ausnahmen können die einzelnen Festlegungen wahlweise statt in der Dateivereinbarung auch über die DD-Steuerkarten getroffen werden. Man erreicht dadurch, daß das Programm völlig unabhängig von bestimmten Festlegungen z. B. bezüglich des Blockungsfaktors oder der Pufferanzahl wird und bei jeder Abarbeitung dafür durchaus unterschiedliche Werte verwendet werden können. Da die Angaben auf den DD-Steuerkarten jedoch nicht zur Programmiersprache PL1 gehören, kann jeweils nur kurz auf diese Möglichkeiten hingewiesen werden. Nähere Ausführungen über die Steuerkarten sind in Kapitel 10 enthalten.

Dateiorganisationsform

Durch diese Angabe wird die physische Speicherungsform der Datei festgelegt, wobei zwischen den in Abschnitt 5.1.2. ausführlich beschriebenen Möglichkeiten gewählt werden kann. Die einzelnen Formen unterscheiden sich vor allem in der prinzipiellen Verteilung der Datensätze über den gesamten Speicherbereich der Datei und den Möglichkeiten des Zugriffs zu ihnen. Für ihre Vereinbarung können folgende Angaben verwendet werden:

CONSECUTIVE	starr fortlaufende Organisation
REGIONAL(1)	regionale Organisation vom Typ 1

REGIONAL(2)	regionale Organisation vom Typ 2
REGIONAL(3)	regionale Organisation vom Typ 3
INDEXED	indexsequentielle Organisation

Bei der reihenweisen Datenübertragung kann nur die Angabe CONSECUTIVE verwendet werden, während für die satzweise Datenübertragung alle fünf Möglichkeiten zulässig sind. Regionale und indexsequentielle Dateien sind allerdings an die Benutzung von Direktzugriffsspeichern gebunden. Auf den DD-Steuerkarten wird die Dateiorganisationsform durch die Angabe DSORG im DCB-Parameter festgelegt.

Wurde für eine Datei keine Festlegung zur Dateiorganisationsform getroffen, so wird standardmäßig CONSECUTIVE angenommen; bei starr fortlaufenden Dateien kann eine entsprechende Angabe folglich entfallen. Für indexsequentielle und regionale Dateien ist jedoch stets das betreffende Schlüsselwort im Attribut ENVIRONMENT erforderlich, auch wenn die Organisationsform auf der DD-Steuerkarte angegeben wird.

Die Wahl der jeweiligen Dateiorganisationsform ergibt sich in erster Linie daraus, in welcher Form auf die Datensätze Bezug genommen werden muß. Ist der Zugriff nur in sequentieller Form notwendig und keine spezielle Positionierung erforderlich, so sollte die starr fortlaufende Organisation gewählt werden. Treten dagegen ausschließlich Direktzugriffe auf, so ist die regionale Organisationsform am günstigsten, wobei sich deren Typ vor allem aus Überlegungen bezüglich des Wertebereichs des mit den Datensätzen verbundenen Ordnungsbegriffs sowie Fragen der Kapazitätsausnutzung auf dem externen Speichermedium ergibt. Indexsequentielle Dateien sollten nur verwendet werden, wenn tatsächlich beide Zugriffsarten oder aber häufige Positionierungen erforderlich sind. Obwohl auch bei den regionalen Dateien beide Möglichkeiten für den Zugriff bestehen, haben diese den Nachteil, daß bei der sequentiellen Bearbeitung mit Ausnahme von Typ 1 die Sätze in zufälliger Folge bereitgestellt werden und außerdem nicht mit geblockten Sätzen gearbeitet werden kann.

Satzformat

Der physische Aufbau der Sätze einer Datei kann in verschiedenen Formen realisiert werden, deren Verwendung allerdings von der jeweiligen Dateiorganisation abhängig ist. Die Sätze können feste, variable oder undefinierte Länge haben, und es besteht die Möglichkeit, mehrere Sätze zu einem Block zusammenzufassen oder unter Umständen auch eine Segmentierung der Sätze vorzunehmen. Entsprechende Festlegungen dazu sowie über die Länge der Sätze und Blöcke können mit Hilfe des Satzformats im Attribut ENVIRONMENT einer Dateivereinbarung getroffen werden.

Im folgenden werden für die einzelnen Satzarten die zulässigen Angaben zum Satzformat beschrieben. Die Größen n bzw. n_i stellen dabei ganzzahlige dezimale Konstanten dar, die den Wert 32760 nicht überschreiten dürfen; sie bezeichnen jeweils eine bestimmte Anzahl von Bytes. Unter dem Datenteil ist stets der Teil eines Satzes zu verstehen, der vom Anwender bei der Ausgabe im Ausgabebereich zusammengestellt wird bzw. ihm bei der Eingabe im Eingabebereich zur Verfügung steht. In vielen Fällen stimmt der Datenteil folglich mit dem gesamten Satz überein. Bei Sätzen variabler Länge enthält jeder Satz jedoch zusätzlich noch bestimmte Längeninformationen, und bei indexsequentiellen Dateien ohne eingebetteten Schlüssel wird, außer bei ungeblockten Sätzen fester Länge, jeweils der Schlüssel an den Datenteil angefügt. Diese Anfügungen werden automatisch durch das Betriebssystem vorgenommen und gehören nicht mit zum Datenteil, sie sind aber bei der Bestimmung der Satzlänge zu berücksichtigen.

a) Feste Satzlänge

Zulässige Angaben: F(n) oder F(n_1, n_2)

Dieses Format besagt, daß jeder Satz der Datei aus der gleichen Anzahl von Bytes besteht. Die beiden zulässigen Formen unterscheiden sich hinsichtlich der Blockung. Es bedeuten:

F(n) ungeblockte Speicherung

Anwendungsmöglichkeit: alle Dateiorganisationsformen. Für n ist die Satzlänge anzugeben, die gleichzeitig die Blocklänge darstellt und stets dem Datenteil der Sätze entspricht.

F(n_1,n_2) geblockte Speicherung

Anwendungsmöglichkeit: starr fortlaufende und indexsequentielle Dateien. Für n_1 ist die Blocklänge, für n_2 die Satzlänge anzugeben. n_1 muß stets ein ganzzahliges Vielfaches von n_2 sein; der Quotient aus Blocklänge und Satzlänge wird auch als Blockungsfaktor bezeichnet und drückt die Anzahl der zu einem Block zusammengefaßten Sätze aus. Die Satzlänge entspricht im allgemeinen dem Datenteil der Sätze; nur bei indexsequentiellen Dateien ohne eingebetteten Schlüssel (Angabe RKP=Ø in der DD-Steuerkarte) ist dazu noch die Schlüssellänge zu addieren.

Beispiel. Eine Angabe F(64Ø,32) für das Satzformat besagt, daß jeder Satz eine Länge von 32 Bytes hat und jeweils 20 Sätze zu einem Block zusammengefaßt werden.

b) Variable Satzlänge ohne Segmentierung

Zulässige Angaben: V(n) oder V(n_1, n_2)

Dieses Format besagt, daß die Sätze der Datei aus einer unterschiedlichen Anzahl von Bytes bestehen können, wobei lediglich eine obere Schranke nicht überschritten werden darf. Die beiden zulässigen Formen unterscheiden sich hinsichtlich der Blockung.

Bei der Ausgabe von Sätzen variabler Länge wird vom System an den Beginn jedes Satzes ein 4 Byte langes Feld mit Informationen über die Satzlänge angefügt, das bei der Eingabe entsprechend interpretiert wird. Obwohl diese Informationen nicht Bestandteil des Ausgabebereichs sind und auch bei der Eingabe nicht mit in den Eingabebereich übertragen werden, so daß der Programmierer dazu keinen Zugriff hat, sind die 4 Bytes bei der Bestimmung der Satzlänge mit zu berücksichtigen. Desgleichen wird an den Beginn jedes Blockes ein 4 Byte langes Feld mit Informationen über die Blocklänge angefügt; das gilt auch für den Fall der ungeblockten Speicherung, bei der jeder Block nur aus einem einzigen Satz besteht. Im einzelnen bedeuten:

V(n) ungeblockte Speicherung

Anwendungsmöglichkeit: starr fortlaufende, indexsequentielle sowie regionale Dateien vom Typ 3. Für n ist die maximale Blocklänge anzugeben, während als maximale Satzlänge n—4 angenommen wird.

V(n_1, n_2) geblockte Speicherung

Anwendungsmöglichkeit: starr fortlaufende und indexsequentielle Dateien. Für n_1 ist die maximale Blocklänge, für n_2 die maximale Satzlänge anzugeben, wobei die Beziehung $n_1 \geqq n_2 + 4$ einzuhalten ist. Zu einem Block werden jeweils so viele Sätze zusammengefaßt, wie das auf Grund der einzelnen unterschiedlichen Satzlängen und der angegebenen maximalen Blocklänge möglich ist. Reicht der Platz in einem Block nicht mehr für die vollständige Aufnahme eines Satzes aus, so wird der Block abgeschlossen und der gesamte Satz in den nächsten Block aufgenommen. Auf diese Weise entstehen auch Blöcke unterschiedlicher Länge, und es gibt keinen einheitlichen Blockungsfaktor.

Die maximale Satzlänge ergibt sich bei beiden Formen aus der um 4 erhöhten maximalen Länge des Datenteils; bei indexsequentiellen Dateien ohne eingebetteten Schlüssel (Angabe RKP=4 in der DD-Steuerkarte) ist dazu allerdings noch die Schlüssellänge zu addieren.

Beispiel. Eine starr fortlaufende Datei mit dem Satzformat V(400,150) wird aus 10 Sätzen aufgebaut, deren Datenteile folgende Länge haben:

45 128 63 90 140 94 104 66 70 128

Unter Berücksichtigung der angefügten Längeninformationen bilden die ersten 4 Sätze dann einen Block von 346 Bytes, die nächsten 3 Sätze einen Block von 354 Bytes und die letzten 3 Sätze einen Block von 280 Bytes.

c) Variable Satzlänge mit Segmentierung

Zulässige Angaben: VS(n_1, n_2) oder VBS(n_1, n_2)

Anwendungsmöglichkeit: starr fortlaufende Dateien bei satzweiser Datenübertragung. Dieses Format besagt, daß die Sätze wie bei der variablen Satzlänge ohne Segmentierung aus einer unterschiedlichen Anzahl von Bytes bestehen können, wobei lediglich eine obere Schranke nicht überschritten werden darf. Im Unterschied dazu können aber Satzlänge und Blocklänge völlig unabhängig voneinander festgelegt werden. Sätze, deren Länge die Blocklänge überschreitet oder die nicht mehr vollständig in einen Block aufgenommen werden können, werden in Segmente aufgeteilt und in mehreren Blöcken gespeichert. Die beiden zulässigen Formen unterscheiden sich hinsichtlich der Blockung.

Analog zu den bei variabler Satzlänge ohne Segmentierung verwendeten Satzlängeninformationen wird hier an den Beginn jedes Satzes oder Segments ein 4 Byte langes Feld angefügt, das Informationen über dessen Länge sowie Angaben über die Fortsetzung des betreffenden Satzes im nächsten Block enthält. An den Beginn jedes Blocks werden 4 Bytes mit Informationen über die Blocklänge angefügt. Diese zusätzlichen Bytes sind jeweils bei der Bestimmung der maximalen Satz- und Blocklänge zu berücksichtigen.

Die Aufteilung der Sätze in einzelne Segmente sowie das bei der Eingabe erforderliche Zusammensetzen derselben zu einem vollständigen Datensatz werden automatisch anhand der eingefügten Informationen vom Betriebssystem vorgenommen. Unabhängig von einer eventuell durchzuführenden Segmentierung muß der Anwender die Ausgabesätze vollständig im jeweiligen Ausgabebereich bereitstellen, und er hat im Eingabebereich auch stets den gesamten Satz zur Verfügung.

Im einzelnen bedeuten:

VS(n_1, n_2) ungeblockte Speicherung

Für n_1 ist die maximale Blocklänge, für n_2 die maximale Satzlänge anzugeben. Jeder Block enthält entweder einen vollständigen Satz oder ein Segment eines Satzes. Die Segmente von segmentierten Sätzen werden in aufeinanderfolgenden Blöcken gespeichert, wobei jeder Block nur ein einziges Segment aufnimmt.

VBS(n_1, n_2) geblockte Speicherung

Für n_1 ist die maximale Blocklänge, für n_2 die maximale Satzlänge anzugeben. In einem Block werden stets so viele vollständige Sätze oder Segmente zusammengefaßt, wie das auf Grund der angegebenen maximalen Blocklänge möglich ist. Ein Block kann auf diese Weise mehrere vollständige Sätze oder z. B. das letzte Segment eines Satzes und anschließend das erste Segment des nächsten enthalten; zwischen zwei solchen Segmenten könnten sich in einem Block aber auch noch mehrere vollständige Sätze befinden. Mit Ausnahme des letzten haben die Blöcke damit im wesentlichen alle die gleiche Größe. Eine Abweichung ist nur in einer Höhe von 4 Bytes möglich, weil ein Segment dann nicht mehr in einen Block aufgenommen wird, wenn darin nur noch die Längeninformationen, aber keine Daten des Datenteils mehr Platz haben.

Die beiden Satzformate können auch in der Form VS(n) bzw. VBS(n) angegeben werden. n stellt dann die maximale Blocklänge dar, während als maximale Satzlänge jeweils $n-4$ angenommen wird. Blockung und Segmentierung werden davon jedoch nicht beeinflußt.

Beispiel. Die im Beispiel für variable Satzlänge ohne Segmentierung aufgebaute Datei besteht bei Verwendung des Satzformats VBS(300,150) aus 4 Blöcken. Der 1. Block hat eine Länge von 300 Bytes und enthält die ersten 3 Sätze sowie ein Segment des 4. Satzes mit 44 Bytes des Datenteils. Der 2. Block hat eine Länge von 296 Bytes und enthält den Rest des 4. Satzes sowie den 5. und 6. Satz. Der 3. Block hat eine Länge von 300 Bytes und enthält den 7., 8. und 9. Satz sowie ein Segment des 10. Satzes mit 40 Bytes des Datenteils. Der Rest des 10. Satzes wird im 4. Block gespeichert, so daß dieser eine Länge von 96 Bytes hat.

d) Undefinierte Satzlänge

Zulässige Angabe: U(n)

Anwendungsmöglichkeit: starr fortlaufende und regionale Dateien vom Typ 3. Dieses Format besagt, daß die Sätze wie im Falle der variablen Satzlänge aus einer unterschiedlichen Anzahl von Bytes bestehen können und lediglich eine obere Schranke nicht überschreiten dürfen. Im Unterschied zur variablen Satzlänge werden an die Sätze jedoch keinerlei Längeninformationen automatisch angefügt; entsprechende Angaben müßte der Anwender gegebenenfalls mit in den jeweiligen Datenteil aufnehmen. Eine Blockung der Sätze ist nicht möglich. Für n ist die maximale Satzlänge anzugeben, die gleichzeitig die maximale Blocklänge darstellt. Die Satzlänge stimmt mit dem Datenteil der Sätze stets überein.

Bei Verwendung von Wechselplattenspeichern kann für starr fortlaufende Dateien die vereinbarte Blocklänge durchaus größer sein als die Kapazität einer Spur. Es ist dann im Attribut ENVIRONMENT zusätzlich die Angabe TRKOFL erforderlich, welches die Fortsetzung eines solchen Blocks auf einer anderen Spur ermöglicht.

Für die Wahl des jeweiligen Satzformats spielen neben inhaltlichen Fragen vor allem Überlegungen zur rationellen Kapazitätsausnutzung auf dem Datenträger sowie zum benötigten Hauptspeicherplatz eine Rolle. Dabei ist in erster Linie das Problem der Blockung von Bedeutung. Durch die Zusammenfassung mehrerer Sätze zu Blöcken verringert sich die Anzahl der physischen Übertragungen vom oder zum externen Speichermedium und damit der dafür erforderliche Zeitaufwand. Außerdem ergibt sich eine effektivere Ausnutzung des Speicherplatzes auf dem Datenträger (vgl. Abschnitt 5.1.3.). Andererseits sind in diesem Fall im Hauptspeicher stets entsprechende Ein- bzw. Ausgabepuffer erforderlich, deren Größe dem Umfang eines Blocks entspricht. Es ist eine wichtige Aufgabe des Programmierers, unter Berücksichtigung dieser Gesichtspunkte die für sein Problem günstigste Form zu finden. Ansonsten braucht er sich in seinem Programm um die Belange des Blockens bzw. Entblockens überhaupt nicht zu kümmern, da diese vollständig vom Betriebssystem auf Grund der entsprechenden Angaben realisiert werden.

Bei Lochkartendateien ist zu beachten, daß sich ein Satz stets auf eine Lochkarte bezieht; ist die vereinbarte Satzlänge kleiner als 80, so bleiben die restlichen Spalten jeder Karte unberücksichtigt.

Weiterhin ist von Bedeutung, daß die Satzlänge aller Dateien, die für die Ausgabe über einen Drucker vorgesehen sind, stets um 1 Zeichen größer sein muß als die maximale Anzahl der pro Zeile auszugebenden Druckpositionen. Das erste Zeichen jedes Satzes wird in diesem Fall nicht mit ausgegeben, sondern zur Steuerung des Druckers verwendet. Das Anfügen dieses Steuerzeichens erfolgt bei Dateien der reihenweisen Datenübertragung automatisch auf Grund der angegebenen Steuerformate, während bei der satzweisen Datenübertragung der Programmierer selbst für das Eintragen eines entsprechenden Zeichens sorgen muß.

Anstelle von Angaben zum Satzformat im Attribut ENVIRONMENT der Dateivereinbarung kann man wahlweise die entsprechenden Festlegungen über die DD-Steuerkarten vornehmen. Es stehen dazu die DCB-Unterparameter RECFM, LRECL und BLKSIZE zur Verfügung. Vor allem hinsichtlich der Blockung wird man häufig von dieser Möglichkeit Gebrauch machen, da man auf diese Weise den Blockungsfaktor entsprechend den jeweiligen Bedingungen für jede Abarbeitung gesondert wählen kann. Bei der reihenweisen Ausgabe von Dateien mit dem Attribut PRINT besteht außerdem die Möglichkeit, die Satzlänge in Verbindung mit der Dateieröffnung durch die Angabe LINESIZE zu bestimmen (Abschnitt 5.4.2.).

Angaben zum Satzschlüssel

Für Dateien mit gespeichertem Schlüssel kann durch entsprechende Angaben im Attribut ENVIRONMENT die Schlüssellänge und die Position des Schlüssels im Datensatz festgelegt werden. Hiervon macht man allerdings im allgemeinen nur bei Ausgabedateien Gebrauch, da diese Festlegungen bei Eingabe- und Aktualisierungsdateien aus den Standardkennsätzen entnommen werden können. Im einzelnen bedeuten:

KEYLENGTH(*n*) Festlegung der Schlüssellänge

Diese Angabe ist zulässig für indexsequentielle sowie regionale Dateien vom Typ 2 oder 3. Sie legt durch den Wert von *n* die Länge des gespeicherten Schlüssels in Bytes fest. *n* ist als ganze Dezimalzahl anzugeben, die der Bedingung $1 \leqq n \leqq 255$ genügen muß. Wahlweise kann an Stelle dieser Angabe auch der Unterparameter KEYLEN im DCB-Parameter der DD-Steuerkarte verwendet werden.

KEYLOC(*n*) Position des Schlüssels

Diese Angabe ist zulässig für indexsequentielle Dateien. Sie legt durch den Wert von *n* die Position fest, an der innerhalb des Datensatzes der gespeicherte Schlüssel beginnt, falls dieser im Datenteil enthalten ist (eingebetteter Schlüssel). *n* ist dabei als ganze Dezimalzahl anzugeben, die der Bedingung $n \geqq 1$ genügen muß. Wahlweise kann an Stelle dieser Angabe auch der Unterparameter RKP im DCB-Parameter der DD-Steuerkarte verwendet werden.

Anzahl der Ein- oder Ausgabepuffer

Für Dateien mit sequentiellem Zugriff, die nicht das Attribut UNBUFFERED haben, kann durch eine Angabe der Form

BUFFERS(n)

die Anzahl der Ein- bzw. Ausgabepuffer festgelegt werden, die für die Datei verwendet werden soll. n ist als ganze Dezimalzahl anzugeben und muß der Bedingung $1 \leqq n \leqq 255$ genügen. Wahlweise kann diese Festlegung auch durch den Parameter BUFNO auf der DD-Steuerkarte erfolgen. Liegt bei gepufferter Bearbeitung keine Angabe über die Pufferanzahl vor, so wird standardmäßig $n = 2$ angenommen.

Die Bereitstellung des Speicherplatzes für die Ein- und Ausgabepuffer erfolgt automatisch durch das Betriebssystem bei der Dateieröffnung; der Umfang eines Puffers entspricht jeweils der Länge eines Blocks. Durch die Verwendung mehrerer Puffer wird zwar mehr Speicherplatz benötigt, aber es besteht dann die Möglichkeit einer weitestgehenden Überlappung der Zeiten für die Datenübertragung mit den Bearbeitungszeiten, so daß die oft die gesamte Laufzeit eines Programms wesentlich beeinflussenden Ein- und Ausgabezeiten weniger ins Gewicht fallen.

Anforderungen für die Arbeit mit indexsequentiellen Dateien

Ausschließlich für indexsequentielle Dateien kann das Attribut ENVIRONMENT verschiedene Angaben enthalten, die zur Rationalisierung spezieller Anforderungen an die Arbeit mit dieser Organisationsform dienen und deren Effektivität erhöhen. Im einzelnen bedeuten:

INDEXAREA Zylinderindex im Hauptspeicher

Diese Angabe ist zulässig für indexsequentielle Eingabe- oder Aktualisierungsdateien mit direktem Zugriff. Sie ermöglicht es, zur Beschleunigung der Zugriffe zu den Datensätzen den Zylinderindex sowie einen eventuell gebildeten Hauptindex als Teile des Adreßverzeichnisses bei der Dateieröffnung in den Hauptspeicher zu übertragen, wo sie bis zum Abschluß der Datei verbleiben. Damit entfallen sehr viele Zugriffe auf das externe Speichermedium, und die gesamten Ein- und Ausgabezeiten können erheblich verkürzt werden. Der erforderliche Speicherplatz wird automatisch durch das Betriebssystem bereitgestellt.

Durch eine Angabe in der modifizierten Form INDEXAREA(n) kann der Programmierer den dafür verwendeten Speicherplatz beschränken. Die Übertragung der betreffenden Teile des Adreßverzeichnisses in den Hauptspeicher erfolgt dann nur in dem durch den Wert von n bestimmten Umfang (in Bytes). n ist als ganze Dezimalzahl anzugeben und muß der Bedingung $n \leqq 32767$ genügen.

NOWRITE Aktualisierung ohne Neuzugänge

Diese Angabe ist zulässig für indexsequentielle Aktualisierungsdateien mit direktem Zugriff. Sie legt fest, daß keine neuen Sätze zur bestehenden Datei hinzugefügt werden sollen. Die dafür ansonsten benötigten Systemprogramme werden dann nicht mit geladen, so daß auf diese Weise eine Reduzierung des benötigten Hauptspeicherplatzes eintritt.

GENKEY Positionierung nach Schlüsselklassen

Diese Angabe ist zulässig für indexsequentielle Eingabe- oder Aktualisierungsdateien mit sequentiellem Zugriff. Sie ermöglicht die Verwendung von Schlüsselklassen zur

Positionierung einer Datei als Ausgangspunkt für die weitere fortlaufende Bearbeitung. Die jeweilige Schlüsselklasse wird durch eine Zeichenfolge festgelegt, die kürzer als die für die Datei vereinbarte Schlüssellänge ist, und umfaßt alle Sätze, deren Schlüssel mit dieser Zeichenfolge beginnt.

Die Positionierung der Datei auf den ersten Satz einer Schlüsselklasse erfolgt in der Weise, daß ein Eingabebefehl verwendet wird, der entgegen der sonst bei sequentiellem Zugriff üblichen Form einen Quellenschlüssel enthält, der die gewünschte Schlüsselklasse darstellt. Durch die Abarbeitung weiterer Eingabebefehle ohne Angabe eines Quellenschlüssels kann dann die fortlaufende Übertragung der nachfolgenden Sätze veranlaßt werden.

Steuerzeichen für Drucker und Stanzer

Diese Angabe ist erforderlich für Dateien der satzweisen Datenübertragung, die für eine Ausgabe über Drucker oder Lochkartenstanzer vorgesehen sind, sofern bei letzteren eine Steuerung in verschiedene Ablagefächer erfolgen soll. Sie legt den Code für das in diesen Fällen stets als Steuerzeichen betrachtete erste Byte jedes Datensatzes fest, wobei zwischen folgenden Möglichkeiten gewählt werden kann:

CTLSTD Verwendung von Steuerzeichen im Standardcode, der aus unterschiedlichen Zeichen gebildet wird,

CTLMCC Verwendung von Steuerzeichen im Maschinencode, der aus unterschiedlichen 8-Bit-Kombinationen gebildet wird.

Die Bedeutung der einzelnen Zeichen bzw. Bitkombinationen dieser Codes hinsichtlich der Steuerung des Druckers oder Stanzers geht aus nachstehender Tabelle hervor:

Standard-code	Maschinen-code	Wirkung für Drucker bzw. Stanzer
␣	00001001	Übergang auf die nächste Zeile
Ø	00010001	Vorschub um 2 Zeilen (1 Leerzeile)
–	00011001	Vorschub um 3 Zeilen (2 Leerzeilen)
+	00000001	Rückkehr zum Anfang der Zeile
1	10001001	Übergang auf eine neue Seite
V	00000001	Ablage im Fach 1
W	01000001	Ablage im Fach 2

Wesentlich ist, daß bei Verwendung des Standardcodes für die Steuerung des Druckers die durch das jeweilige Zeichen bewirkte Operation stets vor der Ausgabe erfolgt, während sie bei Verwendung von Steuerzeichen im Maschinencode jeweils erst nach der Ausgabe ausgeführt wird. Weitere mögliche Codierungen beziehen sich auf Operationen, die durch Verwendung eines Druckersteuerstreifens festgelegt werden können.

Der Programmierer hat jeweils dafür zu sorgen, daß das erste Byte jedes Ausgabesatzes mit einem dem vereinbarten Code entsprechenden Inhalt belegt ist. Beim Auftreten eines nicht definierten Werts im ersten Byte wird bei einer Druckdatei standardmäßig der Übergang auf die nächste Zeile durchgeführt, während die Ablage gestanzter Karten dann im Fach 1 erfolgt.

Bei Festlegung des Steuerzeichencodes über die DD-Steuerkarte ist im DCB-Parameter in Verbindung mit dem Unterparameter RECFM die zusätzliche Angabe A (bei Standardcode) bzw. M (bei Maschinencode) erforderlich.

Positionierung von Magnetbändern

Im Normalfall wird ein Magnetband beim Abschluß der Datei sowie bei Erreichen des Bandendes auf den Beginn der Datei zurückgespult. Durch entsprechende Angaben im Attribut ENVIRONMENT können jedoch sowohl bei der reihenweisen als auch bei der satzweisen Datenübertragung für Magnetbanddateien auch davon abweichende Festlegungen bezüglich der Positionierung des Bands vereinbart werden. Es bestehen dafür folgende Möglichkeiten:

LEAVE kein Zurückspulen

Diese Angabe bewirkt, daß das Magnetband nach Abschluß der Datei nicht zurückgespult wird, sondern am Dateiende bzw. bei Dateien mit dem Attribut BACKWARDS am Dateianfang positioniert bleibt. Eine solche Forderung ist vor allem dann sinnvoll, wenn eine Datei in einem Programm aufgebaut und anschließend rückwärts gelesen werden soll. Sie muß dann zunächst als Ausgabedatei eröffnet, nach Beendigung der Ausgabe abgeschlossen und als Eingabedatei neu eröffnet werden. Durch den Wegfall des Zurückspulens beim Abschluß der Datei ist diese bei der Neueröffnung dann bereits richtig positioniert. Bei Dateien, die sich über mehrere Bänder erstrecken, bewirkt die Angabe LEAVE ebenfalls kein Zurückspulen bei Erreichen des Bandendes, so daß auch in diesem Falle das Band so positioniert ist, daß anschließend unmittelbar ein rückwärtiges Lesen erfolgen kann.

REWIND Festlegungen über den DISP-Parameter

Diese Angabe bewirkt, daß das Magnetband nach dem Abschluß der Datei oder nach dem Erreichen des Bandendes entsprechend den Angaben im DISP-Parameter der DD-Steuerkarte positioniert wird. Es bestehen dafür folgende Möglichkeiten:

DISP=(..., PASS) Das Band bleibt am Ende der Datei positioniert.

DISP=(..., DELETE) Das Band wird bis zum Anfang zurückgespult, aber nicht entladen.

DISP=(..., KEEP) Das Band wird bis zum Anfang zurückgespult und entladen. Die gleiche Wirkung haben die Angaben DISP=(..., CATLG) und DISP=(..., UNCATLG).

Sind die beiden Angaben LEAVE und REWIND gleichzeitig im Attribut ENVIRONMENT angegeben worden, so wird nur die Angabe LEAVE berücksichtigt.

Beispiele

1. Unter der Bezeichnung KARTE soll eine Dateivereinbarung für eine Lochkartendatei angegeben werden, deren Eingabe reihenweise erfolgen soll. Es könnte dafür folgender Befehl verwendet werden:

```
DCL KARTE FILE STREAM INPUT ENV (F(80) CONSECUTIVE);
```

2. Unter den Bezeichnungen DRUCK1 und DRUCK2 sind zwei Druckdateien zu vereinbaren. Die Datei DRUCK1 soll mit Hilfe der satzweisen Datenübertragung ausgegeben werden, wobei jede Zeile 132 Druckzeichen enthält und das für die Steuerung des Druckers erforderliche Zeichen gemäß dem Standardcode gebildet wird. Für die Ausgabe der Datei DRUCK2 soll dagegen die reihenweise Datenübertragung verwendet werden und die Anzahl der Zeichen pro Zeile 120 betragen. Es könnte dafür folgender Befehl verwendet werden:

```
DCL DRUCK1 FILE RECORD OUTPUT ENV(F(133) CTLSTD),
    DRUCK2 FILE PRINT ENV (F(121));
```

3. Unter der Bezeichnung MBEIN soll eine starr fortlaufende Eingabedatei der satzweisen Datenübertragung vereinbart werden, deren Sätze undefinierte Länge von maximal 600 Bytes haben und unter Verwendung von 3 Eingabepuffern übertragen werden sollen. Es könnte dafür folgender Befehl verwendet werden:

```
DCL MBEIN FILE RECORD INPUT SEQL ENV (BUFFERS(3) U(6ØØ));
```

4. Unter der Bezeichnung ARTIKEL soll eine indexsequentielle Aktualisierungsdatei vereinbart werden, deren Schlüssel eine 10stellige Artikelnummer darstellt, die nicht im Datenteil eingebettet ist. Die Sätze haben variable Länge, wobei der Datenteil aus maximal 128 Bytes bestehen kann. Die Blöcke sind so groß zu wählen, daß 6 Sätze dieser maximalen Länge darin untergebracht werden können. Die Aktualisierung soll im direkten Zugriff erfolgen. Es könnte dafür folgender Befehl verwendet werden:

```
DCL ARTIKEL FILE RECORD UPDATE KEYED DIRECT
        ENV (INDEXED V(856,142) KEYLENGTH(1Ø));
```

Bei der Satzlänge sind jeweils 4 Bytes für Längeninformationen sowie 10 Bytes für den an den Datenteil angefügten Schlüssel zu berücksichtigen; auch in der Blocklänge sind zusätzlich 4 Bytes für Längeninformationen enthalten. Die Festlegung, daß der Schlüssel nicht im Datenteil eingebettet ist, ist über die DD-Steuerkarte durch die Angabe RKP=4 vorzunehmen.

5.4. Eröffnung und Abschluß von Dateien

Die Vereinbarung einer Datei in einem Programm trägt zunächst nur symbolischen Charakter; es ist damit in keiner Weise eine Bezugnahme auf einen konkreten Datenbestand verbunden. Erst zum Zeitpunkt der Abarbeitung wird unabhängig vom Programm über spezielle DD-Steuerkarten festgelegt, welcher Datenbestand durch die mit der Dateibezeichnung verbundenen Befehle angesprochen bzw. aufgebaut werden soll. Bei jeder Anwendung des gleichen Programms kann es sich dabei um einen anderen Datenbestand handeln.

Die Herstellung der Verbindung zwischen der im Programm vereinbarten Datei und dem durch eine DD-Steuerkarte beschriebenen Datenbestand erfolgt im Normalfall zum Zeitpunkt der Dateieröffnung über die Dateibezeichnung, die im Programm eingeführt wird und auch auf der jeweiligen DD-Steuerkarte anzugeben ist. Mit dem Abschluß der Datei wird diese Verbindung wieder gelöst. Bevor eine Datenübertragung beginnen kann, muß daher die betreffende Datei eröffnet und nach Beendigung der Datenübertragung wieder abgeschlossen werden.

5.4.1. Allgemeine Maßnahmen

Bei Eröffnung und Abschluß einer Datei handelt es sich um eine Reihe von Maßnahmen, deren Realisierung durch das Betriebssystem erfolgt. Ausgelöst werden diese Operationen auf Grund eines explizit dafür im Programm angegebenen Befehls oder implizit durch die Verwendung der Datei in einem Ein- oder Ausgabebefehl.

Die explizite *Eröffnung einer Datei* erfolgt durch einen Befehl

OPEN FILE (*Dateibezeichnung*) *Dateiangaben*;

Als *Dateiangaben* können mit Ausnahme von ENVIRONMENT sämtliche in der Dateivereinbarung zulässigen Attribute angegeben werden (Abschnitt 5.3.1.). Auch hier können sie in beliebiger Reihenfolge stehen und haben die gleiche Bedeutung. Man wird von dieser Möglichkeit vor allem dann Gebrauch machen, wenn für ein Attribut im

Verlauf der Programmabarbeitung unterschiedliche Angaben zu machen sind. In allen anderen Fällen ist es vorteilhafter, die Attribute in der Dateivereinbarung anzugeben oder die standardmäßigen Annahmen zu benutzen.

Über die Dateiangaben kann man jedoch außerdem noch weitere Festlegungen bezüglich der Datei vornehmen, für die es in der Dateivereinbarung keine Möglichkeit gibt. Es handelt sich dabei um folgende Angaben:

PAGESIZE(*n*) LINESIZE(*n*) TITLE(*Ausdruck*) IDENT(*Variable*)

Eine ausführliche Beschreibung dieser Angaben ist in Abschnitt 5.4.2. enthalten. Werden solche zusätzlichen Angaben nicht benötigt und auch alle erforderlichen Attribute bereits in der Dateivereinbarung angegeben, so können die Dateiangaben im Befehl OPEN vollständig wegfallen.

Mit einem Befehl OPEN können gleichzeitig mehrere Dateien eröffnet werden. Der Teil FILE (*Dateibezeichnung*) ist dann zusammen mit den eventuell daran anschließenden Dateiangaben für die einzelnen Dateien, durch Komma voneinander getrennt, hintereinander zu schreiben:

OPEN FILE (*Dateibezeichnung*$_1$) *Dateiangaben*$_1$, FILE (*Dateibezeichnung*$_2$) *Dateiangaben*$_2$, ..., FILE (*Dateibezeichnung*$_n$) *Dateiangaben*$_n$;

Ist für eine Datei kein Befehl OPEN im Programm enthalten, so erfolgt die Eröffnung implizit in Verbindung mit der Abarbeitung des ersten auf die Datei bezogenen Ein- oder Ausgabebefehls.

Durch die Eröffnung einer Datei wird deren Verknüpfung mit einem speziellen Datenbestand hergestellt. Zu den dabei vom Betriebssystem durchgeführten Maßnahmen gehört unter anderem:

— Kontrolle der Verfügbarkeit des aufgelegten Datenträgers und der für die Übertragung erforderlichen Kanäle. Bei Ausgabedateien auf Magnetband oder Plattenspeicher wird außerdem vor dem Aufbau des eigentlichen Datenbestands ein Standardkennsatz ausgegeben, der eine anhand der DSN-Angabe in der DD-Steuerkarte gebildete Datenbestandsidentifikation sowie weitere Angaben bezüglich Satzformat, Pufferung, Schlüsselbildung u. dergl. enthält, die aus dem Attribut ENVIRONMENT oder der DD-Steuerkarte entnommen werden. Bei Eingabe- oder Aktualisierungsdateien wird durch Vergleich der Identifikation im Standardkennsatz mit der DSN-Angabe in der DD-Steuerkarte eine Kontrolle über das Vorliegen des richtigen Datenbestands durchgeführt.

— Vervollständigung des Datensteuerblocks für die Datei, der bereits die Angaben aus der Dateivereinbarung enthält, durch die Angaben im Befehl OPEN sowie auf der DD-Steuerkarte. Bei Eingabe- oder Aktualisierungsdateien können entsprechende Informationen auch aus den Standardkennsätzen entnommen werden, so daß ihre anderweitige Angabe überflüssig ist. Ein Ersetzen im Programm enthaltener Angaben durch solche aus den anderen Quellen ist dabei allerdings nicht möglich; letztere werden nur dann in den Datensteuerblock übernommen, wenn sie vom Programm aus noch nicht bereitgestellt wurden.

— Auswahl und Laden der benötigten Systemprogramme für die Realisierung des Dateizugriffs sowie Generierung der Kanalprogramme zur Ausführung der erforderlichen Ein- und Ausgabeoperationen.

— Bereitstellung der angeforderten Ein- oder Ausgabepuffer und Positionierung der Datei auf den Anfang des Datenbestands. Bei Dateien, die für eine Ausgabe über den Drucker vorgesehen sind, beinhaltet diese Positionierung automatisch den Übergang auf eine neue Seite.

Kann die Eröffnung einer Datei nicht durchgeführt werden, so wird die Fehlerbedingung UNDEFINEDFILE (*Dateibezeichnung*) gesetzt, die sich stets im wirksamen Status befindet. Für das Schlüsselwort UNDEFINEDFILE kann dabei auch die Abkürzung UNDF verwendet werden. Die Ursache kann in diesem Fall darin bestehen, daß eine entsprechende DD-Steuerkarte für die Datei fehlt, Widersprüche zwischen verschiedenen Attributen oder anderen Angaben auftreten oder unbedingt erforderliche Angaben nicht vorliegen, für die auch keine Standardannahmen gelten (z. B. Blocklänge).

Die Standardmaßnahmen beim Auftreten der Bedingung UNDEFINEDFILE sind die Ausgabe einer Fehlermeldung und das anschließende Setzen der Systembedingung ERROR. Durch einen ON-Befehl (Abschnitt 4.4.1.) kann der Programmierer jedoch auch entsprechende Maßnahmen zur Behandlung dieses Fehlerzustandes einleiten; nach normaler Beendigung der betreffenden ON-Einheit erfolgt die Programmfortsetzung mit dem auf den Befehl OPEN folgenden Befehl. Tritt die Bedingung für eine Datei bei der Abarbeitung eines Befehls OPEN auf, mit dem mehrere Dateien eröffnet werden sollen, so erfolgt die Programmunterbrechung erst nach der Eröffnung der anderen Dateien. Wird sie gleichzeitig für mehrere Dateien eines solchen Befehls gesetzt, so werden die betreffenden ON-Befehle in der Reihenfolge abgearbeitet, in der die Dateien im Befehl OPEN angegeben wurden. Tritt die Bedingung UNDEFINEDFILE bei einem Versuch auf, eine Datei implizit zu eröffnen, so wird der betreffende Ein- oder Ausgabebefehl ausgeführt, wenn durch einen ON-Befehl für diese Bedingung die Eröffnung der Datei veranlaßt werden konnte; andernfalls wird anschließend die Systembedingung ERROR gesetzt und die Programmabarbeitung abgebrochen.

Der explizite *Abschluß einer Datei* erfolgt durch einen Befehl der Form

CLOSE FILE (*Dateibezeichnung*);

Zusätzlich kann in Verbindung mit diesem Befehl lediglich die Angabe IDENT(*Variable*) verwendet werden (Abschnitt 5.4.2.). In gleicher Weise wie beim Befehl OPEN können auch mit einem Befehl CLOSE gleichzeitig mehrere Dateien abgeschlossen werden:

CLOSE FILE(*Dateibez.*$_1$), FILE(*Dateibez.*$_2$), ..., FILE(*Dateibez.*$_n$);

Ist für eine Datei kein Befehl CLOSE im Programm enthalten, so erfolgt der Abschluß implizit bei der Beendigung des Programms, in dem die Datei eröffnet wurde.

Durch den Abschluß einer Datei wird die Verknüpfung derselben mit einem konkreten Datenbestand, der bei ihrer Eröffnung hergestellt wurde, wieder gelöst. Zu den dabei vom Betriebssystem durchgeführten Maßnahmen gehört u. a.:

— Wiederherstellung des Zustands für den Datensteuerblock, den dieser vor der Dateieröffnung hatte. Die im Befehl OPEN angegebenen Dateiattribute stehen damit bei einer späteren erneuten Eröffnung nicht mehr zur Verfügung.

— Ausgabe des letzten Pufferinhalts bei Ausgabedateien sowie anschließende Ausgabe eines speziellen Satzes, der als Markierung für das Dateiende dient. Beim späteren sequentiellen Einlesen des Datenbestands wird beim Erreichen dieses Satzes automatisch das Dateiende erkannt. Hinter dieser Endemarkierung wird bei Magnetbanddateien noch ein spezieller Standardkennsatz ausgegeben, der bei der Eingabe der Datei ebenfalls für Kontrollzwecke verwendet wird.

— Freigabe der von den System- und den Kanalprogrammen sowie den verwendeten Puffern belegten Hauptspeicherplätze.

Die Abarbeitung der Befehle OPEN und CLOSE bewirkt jeweils, daß bestimmte Systemprogramme zur Ausführung der Eröffnung bzw. des Abschlusses in den Hauptspeicher geladen und ausgeführt werden. Man kann daher die für ein Programm benötigte Abarbeitungszeit verringern, indem gleichzeitig mehrere Dateien in einem Befehl eröffnet oder abgeschlossen und nicht jeweils getrennte Befehle benutzt werden, weil das Laden der Systemprogramme dann nur einmal erfolgt. Andererseits kann beim gleichzeitigen Eröffnen oder Abschließen mehrerer Dateien unter Umständen wesentlich mehr Speicherplatz erforderlich sein.

Bei Magnetbanddateien ist zu beachten, daß gleichzeitig nicht mehrere Dateien des gleichen Bandes eröffnet werden können. Ist auf einem Band bereits eine Datei eröffnet worden, so muß diese vorher abgeschlossen werden, ehe darauf eine andere Datei eröffnet werden kann. Bei Direktzugriffsspeichern können dagegen mehrere Dateien des gleichen Datenträgers ohne weiteres gleichzeitig eröffnet werden. Das gleiche gilt auch für Druckdateien; auf Grund der Zwischenspeicherung der zu druckenden Ausgabesätze auf Direktzugriffsspeichern können parallele Ausgaben auf unterschiedliche Druckdateien vorgenommen werden, ohne daß deren Zeilen durcheinander geraten. Die tatsächliche Druckausgabe erfolgt später geordnet nach den einzelnen Dateien. Analog kann gleichzeitig mit mehreren Lochkartendateien gearbeitet werden.

Dateien, die auf Magnetband oder Direktzugriffsspeichern gespeichert sind, können in einem Programm mehrfach eröffnet und abgeschlossen werden. Dabei ist die Eröffnung einer bereits eröffneten Datei wirkungslos, wenn diese nicht vorher abgeschlossen wurde; im betreffenden Befehl OPEN enthaltene Dateiangaben bleiben dann unberücksichtigt. Ebenso wirkungslos ist der Abschluß einer bereits abgeschlossenen oder noch gar nicht eröffneten Datei. Zu beachten ist bei der mehrfachen Eröffnung einer Datei, daß die in der Dateivereinbarung angegebenen Festlegungen beim Abschluß der Datei erhalten bleiben und folglich auch bei einer erneuten Eröffnung gültig sind, während die im Befehl OPEN getroffenen Festlegungen mit dem Dateiabschluß unwirksam werden. Sollen bei einer erneuten Eröffnung nicht die jeweiligen Standardannahmen gelten, so müßten dafür wieder entsprechende Angaben gemacht werden, die durchaus von den vorhergehenden verschieden sein können. Von dieser Möglichkeit wird vor allem bezüglich der Attribute für die Richtung der Datenübertragung oder die Zugriffsart häufiger Gebrauch gemacht; für diese ist es in vielen Fällen sinnvoll, innerhalb des gleichen Programms nacheinander unterschiedliche Angaben zu vereinbaren. Die Festlegung des Attributs ist dann über die Dateivereinbarung nicht möglich, sondern muß in Verbindung mit der jeweiligen Dateieröffnung vorgenommen werden. Durch die Verwendung der zusätzlichen Angabe TITLE in einem Befehl OPEN besteht weiterhin die Möglichkeit, unter der gleichen im Programm vereinbarten symbolischen Dateibezeichnung nacheinander auf mehrere unterschiedliche Datenbestände Bezug zu nehmen; nähere Ausführungen darüber sind im folgenden Abschnitt 5.4.2. enthalten.

Beispiel. In einem Programm soll eine starr fortlaufende Datei FGL aufgebaut werden, deren Sätze zur weiteren Bearbeitung anschließend fortlaufend einzulesen sind. Es könnten dafür folgende Befehle verwendet werden:

```
DECLARE FGL FILE RECORD;
OPEN FILE (FGL) OUTPUT;
      :
   Ausgabe der Sätze
      :
CLOSE FILE (FGL);
OPEN FILE (FGL) INPUT;
      :
   Eingabe der Sätze
      :
CLOSE FILE (FGL);
```

5.4.2. Zusätzliche Festlegungen

In Verbindung mit der expliziten Eröffnung einer Datei durch einen Befehl OPEN sind neben den Dateiattributen noch einige zusätzliche Angaben zulässig, die sich auf die Auslegung der Seiten einer Druckdatei, die unterschiedliche Zuordnung von Datenbeständen zur gleichen Datei sowie die Verwendung von Benutzerkennsätzen beziehen.

Festlegungen für Druckdateien

Für Dateien der reihenweisen Datenübertragung, die für die Ausgabe über einen Drucker vorgesehen sind (Attribut PRINT), können im Befehl OPEN folgende Angaben zur Festlegung des Druckbilds verwendet werden:

PAGESIZE (*n*) Zeilenanzahl pro Seite.

Bei dieser Angabe wird durch den Wert von *n* die maximale Anzahl von Zeilen pro Seite festgelegt. Für *n* ist dabei ein Ausdruck anzugeben, dessen ganzzahliger Wert verwendet wird; im allgemeinen ist *n* eine entsprechende dezimale Konstante. Fehlt eine solche Angabe im Befehl OPEN oder wird die Datei implizit eröffnet, so gilt standardmäßig ein bei der Systemgenerierung festgelegter Wert (im allgemeinen 60 oder 62). Beim Versuch, die $(n + 1)$-te Zeile auf eine Seite auszugeben oder sie durch entsprechende Steuerformate zu übergehen, wird die Bedingung ENDPAGE gesetzt, die das Seitenende signalisiert (Abschnitt 6.4.). Standardmäßig erfolgt in diesem Fall der Übergang auf eine neue Seite. Durch Verwendung eines ON-Befehls kann der Programmierer jedoch auch andere Maßnahmen dafür veranlassen, die ohne weiteres in der Ausführung weiterer Ausgaben auf die gleiche Seite bestehen können; den Übergang auf die nächste Seite muß er dann allerdings durch entsprechende Befehle selbst herbeiführen.

Von einer Verwendung dieser Angabe kann man sinnvoll während des Programmtests Gebrauch machen. Hier hat man häufig nicht so viele Testdaten zur Verfügung, daß die Ausgabelisten umfangreich genug werden, um auch alle in Verbindung mit dem Seitenwechsel auftretenden Besonderheiten testen zu können. Durch einen nur während der Testphase verwendeten niedrigen Wert von *n* in der Angabe PAGESIZE (*n*) ist diese Möglichkeit jedoch auf einfache Weise gegeben.

LINESIZE (*n*) Zeichenanzahl pro Zeile

Bei dieser Angabe wird durch den Wert von *n* die maximale Anzahl von Zeichen pro Zeile festgelegt. Für *n* ist dabei ein Ausdruck anzugeben, dessen ganzzahliger Wert verwendet wird; im allgemeinen ist *n* eine entsprechende dezimale Konstante. Nach Erreichen der maximalen Anzahl von Druckzeichen auf einer Zeile wird die Ausgabe automatisch auf der nächsten Zeile fortgesetzt. Die maximale Zeichenanzahl pro Zeile geht beim Vorliegen einer Angabe zum Satzformat (Abschnitt 5.3.2.) bereits aus dieser hervor. Von der Angabe LINESIZE (*n*) wird man deshalb im allgemeinen nur dann Gebrauch machen, wenn die Zeilen- bzw. Satzlänge variabel ist und vom Programm aus festgelegt werden soll. Dabei ist zu beachten, daß der Wert von *n* in der Angabe LINESIZE stets nur die tatsächlichen Druckzeichen, aber keine Druckersteuerzeichen und keine Längeninformationen beinhaltet. Die Satzlänge ist daher bei Sätzen fester oder undefinierter Länge stets um 1 und bei Sätzen variabler Länge stets um 5 Zeichen größer als der Wert von *n*. Liegt für eine Druckdatei überhaupt keine Angabe über die Anzahl der Zeichen einer Zeile vor, so wird standardmäßig $n = 120$ angenommen.

Auch für Dateien der reihenweisen Ausgabe, die nicht das Attribut PRINT haben, kann die Angabe LINESIZE (*n*) zur Festlegung der Satzlänge benutzt werden. Bei Sätzen variabler Länge ist die maximale Satzlänge dann allerdings um 4 größer als der angegebene Wert von *n*, da *n* auch in diesem Fall nicht die entsprechenden Längeninformationen beinhaltet.

Beispiel

```
OPEN FILE (LISTE) PAGESIZE (5Ø) LINESIZE (N);
```

Durch diesen Befehl wird festgelegt, daß beim Versuch, mehr als 50 Druckzeilen pro Seite auszugeben, die Bedingung für das Seitenende gesetzt wird, für die dann entsprechende Maßnahmen ausgeführt werden. Außerdem wird vereinbart, daß pro Zeile so viel Zeichen ausgegeben werden sollen, wie es dem Wert der Variablen N zum Zeitpunkt der Dateieröffnung entspricht.

Zuordnung unterschiedlicher Datenbestände für eine Datei

Die Verknüpfung einer im Programm verwendeten Datei mit einem konkreten Datenbestand erfolgt stets während der Dateieröffnung. Sie wird im Normalfall dadurch herbeigeführt, daß die durch die Dateivereinbarung eingeführte Bezeichnung auch als DD-Name auf der DD-Steuerkarte angegeben wird, die zur Beschreibung des entsprechenden Datenbestands erforderlich ist. Bei Verwendung einer Angabe

TITLE (*Ausdruck*)

im Befehl OPEN gilt diese Handhabung jedoch nicht. Die Verknüpfung von Datei und Datenbestand erfolgt in diesem Fall nicht über die Dateibezeichnung, sondern über eine Zeichenkette, die den Wert des hinter dem Schlüsselwort TITLE angegebenen *Ausdrucks* darstellt. Es muß dementsprechend zur Beschreibung des Datenbestands eine DD-Steuerkarte vorliegen, die als DD-Name an Stelle der Dateibezeichnung die betreffende Zeichenkette enthält.

Beispielsweise ist bei Verwendung eines Befehls OPEN FILE(BESTAND); eine DD-Steuerkarte mit dem DD-Namen BESTAND erforderlich, der auch als Dateibezeichnung in den Ein- oder Ausgabebefehlen des Programms benutzt wird. Bei Verwendung eines Befehls OPEN FILE (BESTAND) TITLE ('ARTIKEL'); muß dagegen eine DD-Steuerkarte mit dem DD-Namen ARTIKEL vorliegen, obwohl auch hier innerhalb des Programms stets die Dateibezeichnung BESTAND auftritt.

Die Verwendung der Angabe TITLE erlaubt es dem Programmierer, durch sein Programm zum Zeitpunkt der Dateieröffnung einen von mehreren Datenbeständen auszuwählen und diesen mit der Datei zu verknüpfen. Nach Aufhebung dieser Verknüpfung durch Abschließen der Datei kann er im Laufe der weiteren Programmabarbeitung eine erneute Eröffnung in der gleichen Weise, aber unter Angabe eines anderen Ausdrucks vornehmen und damit eine Verknüpfung derselben Datei mit einem anderen Datenbestand veranlassen. Unter der gleichen Dateibezeichnung können folglich unterschiedliche Datenbestände angesprochen werden.

Von diesen Möglichkeiten wird man vor allem dann Gebrauch machen, wenn in einem Programm mehrere Datenbestände mit dem gleichen Aufbau ihrer Sätze in analoger Weise hintereinander zu bearbeiten sind. Beispielsweise könnte es sich dabei um Datenbestände handeln, die jeweils gleichartige Informationen für unterschiedliche Zeiträume, unterschiedliche Kombinate oder unterschiedliche Territorien beinhalten. Für jeden dieser Datenbestände müßte dann im Normalfall eine gesonderte Dateibezeichnung vergeben werden, um die erforderlichen Zuordnungen zu den unterschiedlichen Datenbeständen durchführen zu können. Da sämtliche Ein- und Ausgabebefehle sowie die Befehle zur Behandlung der eine Datei betreffenden Fehler- und Ausnahmebedingungen stets die Angabe einer Dateibezeichnung verlangen, müßte ferner der gesamte Ablauf der Ein- und Ausgabe für jede Datei gesondert programmiert werden, obwohl es sich im Prinzip immer wieder um die gleichen Befehle handelt und jeweils nur die Dateibezeichnung unterschiedlich ist. Verwendet man jedoch die Angabe TITLE (*Ausdruck*), so genügt es, nur eine einzige Dateivereinbarung mit einer fiktiven Dateibezeichnung vorzunehmen und sämtliche Befehle unter Verwendung derselben nur ein einziges Mal zu programmieren. Diese Befehlsfolge könnte dann für die Abarbeitung jedes vorliegenden Datenbestands verwendet werden, nachdem er jeweils in einem Befehl OPEN durch Angabe einer entsprechenden Zeichenfolge in Verbindung mit dem Schlüsselwort TITLE mit der fiktiven Datei verknüpft wurde. Die angegebene Zeichenfolge muß dann auch als DD-Name einer DD-Steuerkarte auftreten, durch die der betreffende Datenbestand beschrieben wird.

Beispiel. In einem Programm sind folgende Befehle enthalten, mit denen die analoge Bearbeitung dreier unterschiedlicher Datenbestände erfolgen soll:

```
DCL BEZIRK FILE RECORD INPUT;
DCL BEZ(3) CHAR(7) INIT('LEIPZIG','ERFURT','HALLE');
DO I = 1 TO 3;
   OPEN FILE (BEZIRK) TITLE (BEZ(I));
        ⋮
     Eingabebefehle für die Datei BEZIRK und Bearbeitung
     der in den Sätzen enthaltenen Daten
        ⋮
   CLOSE FILE (BEZIRK);
END;
```

Für die Abarbeitung des Programms sind 3 DD-Steuerkarten mit den Dateinamen LEIPZIG, ERFURT und HALLE erforderlich, durch die die vorliegenden Datenbestände zu beschreiben sind. Beim ersten Durchlauf durch die angegebene Befehlsschleife wird die fiktive Datei BEZIRK mit dem Datenbestand LEIPZIG verknüpft. Nach der Abarbeitung desselben und der Ausführung des entsprechenden Befehls CLOSE erfolgt im nächsten Durchlauf eine erneute Dateieröffnung, bei der diese mit dem Datenbestand ERFURT verknüpft wird. Dieser wird in der gleichen Weise verarbeitet, und nach dem Dateiabschluß wird der gesamte Ablauf noch einmal unter Verwendung des Datenbestands HALLE wiederholt.

Verwendung von Benutzerkennsätzen

Sowohl im Befehl OPEN als auch im Befehl CLOSE kann für starr fortlaufende Dateien auf Magnetband oder Direktzugriffsspeicher eine zusätzliche Angabe

IDENT (*Variable*)

benutzt werden. Sie ermöglicht es dem Programmierer, bei der Eröffnung oder beim Abschluß einer Datei neben den automatisch bereitgestellten Standardkennsätzen außerdem Benutzerkennsätze zu verarbeiten. Maximal können 8 Benutzerkennsätze verwendet werden; diese haben jeweils eine Länge von 80 Bytes, von denen 76 für die Informationen des Benutzers zur Verfügung stehen.

Bei Ausgabedateien ergibt sich die Anzahl der Kennsätze aus der Länge der hinter dem Schlüsselwort IDENT angegebenen Variablen, die eine Zeichenkettenvariable fester oder variabler Länge sein muß. Ihr Inhalt ergibt in Folgen zu je 76 Zeichen den Inhalt der einzelnen Kennsätze.

Bei Eingabedateien werden die Informationen aus den Benutzerkennsätzen in gleicher Weise auf die Speicherplätze der angegebenen Zeichenkettenvariablen übertragen. Anschließend kann eine entsprechende Kontrolle ihres Inhalts im Programm vorgenommen werden.

Bei Aktualisierungsdateien werden die Benutzerkennsätze durch die Zeichen der angegebenen Variablen überschrieben. Ist deren Länge kürzer als die Summe der Kennsatzinformationen, so wird der letzte überschriebene Benutzerkennsatz mit Leerzeichen aufgefüllt, falls er noch nicht vollständig überschrieben wurde, während eventuell weitere vorhandene Kennsätze unverändert erhalten bleiben.

Das Auftreten der zusätzlichen Angabe IDENT (*Variable*) in einem Befehl OPEN bezieht sich stets auf Kennsätze vor dem eigentlichen Datenbestand der Datei. Bei einer solchen Angabe in einem Befehl CLOSE befinden sich die Kennsätze dagegen hinter dem Datenbestand.

6. Reihenweise Ein- und Ausgabe

Die reihenweise Ein- und Ausgabe findet vor allem in solchen Fällen Verwendung, in denen eine Verbindung zwischen dem Anwender und der EDVA hergestellt werden muß. Eine solche Notwendigkeit liegt zum Beispiel dann vor, wenn Daten von außen auf entsprechenden Datenträgern (im allgemeinen Lochkarten oder Lochstreifen) als Eingabewerte für die EDV-mäßige Lösung eines technischen Problems oder als Ausgangsmaterial für den Aufbau eines für verschiedene Zwecke benötigten Datenbestandes bereitzustellen sind, oder wenn die Ergebnisse von Berechnungen oder Auswertungen mit Hilfe von EDV-Programmen in einer vom Anwender lesbaren Form (im allgemeinen über Drucklisten) auszugeben sind.

Die Besonderheit dieser Verbindung ergibt sich aus der Diskrepanz zwischen den zeichenweise vorliegenden Eingabewerten und der in der gleichen Form erforderlichen Druckausgabe auf der einen und den verschiedenen für die Speicherung und die Durchführung von Rechen- und sonstigen Operationen verwendeten internen Darstellungsformen der Daten auf der anderen Seite. Die Ausführung der Datenübertragung beinhaltet folglich stets die Notwendigkeit, Eingabewerte in eine interne Darstellungsform umzuwandeln bzw. auszugebende Werte entsprechend zeichenweise aufzubereiten. Dem Programmierer stehen zahlreiche Möglichkeiten zur Verfügung, dafür jeweils geeignete Festlegungen zu treffen. Er kann beispielsweise einen beliebigen Lochkartenaufbau und entsprechende Anweisungen zur Interpretation der gelochten Daten vorgeben und die Form einer auszugebenden Druckliste sowie die Darstellung der Werte innerhalb derselben so festlegen, daß sie allen praktischen Bedürfnissen im Rahmen der technischen Möglichkeiten gerecht wird. Er kann aber auch von bestimmten standardmäßigen Festlegungen Gebrauch machen, die gegebenenfalls eine flexiblere Eingabe ermöglichen und bei der Ausgabe vor allem für Test- und Kontrollrechnungen sowie zur Fehlersuche völlig ausreichen und wesentlich weniger Programmieraufwand erfordern.

6.1. Allgemeine Grundlagen

Die Ein- und Ausgabebefehle der reihenweisen Datenübertragung ermöglichen es, im Hauptspeicher befindliche Daten zeichenweise auszugeben sowie extern in zeichenweiser Form vorliegende Daten in den Hauptspeicher einzulesen. Obwohl es sich dabei im allgemeinen um die Ausgabe von Drucklisten bzw. die Eingabe von Lochkarten oder Lochstreifen handelt, können durchaus auch andere externe Speichermedien Verwendung finden. Allerdings ist die Datenübertragung stets nur in sequentieller Folge und damit ausschließlich für starr fortlaufende Dateien möglich.

Während die satzweise Datenübertragung nur die Ausgabe vollständiger Sätze aus aufeinanderfolgenden Speicherplätzen zuläßt, in denen der jeweilige Satzinhalt vorher zusammenzustellen ist, und auch bei der Eingabe stets einen vollständigen Satz in einem entsprechenden Eingabebereich bereitstellt, kann die reihenweise Datenübertragung für beliebige einzelne Größen durchgeführt werden. Im allgemeinen enthalten die Ein- und Ausgabebefehle dazu eine Datenliste, in der die Größen aufgeführt werden, denen die Eingabewerte zugeordnet bzw. deren Werte ausgegeben werden sollen. Daneben enthalten sie stets noch entsprechende Angaben über die erforderliche Datenaufbereitung, d. h. darüber, wie die Umwandlung aus der externen Zeichenfolge in die interne Darstellungsform der einzelnen Größen vorzunehmen ist bzw. welche zeichenweise Darstellungsform für die auszugebenden Werte gewünscht wird. Die Anzahl der durch einen Befehl übertragenen Werte ist dabei im Prinzip unbegrenzt. Durch einen Eingabebefehl kann z. B. der Inhalt beliebig vieler Lochkarten, aber auch nur ein einzelner Wert aus einer solchen eingelesen werden. Analog kann ein Ausgabebefehl den Druck mehrerer Zeilen oder Seiten oder auch nur eines einzelnen Wertes veranlassen. Die diesbezüglichen Festlegungen gehen jeweils aus einer zu jedem Ein- und Ausgabebefehl gehörigen Datenspezifikation hervor, für deren Angabe dem Programmierer mehrere unterschiedliche Möglichkeiten zur Verfügung stehen.

Bei der Anwendung der Befehle der reihenweisen Ein- und Ausgabe ist dabei stets zu berücksichtigen, daß die gesamte Ein- oder Ausgabedatei als ununterbrochener Datenstrom in Form einer kontinuierlichen Zeichenfolge betrachtet wird, der nur rein formal in einzelne Sätze unterteilt ist. Jeder Eingabebefehl entnimmt eine bestimmte Zeichenfolge aus dem Eingabestrom, und jeder Ausgabebefehl bewirkt, daß ein neuer Teil in den Ausgabestrom aufgenommen wird.

6.1.1. Zulässige Befehlsformen

Hinsichtlich der Ausführung der Ein- und Ausgabeoperationen kann der Programmierer zwischen drei unterschiedlichen Methoden wählen, die in beliebiger Folge für die gleiche Datei benutzt werden können. Für jede Methode ist eine andere Befehlsform erforderlich. Die allgemeine Form eines Befehls zur reihenweisen Datenübertragung lautet:

Operation FILE (*Dateibezeichnung*) *Datenspezifikation Zusatzangaben*;

Operation stellt ein Schlüsselwort dar, das die beabsichtigte Richtung der Datenübertragung festlegt. Es bestehen dafür folgende Möglichkeiten:

GET für die Eingabe von Daten in den Hauptspeicher,
PUT für die Ausgabe von Daten aus dem Hauptspeicher.

Hinter dem Schlüsselwort FILE ist in Klammern jeweils die *Bezeichnung* der Datei anzugeben, auf die sich die betreffende Operation bezieht. Bei Verwendung der Standarddateien SYSIN für die Eingabe bzw. SYSPRINT für die Ausgabe entfällt deren Angabe einschließlich des Schlüsselworts FILE; der Compiler nimmt bei dieser verkürzten Befehlsform automatisch eine Zuordnung zu den Standarddateien vor.

Die *Datenspezifikation* legt die Methode für die Ausführung der Ein- und Ausgabeoperationen fest und enthält die jeweils erforderlichen Angaben über die von der Übertragung betroffenen Größen sowie deren Aufbereitung. Es bestehen dafür folgende Möglichkeiten:

EDIT (*Datenliste*) (*Formatliste*)

In diesem Fall erfolgt die Ein- und Ausgabe formatgesteuert. In einer *Datenliste* werden die Größen angegeben, denen die Eingabewerte zugeordnet bzw. deren Werte ausgegeben werden sollen. Durch entsprechende Formatangaben in einer *Formatliste* wird vom Programmierer konkret festgelegt, wie die einzelnen Ein- oder Ausgabebereiche für die zu übertragenden Daten innerhalb des Datenstroms der Datei zu bilden und die Werte aus der zeichenweisen externen Darstellung in die interne oder umgekehrt umzuwandeln sind.

LIST (*Datenliste*)

In einer *Datenliste* werden auch in diesem Fall die Größen angegeben, denen die Eingabewerte zugeordnet bzw. deren Werte ausgegeben werden sollen. Die Übertragung erfolgt jedoch nicht gemäß durch den Programmierer vorgegebener Formate. Die Bestimmung der Eingabebereiche und der Art und Weise für die Umwandlung der darin zeichenweise enthaltenen Daten in die interne Darstellung ergibt sich vielmehr aus der Form der Angabe der betreffenden Werte im Eingabestrom der Datei, während die Bestimmung der Ausgabebereiche und der Aufbereitung auszugebender Werte auf Grund standardmäßiger Festlegungen in Abhängigkeit vom Typ der betreffenden Elemente in der Datenliste vorgenommen wird.

DATA (für Eingabe) bzw. DATA (*Datenliste*) (für Ausgabe)

Wie bei der durch das Schlüsselwort LIST gekennzeichneten Methode erfolgt die Ein- und Ausgabe ohne Vorgabe spezieller Formate durch den Programmierer. Die Bestimmung der Eingabebereiche und der Art und Weise für die Umwandlung der darin enthaltenen Daten in die interne Darstellung ergibt sich auch hier aus der Form der Angabe der Werte im Eingabestrom. Jeder Eingabebereich enthält jedoch zusätzlich zum jeweiligen Wert noch die Bezeichnung der Größe, der dieser zugeordnet werden soll, so daß für eine Eingabedatei keine Datenliste erforderlich ist. Bei der Ausgabe wird die Bestimmung der Ausgabebereiche und der Aufbereitung der auszugebenden Werte auch hier auf Grund standardmäßiger Festlegungen vorgenommen, die vom Typ der Elemente in der Datenliste abhängig sind. In jeden Ausgabebereich wird jedoch nicht nur der jeweilige Wert, sondern außerdem noch die Bezeichnung der betreffenden Größe eingetragen.

Nähere Ausführungen über die einzelnen Formen der Datenspezifikation sowie die darin enthaltenen Angaben und deren Wirkungsweise sind in den Abschnitten 6.2. und 6.3. enthalten; eine ausführliche Beschreibung der Möglichkeiten zur Bildung von Datenlisten ist dem Abschnitt 6.1.3. zu entnehmen. Die Entscheidung über die zu verwendende Methode ergibt sich aus der zweckmäßigsten Bereitstellung der Daten auf dem Eingabemedium bzw. der für die Ausgabe gewünschten Darstellungsform einschließlich der Art und Weise, in der die einzelnen Werte voneinander getrennt werden sollen. Die formatgesteuerte Form der Ein- und Ausgabe erlaubt sehr viele Möglichkeiten für die Vorgabe eines festen Lochkartenaufbaus sowie zur Gestaltung von Drucklisten. Die beiden anderen Methoden sind wesentlich weniger aufwendig für die Programmierung und in erster Linie für die Realisierung einer formlosen Eingabeorganisation sowie für die Ausgabe von Zwischenergebnissen bei der Fehlersuche oder der Durchführung von Testläufen geeignet, da hier die geringeren Möglichkeiten nicht ins Gewicht fallen.

Die *Zusatzangaben* stellen wahlweise verwendbare Schlüsselwörter dar, die auch vor die jeweilige Datenspezifikation geschrieben werden können. Sie legen bestimmte Operationen fest, die vor der durch den Befehl bewirkten eigentlichen Datenübertragung bzw. im Zusammenhang mit derselben ausgeführt werden sollen.

In einem Eingabebefehl kann der Programmierer von folgenden Zusatzangaben Gebrauch machen:

SKIP(w)

Diese Zusatzangabe bewirkt den Übergang zu einem neuen Satz, bevor die Eingabeoperation ausgeführt wird, unabhängig davon, wieviel Zeichen des gegenwärtigen Satzes bereits übertragen wurden. Der neue Satz ist der w-te auf den gegenwärtigen Satz folgende, wobei w ein beliebiger Ausdruck sein kann, dessen ganzzahliger Wert verwendet wird. Für $w = 1$ handelt es sich folglich um den nächsten Satz, und es kann dafür auch die verkürzte Form SKIP geschrieben werden. Für $w > 1$ werden jeweils $w - 1$ Sätze ignoriert. Ergibt sich ein Wert $w \leqq 0$, so wird automatisch $w = 1$ angenommen.

COPY

Beim Vorliegen dieser Zusatzangabe wird gleichzeitig mit der Eingabe der Wert für die einzelnen Elemente der Datenliste der Inhalt des jeweiligen Eingabebereichs über die Standardausgabedatei ausgeschrieben. Für jeden Eingabebereich wird eine gesonderte Zeile verwendet. Zwischenräume zwischen den Eingabebereichen, die sich bei der formatgesteuerten Eingabe auf Grund entsprechender Steuerformate ergeben, werden dabei mit ausgegeben, während beim formatgesteuerten Übergang zu einem neuen Satz der eventuelle Rest des vorhergehenden Satzes nicht berücksichtigt wird.

In einem Ausgabebefehl kann der Programmierer folgende Zusatzangaben verwenden:

SKIP(w)

Analog zu einem Eingabebefehl bewirkt diese Zusatzangabe den Übergang zu einem neuen Satz, bevor die Ausgabeoperation ausgeführt wird. Ein eventuell noch nicht belegter Teil des gegenwärtigen Ausgabesatzes bleibt leer. Der neue Satz ist der w-te auf den gegenwärtigen Satz folgende, wobei w ein beliebiger Ausdruck sein kann, dessen ganzzahliger Wert verwendet wird. Bei Ausgabe über einen Drucker kann man durch SKIP(w) das Auftreten von $w - 1$ Leerzeilen im Druckbild erreichen. An Stelle der Zusatzangabe SKIP(1), die einem normalen Zeilenvorschub entspricht, kann auch die abgekürzte Form SKIP verwendet werden. Ergibt sich ein Wert $w \leqq 0$, so wird bei Dateien, die keine Druckausgabe darstellen, automatisch $w = 1$ angenommen. Bei Druckdateien jedoch (Attribut PRINT) wird in diesem Fall die Ausgabe am Beginn der zuletzt beschriebenen Zeile fortgesetzt, und die bisher darauf ausgegebenen Zeichen werden überschrieben. Bei Erreichen des Seitenendes während der Ausführung einer Zusatzangabe SKIP(w) wird die Bedingung ENDPAGE gesetzt (Abschnitt 6.4.).

LINE(w)

Diese Zusatzangabe ist nur für Druckdateien (Attribut PRINT) zulässig und bewirkt einen Übergang auf den Anfang der w-ten Zeile der laufenden Druckseite, bevor die Ausgabeoperation ausgeführt wird. Die dazwischen liegenden Zeilen bleiben frei. Für w kann ein beliebiger Ausdruck angegeben werden, dessen ganzzahliger Wert verwendet wird. Wurde auf der laufenden Seite bereits eine Ausgabe auf die angegebene Zeile ausgeführt oder überschreitet der Wert von *w* die für die Datei festgelegte maximale Zeilenanzahl pro Seite, so erfolgt ein Übergang auf die erste Zeile der nächsten Seite.

PAGE

Diese Zusatzangabe ist ebenfalls nur für Druckdateien zulässig und bewirkt einen Seitenwechsel. Die Ausgabe wird auf der ersten Zeile der nächsten Seite fortgesetzt. Zu Beginn der Ausgabe für eine Datei ist eine solche Zusatzangabe nicht erforderlich, da diese stets automatisch auf einer neuen Seite beginnt.

Neben der Zusatzangabe PAGE kann in einem Ausgabebefehl auch noch die Angabe LINE(*w*) enthalten sein. Die Ausgabe wird dann auf der *w*-ten Zeile der nächsten Seite fortgesetzt.

Mit Ausnahme von COPY können die einzelnen Zusatzangaben auch in einem Ein- oder Ausgabebefehl verwendet werden, der gar keine Datenspezifikation enthält. Es wird dann lediglich die entsprechende Positionierung innerhalb der Datei durchgeführt, ohne daß eine Datenübertragung stattfindet.

Beispiel. Soll eine Eingabedatei KARTE lediglich auf den Beginn des nächsten Satzes positioniert und für die Standardausgabedatei der Übergang auf die 5. Zeile der nächsten Seite durchgeführt werden, so könnte man folgende Befehle verwenden:

```
GET FILE(KARTE) SKIP;
PUT PAGE LINE(5);
```

Ebenfalls mit Ausnahme von COPY sind die einzelnen Zusatzangaben auch als Steuerformate in der Formatliste von Ein- oder Ausgabebefehlen der formatgesteuerten Form zulässig. Sie haben dann prinzipiell die gleiche Bedeutung. Während jedoch die Zusatzangaben in jedem Fall *vor* Ausführung der betreffenden Ein- oder Ausgabeoperation wirksam werden, ist das bei den Steuerformaten erst der Fall, wenn sie im Verlauf der Abarbeitung der Formatliste erreicht werden.

6.1.2. Ablauf der Datenübertragung

Die Grundlage für die Abarbeitung der Befehle der reihenweisen Ein- und Ausgabe bildet in erster Linie die Betrachtung des gesamten jeweiligen Datenbestands als eine ununterbrochene Folge von Zeichen. Physisch besteht eine *Eingabedatei* aus einer Folge einzelner Sätze, deren Länge in der Dateivereinbarung bzw. über die DD-Steuerkarte festgelegt wird. Bezüglich ihrer Abarbeitung stellt die gesamte Datei jedoch eine kontinuierliche Zeichenfolge dar, die sich einfach aus der Aneinanderreihung sämtlicher Sätze ergibt und als Eingabestrom bezeichnet wird. Zur Durchführung der Datenübertragung wird dieser in einzelne Eingabebereiche zerlegt, die jeweils einen Eingabewert enthalten. Die Breite der Eingabebereiche ergibt sich bei der formatgesteuerten Eingabe aus den Formatangaben im Eingabebefehl, bei der Eingabe ohne Formatliste unmittelbar aus der Darstellung der Werte innerhalb des Eingabestroms. Die Eingabebereiche sind dabei in keiner Weise an die Satzgrenzen gebunden. So könnte man z. B. ohne weiteres die ersten 3 Ziffern eines 7stelligen Wertes in den Spalten 78—80 einer Lochkarte und die restlichen 4 Ziffern in den Spalten 1—4 der nächsten angeben; alle 7 Ziffern bilden einen zusammenhängenden Eingabebereich.

Jeder Eingabebefehl entnimmt aus dem Eingabestrom soviel Zeichen, wie sich aus der Länge der Eingabebereiche für die Werte ergibt, die den Elementen der Datenliste zugeordnet werden sollen. Der Beginn eines Eingabebereichs ist dabei normalerweise die Stelle, die auf das letzte Zeichen des vorangehenden unmittelbar folgt. Lediglich bei der formatgesteuerten Eingabe kann man durch entsprechende Steuerformate die Position eines Eingabebereichs relativ zum vorangehenden gesondert festlegen.

Ein Eingabebefehl bezieht sich damit auch nicht automatisch auf den Beginn eines neuen Satzes; das wäre nur dann der Fall, wenn durch eine Zusatzangabe SKIP(*w*) oder durch entsprechende Steuerformate eine solche Positionierung extra herbeigeführt wird. Es ist folglich ohne weiteres möglich, den Inhalt eines Satzes durch mehrere aufeinanderfolgende Eingabebefehle zu übertragen, ebenso wie andererseits ein einziger Eingabebefehl die Übertragung des Inhalts einer ganzen Reihe von Sätzen bewirken kann. Die Abarbeitung eines Eingabebefehls ist erst dann beendet, wenn jedem Element der Datenliste ein Wert aus dem Eingabestrom zugeordnet wurde bzw. bei Verwendung einer Datenspezifikation mit dem Schlüsselwort DATA eine entsprechende Kennzeichnung durch ein Semikolon auftrat. Das Gleiche ist der Fall, wenn das Ende der Datei erreicht wurde; es wird dann die Bedingung ENDFILE gesetzt, und der Programmierer kann mit Hilfe eines ON-Befehls dafür eine geeignete Programmfortsetzung veranlassen (Abschnitt 6.4.).

Die bei der Abarbeitung eines Eingabebefehls gebildeten Eingabebereiche werden allerdings nicht unmittelbar aus dem externen Datenbestand entnommen. Die Übertragung der Daten erfolgt vielmehr stets unter Verwendung von Eingabepuffern als Zwischenspeicher, die vom Betriebssystem automatisch bei der Dateieröffnung im Hauptspeicher in der Größe eines Blockes angelegt und verwaltet werden und jeweils einen Teil des Eingabestroms aufnehmen. Der erste Eingabebefehl für eine Datei bewirkt bei Verwendung eines Puffers die Übertragung des ersten Blocks von dem externen Speichermedium in unveränderter zeichenweiser Form in den Eingabepuffer. Wird bei der Bildung der Eingabebereiche des Befehls das Ende des Puffers erreicht, so wird der folgende Block in den Puffer übertragen und die Eingabe mit dessen Inhalt fortgesetzt. Der nächste Eingabebefehl überträgt zunächst den Rest des vorliegenden Pufferinhalts, und in gleicher Weise wird die gesamte weitere Dateneingabe durchgeführt. Es kann dabei also durchaus der Fall eintreten, daß die Abarbeitung eines Eingabebefehls überhaupt nicht mit einer Datenübertragung von dem externen Speichermedium verbunden ist, sondern nur interne Datentransporte stattfinden. Bei Verwendung mehrerer Puffer werden gleichzeitig mit der Bearbeitung der Daten des einen die weiteren Puffer bereits mit den nächsten Datenblöcken gefüllt. Der Übergang von einem Puffer zum anderen erfolgt automatisch.

Die Umwandlung der Werte aus ihrer zeichenweisen Darstellung im Eingabestrom in die interne Darstellung der betreffenden Elemente der Datenliste (Konvertierung) wird bei der Interpretation des Inhalts der einzelnen Eingabebereiche vorgenommen. Es können dafür möglicherweise zwei Schritte erforderlich sein. Zunächst werden die Zeichen des Eingabebereichs entsprechend den angegebenen Formaten (bei der formatgesteuerten Eingabe) bzw. den aus der Darstellung des Wertes hervorgehenden Datenattributen (bei der formatfreien Eingabe) umgewandelt. Stimmt die so entstandene interne Darstellungsform noch nicht mit dem durch die Attribute des Elements der Datenliste beschriebenen Typ überein, so erfolgt eine erneute Umwandlung des Werts in diesen. Sämtliche Umwandlungen werden gemäß den allgemeinen Konvertierungsregeln (Anhang 1) durchgeführt.

Auch eine *Ausgabedatei* besteht physisch aus einer Folge von Sätzen, deren Länge in der Dateivereinbarung, über die DD-Steuerkarten oder die Angabe LINESIZE in Verbindung mit der Dateieröffnung festgelegt wird. Bezüglich ihrer Zusammenstellung bildet die gesamte Datei jedoch analog zur Eingabe ebenfalls eine kontinuierliche Zeichenfolge, die als Ausgabestrom bezeichnet wird und nur formal in einzelne Sätze eingeteilt ist. Der Ausgabestrom entsteht aus der Aneinanderreihung einzelner Ausgabebereiche, die jeweils einen auszugebenden Wert enthalten. Die Breite der Ausgabebereiche ergibt sich bei der formatgesteuerten Ausgabe aus den Formatangaben im Ausgabebefehl, bei der Ausgabe ohne Formatliste aus den Attributen der betreffenden Elemente in der Datenliste. Bei der durch das Schlüsselwort DATA gekennzeichneten Methode spielt dafür auch die Länge der Bezeichnung dieser Größen eine Rolle. Die Ausgabebereiche sind dabei in keiner Weise an die Satzgrenzen gebunden. So könnte man z. B. ohne weiteres die ersten Ziffern eines auszugebenden Zahlenwerts an das Ende einer Druckzeile und die restlichen Ziffern an den Anfang der nächsten schreiben.

Jeder Ausgabebefehl trägt in den Ausgabestrom soviel Zeichen ein, wie sich aus der Länge der Ausgabebereiche für die Werte der Elemente in der Datenliste ergibt. Der Beginn eines Ausgabebereichs ist dabei normalerweise die Stelle, die auf das letzte Zeichen des vorangehenden unmittelbar folgt. Lediglich bei der formatgesteuerten Ausgabe kann man durch entsprechende Steuerformate die Position eines Ausgabebereichs relativ zum vorangehenden gesondert festlegen.

Ein Ausgabebefehl bezieht sich damit auch nicht automatisch auf den Anfang eines neuen Satzes und ist folglich bei einer Druckdatei auch nicht mit dem Übergang auf eine neue Zeile verbunden. Das wäre nur dann der Fall, wenn durch eine Zusatzangabe SKIP(*w*), LINE(*w*) oder PAGE bzw. durch entsprechende Steuerformate eine solche Positionierung extra herbeigeführt wird. Es kann folglich durchaus der Inhalt einer Druckzeile durch mehrere Ausgabebefehle zusammengestellt werden, ebenso wie ein einziger Ausgabebefehl die Ausgabe mehrerer Zeilen, einer ganzen Seite oder auch mehrerer Seiten bewirken kann. Das Ende der Abarbeitung eines Ausgabebefehls ist erst dann erreicht, wenn der Wert des letzten Elements der Datenliste in den Ausgabestrom übertragen wurde.

Der Inhalt eines Ausgabebereichs ist jeweils eine zeichenweise Darstellung des für das betreffende Element der Datenliste auszugebenden Werts. Die Umwandlung von der den Attributen dieses Elements entsprechenden internen Darstellung in die zeichenweise Form erfolgt auf Grund der angegebenen Ausgabeformate (bei der formatgesteuerten Ausgabe) bzw. standardmäßiger Festlegungen (bei der formatfreien Ausgabe) nach den allgemeinen Konvertierungsregeln (Anhang 1). Es kann dabei durchaus vorkommen, daß dafür zwei Schritte erforderlich sind, weil der auszugebende Wert zunächst erst in den Typ des jeweiligen Formats umgewandelt werden muß.

Die bei der Abarbeitung eines Ausgabebefehls gebildeten Ausgabebereiche werden nicht unmittelbar auf das externe Speichermedium übertragen. Die Ausgabe erfolgt vielmehr stets unter Verwendung von Ausgabepuffern als Zwischenspeicher, die vom Betriebssystem automatisch bei der Dateieröffnung in der Größe eines Blockes angelegt und verwaltet werden und damit jeweils einen Teil des Ausgabestroms aufnehmen. Der erste Ausgabebefehl für eine Datei bewirkt bei Verwendung eines Puffers dessen Belegung mit den einzelnen Ausgabebereichen. Wird dabei das Ende des Puffers erreicht, so erfolgt die Übertragung seines Inhalts auf das externe Speichermedium, und anschließend wird die Ausgabe mit der erneuten Belegung des Puffers fortgesetzt. Der nächste Ausgabebefehl belegt zunächst den restlichen Teil des Puffers, und in gleicher Weise wird die gesamte weitere Datenausgabe durchgeführt. Es kann dabei also durchaus der Fall eintreten, daß die Abarbeitung eines Ausgabebefehls überhaupt nicht mit einer Übertragung auf das externe Speichermedium verbunden ist. Bei Verwendung mehrerer Puffer können während der Ausgabe eines Pufferinhalts die folgenden Ausgabebereiche bereits in den nächsten Puffer eingetragen werden. Beim Abschluß der Datei wird jeweils der letzte Pufferinhalt noch auf das externe Speichermedium übertragen, auch wenn der Puffer vielleicht noch nicht vollständig gefüllt ist.

Um die Bereitstellung der Ein- und Ausgabepuffer für eine Datei braucht sich der Programmierer in keiner Weise zu kümmern; sie wird automatisch vom Betriebssystem veranlaßt. Das gleiche gilt für die Übertragung der Daten in die Eingabepuffer bzw. aus den Ausgabepuffern sowie den Übergang von einem Puffer zum nächsten. Der Programmierer kann lediglich bewirken, daß durch die Vereinbarung mehrerer Puffer für eine Datei eine weitgehende Überlappung der Verarbeitungs- und Übertragungszeiten erreicht und damit der gesamte Zeitaufwand für ein Programm gesenkt werden kann.

Tritt in einem Programm ein Ein- oder Ausgabebefehl auf, ohne daß die betreffende Datei bis zu diesem Zeitpunkt eröffnet worden ist, so wird diese vor der Ausführung der betreffenden Datenübertragung zunächst implizit eröffnet. Liegt auch keine Dateivereinbarung vor, so ergeben sich die erforderlichen Dateiattribute aus der Form des Befehls.

Einige Besonderheiten sind für Dateien zu beachten, deren Ausgabe über einen Drucker erfolgen soll (Attribut PRINT). Jeder Satz einer solchen Datei stellt eine Druckzeile dar, und der Programmierer muß folglich die Einteilung des Ausgabestroms in einzelne Sätze mit berücksichtigen, wenn er ein ordentliches Druckbild für die auszugebende Liste erhalten will. Dabei werden bei einer vereinbarten Satzlänge von n Bytes jeweils nur $n - 1$ Zeichen des Ausgabestroms zu einem Satz zusammengefaßt. Zusätzlich wird als erstes Zeichen jedes Satzes vom Betriebssystem noch ein Steuerzeichen für den Drucker angefügt, das nicht mit gedruckt wird. Die Eintragung dieses Zeichens erfolgt auf Grund der vollständigen Belegung einer Zeile, durch die Angabe von Steuerformaten bei der formatgesteuerten Ausgabe oder durch Zusatzangaben im jeweiligen Ausgabebefehl. Bei Erreichen des Seitenendes für eine Druckdatei wird die Bedingung ENDPAGE gesetzt (Abschnitt 6.4.), die im Normalfall zum automatischen Übergang auf eine neue Seite führt. Der Programmierer kann jedoch durch einen entsprechenden ON-Befehl für diese Bedingung auch andere Maßnahmen in diesem Fall veranlassen (Ausgabe von Überschriften, Seitennummern usw.).

Zur Unterstützung bei der Arbeit mit Dateien der reihenweisen Datenübertragung stehen dem Programmierer noch zwei Standardfunktionen (Abschnitt 3.2.) zur Verfügung, mit deren Hilfe er bestimmte Informationen über den Ablauf der Ein- und Ausgabe erhalten kann. Als Argument bei ihrem Aufruf ist jeweils nur die Bezeichnung der betreffenden Datei anzugeben; ihr Funktionswert ist stets eine duale Festkommagröße mit dem Genauigkeitsattribut (15,Ø). Die beiden Funktionen haben folgende Bedeutung:

COUNT(*Dateibezeichnung*)

Der Funktionswert dieser Standardfunktion stellt die Anzahl der Datenelemente dar, die bei der Ausführung des letzten Befehls für die als Argument angegebene Datei ein- bzw. ausgegeben wurde. Dabei werden Elemente von Feldern oder Strukturen stets einzeln gezählt.

LINENO(*Dateibezeichnung*)

Der Funktionswert dieser Standardfunktion stellt die aktuelle Zeilennummer der als Argument angegebenen Ausgabedatei dar, die in diesem Fall das Attribut PRINT haben muß.

6.1.3. Aufbau von Datenlisten

Die meisten Befehle der reihenweisen Ein- und Ausgabe enthalten eine Datenliste mit der Angabe derjenigen Größen, denen die auf dem externen Speichermedium befindlichen Daten als neue Werte zugeordnet bzw. deren Werte auf das externe Speichermedium ausgegeben werden sollen. Eine Ausnahme bilden lediglich die Eingabebefehle mit der durch das Schlüsselwort DATA gekennzeichneten Datenspezifikation; hier ist eine solche Liste nicht erforderlich, weil die Eingabedaten neben den Werten auch die Bezeichnungen der betreffenden Größen enthalten und sich damit selbst identifizieren.

Die gesamte Datenliste wird in Klammern eingeschlossen, und die einzelnen darin angegebenen Elemente werden durch Komma voneinander getrennt. Durch ihre Anordnung von links nach rechts legen sie die Reihenfolge fest, in der die Übertragung erfolgen soll. Aus den Angaben in der Datenliste geht jedoch in keiner Weise hervor, ob sich z. B. die einzugebenden Daten auf einer oder mehreren Lochkarten befinden oder ob die Ausgabe auf eine oder mehrere Zeilen durchgeführt werden soll. Vereinbarungen dieser Art gehen entsprechend der jeweiligen Übertragungsmethode aus den Formatangaben, der Darstellung der Eingabewerte sowie bestimmten Standardfestlegungen hervor.

Als Elemente der Datenliste eines Eingabebefehls können einzelne Variable (einschließlich Elemente von Feldern oder Strukturen sowie Pseudovariable), Felder und Strukturen angegeben werden. Alle diese Möglichkeiten bestehen auch für die Datenliste von Ausgabebefehlen; zusätzlich ist in diesen — mit Ausnahme der durch das Schlüsselwort DATA gekennzeichneten Form — jedoch auch die Angabe von Konstanten sowie Ausdrücken zulässig. Zu den Konstanten gehören beispielsweise sämtliche Überschriften sowie andere konstante Texte, die auf einer Druckliste zur besseren Lesbarkeit derselben erscheinen sollen. In jedem Fall müssen die Elemente der Datenliste einen arithmetischen oder einen Kettenwert haben.

Ist in einer Datenliste die Bezeichnung eines Felds oder einer Struktur enthalten, so ist diese Angabe gleichbedeutend mit der ihrer einzelnen Elemente in der Reihenfolge der Speicherung. Die Angabe der Bezeichnung einer Matrix in der Datenliste eines Ausgabebefehls bewirkt folglich die zeilenweise Ausgabe aller ihrer Elemente.

Beispiele

1. Angabe einiger Ein- und Ausgabebefehle mit unterschiedlichen Datenlisten:

```
GET EDIT (MENGE, PREIS, UMSATZ) (Formatliste);
PUT FILE (LISTE) EDIT (I, X(I), 15) (Formatliste);
PUT EDIT ('LISTE', TEXT, DATUM, 'SEITE', NR) (Formatliste);
PUT LIST (3.14*R*R, Z(4));
```

2. In einem Programm mit der Feldvereinbarung DCL X(2,3); ist die Angabe eines Befehls

```
GET EDIT (X) (Formatliste);
```

gleichbedeutend mit einem Befehl

```
GET EDIT (X(1,1),X(1,2),X(1,3),X(2,1),X(2,2),X(2,3))(Formatliste);
```

3. In einem Programm mit der Strukturvereinbarung

```
DCL 1 STR, 2 TEIL1, 3 (A(4), B),
           2 TEIL2, 3 (X, Y);
```

ist die Angabe eines Befehls

```
PUT EDIT (STR) (Formatliste);
```

gleichbedeutend mit einem Befehl

```
PUT EDIT (A(1),A(2),A(3),A(4),B,X,Y) (Formatliste);
```

4. Die Werte der Elemente zweier Felder X und Y, für die in einem Programm die Feldvereinbarungen DCL X(5Ø), Y(5Ø); angegeben wurden, sollen fortlaufend in der Form

X(··) = ·········· Y(··) = ··········

gedruckt werden. Der in Klammern stehende Wert soll jeweils der laufende Index sein. Die Ausgabe könnte in diesem Fall mit folgenden Befehlen vorgenommen werden:

```
DO I=1 TO 5Ø;
PUT EDIT ('X(',I,')␣=',X(I),'Y(',I,')␣=',Y(I)) (Formatliste);
END;
```

Die Breite der Ausgabebereiche, die Berücksichtigung von Zwischenräumen u. dergl. werden durch die Angaben der Formatliste berücksichtigt.

5. Die Folge der Ausgabewerte durch Abarbeitung der Befehle

```
DCL 1 ST(1Ø), 2 A, 2 B;
PUT FILE (DRUCK) LIST (ST);
```

lautet: ST.A(1) ST.B(1) ST.A(2) ST.B(2) ... ST.A(1Ø) ST.B(1Ø). Demgegenüber bewirkt die Abarbeitung der Befehle

```
DCL 1 ST, 2 A(1Ø), 2 B(1Ø);
PUT FILE (DRUCK) LIST (ST);
```

eine Ausgabe in der Reihenfolge ST.A(1) ST.A(2) ... ST.A(1Ø) ST.B(1) ST.B(2) ... ST.B(1Ø). Die Ausgabe erfolgt also in der Reihenfolge der Speicherung der einzelnen Elemente.

6. Die Überschriftszeilen für eine Druckliste sind in einem Feld UEB mit der Feldvereinbarung DCL UEB(8) CHAR(12Ø); gespeichert. Während der Inhalt dieser Zeilen ansonsten fest vorgegeben ist, sind die Druckpositionen 21—120 der zweiten Zeile zunächst leer, und der Anwender hat die Möglichkeit, hierfür einen geeigneten betriebsspezifischen Text über die Eingabe bereitzustellen. Der betreffende Eingabebefehl dafür könnte folgendermaßen lauten:

```
GET EDIT (SUBSTR(UEB(2),21)) (Formatliste);
```

Neben den bisher beschriebenen Möglichkeiten können in einer Datenliste außerdem noch *Wiederholungsspezifikationen* verwendet werden, die dazu dienen, die mehrfach aufeinanderfolgende Angabe von Elementen der Datenliste zu vereinfachen. Eine Wiederholungsspezifikation besteht zunächst aus einer Liste, in der ein zu wiederholendes Element oder eine zu wiederholende Folge durch Komma voneinander getrennter Elemente anzugeben ist. Darauf folgt eine Laufanweisung, die in der gleichen Weise wie bei der Steuerung von Befehlsschleifen gebildet wird. Die gesamte Wiederholungsspezifikation wird schließlich in Klammern eingeschlossen. Es sind demnach zwei Klammernpaare erforderlich, wenn die Wiederholungsspezifikation die gesamte Datenliste darstellt, da ja die Datenliste selbst auch von Klammern umgeben ist.

Die allgemeine Form einer Wiederholungsspezifikation lautet folglich:

(*Liste* DO *Variable* = *Ausdruck*$_1$ TO *Ausdruck*$_2$ BY *Ausdruck*$_3$)

Die beiden Angaben TO $Ausdruck_2$ und BY $Ausdruck_3$ können auch in ihrer Reihenfolge vertauscht werden.

Die in der Laufanweisung angegebene *Variable* wird als Laufvariable bezeichnet. Für sie wird durch die weiteren Angaben eine Folge von Werten festgelegt. Dabei bedeuten:

$Ausdruck_1$ den Anfangswert für die Laufvariable;
$Ausdruck_2$ den letzten zulässigen Wert für die Laufvariable;
$Ausdruck_3$ die Schrittweite zur Änderung des Werts der Laufvariablen.

Der erste Wert der Laufvariablen ist folglich der angegebene Anfangswert. Die weiteren Werte ergeben sich daraus, daß der vorherige Wert jeweils um die Schrittweite verändert wird, und zwar so lange, bis der letzte Wert bei positiver Schrittweite überschritten und bei negativer Schrittweite unterschritten wird.

Für jeden sich auf diese Weise aus der Wiederholungsspezifikation ergebenden Wert der Laufvariablen wird die angegebene Liste einmal als Bestandteil der Datenliste betrachtet. Enthält ein Element der Liste die Laufvariable als Index oder Teil eines zur Indexberechnung verwendeten Ausdrucks, so wird deren Wert jeweils an der betreffenden Stelle eingesetzt. Überschreitet bei positiver Schrittweite oder unterschreitet bei negativer Schrittweite der Anfangswert von vornherein den letzten Wert, so wird die gesamte Wiederholungsspezifikation ignoriert.

Die einzelnen Angaben in der Laufanweisung einer Wiederholungsspezifikation entsprechen in ihrer Bedeutung völlig denen einer Laufanweisung, die zur Festlegung der Durchläufe einer Befehlsschleife verwendet wird. Hinsichtlich der Reihenfolge, in der die Ausgabe erfolgt, ist zum Beispiel ein Befehl

```
PUT LIST ((X(I) DO I = 1 TO 10 BY 2));
```

gleichbedeutend mit der Befehlsschleife

```
DO I = 1 TO 10 BY 2;
   PUT LIST (X(I));
END;
```

Dementsprechend können für eine Laufanweisung auch alle möglichen vereinfachten und erweiterten Formen sowie die zusätzliche Angabe einer Testanweisung der Form WHILE($Ausdruck_4$) benutzt werden. Auch die Angabe mehrerer Laufanweisungen für die Laufvariable ist zulässig. Eine ausführliche Beschreibung dieser Möglichkeiten ist in Abschnitt 4.3. enthalten.

In gleicher Weise wie im Zusammenhang mit Befehlsschleifen können in Wiederholungsspezifikationen auftretende Laufanweisungen ineinandergeschachtelt sein. Das ist dann der Fall, wenn ein Element der angegebenen Liste seinerseits selbst eine Wiederholungsspezifikation ist. Die rechtsstehende Laufanweisung stellt dann stets einen Teil der übergeordneten Wiederholungsspezifikation dar, und die links davon stehende Laufanweisung gehört jeweils zur Liste derselben. Bei einer Betrachtung der Wiederholungsspezifikationen als Befehlsschleifen bildet die rechtsstehende Laufanweisung praktisch die äußere Schleife. Da jede solche Ineinanderschachtelung stets wieder als Liste einer weiteren Wiederholungsspezifikation dienen kann, sind Ineinanderschachtelungen folglich auch in größerem Umfang möglich. Zu beachten ist dabei unbedingt, daß jede Wiederholungsspezifikation für sich in Klammern eingeschlossen werden muß. Hinsichtlich der Reihenfolge, in der die Ausgabe erfolgt, ist zum Beispiel ein Befehl

```
PUT LIST (((A(I,J) DO I = 1 TO 10) DO J = 1 TO 15));
```

gleichbedeutend mit der Befehlsschleife

```
DO J = 1 TO 15;
   DO I = 1 TO 10;
      PUT LIST (A(I,J));
   END;
END;
```

Die Verwendung einer Wiederholungsspezifikation in der Datenliste eines Ein- oder Ausgabebefehls ist vor allem dann sinnvoll, wenn in der zugehörigen Liste indizierte Größen stehen, deren Index sich entsprechend dem Wert der Laufvariablen ändern soll. Von dieser Möglichkeit wird man zum Beispiel dann Gebrauch machen, wenn man die Elemente eines Felds in einer anderen Reihenfolge übertragen will, als es der Speicherungsfolge entspricht, oder wenn ein Feld nicht in seinem vollen, durch die Feldvereinbarung festgelegten Umfang übertragen werden soll. Für die Ein- oder Ausgabe eines vollständigen Felds in der Reihenfolge der Speicherung seiner Elemente benötigt man dagegen keine Wiederholungsspezifikation; hier genügt jeweils die Angabe der Bezeichnung des Feldes.

In der Datenliste eines Ausgabebefehls kann sich eine Wiederholungsspezifikation durchaus auch auf nicht indizierte Größen beziehen, z. B. auf mehrfach auszugebende konstante Texte oder auf Zahlenwerte, die als Spaltennummer verwendet und wie der Wert der Laufvariablen systematisch erhöht werden sollen.

Beispiele

1. Die Ausgabe der Elemente eines Felds A mit der Feldvereinbarung DCL A(6); könnte wahlweise durch folgende Befehle durchgeführt werden:

```
PUT LIST (A);
PUT LIST ((A(I) DO I=1 TO 6));
PUT LIST (A(1),A(2),A(3),A(4),A(5),A(6));
PUT LIST ((A(I) DO I=1,2,3,4,5,6));
PUT LIST ((A(I) DO I=1 BY 1 WHILE(I<=6)));
```

2. Ein Eingabebefehl der Form

```
GET LIST ((X(I),Y(I) DO I=1 TO N));
```

besagt, daß die Eingabe der Elemente der beiden Felder X und Y in der Reihenfolge X_1, Y_1, X_2, Y_2, ..., X_n, Y_n erfolgt, da sich die Laufanweisung auf die beiden Elemente X(I) und Y(I) bezieht. Sollen zunächst die n Werte von X und erst danach die von Y eingelesen werden, so müßte der Befehl in der Form

```
GET LIST ((X(I) DO I=1 TO N),(Y(I) DO I=1 TO N));
```

angegeben werden. Die Datenliste besteht dann aus zwei getrennten Laufanweisungen, die nicht ineinandergeschachtelt sind, so daß auch die Verwendung der gleichen Laufvariablen zulässig ist.

3. Von einer Matrix X mit der Feldvereinbarung DCL X(15,15); sollen verschiedene Teile ausgegeben werden. Die entsprechenden Ausgabebefehle dafür könnten folgendermaßen lauten:

a) Diagonalelemente

```
PUT LIST ((X(I,I) DO I=1 TO 15));
```

b) Elemente der 10. Spalte

```
PUT LIST ((X(I,10) DO I=1 TO 15));
```

c) Elemente der m-ten Zeile

```
PUT LIST ((X(M,I) DO I=1 TO 15));
```

d) Elemente der Zeilen 1…4, zeilenweise

```
PUT LIST (((X(I,J) DO J=1 TO 15) DO I=1 TO 4));
```

e) Elemente der Spalten 10…12, spaltenweise

```
PUT LIST (((X(I,J) DO I=1 TO 15) DO J=10 TO 12));
```

f) Elemente der Spalten 10…12, zeilenweise

```
PUT LIST (((X(I,J) DO J=10 TO 12) DO I=1 TO 15));
```

g) Elemente jeder 3. Spalte, spaltenweise

```
PUT LIST (((X(I,J) DO I=1 TO 15) DO J=3 TO 15 BY 3));
```

h) Elemente der Zeilen 2, 7 und 12, zeilenweise

```
PUT LIST (((X(I,J) DO J=1 TO 15) DO I=2,7,12));
```

i) die Elemente $X_{1,2}$ $X_{2,4}$ $X_{3,6}$ $X_{4,8}$ $X_{5,10}$ $X_{6,12}$ $X_{7,14}$.

```
PUT LIST ((X(I,2*I) DO I=1 TO 7));
```

4. Für ein Feld mit der Feldvereinbarung DCL A(3,5,8); bewirkt ein Befehl

```
PUT LIST ((((A(I,J,K) DO K=1 TO 8) DO I=2,3) DO J=1 TO 5 BY 2));
```

die Ausgabe der Elemente in der Reihenfolge

$$\begin{array}{llllll} X_{2,1,1} & X_{2,1,2} \cdots X_{2,1,8} & X_{3,1,1} & X_{3,1,2} \cdots X_{3,1,8} \\ X_{2,3,1} & X_{2,3,2} \cdots X_{2,3,8} & X_{3,3,1} & X_{3,3,2} \cdots X_{3,3,8} \\ X_{2,5,1} & X_{2,5,2} \cdots X_{2,5,8} & X_{3,5,1} & X_{3,5,2} \cdots X_{3,5,8} \end{array}$$

5. Es ist ohne weiteres zulässig, daß Größen, die während der Abarbeitung eines Eingabebefehls erst ihren Wert erhalten, in der Datenliste dieses Befehls anschließend innerhalb einer Wiederholungsspezifikation verwendet werden. Der Befehl

```
GET LIST (M,N,((A(I,J) DO I=1 TO M) DO J=1 TO N));
```

bewirkt beispielsweise, daß die ersten beiden eingelesenen Werte den Variablen M und N zugeordnet werden und diese danach als letzte Werte für die jeweilige Laufvariable auftreten.

Von einer solchen Form der Eingabe macht man vor allem dann Gebrauch, wenn im Dimensionsattribut einer Feldvereinbarung die maximal möglichen Werte für die Ausdehnung der einzelnen Dimensionen angegeben wurden und die in einem speziellen Fall tatsächlich vorliegenden Werte dann mit in die Liste der Eingabewerte aufgenommen werden.

6. Als Überschrift über eine Liste soll folgender Text ausgegeben werden:

SP. 1 SP. 2 SP. 3 ... SP. 8

Ein entsprechender Ausgabebefehl könnte dann folgendermaßen aussehen:

```
PUT EDIT (('SP', I DO I=1 TO 8))(Formatliste);
```

Soll dagegen die Überschrift in der Form

```
SPALTE  SPALTE  SPALTE  ...  SPALTE
  1       2       3             8
```

ausgegeben werden, so müßte etwa folgender Befehl programmiert werden:

```
PUT EDIT (('SPALTE' DO I=1 TO 8),(I DO I=1 TO 8))(Formatliste);
```

6.2. Formatgesteuerte Ein- und Ausgabe

Die für die Elemente der Datenliste eines Eingabebefehls zu verwendenden Eingabebereiche innerhalb der als kontinuierliche Zeichenfolge betrachteten Datei und die Interpretation der darin befindlichen Werte kann der Programmierer durch entsprechende Formatangaben nach eigenem Ermessen festlegen. Das Gleiche gilt bezüglich der Ausgabebereiche für die Elemente der Datenliste eines Ausgabebefehls, aus denen sich eine neu aufzubauende Datei zusammensetzen soll, und die Darstellungsform der jeweiligen Werte.

Es besteht damit die Möglichkeit, zum Beispiel für eine Lochkarten-Eingabedatei einen beliebigen, zweckmäßigen Kartenaufbau vorzugeben sowie praktisch allen Anforderungen an die Gestaltung einer Druckliste gerecht zu werden. Für eine solche formatgesteuerte Aufbereitung der Daten ist in den Ein- und Ausgabebefehlen eine Datenspezifikation zu verwenden, die durch das Schlüsselwort EDIT gekennzeichnet ist und neben der Datenliste außerdem noch eine Formatliste enthält.

Die allgemeine Form eines formatgesteuerten Eingabebefehls lautet also

GET FILE (*Dateibezeichnung*) EDIT (*Datenliste*)(*Formatliste*);

und die eines formatgesteuerten Ausgabebefehls

PUT FILE (*Dateibezeichnung*) EDIT (*Datenliste*)(*Formatliste*);

Bei Verwendung der Standardein- oder -ausgabedateien ist jeweils die Angabe FILE (*Dateibezeichnung*) wegzulassen. Vor oder hinter der Datenspezifikation können wahlweise noch verschiedene Zusatzangaben (Abschnitt 6.1.1.) stehen. Außerdem besteht die Möglichkeit, in einem Befehl mehrere Paare von Datenliste und Formatliste in der Form

GET
PUT FILE (*Dateibezeichnung*) EDIT $(DL_1)(FL_1)(DL_2)(FL_2)\ldots(DL_n)(FL_n)$;

anzugeben. DL_i bezeichnet dabei die jeweilige Datenliste, FL_i die zugehörige Formatliste. Ein solcher Befehl ist gleichbedeutend mit der Angabe mehrerer aufeinanderfolgender GET- bzw. PUT-Befehle, die jeweils eines dieser Paare von Datenliste und Formatliste enthalten.

6.2.1. Formatlisten

Die Formatliste eines Ein- oder Ausgabebefehls ist stets in Klammern einzuschließen und folgt unmittelbar auf die zugehörige Datenliste. Sie besteht aus einzelnen, durch Komma voneinander getrennten Formatangaben, die im folgenden kurz als Formate bezeichnet werden. Hinsichtlich ihrer Bedeutung für die Ausführung der jeweiligen Ein- oder Ausgabeoperation kann man dabei zwischen Datenformaten und Steuerformaten unterscheiden.

Die *Datenformate* beschreiben die Ein- oder Ausgabedaten auf dem externen Speichermedium. In der Formatliste eines Eingabebefehls geben sie an, aus wieviel Zeichen der jeweilige Eingabebereich bestehen soll und wie der darin enthaltene Wert aus der zeichenweisen in eine interne Darstellungsform zu konvertieren ist. In der Formatliste eines Ausgabebefehls legen die Datenformate fest, aus wieviel Zeichen der jeweilige

Ausgabebereich bestehen soll und in welcher Form der auszugebende Wert zeichenweise darin darzustellen ist. Die allgemeine Form der wichtigsten Datenformate lautet:

F(*w*) bzw. F(*w*,*d*) für Festkommagrößen,
E(*w*,*d*) für Gleitkommagrößen,
A(*w*) bzw. B(*w*) für Zeichen- bzw. Bitketten,
P '*Abbildungssymbole*' für Größen, deren Darstellung zeichenweise beschrieben wird.

Daneben existiert noch ein Format für komplexe Größen, das aus den angegebenen Formaten zusammengesetzt wird, und für die einzelnen Formate sind auch noch weitere Modifikationen möglich.

Die *Steuerformate* steuern den gesamten Ablauf der Ein- und Ausgabe. Durch ihre Anwendung kann die Berücksichtigung von Zwischenräumen zwischen den einzelnen Ein- und Ausgabebereichen sowie der Übergang zu einem neuen Ein- oder Ausgabesatz festgelegt werden. Für Drucklisten beinhalten sie weitere Möglichkeiten zur Gestaltung des auszugebenden Druckbilds. Die allgemeine Form der Steuerformate lautet:

X(*w*) SKIP(*w*) COLUMN(*w*) PAGE LINE(*w*)

Jedes Format ist also durch einen festgelegten Buchstaben oder ein Schlüsselwort gekennzeichnet und enthält dazu (mit Ausnahme des Steuerformats PAGE) in Klammern noch weitere, jeweils zu spezifizierende Angaben, die die Breite der Ein- oder Ausgabebereiche, die Anzahl der Kommastellen, die Zwischenräume zwischen zwei Bereichen und ähnliches beschreiben. Diese Angaben sind im allgemeinen ganzzahlige dezimale Konstanten; es können dafür aber auch beliebige Ausdrücke verwendet werden, die einen einzelnen Wert liefern. Vor jeder Anwendung des Formats wird dann der betreffende Ausdruck berechnet und der ganzzahlige Anteil seines Wertes berücksichtigt. Das Format F(7,3) in der Formatliste eines Eingabebefehls beschreibt zum Beispiel einen Eingabebereich von 7 Zeichen und legt fest, daß die drei rechten Ziffern des darin enthaltenen Werts als Kommastellen zu betrachten sind. Das Format X(N*K) in der Formatliste eines Ausgabebefehls besagt andererseits, daß zwischen dem vorangehenden und dem nachfolgenden Ausgabebereich so viele Leerzeichen auftreten sollen, wie sich aus dem Produkt der Werte der beiden Variablen N und K ergibt.

Eine ausführliche Beschreibung der einzelnen Formate und der Möglichkeiten für ihre Anwendung ist in den nachfolgenden Abschnitten enthalten.

Treten in einer Formatliste mehrfach hintereinander die gleichen Formatangaben auf, so kann zur Vereinfachung der Schreibweise ein Wiederholungsfaktor verwendet werden. Dieser ist als natürliche Dezimalzahl oder in Klammern eingeschlossener Ausdruck vor das jeweilige Format zu schreiben; er gibt an, wie oft dieses hintereinander angewendet werden soll. Ergibt die Berechnung eines als Wiederholungsfaktor angegebenen Ausdrucks einen Wert $\leqq 0$, so wird das betreffende Format ignoriert. Ein Wiederholungsfaktor kann dabei nicht nur für ein einzelnes Format, sondern in gleicher Weise auch für eine sich wiederholende Folge von Formaten verwendet werden. Die betreffende Folge ist dann ebenfalls in Klammern einzuschließen und kann ohne weiteres ihrerseits Wiederholungsfaktoren enthalten.

Beispiele

1. Die Formatliste

(F(7),F(7),F(7),F(7),F(6,2))

ist gleichbedeutend mit der Formatliste

```
(4 F(7),F(6,2))
```

und die Formatliste

```
(SKIP,E(15,3),F(6),A(4),A(4),E(15,3),F(6),A(4),A(4))
```

ist gleichbedeutend mit der Formatliste

```
(SKIP,2 (E(15,3),F(6),2 A(4)))
```

2. Die ersten *n* Elemente eines Felds X sollen mit dem Format F(9,2) und die ersten 5 Elemente eines Felds Y mit dem Format F(7,4) ausgegeben werden. Ein entsprechender Ausgabebefehl könnte folgendermaßen lauten:

```
PUT EDIT ((X(I) DO I=1 TO N), (Y(I) DO I=1 TO 5))
         ((N) F(9,2), 5 F(7,4));
```

Bei der Abarbeitung eines Ein- oder Ausgabebefehls werden die Elemente der Datenliste und die Datenformate der Formatliste einander in der Reihenfolge ihrer Angabe zugeordnet, d. h. das erste Datenformat dem ersten Element der Datenliste, das zweite Datenformat dem zweiten Element der Datenliste usw. In der Formatliste enthaltene Steuerformate werden jeweils vor der Zuordnung des nachfolgenden Datenformats wirksam. Bei der Angabe von Feldern oder Strukturen in der Datenliste wird die Zuordnung so durchgeführt, als wären statt dessen deren einzelne Elemente in der Reihenfolge ihrer Speicherung angegeben worden; jedes Element eines Felds oder einer Struktur kann demzufolge durch ein anderes Format übertragen werden. Das Gleiche gilt für die Verwendung von Wiederholungsspezifikationen in der Datenliste; auch hier erfolgt die Zuordnung in der Reihenfolge der sich daraus ergebenden einzelnen Elemente. Wiederholungsfaktoren in der Formatliste werden bei dieser Zuordnung so betrachtet, als wären die betreffenden Formate mehrfach einzeln hintereinander angegeben worden. Wurde in der Darstellung eines Datenformats ein Ausdruck für die Breite des Ein- oder Ausgabebereichs verwendet, für den sich ein Wert $\leqq 0$ ergibt, so wird dieses Datenformat einschließlich des zugehörigen Elements der Datenliste übergangen.

Enthält die Formatliste weniger Datenformate, als sich Elemente für die Datenliste ergeben, so wird die Formatliste nach Erreichen ihres Endes wieder von Anfang an abgearbeitet. Dieser Vorgang wird so oft wiederholt, bis jedem Element der Datenliste ein Datenformat zugeordnet wurde. Soll für alle Elemente der Datenliste das gleiche Format verwendet werden, so genügt es folglich, dieses Format einmal in der Formatliste anzugeben; ein Wiederholungsfaktor ist überflüssig. Ganz allgemein ist es in keinem Falle sinnvoll, einen Wiederholungsfaktor für die gesamte Formatliste anzugeben.

Enthält die Formatliste mehr Formatangaben, als für die Elemente der Datenliste benötigt werden, so wird die Formatliste nur bis zum letzten zugeordneten Datenformat benutzt. Ein eventuell darauf folgendes Steuerformat wird ebenso wie alle weiteren Formatangaben nicht mehr berücksichtigt. Ein Steuerformat wird also grundsätzlich immer nur dann wirksam, wenn nach ihm in der Formatliste noch ein Datenformat folgt, das einem Element der Datenliste zugeordnet wird, oder, falls es sich am Ende der Formatliste befindet, nur dann, wenn diese wieder von vorn begonnen wird. Die in einem Ein- oder Ausgabebefehl außerhalb der Formatliste enthaltenen Zusatzangaben, die in ihrer Bedeutung mit den entsprechenden Steuerformaten übereinstimmen, werden im Unterschied dazu stets vor Abarbeitung des jeweiligen Befehls wirksam.

Beispiel. Für die Ausgabe der 6 Elemente eines Felds A mit dem einheitlichen Format F(9,2) kann man einen Befehl

```
PUT EDIT ((A(I) DO I=1 TO 6))(6 F(9,2));
```

angeben. Es besteht aber auch die einfachere Möglichkeit der Angabe eines Befehls

```
PUT EDIT ((A(I) DO I=1 TO 6))(F(9,2));
```

bei dem die Formatliste 6mal wiederholt wird. Andererseits könnte durchaus auch ein Befehl

```
PUT EDIT ((A(I) DO I=1 TO 6))(11 F(9,2));
```

verwendet werden, bei dem die restlichen 5 Datenformate unberücksichtigt bleiben.

Mitunter kommt es vor, daß mehrere Befehle des gleichen Programms dieselbe Formatliste enthalten oder zumindest eine Folge von Formaten in mehreren Befehlen als Teil der Formatliste auftritt. Durch einen speziellen Vereinbarungsbefehl, der als *Formatbefehl* bezeichnet wird, kann man in solchen Fällen die betreffenden Formatangaben einmal ins Programm aufnehmen und in den jeweiligen Ein- und Ausgabebefehlen darauf Bezug nehmen. Die allgemeine Form eines Formatbefehls lautet:

Befehlsmarke: FORMAT (*Formatliste*);

Formatbefehle müssen stets eine Befehlsmarke haben und können an beliebiger Stelle innerhalb eines Programms stehen; im Verlauf der sequentiellen Abarbeitungsfolge der Befehle werden sie übergangen. Zur besseren Übersicht wird man sie im allgemeinen im Anschluß an die sonstigen Vereinbarungsbefehle des Programms schreiben. Die in ihnen enthaltene Formatliste ist in der üblichen Weise zu bilden und stellt eine Folge von Formaten dar, die in mehreren Ein- und Ausgabebefehlen verwendet werden kann. Soll in einem Befehl von dieser Möglichkeit Gebrauch gemacht werden, so ist in der zugehörigen Formatliste eine Angabe

R(*Marke*)

erforderlich. Für *Marke* kann dabei unmittelbar die Befehlsmarke eines Formatbefehls oder aber eine Markenvariable angegeben werden, der vorher eine solche zugeordnet wurde; die Markenvariable darf in diesem Fall allerdings nicht indiziert sein. Die Angabe R(*Marke*) bewirkt dann, daß an ihrer Stelle der Inhalt der Formatliste des angesprochenen Formatbefehls eingesetzt wird. Dabei ist zu berücksichtigen, daß die Formatliste eines Formatbefehls keine rekursiven Bezugnahmen enthalten darf, d. h. keine Angaben R(*Marke*), die entweder direkt auf den gleichen Formatbefehl oder auf einen anderen verweist, der seinerseits den ursprünglichen Formatbefehl anspricht.

Neben der Verkürzung der Schreibarbeit ergibt sich auf diese Weise vor allem auch die Möglichkeit, erst unmittelbar vor der Ausführung eines Ein- oder Ausgabebefehls in Abhängigkeit von bestimmten Kennzeichen oder Bedingungen eine von mehreren in Frage kommenden Formatfolgen auszuwählen.

Zu beachten ist noch, daß innerhalb von ON-Einheiten zur Behandlung von Fehler- und Ausnahmebedingungen nicht auf außerhalb derselben vereinbarte Formatbefehle Bezug genommen werden kann.

Beispiele

1. Ein Programm enthält u. a. folgende Befehle:

```
GET EDIT (A,B,C,D,T)
         (SKIP,F(5,1),X(2),2 F(7),X(3),F(6,2),X(2),A);
```

```
⋮
PUT EDIT (W,X,Y,Z)
         (SKIP,F(5,1),X(2),2 F(7),X(3),F(6,2));
⋮
PUT EDIT (V,I,J,K,L)
         (A(10),SKIP,F(5,1),X(2),2 F(7),X(3),F(6,2));
```

Da die drei Formatlisten in weiten Teilen übereinstimmen, ist es in diesem Falle angebracht, einen Formatbefehl

```
F: FORMAT(SKIP,F(5,1),X(2),2 F(7),X(3),F(6,2));
```

im Programm anzugeben, und die drei Befehle folgendermaßen zu schreiben:

```
GET EDIT (A,B,C,D,T)(R(F),X(2),A);
⋮
PUT EDIT (W,X,Y,Z)(R(F));
⋮
PUT EDIT (V,I,J,K,L)(A(10),R(F));
```

2. Innerhalb einer Befehlsschleife werden Lochkarten mit verschiedenem Aufbau in willkürlicher Reihenfolge eingelesen. Jede Karte enthält daher in der ersten Spalte ein entsprechendes Kennzeichen und außerdem noch 4 Zahlenwerte, die den Variablen A, B, C und D zugeordnet werden sollen. Beim Kennzeichen 1 sind diese Werte mit dem Format F(8,3), beim Kennzeichen 2 mit dem Format F(12,6) einzulesen. Das Programm könnte dafür folgende Befehle enthalten:

```
    DCL (A,B,C,D)FLOAT(16), KZ CHAR(1), X LABEL;
F1: FORMAT (F(8,3));
F2: FORMAT (F(12,6));
    ⋮
    DO ...;
       GET EDIT (KZ)(COLUMN(1),A(1));
       IF KZ='1' THEN X=F1;
                 ELSE X=F2;
      GET EDIT (A,B,C,D)(R(X));
    ⋮
    END;
```

Je nach dem angegebenen Kennzeichen wird eine der beiden in den Formatbefehlen enthaltenen Formatlisten für die Eingabe der 4 Werte verwendet.

6.2.2. Eingabeformate

Der Inhalt der gesamten Eingabedatei wird bei der reihenweisen Datenübertragung als ununterbrochener Eingabestrom betrachtet, in dem fortlaufend alle einzugebenden Daten in zeichenweiser Form enthalten sind. Die einzelnen Ziffern von arithmetischen Daten, die Angaben zum Vorzeichen, Dezimalpunkt oder gegebenenfalls Exponenten sowie die Bits von Bitketten sind jeweils ebenso zeichenweise darzustellen wie die Zeichen einer einzugebenden Zeichenkette. Eine Trennung der Werte innerhalb des Eingabestroms durch spezielle Zeichen ist bei der formatgesteuerten Eingabe nicht erforderlich. Durch die in der Formatliste der Eingabebefehle enthaltenen Datenformate wird vielmehr der Eingabestrom in einzelne Eingabebereiche zerlegt, die von unterschiedlicher Breite sein können und jeweils einen Eingabewert enthalten. Mit Hilfe von Steuerformaten können spezielle Festlegungen über die relative Stellung der Eingabebereiche zueinander getroffen werden.

Im folgenden werden die Besonderheiten der verschiedenen Formate näher beschrieben. Dabei soll nochmals darauf hingewiesen werden, daß die für jedes Format zu spezifizierenden Angaben zwar im allgemeinen konstante Größen sind, durchaus aber auch beliebige Ausdrücke mit einem einzelnen Wert dafür verwendet werden können.

6.2.2.1. Datenformate

Für die zeichenweise Darstellung der Eingabewerte im jeweiligen Eingabebereich bestehen zahlreiche unterschiedliche Möglichkeiten, deren Interpretation gemäß dem angegebenen Datenformat erfolgt. Arithmetische Daten können wahlweise in dezimaler Festkommaform (F-Format) oder Gleitkommaform (E-Format) eingegeben werden, wobei verschiedene Varianten für die Festlegung der Kommastellung möglich sind. Daneben kann man für arithmetische Daten auch eine zeichenweise Darstellung benutzen, die durch Abbildungssymbole beschrieben wird (P-Format). Für die Eingabe komplexer Werte ist ein Format zu verwenden, das aus den anderen Datenformaten zusammengesetzt wird (C-Format). Weitere Datenformate stehen noch für die Eingabe von Zeichenketten (A-Format) oder Bitketten (B-Format) zur Verfügung.

Je nach dem vorliegenden Datenformat wird der zeichenweise Inhalt des Eingabebereichs in eine ganz bestimmte interne Darstellungsform umgewandelt und dem betreffenden Element der Datenliste zugeordnet. Dabei gelten die gleichen Regeln wie bei Verwendung eines Zuordnungsbefehls (Abschnitt 3.3.2.). Es kann also durchaus sein, daß die dem Datenformat entsprechende Darstellung zunächst nur einen Zwischenwert bildet und anschließend einer weiteren Umwandlung in Abhängigkeit vom Typ der Zielgröße unterzogen werden muß. Durch eine weitgehende Übereinstimmung zwischen der externen Darstellung des Eingabewerts auf dem Eingabemedium, dem angegebenen Datenformat und dem Typ des Elements in der Datenliste sollte eine Reduzierung der erforderlichen Konvertierungen angestrebt werden.

Bezüglich der externen Darstellung der Eingabedaten ist zu beachten, daß jeder Wert mit allen seinen Bestandteilen stets eine fortlaufende Folge von Zeichen bilden muß, die auch nicht durch Leerzeichen unterbrochen werden darf. Es ist also z. B. nicht zulässig, daß zwischen dem Vorzeichen und der ersten Ziffer eines arithmetischen Werts Zwischenräume auftreten. Die Position des Werts innerhalb des durch das Datenformat festgelegten Eingabebereichs ist jedoch beliebig; rechts und links von ihm können Leerzeichen im Eingabebereich enthalten sein, die außer bei Zeichenketten keinerlei Einfluß auf den einzugebenden Wert haben. Bei der Eingabe von Zeichenketten werden allerdings im Eingabebereich enthaltene Leerzeichen als gültige Bestandteile derselben betrachtet. Verstößt die Darstellung eines Eingabewerts gegen die Anforderungen des jeweiligen Datenformats, so daß eine Interpretation der Zeichen des Eingabebereichs nicht möglich ist, so wird die Fehlerbedingung CONVERSION gesetzt (Abschnitt 4.4.2.). Die Programmabarbeitung wird dann abgebrochen, wenn nicht im Programm durch einen ON-Befehl für diese Bedingung entsprechende Maßnahmen zur Fortsetzung vorgesehen sind.

Im folgenden werden die Möglichkeiten für die Angabe der einzelnen Datenformate sowie deren Wirkung hinsichtlich der Interpretation des jeweiligen Eingabewerts beschrieben.

F-Format

Das F-Format bewirkt die Umwandlung eines zeichenweise dargestellten Eingabewerts in eine dezimale Festkommagröße, deren Genauigkeitsattribut aus der Anzahl der angegebenen Ziffern und den Festlegungen innerhalb der Formatangabe hervorgeht. Es dient folglich in erster Linie zur Eingabe arithmetischer Werte in Festkommadarstellung.

Für die Angabe des F-Formats bestehen wahlweise folgende drei Möglichkeiten:

F(w)   F(w,d)   F(w,d,p)

In jedem Fall wird durch w zunächst die Breite des Eingabebereichs festgelegt. Innerhalb desselben kann der einzugebende Zahlenwert beliebig positioniert sein und muß der Darstellung einer dezimalen Festkommakonstanten (Abschnitt 2.1.1.) entsprechen. Es können alle dafür zulässigen Formen verwendet werden; bei positiven Werten ist ein Vorzeichen also nicht erforderlich. Darüber hinaus darf ein Eingabebereich auch vollständig aus Leerzeichen bestehen; dem betreffenden Element der Datenliste wird dann der Wert 0 zugeordnet.

Die Form F(w) wird verwendet, wenn der einzugebende Wert ganzzahlig ist oder die Kommastellung durch Angabe eines Dezimalpunkts innerhalb der Zeichenfolge des Eingabebereichs festgelegt wird.

Die Form F(w, d) wird verwendet, wenn der einzugebende Wert nicht ganzzahlig ist und die Kommastellung nicht aus der Angabe eines Dezimalpunkts hervorgeht. In diesem Fall wird vielmehr durch die Angabe d im Format festgelegt, wieviel Ziffern rechts vom Komma stehen sollen. Der im Eingabebereich enthaltene Wert wird daher zunächst als ganze Zahl betrachtet und anschließend mit 10^{-d} multipliziert. Besteht der angegebene Wert aus weniger als d Ziffern, so wird der ganzzahlige Anteil folglich als 0 angenommen und rechts vom Komma eine entsprechende Anzahl führender Nullen eingefügt. Es ist auch ohne weiteres die Verwendung eines Formats zulässig, für dessen spezielle Angaben die Beziehung $d > w$ gilt; die ersten $d - w$ Stellen rechts vom Komma sind dann auf jeden Fall führende Nullen. Für $d = 0$ ist die Form F(w, d) gleichbedeutend mit der Form F(w). Ist bei Verwendung eines Formats F(w, d) im Eingabebereich ein Dezimalpunkt enthalten, so wird die Angabe d ignoriert und die Kommastellung wie bei der Form F(w) entsprechend dem Dezimalpunkt bestimmt.

Die Form F(w, d, p) wird verwendet, wenn eine weitere Modifizierung bei der Bestimmung der Größenordnung erfolgen soll. Der betreffende Wert wird zunächst wie bei Angabe der Form F(w, d) behandelt und anschließend noch mit dem Faktor 10^p multipliziert. p kann einen positiven oder negativen ganzzahligen Wert haben, durch den folglich eine Verschiebung des Kommas nach rechts bzw. links und damit eine Veränderung der Größenordnung bewirkt wird.

Wurde für w ein Ausdruck angegeben, dessen Wert $\leqq 0$ ist, so wird die Formatangabe ignoriert und dem betreffenden Element der Datenliste kein Wert zugeordnet.

Beispiele

1. Zur Eingabe von Zahlenwerten unter Verwendung eines vorgegebenen F-Formats bestehen im allgemeinen mehrere Möglichkeiten für deren Darstellung im Eingabebereich:

Eingabewert	Format	möglicher Inhalt des Eingabebereichs		
38	F(5)	␣␣␣38	38␣␣␣	␣38␣␣
−0,04	F(5)	−Ø.Ø4	−.Ø4␣	␣−.Ø4
62,5	F(5,1)	␣␣625	625␣␣	62.5␣
0,045	F(5,3)	45␣␣␣	Ø.Ø45	␣Ø45␣
0,00008	F(2,5)	8␣	␣8	Ø8
0	F(3)	␣␣Ø	␣Ø␣	␣␣␣

2. In Abhängigkeit vom angegebenen Format ergeben sich aus dem Inhalt eines Eingabebereichs unterschiedliche Zahlenwerte:

Inhalt des Eingabebereichs	Eingabewert bei Verwendung des Formats			
	F(6)	F(6,3)	F(6,8)	F(6,Ø,2)
◡48504	48504	48,504	0,00048504	4850400
◡361◡◡	361	0,361	0,00000361	36100
-27◡◡◡	−27	−0,027	−0,00000027	−2700
16.489	16,489	16,489	16,489	1648,9
◡◡-5.2	−5,2	−5,2	−5,2	−520

E-Format

Das E-Format bewirkt die Umwandlung eines zeichenweise dargestellten Eingabewerts in eine dezimale Gleitkommagröße. Es dient folglich in erster Linie zur Eingabe arithmetischer Werte in Gleitkommadarstellung. Seine Angabe muß bei einem Eingabebefehl stets in der Form

E(*w*, *d*)

erfolgen. Dabei wird durch *w* die Breite des Eingabebereichs festgelegt, innerhalb dessen der einzugebende Zahlenwert beliebig positioniert sein kann. Er ist im Normalfall als dezimale Gleitkommakonstante (Abschnitt 2.1.1.), bestehend aus Mantissen- und Exponententeil, anzugeben; es können alle dafür zulässigen Formen verwendet werden. Dabei kann der Buchstabe E für den Beginn des Exponententeils auch weggelassen werden, wenn für den Exponenten ein positives oder negatives Vorzeichen angegeben wird. Der Exponent muß aber auch dann ohne Zwischenraum unmittelbar auf die Mantisse folgen. Weiterhin besteht die Möglichkeit, in einem mit dem E-Format eingelesenen Eingabebereich eine Festkommakonstante anzugeben; für den Exponenten wird dann der Wert 0 angenommen. Im Unterschied zum F-Format ist es jedoch nicht zulässig, daß der gesamte Eingabebereich nur aus Leerzeichen besteht.

Ein im Eingabebereich enthaltener Exponent muß stets ganzzahlig sein. Die Bestimmung der Kommastellung für die Mantisse kann durch Angabe eines Dezimalpunkts innerhalb ihrer Ziffernfolge vorgenommen werden; die Angabe *d* im Format darf in diesem Fall zwar nicht weggelassen werden, hat aber keinerlei Wirkung. Enthält der Eingabebereich jedoch keinen Dezimalpunkt, so wird durch den Wert von *d* festgelegt, wieviel Ziffern der Mantisse rechts vom Komma stehen sollen. Die Bestimmung des Werts der Mantisse erfolgt dann nach den gleichen Regeln wie beim Format F(*w*, *d*). Das Genauigkeitsattribut des eingelesenen Werts ergibt sich wie bei einer Konstanten aus der Anzahl der für die Mantisse angegebenen Ziffern. Wurde für *w* ein Ausdruck angegeben, dessen Wert ≤ 0 ist, so wird die Formatangabe ignoriert, und das betreffende Element der Datenliste erhält keinen Wert zugeordnet.

Beispiele

1. Zur Eingabe von Zahlenwerten unter Verwendung eines vorgegebenen E-Formats bestehen im allgemeinen mehrere Möglichkeiten für deren Darstellung im Eingabebereich:

Eingabewert	Format	möglicher Inhalt des Eingabebereichs		
2,579	E(8,Ø)	2579E-3⌣	⌣2579-3⌣	⌣2.579EØ
0,00075	E(8,3)	⌣⌣⌣75E-2	ØØØ75-2⌣	Ø.ØØØ75⌣
$-1{,}2 \cdot 10^{18}$	E(7,1)	⌣-12E18	-12+18⌣	-1.2E18

2. In Abhängigkeit vom angegebenen Format ergeben sich aus dem Inhalt eines Eingabebereichs unterschiedliche Zahlenwerte:

Inhalt des Eingabebereichs	Eingabewert bei Verwendung des Formats E(7,Ø)	E(7,2)	E(7,1Ø)
1741E3⌣	1741000	17410	0,0001741
-127⌣⌣⌣	−127	−1,27	$-1{,}27 \cdot 10^{-8}$
⌣⌣1-3⌣⌣	0,001	0,00001	10^{-13}
2.41E-2	0,0241	0,0241	0,0241
⌣-1E1⌣⌣	−10	−0,1	-10^{-9}

P-Format

Das P-Format ist in der allgemeinen Form

P'*Abbildungssymbole*'

anzugeben und beschreibt die zeichenweise Darstellung eines Eingabewerts durch spezielle Abbildungssymbole. Für diese bestehen die gleichen Möglichkeiten wie bei der Vereinbarung von Abbildungsvariablen mit Hilfe des Attributs PICTURE (Abschnitt 2.2.4.), so daß zu ihrer Beschreibung auf diesen Abschnitt verwiesen werden kann.

Aus der Anzahl der im Format angegebenen Abbildungssymbole ergibt sich zunächst die Breite des Eingabebereichs, wobei allerdings die Symbole V und K nicht mit zu berücksichtigen sind. Innerhalb des Eingabebereichs wird jede Position durch das entsprechende Symbol eindeutig beschrieben. Beim Vorliegen numerischer Abbildungssymbole werden entsprechend deren Bedeutung die Zeichen des Eingabewerts in eine dezimale Festkomma- oder Gleitkommagröße umgewandelt. Sämtliche Festlegungen bezüglich des Vorzeichens, der Kommastellung und des Genauigkeitsattributs ergeben sich ebenfalls aus den angegebenen Abbildungssymbolen. Wurden dagegen keine numerischen Abbildungssymbole verwendet, so wird der betreffende Wert als Zeichenkette betrachtet und eine Kontrolle auf Zulässigkeit der einzelnen Zeichen des Eingabebereichs gemäß der jeweiligen Symbole durchgeführt (Abschnitt 2.2.3.); bei Nichtübereinstimmung wird die Fehlerbedingung CONVERSION gesetzt.

Beispiele. Zur Eingabe von Zahlenwerten unter Verwendung des P-Formats wird die Form der Darstellung im Eingabebereich eindeutig durch die Abbildungssymbole vorgeschrieben:

Eingabewert	Format	erforderlicher Inhalt des Eingabebereichs
17,52	P'ZZ9V99'	⌣1752
−3,162	P'SS9V,999'	⌣-3,162
−409	P'ZZ999-'	⌣⌣4Ø9-
−0,125	P'9V99R'	Ø12N
$0{,}15843 \cdot 10^{-6}$	P'9V9999ES99'	15843E-Ø7

C-Format

Das C-Format bewirkt die Umwandlung der nächsten beiden zeichenweise dargestellten Eingabewerte in eine interne Darstellungsform für die zwei Teile einer komplexen Größe. Es dient folglich in erster Linie zur Eingabe von Werten für komplexe Variable und kann wahlweise in einer der beiden Formen

$$\mathsf{C}(\mathit{Format}_1, \mathit{Format}_2) \quad \text{oder} \quad \mathsf{C}(\mathit{Format}_1)$$

angegeben werden Format_i bezeichnet dabei jeweils ein beliebiges Eingabeformat für reelle arithmetische Größen (F-, E- oder P-Format). Die Festlegungen bezüglich der Breite der beiden Eingabebereiche sowie zur Umwandlung der Eingabewerte ergeben sich vollständig aus diesen Formatangaben.

In der Form C(Format_1, Format_2) gilt die erste Formatangabe für den Real- und die zweite für den Imaginärteil des komplexen Werts. In der Form C(Format_1) bezieht sich die vorliegende Formatangabe auf beide Teile in gleicher Weise. In jedem Fall liegen die beiden Eingabebereiche im Eingabestrom unmittelbar hintereinander.

Aus den zu verwendenden Formatangaben geht weiterhin hervor, daß die Eingabe komplexer Werte stets ohne Anfügen eines Buchstaben I an den Imaginärteil erfolgen muß; andernfalls wird die Fehlerbedingung CONVERSION gesetzt.

Beispiele. Zur Eingabe komplexer Zahlenwerte unter Verwendung eines vorgegebenen C-Formats bestehen im allgemeinen mehrere Möglichkeiten für deren Darstellung im Eingabebereich:

Eingabewert	Format	möglicher Inhalt des Eingabebereichs	
0,4−2,18i	C(F(7))	Ø.4␣␣␣␣−2.18␣␣	␣␣␣␣Ø.4␣−2.18␣
3+1,45i	C(F(5),F(5,2))	␣␣␣3␣␣145␣	␣␣␣␣3+1.45
$-0{,}22+0{,}1\cdot10^{-8}$i	C(F(6,2),E(6,Ø))	−22␣␣␣.1E−8␣	␣−Ø.22␣1−9␣␣

A-Format

Das A-Format bewirkt, daß der Inhalt des Eingabebereichs als Zeichenfolge betrachtet wird. Es dient folglich in erster Linie zur Eingabe von Zeichenkettenwerten und ist in der allgemeinen Form

$$\mathsf{A}(w)$$

anzugeben. Durch w wird die Breite des Eingabebereichs festgelegt und damit auch das Längenattribut für die Zeichenkette bestimmt. Alle im Eingabebereich enthaltenen Zeichen (einschließlich Leerzeichen) gehören zu dieser Zeichenkette. Im Unterschied zu einer Konstanten dieses Typs ist ein einzugebender Zeichenkettenwert nicht in Apostrophe einzuschließen, da diese sonst ebenfalls als Zeichen der Kette behandelt würden. Wurde für w ein Ausdruck angegeben, dessen Wert ≤ 0 ist, so wird dem betreffenden Element der Datenliste die leere Kette zugeordnet.

Das A-Format wird vor allem zur Eingabe variabler textlicher Informationen (Adressen, Bezeichnungen, Namen), aber auch für numerische Größen verwendet, mit denen keine arithmetischen Operationen ausgeführt werden und für die folglich keine Konvertierung erforderlich ist (Artikelnummern, Personenkennzahlen, Postleitzahlen). Außerdem kann davon auch in solchen Fällen sinnvoll Gebrauch gemacht werden, wenn verhindert werden soll, daß auf Grund von Lochfehlern entsprechende Fehlerbedingungen bei der Konvertierung arithmetischer Größen auftreten. Es ist dann mitunter zweckmäßiger, den gesamten Inhalt einer Lochkarte zunächst mit dem A-Format zeichenweise in den Hauptspeicher zu übertragen, dort eine entsprechende Kontrolle der einzelnen Zeichen durchzuführen und erst danach die Zuordnung zu den Elementen der Datenliste einschließlich der erforderlichen Konvertierung zu veranlassen.

Beispiele

1. Da beim A-Format sämtliche Zeichen zum Eingabewert gehören, besteht jeweils nur eine Möglichkeit zur Darstellung einer einzugebenden Zeichenkette innerhalb des Eingabebereichs:

Inhalt des Eingabebereichs	Format	Eingabewert
PL1	A(3)	'PL1'
␣␣PL1␣	A(6)	'␣␣PL1␣'

2. Die Eingabe des Inhalts einer Lochkarte in zeichenweiser Form könnte durch die Befehle

```
DCL KARTE CHAR(80);
GET EDIT (KARTE)(A(80));
```

vorgenommen werden. Durch Überlagerung der Zeichenkette KARTE durch ein Feld mit der Feldvereinbarung

```
DCL CH(80) CHAR(1) DEFINED KARTE;
```

wäre es möglich, die einzelnen Zeichen als indizierte Variable anzusprechen und die entsprechenden Kontrollen durchzuführen. Die anschließende Zuordnung könnte durch Befehle der internen Datenübertragung mit Konvertierung erfolgen.

B-Format

Das B-Format bewirkt die Umwandlung eines zeichenweise dargestellten Eingabewerts in eine Bitkette. Es dient folglich in erster Linie zur Eingabe von Bitkettenwerten und ist in der allgemeinen Form

B(w)

anzugeben. Durch w wird die Breite des Eingabebereichs festgelegt, in dem der Eingabewert beliebig positioniert sein kann, aber nur die Zeichen 0 und 1 in seiner Darstellung enthalten darf. Die Anzahl dieser Zeichen bestimmt das Längenattribut der eingelesenen Bitkette. Im Unterschied zu einer Konstanten dieses Typs enthält der jeweilige Bitkettenwert weder umschließende Apostrophe noch einen nachfolgenden Buchstaben B. Wurde für w ein Ausdruck angegeben, dessen Wert $\leqq 0$ ist, so wird dem betreffenden Element der Datenliste die leere Kette zugeordnet.

Das B-Format läßt sich auch für die Eingabe arithmetischer Größen in ihrer internen Darstellungsform verwenden. Eine der internen Darstellungsform einer Größe A entsprechende Bitkette wird dann mit dem B-Format eingelesen, während als entsprechendes Element in der Datenliste die Pseudovariable UNSPEC(A) anzugeben ist. Man kann natürlich auch eine Bitkette der betreffenden Größe A überlagern und deren Bezeichnung dann in der Datenliste angeben.

Beispiele. Zur Eingabe von Bitketten bestehen mehrere Möglichkeiten für deren Darstellung im Eingabebereich, wenn dieser größer als die Länge der Bitkette gewählt wurde:

Eingabewert	Format	möglicher Inhalt des Eingabebereichs		
'Ø1Ø'B	B(5)	Ø1Ø␣␣	␣Ø1Ø␣	␣␣Ø1Ø
'1'B	B(4)	1␣␣␣	␣␣1␣	␣1␣␣

6.2.2.2. Steuerformate

Während im Normalfall die einzelnen Eingabebereiche für die Eingabewerte jeweils unmittelbar im Eingabestrom aufeinanderfolgen, kann man durch Verwendung entsprechender Steuerformate veranlassen, daß

— zwischen zwei Eingabebereichen beliebige Zwischenräume berücksichtigt werden;
— die Position eines Eingabebereichs innerhalb des Eingabesatzes explizit festgelegt wird;
— der Übergang zu einem nachfolgenden Eingabesatz vorgenommen wird.

Es ist dabei allerdings zu beachten, daß die Steuerformate nicht wirksam werden, wenn sie in der Formatliste hinter dem letzten auf ein Element der Datenliste angewendeten Datenformat stehen (vgl. Abschnitt 6.2.1.).

Im einzelnen sind folgende Steuerformatangaben zulässig:

X(w)

Dieses Format dient zur Berücksichtigung von Zwischenräumen vor Beginn eines Eingabebereichs. Es bewirkt, daß zunächst w Zeichen im Eingabestrom übergangen werden, bevor der nächste Eingabebereich gebildet wird. Wurde für w ein Ausdruck angegeben, dessen Wert $\leqq 0$ ist, so ist die Formatangabe unwirksam.

Die übergangenen Zeichen können beliebigen Inhalt haben. Handelt es sich jedoch ausschließlich um Leerzeichen, so kann man statt des Formats X(w) bei nachfolgenden F-, E- oder C-Formaten auch jeweils entsprechend größere Eingabebereiche verwenden.

Beispiel. Auf der ersten Karte einer Eingabedatei steht der Wert einer Zeichenkettenvariablen A in den Spalten 11···17 und der Wert für eine ganzzahlige Festkommagröße B in den Spalten 38···42. Die Eingabe könnte dann durch folgenden Befehl vorgenommen werden:

```
GET EDIT (A,B) (X(1Ø),A(7),X(2Ø),F(5));
```

COLUMN(w) (abgekürzt COL(w))

Dieses Format dient zur expliziten Festlegung der Position eines Eingabebereichs im Eingabesatz. Es bewirkt, daß der nächste Eingabebereich an der Position w des laufenden Eingabesatzes beginnt; alle zwischen dem Ende des vorangehenden Eingabebereichs und dieser Position befindlichen Zeichen werden übergangen. Wurde jedoch im Verlauf der Eingabe die betreffende Position bereits erreicht, so beginnt der nächste Eingabebereich an der Position w des folgenden Satzes; die restlichen Zeichen des laufenden sowie die ersten $w - 1$ Zeichen des folgenden Satzes werden in diesem Fall übergangen.

Überschreitet der Wert von w die Satzlänge oder wurde dafür ein Ausdruck angegeben, dessen Wert $\leqq 0$ ist, so wird automatisch $w = 1$ angenommen.

Beispiel. Die Eingabe im Beispiel zum Steuerformat X(w) könnte auch in der Form

```
GET EDIT (A,B) (COLUMN(11),A(7),COLUMN(38),F(5));
```

vorgenommen werden.

SKIP(*w*)

Dieses Format dient zum Übergang auf einen neuen Eingabesatz und hat die gleiche Bedeutung wie die gleichlautende Zusatzangabe in einem Eingabebefehl (Abschnitt 6.1.1.). Es bestimmt durch den Wert von w die relative Stellung des neuen Satzes gegenüber dem zuletzt bearbeiteten; der neue Satz liegt jeweils w Sätze hinter diesem. SKIP(1) bedeutet folglich den Übergang zum nächsten Eingabesatz; es kann dafür auch die abgekürzte Form SKIP verwendet werden. Im Falle $w > 1$ bewirkt das Steuerformat SKIP(w), daß jeweils $w - 1$ Sätze übersprungen werden. Die Abarbeitung des neuen Eingabesatzes beginnt stets an seiner ersten Position, wenn nicht durch anschließende X- oder COLUMN-Formate eine andere Positionierung erfolgte.

Für den Übergang zum nächsten Eingabesatz nach Erreichen des letzten Zeichens eines Satzes ist die Angabe des Formats SKIP nicht erforderlich. Dieser Übergang erfolgt automatisch, da der gesamte Datenbestand als kontinuierliche Zeichenfolge aufgefaßt wird. Weiterhin ist zu beachten, daß bei der Eröffnung einer Eingabedatei bereits eine Positionierung auf den Beginn ihres ersten Datensatzes vorgenommen wird. Eine Angabe SKIP vor der Übertragung des ersten Eingabewerts würde demnach das Überspringen des ersten Satzes zur Folge haben.

Beispiel. In einem Programm sollen 3 Datenkarten eingelesen werden, von denen die erste die Werte der Variablen A und B, die zweite die der Variablen K und L und die dritte den Wert der Variablen Q enthält. Die gesamte Eingabe kann dann mit einem einzigen Eingabebefehl erfolgen:

```
GET EDIT (A,B,K,L,Q)(F(5,2),F(7,3),SKIP,F(6),F(8),SKIP,F(9,4));
```

6.2.2.3. Zusammenfassende Beispiele

1. Eine Lochkarte enthält fortlaufend folgenden Inhalt:

```
⌣⌣2−8.41−2ABC⌣.27⌣⌣⌣4E+2⌣1ØØ1⌣7.12⌣⌣⌣13849.9⌣6E−Ø1−5
```

Durch die Abarbeitung der Befehle

```
DCL 1 ST,2 (A FIXED(5,3),B FLOAT(6),C CHAR(5),D FIXED(5,2)),
      E FLOAT(16),F BIT(6),(G,H) FIXED(7,2),TAB(3) FLOAT(6);
GET EDIT (ST,E,F,G,H,TAB)(F(3,2),E(7,2),A(4),F(3,3),X(2),E(5,Ø),
          B(5),F(6),P'−ZZ99V9',F(3,Ø,−3),E(6,2),F(2,5));
```

werden den in der Datenliste angegebenen Variablen folgende Werte zugeordnet:

A: 0,02   B: −0,0841   C: 'ABC⌣⌣'   D: 0,27   E: 400   F: '1ØØ1ØØ'B
G: 7,12   H: 138,4 TAB_1: 0,0099 TAB_2: 0,006 TAB_3: −0,00005

Die Einteilung des Lochkarteninhalts in die einzelnen Eingabebereiche wird durch die angegebenen Formate vorgenommen. Die anschließende Zuordnung der darin befindlichen Werte zu den Elementen der Datenliste erfolgt wie bei einem Zuordnungsbefehl, so daß an den eingelesenen Zeichenkettenwert 'ABC⌣' noch ein Leerzeichen und an den eingelesenen Bitkettenwert '1ØØ1'B noch zwei duale Nullen angefügt werden.

2. Ein Programm enthält die Strukturvereinbarung

```
DCL 1 STR, 2 T1, 3 ((A,B) FIXED(6,1)),
           2 BK BIT(5),
           2 Z FIXED(7);
```

Die Werte für die Elemente der Struktur sollen über eine Lochkarte eingelesen werden, die folgenden Aufbau hat:

Spalte 1···7 Wert von A (ohne Dezimalpunkt),
Spalte 11···17 Wert von B (ohne Dezimalpunkt),

Spalte 21 ··· 25 Wert von BK,
Spalte 31 ··· 38 Wert von Z.

Für die Werte der Festkommagrößen wurde jeweils eine Spalte mehr auf der Lochkarte vorgesehen, als maximal Ziffern auftreten können, damit in jedem Falle auch die Eingabe negativer Werte möglich ist. Außer den Werten für die Strukturelemente soll die Karte in Spalte 80 noch ein Kennzeichen enthalten, das einer durch DCL K CHAR(1); definierten Größe zugeordnet werden soll. Unter der Annahme, daß die Eingabe mit der ersten Spalte der Lochkarte beginnt, könnte folgender Eingabebefehl verwendet werden:

```
GET EDIT (STR,K)
         (F(7,1),X(3),F(7,1),X(3),B(5),X(5),F(8),X(41),A(1));
```

Es wäre aber auch eine der folgenden Formen möglich:

```
GET EDIT (STR,K)(F(7,1),F(10,1),B(8),F(13),X(41),A);
```

(hier wurden X-Formatangaben durch größere Eingabebereiche ersetzt);

```
GET EDIT (STR,K)(F(7,1),COLUMN(11),F(7,1),COLUMN(21),B(5),
                COLUMN(31),F(8),COLUMN(80),A(1));
```

3. In einem Programm werden innerhalb einer Befehlsschleife bei jedem Durchlauf 4 Werte eines Feldes Z über Lochkarten eingelesen, auf denen diese Werte jeweils in den Spalten 1 ··· 32 (8 Spalten pro Wert) untergebracht sind. Die Angabe eines Befehls

```
GET EDIT ((Z(I) DO I=1 TO 4))(SKIP,4 F(8));
```

für diese Aufgabe wäre zwar für alle folgenden Karten richtig, für die Eingabe der ersten jedoch nicht, wenn vorher keine andere Karte eingelesen wurde; durch die Angabe des Steuerformats SKIP würde dann die erste Karte übersprungen werden. Auch ein Befehl

```
GET EDIT ((Z(I) DO I=1 TO 4))(4 F(8),SKIP);
```

würde das Problem nicht lösen, weil das Steuerformat SKIP am Ende der Formatliste nicht mehr wirksam wird. Beim 2. Durchlauf der Befehlsschleife würde die Eingabe folglich mit der 33. Spalte der ersten Karte fortgesetzt werden.

Um für die Eingabe der ersten Karte keinen gesonderten Eingabebefehl verwenden zu müssen, ist es am günstigsten, den Befehl in folgender Form anzugeben:

```
GET EDIT ((Z(I) DO I=1 TO 4))(COLUMN(1),4 F(8));
```

Durch die Angabe COLUMN(1) wird die erste Karte ordnungsgemäß eingelesen und für die weiteren Durchläufe der Übergang zu einer neuen Karte veranlaßt.

4. In einem Programm sollen die Werte für die 3 Felder A, B und C mit der Feldvereinbarung

```
DECLARE (A,B,C)(100) FIXED(9);
```

eingelesen werden. Dabei werden die Eingabebefehle für mehrere unterschiedliche Eingabevarianten gegenübergestellt.

a) Jede Karte enthält in den Spalten 1 ··· 10, 11 ··· 20 und 21 ··· 30 je ein Element von A, B und C in dieser Reihenfolge:

```
GET EDIT ((A(I),B(I),C(I) DO I=1 TO 100))(COLUMN(1),3 F(10));
```

b) Pro Karte werden 8 Elemente in Bereichen zu je 10 Lochspalten angegeben, wobei die 300 Elemente der Felder A, B und C in dieser Reihenfolge unmittelbar aufeinanderfolgen:

```
GET EDIT (A,B,C)(F(10));
```

c) Die Eingabe erfolgt analog zum Fall b mit dem Unterschied, daß mit den Werten für ein neues Feld jeweils auf einer neuen Karte begonnen wird:

```
GET EDIT (A,B,C)(COLUMN(1),100 F(10));
```

5. Eine Matrix A mit der Feldvereinbarung DCL A(50,60); enthält sehr viele Nullen, so daß die Eingabe über die Lochkartendatei EIN nur die von 0 verschiedenen Elemente enthält. Für diese werden jeweils 12 Spalten verwendet, wobei zunächst in je 2 Spalten der Zeilen- und der Spalten-

index und in den restlichen 8 Spalten der Wert des Elements unter eventueller Angabe eines Dezimalpunktes untergebracht werden. Jede Karte enthält 6 solcher Elemente in den Spalten 1···72, während die Spalten 73···80 frei bleiben. Lediglich die letzte Karte kann weniger als 6 Elemente enthalten. Für die Eingabe könnten folgende Befehle verwendet werden:

```
            A=Ø;
       MØ:  DO K=1 TO 6;
            GET FILE(EIN) EDIT (I,J)(F(2));
            IF I=Ø THEN GOTO FORT;
            GET FILE(EIN) EDIT (A(I,J))(F(8));
            END;
            GET FILE(EIN) SKIP;
            GOTO MØ;
FORT:       ...
```

Einfacher läßt sich die Aufgabe dadurch lösen, daß in der Dateivereinbarung für die Datei EIN im Attribut ENV das Satzformat F(72) angegeben und damit die Satzlänge auf 72 Zeichen beschränkt wird. Für die Eingabe wären dann lediglich folgende Befehle erforderlich:

```
            A=Ø;
       M1:  GET FILE(EIN) EDIT (I,J)(F(2));
            IF I=Ø THEN GOTO FORT;
            GET FILE(EIN) EDIT (A(I,J))(F(8));
            GOTO M1;
FORT:       ...
```

6. Ein Programm zur Matrizeninversion soll aus Gründen der allgemeinen Anwendbarkeit und der effektiven Speicherausnutzung keine Angaben über die Dimensionsgrenzen der Matrix und die Form enthalten, in der die einzelnen Koeffizienten einzugeben sind. Das der Koeffizientenmatrix entsprechende Feld, das nach Abarbeitung des Programms auch die inverse Matrix aufnimmt, wird daher als kontrollierte Größe vereinbart und die Eingabe unter Verwendung variabler Formatangaben durchgeführt. Vor der Eingabe der Koeffizienten sind über eine gesonderte Karte zunächst die entsprechenden Angaben vom Anwender bereitzustellen. Dabei ist in den ersten 3 Spalten dieser Karte die Anzahl der Zeilen bzw. Spalten der Matrix anzugeben sowie anschließend drei maximal zweistellige Werte, die die Anzahl der Koeffizienten pro Karte, die Breite der Eingabebereiche und die Anzahl der jeweils zu berücksichtigenden Kommastellen beinhalten.

Die dazu erforderlichen Befehle könnten folgendermaßen lauten:

```
DECLARE MAT(*,*) FLOAT(16) CTL;
GET EDIT (N) (F(3));
ALLOCATE MAT(N,N);
GET EDIT (N1,N2,N3)(F(2))(MAT)(COLUMN(1),(N1) F(N2,N3));
```

Die Angabe zweier Paare Datenliste—Formatliste ist deshalb erforderlich, weil eine Wiederholung der jeweiligen Formatliste nur für die zugehörige Datenliste erfolgen soll.

6.2.3. Ausgabeformate

Der Inhalt der gesamten Ausgabedatei wird bei der reihenweisen Datenübertragung als ununterbrochene Zeichenfolge, als Ausgabestrom, betrachtet, der sich aus der fortlaufenden Aneinanderreihung der zeichenweisen Darstellung aller auszugebenden Daten ergibt. Die jeweilige Darstellungsform geht aus den in der Formatliste der Ausgabebefehle enthaltenen Datenformaten hervor. Für jeden auszugebenden Wert bestimmen diese die Breite des Ausgabebereichs und legen fest, wie die Umwandlung aus der internen Darstellungsform in die externe, zeichenweise Form erfolgen soll. Mit Hilfe von Steuerformaten können spezielle Festlegungen über die relative Stellung der

Ausgabebereiche zueinander sowie über die Gestaltung von Drucklisten getroffen werden.

Im folgenden werden die Besonderheiten der verschiedenen Formen näher betrachtet. Dabei soll nochmals darauf hingewiesen werden, daß die für jedes Format zu spezifizierenden Angaben zwar im allgemeinen konstante Größen sind, durchaus aber auch beliebige Ausdrücke mit einem einzelnen Wert dafür verwendet werden können.

6.2.3.1. Datenformate

Für die zeichenweise Darstellung der auszugebenden Werte im jeweiligen Ausgabebereich bestehen zahlreiche unterschiedliche Möglichkeiten. Für arithmetische Daten kann die Ausgabe wahlweise in Festkomma-(F-Format) oder Gleitkommadarstellung (E-Format) erfolgen, wobei die Anzahl der Komma- bzw. der Mantissenstellen beliebig durch die Formatangaben vorgegeben werden kann. Außerdem ist für arithmetische Daten eine zeichenweise Aufbereitung möglich, die durch Abbildungssymbole beschrieben wird (P-Format). Für die Ausgabe komplexer Werte ist ein Format zu verwenden, das sich aus anderen Datenformaten zusammensetzt (C-Format). Weitere Datenformate dienen zur Ausgabe von Zeichenketten (A-Format) und Bitketten (B-Format); über letzteres läßt sich aber auch die Ausgabe arithmetischer Werte in ihrer internen Darstellungsform realisieren.

Je nach dem vorliegenden Datenformat werden die Werte der Elemente in der Datenliste in einer bestimmten Form zeichenweise aufbereitet. Die einzelnen Datenformate sind dabei nicht nur für bestimmte Datentypen, sondern ganz allgemein anwendbar. Stimmt der Typ des Elements in der Datenliste nicht mit dem des zugehörigen Datenformats überein, so wird vor der betreffenden Aufbereitung eine entsprechende Umwandlung des Wertes gemäß den allgemeinen Konvertierungsregeln (Anhang 1) in den Typ des Formats vorgenommen.

Bei der Festlegung der Breite des Ausgabebereichs ist jeweils darauf zu achten, daß alle in der betreffenden Darstellungsform enthaltenen Zeichen aufgenommen werden können. Man muß sich also vorher zum Beispiel darüber im klaren sein, wieviel Ziffern für die Werte der einzelnen Größen maximal erforderlich sind und ob negative Werte auftreten können. Auch gegebenenfalls zum vorangehenden Ausgabebereich gewünschte Zwischenräume müssen dabei Berücksichtigung finden. Grundsätzlich werden arithmetische Daten rechtsbündig und Kettendaten linksbündig in den Ausgabebereich eingetragen. Sämtliche im Ausgabebereich nicht durch den jeweiligen Wert belegte Positionen enthalten Leerzeichen. Reicht der Ausgabebereich für die gesamte zeichenweise Darstellung eines Werts nicht aus, so gehen bei arithmetischen Daten die führenden Zeichen verloren, und es wird die Fehlerbedingung SIZE gesetzt, wenn diese durch Angabe eines Bedingungspräfixes in den wirksamen Status versetzt wurde (Abschnitt 4.4.2.). Der Programmierer hat dann die Möglichkeit, mit Hilfe eines ON-Befehls geeignete Maßnahmen zu veranlassen. Normalerweise befindet sich allerdings die Bedingung SIZE im unwirksamen Status, und es kommt dann zu keiner Unterbrechung des Programmablaufs. Bei Kettendaten bleiben im Falle eines zu kleinen Ausgabebereichs wie bei einer Zuordnung die rechten Zeichen bzw. Bits unberücksichtigt, und es wird keine Fehlerbedingung gesetzt.

Im folgenden werden die Möglichkeiten für die Angabe der einzelnen Datenformate sowie deren Wirkung hinsichtlich der externen Darstellungsform beschrieben.

F-Format

Das F-Format bewirkt, daß der Wert des betreffenden Elements der Datenliste in dezimaler Festkommadarstellung ausgegeben wird. Für die Angabe des Formats bestehen wahlweise folgende drei Möglichkeiten:

F(w) F(w, d) F(w, d, p)

In jedem Fall wird durch w die Breite des Ausgabebereichs festgelegt. Der auszugebende Wert wird, falls er nicht schon eine dezimale Festkommagröße ist, in diesen Typ umgewandelt und rechtsbündig in den Ausgabebereich eingetragen. Die letzte ausgegebene Stelle ist dabei stets gerundet. Die Ausgabe positiver Werte erfolgt ohne Vorzeichen, während bei negativen Werten unmittelbar vor der ersten Ziffer ein Minuszeichen steht. Links überschüssige Positionen des Ausgabebereichs werden mit Leerzeichen belegt.

Die einzelnen Formen des F-Formats unterscheiden sich in der Art und Weise der Darstellung des auszugebenden Werts:

Die Form F(w) wird verwendet, wenn nur der ganzzahlige Anteil eines Werts ausgegeben werden soll.

Die Form F(w, d) bewirkt dagegen die Ausgabe von d Stellen rechts vom Komma sowie eines Dezimalpunktes zwischen dem ganzzahligen und dem gebrochenen Anteil. Enthält der Wert weniger Kommastellen, so werden rechts entsprechend Ziffern 0 angefügt; enthält er mehr Kommastellen, so gehen die überzähligen Stellen verloren. Für $d = 0$ ist die Form F(w, d) gleichbedeutend mit der Form F(w).

Die Form F(w, d, p) beinhaltet eine Modifizierung der Größenordnung vor der Ausgabe. Der Wert des betreffenden Elements der Datenliste wird zunächst mit 10^p multipliziert, wobei p einen positiven oder negativen ganzzahligen Wert haben kann und praktisch eine Verschiebung des Dezimalpunkts um p Stellen nach rechts bzw. nach links bewirkt. Anschließend wird der auf diese Weise veränderte Wert gemäß dem Format F(w, d) ausgegeben. Die Ausgabeform F(w, d, p) kann man mit Vorteil verwenden, wenn ein Element der Datenliste sehr große Werte annimmt, bei denen aber hinter wenigen signifikanten Ziffern jeweils konstant eine Reihe von Nullen folgt, oder wenn es sehr kleine Werte annimmt, bei denen rechts vom Komma zunächst mehrere Nullen auftreten. Man braucht dann diese Nullen jeweils nicht mit zu speichern, so daß sie auch nicht in die Ausführung irgendwelcher Operationen für die betreffende Größe eingehen, sondern berücksichtigt sie lediglich bei der Ausgabe.

Wurde für w ein Ausdruck angegeben, dessen Wert $\leqq 0$ ist, so wird die Formatangabe ignoriert und das betreffende Element der Datenliste nicht ausgegeben.

Beispiele

1. In Abhängigkeit vom jeweils angegebenen Format ergibt sich für den Wert einer Variablen eine unterschiedliche Darstellung im Ausgabebereich:

Auszugebender Wert	Inhalt des Ausgabebereichs bei Angabe des Formats			
	F(6)	F(6,1)	F(6,2)	F(8,4)
120	␣␣␣12Ø	␣12Ø.Ø	12Ø.ØØ	12Ø.ØØØØ
0,85	␣␣␣␣␣1	␣␣␣Ø.9	␣␣Ø.85	␣␣Ø.85ØØ
52,916	␣␣␣␣53	␣␣52.9	␣52.92	␣52.916Ø
–52,916	␣␣␣–53	␣–52.9	–52.92	–52.916Ø

2. Hat eine Variable mit den Attributen DECIMAL FIXED (15,14) einen Wert, der der Zahl π unter Berücksichtigung der sich aus den Attributen ergebenden Darstellungsmöglichkeiten entspricht, so hat der Ausgabebereich für diese Variable bei nachstehenden Formaten folgenden Inhalt:

Format	Ausgabebereich	Format	Ausgabebereich
F(11,6)	␣␣␣3.141593	F(6,Ø,3)	␣␣3142
F(11,6,3)	3141.592654	F(6,1,3)	3141.6
F(11,6,−1)	␣␣␣Ø.314159	F(6,3,−3)	␣Ø.ØØ3

3. Die Variablen A, B, C und D haben folgende Werte:

A: −0,6278 B: −431,52 C: 6,11 D: 0,00924

Auf Grund der Abarbeitung nachstehender Befehle ergeben sich bei der Ausgabe dieser Werte folgende zeichenweisen Darstellungen:

a) Die Abarbeitung des Befehls

```
PUT EDIT (A,B,C,D)(2 F(9,4),F(7,1),F(8,5));
```

liefert die Zeichenfolge

␣␣−Ø.6278−431.52ØØ␣␣␣␣6.1␣Ø.ØØ924

b) Die Abarbeitung des Befehls

```
PUT EDIT (A,B,C,D)(F(5,2),F(9,Ø,3),F(4),F(5,3));
```

liefert die Zeichenfolge

−Ø.63␣␣−431520␣␣␣6Ø.ØØ9

E-Format

Das E-Format bewirkt, daß der Wert des betreffenden Elements der Datenliste in dezimaler Gleitkommadarstellung ausgegeben wird. Für die Angabe des Formats bestehen folgende zwei Möglichkeiten:

E(w, d) E(w, d, s)

In jedem Fall wird durch w die Breite des Ausgabebereichs festgelegt. Der auszugebende Wert wird, falls er nicht schon eine dezimale Gleitkommagröße ist, in diesen Typ umgewandelt und rechtsbündig in den Ausgabebereich eingetragen. Links überzählige Positionen werden mit Leerzeichen belegt. Die Darstellung erfolgt durch Angabe einer Mantisse und eines Exponenten in der Form

*Mantisse*E$\pm\times\times$

Der Buchstabe E kennzeichnet den Beginn des Exponententeils, der anschließende Exponent selbst wird stets zweistellig und mit Vorzeichen ausgegeben. Die Ausgabe der Mantisse erfolgt in Festkommaform analog zum F-Format, wobei rechts vom Dezimalpunkt stets d Ziffern ausgegeben werden, deren letzte gerundet ist. Positive Werte werden ohne Vorzeichen ausgegeben, negative enthalten ein Minuszeichen unmittelbar vor der ersten Ziffer. Die weitere Darstellung der Mantisse unterscheidet sich in Abhängigkeit davon, welche Form für die Formatangabe benutzt wurde.

Bei der Form E(w, d) wird durch entsprechende Angabe des Exponenten eine Normierung in der Form durchgeführt, daß jeweils nur eine Ziffer vor dem Dezimalpunkt ausgegeben wird, die von 0 verschieden ist. Eine Ausnahme davon liegt natürlich dann vor, wenn das Element der Datenliste den Wert 0 hat.

Bei der Form E(w, d, s) wird dagegen durch den Wert von s explizit vorgegeben, wieviel Ziffern insgesamt für die Mantisse ausgegeben werden sollen, wobei für s die Bedingung $s \geqq d$ gilt. In der Darstellung der Mantisse besteht der ganzzahlige Anteil dann jeweils aus $s - d$ Ziffern, und der Wert des Exponenten wird dementsprechend ausgerichtet. Im Fall $s = d$ wird vor dem Dezimalpunkt keine Ziffer ausgegeben, und die Darstellung der Mantisse beginnt mit dem Dezimalpunkt bzw. gegebenenfalls einem negativen Vorzeichen.

Wurde für w ein Ausdruck angegeben, dessen Wert $\leqq 0$ ist, so wird die Formatangabe ignoriert und das betreffende Element der Datenliste nicht ausgegeben.

Beispiele

1. In Abhängigkeit vom jeweils angegebenen Format ergibt sich für den Wert einer Variablen eine unterschiedliche Darstellung im Ausgabebereich:

auszugebender Wert	Inhalt des Ausgabebereichs bei Angabe des Formats		
	E(8,Ø)	E(1Ø,2)	E(12,4)
−416	␣␣−4E+Ø2	␣−4.16E+Ø2	␣−4.16ØØE+Ø2
0	␣␣␣ØE+ØØ	␣␣Ø.ØØE+ØØ	␣␣Ø.ØØØØE+ØØ
52,9168	␣␣␣5E+Ø1	␣␣5.29E+Ø1	␣␣5.2917E+Ø1
−0,056395	␣␣−6E−Ø2	␣−5.64E−Ø2	␣−5.6395E−Ø2
$1{,}2176 \cdot 10^{-18}$	␣␣␣1E−18	␣␣1.22E−18	␣␣1.2176E−18

2. Hat eine Gleitkommavariable den Wert der Zahl π, so hat der Ausgabebereich für diese Variable bei nachstehenden Formaten folgenden Inhalt:

Format	Ausgabebereich
E(14,6)	␣␣3.141593E+ØØ
E(14,6,9)	314.159265E−Ø2
E(14,6,6)	␣␣␣.314159E+Ø1

P-Format

Das P-Format ist in der allgemeinen Form

P'*Abbildungssymbole*'

anzugeben und beschreibt die zeichenweise Darstellung des auszugebenden Werts durch spezielle Abbildungssymbole. Es bestehen dafür die gleichen Möglichkeiten wie bei der Vereinbarung von numerischen Abbildungsvariablen oder von Zeichenketten mit Hilfe des Attributs PICTURE (Abschnitt 2.2.4. und 2.2.3.). Sie sind auch in der gleichen Weise anzuwenden, so daß hier auf die ausführliche Beschreibung der einzelnen Symbole in diesen Abschnitten verwiesen werden kann.

Durch Angabe entsprechender Abbildungssymbole hat man die Möglichkeit, eine externe Aufbereitung arithmetischer Werte in einer Form zu erhalten, die von den allgemeinen Festlegungen zum F- oder E-Format abweicht. Hierzu zählt z. B. die Ausgabe führender Nullen, die Ausgabe eines Kommas anstelle eines Dezimalpunkts, die Ausgabe des Vorzeichens auf einer vorgegebenen Position, die sich wahlweise auch rechts von dem jeweiligen Wert befinden kann, sowie eine modifizierte Darstellung des Exponententeils von Gleitkommagrößen. Außerdem kann man auf diese Weise unter

Umständen die Ausgabe dadurch übersichtlicher gestalten, daß in die Ziffernfolge an beliebiger Stelle bestimmte Sonderzeichen eingefügt oder Zwischenräume zwischen einzelnen Ziffern vorgesehen werden.

Die Breite des Ausgabebereichs ergibt sich bei diesem Format jeweils aus der Anzahl der angegebenen Abbildungssymbole, wobei die Symbole V und K nicht berücksichtigt werden, da für diese kein Zeichen in die Darstellung des Werts aufgenommen wird. Beim Vorliegen numerischer Abbildungssymbole wird entsprechend deren Bedeutung der Wert des betreffenden Elements der Datenliste vor der jeweiligen Aufbereitung in eine dezimale Festkomma- oder Gleitkommagröße umgewandelt, falls er nicht schon in diesem Typ vorliegt. Die Ausgabe der Werte erfolgt beim P-Format allerdings stets ohne Rundung! Wurden dagegen keine numerischen Abbildungssymbole verwendet, so handelt es sich um die Ausgabe einer Zeichenkette, für deren sämtliche Positionen gesondert festgelegt wird, welche Zeichen (numerische, alphanumerische, alphabetische) dafür zulässig sind.

Da Apostrophe zu den Trennzeichen zählen, ist ein Zwischenraum zwischen dem Buchstaben P und dem der Folge von Abbildungssymbolen vorangehenden Apostroph bei der Angabe des P-Formats nicht erforderlich.

Beispiele

1. In Abhängigkeit von dem jeweils angegebenen P-Format ergibt sich bei der Ausgabe einer Variablen mit dem Wert 46,19 folgende unterschiedliche Darstellung:

Format	Ausgabebereich	Format	Ausgabebereich
P'9999'	ØØ46	P'9.999V99'	Ø.Ø4619
P'Z999'	⌣Ø46	P'Z.ZZZ.V99'	⌣⌣⌣46.19
P'(4)Z'	⌣⌣46	P'S.SSSV99'	⌣⌣+4619
P'ZZVZ'	461	P'+ZZZ,VZ'	+⌣46,1
P'(3)Z,9'	⌣⌣4,6	P'ZZ9BV99'	⌣46⌣19
P'(3)ZV,(3)9'	⌣46,19Ø	P'ZZZ9V,9S'	⌣⌣46,1+

2. Der Wert einer Festkommavariablen F soll rechtsbündig in einem Ausgabebereich von 12 Zeichen untergebracht werden. Dabei sind maximal 4 Stellen links und, durch ein Komma getrennt, 3 Stellen rechts vom Komma vorzusehen, und bis auf eine Stelle sind führende Nullen im ganzzahligen Anteil des Wertes zu unterdrücken. Ist der ganzzahlige Anteil jedoch 4stellig, so soll hinter der ersten Ziffer ein Punkt stehen. Das Vorzeichen ist nur bei negativen Werten auszugeben und soll dann rechts von sämtlichen Ziffernstellen stehen. Es könnte dafür folgender Ausgabebefehl angegeben werden:

```
PUT EDIT (F) (P'ZZZ.ZZ9,V999-');
```

3. Der Wert einer Gleitkommavariablen G soll so ausgegeben werden, daß für die Mantisse 2 Ziffern vor und 4 Ziffern hinter dem Komma auftreten; für den Exponenten ist nur eine Stelle vorzusehen. Sowohl Mantisse als auch Exponent sind stets mit dem jeweiligen Vorzeichen auszugeben und zunächst durch ein Leerzeichen und den anschließenden Buchstaben E voneinander zu trennen. Ein entsprechender Ausgabebefehl könnte folgendermaßen lauten:

```
PUT EDIT (G) (P'S99,V9999BES9');
```

C-Format

Das C-Format beschreibt die Darstellungsform für Real- und Imaginärteil von komplexen Werten. Es kann wahlweise in einer der beiden Formen

C(*Format*$_1$, *Format*$_2$)   C(*Format*$_1$)

angegeben werden. *Format*$_i$ bezeichnet dabei jeweils ein beliebiges Ausgabeformat für reelle arithmetische Größen (F-, E- oder P-Format). Die Festlegungen bezüglich der Breite der beiden Ausgabebereiche sowie zur Darstellung innerhalb derselben ergeben sich vollständig aus diesen Formatangaben.

In der Form C(*Format*$_1$, *Format*$_2$) gilt die erste Formatangabe für den Realteil und die zweite für den Imaginärteil des komplexen Werts. In der Form C(*Format*$_1$) bezieht sich die vorliegende Formatangabe auf beide Teile in gleicher Weise. In jedem Fall folgen die beiden Ausgabebereiche im Ausgabestrom unmittelbar aufeinander. Bei positivem Imaginärteil wird bei Verwendung des F- oder E-Formats kein Vorzeichen zwischen Real- und Imaginärteil ausgegeben; eine solche Möglichkeit besteht nur bei Verwendung des P-Formats durch Angabe entsprechender Abbildungssymbole. Soll an den Imaginärteil der Buchstabe I angefügt werden, so muß dieser als konstante Zeichenkette im Anschluß an die komplexe Größe in der Datenliste angegeben und mit dem A-Format gesondert ausgegeben werden.

Beispiele. Für den Wert 2,147 + 1,836i einer komplexen Variablen ergeben sich bei Verwendung unterschiedlicher C-Formate folgende Ausgabebereiche:

Format	Ausgabebereich
C(F(6,3))	␣2.147␣1.836
C(F(4,2),P'S9V.99')	2.15+1.83
C(F(7,4),F(5,3))	␣2.1470 1.836
C(P'Z9,V99S',P'SZ9,V999')	␣2,14++␣1,836

A-Format

Das A-Format dient zur Ausgabe von Zeichenkettenwerten. Es kann in einer der beiden Formen

A(*w*) oder A

angegeben werden.

In der Form A(*w*) wird durch *w* die Breite des Ausgabebereichs festgelegt. Der Wert des betreffenden Elements der Datenliste wird, falls er nicht schon eine Zeichenkette darstellt, nach den allgemeinen Konvertierungsregeln (Anhang 1) in eine solche umgewandelt und anschließend linksbündig in den Ausgabebereich eingetragen. Die rechts überzähligen Positionen des Ausgabebereichs werden mit Leerzeichen belegt. Reicht die Breite des Ausgabebereichs nicht aus, um alle Zeichen aufnehmen zu können, so gehen die rechten Zeichen verloren; eine Fehlerbedingung wird in diesem Fall nicht gesetzt.

Bei Verwendung der verkürzten Form A ergibt sich die Breite des Ausgabebereichs aus dem Längenattribut des betreffenden Elements der Datenliste, eventuell nach erfolgter Umwandlung desselben in eine Zeichenkette. In diesem Fall können folglich keine Zeichen verlorengehen. Die Verwendung eines Wiederholungsfaktors für diese Formatangabe ist auch dann zulässig, wenn die Längenattribute der einzelnen Elemente unterschiedlich sind.

Das A-Format wird in erster Linie zur Ausgabe alphanumerischer Informationen (Adressen, Bezeichnungen, programmierte Fehlermeldungen), aber auch für numerische Größen verwendet, mit denen keine arithmetischen Operationen durchgeführt werden (Artikelnummern, Personenkennzahlen, Postleitzahlen). Bei der Ausgabe von Drucklisten spielt das A-Format darüber hinaus eine wesentliche Rolle für deren übersichtliche Gestaltung. Alle Überschriften, Zwischentexte sowie andere, bei jeder Anwendung des Programms gleiche textliche Erläuterungen werden im allgemeinen als Zeichenkettenkonstanten in die Datenliste aufgenommen und mit dem A-Format ausgegeben.

Beispiele

1. Eine Zeichenkettenvariable mit dem Attribut CHARACTER(3) enthält als Wert die Zeichenkette 'PL1'. Bei Ausgabe der Variablen unter Verwendung verschiedener Formate ergeben sich folgende Ausgabebereiche:

Format	Ausgabebereich	Format	Ausgabebereich
A(3)	PL1	A(1)	P
A(5)	PL1␣␣	A	PL1

2. In einem Programm zur Matrizeninversion soll bei singulärer Matrix eine entsprechende Fehlermeldung ausgegeben werden. Der Ausgabebefehl dafür könnte folgendermaßen lauten:

```
PUT SKIP EDIT ('DIE MATRIX IST SINGULAER.')(A);
```

3. Ein Programm enthält folgende Befehle:

```
DCL X CHAR(7), Y CHAR(8), Z CHAR(2);
PUT EDIT (X,Y,Z) (A(7),A(8),A(2));
```

Da die Breite der Ausgabebereiche jeweils mit der definierten Länge der betreffenden Variablen übereinstimmt, kann der Ausgabebefehl auch in der Form

```
PUT EDIT (X,Y,Z) (3 A);
```

geschrieben werden, bzw., da ein Wiederholungsfaktor für die gesamte Formatliste unnötig ist und diese automatisch wiederholt wird, in der Form

```
PUT EDIT (X,Y,Z) (A);
```

4. Im Kopf einer Liste soll eine Angabe SEITE ××× erscheinen, wobei für ××× stets dreistellig und damit unter Umständen mit führenden Nullen die Seitennummer SN ausgegeben werden soll. Ein entsprechender Ausgabebefehl könnte folgendermaßen lauten:

```
PUT EDIT ('SEITE',SN)(A(6),P'999');
```

Wegen des Zwischenraums zur Seitennummer wurde der erste Ausgabebereich eine Stelle größer gewählt.

5. Für die Ausgabe der Elemente zweier Felder X und Y in der Form

X(··) = ········ Y(··) = ········

(vgl. auch Beispiel 4 in Abschnitt 6.1.3.) könnte folgender Ausgabebefehl benutzt werden:

```
PUT EDIT ('X(',I,')␣=',X(I),'␣␣Y(',I,')␣=',Y(I))
         (A(2),F(2),A(4),F(8,2),A(4),F(2),A(4),F(8,2));
```

Die angegebene Formatliste könnte aber auch kürzer in folgender Form geschrieben werden:

```
(A,F(2),A,F(9,2));
```

B-Format

Das B-Format dient zur Ausgabe von Bitkettenwerten. Es kann in einer der beiden Formen

B(w) oder B

angegeben werden.

In der Form B(w) wird durch w die Breite des Ausgabebereichs festgelegt. Der Wert des betreffenden Elements der Datenliste wird, falls es nicht schon eine Bitkette darstellt, nach den allgemeinen Konvertierungsregeln (Anhang 1) in eine solche umgewandelt und anschließend linksbündig in den Ausgabebereich eingetragen, wobei jedes Bit durch ein Zeichen Ø oder 1 dargestellt wird. Rechts überzählige Positionen des Ausgabebereichs werden mit Leerzeichen belegt. Reicht die Breite des Ausgabebereichs nicht aus, um alle Bits der Bitkette darstellen zu können, so gehen die rechten Bits verloren; eine Fehlerbedingung wird in diesem Falle nicht gesetzt.

Bei Verwendung der verkürzten Form B ergibt sich die Breite des Ausgabebereichs aus dem Längenattribut des betreffenden Elements der Datenliste, eventuell nach erfolgter Umwandlung desselben in eine Bitkette. In diesem Fall können folglich keine Bits verloren gehen. Die Verwendung eines Wiederholungsfaktors für diese Formatangabe ist auch dann zulässig, wenn die Längenattribute der einzelnen Elemente unterschiedlich sind.

Neben der Ausgabe von Bitketten kann das B-Format auch für die Ausgabe arithmetischer Werte in ihrer internen Darstellungsform verwendet werden. Man könnte dazu die Standardfunktion UNSPEC benutzen (Abschnitt 3.2.4.), deren Funktionswert ja eine Bitkette darstellt. Für die Ausgabe einer arithmetischen Größe A gibt man dann in der Datenliste UNSPEC(A) und in der Formatliste ein entsprechendes B-Format an. Eine weitere Möglichkeit dafür besteht darin, die betreffende Größe durch eine Bitkette zu überlagern und diese dann in der Datenliste anzugeben.

Beispiele

1. Eine Bitkettenvariable mit dem Attribut BIT(4) enthält als Wert die Bitfolge 0011. Bei Ausgabe der Variablen unter Verwendung verschiedener Formate ergeben sich folgende Ausgabebereiche:

Format	Ausgabebereich	Format	Ausgabebereich
B(4)	ØØ11	B(1)	Ø
B(6)	ØØ11␣␣	B	ØØ11

2. Nach Abarbeitung der Befehle

```
DCL X FLOAT(6) INIT (-25);
PUT EDIT (UNSPEC(X))(B);
```

ergibt sich folgender Ausgabebereich:

```
11ØØØØ1ØØØØ11ØØ1ØØØØØØØØØØØØØØØØ
```

Die ausgegebene Bitfolge stellt die interne Darstellung des Werts —25 in Gleitkommaform dar. Das gleiche Resultat liefert auch die Abarbeitung folgender Befehle:

```
DCL X FLOAT(6) INIT(-25), XB BIT(32) DEF X;
PUT EDIT (XB)(B);
```

6.2.3.2. Steuerformate

Während im Normalfall die Ausgabebereiche für die auszugebenden Werte im Ausgabestrom unmittelbar aneinandergereiht werden, so daß Zwischenräume zwischen den einzelnen Werten nur dann auftreten, wenn die Ausgabebereiche entsprechend breiter gewählt wurden, kann man durch Verwendung bestimmter Steuerformate veranlassen, daß

— zwischen zwei Ausgabebereichen beliebig viele Zwischenräume auftreten;

— die Position eines Ausgabebereichs innerhalb des Ausgabesatzes explizit festgelegt wird;
— der Übergang zu einem neuen Ausgabesatz vorgenommen wird;
— die Ausgabe auf eine neue Druckseite oder eine explizit festgelegte Zeile erfolgt.

Es ist dabei allerdings zu beachten, daß die Steuerformate nicht wirksam werden, wenn sie in der Formatliste hinter dem letzten, auf ein Element der Datenliste angewendeten Datenformat stehen (Abschnitt 6.2.1.).
Im einzelnen sind folgende Steuerformatangaben zulässig:

X(*w*)

Dieses Format dient zur Berücksichtigung von Zwischenräumen vor Beginn eines Ausgabebereichs. Es bewirkt, daß zunächst *w* Leerzeichen in den Ausgabestrom aufgenommen werden, bevor der nächste Ausgabebereich gebildet wird. Wurde für *w* ein Ausdruck angegeben, dessen Wert $\leqq 0$ ist, so ist die Formatangabe unwirksam.

Beispiele

1. Die arithmetischen Variablen A, B, C und D haben folgende Werte: A: 3,9 B: 125,33 C: —17,95 D: $0{,}31 \cdot 10^{-6}$.
Die Abarbeitung des Befehls

```
PUT EDIT ('WERTE:',A,B,C,D)
     (X(2),A,X(3),F(4,1),X(5),F(6,2),X(2),F(6,2),X(3),E(9,3));
```

bewirkt die Ausgabe der Zeichenfolge

```
␣␣WERTE:␣␣␣␣3.9␣␣␣␣␣125.33␣␣–17.95␣␣␣3.1ØØE–Ø7
```

Das gleiche Resultat erhält man aber auch, wenn in dem Ausgabebefehl folgende Formatliste verwendet wird:

```
(X(2),A,F(7,1),F(11,2),F(8,2),E(12,3))
```

(die Angabe des ersten Formats X(2) läßt sich nicht vermeiden, da Zeichenketten stets linksbündig im Ausgabebereich stehen).

2. Der letzte Ausgabebereich einer Druckdatei endete in der Druckposition 80. Anschließend soll auf den Druckpositionen 92 ··· 95 noch der 4stellige Wert einer Variablen K und auf den Druckpositionen 11 ··· 13 der übernächsten Zeile der 3stellige Wert einer Variablen L ausgegeben werden. Diese Ausgabe kann durch folgenden Ausgabebefehl erfolgen:

```
PUT EDIT (K,L)(X(11),F(4),X(155),F(3));
```

Diese Form ist möglich, weil die gesamte Datei als kontinuierliche Zeichenfolge betrachtet wird.

COLUMN(*w*)

Dieses Format dient zur expliziten Festlegung der Position eines Ausgabebereichs im Ausgabesatz. Es bewirkt, daß der nächste Ausgabebereich an der Position *w* des laufenden Ausgabesatzes beginnt. Zwischen dem Ende des vorangehenden Ausgabebereichs und dieser Position wird eine entsprechende Anzahl von Leerzeichen eingetragen. Bei der Programmierung einer Druckliste kann man durch Verwendung dieses Steuerformats folglich auf einfache Weise die Druckposition eines auszugebenden Werts oder Textes festlegen, ohne vorher den Abstand zum vorangehenden Wert auszählen zu müssen. Wurde bei der Durchführung der Ausgabe bereits die betreffende Position des laufenden Satzes erreicht, so beginnt der nächste Ausgabebereich an der Position *w* des folgenden Satzes, dessen erste $w - 1$ Positionen mit Leerzeichen belegt werden. Überschreitet der Wert von *w* die Satzlänge oder wurde dafür ein Ausdruck angegeben, dessen Wert $\leqq 0$ ist, so wird automatisch $w = 1$ angenommen.

Beispiel. Der Wert einer Variablen A soll in der laufenden Zeile ab Spalte 34 und der Wert einer Variablen Z ab Spalte 72 ausgegeben werden. Ein entsprechender Ausgabebefehl könnte folgendermaßen lauten:

```
PUT EDIT (A,Z)(COLUMN(34),F(9,3),COLUMN(72),F(7,1));
```

SKIP(w)

Dieses Format dient zum Übergang auf einen neuen Ausgabesatz und hat dieselbe Bedeutung wie die gleichlautende Zusatzangabe in einem Ausgabebefehl (Abschnitt 6.1.1.). Der Wert von w, für den im Normalfall die Bedingung $w > 0$ gilt, bestimmt jeweils die relative Stellung des neuen Satzes gegenüber dem zuletzt bearbeiteten; der neue Satz liegt jeweils w Sätze hinter diesem. An Stelle einer Angabe SKIP(1) für den Übergang zum folgenden Ausgabesatz kann auch die abgekürzte Form SKIP verwendet werden. Der nächste Ausgabebereich beginnt stets an der ersten Position des neuen Satzes, wenn nicht durch anschließende Formate X(w) oder COLUMN(w) eine andere Positionierung erfolgte.

Bei Druckdateien (Attribut PRINT) bewirkt ein Steuerformat SKIP(1) den Übergang auf die nächste Zeile, während durch SKIP(w) mit $w > 1$ $w - 1$ Leerzeilen entstehen. Es ist in diesem Fall außerdem die Angabe eines Wertes $w \leqq 0$ zulässig. Dieser bewirkt einen Rücklauf des Druckers an den Zeilenbeginn ohne Durchführung eines Zeilenvorschubs, so daß die bisherige Zeile anschließend überdruckt wird. Auf diese Weise kann man nach der Ausgabe einer Zeile noch nachträglich Werte an beliebiger Stelle derselben einfügen, bestimmte Zeichen mehrfach übereinander drucken und damit einen Fettdruck zur besseren Hervorhebung erzielen oder auch ausgegebene Texte unterstreichen, indem man auf deren Druckpositionen anschließend Unterstreichungszeichen ausgibt. Bei Dateien ohne das Attribut PRINT wird eine Formatangabe SKIP(w) mit $w \leqq 0$ ignoriert.

Für den Übergang zum nächsten Ausgabesatz nach Erreichen der letzten Position eines Satzes ist die Angabe eines Formats SKIP nicht erforderlich. Dieser Übergang erfolgt automatisch, da der gesamte Datenbestand als kontinuierliche Zeichenfolge betrachtet wird. Wird durch ein Format SKIP(w) für eine Druckdatei der Übergang zu einem Satz bewirkt, der hinter der standardmäßig festgelegten oder durch eine Angabe PAGESIZE bei der Dateieröffnung bestimmten maximalen Zeilenanzahl pro Seite liegt, so wird die Bedingung ENDPAGE für die Datei gesetzt (Abschnitt 6.4.), die das Seitenende signalisiert. Standardmäßig erfolgt dann der Übergang auf eine neue Seite; durch einen ON-Befehl kann der Programmierer jedoch auch eine andere Fortsetzung der Programmabarbeitung in diesem Fall veranlassen.

Beispiele

1. Nach Berücksichtigung von zwei Leerzeilen ist in einem Programm eine Tabellenüberschrift der Form

```
   PLANERFUELLUNG  4. QUARTAL
OKTOBER  NOVEMBER  DEZEMBER
```

auszugeben, wobei zwischen den beiden Zeilen der Überschrift eine Zeile Zwischenraum sein und der Text der ersten Zeile in der Druckposition 20 beginnen soll. Es könnte dafür folgender Befehl verwendet werden:

```
PUT EDIT ('PLANERFUELLUNG␣4.QUARTAL','OKTOBER␣␣NOVEMBER␣␣DEZEMBER')
         (SKIP(3),X(19),A,SKIP(2),X(18),A);
```

2. Für eine Liste soll die Überschrift

LISTE DER EINGABEWERTE

auf der übernächsten Druckzeile ab Position 27 ausgegeben und unterstrichen werden. Der Ausgabebefehl dafür könnte folgendermaßen lauten:

```
PUT EDIT ('LISTE DER EINGABEWERTE',(22)'_')
         (SKIP(2),X(26),A,SKIP(Ø),X(26),A);
```

PAGE

Dieses Format ist nur für Dateien zulässig, die für eine Druckerausgabe vorgesehen sind (Attribut PRINT), und hat dieselbe Bedeutung wie die gleichlautende Zusatzangabe in einem Ausgabebefehl (Abschnitt 6.1.1.). Es bewirkt den Übergang auf eine neue Seite, auf welcher der nächste Ausgabebereich in der ersten Position der ersten Zeile beginnt, falls nicht anschließend noch andere Steuerformate in der Formatliste angegeben wurden.

Automatisch erfolgt ein solcher Übergang, wenn nach Erreichen der maximalen Anzahl von Druckzeilen pro Seite, die mit Hilfe der Angabe PAGESIZE bei der Dateieröffnung bestimmt wird oder sich aus entsprechenden Standardfestlegungen ergibt, weitere Ausgaben für diese Datei auftreten und für die in diesem Fall auftretende Bedingung ENDPAGE keine entsprechende Behandlung durch einen ON-Befehl vorgesehen ist. Verwendet der Programmierer jedoch einen solchen Befehl, so muß er selbst für den Übergang auf die neue Seite sorgen, was zum Beispiel durch die Angabe des Steuerformats PAGE in der Formatliste eines Ausgabebefehls möglich ist.

Zu beachten ist noch, daß die erste Ausgabe für eine Druckdatei stets auf einer neuen Seite beginnt, so daß in diesem Fall nicht das Format PAGE erforderlich ist; man würde sonst am Beginn der Ausgabe eine leere Seite erhalten.

Beispiel. Nach Ausgabe anderer Informationen soll in einem Programm auf einer neuen Seite die Überschrift

STATISTISCHE QUALITAETSKONTROLLE

ab Spalte 19 der ersten Zeile erscheinen. Dafür könnte man folgenden Ausgabebefehl verwenden:

```
PUT EDIT ('STATISTISCHE␣QUALITAETSKONTROLLE')
         (PAGE,COLUMN(19),A);
```

LINE(*w*)

Dieses Format ist nur zulässig für Dateien, die für eine Druckerausgabe vorgesehen sind (Attribut PRINT) und hat dieselbe Bedeutung wie die gleichlautende Zusatzangabe in einem Ausgabebefehl (Abschnitt 6.1.1.). Es bewirkt, daß die Ausgabe auf der durch den Wert von *w* explizit festgelegten Druckzeile der laufenden Seite fortgesetzt wird und alle zwischen dieser und der zuletzt beschriebenen Zeile befindlichen Zeilen leer bleiben. Der nächste Ausgabebereich beginnt dann auf der ersten Position dieser Zeile, wenn nicht durch nachfolgende Steuerformate eine andere Positionierung erfolgte. Befindet sich die Druckausgabe bereits auf oder hinter der spezifizierten Zeile oder wurde für *w* ein Ausdruck angegeben, dessen Wert $\leqq 0$ ist, so wird automatisch der Übergang auf die erste Zeile der nächsten Seite durchgeführt. LINE(1) hat folglich die gleiche Wirkung wie PAGE.

Überschreitet der Wert von *w* die standardmäßig festgelegte oder durch eine Angabe PAGESIZE bei der Dateieröffnung bestimmte maximale Zeilenanzahl pro Seite, so wird die Bedingung ENDPAGE für die Datei gesetzt (Abschnitt 6.4.), die das Seitenende signalisiert. Standardmäßig erfolgt dann der Übergang auf eine neue Seite; durch einen ON-Befehl kann der Programmierer jedoch auch eine andere Fortsetzung der Programmabarbeitung in diesem Fall veranlassen.

Beispiel. Auf der ersten Seite einer Druckdatei soll ab Spalte 82 der 3. Zeile zunächst die Angabe

NUR FUER DEN DIENSTGEBRAUCH

stehen. Ein entsprechender Ausgabebefehl könnte folgendermaßen lauten:

```
PUT EDIT ('NUR␣FUER␣DEN␣DIENSTGEBRAUCH')
         (LINE(3),COLUMN(82),A);
```

6.2.3.3. Zusammenfassende Beispiele

1. In einem Befehlszyklus werden Sätze von einer Datei fortlaufend eingelesen, deren Inhalt jeweils in einer Struktur mit der Strukturvereinbarung

```
DCL 1 STR,2 (A CHAR(7), B DEC FIXED(7,2), C BIN FIXED(15),
             D CHAR(1), (E,F) DEC FIXED(5,1));
```

gespeichert wird. Alle Elemente eines solchen Satzes sollen auf einer Zeile so ausgegeben werden, daß für die arithmetischen Größen auch eventuelle Minuszeichen berücksichtigt werden und zwischen zwei Werten stets mindestens zwei Leerzeichen auftreten. Ein entsprechender Ausgabebefehl könnte folgendermaßen lauten:

```
PUT EDIT (STR)
   (COLUMN(1),A(7),F(11,2),F(8),X(2),A(1),2 F(9,1));
```

Soll der Wert von C nur dann ausgegeben werden, wenn er von 0 verschieden ist, so könnten an Stelle des angegebenen Ausgabebefehls folgende beiden Befehle verwendet werden:

```
IF C=Ø THEN M=Ø; ELSE M=8;
PUT EDIT (STR)
   (COLUMN(1),A(7),F(11,2),F(M),X(1Ø—M),A(1),2 F(9,1));
```

2. Es sind die Werte einer umfangreichen Tabelle TAB, die aus 120 Zeilen und 30 Spalten besteht und intern aufgebaut wurde, in Gleitkommadarstellung auszugeben. Jede Druckzeile soll dabei 6 Werte enthalten, so daß für eine Zeile der Tabelle 5 Druckzeilen erforderlich sind, in deren erster auch noch die Nummer der Tabellenzeile stehen soll. Zwischen den einzelnen Tabellenzeilen ist eine Leerzeile zu berücksichtigen, und pro Seite sollen jeweils nur 8 Tabellenzeilen ausgegeben werden, damit darauf noch bestimmte manuelle Eintragungen oder Stempel Platz haben. Die entsprechenden Befehle zur Realisierung dieser Aufgabe könnten folgendermaßen lauten:

```
DCL LISTE FILE PRINT, TAB(12Ø,3Ø) FLOAT(16);
DO I=1 TO 12Ø BY 8;
   DO K=Ø TO 7;
      L=K+I;
      PUT FILE(LISTE) EDIT (L)(F(3))
          ((TAB(L,J) DO J=1 TO 3Ø))(COLUMN(7),6 E(18,8));
      PUT FILE(LISTE) SKIP(2);
   END;
   PUT FILE(LISTE) PAGE;
END;
```

3. Die 50 Elemente zweier Felder A und B sollen einer gegenseitigen Kontrolle unterzogen werden, und für sämtliche Beziehungen $A_i < B_i$ ist eine Fehlermeldung der Form

A(··) < B(··)

auszugeben. Die Liste dieser Meldungen soll als Überschrift den von einer Leerzeile gefolgten Text FEHLERLISTE erhalten; liegen keine Fehler vor, so soll auch diese Überschrift wegfallen. Nach Abschluß der gesamten Kontrolle soll im Falle aufgetretener Fehler über die Konsolschreibmaschine die Meldung FEHLERHAFTE EINGABE-DATEN ausgegeben und danach die Programmabarbeitung abgebrochen werden. Es wären dafür folgende Befehle zu verwenden:

```
DCL (A,B)(5Ø), SCH CHAR(1) INIT('Ø');
DO I=1 TO 5Ø;
  IF A(I)<B(I) THEN DO;
    IF SCH='Ø' THEN DO; SCH='1';
      PUT PAGE EDIT ('FEHLERLISTE',' ')(A,SKIP); END;
    PUT SKIP EDIT ('A(',I,') < B(',I,')')(A,F(2));
  END;
END;
IF SCH='1' THEN DO;
  DISPLAY ('FEHLERHAFTE EINGABEDATEN'); STOP; END;
:
```

Der Schalter SCH wurde eingeführt, um beim ersten auftretenden Fehler neben der Fehlermeldung die Ausgabe der Überschrift und nach Durchführung der Kontrolle den Abbruch der Abarbeitung bzw. deren Fortsetzung zu veranlassen. Die Angabe der aus Leerzeichen bestehenden Zeichenkette in der Datenliste des Befehls zur Ausgabe der Überschrift bewirkt die Berücksichtigung einer Leerzeile. Es könnte dieser Ausgabebefehl auch durch einen Befehl

```
PUT PAGE EDIT ('FEHLERLISTE')(A(121));
```

ersetzt werden, der bei einer Standardannahme von 120 Druckzeichen pro Zeile ebenfalls die Ausgabe eines Leerzeichens auf der 2. Zeile bewirkt und damit insgesamt die Ausgabe einer Leerzeile veranlaßt. Die gleiche Wirkung hätte natürlich ein hinter dem angegebenen Befehl zur Ausgabe der Überschrift zusätzlich folgender Befehl PUT SKIP;.

4. In einem Programm soll die schematische Darstellung eines Kreises durch Ausgabe entsprechender Zeichen * vorgenommen werden. Bei einem gewünschten Durchmesser von etwa 20 cm werden dafür 49 Druckzeilen (y-Richtung) sowie 81 Druckpositionen pro Zeile (x-Richtung) benötigt. In die Darstellung sollen durch Ausgabe von Punkten auch die beiden Achsen des Koordinatensystems eingetragen werden. Das Programm zur Lösung dieser Aufgabe könnte folgendermaßen aussehen:

```
KREIS:PROCEDURE;
        DCL C(49) CHAR(81);
        C=' '; C(25)=(81)'.';
        DO I=1 TO 49; SUBSTR(C(I),41,1)='.'; END;
        DO X=-1EØ TO 1EØ BY 25E-3;
            Y=SQRT(1EØ-X*X);
            IF X<Ø THEN INDX=X*4E1-1E-1;
```

```
                ELSE INDX=X*4E1+1E-1;
            INDX=INDX+41;
            INDY=Y*24E0+1E-1;
            SUBSTR(C(25-INDY),INDX,1)='*';
            SUBSTR(C(25+INDY),INDX,1)='*';
        END;
        PUT EDIT (C)(A,SKIP);
        END;
```

Die gesamte Darstellung wird zunächst intern in einem Feld C zusammengestellt und erst am Schluß ausgedruckt. Die Addition bzw. Subtraktion von 1E−1 bei der Berechnung von INDX bzw. INDY dient jeweils zur Vermeidung von Rundungsfehlern.

5. Eine symmetrische Matrix A mit der Feldvereinbarung

```
DCL A(15,15) FIXED(5,2);
```

soll als obere Dreiecksmatrix in der Form

```
xxx.xx  xxx.xx  xxx.xx  xxx.xx  ...  xxx.xx
        xxx.xx  xxx.xx  xxx.xx  ...  xxx.xx
                xxx.xx  xxx.xx  ...  xxx.xx
```

ausgedruckt werden. Dazu könnten folgende Befehle dienen:

```
IC=1;
DO I=1 TO 15;
    PUT EDIT ((A(I,J) DO J=I TO 15))(COLUMN(IC),15 F(8,2));
    IC=IC+8;
END;
```

Die gesamte Befehlsfolge könnte jedoch auch durch folgenden einzelnen Befehl ersetzt werden:

```
PUT EDIT (((A(I,J) DO J=I TO 15) DO I=1 TO 15))
          (COLUMN(I*8-7), (16-I) F(8,2));
```

6. In einem Großhandelsbetrieb soll eine Übersicht über den Umsatz pro Warengruppe und Bezirk in einem bestimmten Zeitraum ausgegeben werden. Zur Vereinfachung sei dabei angenommen, daß die Warengruppen fortlaufend von 1 ··· 40 numeriert sind, während die Bezirke in der Reihenfolge Berlin, Frankfurt, Potsdam, Neubrandenburg, Rostock, Schwerin, Magdeburg, Halle, Erfurt, Suhl, Gera, Leipzig, Cottbus, Dresden und Karl-Marx-Stadt mit den Nummern 1 ··· 15 verschlüsselt werden.

Über eine Lochkartenkartei werden dazu in ungeordneter Reihenfolge Umsatzwerte eingelesen und zunächst in einer Tabelle zusammengestellt, deren Zeilen die einzelnen Warengruppen und deren Spalten die Bezirke darstellen. Für jede Kombination sind mehrere Eingabekarten möglich. Die Karten enthalten jeweils in Spalte 1 ··· 2 den Bezirk, in 3 ··· 4 die Warengruppe und in den Spalten 5 ··· 15 einen Umsatzwert in M mit zwei Kommastellen.

Nach Beendigung der Eingabe, die durch eine Karte mit dem Wert 99 als Bezirksnummer gekennzeichnet ist, sind die in der Tabelle kumulierten Werte und zusätzlich pro Warengruppe die Umsätze für die gesamte DDR in TM mit einer Kommastelle auszugeben. Die Liste soll eine Überschrift

TERRITORIALE UMSATZSTATISTIK (TM)

ab Spalte 42 und das jeweilige Datum ab Spalte 125 enthalten. Nach einer Leerzeile soll die weitere Ausgabe in der folgenden Form vorgenommen werden:

```
        1        2          3             14         15
WG   BERLIN   FRANKF.   POTSDAM   ...  DRESDEN    K-M-ST.      DDR

××  ×××××,×  ×××××,×   ×××××,×   ...  ×××××,×    ×××××,×   ××××××,×
××  ×××××,×  ×××××,×   ×××××,×   ...  ×××××,×    ×××××,×   ××××××,×
⋮
```

Die Zeichen × geben die möglichen Ziffernstellen an. Die Ausgabe der Werte soll mit Angabe eines Kommas erfolgen. Zum Abschluß der Liste soll noch der prozentuale Anteil der Bezirke am Gesamtumsatz in der Form

××,×%   ××,×%   ××,×% ...   ××,×%   ××,×%

ausgegeben werden.

Ein Programm dafür könnte etwa folgendermaßen aussehen:

```
UMSATZ:PROC OPTIONS(MAIN);
        DCL U(4Ø,15) FIXED(11,2), UMS FIXED(11,2), ZW(15) FIXED(7),
              S(15) FIXED(9), SU FIXED(9), LISTE FILE PRINT ENV(F(133)),
              1 DAT,2 ((JAHR,MONAT,TAG)CHAR(2)), DATUM CHAR(6) DEF DAT;
        DATUM=DATE; U=Ø; S=Ø;
    M1:GET EDIT (NBEZ,NWGR,UMS)(COLUMN(1),2 F(2),F(11,2));
        IF NBEZ¬=99 THEN DO;
           U(NWGR,NBEZ)=U(NWGR,NBEZ)+UMS; GOTO M1; END;
        PUT FILE(LISTE) EDIT ('TERRITORIALE UMSATZSTATISTIK␣(TM)',
              TAG||'.'||MONAT||'.'||JAHR, (K DO K=1 TO 15),
              'WG␣␣BERLIN␣FRANKF.␣POTSDAM␣␣NEUBR.␣ROSTOCK␣SCHWER.',
              '␣MAGDEB.␣␣␣HALLE␣␣ERFURT␣␣␣SUHL␣␣␣␣GERA␣␣LEIPZIG␣',
              'COTTBUS␣DRESDEN␣K-M-ST.␣␣␣␣DDR')
              (COLUMN(42),A,COLUMN(125),A,SKIP(2),X(5),15 (F(2),X(6)),
              SKIP, 3 A);
        PUT FILE(LISTE) SKIP(2);
        DO I=1 TO 4Ø; SU=Ø;
             DO J=1 TO 15;
                  ZW(J)=ROUND(U(I,J),-2); SU=SU+ZW(J); S(J)=S(J)+ZW(J);
             END;
             PUT FILE(LISTE) EDIT (I,ZW,SU)
                  (F(2), 15 P'(5)Z9,9',P'(7)Z9,9');
        END;
        SU=Ø; DO J=1 TO 15; SU=SU+S(J); END;
        DO J=1 TO 15; S(J)=S(J)/SU*1ØØØ + Ø.5; END;
        PUT FILE(LISTE) EDIT ((S(J),'%' DO J=1 TO 15))
              (SKIP(2),X(2),15 (X(2),P'Z9,9',X(1),A(1));
        END;
```

Die auszugebenden Werte werden als ganze Zahlen gespeichert; das Komma wird jeweils im P-Format berücksichtigt. An Stelle der 3 Zeichenkettenkonstanten für die Überschriftszeile mit den Bezirksnamen, die nur aus Platzmangel angegeben wurden, hätte man auch eine einzige Konstante schreiben können, deren Zeichen zunächst bis zur Spalte 72 der einen Karte verlaufen und dann ohne Zwischenraum ab Spalte 2 der folgenden Karte fortgesetzt werden.

6.3. Ein- und Ausgabe ohne Formatangabe

Auch ohne spezielle Angabe entsprechender Formate können die Ein- bzw. Ausgabebereiche für eine Datei der reihenweisen Datenübertragung bestimmt und Festlegungen darüber getroffen werden, wie die Eingabewerte zu interpretieren sind bzw. welche zeichenweise Darstellungsform für die Ausgabewerte verwendet werden soll. Bei der Eingabe müssen die diesbezüglichen Vereinbarungen dann unmittelbar aus der Angabe der einzelnen Werte im Eingabestrom hervorgehen. Die bei der formatgesteuerten Eingabe durch die Formatangaben bewirkte Notwendigkeit eines fest vorgeschriebenen Satzaufbaus entfällt damit natürlich. Die Durchführung der Ausgabe erfolgt gemäß standardisierten Darstellungsformen in Abhängigkeit von den Attributen der betreffenden Größen. Die Möglichkeit der Zusammenstellung anspruchsvollerer Drucklisten besteht in diesem Fall allerdings nicht.

Die für eine solche Datenübertragung ohne formatgesteuerte Aufbereitung in den Ein- und Ausgabebefehlen zu verwendende Datenspezifikation ist durch das Schlüsselwort LIST oder DATA gekennzeichnet. Beide Formen unterscheiden sich dadurch, daß einmal in der externen Darstellung nur die jeweilige Datenwerte auftreten, während im anderen Fall zusätzlich noch die Bezeichnung der betreffenden Größen im Ein- oder Ausgabebereich enthalten ist. Die bei der formatgesteuerten Ein- und Ausgabe stets erforderliche Formatliste entfällt.

6.3.1. Möglichkeiten der Eingabe

Auch bei der Eingabe ohne Verwendung von Formaten wird die gesamte Eingabedatei stets als kontinuierliche Zeichenfolge, als Eingabestrom, betrachtet, und die einzelnen Eingabewerte ergeben sich jeweils unmittelbar aus ihrer Darstellungsform innerhalb derselben. Es können dafür die folgenden beiden Befehle verwendet werden:

GET FILE(*Dateibezeichnung*) LIST (*Datenliste*);
oder GET FILE(*Dateibezeichnung*) DATA;

Vor oder hinter der jeweiligen Datenspezifikation können wahlweise noch verschiedene Zusatzangaben stehen (Abschnitt 6.1.1.). Der Teil FILE(*Dateibezeichnung*) ist weg-zulassen, wenn für die Eingabe die Standardeingabedatei verwendet werden soll.

Die Gemeinsamkeiten beider Eingabeformen bestehen in folgendem:

— Die Eingabewerte sind im Eingabestrom stets in Form von arithmetischen oder Kettenkonstanten anzugeben, wobei sämtliche dafür bestehenden Möglichkeiten (Abschnitt 2.1.) zulässig sind. Eine Einschränkung besteht allerdings darin, daß bei Zeichen- oder Bitkettenkonstanten keine Wiederholungsfaktoren verwendet werden dürfen. Ein

Vorzeichen muß bei arithmetischen Werten stets unmittelbar vor der ersten Ziffer angegeben werden; Werte ohne Vorzeichen werden als positiv betrachtet. Entsprechen die Daten nicht einer der zulässigen Formen für eine Konstante, so wird die Fehlerbedingung CONVERSION gesetzt. Die Eingabe von Werten für komplexe Größen erfolgt durch eine reelle und eine imaginäre Konstante, die durch ein Additions- bzw. Subtraktionssymbol miteinander verbunden werden; zwischen den beiden Teilen dürfen keine Leerzeichen stehen.

— Die Trennung der einzelnen Werte voneinander erfolgt im Eingabestrom entweder durch Angabe eines Kommas oder durch beliebig viele Leerzeichen. Das Komma muß nicht unbedingt hinter dem letzten Zeichen einer Konstanten und vor dem ersten Zeichen der nächsten stehen; vor und hinter ihm können ohne weiteres noch Leerzeichen auftreten. Die Eingabebereiche für die im Eingabestrom enthaltenen Datenelemente verlaufen jeweils vom ersten Zeichen, das kein Leerzeichen oder Komma darstellt, bis zum ersten danach auftretenden Leerzeichen oder Komma, das noch mit zum Eingabebereich zählt. Vor dem nächsten Eingabebereich auftretende Leerzeichen oder ein eventuell den vorangehenden Wert noch abschließendes Komma werden ignoriert. Durch die Zusatzangabe SKIP(*w*) im Eingabebefehl besteht abweichend davon die Möglichkeit, wie bei der formatgesteuerten Eingabe die Positionierung der Datei an den Anfang eines neuen Satzes zu legen und dort mit der Bestimmung der nächsten Eingabebereiche fortzufahren.

Wird die gesamte Eingabe mit Befehlen ohne Formatangabe durchgeführt, so spielt die Kenntnis der Eingabebereiche keine Rolle. Sie ist aber von Bedeutung, wenn im Anschluß an einen Befehl ohne Formatangabe ein Befehl der formatgesteuerten Eingabe für die gleiche Datei auftritt. Die darin enthaltenen Formate beziehen sich dann auf die unmittelbar auf den letzten Eingabebereich folgenden Zeichen, auch wenn sich darunter vielleicht noch ein abschließendes Komma befindet.

— Die im Eingabebereich zeichenweise als Konstanten angegebenen Werte werden zunächst in eine interne Darstellungsform umgewandelt, deren Attribute (z. B. Zahlenbasis, Anzahl der Ziffern und Kommastellen oder Form des Kettenwertes) vollständig aus der Art der Angabe der jeweiligen Konstanten hervorgehen. Stimmen diese Attribute nicht mit dem Datentyp der Größe überein, welcher der Wert zugeordnet werden soll, so wird vorher eine weitere Umwandlung in den betreffenden Typ nach den allgemeinen Konvertierungsregeln (Anhang 1) vorgenommen.

Unter Berücksichtigung dieser gemeinsamen Gesichtspunkte erfolgt die Ausführung der Eingabeoperationen für beide Formen jedoch in unterschiedlicher Weise.

Bei der durch das Schlüsselwort LIST gekennzeichneten Befehlsform wird durch die im Eingabebefehl enthaltene Datenliste festgelegt, welchen Größen die Eingabewerte in welcher Reihenfolge als neue Werte zugeordnet werden sollen. Für den Aufbau der Datenliste gelten die gleichen Regeln wie bei der formatgesteuerten Eingabe; ausführlich werden diese in Abschnitt 6.1.3. beschrieben. Die Zuordnung der im Eingabestrom enthaltenen Konstanten erfolgt fortlaufend zu den Elementen der Datenliste. Dabei können durchaus leere Eingabebereiche auftreten, die an zwei aufeinanderfolgenden Kommas erkennbar sind, zwischen denen auch beliebig viele Leerzeichen stehen können. Ein leerer Eingabebereich liegt auch vor, wenn zu Beginn der Datei das erste von einem Leerzeichen verschiedene Zeichen ein Komma ist. Dem einem leeren Eingabebereich entsprechenden Element der Datenliste wird dann kein Wert zugeordnet, sondern es behält unverändert seinen bisherigen Wert. Ein Wert 0, der einer Größe zugeordnet werden soll, ist folglich explizit im Eingabestrom anzugeben.

Die Abarbeitung eines Eingabebefehls ist beendet, wenn dem letzten Element der Datenliste ein Wert zugeordnet oder das Dateiende erreicht wurde. In letzterem Fall wird die Bedingung ENDFILE für die Datei gesetzt, und der Programmierer kann über einen entsprechenden ON-Befehl geeignete Maßnahmen zur Programmfortsetzung veranlassen (Abschnitt 6.4.).

Beispiele

1. Der Inhalt der ersten Karte einer Lochkartendatei mit der Bezeichnung EINGABE besteht aus den Zeichen

```
64⌣⌣19,⌣,⌣42,2Ø⌣7,,33⌣⌣...⌣
```

Durch Abarbeitung des Befehls

```
GET FILE(EINGABE) LIST ((M(I) DO I=1 TO 8));
```

erhalten die Elemente des Feldes M folgende Werte:

M_1: 64, M_2: 19, M_4: 42, M_5: 20, M_6: 7, M_8: 33.

Die Elemente M_3 und M_7 erhalten auf Grund der angegebenen Leerbereiche keinen neuen Wert.

2. Über die Standardeingabedatei sollen folgende Werte eingelesen werden:
für die Gleitkommagrößen E1 und E2 die Werte 0,1874 und $-1{,}527 \cdot 10^{-12}$,
für die dezimale Festkommagröße AB der Wert 0,
für die duale Festkommagröße J der Wert 68,
für die Zeichenkettenvariable K1 der Wert 'SUMME',
für die Bitkettenvariable K2 der Wert '1ØØ1'B sowie
für die komplexe Gleitkommagröße KOMP der Wert $-1{,}834 + 0{,}02641\mathrm{i}$.

Verwendet man dafür den Eingabebefehl

```
GET LIST (E1,E2,AB,J,K1,K2,KOMP);
```

so könnte man die betreffenden Werte beispielsweise folgendermaßen auf zwei Lochkarten angeben:

1. Karte: ⌣⌣⌣.1874,⌣−1.527E−12⌣⌣⌣Ø,68⌣⌣,'SUMME'⌣⌣...⌣
2. Karte: ⌣'1ØØ1'B,−1.834+Ø.Ø2641I⌣⌣...⌣

3. Ein Programm enthält folgende Befehle:

```
DCL A FIXED(5,2), CH CHAR(7);
GET LIST (A);
GET EDIT (CH)(A(7));
```

Beziehen sich die angegebenen Eingabebefehle auf eine Lochkarte mit dem Inhalt

```
⌣⌣23.4⌣⌣,⌣TABELLE⌣⌣...⌣
```

so erhalten die in der Datenliste angegebenen Variablen folgende Werte: A: 23,4 CH: '⌣,⌣TABE'. Die Zuordnung zur Variablen CH ergibt sich daraus, daß nur das erste Leerzeichen hinter der Ziffer 4 des ersten angegebenen Wertes noch zu dessen Eingabebereich gehört.

Bei der durch das Schlüsselwort DATA gekennzeichneten Befehlsform enthält der Eingabebefehl keine Datenliste. Die Angaben im Eingabestrom können daher nicht nur aus den jeweiligen Werten bestehen, sondern müssen dazu noch Informationen über die Größen beinhalten, denen diese Werte zugeordnet werden sollen. Es handelt sich hierbei also um Eingabedaten, die sich selbst identifizieren und in der Form

Variable=Konstante

wie Zuordnungsbefehle ohne abschließendes Semikolon anzugeben sind. Zwischen den einzelnen Teilen dieser Angabe dürfen keine Leerzeichen stehen.

Als *Variable* können einfache Variable, indizierte Variable oder Strukturelemente verwendet werden. Indizes müssen dabei stets ganzzahlige Konstanten sein, und für Strukturelemente ist eine vollständige qualifizierte Bezeichnung zu bilden, die also sämtliche Oberbegriffe, durch Punkte voneinander getrennt, enthält (Abschnitt 2.3.2.2.). Bei Elementen von Strukturen, die ein Dimensionsattribut haben, dürfen die Indizes stets nur rechts von der qualifizierten Bezeichnung angegeben werden.

Das Fehlen einer Datenliste im Eingabebefehl erfordert außerdem, daß im Eingabestrom noch eine Kennzeichnung für das Ende der durch den Befehl auszuführenden Übertragung enthalten ist. Eine solche Kennzeichnung erfolgt durch ein Semikolon, das hinter der letzten zu einem Eingabebefehl gehörigen Zuordnung wie ein sonst an dieser Stelle zulässiges Komma anzugeben ist.

Wird im Eingabestrom in Verbindung mit einem Wert die Bezeichnung einer Größe angegeben, die im Programm überhaupt nicht vereinbart oder zumindest zum Zeitpunkt der Abarbeitung des Eingabebefehls nicht definiert ist, so wird die Fehlerbedingung NAME gesetzt. Standardmäßig wird dann diese Zuordnung übergangen, die Abarbeitung jedoch fortgesetzt; durch Angabe eines ON-Befehls für diese Bedingung können aber auch andere Maßnahmen dafür vorgesehen werden (z. B. Ausgabe entsprechender Informationen). Um sich in gewissem Umfang vor unbeabsichtigten Wertzuordnungen auf Grund von Lochfehlern oder dergleichen schützen zu können, wurde außerdem noch die Möglichkeit geschaffen, im jeweiligen Eingabebefehl eine Kontrolliste anzugeben, in der sämtliche Größen aufgeführt werden, für die durch diesen Befehl eine Wertzuordnung zulässig ist. Beim Auftreten einer nicht in dieser Liste enthaltenen Bezeichnung im Eingabestrom wird dann ebenfalls die Fehlerbedingung NAME gesetzt. Die allgemeine Form des Eingabebefehls lautet in diesem Fall

ʕ GET FILE(*Dateibezeichnung*) DATA (*Kontrolliste*);

Die einzelnen Bezeichnungen in der Kontrolliste sind durch Komma voneinander zu trennen. Im Unterschied zu einer Datenliste bestimmen sie in keiner Weise die Reihenfolge der Zuordnungen, und es ist auch nicht erforderlich, daß jeder angegebenen Größe tatsächlich ein Wert zugeordnet wird. Die Kontrolliste stellt lediglich eine Aufzählung der Größen dar, die durch den betreffenden Befehl einen Wert erhalten dürfen. Es können dafür einfache Variable, Felder oder Strukturen sowie Strukturelemente angegeben werden. Indizierte Variable sind dagegen nicht zulässig. Der Eingabestrom darf jedoch Zuordnungen zu beliebigen einzelnen Elementen eines Felds enthalten, dessen Bezeichnung in der Kontrolliste angegeben wurde. Analog können im Falle der Angabe einer Strukturbezeichnung Zuordnungen zu beliebigen Elementen derselben auftreten. Wird in der Kontrolliste ein Strukturelement angegeben, so ist im Unterschied zur Angabe im Eingabestrom dessen Qualifizierung nur soweit erforderlich, daß die Eindeutigkeit der Bezeichnung gewährleistet ist. Nicht in der Kontrolliste zulässig sind Größen, die durch ein Attribut DEFINED oder BASED anderen Größen überlagert wurden (Abschnitt 2.4.2.) oder die Parameter von Teilprogrammen (Abschnitt 8.3.2.) darstellen.

Beispiele

1. Wird für die in Beispiel 2 zur Eingabe unter Verwendung des Schlüsselworts LIST gestellte Aufgabe ein Befehl GET DATA; angegeben, so könnten für die Eingabe beispielsweise zwei Lochkarten mit folgendem Inhalt verwendet werden:

1. Karte: K1='SUMME',␣␣K2='1001'B␣␣␣AB=0␣␣KOMP=−1.834+.02641I␣␣...␣
2. Karte: ␣␣␣E1=0.1847␣␣J=68,E2=−1.527E−12;␣␣...␣

2. Ein Programm enthält u. a. folgende Befehle:

```
DCL 1 STR, 2 A FIXED(5),
           2 USTR, 3 B CHAR(4), 3 C CHAR(9),
           2 D BIN FIXED(15),
    FELD(3) FLOAT(6), (Z1,Z2) FIXED(7,2);
GET FILE(INPUT) DATA (STR,FELD,Z1,Z2);
```

Bezieht sich der Eingabebefehl auf zwei Lochkarten mit dem Inhalt:

1. Karte: ␣␣FELD(2)=1.13478E−2,STR.A=329␣␣STR.USTR.B='TEXT',␣␣...␣
2. Karte: ␣Z2=710.4,USTR.C='MAGDEBURG'␣FELD(3)=8.321E−4␣␣;␣Z1=99␣␣...␣

so ergeben sich daraus folgende Wertzuordnungen:

$FELD_2$: 0,0113478, A: 329, B: 'TEXT', Z2: 710,4, $FELD_3$: 0,0008321.

Das Element $FELD_1$ sowie die Größe D aus der Struktur STR erhalten durch diesen Eingabebefehl keinen Wert. Das Gleiche gilt auch für die Größe Z1, da eine entsprechende Zuordnung erst hinter dem abschließenden Semikolon steht, sowie für die Größe C aus der Struktur STR, da für diese nicht die vollständige qualifizierte Bezeichnung angegeben wurde und der betreffende Eingabebereich nach dem Setzen der Fehlerbedingung NAME ignoriert wird.

Bei der Eingabe größerer Datenmengen ist es im allgemeinen zweckmäßig, die formatgesteuerte Form zu verwenden, bei der ein vorgeschriebener Karten- bzw. Satzaufbau einzuhalten ist und auf diese Weise ein relativ hoher Schutz vor Fehlern in der Datenbereitstellung möglich ist. Bei kleineren Datenmengen, z. B. der Eingabe einzelner Parameter zur Steuerung des Programmablaufs bzw. zur Auswahl von Programmvarianten, ist es dagegen unter Umständen von Vorteil, sich nicht an eine konkrete Einteilung halten zu müssen, sondern die Daten wahlfrei angeben zu können. Bei der durch DATA gekennzeichneten Form ist das außerdem noch in beliebiger Reihenfolge möglich; allerdings ist man dann meist gezwungen, im Programm entsprechende Kontrollen über die Vollständigkeit der Eingabedaten durchzuführen.

Eine sinnvolle Verwendung der formatfreien Eingabe liegt auch vor, wenn — bei statischen oder verfahrenstechnischen Berechnungen ist das zum Beispiel häufiger der Fall — für eine Reihe von Größen im Programm Standardwerte festgelegt werden und nur vorgesehene Abweichungen davon durch Eingabewerte zu vereinbaren sind. Bei der durch das Schlüsselwort DATA gekennzeichneten Form spielt es dabei überhaupt keine Rolle, daß ja von vornherein nicht bekannt ist, um welche Größen es sich im speziellen Anwendungsfall handelt; der Eingabestrom enthält dann lediglich die mit den Standardwerten nicht übereinstimmenden Zuordnungen. Bei der durch das Schlüsselwort LIST gekennzeichneten Form müßte man andererseits alle betreffenden Größen in die Datenliste aufnehmen und für diejenigen im Eingabestrom leere Eingabebereiche verwenden, für die die Standardwerte unverändert gelten sollen.

Beispiel. Ein Programm enthält folgende Vereinbarungen:

```
DCL (MY,NY) FLOAT(6) INIT(1E−4), EPS FLOAT(6) INIT(5E−6),
    PSI FLOAT(6) INIT(1.24E0), OMEGA FLOAT(6) INIT(−5E−1),
    W FLOAT(6) INIT(1E0), Z FLOAT(6) INIT(25.12E0),
    (K,L) INIT(15);
```

Die sich daran anschließenden Berechnungen werden mit den angegebenen Anfangswerten ausgeführt, falls nicht über die Eingabe andere Werte für die betreffenden Größen bereitgestellt werden. Eine solche Möglichkeit soll lediglich nicht für die Größe EPS bestehen, für die in jedem Fall mit dem Wert 0,000005 zu rechnen ist.

Verwendet man für die Eingabe der zu verändernden Werte den Befehl

GET DATA (MY,NY,PSI,OMEGA,W,Z,K,L);

so könnte man über eine Lochkarte mit dem Inhalt

␣␣PSI=Ø.98EØ␣␣␣K=2Ø;␣␣...␣

den Wert von PSI von 1,24 auf 0,98 und den Wert von K von 15 auf 20 verändern, während für die anderen Variablen die festgelegten Anfangswerte erhalten bleiben. Das Gleiche wäre der Fall, wenn der Befehl ohne Kontrolliste nur in der Form GET DATA; angegeben worden wäre.

Verwendet man für die Eingabe jedoch einen Befehl

GET LIST (MY,NY,PSI,OMEGA,W,Z,K,L);

so wäre eine Lochkarte mit beispielsweise folgendem Inhalt erforderlich:

,,Ø.98,␣,␣␣,,2Ø␣␣,,␣␣...␣

weil für jeden möglicherweise zu verändernden Wert ein Eingabebereich anzugeben ist, auch wenn dieser unter Umständen den Leerbereich darstellt.

6.3.2. Möglichkeiten der Ausgabe

Die Größen, deren Werte auszugeben sind, werden wie bei der formatgesteuerten Ausgabe durch eine Datenliste im jeweiligen Ausgabebefehl festgelegt. Die Darstellungsform der Werte und deren Einfügung in die kontinuierliche Zeichenfolge der Datei, den Ausgabestrom, wird jedoch nicht durch spezielle Formatangaben bestimmt, sondern durch entsprechende standardmäßige Festlegungen in Abhängigkeit von den Attributen der betreffenden Elemente in der Datenliste. Der Programmierer kann dafür die folgenden beiden Befehle verwenden:

PUT FILE(*Dateibezeichnung*) LIST (*Datenliste*);
oder PUT FILE(*Dateibezeichnung*) DATA (*Datenliste*);

Vor oder hinter der jeweiligen Datenspezifikation können wahlweise noch verschiedene Zusatzangaben stehen (Abschnitt 6.1.1.). Der Teil FILE(*Dateibezeichnung*) ist wegzulassen, wenn für die Ausgabe die Standardausgabedatei verwendet werden soll.

Die Wirkung der beiden Befehle unterscheidet sich in folgendem:

— Bei der Ausgabe mit LIST wird für jedes Element der Datenliste in den Ausgabebereich lediglich dessen Wert eingetragen. Bei der Ausgabe mit DATA enthält der Ausgabebereich dagegen zusätzlich vor dem Wert noch die Bezeichnung der betreffenden Größe, gefolgt von einem Gleichheitszeichen; die Darstellung entspricht also einem Zuordnungsbefehl ohne abschließendes Semikolon.

— Bei der Ausgabe mit LIST gelten für die Zusammenstellung der Datenliste die gleichen Möglichkeiten wie im Falle der formatgesteuerten Ausgabe (Abschnitt 6.1.3.). Bei der Ausgabe mit DATA besteht demgegenüber die Einschränkung, daß die Datenliste keine Konstanten oder zusammengesetzten Ausdrücke, keine Parameter von Teilprogrammen und keine durch ein Attribut DEFINED oder BASED einer anderen Größe überlagerten Elemente enthalten darf. Andererseits besteht bei der Ausgabe mit DATA die Möglichkeit, die Datenliste im Ausgabebefehl ganz wegzulassen; sie wird dann automatisch aus den Größen gebildet, die zum Zeitpunkt der Ausführung des Befehls im Programm definiert und für eine Angabe in der Datenliste eines solchen Befehls zulässig sind.

— Bei der Ausgabe mit DATA wird hinter dem letzten, durch einen Ausgabebefehl ausgegebenen Wert zusätzlich ein Semikolon ausgegeben, während bei der Ausgabe mit LIST keine entsprechende Kennzeichnung erfolgt.

Unter Berücksichtigung dieser Unterschiede erfolgt die Ausführung der Ausgabeoperationen für beide Formen in gleicher Weise. Für jeden auszugebenden Wert wird zunächst im Hauptspeicher ein Zwischenbereich gebildet, dessen Breite ebenso wie die Darstellungsform des Werts innerhalb desselben von den Attributen des betreffenden Elements der Datenliste abhängt. Für arithmetische Größen gelten dabei die gleichen Regeln wie für deren Konvertierung in eine Zeichenkette (Anhang 1). Die Darstellungsform für eine dezimale Festkommagröße entspricht also einer Formatangabe F(w, d), wobei zwischen w und d und den Angaben im Genauigkeitsattribut (m, n) der Größe die Beziehungen $w = m + 3$ sowie $d = n$ bestehen. Dagegen erfolgt die Darstellung einer dezimalen Gleitkommagröße analog zum Format E(w, d), und zwischen den Werten w und d sowie dem Genauigkeitsattribut (m) gelten die Beziehungen $w = m + 6$ sowie $d = m - 1$. Duale arithmetische Größen werden vorher nach den Konvertierungsregeln in entsprechende dezimale Werte umgewandelt.

Eine spezielle Form wird für dezimale Festkommagrößen mit einem Genauigkeitsattribut (m, n) und der Beziehung $n > m$ bzw. $n < 0$ benutzt. Es werden dann zunächst m Ziffern als ganze Zahl ausgegeben, gefolgt von einem Zeichen F und einem mit Vorzeichen versehenen Exponenten s, der sich auf die Basis 10 bezieht und besagt, daß die angegebene Zahl mit 10^s zu multiplizieren ist. Die Breite des Zwischenbereichs ergibt sich in diesem Fall aus $w = m + z + 3$, wobei z die Anzahl der für den Exponenten erforderlichen Stellen angibt.

Bei komplexen Werten wird die Berechnung der Breite für die Zwischenbereiche der beiden Teile in der gleichen Weise wie für reelle Werte vorgenommen. Für den Imaginärteil gilt dabei jedoch die Besonderheit, daß dieser, stets mit Vorzeichen versehen, innerhalb des Zwischenbereichs linksbündig und damit unmittelbar an den Realteil anschließend gespeichert und von einem Zeichen I gefolgt wird.

Die Darstellung von Zeichenketten ist abhängig davon, ob die Ausgabe über einen Drucker erfolgen soll oder nicht. Für Dateien, die nicht über einen Drucker ausgegeben werden, entspricht die Darstellung vollständig der einer Zeichenkettenkonstanten; die Folge der einzelnen Zeichen wird also von Apostrophen umgeben, und in der Zeichenfolge enthaltene Apostrophe werden doppelt ausgegeben. Für Druckdateien (Attribut PRINT) wird der Zwischenbereich dagegen lediglich aus den Zeichen der betreffenden Zeichenkette gebildet. Bitketten werden in jedem Fall in Form von Bitkettenkonstanten dargestellt; die Folge der für die einzelnen Bits verwendeten Zeichen Ø und 1 wird von Apostrophen umgeben, und am Ende wird noch der Buchstabe B angefügt. Für numerische Abbildungsvariable entspricht die Darstellung deren Zeichenkettenwert, der stets ohne umschließende Apostrophe ausgegeben wird.

Der endgültige Ausgabebereich ergibt sich bei der durch das Schlüsselwort LIST gekennzeichneten Form einfach durch Anfügen eines der Trennung der einzelnen Werte dienenden Leerzeichens an den auf die beschriebene Weise gebildeten Zwischenbereich. Bei der durch das Schlüsselwort DATA gekennzeichneten Form wird der endgültige

Ausgabebereich aus der Bezeichnung der Größe, einem folgenden Gleichheitszeichen, dem zuvor gebildeten Zwischenbereich und ebenfalls einem angefügten Leerzeichen zusammengesetzt; im letzten Ausgabebereich wird das angefügte Leerzeichen durch ein Semikolon ersetzt. Die Bezeichnung wird bei Strukturelementen jeweils in der vollen Qualifikation angegeben (Abschnitt 2.3.2.2.); ein zur Indexbestimmung in der Datenliste benutzter Ausdruck wird vorher berechnet und sein Wert bei der Ausgabe dann in die Bezeichnung eingesetzt.

Erfolgt die Ausgabe der Datei nicht über einen Drucker, so werden die einzelnen Ausgabebereiche fortlaufend aneinandergefügt. Die Darstellung der ausgegebenen Werte innerhalb des auf diese Weise entstehenden Ausgabestroms ist dabei so geartet, daß ihre Eingabe ohne weiteres durch Eingabebefehle der gleichen Form möglich ist. Abweichungen davon bestehen nur in den Fällen, in denen

— für die Werte des Genauigkeitsattributs (m, n) einer Festkommagröße die Beziehungen $m < n$ oder $n < 0$ gelten;

— der Zeichenkettenwert einer numerischen Abbildungsvariablen nicht eine zulässige arithmetische Konstante darstellt, was z. B. stets für komplexe Abbildungsvariable der Fall ist.

Die für die Ausgabe verwendete Form ist in diesen Ausnahmefällen für die Eingabe nicht zulässig.

Ist die Datei jedoch für die Ausgabe über einen Drucker vorgesehen (Attribut PRINT), so wird der Beginn der einzelnen Ausgabebereiche stets an bestimmte feste Positionen innerhalb der Druckzeile gelegt. Im allgemeinen sind das die Positionen 1, 25, 49, 73, 97 und 121; es besteht aber auch die Möglichkeit, diese zeitweilig oder für die ständige Verwendung zu ändern. Ein Ausgabebereich beginnt jeweils an der festgelegten Position, die vom vorangehenden Ausgabebereich noch nicht belegt wurde. Zu beachten ist allerdings, daß ein nachfolgender formatgesteuerter Ausgabebefehl natürlich nicht an der nächsten festgelegten Position, sondern unmittelbar im Anschluß an den letzten Ausgabebereich beginnt.

Abweichend von den beschriebenen Festlegungen kann wie bei der formatgesteuerten Ausgabe durch eine Zusatzangabe SKIP(w) in jedem Fall sowie eine Zusatzangabe PAGE oder LINE(w) im Falle von Druckdateien der erste Ausgabebereich eines Ausgabebefehls an den Beginn eines neuen Satzes verlegt werden (Abschnitt 6.1.1.).

Die Anwendung der Ausgabebefehle ohne Formatangabe beschränkt sich in erster Linie auf die Ausgabe von Zwischen- und Testergebnissen. Während der Testphase werden gegebenenfalls entsprechende Befehle zusätzlich ins Programm aufgenommen und stellen dann häufig eine wertvolle Hilfe zur Kontrolle der richtigen Programmabarbeitung sowie zur Fehlersuche dar. Für diese Zwecke lohnt es sich im allgemeinen nicht, größere Überlegungen über die Wahl der erforderlichen Formate anzustellen, um eine anspruchsvollere Druckliste aufzubauen.

Beispiele

1. In Abhängigkeit von den angegebenen Attributen einer Variablen A ergeben sich bei deren formatfreier Ausgabe folgende Ausgabebereiche (im Fall der Attribute BINARY FIXED(15) wird der Wert zunächst in eine Größe mit den Attributen DECIMAL FIXED(6,Ø) umgewandelt):

Attribute von A	Wert von A	Ausgabebereich bei Ausgabe mit LIST	Ausgabebereich bei Ausgabe mit DATA
DECIMAL FIXED(5,2)	16,10	◡◡◡16.1Ø◡	A=◡◡◡16.1Ø◡
DECIMAL FIXED(2,5)	0,00014	◡14F-5◡	A=◡14F-5◡
BINARY FIXED(15)	37	◡◡◡◡◡◡◡◡37◡	A=◡◡◡◡◡◡◡◡37◡
DECIMAL FLOAT(6)	108,95	◡1.Ø895ØE+Ø2◡	A=◡1.Ø895ØE+Ø2◡
CHARACTER(7)	'###1###'	###1###◡	A=###1###◡
BIT(5)	'11ØØ1'B	'11ØØ1'B◡	A='11ØØ1'B◡
PIC 'ZZ9V,99'	29,72	◡29,72◡	A=◡29,72◡

2. Ein Programm enthält folgende Befehle:

```
DCL (U,V) CPLX FIXED(5,2);
U=1.24-21.55I;     V=Ø.76+6.18I;
```

Durch einen Befehl PUT LIST (U,V); werden dann die Ausgabebereiche

◡◡◡◡1.24-21.55I◡◡ und ◡◡◡◡Ø.76+6.18I◡◡◡

gebildet, durch einen Befehl PUT DATA (U,V); dagegen

U=◡◡◡◡1.24-21.55I◡◡ und V=◡◡◡◡Ø.76+6.18I◡◡;

3. Ein Programm enthält folgende Befehle:

```
DCL 1 ST, 2 T1, 3 ((A,B) FIXED(5,2)),
            2 T2, 3 ((C,D) BIN FIXED(15)),
        F(3) CHAR(4) INIT ('ANJA','GABI','LISA');
A=27.Ø1; B=-3.96; C=8; D=-2ØØ; N=2;
PUT DATA (ST,F(2));
```

Die Abarbeitung dieser Befehle liefert folgende Ausgabewerte:

ab Spalte 1: ST.T1.A=◡◡◡27.Ø1
ab Spalte 25: ST.T1.B=◡◡◡-3.96
ab Spalte 49: ST.T2.C=◡◡◡◡◡◡◡◡◡◡8
ab Spalte 73: ST.T2.D=◡◡◡◡◡◡-2ØØ
ab Spalte 97: F(2)='GABI';

4. Ein Programm enthält folgende Befehle:

```
DCL A(2) FIXED(5,1);
A(1)=317.6; A(2)=46.9; K=411;
PUT DATA (A); PUT EDIT (K)(F(3));
```

Nach ihrer Abarbeitung ergibt sich folgendes Ausgabebild:

A(1)=◡◡◡317.6◡◡◡◡◡◡◡◡◡◡◡◡◡◡A(2)=◡◡◡-46.9;411

6.4. Fehler- und Ausnahmebedingungen

In Abschnitt 4.4. wurde erläutert, daß es im Verlauf der Programmabarbeitung aus verschiedenen Gründen zum Auftreten bestimmter Fehler- und Ausnahmebedingungen und damit zu einer Unterbrechung des normalen Programmablaufs kommen kann. Die betreffenden Bedingungen werden automatisch vom Betriebssystem registriert und lösen standardmäßig bestimmte festgelegte Maßnahmen aus, die in den meisten Fällen lediglich in der Ausgabe einer Fehlermeldung und dem anschließenden Abbruch der Abarbeitung bestehen. Für eine Reihe von Bedingungen kann der Programmierer jedoch durch Verwendung eines ON-Befehls eine davon abweichende Behandlung veranlassen.

Bei der Ausführung von Operationen der reihenweisen Ein- und Ausgabe können zunächst die auch bei arithmetischen Berechnungen oder bei Wertzuordnungen möglichen Bedingungen CONVERSION und SIZE auftreten. Sie wurden bereits in Abschnitt 4.4.2. näher beschrieben, so daß hinsichtlich ihrer Behandlung darauf verwiesen werden kann. Die Bedingung CONVERSION wird gesetzt, wenn der Inhalt eines Eingabebereichs bei der formatgesteuerten Eingabe nicht den Anforderungen des jeweiligen Datenformats oder bei der formatfreien Eingabe nicht der zulässigen Darstellung einer Konstanten entspricht. Sie tritt ebenfalls auf, wenn bei der Eingabe eine Umwandlung des angegebenen Wertes in den Typ der Größe, der er zugeordnet werden soll, nicht möglich ist oder sich bei der Ausgabe ein Wert nicht gemäß dem jeweiligen Datenformat umwandeln läßt. Die Bedingung SIZE, die allerdings nur dann wirksam ist, wenn ein entsprechendes Bedingungspräfix angegeben wurde, wird gesetzt, wenn bei der Eingabe eines arithmetischen Werts nicht sämtliche vorliegenden Ziffern berücksichtigt werden können, weil das Genauigkeitsattribut der Größe, der er zugeordnet werden soll, zu klein ist. Das gleiche ist der Fall, wenn der Ausgabebereich für einen arithmetischen Wert zu klein gewählt wurde, um sämtliche Teile seiner zeichenweisen Darstellung aufnehmen zu können. In Verbindung mit Zeichen- oder Bitketten tritt diese Bedingung nicht auf.

Die weiteren bei der reihenweisen Datenübertragung möglichen Fehler- und Ausnahmebedingungen können ausschließlich in Verbindung mit Ein- oder Ausgabeoperationen auftreten. Sie befinden sich stets im wirksamen Status, der auch nicht durch ein Bedingungspräfix verändert werden kann. Eine Behandlung durch einen ON-Befehl ist jedoch in jedem Fall möglich. Im einzelnen können folgende Bedingungen auftreten:

ENDFILE(*Dateibezeichnung*) bei Erreichen des Dateiendes,
ENDPAGE(*Dateibezeichnung*) bei Erreichen des Seitenendes,
NAME(*Dateibezeichnung*) bei unzulässigen Bezeichnungen im Eingabestrom,
TRANSMIT(*Dateibezeichnung*) beim Vorliegen von Übertragungsfehlern,
UNDEFINEDFILE(*Dateibezeichnung*) beim Fehlen notwendiger Angaben für eine Datei.

Bei allen diesen Bedingungen ist zu beachten, daß in ihrer Bezeichnung, die ja in einem ON-Befehl stets anzugeben ist, neben dem betreffenden Schlüsselwort die Bezeichnung einer Datei anzugeben ist und die Bedingung sich damit auch nur auf diese bezieht. Die inhaltlich gleiche Bedingung für eine andere Datei stellt programmseitig eine unterschiedliche Bedingung dar, auch wenn äußerlich der Unterschied jeweils nur in der angegebenen Dateibezeichnung besteht; für ihre Behandlung müssen natürlich auch gesonderte ON-Befehle ins Programm aufgenommen werden. Obwohl die Ein- und Ausgabebefehle unter Verwendung der Standarddateien keine Dateibezeichnung enthalten (Abschnitt 6.1.1.), ist in darauf bezogenen Bedingungen jeweils die Bezeichnung SYSIN bzw. SYSPRINT anzugeben.

Die Bedingung UNDEFINEDFILE(*Dateibezeichnung*), die bei der Dateieröffnung auftreten kann, wenn zu diesem Zeitpunkt nicht alle für die Datei benötigten Angaben vorliegen, wurde bereits im betreffenden Zusammenhang in Abschnitt 5.4.1. behandelt, so daß hier darauf verwiesen werden kann. Für alle weiteren Bedingungen folgt nachstehend eine nähere Beschreibung ihrer Bedeutung und der Möglichkeiten zu ihrer Behandlung.

ENDFILE(*Dateibezeichnung*)

Die Bedingung ENDFILE(*Dateibezeichnung*) tritt bei Eingabedateien auf, wenn nach Erreichen des Dateiendes versucht wird, weitere Daten von der Datei zu übertragen.

Bei Dateien auf Magnetband oder -platte wird das Dateiende durch das Auftreten eines speziellen, beim Aufbau der Datei zum Dateiabschluß ausgegebenen Satzes erkannt. Bei Lochkartendateien kennzeichnet das Auftreten einer Karte mit der Lochung für die Zeichen /* in den beiden ersten Spalten das Dateiende; eine Folge von Eingabekarten ist also stets durch eine solche Karte abzuschließen. Das Auftreten einer Steuerkarte, die durch die Zeichen // in den beiden ersten Spalten gekennzeichnet ist, hat die gleiche Wirkung. Bei Eingabe über Lochstreifen wird das Dateiende durch eine entsprechende Lochkombination zum Ausdruck gebracht.

Im Zusammenhang mit der Bedingung ENDFILE(*Dateibezeichnung*) ist zu beachten, daß diese jeweils noch nicht bei der Übertragung des letzten Eingabebereichs einer Datei gesetzt wird, sondern erst nach einem darauffolgenden weiteren Eingabeversuch für die betreffende Datei. Kennt man also den genauen Umfang der Eingabedaten (z. B. im Fall einiger weniger Eingabeparameter), so wird man diesen im Programm berücksichtigen, und die Bedingung wird im allgemeinen überhaupt nicht auftreten; andernfalls handelt es sich wahrscheinlich um einen Fehler. In vielen Fällen ist jedoch der Umfang der Eingabedatei nicht von vornherein bekannt und kann folglich auch nicht im Programm berücksichtigt werden. Es ist aber auch nicht eine zusätzliche Karte mit einer speziellen Endekennzeichnung erforderlich, sondern die Daten können fortlaufend gelesen werden, und das Ende der Datei wird durch das Setzen der Bedingung ENDFILE festgestellt, die folglich keinen Fehlerzustand zum Ausdruck bringt, sondern eine Ausnahmebedingung darstellt. Durch Verwendung eines entsprechenden ON-Befehls kann man dann die erforderliche Fortsetzung der Programmabarbeitung veranlassen. Im allgemeinen wird dabei die ON-Einheit mit einem entsprechenden Sprungbefehl abgeschlossen werden; ist das nicht der Fall, so erfolgt die Fortsetzung nach Abarbeitung der ON-Einheit unmittelbar hinter dem Befehl, durch den die Bedingung ausgelöst wurde. Soll nach dem Auftreten der Bedingung erneut ein Eingabebefehl für die gleiche Datei abgearbeitet werden, ohne daß diese vorher abgeschlossen wurde, so tritt die Bedingung wieder auf.

Liegt für eine Datei kein ON-Befehl bezüglich der Bedingung ENDFILE vor, so wird bei ihrem Auftreten standardmäßig eine Fehlermeldung ausgegeben und die Systembedingung ERROR gesetzt, die normalerweise zum Abbruch der Abarbeitung führt.

ENDPAGE(*Dateibezeichnung*)

Die Bedingung ENDPAGE(*Dateibezeichnung*) tritt nur bei Dateien auf, die für eine Ausgabe über einen Drucker vorgesehen sind (Attribut PRINT). Sie stellt keine Fehler-, sondern eine Ausnahmebedingung dar und wird dann gesetzt, wenn ein Ausgabebefehl für die betreffende Datei ausgeführt werden soll, aber die maximale Anzahl von Zeilen pro Seite, festgelegt durch die Angabe PAGESIZE bei der Dateieröffnung oder durch standardmäßige Festlegungen, bereits erreicht ist oder im Verlauf der Abarbeitung dieses Befehls erreicht wird. Eine weitere Möglichkeit für ihr Auftreten besteht bei der Abarbeitung einer Zusatzangabe LINE(*w*) oder eines entsprechenden Steuerformats, wenn die durch *w* spezifizierte Zeile bereits überschritten wurde oder größer ist als die maximale Anzahl der Zeilen pro Seite.

Die Standardmaßnahme beim Auftreten der Bedingung in einem Befehl PUT besteht im automatischen Übergang auf die nächste Seite und der Fortsetzung mit der weiteren Abarbeitung des betreffenden Befehls; eine Fehlermeldung wird nicht ausgegeben. Wurde die Bedingung durch eine Zusatzangabe SKIP(*w*) oder LINE(*w*) ausgelöst, so wird diese nach dem Seitenwechsel nicht berücksichtigt. Eine solche Behandlung der Bedingung ist auch auf alle Fälle ausreichend bei der Ausgabe relativ formloser Listen, wie sie z. B. bei der Verwendung von Ausgabebefehlen ohne Formatangabe vorliegen.

Bei der Ausgabe anspruchsvollerer Drucklisten wird der Programmierer jedoch im allgemeinen einen ON-Befehl für diese Bedingung ins Programm aufnehmen und damit veranlassen, daß auf der nächsten Seite zunächst wieder eine Überschrift, eine neue Seitennummer oder ähnliche Angaben gedruckt werden. Der Übergang auf die neue Seite muß dabei allerdings durch Verwendung der Zusatzangabe PAGE oder das gleichlautende Steuerformat selbst programmiert werden. Außerdem kann von der Tatsache Gebrauch gemacht werden, daß die Bedingung ENDPAGE für jede Seite nur einmal gesetzt wird. Man kann also nach dem Auftreten der Bedingung die Ausgabe auf der betreffenden Seite beliebig fortsetzen und z. B. noch abschließende Bemerkungen bzw. Fußnoten ausgeben oder Seitennummern an den unteren Rand der Seite drucken, ohne daß die Bedingung erneut auftritt. Erst nach Ausführung aller dieser Operationen muß dann durch eine Angabe PAGE der Übergang auf die neue Seite veranlaßt werden. Die Fortsetzung der Programmabarbeitung nach normaler Beendigung einer ON-Einheit ist die weitere Abarbeitung des betreffenden Ausgabebefehls.

Tritt die Bedingung ENDPAGE durch Abarbeitung eines Befehls SIGNAL auf, so wird standardmäßig nicht der Übergang auf eine neue Seite durchgeführt, sondern die Fortsetzung mit dem darauffolgenden Befehl vorgenommen. Das gleiche gilt in diesem Fall auch nach normaler Abarbeitung einer ON-Einheit.

Bei Drucklisten, die auf jeder Seite eine einheitliche Überschrift erhalten sollen, eventuell vervollständigt durch die laufende Seitennummer, ergeben sich mitunter gewisse Probleme daraus, daß zwar nach Ausgabe einer Seite die Notwendigkeit für den Übergang zur nächsten aus dem Auftreten der Bedingung ENDPAGE hervorgeht und folglich die entsprechenden Maßnahmen ausgeführt werden können, diese aber andererseits auch schon für die erste Seite erforderlich sind, ohne daß in diesem Fall die Bedingung gesetzt wird. Man könnte dann so vorgehen, daß die Befehlsfolge zur Ausgabe der Überschriftszeilen und deren eventuelle Modifikation (z. B. durch Einfügen von Seitennummern) vor Beginn der Drucklistenausgabe im Programm angegeben und durch einen Sprungbefehl mit variabler Sprungadresse abgeschlossen wird, um danach die richtige Fortsetzung der Programmabarbeitung zu erreichen. Diese Befehlsfolge wird zunächst einmal durchlaufen, um die erste Seite mit der Überschrift zu versehen; der anschließende Sprung erfolgt zur weiteren fortlaufenden Ausgabe der Liste. Die ON-Einheit für die Bedingung ENDPAGE enthält dann lediglich den Seitenwechsel sowie einen Sprung zu den Befehlen für die Ausgabe der Überschrift. Der Nachteil dieser Form besteht allerdings darin, daß man selbst durch einen entsprechenden Wert für die als variable Sprungadresse verwendete Markenvariable dafür sorgen muß, daß anschließend die Abarbeitung mit dem Befehl fortgesetzt wird, bei dem die Bedingung auftrat. Ist das Erreichen des Seitenendes bei mehreren unterschiedlichen Ausgabebefehlen möglich, so ist die richtige Fortsetzung nur gewährleistet, wenn vor Ausführung des Ausgabebefehls dessen Befehlsmarke der betreffenden Markenvariablen zugeordnet wird. Ein weiterer Nachteil besteht darin, daß man nicht in der Lage ist, beim Auftreten der Bedingung in einem Befehl, der die Ausgabe mehrerer Zeilen bewirkt, nach Ausgabe der Überschrift mitten in diesen Befehl hineinzuspringen und dessen Abarbeitung an der Stelle der Unterbrechung fortzusetzen.

Eine bessere Möglichkeit für die Lösung dieser Aufgabe besteht im allgemeinen darin, daß man die Befehle zur Ausgabe der Überschrift in einer ON-Einheit für die Bedingung ENDPAGE angibt. Man hat dadurch den Vorteil, daß nach deren Abarbeitung die Fortsetzung automatisch mit dem Befehl erfolgt, bei dem die Bedingung gesetzt wurde, gegebenenfalls auch an der betreffenden Stelle innerhalb dieses Befehls. Die Ausgabe der Überschrift für die erste Druckseite kann man dann einfach mit Hilfe eines Befehls SIGNAL ENDPAGE(*Dateibezeichnung*); erreichen, der ebenfalls den Übergang zu der angegebenen ON-Einheit bewirkt.

NAME(*Dateibezeichnung*)

Die Bedingung NAME(*Dateibezeichnung*) tritt nur bei der Abarbeitung von Eingabebefehlen mit dem Schlüsselwort DATA in der Datenspezifikation auf. Sie wird gesetzt, wenn eine im Eingabestrom vorkommende Bezeichnung zu diesem Zeitpunkt im Programm nicht definiert oder nicht in einer im jeweiligen Befehl angegebenen Kontrolliste enthalten ist. Die Bedingung kann bei der Abarbeitung eines Eingabebefehls durchaus mehrfach auftreten.

Die Standardmaßnahme beim Auftreten der Bedingung NAME(*Dateibezeichnung*) besteht darin, daß der betreffende Eingabebereich ignoriert, eine Fehlermeldung ausgegeben und zur Bearbeitung des nächsten Eingabebereichs übergegangen wird. Beim Vorliegen eines ON-Befehls für die Bedingung wird die Programmabarbeitung nach normaler Beendigung der ON-Einheit in gleicher Weise fortgesetzt. Außerdem besteht die Möglichkeit, durch Verwendung der Standardfunktion DATAFIELD innerhalb der ON-Einheit Informationen über die Ursache des aufgetretenen Fehlers zu erhalten. Der Aufruf dieser Funktion erfolgt ohne Angabe von Argumenten, und ihr Funktionswert stellt als Zeichenkette variabler Länge den Inhalt des fehlerhaften Eingabebereichs zur Verfügung.

TRANSMIT(*Dateibezeichnung*)

Die Bedingung TRANSMIT(*Dateibezeichnung*) wird gesetzt, wenn trotz wiederholter Versuche bei der Ein- und Ausgabe permanente Übertragungsfehler (z. B. Lesefehler bei der Verwendung von Magnetbändern) auftreten. Die Übertragung liefert dann keinen verwendbaren Wert. Die Standardmaßnahme beim Auftreten der Bedingung besteht in der Ausgabe einer Fehlermeldung und dem Setzen der Systembedingung ERROR, die im allgemeinen zum Abbruch der Abarbeitung führt. Bei Behandlung der Bedingung durch einen ON-Befehl ist eine Fortsetzung der Programmabarbeitung gewöhnlich nicht sinnvoll, wenn dabei auf Eingabewerte der Datei Bezug genommen wird, bei der die Bedingung auftrat. Man wird deshalb in einem solchen Fall vielleicht nur noch bestimmte Angaben über den Stand der Programmabarbeitung ausgeben und diese danach beenden. Ansonsten wird nach normaler Beendigung der ON-Einheit die Fortsetzung der Programmabarbeitung so vorgenommen, als wäre die Unterbrechung gar nicht aufgetreten; im allgemeinen sind dann allerdings weitere Fehlerzustände die Folge.

Zur Unterstützung bei der Behandlung der Fehler- und Ausnahmebedingungen stehen die bereits in Abschnitt 4.4.1. beschriebenen Standardfunktionen ONCODE und ONLOC zur Verfügung, durch deren Angabe genauere Informationen über die Ursache für das Auftreten einer Bedingung und die jeweilige Stelle im Programm erhältlich sind. Außerdem kann in einer ON-Einheit für die Bedingungen der reihenweisen Ein- und Ausgabe die Standardfunktion ONFILE verwendet werden, die ohne Angabe von Argumenten aufzurufen ist und als Funktionswert eine Zeichenkette variabler Länge mit maximal 31 Zeichen liefert. Der Inhalt dieser Zeichenkette ist jeweils die Bezeichnung derjenigen Datei, bei der die betreffende Bedingung aufgetreten ist. Zur Behandlung von Bedingungen, deren Bezeichnung die Angabe einer Datei enthält, hat die Verwendung dieser Standardfunktion natürlich kaum einen Sinn; man kann jedoch vorteilhaft von dieser Möglichkeit in der ON-Einheit für die Bedingungen CONVERSION, SIZE oder ERROR (zur Erläuterung von Fehlerbedingungen, für die in PL1 keine Bezeichnung existiert) Gebrauch machen.

Beispiele

1. Zur Lösung einer Aufgabe ist eine größere Anzahl von Lochkarten einzulesen, auf denen jeweils 4 Werte x, y, x_0 und y_0 enthalten sind. Um eine reibungslose Abarbeitung des Projekts zu sichern, werden diese Karten zunächst durch ein kleines Programm eingelesen und fortlaufend ausgedruckt, so daß eine manuelle Kontrolle der abgelochten Daten vorgenommen werden kann. Dabei soll auch beim Auftreten von Konvertierungsfehlern auf Grund fehlerhafter Lochungen dieser Kontrollausdruck bis zum Ende fortgeführt werden. Für die Fehlerbedingung CONVERSION sind dabei unterschiedliche Maßnahmen zu programmieren.

a) Beim Auftreten eines Konvertierungsfehlers soll an Stelle des Ausdrucks der 4 Werte eine Fehlermeldung ××.KARTE FEHLERHAFT ausgegeben werden. Das Programm könnte dazu folgendermaßen lauten:

```
KONTR:PROCEDURE;
      DCL (X,Y,XØ,YØ) FIXED(9);
      ON ENDFILE(SYSIN) GOTO EX;
      ON CONVERSION BEGIN;
         PUT EDIT (N,'.KARTE FEHLERHAFT')(SKIP,F(3),A);
         GOTO EIN; END;
      N=Ø;
  EIN:N=N+1; GET EDIT (X,Y,XØ,YØ)(COLUMN(1),4 F(1Ø));
      PUT SKIP EDIT (X,Y,XØ,YØ)(F(12));
      GOTO EIN;
   EX:END;
```

b) Beim Auftreten eines Konvertierungsfehlers ist das fehlerhafte Zeichen durch das Zeichen Ø zu ersetzen und die Eingabe der Werte der betreffenden Karte erneut zu veranlassen. Zur Kennzeichnung einer solchen Ersetzung soll die Ausgabezeile in diesem Fall am rechten Rand ein Zeichen * ausweisen. Das Programm könnte dann so aussehen:

```
KONTR:PROCEDURE;
      DCL (X,Y,XØ,YØ) FIXED(9),SCH CHAR(1)INIT('Ø');
      ON ENDFILE(SYSIN) GOTO EX;
      ON CONVERSION BEGIN; ONCHAR='Ø'; SCH='1'; END;
  EIN:GET EDIT (X,Y,XØ,YØ)(COLUMN(1),4 F(1Ø));
      PUT SKIP EDIT (X,Y,XØ,YØ)(F(12));
      IF SCH='1' THEN DO;
         PUT EDIT ('*')(X(1),A); SCH='Ø'; END;
      GOTO EIN;
   EX:END;
```

Nach Ausführung der ON-Einheit wird die Konvertierung automatisch erneut versucht.

c) Beim Auftreten eines Konvertierungsfehlers soll die betreffende Variable den Wert 0 erhalten. Dafür könnte man folgende Befehle verwenden:

```
KONTR:PROCEDURE;
      DCL (X,Y,XØ,YØ) FIXED(9);
      ON ENDFILE(SYSIN) GOTO EX;
      ON CONVERSION ONSOURCE=' ';
  EIN:GET EDIT (X,Y,XØ,YØ)(COLUMN(1),4 F(1Ø));
      PUT SKIP EDIT (X,Y,XØ,YØ)(F(12));
      GOTO EIN;
   EX:END;
```

Durch das Belegen des Eingabebereichs mit Leerzeichen wird der Variablen bei dem erneuten Versuch der Konvertierung der Wert 0 zugeordnet.

2. In einem Rechenzentrum soll eine Übersicht über die in einem bestimmten Zeitraum durch die verschiedenen Kunden in Anspruch genommenen Rechenzeiten und die dadurch entstandenen Kosten ausgegeben werden. Die erforderlichen Angaben werden über Lochkarten eingelesen. Die 1. Karte enthält in den Spalten 1···5 den jeweils gültigen Preis pro Minute Rechenzeit, der in M mit 2 Kommastellen anzugeben ist, sowie in den Spalten 8···22 eine aus maximal 15 Zeichen bestehende Information über den Abrechnungszeitraum, die in der 1. Zeile der Überschrift mit ausgegeben wird. Auf diese Karte folgen weitere Karten, die jeweils die Angaben eines Kunden für einen Rechentermin beinhalten und nach Kundennummer und Datum sortiert sind. Der Kartenaufbau ist wie folgt:

Spalte 1···8 Kundennummer,
Spalte 10···17 Datum in aufbereiteter Form,
Spalte 19···23 Rechenzeit in Minuten.

Die auszugebende Liste soll folgendes Aussehen haben:

```
ABRECHNUNG ××××××××××××××× SEITE ×××
 KUNDEN-        DATUM         ZEIT          KOSTEN
   NR.                        (MIN)           (M)
××××××××       ××.××.××       ×××××        ××××××,××
               ××.××.××       ×××××        ××××××,××
                  ⋮
```

Für jeden Kunden sind die an den einzelnen Tagen angefallenen Rechenzeiten und die sich daraus ergebenden Kosten auszugeben. Die Kundennummer ist dabei nur jeweils in der ersten Zeile für den betreffenden Kunden aufzuführen. Außerdem ist für jeden Kunden nach einer Zeile Zwischenraum die Summe der angefallenen Zeiten und Kosten auszuweisen; in der Spalte für das Datum ist dann der Text SUMME anzugeben. Zwischen der Summenzeile und der ersten Zeile für den nächsten Kunden sollen zwei Zeilen frei bleiben. Zum Abschluß der Liste ist noch eine Zeile mit der Gesamtsumme für Zeit und Kosten auszugeben, in der in der Spalte für das Datum der Text GESAMT stehen soll. Die Ausgabe der Kosten soll jeweils unter Verwendung eines Kommas erfolgen. Die Überschrift soll auf jeder Seite unter Angabe der Seitennummer stehen. Ein Programm zur Lösung dieser Aufgabe könnte folgendermaßen aussehen:

```
ABR:PROCEDURE;
    DCL LISTE FILE PRINT,KARTE FILE INPUT,
        (KNR,KNRALT,DATUM)CHAR(8), ZEITRAUM CHAR(15),
        (ANF,EOF)CHAR(1) INIT('Ø'), PREIS FIXED(5,2),
        ZEIT FIXED(5), (SZEIT,GESAMT) FIXED(7);
FOR:FORMAT (A(8),F(8),X(2),P'(6)Z9V,99');
    ON ENDFILE(KARTE) BEGIN; EOF='1'; GOTO SUM; END;
    ON ENDPAGE (LISTE) BEGIN;
        IF ANF='1' THEN PUT FILE(LISTE) PAGE;
        PUT FILE(LISTE) EDIT ('ABRECHNUNG',ZEITRAUM,'SEITE',
            NR,'␣KUNDEN-␣␣␣␣DATUM␣␣␣␣␣ZEIT␣␣␣␣␣KOSTEN','NR.',
            '(MIN)␣␣␣␣␣␣␣(M)') (A(11),A(17),A,F(4),SKIP(2),A,
```

```
                SKIP,X(3),A,COLUMN(22),A);
            PUT FILE(LISTE) SKIP(3); NR=NR+1;
       END;
       NR=1; KNRALT='␣'; GESAMT=0;
       GET FILE(KARTE) EDIT (PREIS,ZEITRAUM)(F(5,2),X(2),A(15));
       SIGNAL ENDPAGE(LISTE);
  EIN: GET FILE(KARTE) EDIT (KNR,DATUM,ZEIT)
            (SKIP,A(8),X(1),A(8),F(6));
       IF   KNR¬=KNRALT THEN DO;
            IF ANF='0' THEN DO; ANF='1'; GOTO NEU; END;
  SUM:      PUT FILE(LISTE) EDIT ('SUMME',SZEIT,SZEIT*PREIS)
                 (SKIP(2),X(10),R(FOR));
            PUT FILE(LISTE) SKIP(3);
            GESAMT=GESAMT+SZEIT;
            IF EOF='1' THEN GOTO GES;
  NEU:      PUT FILE(LISTE) EDIT (KNR)(A(10));
            KNRALT=KNR; SZEIT=0;
       END;
       PUT FILE(LISTE) EDIT (DATUM,ZEIT,ZEIT*PREIS)(R(FOR));
       SZEIT=SZEIT+ZEIT;  GOTO EIN;
  GES: PUT FILE(LISTE) EDIT ('GESAMT',GESAMT,GESAMT*PREIS)
                 (X(10),R(FOR));
       END;
```

Durch den Befehl SIGNAL ENDPAGE(LISTE); wird bewirkt, daß auch auf der ersten Seite die Überschrift ausgegeben wird, was sonst jeweils nach Erreichen des Seitenendes auf Grund der ON-Einheit für die Bedingung ENDPAGE(LISTE) erfolgt. Nach deren Abarbeitung wird das Programm stets automatisch mit der Ausführung des Befehls fortgesetzt, bei dem die Bedingung auftrat. Die beiden Variablen ANF und EOF wurden als Schalter eingeführt; der Wert '0' von ANF kennzeichnet die erste und der Wert '1' alle weiteren Seiten, während EOF normalerweise den Wert '0' hat und erst bei Dateiende der Eingabedatei auf '1' gesetzt wird.

Gibt man die Ausgabe der Überschrift nicht in der ON-Einheit für die Bedingung ENDPAGE (LISTE) an, sondern schreibt die betreffenden Befehle an den Anfang des Programms, so entfällt die Möglichkeit des anschließenden automatischen Übergangs zum jeweiligen Ausgabebefehl. Dieser muß vielmehr durch eine Markenvariable gesteuert werden, da das Seitenende durch jeden der Ausgabebefehle erreicht werden kann. Das Programm müßte dann etwa folgendermaßen aussehen:

```
  ABR: PROCEDURE;
       DCL LISTE FILE PRINT, KARTE FILE INPUT,
           (KNR,KNRALT,DATUM)CHAR(8), ZEITRAUM CHAR(15),
           (ANF,EOF)CHAR(1) INIT('0'), PREIS FIXED(5,2),
           ZEIT FIXED(5),(SZEIT,GESAMT) FIXED(7), LV LABEL;
  FOR: FORMAT (A(8),F(8),X(2),P'(6)Z9V,99');
       ON ENDFILE(KARTE) BEGIN; EOF='1'; GOTO SUM; END;
       ON ENDPAGE(LISTE) BEGIN;
           PUT FILE(LISTE) PAGE; GOTO UEB; END;
       NR=1; KNRALT='␣'; GESAMT=0; LV=EIN;
       GET FILE(KARTE) EDIT (PREIS,ZEITRAUM)(F(5,2),X(2),A(15));
  UEB: PUT FILE(LISTE) EDIT ('ABRECHNUNG',ZEITRAUM,'SEITE',NR,
           '␣KUNDEN-␣␣␣␣DATUM␣␣␣␣␣ZEIT␣␣␣␣␣KOSTEN','NR.',
           '(MIN)␣␣␣␣␣␣␣(M)') (A(11),A(17),A,F(4),SKIP(2),A,
           SKIP,X(3),A,COLUMN(22),A);
       PUT FILE(LISTE) SKIP(3); NR=NR+1;  GOTO LV;
  EIN: GET FILE(KARTE) EDIT (KNR,DATUM,ZEIT)
           (SKIP,A(8),X(1),A(8),F(6));
       IF KNR¬=KNRALT THEN DO;
```

```
        IF ANF='Ø' THEN DO; ANF='1'; GOTO NEU; END;
SUM:    LV=SUM2; PUT FILE(LISTE) SKIP(2);
SUM2:   PUT FILE(LISTE) EDIT ('SUMME',SZEIT,SZEIT*PREIS)
             (X(1Ø),R(FOR));
        PUT FILE(LISTE) SKIP(3);
        GESAMT=GESAMT+SZEIT;
        IF EOF='1' THEN GOTO GES;
NEU:    LV=NEU2;
NEU2:   PUT FILE(LISTE) EDIT (KNR)(A(1Ø));
        KNRALT=KNR; SZEIT=Ø;
      END;
      LV=ZEI;
ZEI: PUT FILE(LISTE) EDIT (DATUM,ZEIT,ZEIT*PREIS)(R(FOR));
      SZEIT=SZEIT+ZEIT; GOTO EIN;
GES:LV=GES2;
GES2:PUT FILE(LISTE) EDIT ('GESAMT',GESAMT,GESAMT*PREIS)
           (X(1Ø),R(FOR));
      END;
```

3. Eine Lochkarte enthält die Zeichenfolge

```
A=14␣␣B=21␣␣C=129␣␣D=38;
```

Die Eingabe dieser Zeichen durch einen Befehl

```
GET FILE(EIN) DATA (D,A,B,E,Z);
```

bewirkt zunächst, daß den Variablen A und B die Werte 14 bzw. 21 zugeordnet werden. Anschließend wird jedoch die Bedingung NAME für die Datei gesetzt, weil die in der Zeichenfolge enthaltene Bezeichnung C nicht in der Kontrolliste des Eingabebefehls auftritt. Wird kein ON-Befehl für diese Bedingung im Programm angegeben, so wird der betreffende Eingabebereich übergangen und danach die Zuordnung des Wertes 38 zur Variablen D ausgeführt. Soll jedoch eine Information über den fehlerhaften Eingabebereich ausgegeben werden, so könnte das durch einen Befehl

```
ON NAME (EIN) PUT EDIT (DATAFIELD) (X(2),A);
```

erfolgen, der im vorliegenden Fall die Zeichenfolge ␣␣C=129␣ liefert. Daraus könnte man dann z. B. entnehmen, daß vielleicht an Stelle von Z versehentlich die Bezeichnung C angegeben wurde. Die Verwendung des Formats X(2) in der Formatliste des Ausgabebefehls erfolgte, um beim Auftreten mehrerer fehlerhafter Eingabebereiche deren Inhalt deutlich voneinander zu trennen.

4. In einem Forschungsinstitut wird der gesamte Literaturbestand in einer Stammdatei erfaßt. In bestimmten Abständen findet eine Aktualisierung dieser Datei statt, bei der alle über Lochkarten erfaßten Neueingänge aufgenommen werden. Die Lochkarten enthalten jeweils in Spalte 1…8 eine 8stellige Katalognummer und anschließend maximal 72 Zeichen für Verfasser, Titel und eventuelle weitere Informationen. Die letzte Stelle der Katalognummer gibt Auskunft darüber, ob es sich um einen Buchtitel oder einen Zeitschriftenartikel handelt. Buchtitel enthalten dort die Ziffer 1 oder 2, Zeitschriftenartikel stets eine höhere Ziffer.

Die Eingabe erfolgt ungeordnet in beliebiger Reihenfolge. Dabei sollen in Verbindung mit der Aufnahme in die Datei unter der Überschrift LISTE DER BUCHEINGAENGE bzw. LISTE DER NEUEN ZEITSCHRIFTENARTIKEL zwei getrennte Listen ausgegeben werden. Beide sollen auf jeder Seite die Überschrift unter zusätzlicher Angabe der Seitennummer enthalten. Das Programm dafür könnte folgendermaßen aussehen:

```
LIT:PROCEDURE;
    DCL LISTE1 FILE PRINT, LISTE2 FILE PRINT,
         NR CHAR(7), KZ CHAR(1), TEXT CHAR(72);
    ON ENDFILE (SYSIN) GOTO END;
    ON ENDPAGE (LISTE1) BEGIN;
       IF NS1>1 THEN PUT FILE (LISTE1) PAGE;
       PUT FILE (LISTE1) EDIT
```

```
            ('LISTE DER BUCHEINGAENGE','SEITE',NS1,'␣')
            (A, COLUMN(75),A,F(3),SKIP,A);
        NS1=NS1+1;
    END;
    ON ENDPAGE (LISTE2) BEGIN;
        IF NS2>1 THEN PUT FILE (LISTE2) PAGE;
        PUT FILE (LISTE2) EDIT
            ('LISTE DER NEUEN ZEITSCHRIFTENARTIKEL','SEITE',NS2,
            '␣') (A, COLUMN(75),A,F(3),SKIP,A);
        NS2=NS2+1;
    END;
    NS1,NS2=1;
    SIGNAL ENDPAGE (LISTE1); SIGNAL ENDPAGE (LISTE2);
M1: GET EDIT (NR,KZ,TEXT)(A(7),A(1),A(72));
    IF KZ<='2' THEN PUT FILE (LISTE1) EDIT
                    (NR,KZ,TEXT)(SKIP,2 A,X(2),A);
               ELSE PUT FILE (LISTE2) EDIT
                    (NR,KZ,TEXT)(SKIP,2 A,X(2),A);

    Übernahme in die Stammdatei

    GOTO M1;
END:END;
```

Da beide Listen parallel zueinander entstehen, ist es erforderlich, zwei getrennte Dateibezeichnungen zu verwenden und demzufolge auch zwei getrennte ON-Befehle für die Bedingung ENDPAGE anzugeben. Eine Angabe SKIP oder COLUMN im Eingabebefehl ist nicht erforderlich, da jeweils der gesamte Inhalt einer Karte eingelesen wird.

6.5. Interne Datenübertragung mit Aufbereitung

Die Befehle der reihenweisen Ein- und Ausgabe werden dazu benutzt, um auf externen Speichermedien vorliegende Daten bestimmten Größen zuzuordnen, deren Speicherplätze sich im Hauptspeicher befinden, bzw. im Hauptspeicher vorliegende Werte bestimmter Größen auf ein externes Speichermedium zu übertragen. Die externe Darstellung der Werte erfolgt dabei in jedem Falle zeichenweise, während die interne Darstellungsform dem Typ der jeweiligen Größe entspricht. Mit der Datenübertragung ist folglich stets eine entsprechende Aufbereitung der Werte verbunden, die bei der Eingabe eine Umwandlung der Zeichenfolge in die betreffende interne Darstellungsform und bei der Ausgabe umgekehrt die Umwandlung aus der vorliegenden internen in eine zeichenweise Darstellung beinhaltet.

Durch die bei der reihenweisen Datenübertragung notwendige Verwendung von Ein- bzw. Ausgabepuffern, deren Inhalt jeweils der Darstellung auf dem externen Speichermedium entspricht, handelt es sich bei diesen Aufbereitungen stets um Operationen, die vollständig innerhalb des Hauptspeichers ablaufen (Abschnitt 6.1.2.). Damit ist aber auch die Voraussetzung dafür gegeben, diese in gleicher Weise auf andere Daten anwenden zu können, deren Speicherplätze sich im Hauptspeicher befinden, die aber nicht mit irgendwelchen Vorgängen der Ein- und Ausgabe in Verbindung stehen. Die bei der reihenweisen Ein- und Ausgabe erforderlichen Aufbereitungsoperationen erlauben es, beliebige zeichenweise gespeicherte Daten in eine andere interne Darstellungsform und intern in irgendeiner Form gespeicherte Werte in eine zeichenweise Darstellung umzuwandeln.

Es ergibt sich daraus eine Erweiterung der Möglichkeiten für eine Wertübertragung innerhalb des Hauptspeichers. Im Normalfall wird der Wert einer Größe im Hauptspeicher zum Wert einer anderen durch Abarbeitung eines entsprechenden Zuordnungsbefehls, wobei unter Umständen eine Typumwandlung gemäß den allgemeinen Konvertierungsregeln stattfindet. Eine solche Zuordnung kann nun ebenfalls unter Einbeziehung einer entsprechenden Aufbereitung erfolgen. Es sind dafür allerdings keine Zuordnungsbefehle zu verwenden, sondern Befehle, die denen der reihenweisen Datenübertragung sehr ähnlich sind und die aufeinanderfolgende Durchführung mehrerer Zuordnungen bewirken können. Ihre allgemeine Form lautet für die Übertragung mit Umwandlung aus der zeichenweisen in eine andere interne Darstellung

GET STRING (*Variable*) *Datenspezifikation*;

und für die Übertragung mit Umwandlung aus irgendeiner internen in eine zeichenweise Darstellung

PUT STRING (*Variable*) *Datenspezifikation*;

Für die Datenspezifikation bestehen die gleichen Möglichkeiten wie bei den Befehlen der reihenweisen Datenübertragung (Abschnitt 6.1.1.); es können dafür also die Formen EDIT (*Datenliste*) (*Formatliste*), LIST (*Datenliste*) oder DATA sowie DATA (*Kontrolliste*) bzw. DATA (*Datenliste*) angegeben werden. Für den Aufbau der Datenliste und der Formatliste sowie deren gegenseitige Beziehungen gelten ebenfalls die gleichen Regeln; es besteht lediglich die Einschränkung, daß von den Steuerformaten nur das Format X(*w*) zur Berücksichtigung bzw. Erzeugung von Zwischenräumen angegeben werden kann.

Gegenüber den gewöhnlichen Befehlen der reihenweisen Datenübertragung entfällt die Möglichkeit der Verwendung von Zusatzangaben, und der Teil FILE (*Dateibezeichnung*), durch den der Bezug auf die jeweilige Datei hergestellt wird, ist durch eine Angabe STRING (*Variable*) zu ersetzen. Entsprechend beziehen sich die Eingabebereiche für die aufzubereitenden bzw. die Ausgabebereiche für die aufbereiteten Daten in diesem Fall nicht auf den Ein- oder Ausgabestrom einer Datei, sondern auf die Speicherplätze einer Variablen, deren Bezeichnung in Klammern hinter dem Schlüsselwort STRING steht. Im allgemeinen wird es sich dabei stets um eine Zeichenkettenvariable handeln; es können jedoch auch Funktionswerte von Standardfunktionen in einem Befehl GET sowie Pseudovariable in einem Befehl PUT angegeben werden, wenn diese einen Zeichenkettenwert darstellen (beispielsweise SUBSTR). Die Bildung der Ein- oder Ausgabebereiche sowie die Interpretation bzw. Darstellung der darin enthaltenen Werte ergibt sich in gleicher Weise aus der angegebenen Datenspezifikation wie bei den Befehlen der reihenweisen Datenübertragung.

Bei einem Befehl GET stellt die hinter dem Schlüsselwort STRING angegebene Variable die Ausgangsgröße dar, deren Speicherplätze wie der Eingabestrom einer Eingabedatei behandelt werden. In Abhängigkeit von der verwendeten Datenspezifikation werden aus diesen Speicherplätzen die einzelnen Eingabebereiche gebildet, die darin enthaltenen Werte entsprechend interpretiert und den Elementen der Datenliste bzw. beim Fehlen einer solchen den zusammen mit den Werten angegebenen Größen zugeordnet. Der erste Eingabebereich beginnt dabei stets im ersten Byte, wenn nicht am Anfang einer vorhandenen Formatliste ein Format X(*w*) steht. Enthält die angegebene Variable mehr Zeichen als für die Übertragung benötigt werden, so bleiben die überschüssigen Zeichen unberücksichtigt, und es wird für sie keine Aufbereitung durchgeführt. Reichen die Zeichen der Variablen jedoch nicht aus, um den Forderungen von Datenliste und gegebenenfalls Formatliste gerecht zu werden, so wird eine entsprechende Fehlermeldung ausgegeben und die Programmabarbeitung abgebrochen.

Bei der Durchführung der Übertragung können die Fehlerbedingungen CONVERSION und SIZE in der üblichen Weise gesetzt werden. Tritt dagegen bei Verwendung eines Befehls mit der Datenspezifikation DATA eine Bezeichnung innerhalb der Eingabewerte auf, die nicht im Programm vereinbart wurde oder nicht in einer angegebenen Kontrolliste enthalten ist, so wird nicht wie bei der reihenweisen Eingabe die Bedingung NAME gesetzt, die ja immer auf eine Datei bezogen ist, sondern die Systembedingung ERROR.

Beispiele

1. Durch Abarbeitung der Befehle

```
DCL ZK CHAR(12) INIT ('A13.4XYZCCM*'),
    X FIXED(5,1), Z CHAR(3);
GET STRING (ZK) EDIT (X,Z) (X(1),F(4),X(3),A(3));
```

erhalten die in der Datenliste angegebenen Variablen folgende Werte: X: 13,4, Z: 'CCM'.

2. Durch Abarbeitung der Befehle

```
DCL KETTE CHAR(12) INIT ('172␣␣24␣226␣'), F(3) FIXED(5);
GET STRING (KETTE) LIST (F);
```

erhalten die Elemente des Felds F folgende Werte:

F_1: 172, F_2: 24, F_3: 226.

Bei einem Befehl PUT stellt die hinter dem Schlüsselwort STRING angegebene Variable die Zielgröße dar, deren Speicherplätze wie der Ausgabestrom einer Ausgabedatei behandelt werden. Die einzelnen Ausgabebereiche für die in der Datenliste enthaltenen Größen werden fortlaufend auf die Speicherplätze dieser Variablen übertragen. Die Bildung der Ausgabebereiche erfolgt ebenso wie die Darstellung des darin befindlichen Werts in Abhängigkeit von der verwendeten Datenspezifikation. Der erste Ausgabebereich beginnt dabei stets im ersten Byte, wenn nicht am Anfang einer vorhandenen Formatliste ein Format X(w) steht. Sämtliche durch Steuerformate X(w) hervorgerufenen Zwischenräume zwischen den Ausgabebereichen enthalten Leerzeichen. Belegen die Ausgabebereiche nicht den gesamten Speicherplatz der Variablen, so behält der restliche Teil seinen bisherigen Inhalt. Reichen die Zeichen der Variablen jedoch nicht aus, um sämtliche Ausgabebereiche aufzunehmen, die sich auf Grund der angegebenen Datenliste und gegebenenfalls der Formatliste ergeben, so wird eine entsprechende Fehlermeldung ausgegeben und die Programmabarbeitung abgebrochen.

Beispiele

1. Nach Abarbeitung der Befehle

```
DCL CH CHAR(15) INIT ((15)'.'),X FIXED(5,2),Z CHAR(2);
K=64; X=1.27; Z='MM';
PUT STRING (CH) EDIT (K,X,Z) (F(3),F(5,1),X(1),A);
```

hat die Zeichenkettenvariable CH folgenden Wert:

```
␣64␣1.27␣MM....
```

2. Nach Abarbeitung der Befehle

```
DCL Z CHAR(20) INIT ('␣'),A FIXED(5,2),B CHAR(3);
A=7.85; B='ABC';
PUT STRING (Z) DATA (A,B);
```

hat die Zeichenkettenvariable Z folgenden Wert:

```
A=␣␣␣7.85␣B='ABC';␣␣
```

Für die Anwendung dieser Formen der internen Datenübertragung mit Aufbereitung gibt es zahlreiche Möglichkeiten, von denen man vor allem in Zusammenhang mit Ein- und Ausgabeoperationen Gebrauch machen kann.

In vielen Fällen ist es zum Beispiel sinnvoll, eine zeichenweise Kontrolle von Lochkartendaten vorzunehmen, bevor deren Konvertierung erfolgt. Man überträgt dann den Inhalt jeder Lochkarte zunächst mit Hilfe des A-Formats auf die Speicherplätze einer Zeichenkettenvariablen und prüft, ob es sich jeweils um numerische bzw. andere zulässige Zeichen handelt. Liegen keine Beanstandungen vor, so kann dann mit Hilfe eines Befehls zur internen Datenübertragung die entsprechende Konvertierung der einzelnen Werte in die interne Darstellungsform sowie ihre Zuordnung veranlaßt werden. Andernfalls ergeben sich auf diese Weise meist bessere Voraussetzungen für eine Fehlerbehandlung, als das sonst durch entsprechende Maßnahmen in Verbindung mit der Fehlerbedingung CONVERSION möglich wäre.

Weitere Anwendungsmöglichkeiten ergeben sich in solchen Fällen, in denen arithmetische Werte in ihre einzelnen Ziffern (z. B. zur Bildung von Prüfziffern) zerlegt werden müssen, sowie bei der Eingabe von Lochkarten, für deren Aufbau in Abhängigkeit von einem Kartenkennzeichen unterschiedliche Möglichkeiten bestehen und dieses Kennzeichen nicht jeweils am Anfang der Karte steht.

Bei der Ausgabe von Drucklisten kommt es andererseits mitunter vor, daß in eine geschlossen auszugebende Druckzeile bestimmte Ausgabebereiche einzufügen sind, die nur unter bestimmten Bedingungen dort erscheinen sollen oder eine alternative Darstellung beinhalten können. Durch einen entsprechenden Befehl zur internen Datenübertragung mit Aufbereitung lassen sich solche Ausgabewerte im allgemeinen auf einfache Weise auf die betreffende Position bringen.

Eine besondere Rolle spielt die interne Datenübertragung dann, wenn die Eingabe von Lochkarten oder die Ausgabe von Drucklisten nicht durch Befehle der reihenweisen Datenübertragung und damit in Verbindung mit einer automatischen Aufbereitung der Daten, sondern durch Befehle der satzweisen Datenübertragung vorgenommen werden soll. In Abschnitt 5.1.1. sind Ausführungen darüber enthalten, warum und in welchen Fällen eine solche Verfahrensweise sinnvoll ist. Die Eingabe des Lochkarteninhalts erfolgt dann in der vorliegenden zeichenweisen Darstellung, und auch vor der Ausgabe einer Druckzeile ist deren vollständiger Inhalt zeichenweise intern zusammenzustellen. Die jeweilige Konvertierung der Daten muß der Programmierer selbst veranlassen, wofür er vorteilhaft die Befehle der internen Datenübertragung mit Aufbereitung verwenden kann (siehe Abschnitt 7.5.).

Beispiele

1. In einem Programm wird ein 6stelliger numerischer Eingabewert sowohl als arithmetische Größe als auch als Zeichenkette benötigt. Eine einfache Möglichkeit dafür wäre durch Vereinbarung einer numerischen Abbildungsvariablen und Angabe der Befehle

```
DCL A PICTURE '999999';
GET EDIT (A) (F(6));
```

gegeben, die allerdings den Nachteil hat, daß das Rechnen mit solchen Größen zwar möglich, aber nicht sehr effektiv ist. Eine bessere Möglichkeit wäre daher unter Umständen die Befehlsfolge

```
DCL A FIXED(6), Z CHAR(6);
GET EDIT (Z) (A(6));
GET STRING (Z) EDIT (A) (F(6));
```

bei der zuerst die Zeichenfolge mit dem A-Format eingelesen und der Zeichenkettenvariablen Z zugeordnet und anschließend daraus durch die interne Datenübertragung der arithmetische Wert entnommen wird. Natürlich könnte man ebenso auch in umgekehrter Reihenfolge verfahren und hinter dem Vereinbarungsbefehl die Befehle

```
GET EDIT (A) (F(6));
PUT STRING (Z) EDIT (A) (F(6));
```

angeben, wobei allerdings eine zweifache Konvertierung erforderlich ist.

2. Zur Kontrolle einer Prüfziffer werden die einzelnen Ziffern einer 7stelligen dezimalen Festkommagröße X benötigt. Durch Abarbeitung der Befehle

```
DCL X FIXED(7), V(7) FIXED(1), CH CHAR(7);
PUT STRING (CH) EDIT (X) (F(7));
GET STRING (CH) EDIT (V) (F(1));
```

werden diese als Elemente des Feldes V zur Verfügung gestellt. Um die einzelnen Ziffern überhaupt ansprechen zu können, wird der gesamte Zahlenwert zunächst entpackt und zeichenweise als Wert der Zeichenkettenvariablen CH gespeichert. Aus dieser können die einzelnen Ziffern dann als gesonderte Elemente entnommen werden.

3. Für die Eingabe der 7 Elemente eines Felds von Gleitkommagrößen über Lochkarten sollen zwei unterschiedliche Möglichkeiten bezüglich des Kartenaufbaus bestehen. Jede Karte enthält daher ein Kennzeichen zur Festlegung der Kartenart, das aus bestimmten Gründen jedoch nicht am Anfang, sondern erst in Spalte 80 steht. Bei Kartenart A werden die Werte in 7 Eingabebereichen zu je 10 Spalten mit Angabe eines Dezimalpunktes bereitgestellt, während bei Kartenart B jeweils nur 9 Spalten für einen Wert benutzt und die letzten 4 Ziffern jeweils automatisch als Kommastelle betrachtet werden. Die Eingabe könnte dann durch Verwendung folgender Befehle durchgeführt werden:

```
    DCL ZW CHAR(7Ø), KA CHAR(1), SUB(7) FLOAT(16), FL LABEL;
F1: FORMAT (E(1Ø,Ø));
F2: FORMAT (E(9,4));
    GET EDIT (ZW,KA) (A(7Ø),X(9),A(1));
    IF KA='A' THEN FL=F1; ELSE FL=F2;
    GET STRING (ZW) EDIT (SUB) (R(FL));
```

Da die Kartenart zunächst nicht bekannt ist, wird der die Eingabewerte enthaltende Teil der Karte in einen als Zeichenkettenvariable vereinbarten Eingabebereich eingelesen und nach Kenntnis der Kartenart von dort entsprechend dem jeweiligen Kartenaufbau elementweise in das Feld SUB übertragen.

4. Die interne Aufbereitung einer Druckzeile, wie sie vor allem in Verbindung mit der Ausgabe von Drucklisten mit Hilfe der satzweisen Datenübertragung erforderlich ist (Abschnitt 7.5.2.), könnte z. B. in der Form erfolgen, daß an Stelle eines Befehls

```
PUT FILE (LISTE) EDIT
    (A,B,(Z(I) DO I=1 TO 5),'|',K1,K2,DH)
    (SKIP,2 F(1Ø,2),5 E(14,5),X(1),A(2),2 F(7),E(13,4));
```

die Befehlsfolge

```
PUT STRING (KETTE) EDIT
    (A,B,(Z(I) DO I=1 TO 5),'|',K1,K2,DH)
    (2 F(1Ø,2),5 E(14,5),X(1),A(2),2 F(7),E(13,4));
PUT FILE (LISTE) EDIT (KETTE) (SKIP,A);
```

verwendet wird, bei der der Zeileninhalt zunächst in einer etwa mit DCL KETTE CHAR(12Ø); zu vereinbarenden Zeichenkettenvariablen untergebracht wird.

Soll der Wert von K1 nur dann ausgegeben werden, wenn er von 0 verschieden ist, so könnte das bei der ersten Form z. B. durch

```
PUT FILE (LISTE) EDIT (A,B,(Z(I) DO I=1 TO 5),'|')
     (SKIP,2 F(10,2),5 E(14,5),X(1),A(2));
IF K1¬=0 THEN PUT FILE (LISTE) EDIT (K1)(F(7));
PUT FILE (LISTE) EDIT (K2,DH)(COLUMN(101),F(7),E(13,4));
```

zum Ausdruck kommen, während die Ausgabe bei Verwendung der zweiten Form folgendermaßen aussehen könnte:

```
PUT STRING (KETTE) EDIT
     (A,B,(Z(I) DO I=1 TO 5),'|',K2,DH)
     (2 F(10,2),5 E(14,5),X(1),A(9),F(7),E(13,4));
IF K1¬=0 THEN PUT STRING (SUBSTR(KETTE,94,7)) EDIT (K1)(F(7));
PUT FILE (LISTE) EDIT (KETTE) (SKIP,A);
```

5. Für die Sportler einer Trainingsgruppe soll eine Übersicht ausgegeben werden, die jeweils den Namen, die Jahresbestleistung, die Bestleistung des Vorjahres, die prozentuale Entwicklung gegenüber dem Vorjahr, die Zielstellung sowie die Abweichung davon im laufenden Jahr enthält. Für Neulinge in der Trainingsgruppe liegt als Vorjahresleistung der Wert 0 vor, und es soll dafür ein Strich sowie für die Leistungsentwicklung eine Folge von Sternen ausgegeben werden. Die Ausgabe der Angaben für einen Sportler könnte dann durch folgende Befehle vorgenommen werden:

```
IF VORJ=0 THEN ZEI='␣␣␣—␣␣␣*******␣';
               ELSE PUT STRING (ZEI) EDIT
                    (VORJ,BLJ/VORJ*100,'%')(2 F(7,2),A(1));
PUT SKIP EDIT (NAME,BLJ,ZEI,ZIEL,BLJ-ZIEL)
               (A(20),F(9,2),A(15),2 F(7,2));
```

Der in unterschiedlicher Weise zu bildende Teil der Ausgabezeile wird vor der Ausgabe auf den Speicherplätzen der Zeichenkettenvariablen ZEI aufbereitet.

6. In einem Programm werden fortlaufend Lochkarten eingelesen, deren Inhalt zur Vermeidung von Konvertierungsfehlern jeweils zunächst auf die Speicherplätze einer Zeichenkettenvariablen gebracht wird, so daß eine Prüfung der einzelnen Zeichen erfolgen kann. Dabei sind Leerzeichen in jedem Falle durch das Zeichen 0 zu ersetzen, während beim Auftreten anderer nichtnumerischer Zeichen die betreffende Karte übergangen werden soll. Für die Eingabe könnten dann folgende Befehle verwendet werden:

```
    DCL KARTE FILE INPUT, ZKV CHAR(80),
        ZF(80) CHAR(1) DEF ZKV;
    ON ENDFILE (KARTE) GOTO EX;
EIN:GET FILE (KARTE) EDIT (ZKV)(A(80));
    DO I=1 TO 80;
       IF ZF(I)<'0' THEN IF ZF(I)='␣' THEN ZF(I)='0';
                                       ELSE GOTO EIN;
    END;
    GET STRING (ZKV) EDIT (...)(...);
    :
    GOTO EIN;
EX: ...
```

Der Zugriff zu den einzelnen Zeichen erfolgt durch das der Zeichenkettenvariablen überlagerte Feld ZF. Die betreffenden Operationen könnten auch unter Verwendung der Standardfunktion SUBSTR durchgeführt werden, wobei ZF(I) jeweils durch SUBSTR(ZKV,I,1) zu ersetzen wäre. Nach erfolgter Kontrolle wird durch einen Befehl der internen Datenübertragung die eigentliche Eingabe der Werte und deren Zuordnung zu den betreffenden Elementen vorgenommen, so daß deren weitere Bearbeitung erfolgen kann.

7. Satzweise Ein- und Ausgabe

Die satzweise Ein- und Ausgabe findet vor allem in solchen Fällen Verwendung, in denen mit Hilfe extern gespeicherter Daten eine Verbindung zwischen verschiedenen Abarbeitungen auf einer EDVA hergestellt werden soll. So kann es zum Beispiel sein, daß die Ergebnisse irgendwelcher in einem Programm durchgeführter Berechnungen oder anderweitiger Untersuchungen auf ein externes Speichermedium übertragen werden, um später eine weitere Bearbeitung durch ein anderes Programm zu ermöglichen, oder daß ein Datenbestand aufgebaut wird, der regelmäßig aktualisiert werden und für periodische Abarbeitungen eines Programms oder auch für unterschiedliche Abarbeitungen im Rahmen mehrerer EDV-Projekte zur Verfügung stehen muß. Da in solchen Fällen im allgemeinen keine Notwendigkeit besteht, daß die gespeicherten Daten in einer für den Anwender unmittelbar lesbaren Form vorliegen, erfolgt bei der satzweisen Ein- und Ausgabe keinerlei Aufbereitung in Form von Konvertierungen oder dergl. Bei der Ausgabe der Daten werden diese in ihrer internen Darstellungsform unverändert auf das Speichermedium übertragen und stehen folglich bei einer späteren Eingabe unmittelbar in dieser Form bereits zu Verfügung.

Andererseits ist die satzweise Datenübertragung aber auch ohne weiteres für solche Aufgaben verwendbar, bei denen eine Umwandlung aus der internen in eine zeichenweise externe Darstellung oder umgekehrt erforderlich ist. Diese Notwendigkeit besteht zum Beispiel bei der Ausgabe von Drucklisten oder der Eingabe von Daten über Lochkarten. Der Programmierer muß dann allerdings selbst dafür sorgen, daß eine interne zeichenweise Aufbereitung der einzelnen Druckzeilen bzw. eine Konvertierung der zeichenweise vorliegenden Eingabewerte durchgeführt wird.

Eine ausführliche Beschreibung der Besonderheiten der satzweisen Datenübertragung sowie ihrer Anwendungsmöglichkeiten ist in Abschnitt 5.1.1. enthalten, wobei auch auf die wesentlichsten Unterschiede zur reihenweisen Datenübertragung hingewiesen wird.

7.1. Allgemeine Grundlagen

Programmseitig ist bei Verwendung der satzweisen Datenübertragung vor allem von Bedeutung, daß sich jeder Ein- oder Ausgabebefehl grundsätzlich auf genau einen vollständigen Satz bezieht, auch wenn die tatsächliche Übertragung von dem externen Speichermedium oder auf dieses stets blockweise erfolgt. Das Blocken und Entblocken wird jeweils automatisch durch das Betriebssystem vorgenommen. Während die Befehle der reihenweisen Datenübertragung nur gestatten, Dateien aus im Hauptspeicher befindlichen Daten aufzubauen oder Daten von vorhandenen Dateien in den Hauptspeicher einzulesen, besteht bei der satzweisen Datenübertragung darüber hinaus auch noch die Möglichkeit, Sätze einer Datei in ihrem Inhalt zu verändern bzw. zu ersetzen, Sätze zu löschen sowie neue Sätze in einen vorliegenden Datenbestand einzufügen. Dabei sind alle in PL1 unterstützten Dateiorganisationsformen (Abschnitt 5.2.) anwendbar, und neben dem sequentiellen Zugriff ist außerdem ein wahlfreier Direktzugriff zu den Sätzen einer Datei möglich.

Die allgemeine Form der Ein- und Ausgabebefehle der satzweisen Datenübertragung lautet:

Operation FILE (*Dateibezeichnung*) *Spezifikationen*;

Operation stellt ein Schlüsselwort dar, das die beabsichtigte Abarbeitung kennzeichnet. Es bestehen dafür folgende Möglichkeiten:

WRITE oder LOCATE für die Ausgabe eines neuen Satzes,
READ für die Bereitstellung eines Satzes,
REWRITE für das Ersetzen eines Satzes,
DELETE für das Löschen eines Satzes.

(In Verbindung mit LOCATE ist zusätzlich noch die Angabe einer basisbezogenen Größe erforderlich.)

Hinter dem Schlüsselwort FILE ist in Klammern jeweils die Bezeichnung der Datei anzugeben, auf die sich die betreffende Operation bezieht. Die als *Spezifikationen* erforderlichen weiteren Angaben in den Ein- und Ausgabebefehlen sind von der Organisationsform der Datei und der für sie vereinbarten Zugriffsform abhängig. Sie dienen in erster Linie dazu, den Modus für die durch den Befehl bewirkte Datenübertragung festzulegen sowie Informationen über erforderliche Satzschlüssel bereitzustellen. Bei Angabe mehrerer Spezifikationen in einem Befehl ist deren Reihenfolge gleichgültig.

Während bei der reihenweisen Datenübertragung durch eine Datenliste (Abschnitt 6.1.3.) festgelegt wird, aus den Werten welcher Größen eine Ausgabedatei aufzubauen ist bzw. welchen Größen die Werte einer Eingabedatei zugeordnet werden sollen, enthalten die Befehle der satzweisen Datenübertragung keine Datenliste. Durch einen Befehl wird vielmehr stets ein vollständiger Satz angesprochen, unabhängig davon, aus wieviel einzelnen Werten er besteht. Bei der Ausgabe stellt daher die Quelle der Datenübertragung stets ein geschlossener Ausgabebereich dar, in dem der gesamte Satzinhalt vorher zusammenzustellen ist, und bei der Eingabe ist das Ziel der Datenübertragung stets ein ebensolcher Eingabebereich, in dem der Satz dann als Ganzes zur Verfügung gestellt wird.

Im allgemeinen ist ein Satz die Zusammenfassung einer Folge logisch in irgendeiner Form zusammengehöriger Größen unterschiedlichen Typs und kann dementsprechend am besten durch eine Struktur beschrieben werden. Beispielsweise könnte eine Datei mit Angaben über die Arbeitskräfte eines Betriebs einen Satz für jeden Beschäftigten enthalten, der aus Name, Adresse, Geburtstag, Gehalt, Steuerklasse, Qualifikation, Auszeichnungen sowie verschiedenen anderen verschlüsselten Angaben besteht und damit sowohl numerische als auch alphanumerische Informationen in sich vereinigt. Ein Satz kann aber auch eine Zeile oder Spalte einer Matrix und unter Umständen sogar eine vollständige Matrix zum Inhalt haben. Letzteres wäre z. B. für Tabellen sinnvoll, die in mehreren unterschiedlichen Programmen benötigt und deshalb nach ihrem

Aufbau extern gespeichert werden; die betreffende Datei braucht dann lediglich aus einem einzigen Satz zu bestehen, der die gesamte Tabelle umfaßt. Bei anderen Anwendungen wiederum kann der Inhalt eines Satzes auch eine fortlaufende Einheit bilden, die nicht in einzelne Bestandteile gegliedert ist, wie es mitunter in der Textverarbeitung der Fall ist.

Je nach den vorliegenden Gegebenheiten sind für die Ein- oder Ausgabebereiche entsprechende Vereinbarungen zu treffen, die eine Bezugnahme auf den gesamten Satz, aber auch auf seine eventuell vorhandenen einzelnen Bestandteile erlauben. Zu ihrer Festlegung stehen dem Programmierer zwei unterschiedliche Methoden zur Verfügung, die sich in der gesamten Behandlung der Datensätze unterscheiden:

— *Verwendung einer Satzvariablen* (Transportmodus). Diese Methode ist sowohl bei sequentiellem als auch bei direktem Zugriff anwendbar. Als Ein- bzw. Ausgabebereich werden dabei die Speicherplätze einer im Programm vereinbarten Größe festgelegt, die als Satzvariable bezeichnet wird und in der Spezifikation des jeweiligen Befehls in der Form

INTO(*Satzvariable*) bzw. FROM(*Satzvariable*)

anzugeben ist. Als *Satzvariable* können einzelne Variable, Felder oder Strukturen verwendet werden, nicht aber indizierte Variable, Strukturelemente, Teilfelder oder Unterstrukturen. Ebenfalls nicht zulässig sind solche Größen, die durch das Attribut DEFINED anderen Größen fest überlagert sind, sowie Parameter von Teilprogrammen, während basisbezogene Größen (Attribut BASED) ohne weiteres als Satzvariable angegeben werden können. Bei Dateien mit fester Satzlänge muß die Satzvariable stets der Länge des Datenteils entsprechen; zusätzlich vom Betriebssystem an diesen angefügte Informationen, die in die Bestimmung der Satzlänge mit eingehen, bleiben dabei unberücksichtigt. Bei Sätzen variabler oder undefinierter Länge darf die Satzvariable länger, aber nicht kürzer als der jeweilige Satz sein, andererseits aber auch nicht die maximale Satzlänge überschreiten.

Die Zusammenstellung des durch einen Ausgabebefehl zu übertragenden Satzes bzw. die Bereitstellung eines Satzes auf Grund der Abarbeitung eines Eingabebefehls erfolgt jeweils auf den der angegebenen Satzvariablen zugewiesenen Speicherplätzen. Handelt es sich bei der Satzvariablen um eine Zeichenkette variabler Länge (Attribut VARYING), so bestimmt deren aktuelle Länge bei einer Ausgabedatei die Länge des auszugebenden Satzes, während sich bei einer Eingabedatei die aktuelle Länge der Satzvariablen aus der Länge des eingelesenen Satzes ergibt; über die Standardfunktion LENGTH (Abschnitt 3.2.3.) hat man diese dann auch im Programm zur Verfügung. Zu beachten ist allerdings, daß eine als Satzvariable verwendete Struktur keine Elemente enthalten darf, die das Attribut VARYING haben.

Der Ablauf der Datenübertragung erfolgt beim Transportmodus im Normalfall in zwei Schritten unter Verwendung von Puffern als Zwischenspeicher. Bei der Ausgabe werden die Sätze aus dem Ausgabebereich zunächst in einen Ausgabepuffer übertragen, der stets den Umfang eines Blocks hat und demzufolge im allgemeinen mehrere Sätze aufnehmen kann. Eine Übertragung auf das externe Speichermedium findet jeweils blockweise erst nach der vollständigen Belegung des Puffers bzw. bei Dateiabschluß statt. Analog werden die Sätze bei der Eingabe vom externen Speichermedium zunächst blockweise in einen Eingabepuffer und von dort aus Satz für Satz in den jeweiligen Eingabebereich übertragen. Bei der fortlaufenden Bearbeitung der Sätze ist folglich mit der Ausführung eines Ein- oder Ausgabebefehls in vielen Fällen gar keine Bezugnahme auf das externe Speichermedium verbunden, so daß die Zugriffszeiten auf diese Weise beträchtlich reduziert werden können. Durch die Verwendung mehrerer Puffer kann dieser Effekt noch weiter verstärkt werden.

Andererseits ist es aber auch möglich, Dateien mit sequentiellem Zugriff ungepuffert zu bearbeiten. Es erfolgt dann eine unmittelbare Übertragung ohne Einbeziehung von Puffern vom externen Speichermedium in einen Eingabebereich bzw. umgekehrt von einem Ausgabebereich auf das externe Speichermedium.

— *Pufferinterne Bearbeitung* (Zeigermodus). Diese Methode ist nur für Dateien mit sequentiellem Zugriff zulässig und setzt die Verwendung von Puffern voraus, deren Speicherplätze direkt als Ein- oder Ausgabebereich verwendet werden. Der gesamte Ablauf der Datenübertragung beschränkt sich in diesem Fall auf die Verbindung zwischen externem Speichermedium und Puffer, während eine Übertragung vom Puffer in einen gesonderten Eingabebereich oder aus einem solchen Ausgabebereich in den Puffer wegfällt. Die Sätze einer Ausgabedatei sind demzufolge unmittelbar im Ausgabepuffer zusammenzustellen, und die Bearbeitung von Eingabesätzen muß direkt im Eingabepuffer vorgenommen werden. Zunächst besteht dabei jedoch die Schwierigkeit, daß der Programmierer gar keinen Zugriff auf die Puffer einer Datei hat, da diese vom Betriebssystem angelegt werden und im Programm nicht durch eine Bezeichnung angesprochen werden können. Bei geblockten Sätzen sowie bei der Verwendung mehrerer Puffer handelt es sich außerdem nicht jedes Mal um die gleichen Speicherplätze.

Das Prinzip der pufferinternen Bearbeitung besteht daher darin, daß die jeweilige Satzadresse im Puffer automatisch einer Zeigervariablen zugeordnet wird, während im Programm die Beschreibung des Satzinhalts, durch die ja erst die Möglichkeit gegeben ist, auf die einzelnen Elemente eines Satzes Bezug zu nehmen, durch eine mit der Zeigervariablen verbundene basisbezogene Größe erfolgt (Abschnitt 2.4.2.2.). Diese wird damit praktisch den Speicherplätzen des Satzes im Puffer überlagert, wobei der Übergang von einem Satz zum anderen innerhalb des Puffers. bzw. zwischen den verschiedenen Puffern selbständig durch das Betriebssystem gesteuert wird. Die Spezifikation des Ein- oder Ausgabebefehls muß in diesem Fall die Angabe

SET(*Zeigervariable*)

enthalten. Die Rolle der beim Transportmodus verwendeten Satzvariablen wird bei der pufferinternen Bearbeitung folglich von der basisbezogenen Größe übernommen, die ebenfalls im allgemeinen eine Struktur sein wird, obwohl auch hier alle weiteren Möglichkeiten zulässig sind. Unmittelbar mit der Abarbeitung eines Eingabebefehls enthält die angegebene Zeigervariable als Wert die Satzadresse im Puffer, so daß anschließend durch Verwendung der basisbezogenen Größe bzw. ihrer Elemente eine Bezugnahme auf den Satzinhalt möglich ist. Bei einer Ausgabedatei wird durch einen Ausgabebefehl zunächst die Zuordnung der Satzadresse zur jeweiligen Zeigervariablen veranlaßt und damit Speicherplatz im Puffer bereitgestellt, bevor durch entsprechende Zuordnungen zu der basisbezogenen Größe bzw. ihren Elementen der Inhalt des Ausgabesatzes zusammengestellt werden kann.

Während sich die einzelnen Befehle bei Verwendung des Transport- oder des Zeigermodus ansonsten lediglich in den angegebenen Spezifikationen unterscheiden, ist bei der Ausgabe eines Satzes im Transportmodus stets ein Befehl mit dem Schlüsselwort WRITE, bei der Ausgabe im Zeigermodus dagegen ein Befehl mit dem Schlüsselwort

LOCATE zu verwenden, hinter dem noch die Bezeichnung der jeweiligen basisbezogenen Größe anzugeben ist. In jedem Fall kann durch Verwendung entsprechender Befehle der Modus der Abarbeitung für eine Datei ohne weiteres wechselweise verändert werden.

Im allgemeinen ist die Verwendung des Transportmodus günstiger, wenn zahlreiche Bezugnahmen auf die Elemente der Sätze erforderlich sind. Durch die indirekte Adressierung mit Hilfe der Zeigervariablen wird beim Zeigermodus in diesem Fall relativ viel Zeit benötigt. Andererseits hat die pufferinterne Bearbeitung den Vorteil, daß unter Umständen ein wesentlich geringerer Speicherplatzbedarf auftritt und natürlich weniger Datenbewegungen stattfinden. Bei Dateien mit einer großen Anzahl von Datensätzen könnte das durchaus eine entscheidende Rolle spielen. Besteht andererseits eine Datei vielleicht nur aus einem einzigen Satz, der sehr umfangreich ist, so sollte man auf keinen Fall die gepufferte Form des Transportmodus verwenden. Enthält ein solcher Satz beispielsweise eine große Tabelle von 15000 Bytes, so werden bei der gepufferten Bearbeitung mindestens 30000 Bytes an Speicherplatz benötigt, nämlich je 15000 für den Eingabebereich und für den Puffer. Eine Möglichkeit, den Speicherplatzbedarf auf die Hälfte herabzusetzen, wäre die ungepufferte Form des Transportmodus; die gleiche Einsparung ergibt sich jedoch auch im Zeigermodus, bei der die Bearbeitung dann unmittelbar im Puffer erfolgt.

Beim Aufbau regionaler oder indexsequentieller Dateien sowie bei deren Verwendung im direkten Zugriff enthalten die Ein- und Ausgabebefehle unabhängig vom Übertragungsmodus zur Identifikation des jeweiligen Satzes zusätzlich die Angabe eines Quellenschlüssels. Dieser ist nach den in Abschnitt 5.2. beschriebenen Forderungen der jeweiligen Dateiorganisationsform zu bilden und wird stets als Zeichenkette betrachtet. Es kann dafür eine Zeichenkettenkonstante oder -variable, eine Abbildungsvariable oder auch ein zusammengesetzter Ausdruck angegeben werden, der einen Zeichenkettenwert liefert. Soll jedoch als Schlüssel einer Datei ein numerischer Wert in seiner internen Darstellungsform verwendet werden, so ist das ebenfalls möglich; als Quellenschlüssel wird dann eine Zeichenkette angegeben, die eine Überlagerung der arithmetischen Größe mit Hilfe eines Attributs DEFINED oder BASED darstellt. Es spielt dabei keine Rolle, daß im allgemeinen die einzelnen Zeichen dieser Zeichenkette dann nicht zum Zeichensatz gehören.

Entspricht die Länge des angegebenen Quellenschlüssels nicht der für die Datei vereinbarten Schlüssellänge, so wird rechts entweder eine entsprechende Anzahl von Leerzeichen angefügt oder die überschüssigen Zeichen bleiben unberücksichtigt.

Durch eine zusätzliche Spezifikation EVENT(Ereignisvariable) in einem Befehl der satzweisen Datenübertragung kann für ungepufferte starr fortlaufende oder regionale Dateien sowie für Dateien mit direktem Zugriff bewirkt werden, daß die betreffende Operation asynchron ausgeführt wird. Während normalerweise die Abarbeitung des folgenden Befehls erst nach erfolgreicher Beendigung der Ein- oder Ausgabe möglich ist, können in diesem Fall währenddessen bereits die nachfolgenden Befehle des Programms abgearbeitet werden, bis für die angegebene Ereignisvariable ein Befehl WAIT auftritt. Danach kann auch hier die Abarbeitung erst fortgesetzt werden, wenn die Ein- oder Ausgabeoperation erfolgreich ausgeführt wurde. Auf diese Weise besteht also die Möglichkeit, auch ohne Verwendung von Puffern eine Überlappung von Datenübertragungs- und Verarbeitungszeiten zu erreichen. Die Verwendung von Ereignisvariablen sowie des Befehls WAIT entspricht den Ausführungen in Verbindung mit dem Befehl DISPLAY (Abschnitt 4.5.).

7.2. Zusammenstellung von Dateien

Beim Neuaufbau einer Datei muß diese das Attribut OUTPUT haben, und durch die Abarbeitung eines Ausgabebefehls wird jeweils genau ein Satz in den Datenbestand aufgenommen. Unter den gleichen Voraussetzungen kann für starr fortlaufende sowie indexsequentielle Dateien eine Erweiterung durch Anfügen neuer Sätze an das bisherige Dateiende vorgenommen werden. Die Schreibweise der zu verwendenden Ausgabebefehle ist abhängig von der Organisationsform der Datei, der für sie vereinbarten Zugriffsart und dem jeweiligen Modus der Datenübertragung.

Der Aufbau von starr fortlaufenden und indexsequentiellen Dateien kann stets nur im sequentiellen Zugriff erfolgen. Regionale Dateien werden dagegen im allgemeinen im direkten Zugriff erstellt, obwohl für sie auch ein sequentieller Aufbau möglich ist. Der Inhalt des auszugebenden Satzes ist jeweils in einem Ausgabebereich zusammenzustellen, der allerdings nur den eigentlichen Datenteil umfaßt. Im Falle variabler Satzlänge vom System automatisch in den Satz aufgenommene Längeninformationen gehören ebensowenig dazu wie ein gegebenenfalls bei indexsequentiellen Dateien unmittelbar vor dem Datenteil angefügter Schlüssel. Diese Gesichtspunkte sind bei der Bestimmung der für die Ausgabebereiche erforderlichen Länge jeweils zu berücksichtigen.

Informationen über den genauen Aufbau des Quellenschlüssels für die einzelnen Organisationsformen sind in Abschnitt 5.2. enthalten.

7.2.1. Aufbau im sequentiellen Zugriff

Bei starr fortlaufenden Dateien werden die Sätze physisch in der Reihenfolge der Abarbeitung der einzelnen Ausgabebefehle fortlaufend in die Datei aufgenommen; grundsätzliche Anforderungen an eine Sortierung der Sätze bestehen nicht. Für indexsequentielle und regionale Dateien ist ein solcher physisch fortlaufender Aufbau ebenfalls möglich; er ist jedoch an das Vorliegen einer bestimmten Sortierfolge der Sätze gebunden und erfordert die Angabe eines Quellenschlüssels in den Ausgabebefehlen.

Zum Aufbau einer indexsequentiellen Datei müssen die Sätze in aufsteigender Folge der Werte eines Schlüsselbegriffs bereitgestellt werden. Dabei handelt es sich um einen mit jedem Satz verbundenen Ordnungsbegriff, dessen Werte jeweils auch als Quellenschlüssel in den Ausgabebefehlen anzugeben sind. Entsprechend dieser Sortierfolge werden die Sätze fortlaufend in den für die Datei auf dem betreffenden Speichermedium vorgesehenen Bereich eingetragen. Fehler in der Sortierfolge verursachen das Setzen der Fehlerbedingung KEY (Abschnitt 7.6.). Das Gleiche ist der Fall, wenn bei Sätzen mit eingebettetem, d. h. im Datenteil enthaltenem Schlüssel dieser nicht mit dem angegebenen Quellenschlüssel übereinstimmt. Nach entsprechender Korrektur des eingebetteten Schlüssels in Verbindung mit einem für die Bedingung KEY programmierten ON-Befehl kann allerdings ein erneuter Versuch zur Ausgabe des Satzes unternommen werden. Bei nicht eingebettetem Schlüssel wird dieser — mit Ausnahme von ungeblockten Sätzen fester Länge — vor der Ausgabe jeweils automatisch links an den Datenteil angefügt.

Zur Identifizierung der einzelnen Sätze werden in eine indexsequentielle Datei außerdem gespeicherte Schlüssel aufgenommen. Bei ungeblockten Dateien wird dazu vor jedem Satz ein gesondertes Schlüsselfeld angelegt, in welches der jeweilige Quellenschlüssel eingetragen wird. Bei geblockten Dateien kommt ein solches Schlüsselfeld nur vor jeden Block und beinhaltet den Schlüssel des letzten zu diesem Block gehörigen Satzes. Gleichzeitig wird mit dem Aufbau einer indexsequentiellen Datei automatisch ein mehrstufiges Adreßverzeichnis aufgebaut, das es ermöglicht, auf die Sätze sowohl in logisch fortlaufender als auch in beliebiger Folge zuzugreifen. Dieses Verzeichnis wird zum unmittelbaren Bestandteil der Datei.

Zum Aufbau regionaler Dateien im sequentiellen Zugriff müssen die Sätze in aufsteigender Folge der Regionsnummern bereitgestellt werden. Beim Typ 1 dieser Organisationsform ist die jeweilige Regionsnummer auch als Quellenschlüssel in den Ausgabebefehlen anzugeben, während sie bei Typ 2 und 3 nur einen Teil desselben darstellt. Entsprechend dieser Sortierfolge werden die Sätze in die einzelnen Regionen eingetragen.

Liegt bei Typ 1 und 2 für eine Region kein Satz vor, so wird diese mit einem Pseudosatz belegt. Das gleiche ist der Fall, wenn noch unbelegte Regionen nach Ausgabe des letzten Satzes vorhanden sind. Bei Nichteinhaltung der Sortierfolge oder mehrfacher Angabe der gleichen Regionsnummer wird bei diesen beiden Formen die Fehlerbedingung KEY gesetzt. Beim Typ 3 umfaßt eine Region jedoch eine ganze Spur, und die gleiche Regionsnummer kann ohne weiteres mehrfach hintereinander auftreten. Die Sätze werden dann fortlaufend auf die der Region entsprechende Spur gespeichert, und die nicht belegten Teile derselben werden mit Pseudosätzen belegt. Ist eine Spur vollständig gefüllt und es sollen weitere Sätze mit der gleichen Regionsnummer ausgegeben werden, so wird auch hier die Fehlerbedingung KEY gesetzt.

Ein gespeicherter Schlüssel zur Identifizierung der einzelnen Sätze wird nur bei Typ 2 und 3 der regionalen Organisationsform in die Datei aufgenommen. Er wird dann vor jedem Satz in einem gesonderten Schlüsselfeld untergebracht, und sein Inhalt entspricht jeweils dem im vorgegebenen Quellenschlüssel enthaltenen Vergleichschlüssel.

Die Durchführung des sequentiellen Aufbaus einer Datei kann in jedem Falle nach zwei unterschiedlichen Methoden vorgenommen werden, die sich darin unterscheiden, ob die Übertragung der Sätze aus einem vom Programmierer angelegten Ausgabebereich erfolgt (Transportmodus) oder die Sätze unmittelbar im Ausgabepuffer aufgebaut werden (Zeigermodus). Nähere Ausführungen über diese beiden Möglichkeiten sind in Abschnitt 7.1. enthalten. Die jeweils anzuwendende Methode geht aus der Form des angegebenen Befehls hervor.

Für die Übertragung der Sätze aus einem vereinbarten Ausgabebereich, der als Satzvariable bezeichnet wird, ist bei starr fortlaufenden Dateien ein Befehl

WRITE FILE(*Dateibezeichnung*) FROM(*Satzvariable*);

und bei indexsequentiellen sowie regionalen Dateien ein Befehl

WRITE FILE(*Dateibezeichnung*) FROM(*Satzvariable*) KEYFROM(*Ausdruck*);

zu verwenden. Der hinter dem Schlüsselwort KEYFROM stehende Ausdruck stellt den jeweiligen Quellenschlüssel dar, der stets nach den allgemeinen Konvertierungsregeln in eine Zeichenkette umgewandelt wird, falls er nicht von vornherein in dieser Form vorliegt. Er ist nach den Anforderungen der jeweiligen Organisationsform zu bilden (Abschnitt 5.2.). Entspricht seine Länge nicht der vereinbarten Schlüssellänge, so werden entweder rechts Leerzeichen angefügt oder überschüssige Zeichen werden nicht berücksichtigt. Vor Abarbeitung des jeweiligen Ausgabebefehls ist durch entsprechende Zuordnungen zur angegebenen Satzvariablen oder deren Elementen der Inhalt des

Satzes zusammenzustellen. Dabei muß in unterschiedlichen Ausgabebefehlen für die gleiche Datei durchaus nicht immer die gleiche Satzvariable verwendet werden, so daß ohne weiteres die Ausgabe von Sätzen mit unterschiedlichem Satzaufbau möglich ist. Hat die Satzvariable das Attribut VARYING, so ergibt sich aus ihrer aktuellen Länge auch die jeweilige Satzlänge.

Die Ausführung des Ausgabebefehls bewirkt bei ungepufferten Dateien die Übertragung eines Satzes von den Speicherplätzen der angegebenen Satzvariablen auf das externe Speichermedium. Dabei kann durch eine zusätzliche Spezifikation EVENT (*Ereignisvariable*) im Ausgabebefehl bei starr fortlaufenden und regionalen Dateien eine asynchrone Ausführung der Ausgabeoperation bewirkt werden. Bei gepufferten Dateien wird der Satz dagegen zunächst in einen Ausgabepuffer übertragen, der den Umfang eines Blockes hat und damit im allgemeinen mehrere Sätze aufnehmen kann. Die Übertragung des Pufferinhalts auf das externe Speichermedium erfolgt jeweils erst nach dessen vollständiger Belegung bzw. beim Abschluß der Datei.

Für die pufferinterne Zusammenstellung der Ausgabesätze ist bei starr fortlaufenden Dateien ein Befehl

LOCATE *basisbez. Größe* FILE(*Dateibezeichnung*) SET(*Zeigervariable*);

und bei indexsequentiellen sowie regionalen Dateien ein Befehl

LOCATE *basisbez. Größe* FILE(*Dateibez.*) SET(*Zeigervar.*) KEYFROM(*Ausdruck*);

anzugeben. Der hinter dem Schlüsselwort KEYFROM stehende Ausdruck stellt den jeweiligen Quellenschlüssel dar, für den die gleichen Ausführungen wie bei Verwendung einer Satzvariablen gelten. Voraussetzung für die Anwendung dieser Methode ist das Vorliegen mindestens eines Ausgabepuffers; die betreffende Datei darf also nicht das Attribut UNBUFFERED haben.

Die Ausführung des Ausgabebefehls bewirkt jeweils, daß die Anfangsadresse des nächsten Satzes innerhalb des Ausgabepuffers der angegebenen Zeigervariablen als Wert zugeordnet wird. Durch eine im Programm vereinbarte und mit dieser Zeigervariablen verbundene basisbezogene Größe, die ebenfalls im Befehl LOCATE anzugeben ist, erfolgt eine Überlagerung der Speicherplätze des Satzes im Puffer, so daß darauffolgende Zuordnungen zu dieser Größe oder ihren Elementen in Wirklichkeit Übertragungen in den Ausgabepuffer beinhalten. Nach Ausführung eines Befehls LOCATE ist auf diese Weise jeweils der gesamte Ausgabesatz zusammenzustellen; die basisbezogene Größe stellt praktisch eine Beschreibung des Satzinhalts dar. Durch den nächsten Befehl LOCATE wird dann der angegebenen Zeigervariablen die Adresse des nächsten Satzes im Puffer zugeordnet. Erst nach vollständiger Belegung eines Puffers bzw. beim Abschluß der Datei erfolgt dessen Übertragung auf das externe Speichermedium.

Die Länge eines Ausgabesatzes ergibt sich jeweils aus der Länge der angegebenen basisbezogenen Größe. Dabei können ohne weiteres mehrere basisbezogene Größen mit der gleichen Zeigervariablen verknüpft und auch durchaus unterschiedliche Zeigervariable in den Ausgabebefehlen für eine Datei verwendet werden, so daß vielfältige Möglichkeiten gegeben sind, die Ausgabe von Sätzen mit unterschiedlichem Satzaufbau sowie variabler Länge zu realisieren. Zur Vereinfachung kann man den Teil SET (*Zeigervariable*) in einem Befehl LOCATE weglassen, wenn die Zuordnung der Satzadresse zu derjenigen Zeigervariablen erfolgen soll, die im Vereinbarungsbefehl für die betreffende basisbezogene Größe angegeben wurde.

Der wesentliche Unterschied in der Handhabung beider Methoden für die Durchführung der Ausgabe besteht in folgendem:

— Beim Transportmodus ist der Satz zunächst vollständig auf den Speicherplätzen der Satzvariablen zusammenzustellen, bevor ein entsprechender Befehl WRITE abgearbeitet und damit die Übertragung ausgeführt werden kann.

— Beim Zeigermodus ist dagegen als erstes die Abarbeitung eines Befehls LOCATE erforderlich, um den Speicherplatz für den Satz innerhalb eines Ausgabepuffers bereitzustellen, und erst danach kann darauf der gesamte Satz zusammengestellt werden.

Der Aufbau einer Datei ist dabei nicht unbedingt an eine bestimmte Methode gebunden. Beim Vorliegen von Puffern kann die Ausgabe in beliebiger Folge durch Befehle WRITE oder LOCATE realisiert werden. Jeder dieser Befehle bezieht sich stets auf einen neuen Ausgabesatz. Wurde also zum Beispiel durch einen Befehl LOCATE Speicherplatz für einen Satz im Puffer bereitgestellt und anschließend mit Werten gefüllt, so überträgt ein darauffolgender Befehl WRITE für die gleiche Datei den Inhalt seiner Satzvariablen auf die Speicherplätze des nächsten Satzes im Puffer.

Beispiele

1. Es soll eine starr fortlaufende Datei aufgebaut werden. Die einzelnen Sätze bestehen aus den nachfolgenden Datenelementen, deren Werte über Lochkarten eingegeben werden:

A FIXED(5)	Lochspalten 1···5
B CHAR(15)	6···20
C BIN FIXED(15)	21···25
D CHAR(10)	26···35
E FIXED(4)	36···40
F FIXED(9,2)	41···50

Unter Verwendung des Transportmodus könnte ein entsprechendes Programm folgendermaßen aussehen:

```
AUFBAU:PROCEDURE;
        DCL SF FILE RECORD OUTPUT ENV(F(380,38)),
            KARTE FILE INPUT,
            1 SATZ, 2 (A FIXED(5), B CHAR(15), C BIN FIXED(15),
                       D CHAR(10), E FIXED(4), F FIXED(9,2));
        ON ENDFILE(KARTE) GOTO M2;
        OPEN FILE (SF);
    M1: GET FILE(KARTE) EDIT (SATZ)
            (COLUMN(1),F(5),A(15),F(5),A(10),F(5),F(10,2));
        WRITE FILE (SF) FROM (SATZ);
        GOTO M1;
    M2: END;
```

Wird dagegen die Zusammenstellung der Datei pufferintern vorgenommen, so könnte das Programm etwa so lauten:

```
AUFBAU:PROCEDURE;
       DCL SF FILE RECORD OUTPUT ENV(F(380,38)),
           KARTE FILE INPUT,
           1 SATZ BASED(ZG), 2 (A FIXED(5), B CHAR(15), C BIN
                   FIXED(15), D CHAR(10), E FIXED(4), F FIXED(9,2)),
           ZG POINTER;
       ON ENDFILE (KARTE) GOTO M2;
       OPEN FILE (SF);
```

```
M1: LOCATE SATZ FILE (SF) SET (ZG);
    GET FILE (KARTE) EDIT (SATZ)
        (COLUMN(1),F(5),A(15),F(5),A(10),F(5),F(10,2));
    GOTO M1;
M2: END;
```

Die Angaben im Attribut ENV, durch die eine Zusammenfassung von je 10 Sätzen zu einem Block festgelegt wird, könnten auch wegfallen und über die DD-Steuerkarten angegeben werden.

2. Aus den gleichen, über Lochkarten eingegebenen Daten wie in Beispiel 1 soll eine indexsequentielle Datei aufgebaut werden. Der Wert A soll dabei den Satzschlüssel bilden und nicht als Festkommagröße, sondern als Zeichenkette eingelesen werden; er soll nicht mit in den Datenteil eingebettet sein. Bei der Eingabe ist jeweils die Einhaltung der Sortierfolge für die Schlüsselwerte zu kontrollieren; nicht der Sortierfolge entsprechende Schlüssel sind über eine Liste auszugeben und die betreffenden Sätze nicht in die Datei aufzunehmen. Das Programm könnte aus folgenden Befehlen bestehen:

```
ISAUF:PROCEDURE;
    DCL IS FILE RECORD OUTPUT KEYED ENV (INDEXED F(400,40)
            KEYLENGTH(5)),
        1 SATZ, 2 (B CHAR(15), C BIN FIXED(15), D CHAR(10),
                 E FIXED(4), F FIXED(9,2)),
        A CHAR(5), SCHLA CHAR(5) INIT ('␣'),
        SCH CHAR(1) INIT ('0');
    ON ENDFILE(SYSIN) GOTO M2;  OPEN FILE(IS);
    PUT EDIT ('NICHT IN DIE DATEI AUFGENOMMENE SAETZE:')(A);
    PUT SKIP(2);
M1: GET EDIT (A,SATZ)(A(5),A(15),F(5),A(10),F(5),F(10,2));
    IF A¬>SCHLA THEN DO; PUT EDIT (A)(A(8));
                          SCH='1'; GOTO M1; END;
                ELSE SCHLA=A;
    WRITE FILE (IS) FROM (SATZ) KEYFROM (A);
    GOTO M1;
M2: IF SCH='0' THEN PUT EDIT ('KEINE')(A);
    END;
```

Soll die Größe A auch hier in Festkommaform dargestellt werden, um Speicherplatz zu sparen, so könnte sie nicht unmittelbar als Quellenschlüssel verwendet werden, da hierfür stets eine Zeichenkette anzugeben ist. Am einfachsten behilft man sich in diesem Falle so, daß man ihren Speicherplatz von 3 Bytes durch eine Zeichenkette überlagert und diese dann als Schlüssel verwendet. Das Programm müßte dann folgende Vereinbarungen enthalten:

```
DCL IS FILE RECORD OUTPUT KEYED ENV (INDEXED F(380,38) KEYLENGTH(3)),
    1 SATZ, 2 (B CHAR(15), C BIN FIXED(15), D CHAR(10), E FIXED(4),
              F FIXED(9,2)),
    A FIXED(5), SCHL CHAR(3) DEF A, SCHLA CHAR(3) INIT ('␣'),
    SCH CHAR(1) INIT ('0');
```

Ferner müßten die die Ein- und Ausgabe realisierenden Befehle folgendermaßen lauten:

```
M1: GET EDIT (A,SATZ)(F(5),A(15),F(5),A(10),F(5),F(10,2));
    IF SCHL¬>SCHLA THEN DO; PUT EDIT (A)(F(8));
                             SCH='1'; GOTO M1; END;
                   ELSE SCHLA=SCHL;
    WRITE FILE (IS) FROM (SATZ) KEYFROM (SCHL);
    GOTO M1;
```

3. In einem Programm wurde eine aus Gleitkommagrößen gebildete Matrix im Umfang (52 × 44) zusammengestellt. Da in einem anderen Programm in unregelmäßiger Folge auf die Zeilen dieser Matrix Bezug genommen werden muß, die Matrix jedoch wegen ihres Umfangs nicht

vollständig im Hauptspeicher untergebracht werden soll, wird eine regionale Datei vom Typ 1 aufgebaut, deren Sätze jeweils einer Zeile der Matrix entsprechen. Als Regionsnummer wird unmittelbar die Zeilennummer verwendet; durch ihre Angabe ist der direkte Zugriff zu jeder gewünschten Zeile möglich. Das Programm könnte folgende Befehle enthalten:

```
MAT: PROCEDURE;
     DCL A(52,44), AUS CHAR(176) BASED (P), REGNR PIC'(8)9',
          REG1 FILE RECORD OUTPUT KEYED ENV (REGIONAL(1) F(176));
     :
     DO I=1 TO 52;
         REGNR=I; P=ADDR(A(I,1));
         WRITE FILE (REG1) FROM (AUS) KEYFROM (REGNR);
     END;
     END;
```

Die Satzvariable AUS wird als Zeichenkette der Reihe nach den einzelnen Zeilen überlagert. In der obigen Form wird die Region mit der Nummer 0 nicht belegt; das hat den Vorteil, daß man beim späteren Zugriff die Zeilennummer direkt als Regionsnummer verwenden kann. Ansonsten könnte man natürlich auch REGNR=I—1; schreiben, müßte das jedoch dann auch beim Zugriff berücksichtigen.

4. Es soll eine starr fortlaufende Datei aus Sätzen von zwei unterschiedlichen Längen gebildet werden. Die einzelnen Datenelemente werden über Lochkarten eingegeben, wobei jede Karte die Werte eines Satzes enthält. Die Reihenfolge der Karten ist beliebig; die jeweilige Satzart ergibt sich aus einem Kennzeichen in der ersten Spalte (1 oder 2), das zur späteren Identifizierung des Satzinhalts mit in den Ausgabesatz übernommen wird.
Das Programm könnte folgendermaßen lauten:

```
PROG: PROCEDURE;
     DCL SFVAR FILE RECORD OUTPUT ENV (V(4ØØ,28)),
          1 SATZ1, 2 (SKZ1 CHAR(1) INIT('1'), A FIXED(7),
               B CHAR(1Ø), C FIXED(5,2), D FIXED(11,4)),
          1 SATZ2, 2 (SKZ2 CHAR(1) INIT('2'), U CHAR(5),
               V FIXED(7,1), W CHAR(2), Z FIXED(5)),
          KKZ CHAR(1);
     ON ENDFILE(SYSIN) GOTO M2;  OPEN FILE(SFVAR);
M1:  GET EDIT (KKZ)(COLUMN(1),A(1));
     IF KKZ='1' THEN DO;
            GET EDIT (A,B,C,D)(F(8),A(1Ø),F(6,2),F(12,4));
            WRITE FILE (SFVAR) FROM (SATZ1);
            END;
          ELSE DO;
            GET EDIT (U,V,W,Z)(A(5),F(8,1),A(2),F(6));
            WRITE FILE (SFVAR) FROM (SATZ2);
            END;
     GOTO M1;
M2:  END;
```

Es wurde davon ausgegangen, daß die Werte auf der Lochkarte fortlaufend hintereinander stehen und lediglich zusätzlich eine Stelle für das Vorzeichen berücksichtigt wird. Die beiden Satzlängen betragen, unter Beachtung der zusätzlichen Längeninformationen, 28 bzw. 19 Bytes; sie werden zu Blöcken von maximal 400 Bytes zusammengefaßt.

Führt man den Aufbau der Datei pufferintern durch, so müßten folgende Befehle verwendet werden:

```
PROG: PROCEDURE;
     DCL SFVAR FILE RECORD OUTPUT ENV (V(4ØØ,28)),
          1 SATZ1 BASED(P), 2 (SKZ1 CHAR(1), A FIXED(7), B CHAR(1Ø),
                    C FIXED(5,2), D FIXED(11,4)),
```

```
               1 SATZ2 BASED(P), 2 (SKZ2 CHAR(1), U CHAR(5), V FIXED(7,1),
                         W CHAR(2), Z FIXED(5)),
               KKZ CHAR(1), P PTR;
          ON ENDFILE(SYSIN) GOTO M2;  OPEN FILE (SFVAR);
      M1:GET EDIT (KKZ)(COLUMN(1),A(1));
          IF KKZ='1' THEN DO;
                 LOCATE SATZ1 FILE (SFVAR) SET (P);
                 GET EDIT (A,B,C,D)(F(8),A(10),F(6,2),F(12,4));
                 SKZ1=KKZ;
                 END;
             ELSE DO;
                 LOCATE SATZ2 FILE (SFVAR) SET (P);
                 GET EDIT (U,V,W,Z)(A(5),F(8,1),A(2),F(6));
                 SKZ2=KKZ;
                 END;
          GOTO M1;
      M2:END;
```

Die jeweilige Zuordnung von KKZ ist erforderlich, da für basisbezogene Größen auf Grund der jeweils unterschiedlichen Basis keine Anfangswerte zulässig sind.

5. In einem Programm wird eine Tabelle CH, die aus 32 Elementen mit den Attributen CHAR (64) besteht, sowie eine zweidimensionale Tabelle X von Gleitkommagrößen mit den Ausmaßen 36×12 aufgebaut. Da beide Tabellen auch in anderen Programmen benötigt werden, sollen sie auf externen Datenträgern gespeichert werden. Eine Möglichkeit dafür ist durch folgende Befehle gegeben:

```
DCL ZWSP FILE RECORD OUTPUT UNBUFFERED ENV (U(2048)),
     X(36,12) FLOAT(6), CH(32) CHAR(64);
:
WRITE FILE (ZWSP) FROM (X);
WRITE FILE (ZWSP) FROM (CH);
```

Die Datei ZWSP enthält dann lediglich zwei Datensätze, von denen jeder eine Tabelle enthält. Es wurde das undefinierte Satzformat verwendet und als maximale Satzlänge die für die größere Tabelle benötigte Anzahl von Bytes angegeben. Um Speicherplatz zu sparen, erfolgt die Ausgabe ungepuffert. Durch zwei entsprechende Eingabebefehle können beide Tabellen bei Bedarf ohne weiteres im Hauptspeicher bereitgestellt werden.

Benötigt man beide Tabellen stets gemeinsam, so ist es noch günstiger, diese zu einer Struktur zusammenzufassen und auf die Datei nur einen einzigen, beide Tabellen enthaltenden Satz auszugeben:

```
DCL ZWSP FILE RECORD OUTPUT UNBUFFERED ENV (F(3776)),
     1 TAB, 2 (X(36,12) FLOAT(6), CH(32) CHAR(64)),
     AUSGABE EVENT;
:
WRITE FILE (ZWSP) FROM (TAB) EVENT (AUSGABE);
:
WAIT (AUSGABE);
:
```

Beim Einlesen stehen beide Tabellen dann durch Ausführung eines einzigen Eingabebefehls im Hauptspeicher zur Verfügung. Für die Ausgabe wurde hier einmal von der Möglichkeit der asynchronen Verarbeitung Gebrauch gemacht. Während der Übertragung der Tabellen auf die Datei ZWSP können die zwischen den Befehlen WRITE und WAIT liegenden Befehle bereits abgearbeitet werden. Erst beim Erreichen des Befehls WAIT wird die Abarbeitung nur dann fortgesetzt, wenn die Ausgabe erfolgreich abgeschlossen wurde.

7.2.2. Aufbau im direkten Zugriff

Der Aufbau einer Datei im direkten Zugriff ist nur für die regionale Organisationsform zulässig. Nachdem bei der Dateieröffnung der gesamte für die Datei auf dem externen Speichermedium vorgesehene Bereich mit Pseudosätzen gefüllt bzw. beim Typ 3 im Falle von Sätzen variabler oder undefinierter Länge ein Spurkapazitätssatz an den Anfang jeder Spur geschrieben wurde, können anschließend die einzelnen Ausgabesätze in ungeordneter Reihenfolge durch Befehle der Form

WRITE FILE(*Dateibezeichnung*) FROM(*Satzvariable*) KEYFROM(*Ausdruck*);

unmittelbar in den Datenbestand übertragen werden. Eine pufferinterne Zusammenstellung der Ausgabesätze ist beim direkten Zugriff nicht möglich.

Der hinter dem Schlüsselwort KEYFROM anzugebende Ausdruck stellt den Quellenschlüssel dar, für den die gleichen Regeln wie bei der sequentiellen Ausgabe gelten. Die Ausführung des Befehls WRITE bewirkt, daß der Inhalt des Speicherplatzes für die angegebene Satzvariable in die sich aus dem Quellenschlüssel ergebende Region innerhalb der Datei aufgenommen wird.

Beim Typ 1 der regionalen Organisationsform entspricht die Regionsnummer unmittelbar dem Quellenschlüssel. Der Satz wird auf die betreffende Position gespeichert, unabhängig davon, ob dort ein Pseudosatz oder bereits ein echter Datensatz steht, der auf diese Weise überschrieben würde. Ein gesondertes Schlüsselfeld mit einem gespeicherten Schlüssel wird nicht angelegt.

Beim Typ 2 und 3 ist die Regionsnummer nur ein Teil des Quellenschlüssels. Bei fester Satzlänge wird der Satz jeweils auf die Position des ersten Pseudosatzes innerhalb der Spur geschrieben, zu der beim Typ 2 die betreffende Region gehört bzw. die beim Typ 3 der Region unmittelbar entspricht. Bei Sätzen variabler oder undefinierter Länge kommt der Satz auf die erste freie Position der betreffenden Spur. In allen Fällen wird außerdem in ein vor jedem Satz befindliches gesondertes Feld der im Quellenschlüssel enthaltene Vergleichsschlüssel als gespeicherter Schlüssel eingetragen. Ist auf der jeweiligen Spur kein Pseudosatz bzw. keine freie Position vorhanden, so wird die Suche danach im Normalfall in den folgenden Spuren bis zum Dateiende und anschließend, falls erforderlich, vom Dateianfang bis zum Ausgangspunkt fortgesetzt und der Satz auf die erste dabei gefundene Position eingetragen. Durch eine Angabe LIMCT$=n$ auf der DD-Steuerkarte für die Datei kann aber auch die Anzahl n der Spuren begrenzt werden, in denen nach einem Platz für den auszugebenden Satz gesucht wird. Ist in der gesamten Datei kein Platz für die Aufnahme des Satzes vorhanden, so wird die Fehlerbedingung KEY gesetzt.

Bei der Ausgabe wird jeweils nicht geprüft, ob ein entsprechender Satz bereits in der Datei enthalten ist. Es erfolgt also auch keine Fehlermeldung, wenn mehrere Sätze mit der gleichen Regionsnummer und dem gleichen Vergleichsschlüssel in die Datei aufgenommen werden; bei der Bearbeitung der Datei ist dann allerdings stets nur der Zugriff zu einem dieser Sätze möglich.

Durch eine zusätzliche Spezifikation EVENT (*Ereignisvariable*) im Ausgabebefehl kann in Verbindung mit einem Befehl WAIT (*Ereignisvariable*); die asynchrone Ausführung der jeweiligen Ausgabeoperation bewirkt werden.

Beispiel. Es soll eine regionale Datei vom Typ 3 aufgebaut werden, die etwa 3200 mit einem 5stelligen Ordnungsbegriff verbundene Sätze enthält. Die Bestimmung der Regionsnummer soll nach dem Divisionsrestverfahren (Abschnitt 5.2.2.1.) aus dem Wert des Ordnungsbegriffs erfolgen. Da auf Grund der Satzlänge etwa 105 ··· 110 Spuren für die Datei vorzusehen sind, wird als Divisor bei diesem Verfahren die Primzahl 107 gewählt. Die Regionsnummer ergibt sich jeweils aus dem Rest der Division des Ordnungsbegriffs durch die Zahl 107.

Die Eingabe erfolgt über Lochkarten, die jeweils zunächst den 5stelligen Ordnungsbegriff und anschließend hintereinander die einzelnen Werte eines Datensatzes enthalten. Ein Programm für die Lösung der Aufgabe könnte folgendermaßen aussehen:

```
PROG:PROCEDURE;
     DCL REG3 FILE RECORD OUTPUT DIRECT KEYED
         ENV (REGIONAL(3) F(35) KEYLENGTH(13)),
         1 SATZ,2 (F(4) FLOAT(6), C CHAR(12), D FIXED(5),
                 E FIXED(7,2)),
         REGNR PIC '(8)9', PNR PIC '(5)9';
     OPEN FILE (REG3);
     ON ENDFILE(SYSIN) GOTO M2;
  M1:GET EDIT (NR,SATZ)(F(4),4 E(12,0),A(12),F(6),E(10,2));
     PNR=NR;  I=NR/107;  REGNR=NR-I*107;
     WRITE FILE (REG3) FROM (SATZ) KEYFROM (PNR||REGNR);
     GOTO M1;
  M2:END;
```

Die Zuordnung PNR=NR; ist erforderlich, um die Verkettung zur Schlüsselbildung vornehmen zu können. An Stelle der beiden Befehle I=NR/107; REGNR=NR−I*107; zur Bestimmung der Regionsnummer hätte man auch

```
REGNR=MOD(NR,107);
```

schreiben können.

Die Ausgabe kann in ungeordneter Reihenfolge vorgenommen werden, da bei der Eröffnung die gesamte Datei mit Pseudosätzen belegt wird.

7.3. Verarbeitung von Dateien

Eine zur Eingabe von Datensätzen verwendete Datei muß das Attribut INPUT haben, und durch die Abarbeitung eines Eingabebefehls wird jeweils genau ein Satz aus dem Datenbestand bereitgestellt. Die Schreibweise der zu verwendenden Eingabebefehle ist abhängig von der Organisationsform der Datei, der für sie vereinbarten Zugriffsart und dem jeweiligen Modus der Datenübertragung. Während die sequentielle Eingabe für alle Organisationsformen zulässig ist, kann der direkte Zugriff zu beliebigen Datensätzen nur bei indexsequentiellen und regionalen Dateien durchgeführt werden.

Der Inhalt des gesamten Satzes wird jeweils in einen Eingabebereich übertragen. Dabei ist zu beachten, daß dieser stets nur den eigentlichen Datenteil aufnimmt, während die bei Sätzen variabler Länge im Datensatz enthaltenen Längeninformationen ebenso wie der gespeicherte Schlüssel, auch wenn dieser gegebenenfalls bei indexsequentiellen Dateien unmittelbar vor dem Datenteil angefügt wurde, darin nicht mit enthalten sind. Diese Gesichtspunkte sind bei der Bestimmung der für die Eingabebereiche erforderlichen Länge jeweils zu berücksichtigen.

7.3.1. Eingabe im sequentiellen Zugriff

Bei starr fortlaufenden Dateien werden die Datensätze durch die einzelnen Eingabebefehle fortlaufend in der Reihenfolge bereitgestellt, die ihrer physischen Speicherung auf dem externen Speichermedium entspricht. Für Dateien auf Magnetbändern besteht zusätzlich die Möglichkeit, die Sätze in entsprechender rückwärtiger Folge einzulesen (Attribut BACKWARDS).

Bei regionalen Dateien mit sequentiellem Zugriff werden die Sätze ebenfalls in der Reihenfolge ihrer physischen Speicherung eingelesen. Beim Typ 1 dieser Organisationsform erhält man dann die Sätze in der Sortierfolge der Werte eines mit jedem Satz verbundenen Ordnungsbegriffs, da zwischen diesem und den einzelnen Regionsnummern eine eineindeutige Beziehung bestehen muß. Es wird jedoch keine Unterscheidung zwischen echten Datensätzen und Pseudosätzen vorgenommen; eine solche müßte der Programmierer gegebenenfalls selbst durch entsprechende Abfragen herbeiführen. Beim Typ 2 und 3 erhält man dagegen die Sätze in ungeordneter Folge, auf die auch die gespeicherten Schlüssel keinen Einfluß haben. Pseudosätze werden in diesem Fall allerdings übergangen.

Bei indexsequentiellen Dateien mit sequentiellem Zugriff erfolgt die Bereitstellung der Sätze nicht unbedingt entsprechend ihrer physischen Speicherung, sondern stets in logisch fortlaufender Folge. Diese ergibt sich aus der aufsteigenden Sortierfolge ihrer Schlüssel und damit der Werte eines mit jedem Satz verbundenen Ordnungsbegriffs, wobei die eventuell in den Überlaufbereichen gespeicherten Sätze automatisch an Hand des zur Datei gehörigen Adreßverzeichnisses in diese Folge eingefügt werden. Pseudosätze werden dabei übergangen, wenn auf der DD-Steuerkarte beim Aufbau der Datei die Angabe OPTCD=L vorlag; andernfalls müßte der Programmierer auch hier eine Unterscheidung selbst veranlassen.

Die Durchführung der sequentiellen Eingabe der Sätze einer Datei kann in jedem Fall nach zwei unterschiedlichen Methoden vorgenommen werden, die sich darin unterscheiden, ob die Übertragung der Sätze in einen vom Programmierer angelegten Eingabebereich erfolgt (Transportmodus) oder die Sätze unmittelbar im Eingabepuffer bearbeitet werden (Zeigermodus). Nähere Ausführungen über die beiden Möglichkeiten sind in Abschnitt 7.1. enthalten. Die jeweils anzuwendende Methode geht aus der Form des angegebenen Befehls hervor.

Für die Übertragung der Sätze in einen vereinbarten Eingabebereich, der als Satzvariable bezeichnet wird, ist jeweils ein Befehl

READ FILE (*Dateibezeichnung*) INTO (*Satzvariable*);

zu verwenden. Die Ausführung dieses Eingabebefehls bewirkt bei ungepufferten Dateien die Übertragung eines Satzes vom externen Speichermedium auf die Speicherplätze der angegebenen Satzvariablen. Dabei kann durch eine zusätzliche Spezifikation EVENT (*Ereignisvariable*) im Eingabebefehl bei starr fortlaufenden und bei regionalen Dateien eine asynchrone Ausführung der Eingabeoperation bewirkt werden. Bei gepufferten Dateien wird zunächst eine Zwischenspeicherung in einem Eingabepuffer vorgenommen, der den Umfang eines Blocks hat und damit im allgemeinen mehrere Sätze aufnehmen kann. Aus diesem werden dann die Sätze durch die einzelnen Eingabebefehle der Reihe nach auf die Speicherplätze der darin angegebenen Satzvariablen übertragen. Erst nach der Übertragung des letzten Satzes aus einem Puffer bewirkt der nächste Eingabebefehl für die Datei, daß der nächste Block von dem externen Speichermedium in den Puffer eingelesen oder ein Übergang zum nächsten Puffer durchgeführt wird, der inzwischen bereits mit dem nächsten Block gefüllt wurde.

Die Bearbeitung der einzelnen Sätze erfolgt im Anschluß an die Ausführung des Eingabebefehls durch Bezugnahme auf die Satzvariable oder deren Bestandteile, falls es sich dabei um ein Feld oder eine Struktur handelt. Dabei muß in unterschiedlichen Eingabebefehlen für die gleiche Datei durchaus nicht immer die gleiche Satzvariable verwendet werden, was vor allem dann von Bedeutung sein kann, wenn die Sätze einen unterschiedlichen Satzaufbau haben. Ergibt sich dieser jedoch erst aus einem im Satz enthaltenen Kennzeichen, so verfährt man im allgemeinen in der Weise, daß man der Satzvariablen durch Verwendung der Attribute DEFINED oder BASED (Abschnitt 2.4.2.) weitere Variable zur Beschreibung der einzelnen möglichen Satzinhalte überlagert. Die Eingabebefehle müssen dann stets die ursprüngliche Satzvariable enthalten, während die Bearbeitung des Satzinhalts gegebenenfalls unter Benutzung der überlagerten Größen erfolgen kann.

Hat die Satzvariable das Attribut VARYING, so ergibt sich ihre aktuelle Länge aus der des jeweiligen Satzes; durch Aufruf der Standardfunktion LENGTH (Abschnitt 3.2.3.) kann diese im Programm zur Verfügung gestellt werden.

Für die pufferinterne Bearbeitung eines Datensatzes ist jeweils ein Befehl

READ FILE (*Dateibezeichnung*) SET (*Zeigervariable*);

anzugeben. Voraussetzung für die Anwendung dieser Methode ist allerdings das Vorliegen mindestens eines Eingabepuffers; die betreffende Datei darf also nicht das Attribut UNBUFFERED haben.

Die Ausführung des Eingabebefehls bewirkt jeweils, daß die Adresse des nächsten Satzes innerhalb des Eingabepuffers der angegebenen Zeigervariablen als Wert zugeordnet wird. Durch im Programm vereinbarte und mit dieser Zeigervariablen verbundene basisbezogene Größen erfolgt eine Überlagerung der Speicherplätze des Satzes im Puffer, so daß durch nachfolgende Bezugnahmen auf diese Größen oder ihre Elemente unmittelbar auf den Satzinhalt zugegriffen werden kann. Die basisbezogenen Größen stellen praktisch eine Beschreibung des Satzinhalts dar. Durch den nächsten READ-Befehl wird der angegebenen Zeigervariablen die Adresse des nächsten Satzes im Puffer zugeordnet. Erst im Anschluß an die Bearbeitung des letzten darin befindlichen Satzes bewirkt der folgende Eingabebefehl für die Datei, daß wieder ein Block vom externen Speichermedium in den Puffer eingelesen bzw. der Übergang zum nächsten Eingabepuffer durchgeführt wird.

Die Eingabe der Sätze einer Datei ist dabei nicht unbedingt an eine bestimmte Methode gebunden, sondern kann beim Vorliegen von Puffern beliebig zwischen Transport- und Zeigermodus wechseln. In jedem Falle ist zunächst ein Befehl READ abzuarbeiten, bevor eine Bezugnahme auf den Satzinhalt möglich ist.

Im allgemeinen ist die Anzahl der von einer Datei zu übertragenden Sätze nicht von vornherein bekannt und auch nicht bei jeder Anwendung gleich, so daß sie nicht im Programm berücksichtigt werden kann. Die sequentielle Eingabe der Sätze und ihre Bearbeitung vollziehen sich daher gewöhnlich in einer zyklisch zu durchlaufenden Befehlsfolge, und erst durch die beim Erreichen des Dateiendes auftretende Bedingung ENDFILE (*Dateibezeichnung*) wird die zyklische Abarbeitung beendet. Mit Hilfe eines ON-Befehls für diese Bedingung kann der Programmierer die geeignete Fortsetzung der Programmabarbeitung nach Abschluß der Eingabe veranlassen.

Bei der sequentiellen Bearbeitung einer Eingabedatei ist es nicht unbedingt erforderlich, alle aufeinanderfolgenden Sätze zu berücksichtigen. Durch einen Befehl

READ FILE (*Dateibezeichnung*);

wird jeweils ein einzelner Satz übergangen, und durch einen Befehl

READ FILE (*Dateibezeichnung*) IGNORE (*Ausdruck*);

kann man erreichen, daß mehrere Sätze in der sich für die jeweilige Organisationsform ergebenden fortlaufenden Folge übergangen werden. Die gewünschte Anzahl wird durch den Wert des angegebenen Ausdrucks bestimmt, wobei stets dessen ganzzahliger Anteil verwendet wird.

Durch eine zusätzliche Angabe in der Spezifikation eines Eingabebefehls besteht für indexsequentielle und regionale Dateien ferner die Möglichkeit, neben dem Datenteil auch den Schlüssel des jeweiligen Satzes zu erhalten. Die allgemeine Form des Befehls lautet dann:

READ FILE(*Dateibezeichnung*) INTO(*Satzvariable*) KEYTO(*Variable*);

bzw.

READ FILE(*Dateibezeichnung*) SET(*Zeigervariable*) KEYTO(*Variable*);

Hinter dem Schlüsselwort KEYTO ist in Klammern die Bezeichnung einer Zeichenkettenvariablen anzugeben, welcher der Schlüssel des eingelesenen Satzes als Wert zugeordnet wird. Bei indexsequentiellen Dateien ist die Verwendung dieser Befehlsform vor allem dann wichtig, wenn der Schlüssel jeweils nicht im Datenteil enthalten ist; ohne die zusätzliche Angabe KEYTO(*Variable*) hätte man in diesem Fall keinerlei Information über den Schlüssel der einzelnen Sätze. Bei regionalen Dateien ist sie vor allem für Typ 2 und 3 von Bedeutung, weil hier durch die sequentielle Eingabe die Sätze in ungeordneter Reihenfolge bereitgestellt werden. Der Wert der angegebenen Zeichenkettenvariablen ist dann der jeweilige gespeicherte Schlüssel, der sich vor jedem Satz in einem gesonderten Schlüsselfeld befindet, während beim Typ 1 der Variablen die 8stellige Regionsnummer zugeordnet wird.

Bei indexsequentiellen Dateien ist es darüber hinaus möglich, mit der sequentiellen Eingabe an einer beliebig vorgebbaren Position innerhalb der Datei zu beginnen bzw. fortzufahren. Eine entsprechende Positionierung erfolgt durch einen Befehl

READ FILE(*Dateibezeichnung*) INTO(*Satzvariable*) KEY(*Ausdruck*);

bzw.

READ FILE(*Dateibezeichnung*) SET(*Zeigervariable*) KEY(*Ausdruck*);

und wird durch den Wert des hinter dem Schlüsselwort KEY angegebenen Ausdrucks bestimmt, der, falls er nicht von vornherein eine Zeichenkette darstellt, nach den allgemeinen Konvertierungsregeln in eine solche umgewandelt wird. Dabei kann zwischen zwei unterschiedlichen Formen gewählt werden, die sich in der Angabe GENKEY im Attribut ENVIRONMENT der Dateivereinbarung unterscheiden.

Liegt die Angabe GENKEY nicht vor, so wird die Datei auf den Satz positioniert, dessen Schlüssel dem Wert des angegebenen Ausdrucks entspricht. Hat dieser nicht die für die Datei vereinbarte Schlüssellänge, so werden rechts Leerzeichen in der entsprechenden Anzahl angefügt, oder es gehen überzählige Zeichen verloren. Der auf diese Weise identifizierte Satz wird auf die Speicherplätze der angegebenen Satzvariablen übertragen bzw. innerhalb des Eingabepuffers bereitgestellt. Die weitere sequentielle Eingabe von dieser Position aus kann dann durch gewöhnliche Eingabebefehle ohne die Angabe KEY(*Ausdruck*) erfolgen. Ist ein Satz mit dem angegebenen Schlüssel nicht in der Datei enthalten, so wird die Fehlerbedingung KEY gesetzt und die Datei auf ihren ersten Satz positioniert.

Liegt dagegen in der Dateivereinbarung die Angabe GENKEY vor, so wird die Datei auf eine bestimmte Schlüsselklasse positioniert. Der Wert des angegebenen Ausdrucks muß in diesem Fall eine Zeichenkette sein, die kürzer ist als die vereinbarte Schlüssellänge. Diese Zeichenkette wird dann nicht mit Leerzeichen aufgefüllt, sondern legt die jeweilige Schlüsselklasse fest. Im Eingabebereich steht der erste zu dieser Schlüsselklasse gehörige Satz zur Verfügung, d. h. der erste Satz, dessen Schlüssel mit den Zeichen der angegebenen Zeichenkette beginnt. Die weitere sequentielle Eingabe von dieser Position aus kann dann ebenfalls durch gewöhnliche Eingabebefehle ohne die Angabe KEY(*Ausdruck*) erfolgen. Das Ende der betreffenden Schlüsselklasse wird allerdings nicht automatisch erkannt. Durch entsprechende Abfragen im Programm muß der Programmierer gegebenenfalls selbst dafür sorgen, daß die Eingabe in diesem Fall beendet wird. Ist kein Satz der angegebenen Schlüsselklasse in der Datei enthalten, so wird auch hier die Fehlerbedingung KEY gesetzt und die Datei auf den ersten Datensatz positioniert.

Im allgemeinen kann man die Positionierung auf Schlüsselklassen nur für Dateien anwenden, bei denen der Schlüssel in den Datenteil einbebettet ist. Andernfalls wird zwar der erste Datensatz der Schlüsselklasse in den Eingabebereich übertragen, man kann jedoch nicht dessen Schlüssel erhalten. Diese Möglichkeit besteht nur für die nachfolgenden Sätze durch Verwendung der zusätzlichen Angabe KEYTO (*Variable*) im Eingabebefehl. Für den ersten Satz ist diese Angabe jedoch nicht möglich, weil der betreffende Befehl einen Quellenschlüssel enthält.

Beispiele. In die Dateivereinbarungen für Eingabedateien werden in den folgenden Beispielen im allgemeinen keine Angaben aufgenommen, die aus den Dateikennsätzen entnommen werden können. Die Bedingung ENDFILE(*Dateibezeichnung*) wird ausführlich in Abschnitt 6.4. beschrieben; sie kann bei Erreichen des Dateiendes in der gleichen Weise wie bei der reihenweisen Datenübertragung verwendet werden.

1. Die Sätze einer starr fortlaufenden Datei enthalten in den ersten 4 Bytes den zeichenweise dargestellten Wert eines Ordnungsbegriffs und in den Bytes 33···56 die 6 Elemente eines Felds von Festkommagrößen mit den Attributen DECIMAL FIXED(7,1). Den Abschluß bildet ein zusätzlicher Satz, der lediglich in den ersten 4 Bytes den Wert 9999 enthält.

Ein Programm, das die Sätze der Datei fortlaufend einliest und die angegebenen Werte ausdruckt, könnte folgendes Aussehen haben:

```
P1:PROCEDURE;
   DCL 1 EIN,2 (OB CHAR(4), ZW CHAR(28), FELD(6) FIXED(7,1),
                REST CHAR(20)),
       SF FILE RECORD INPUT;
   OPEN FILE (SF);
M1:READ FILE (SF) INTO (EIN);
   IF OB='9999' THEN GOTO M2;
   PUT EDIT (OB,FELD)(SKIP,A(5),6 F(9,1));
   GOTO M1;
M2:END;
```

Soll die Bearbeitung pufferintern erfolgen, so sind nur geringe Änderungen erforderlich, und das Programm könnte lauten:

```
P1:PROCEDURE;
   DCL 1 EIN BASED(P), 2 (OB CHAR(4), ZW CHAR(28),
            FELD(6) FIXED(7,1), REST CHAR(20)),
```

```
        SF FILE RECORD INPUT, P POINTER;
    OPEN FILE (SF);
M1: READ FILE (SF) SET (P);
    IF OB='9999' THEN GOTO M2;
    PUT EDIT (OB,FELD)(SKIP,A(5),6 F(9,1));
    GOTO M1;
M2: END;
```

2. Die Sätze einer indexsequentiellen Datei haben eine Länge von 122 Bytes und enthalten den 5stelligen Schlüssel in den Bytes 22···26 des Datenteils. Weiterhin sind für die Bearbeitung in einem Programm folgende in den Sätzen gespeicherte Daten von Bedeutung:

Byte	5–16	C1	CHAR(12)	Byte	53–55	A	FIXED(5,2)
	27–30	QA	FIXED(7,2)		88–93	C4	CHAR(6)
	31–33	QB	FIXED(5,1)				

Die Sätze sollen fortlaufend gelesen werden. In allen Fällen, in denen A ≧ 100 gilt, sind über eine Liste neben dem jeweiligen Schlüssel die Werte der Größen C1, QA, QB und C4 auszugeben. Ein entsprechendes Programm könnte folgendermaßen lauten:

```
P2: PROCEDURE;
    DCL IS FILE RECORD INPUT KEYED ENV(INDEXED),
          1 EIN,2 (Z1 CHAR(4), C1 CHAR(12), Z2 CHAR(5), SCHL CHAR(5),
            QA FIXED(7,2), QB FIXED(5,1), Z3 CHAR(19), A FIXED(5,2),
            Z4 CHAR(32), C4 CHAR(6), Z5 CHAR(29));
    OPEN FILE(IS); ON ENDFILE(IS) GOTO M2;
M1: READ FILE(IS) INTO (EIN);
    IF A>=100 THEN PUT EDIT (SCHL, C1, QA, QB, C4)
                  (SKIP,A(6),A(12),F(10,2),F(8,1),X(2),A);
    GOTO M1;
M2: END;
```

Die nicht im Programm angesprochenen Teile des Satzes werden nicht einzeln vereinbart, sondern jeweils zu Zeichenketten zusammengefaßt.

Ist der Schlüssel nicht im Datenteil enthalten, d. h., in den Bytes 22···26 stehen irgendwelche anderen Informationen, so müßte der Eingabebefehl in der Form

```
M1:READ FILE(IS) INTO (EIN) KEYTO (SCHL);
```

geschrieben werden, und es wäre eine gesonderte Vereinbarung

```
DCL SCHL CHAR(5);
```

ins Programm aufzunehmen.

3. Eine regionale Datei vom Typ 1 enthält als Sätze die Zeilen einer Matrix (40 × 40), wobei die Regionsnummer unmittelbar der Zeilennummer entspricht. Für bestimmte Berechnungen werden mehrfach die Diagonalglieder dieser Matrix benötigt und deshalb zur Vermeidung ständiger Dateizugriffe zu Programmbeginn als Elemente eines Feldes DIAG gespeichert. Es könnten dafür folgende Befehle verwendet werden:

```
DCL ZEI(40), DIAG(40),
      REG1 FILE RECORD INPUT ENV(REGIONAL(1));
READ FILE (REG1);
DO I=1 TO 40;
    READ FILE(REG1) INTO(ZEI);
    DIAG(I)=ZEI(I);
END;
  ⋮
```

Der erste Eingabebefehl ist erforderlich, um beim sequentiellen Lesen der Datei die Region 0 zu übergehen.

4. Von einer starr fortlaufenden Datei sind Sätze unterschiedlicher Länge einzulesen, die jeweils einen Text von maximal 120 Zeichen enthalten. Durch folgende Befehle könnte der Druck dieser Texte veranlaßt werden:

```
DCL TDAT FILE RECORD INPUT ENV (U(12Ø)),
     TEXT CHAR(12Ø) VARYING;
ON ENDFILE (TDAT) GOTO M2;
M1:READ FILE(TDAT) INTO(TEXT);
   PUT EDIT (TEXT)(SKIP,A);
   GOTO M1;
M2:END;
```

Der Eingabebereich wird als Zeichenkette variabler Länge vereinbart und die tatsächliche Länge jeweils in Verbindung mit der Abarbeitung des Eingabebefehls bestimmt.

5. Die Sätze einer starr fortlaufenden Datei haben variable Länge und enthalten bis zu 50 7stellige ganzzahlige Werte in gepackter Darstellung sowie eine Angabe über deren tatsächliche Anzahl. Ein Programm zur Bearbeitung dieser Sätze könnte etwa folgendermaßen aussehen:

```
P5:PROCEDURE;
   DCL DAT FILE RECORD INPUT,
        1 EIN, 2 (NZ, X(5Ø) FIXED(7));
   ON ENDFILE (DAT) GOTO M2;
M1:READ FILE(DAT) INTO(EIN);
   DO I=1 TO NZ;
   :
   Verarbeitung der Werte X1, ..., XNZ
   :
   END;
   GOTO M1;
M2:END;
```

Der Eingabebereich wird in der maximalen Größe vereinbart, verarbeitet wird jedoch nur die tatsächlich im Satz enthaltene Anzahl von Elementen.

6. Es soll eine Übersicht über die Schlüsselwerte einer indexsequentiellen Datei ausgegeben werden, die im Bereich von 20000 ··· 24999 liegen und im Byte 62 des Datenteils das Kennzeichen N enthalten. Unter der Annahme, daß der Schlüssel jeweils in den Bytes 5 ··· 9 der Sätze gespeichert ist, könnten dafür folgende Befehle verwendet werden:

```
PP:PROCEDURE;
   DCL IS FILE RECORD INPUT KEYED ENV (INDEXED GENKEY),
        1 SATZ,2 (Z1 CHAR(4), SCHL CHAR(5), Z2 CHAR(52),
                  KZ CHAR(1), Z3 CHAR(33));
   READ FILE (IS) INTO (SATZ) KEY ('2');
M1: IF SCHL>='25ØØØ' THEN GOTO M2;
   IF KZ='N' THEN PUT EDIT (SCHL) (A(6));
   READ FILE (IS) INTO (SATZ); GOTO M1;
M2: END;
```

Durch die Verwendung eines verkürzten Schlüssels im ersten READ-Befehl und die Angabe GENKEY im Attribut ENVIRONMENT der Dateivereinbarung beginnt die Eingabe mit dem ersten Satz, dessen Schlüssel mit der Ziffer 2 beginnt. Die fortlaufende Eingabe wird anschließend so lange durchgeführt, bis der Schlüssel nicht mehr in dem vorgegebenen Bereich liegt.

7. Zu Kontrollzwecken soll eine Verarbeitung nur für den Teil einer starr fortlaufenden Date durchgeführt werden, der die Sätze 51 ··· 100 umfaßt. Für den Satzinhalt gibt es dabei in Abhängigkeit von dem im ersten Byte enthaltenen Satzkennzeichen (A oder B) zwei unterschiedliche

Möglichkeiten, die auch in einer unterschiedlichen Satzlänge zum Ausdruck kommen. Eine pufferinterne Verarbeitung könnte in diesem Fall durch folgende Befehle realisiert werden:

```
KONTR:PROCEDURE;
    DCL SF FILE RECORD INPUT, ZV POINTER,
        1 STR1 BASED(ZV), 2 (SKZ CHAR(1), A FIXED(7), B(2)
                CHAR(10), C FIXED(11,2), D(3) FIXED(5),
                E CHAR(8)),
        1 STR2 BASED(ZV), 2 (SKK CHAR(1), U CHAR(16), V(5)
                FIXED(5), W, X, Z CHAR(2));
    OPEN FILE (SF);
    READ FILE (SF) IGNORE (50);
    DO I=1 TO 50;
        READ FILE (SF) SET (ZV);
        IF SKZ='A' THEN DO;
                :
        Verarbeitung unter Verwendung von A, B, C, D, E
                :
        END;
        ELSE DO;
                :
        Verarbeitung unter Verwendung von U, V, W, X, Z
                :
        END;
  END;
  END;
```

Soll die Verarbeitung nicht pufferintern erfolgen, so könnte man den Satz jeweils in einen der maximalen Länge entsprechenden gesonderten Bereich **BER** einlesen und durch einen Befehl **ZV=ADDR(BER)**; zu Beginn des Programms diesen als Bezugsbasis für die basisbezogene Struktur benutzen. Im allgemeinen ist es aber dann zweckmäßiger, beide Strukturen ohne den Zusatz **BASED(ZV)** zu vereinbaren und bei **STR2** als der kürzeren Struktur statt dessen **DEFINED STR1** anzugeben. Schreibt man außerdem den Eingabebefehl in der Form

```
READ FILE (SF) INTO (STR1);
```

so kann man die anschließenden Befehle unverändert verwenden.

8. Eine indexsequentielle Datei mit einem 6stelligen, nicht im Datenteil enthaltenen Schlüssel und Sätzen fester Länge von 132 Bytes soll reorganisiert werden, weil sich schon zu viele Sätze in den Überlaufbereichen befinden. Die Sätze werden dabei sequentiell gelesen und zum Aufbau einer neuen Datei verwendet; da die Sätze aus den Überlaufbereichen bei der Eingabe in die logische Sortierfolge eingeordnet werden, sind die Überlaufbereiche der neuen Datei leer. Außerdem werden gelöschte Sätze nicht mit gelesen und demzufolge auch nicht mit übertragen. Ein entsprechendes Programm könnte folgendes Aussehen haben:

```
REOR:PROCEDURE;
    DCL ISALT FILE RECORD INPUT KEYED ENV(INDEXED),
        ISNEU FILE RECORD OUTPUT KEYED ENV (INDEXED F(132)),
        SCHL CHAR(6), SATZ CHAR(132);
    ON ENDFILE (ISALT) GOTO M2;
  M1:READ FILE (ISALT) INTO (SATZ) KEYTO (SCHL);
    WRITE FILE (ISNEU) FROM (SATZ) KEYFROM (SCHL);
    GOTO M1;
  M2:END;
```

7.3.2. Eingabe im direkten Zugriff

Bei Dateien mit direktem Zugriff können die Sätze in beliebiger, ungeordneter Folge von dem externen Speichermedium eingelesen werden. Die Identifizierung des gewünschten Satzes erfolgt jeweils durch Angabe eines Schlüssels. Der Eingabebefehl hat deshalb in diesem Fall die allgemeine Form

READ FILE(*Dateibezeichnung*) INTO (*Satzvariable*) KEY (*Ausdruck*);

Eine pufferinterne Bearbeitung der Eingabesätze ist beim direkten Zugriff nicht möglich.

Der hinter dem Schlüsselwort KEY anzugebende Ausdruck stellt den Quellenschlüssel dar, der nach den für die vorliegende Dateiorganisationsform gültigen Regeln zu bilden ist (Abschnitt 5.2.). Entspricht seine Länge nicht der vereinbarten Schlüssellänge, so werden rechts Leerzeichen angefügt bzw. überzählige Zeichen nicht berücksichtigt.

Anhand des zugehörigen Adreßverzeichnisses wird bei indexsequentiellen Dateien die Position des Satzes mit dem angegebenen Schlüssel ermittelt und dessen Inhalt auf die Speicherplätze der betreffenden Satzvariablen übertragen. Ist ein dem Quellenschlüssel entsprechender Satz nicht in der Datei enthalten, so wird die Fehlerbedingung KEY gesetzt.

Bei regionalen Dateien ergibt sich aus dem Quellenschlüssel die jeweilige Region, aus der beim Typ 1 bereits die Satzadresse hervorgeht. Die Eingabe wird unabhängig davon ausgeführt, ob es sich um einen Pseudosatz oder um einen echten Datensatz handelt. Beim Typ 2 und 3 liegt jedoch eine indirekte Adressierung vor, und innerhalb der sich aus der Regionsnummer ergebenden Spur wird der betreffende Satz durch fortlaufenden Vergleich zwischen dem gespeicherten Schlüssel und dem im Quellenschlüssel ebenfalls enthaltenen Vergleichsschlüssel gesucht, wobei Pseudosätze ignoriert werden. Liegt eine Übereinstimmung der beiden Schlüssel vor, so wird der betreffende Satzinhalt in den Eingabebereich übertragen. Enthält die Spur jedoch keinen entsprechenden Satz, so wird die Suche in gleicher Weise wie beim Neuaufbau (Abschnitt 7.2.2.) auf die gesamte weitere Datei bzw. im Falle einer Angabe LIMCT=*n* auf der DD-Steuerkarte eine weitere Anzahl von Spuren ausgedehnt. Wird der Satz auch dann nicht gefunden, so wird die Fehlerbedingung KEY gesetzt.

Durch eine zusätzliche Spezifikation EVENT (*Ereignisvariable*) im Eingabebefehl kann sowohl für indexsequentielle als auch für regionale Dateien die asynchrone Ausführung der jeweiligen Eingabeoperation bewirkt werden.

Beispiele

1. Die Sätze einer Datei sind mit einem 5stelligen Ordnungsbegriff verbunden. In ungeordneter Reihenfolge werden über Lochkarten bestimmte Werte desselben eingelesen und die dazugehörigen Sätze einer Bearbeitung unterzogen.

Für eine indexsequentielle Datei könnte dafür folgendes Programm verwendet werden:

```
ISD:PROCEDURE;
    DCL DAT FILE RECORD INPUT DIRECT KEYED ENV(INDEXED),
        1 SATZ, 2 (...), NR CHAR(5);
    ON ENDFILE (SYSIN) GOTO M2;
 M1:GET EDIT (NR)(COLUMN(1),A(5));
    READ FILE (DAT) INTO (SATZ) KEY (NR);
    ⋮
    Bearbeitung der Elemente des eingelesenen Satzes
    ⋮
    GOTO M1;
 M2:END;
```

Für eine regionale Datei vom Typ 2, deren Regionsnummern sich aus der Division des Wertes für den Ordnungsbegriff durch 45 ergeben, könnte das Programm etwa folgendermaßen lauten:

```
REGD:PROCEDURE;
     DCL DAT FILE RECORD INPUT DIRECT KEYED ENV (REGIONAL(2)),
         1 SATZ, 2 (...),
         NR PIC '(5)9', REGNR PIC '(8)9', EIN EVENT;
     ON ENDFILE (SYSIN) GOTO M2;
  M1:GET EDIT (NR)(COLUMN(1),F(5));
     REGNR=NR/45;
     READ FILE(DAT) INTO (SATZ) KEY (NR||REGNR) EVENT(EIN);
     :
     WAIT (EIN);
     :
     Bearbeitung des Satzinhalts
     :
     GOTO M1;
  M2:END;
```

Es wurde hierbei von der Möglichkeit der asynchronen Verarbeitung Gebrauch gemacht. Während der Durchführung der Eingabeoperation werden zunächst noch weitere, sich nicht auf den neuen Satzinhalt beziehende Operationen ausgeführt, bis der Befehl WAIT erreicht wird. Von hier aus wird die Abarbeitung erst dann fortgesetzt, wenn die gesamte Eingabe erfolgreich beendet wurde.

2. Analog zum Beispiel 1 sollen verschiedene Sätze einer regionalen Datei vom Typ 1 bearbeitet werden, deren Schlüssel über Lochkarten eingegeben werden. Da bei dieser Organisationsform eine Unterscheidung zwischen echten Datensätzen und Pseudosätzen, die entweder beim Aufbau der Datei erzeugt wurden oder durch Löschoperationen entstanden sind, durch das System nicht erfolgt, ist eine solche vom Programm aus vorzunehmen, wozu folgende Befehle dienen könnten:

```
PROG:PROCEDURE;
     DCL REG1 FILE RECORD INPUT DIRECT KEYED ENV(REGIONAL(1)),
         1 SATZ, 2(...), SCHL PIC '(8)9',
         BYTE1 CHAR(1) DEF SATZ, FF CHAR(1);
     ON ENDFILE (SYSIN) GOTO M2; OPEN FILE (REG1);
     UNSPEC(FF)='11111111'B;
  M1:GET EDIT (NR) (COLUMN(1),F(5)); SCHL=NR;
     READ FILE (REG1) INTO (SATZ) KEY (SCHL);
     IF BYTE1=FF THEN GOTO M1;
     :
     Bearbeitung des Satzes
     :
     GOTO M1;
  M2:END;
```

7.4. Aktualisierung von Dateien

Aktualisierungen sind nur möglich für Dateien mit dem Attribut UPDATE, die sich auf einem Direktzugriffsspeicher befinden. Es gehört dazu das Ändern, Ersetzen und Löschen vorhandener Sätze sowie das Hinzufügen neuer Sätze zum bisherigen Datenbestand. Von der Organisationsform der Datei, der für sie vereinbarten Zugriffsart und dem jeweiligen Modus der Datenübertragung ist es abhängig, welche dieser Möglichkeiten jeweils realisiert werden können und welche Befehle dafür zu verwenden sind.

Während eine sequentielle Aktualisierung für alle Organisationsformen zulässig ist, kann diese im direkten Zugriff zu beliebigen Datensätzen nur bei indexsequentiellen und regionalen Dateien durchgeführt werden. Daneben können die Sätze einer Aktualisierungsdatei in gleicher Weise wie die einer mit dem Attribut INPUT vereinbarten Datei eingelesen werden; es bestehen dafür sämtliche in Abschnitt 7.3. beschriebenen Möglichkeiten.

7.4.1. Aktualisierung im sequentiellen Zugriff

Das *Verändern* einzelner Teile eines Satzes oder dessen vollständiges *Ersetzen* ist bei jeder Dateiorganisationsform durchführbar. Es ist jedoch bei sequentiellem Zugriff erforderlich, daß der betreffende Satz zunächst von der Datei gelesen wird, bevor er mit verändertem Inhalt darauf zurückgeschrieben werden kann. Die sequentielle Aktualisierung einer Datei wird folglich in der Weise vorgenommen, daß die Sätze wie bei einer Eingabedatei fortlaufend gelesen, in ihrem Inhalt verändert und anschließend wieder in die Datei zurückgeschrieben werden. Ist dabei für einen gelesenen Satz keine Änderung erforderlich, so entfällt das Zurückschreiben; der Satz bleibt dann mit unverändertem Inhalt in der Datei enthalten.

Das Zurückschreiben der veränderten Sätze kann nach zwei unterschiedlichen Methoden vorgenommen werden, die sich darin unterscheiden, ob der neue Satzinhalt in einem vom Programmierer angelegten Bereich oder unmittelbar im Eingabepuffer vorliegt.

Bei der Bereitstellung des Satzinhalts in einem vereinbarten Eingabebereich, der als Satzvariable bezeichnet wird, ist für das Zurückschreiben ein Befehl

REWRITE FILE (*Dateibezeichnung*) FROM (*Satzvariable*);

zu verwenden. Die Ausführung dieses Befehls bewirkt, daß der Inhalt der Speicherplätze für die angegebene Satzvariable den zuletzt gelesenen Satz in der Datei überschreibt. Wird nur ein Teil eines Satzes verändert, so wird es sich im allgemeinen um die gleiche Satzvariable handeln, die im betreffenden Eingabebefehl verwendet wurde; der Teil FROM (*Satzvariable*) kann dann im Befehl REWRITE auch weggelassen werden. Beim vollständigen Ersetzen des bisherigen Satzinhalts kann jedoch durchaus auch eine ganz andere Satzvariable angegeben werden; es ist dann auch gleichgültig, ob der Satz vorher im Transport- oder im Zeigermodus eingelesen wurde. Bei Dateien mit fester Satzlänge ist darauf zu achten, daß diese durch die Satzvariable des Befehls REWRITE eingehalten wird. Bei Sätzen variabler oder undefinierter Länge darf der neue Satzinhalt die bisherige Länge des Satzes nicht überschreiten.

Soll die Veränderung des Satzinhalts unmittelbar im Eingabepuffer der Datei stattfinden, so ist ein Eingabebefehl für die pufferinterne Bearbeitung zu verwenden, und das Zurückschreiben erfolgt durch einen Befehl

REWRITE FILE (*Dateibezeichnung*);

Dieser bezieht sich stets auf den zuletzt gelesenen, im Eingabepuffer befindlichen Satz der Datei. Die beabsichtigte Veränderung seines Inhalts ist vor Ausführung des Befehls durch entsprechende Zuordnungen zu einer basisbezogenen Größe bzw. deren Elementen vorzunehmen, die mit der im Eingabebefehl verwendeten Zeigervariablen verbunden ist. Die Benutzung eines Befehls REWRITE FILE (*Dateibezeichnung*); nach Eingabe eines Satzes auf die Speicherplätze einer Satzvariablen bewirkt keine Veränderung des Satzes in der Datei.

Bei ungepufferten Dateien (Attribut UNBUFFERED) mit starr fortlaufender oder regionaler Organisation kann durch eine zusätzliche Spezifikation EVENT(*Ereignisvariable*) im Befehl REWRITE die asynchrone Ausführung der betreffenden Übertragungsoperation bewirkt werden.

Das *Löschen* von Sätzen im sequentiellen Zugriff ist nur für indexsequentielle Dateien möglich und erfordert bei deren Aufbau auf der DD-Steuerkarte die Angabe OPTCD=L. Wie bei einer Änderung muß der Satz zunächst gelesen werden, bevor er durch einen Befehl

DELETE FILE (*Dateibezeichnung*);

gelöscht werden kann. Der Satz wird dabei nicht physisch aus dem Datenbestand entfernt, sondern durch einen Pseudosatz ersetzt und damit als gelöscht gekennzeichnet. Das erste Byte bei Sätzen fester Länge bzw. das 5. Byte bei Sätzen variabler Länge erhält dann den dualen Inhalt 11111111, und eine Bereitstellung dieses Satzes durch einen Eingabebefehl ist nicht mehr möglich. Müßte ein solcher Satz im Zusammenhang mit der Einfügung neuer Datensätze später in einen Überlaufbereich ausgelagert werden, so unterbleibt diese Auslagerung, und er wird nun auch physisch aus dem Datenbestand entfernt. Das gleiche ist bei der Durchführung einer Reorganisation der Fall, die mit Hilfe entsprechender Dienstprogramme des Betriebssystems vorgenommen werden kann.

Ein Befehl DELETE ist allerdings nicht verwendbar für indexsequentielle Dateien, die nicht aus ungeblockten Sätzen fester Länge bestehen und keinen eingebetteten Schlüssel besitzen. In diesem Fall wird beim Aufbau der Datei vor dem eigentlichen Datenteil automatisch der Satzschlüssel angefügt, so daß der Befehl DELETE folglich das erste Byte desselben zerstören würde.

Das *Einfügen neuer Datensätze* in eine Datei ist bei Benutzung des sequentiellen Zugriffs nicht möglich; es müßte statt dessen ein vollständiger Neuaufbau vorgenommen werden. Für starr fortlaufende und indexsequentielle Dateien besteht lediglich die Möglichkeit einer fortlaufenden Erweiterung durch neue Sätze, die unmittelbar im Anschluß an den bisherigen letzten Satz der Datei gespeichert werden. Der Wert des Schlüssels sämtlicher neuer Sätze muß folglich bei indexsequentiellen Dateien größer als der bis dahin höchste Schlüssel sein. Zur Durchführung einer solchen Erweiterung ist die Datei allerdings nicht mit dem Attribut UPDATE, sondern mit dem Attribut OUTPUT zu vereinbaren, und es können dann für sie keine anderen Aktualisierungsoperationen durchgeführt werden. Außerdem muß die DD-Steuerkarte für den DISP-Parameter in diesem Falle die Angabe MOD enthalten.

Beispiele

1. In den Sätzen einer starr fortlaufenden Datei, die auf einem Direktzugriffsspeicher existiert, sollen Veränderungen der Art vorgenommen werden, daß im Byte 23 stehende Zeichen A, B, E, F und K in dieser Reihenfolge durch die Ziffern 1 ··· 5 zu ersetzen sind. Ein Programm dafür könnte folgendermaßen lauten:

```
AKT:PROCEDURE;
    DCL SF FILE RECORD UPDATE,
        1 SATZ, 2 (T1 CHAR(22), BYT23 CHAR(1), T2 CHAR(98)),
        TAB(5) CHAR(1), TABD CHAR(5) DEF TAB, PI PIC '9';
    ON ENDFILE (SF) GOTO M2;
    TABD='ABEFK';
 M1:READ FILE (SF) INTO (SATZ);
    DO I=1 TO 5;
        IF BYT23=TAB(I) THEN DO;
          PI=I;  BYT23=PI;
          REWRITE FILE (SF) FROM (SATZ);
          GOTO M1; END;
    END;
    GOTO M1;
 M2:END;
```

Die Bedingung ENDFILE wird in der gleichen Weise verwendet wie bei der reihenweisen Eingabe; eine ausführliche Beschreibung ist in Abschnitt 6.4. enthalten.

An Stelle des elementweisen Vergleichs durch die angegebene Befehlsschleife könnte auch die Standardfunktion TRANSLATE verwendet werden. Diese Möglichkeit wird nachfolgend im Zusammenhang mit der pufferinternen Durchführung der beschriebenen Aktualisierung dargestellt:

```
AKT:PROCEDURE;
    DCL SF FILE RECORD UPDATE,
        1 SATZ BASED(ZEIGER),
          2 (T1 CHAR(22), BYT23 CHAR(1), T2 CHAR(98)),
        ZEIGER PTR;
    ON ENDFILE (SF) GOTO M2;
 M1:READ FILE (SF) SET (ZEIGER);
    BYT23=TRANSLATE (BYT23,'12345','ABEFK');
    REWRITE FILE (SF);
    GOTO M1;
 M2:END;
```

Der Nachteil dieses Programms besteht allerdings darin, daß der Satz in jedem Fall zurückgeschrieben wird, auch wenn überhaupt keine Veränderung vorgenommen wurde.

2. Die Sätze einer indexsequentiellen Datei enthalten u. a. eine Größe SUM mit den Attributen FIXED(11,2) in den Bytes 31···36 und sind mit einem 5 stelligen Ordnungsbegriff verbunden, dessen Wert nicht mit im Datenteil enthalten ist, sondern nur als Schlüssel verwendet wird. Es werden Lochkarten eingelesen, die nach dem gleichen Ordnungsbegriff sortiert sind und neben diesem einen Wert enthalten, der im betreffenden Satz zum bisherigen Wert von SUM addiert werden soll. Liegt für einen Satz keine Lochkarte vor, so ist er zu löschen, falls SUM den Wert 0 hat; andernfalls bleibt der Satz unverändert in der Datei stehen.

Ein entsprechendes Programm könnte folgendermaßen lauten:

```
ISAKT:PROCEDURE;
    DCL IS FILE RECORD UPDATE KEYED ENV (INDEXED),
        1 SATZ, 2 (TEIL1 CHAR(30), SUM FIXED(11,2),
                   TEIL2 CHAR(42)),
        LKNR CHAR(5), SCHL CHAR(5), WERT FIXED(11,2);
    OPEN FILE (IS); ON ENDFILE (SYSIN) GOTO M3;
M1:GET EDIT (LKNR, WERT)(COLUMN(1),A(5),F(12,2));
M2:READ FILE (IS) INTO (SATZ) KEYTO (SCHL);
    IF SCHL=LKNR THEN DO;
      SUM=SUM+WERT;
      REWRITE FILE (IS);
      GOTO M1;
      END;
     ELSE DO; IF SUM=0 THEN DELETE FILE (IS);
               GOTO M2; END;
M3:END;
```

7.4.2. Aktualisierung im direkten Zugriff

Im direkten Zugriff sind für indexsequentielle und regionale Dateien sämtliche Aktualisierungsoperationen in willkürlicher Folge durchführbar. Es können beliebige Sätze gelesen, verändert, gelöscht oder zur Datei hinzugefügt werden. Die Identifikation der betreffenden Sätze erfolgt durch einen der Dateiorganisationsform entsprechenden Quellenschlüssel, der im jeweiligen Befehl anzugeben ist. Die Operationen können allerdings nur im Transportmodus ausgeführt werden (Abschnitt 7.1.); eine pufferinterne Aktualisierung ist beim direkten Zugriff nicht möglich.

Eine *Veränderung* des bisherigen Satzinhalts kann in der Form erfolgen, daß der Satz zunächst mit Hilfe eines Eingabebefehls gelesen, auf den Speicherplätzen der angegebenen Satzvariablen die entsprechende Veränderung vorgenommen und der Satz anschließend durch einen Befehl

REWRITE FILE(*Dateibezeichng.*) FROM(*Satzvariable*) KEY(*Ausdruck*);

unter Angabe der gleichen Satzvariablen auf die Datei zurückgeschrieben wird. Es kann allerdings auch eine andere Satzvariable angegeben werden, wenn sich auf deren Speicherplätzen der gesamte neue Inhalt befindet. Bei ungeblockten Sätzen kann der Befehl REWRITE in der gleichen Form zur Aktualisierung eines Satzes verwendet werden, ohne daß dieser vorher gelesen wurde; der bisherige Satzinhalt wird dann durch den der angegebenen Satzvariablen überschrieben. Bei Sätzen variabler oder undefinierter Länge ist darauf zu achten, daß der zurückzuschreibende Satz die Länge des ursprünglichen nicht überschreitet.

Der Ausdruck hinter dem Schlüsselwort KEY stellt jeweils den Quellenschlüssel des betreffenden Satzes dar. Entspricht seine Länge nicht der für die Datei vereinbarten Schlüssellänge, so werden rechts Leerzeichen angefügt bzw. überzählige Zeichen nicht berücksichtigt. Ist bei regionalen Dateien vom Typ 2 oder 3 sowie bei indexsequentiellen Dateien ein dem angegebenen Quellenschlüssel entsprechender Satz nicht in der Datei enthalten, so wird die Fehlerbedingung KEY gesetzt; das Ersetzen von Pseudosätzen ist in diesen Fällen also nicht möglich. Bei regionalen Dateien vom Typ 1 wird dagegen nicht unterschieden, ob der zu ersetzende Satz ein echter Datensatz oder ein Pseudosatz ist.

In analoger Weise erfolgt das *Löschen* von Datensätzen für Dateien mit direktem Zugriff. Der betreffende Satz muß nicht vorher gelesen werden, sondern kann unmittelbar durch einen Befehl

DELETE FILE (*Dateibezeichnung*) KEY (*Ausdruck*);

gelöscht werden. Seine Identifikation erfolgt durch den hinter dem Schlüsselwort KEY anzugebenden Ausdruck, der wie beim Befehl REWRITE den jeweiligen Quellenschlüssel darstellt. Der betreffende Satz wird dabei nicht physisch aus der Datei entfernt, sondern durch einen Pseudosatz ersetzt. Bei indexsequentiellen Dateien gelten dabei die gleichen Einschränkungen für die Anwendung des Befehls DELETE wie im Falle des sequentiellen Zugriffs. Ist ein dem angegebenen Quellenschlüssel entsprechender Satz nicht in der Datei enthalten, so wird außer bei regionalen Dateien vom Typ 1 die Fehlerbedingung KEY gesetzt.

Das *Hinzufügen* neuer Datensätze ist bei Dateien mit direktem Zugriff ebenfalls in beliebiger Folge möglich. Es ist dafür ein Befehl

WRITE FILE(*Dateibezeichnung*) FROM(*Satzvariable*) KEYFROM(*Ausdruck*);

zu verwenden, wobei der betreffende Satz durch den Quellenschlüssel identifiziert wird, der sich als Wert des hinter dem Schlüsselwort KEYFROM angegebenen Ausdrucks ergibt.

Bei indexsequentiellen Dateien wird jeder neue Satz an Hand des zur Datei gehörigen Adreßverzeichnisses in die bestehende logische Sortierfolge eingeordnet. Dabei kommt entweder der neue Satz selbst oder der bisher letzte Satz der Spur, die den neuen Satz aufnimmt, in einen Überlaufbereich; das Adreßverzeichnis wird automatisch entsprechend aktualisiert (vgl. Abschnitt 5.2.3.2).

Bei regionalen Dateien wird in der gleichen Weise wie bei ihrem Neuaufbau im direkten Zugriff verfahren (Abschnitt 7.2.2). Bei Dateien mit fester Satzlänge können dabei gelöschte Sätze durch die neuen Sätze überschrieben werden.

Durch eine zusätzliche Spezifikation EVENT(*Ereignisvariable*) im betreffenden Befehl kann sowohl für indexsequentielle als auch für regionale Dateien die asynchrone Ausführung aller Aktualisierungsoperationen bewirkt werden.

Beispiele

1. In einer indexsequentiellen Datei ohne eingebetteten Schlüssel sollen die 7 stelligen Schlüsselwerte einiger Sätze verändert werden. Die betreffenden Angaben werden über Lochkarten eingelesen, die jeweils in den Spalten 1···7 den bisherigen und in den Spalten 11···17 den neuen Schlüssel enthalten. Das Programm dafür könnte folgendermaßen lauten:

```
AEND:PROCEDURE;
     DCL IS FILE RECORD UPDATE DIRECT KEYED ENV(INDEXED),
         SATZ CHAR(162), (NRALT,NRNEU) CHAR(7);
     OPEN FILE (IS); ON ENDFILE (SYSIN) GOTO M2;
  M1:GET EDIT (NRALT,NRNEU)(COLUMN(1),A(7),X(3),A(7));
     READ FILE(IS) INTO(SATZ) KEY(NRALT);
     WRITE FILE(IS) FROM(SATZ) KEYFROM(NRNEU);
     DELETE FILE(IS) KEY(NRALT);
     GOTO M1;
  M2:END;
```

Der bisherige Satz wird jeweils nach der Abspeicherung seines Inhalts unter einem neuen Schlüssel gelöscht.

2. In einem Handelsbetrieb wird mit einer Stammdatei in der Organisationsform REGIONAL(3) gearbeitet, die einen Satz für jeden Artikel enthält. Der Satzschlüssel ergibt sich jeweils durch Anfügen der 8stelligen Artikelnummer an die Regionsnummer. Die Regionsnummer wird aus der Artikelnummer unter Verwendung des Divisionsrestverfahrens mit der Primzahl 227 als Divisor bestimmt.

Für einige Artikel wurden Preisveränderungen vorgenommen, die nun in den betreffenden Datensätzen berücksichtigt werden sollen. Es werden zu diesem Zweck Lochkarten bereitgestellt, die in den ersten 8 Spalten die Artikelnummer und anschließend den neuen Preis des Artikels enthalten. Unter Eingabe dieser Lochkarten könnte die Aktualisierung mit folgendem Programm vorgenommen werden:

```
AKT:PROCEDURE;
    DCL STAMM FILE RECORD UPDATE DIRECT ENV(REGIONAL(3)),
        1 EBER,2 (...,PREIS FIXED(6,2),...),
        (SCHLNR,REGNR) PIC'(8)9', SCHL CHAR(16),
        ARTNR FIXED(8), WERT FIXED(6,2);
    ON ENDFILE (SYSIN) GOTO EX;
    OPEN FILE (STAMM);
EIN:GET EDIT (ARTNR,WERT)(COLUMN(1),F(8),F(7,2));
    REGNR=MOD(ARTNR,227); SCHLNR=ARTNR;
    SCHL=SCHLNR||REGNR;
    READ FILE(STAMM) INTO(EBER) KEY(SCHL);
    PREIS=WERT;
    REWRITE FILE(STAMM) FROM(EBER) KEY(SCHL);
    GOTO EIN;
 EX:END;
```

3. Für die Arbeit der Verkehrspolizei wurde eine Datei KFZZUL mit Angaben über die zugelassenen Kraftfahrzeuge aufgebaut, die indexsequentiell organisiert ist und das polizeiliche Kennzeichen als Schlüssel verwendet. Die Sätze der Datei haben folgenden Aufbau:

Byte	1 ··· 3	Art des Fahrzeugs,
	4 ··· 13	Typ des Fahrzeugs,
	14 ··· 19	polizeiliches Kennzeichen,
	20 ··· 79	Anschrift des Fahrzeughalters,
	80 ··· 90	weitere Informationen.

Alle Angaben werden zeichenweise gespeichert. Zusätzlich enthält die Datei vor dem eigentlichen Datenbestand nach einen Satz mit einem aus 6 Leerzeichen bestehenden Schlüssel, der in den ersten 3 Bytes als dezimale Festkommagröße die Anzahl der nach dem Aufbau zur Datei hinzugefügten Sätze enthält. Diese Angabe wird in einem anderen Programm als Grundlage für eine eventuelle automatische Reorganisation der Datei verwendet.

Es soll ein Programm geschrieben werden, das eine Aktualisierung der Datei in Form von Neuzulassungen, Änderungen der Anschrift sowie Löschen von Zulassungen durchführt. Die Angaben zur Aktualisierung werden aus einer starr fortlaufend organisierten Datei AEND entnommen, deren Sätze in den ersten 6 Bytes das polizeiliche Kennzeichen enthalten, ansonsten aber in Abhängigkeit von der durchzuführenden Aktualisierung unterschiedliche Länge haben. Soll ein Satz in der Datei KFZZUL gelöscht werden, so folgen in der Datei AEND auf das polizeiliche Kennzeichen keine weiteren Angaben. Liegt eine Neuzulassung vor, so folgen die 90 Bytes des vollständig zusammengestellten neuen Satzes, während bei einer Änderung der Anschrift hinter dem polizeilichen Kennzeichen lediglich die neue Anschrift in ihrer tatsächlichen Länge steht. Bei jeder Neuzulassung ist die im ersten Satz der Datei befindliche Anzahl jeweils zu erhöhen.

Das Programm könnte folgendermaßen lauten:

```
KFZZ:PROCEDURE;
     DCL KFZZUL FILE RECORD UPDATE DIRECT KEYED ENV(INDEXED),
          AEND FILE RECORD INPUT,
          1 SATZ,2 (ARTTYP CHAR(13),PKZ CHAR(6), ANSCHR CHAR(60),
                    INF CHAR(11)), SATZC CHAR(90) DEF SATZ,
          EIN CHAR(96) VARYING, KENNZ CHAR(6),
          SATZ0 CHAR(90), ANZ FIXED(5) DEF SATZ0;
     OPEN FILE(KFZZUL), FILE(AEND);
     ON ENDFILE(AEND) GOTO M2;
     READ FILE(KFZZUL) INTO(SATZ0) KEY('␣');
M1:  READ FILE(AEND) INTO (EIN);
     L=LENGTH(EIN); KENNZ=EIN;
     IF L=6 THEN DELETE FILE(KFZZUL) KEY(KENNZ);
        ELSE IF L=96 THEN DO;
             SATZC=SUBSTR(EIN,7,90); ANZ=ANZ+1;
             WRITE FILE(KFZZUL) FROM(SATZ) KEYFROM(KENNZ);
             END;
          ELSE DO; READ FILE(KFZZUL) INTO(SATZ) KEY(KENNZ);
                   ANSCHR=SUBSTR(EIN,7,L-6);
               END;
     GOTO M1;
M2:  REWRITE FILE(KFZZUL) FROM(SATZ0) KEY('␣');
     END;
```

Ein weiteres, ausführliches Beispiel zur Aktualisierung im direkten Zugriff ist in Verbindung mit der Behandlung der Fehler- und Ausnahmebedingungen in Abschnitt 7.6. enthalten.

7.5. Anwendung für die Datenübertragung mit Aufbereitung

Für die Eingabe von Daten, die vom Anwender in zeichenweiser Darstellung z. B. auf Lochkarten bereitgestellt werden und folglich einer entsprechenden Konvertierung zu unterziehen sind, um mit ihnen intern rechnen oder andere Operationen ausführen zu können, wird der Programmierer im allgemeinen geneigt sein, Befehle der reihenweisen Datenübertragung zu verwenden. Hier kann er in einer Datenliste die Größen angeben, denen die Eingabewerte zugeordnet werden sollen, und auf einfache Weise Festlegungen über die Einteilung des vorliegenden Datenstromes in einzelne Eingabebereiche und die Interpretation der darin befindlichen Werte treffen. Entsprechend wird dann automatisch die Umwandlung in die interne Darstellungsform der Daten durchgeführt. Analoge Überlegungen gelten bezüglich der Ausgabe von Drucklisten. Durch Verwendung von Befehlen der reihenweisen Ausgabe stehen zahlreiche Möglichkeiten für eine zeichenweise und damit vom Anwender lesbare Darstellung der auszugebenden Werte und die Erzeugung eines anspruchsvollen Druckbilds zur Verfügung, wobei die erforderlichen Umwandlungen aus der vorliegenden internen Darstellungsform automatisch auf Grund der Angaben im jeweiligen Befehl ausgeführt werden.

Demgegenüber steht jedoch die Tatsache, daß die satzweise Datenübertragung wesentlich weniger Zeit als die reihenweise beansprucht. Bei einzelnen Eingabedaten oder wenigen auszugebenden Informationen (z. B. Fehlermeldungen) spielt das sicher keine entscheidende Rolle. Bei der Eingabe größerer Datenmengen oder der Ausgabe umfangreicher Drucklisten treten jedoch zwischen beiden Formen beträchtliche Unterschiede in den Übertragungszeiten auf, durch die die Effektivität des gesamten Programms stark beeinflußt werden kann.

Prinzipiell bestehen keine Einschränkungen, an Stelle der reihenweisen die satzweise Datenübertragung für die genannten Aufgabenstellungen zu verwenden. In jedem Fall handelt es sich um Ein- oder Ausgabeoperationen, die sich auf starr fortlaufende Dateien mit sequentiellem Zugriff beziehen. Alle diesbezüglichen Möglichkeiten stehen folglich auch für deren Ausführung zur Verfügung, wobei der Inhalt einer Lochkarte oder einer Druckzeile jeweils einen Satz darstellt. Ein wesentlicher Unterschied ist allerdings darin zu sehen, daß die satzweise Ein- und Ausgabe keinerlei Datenumwandlungen beinhaltet; die Übertragung des extern in zeichenweiser Form vorliegenden Satzinhalts in den jeweiligen Eingabebereich im Hauptspeicher ergolgt stets ohne jegliche Aufbereitung, ebenso wie ein in einem Ausgabebereich zusammengestellter Satz unverändert auf das externe Speichermedium ausgegeben wird. Der Programmierer muß folglich selbst die erforderlichen Konvertierungen veranlassen und durch entsprechende Befehle dafür sorgen, daß nach der Eingabe die gewünschte Umwandlung aus der zeichenweisen in die interne Darstellungsform oder vor der Ausgabe in umgekehrter Richtung durchgeführt wird.

Diese Gesichtspunkte scheinen auf den ersten Blick gegen die Verwendung der satzweisen Datenübertragung zu sprechen. In den meisten Fällen kann man jedoch die notwendigen Aufbereitungen der Daten auch bei dieser Form auf einfache Weise vornehmen und damit ihre Vorteile hinsichtlich der Laufzeit eines Programms wirksam machen.

7.5.1. Eingabe mit Aufbereitung der Daten

Durch die Abarbeitung eines Befehls der satzweisen Eingabe (Abschnitt 7.3.1.) wird jeweils der Inhalt einer Lochkarte bzw. eines beliebigen anderen Satzes auf die Speicherplätze einer vorgegebenen Satzvariablen übertragen oder innerhalb eines Eingabepuffers zur weiteren Bearbeitung zur Verfügung gestellt. Seine interne Speicherungsform entspricht dabei unverändert der externen Darstellung auf dem jeweiligen Speichermedium und liegt folglich bei der Eingabe von Lochkarten stets zeichenweise vor.

Bei der reihenweisen Datenübertragung werden die in einer solchen Zeichenfolge enthaltenen Eingabewerte durch entsprechende Formatangaben im Eingabebefehl oder allein durch die Art ihrer Darstellung und Trennung voneinander ermittelt und den in einer Datenliste angegebenen Größen zugeordnet. Dabei erfolgt automatisch eine Umwandlung in die dem Typ dieser Größen entsprechende interne Darstellungsform. Sollen die gleichen Operationen unter Verwendung der satzweisen Datenübertragung ausgeführt werden, so stehen dem Programmierer dafür im wesentlichen zwei Möglichkeiten zur Verfügung.

Die erste Möglichkeit besteht darin, daß als Satzvariable bzw. bei der pufferinternen Bearbeitung als basisbezogene Größe eine Struktur verwendet wird, deren Elemente entsprechend der vorliegenden zeichenweisen Darstellung innerhalb des Eingabesatzes als Zeichenkette oder Abbildungsvariable vereinbart werden. Jedes Strukturelement beschreibt auf diese Weise einen konkreten Wert oder gegebenenfalls einen Zwischenraum zwischen zwei Werten. Durch eine Folge von Zuordnungsbefehlen, die auf der rechten Seite jeweils eines der Strukturelemente und auf der linken Seite eine beliebige variable Größe enthalten, werden im Anschluß an die Ausführung des Eingabebefehls die einzelnen Werte diesen Größen zugeordnet. Die Umwandlung in die jeweilige interne Darstellungsform erfolgt dabei nach den allgemeinen Konvertierungsregeln (Anhang 1).

Die zweite Möglichkeit besteht in der Abarbeitung eines Befehls zur internen Datenübertragung mit Aufbereitung (Abschnitt 6.5.) nach der Eingabe eines Satzes. Ein solcher Befehl ist in der Form

GET STRING (*Variable*) *Datenspezifikation*;

anzugeben und beinhaltet bezüglich der Datenzuordnung und -aufbereitung die gleichen Möglichkeiten wie ein entsprechender Eingabebefehl der reihenweisen Datenübertragung. Der einzige Unterschied kommt darin zum Ausdruck, daß er sich nicht auf den Eingabestrom einer Eingabedatei, sondern auf die Speicherplätze einer beliebigen Zeichenkettenvariablen bezieht. In einem Befehl READ ist folglich als Satzvariable bzw. als basisbezogene Größe eine Zeichenkette anzugeben, aus deren Speicherplätzen anschließend durch einen Befehl zur internen Datenübertragung die einzelnen Eingabewerte entnommen, konvertiert und zugeordnet werden können.

Wesentliche Unterschiede bezüglich der Abarbeitungszeiten bestehen zwischen den beiden Methoden nicht; im allgemeinen dürfte jedoch die zweite für den Programmierer bequemer zu handhaben und weniger aufwendig sein. Vor allem bei Eingabedateien mit unterschiedlichem Satzaufbau ist die Angabe mehrerer Befehle zur internen Datenübertragung meist einfacher als die Vereinbarung verschiedener Strukturen und die Programmierung mehrerer Folgen von Zuordnungsbefehlen. Das Dateiende wird bei der Durchführung der Eingabe mit Hilfe der satzweisen Datenübertragung in der gleichen

Weise erkannt wie bei der reihenweisen Datenübertragung und durch das Setzen der Bedingung ENDFILE für die Datei zum Ausdruck gebracht (Abschnitt 7.6.).

Neben der Erhöhung der Effektivität durch Anwendung der satzweisen Datenübertragung kann es auch noch andere Gründe dafür geben, den zeichenweisen Inhalt einer Lochkarte zunächst unverändert in den Hauptspeicher einzulesen und erst anschließend die Datenumwandlung in die interne Darstellungsform durchzuführen. Zum Beispiel kann man auf diese Weise eine Kontrolle der Eingabedaten in der Form vornehmen, daß man überprüft, ob es sich bei den einzelnen Zeichen um numerische oder andere zulässige Zeichen handelt und die entsprechende Konvertierung nur dann mit Hilfe eines Befehls der internen Datenübertragung veranlassen, wenn dabei keine Fehler festgestellt werden. Die Eingabe des Lochkarteninhalts durch einen Befehl READ, bei dem als Satzvariable eine Zeichenkette der Länge 80 angegeben wird, ist dann vorteilhafter als die Verwendung eines Befehls GET, der in der Datenliste eine solche Zeichenkette und in der Formatliste das Format A(8Ø) enthält. Ein ähnlicher Fall liegt vor, wenn die Eingabesätze unterschiedlichen Satzaufbau haben können, der jeweils aus einem nicht an erster Position stehenden Kennzeichen hervorgeht. Auch dann wird zunächst der gesamte Inhalt in den Hauptspeicher gelesen und in Abhängigkeit von dem vorliegenden Kennzeichen zu unterschiedlichen Befehlen der internen Datenübertragung verzweigt, durch die dann die dem Satzaufbau entsprechende Zuordnung und Konvertierung erfolgt.

Beispiele

1. Ein Programm beinhaltet verschiedene Operationen mit den Größen A FIXED(5,1), B FIXED (11,2), C CHAR(8), D BINARY FIXED(15) und E CHAR(22). Entsprechende Werte werden über Lochkarten eingelesen, die folgenden Aufbau haben:

Spalten	1···7	Wert von A (mit Dezimalpunkt und evtl. Vorzeichen)
	8···19	Wert von B (ohne Dezimalpunkt, evtl. mit Vorzeichen)
	20···22	frei
	23···30	Wert von C
	31···35	Wert von D (ohne Vorzeichen)
	36···57	Wert von E

Für die Durchführung der Eingabe könnten dann folgende Befehle verwendet werden:

```
DCL KARTE FILE RECORD INPUT, EBER CHAR(8Ø),
     A FIXED(5,1), B FIXED(11,2), C CHAR(8), D BIN FIXED(15),
     E CHAR(22);
READ FILE(KARTE) INTO(EBER);
GET STRING(EBER) EDIT (A,B,C,D,E)
     (F(7),F(12,2),X(3),A(8),F(5),A(22));
     ⋮
Bearbeitung der eingelesenen Daten
     ⋮
```

Da die Elemente C und E Zeichenketten darstellen und daher nicht konvertiert werden müssen, wären auch folgende Befehle möglich:

```
DCL KARTE FILE RECORD INPUT,
     1 EBER,2 (CH1 CHAR(22), C CHAR(8), CH2 CHAR(5), E CHAR(22),
       CH3 CHAR(23)),
     EBERC CHAR(8Ø) DEF EBER,
```

```
        A FIXED(5,1), B FIXED(11,2), D BIN FIXED(15);
READ FILE(KARTE) INTO(EBER);
GET STRING(EBERC) EDIT (A,B,D)(F(7),F(12,2),X(11),F(5));
  :
Bearbeitung der eingelesenen Daten
  :
```

Andererseits könnte man natürlich auch die Festkommagrößen als Abbildungsvariable vereinbaren und folgende Befehle verwenden:

```
DCL KARTE FILE RECORD INPUT,
    1 EBER,2 (AP PIC'SZZZZ.V9', BP PIC'S(9)ZV99', ZWR CHAR(3),
      C CHAR(8), DP PIC'(5)Z', E CHAR(22), REST CHAR(33)),
    A FIXED(5,1), B FIXED(11,2), D BIN FIXED(15);
READ FILE (KARTE)INTO(EBER);
A=AP; B=BP; D=DP;
  :
Bearbeitung der eingelesenen Daten
  :
```

Diese Methode hat jedoch den Nachteil, daß die Angabe der einzelnen Zeichen in den Eingabebereichen jeweils genau den vereinbarten Abbildungssymbolen entsprechen muß. Im Prinzip könnten die Zuordnungsbefehle auch weggelassen und unmittelbar mit den Abbildungsvariablen gerechnet werden; solche Operationen sind jedoch auf Grund der jeweils erforderlichen Umwandlungen sehr uneffektiv.

2. Im Beispiel 3 zum Abschluß von Abschnitt 6.5. wird eine Lochkarteneingabe für die 7 Elemente eines Felds mit Gleitkommagrößen betrachtet, wobei zwei unterschiedliche Möglichkeiten für den Kartenaufbau bestehen. Unter Verwendung der satzweisen Eingabe könnte dieser Programmausschnitt folgendermaßen lauten:

```
DCL 1 STR,2 (ZW CHAR(7Ø), ZWR CHAR(9), KA CHAR(1)),
    SUB(7) FLOAT(16), FL LABEL,
    KARTE FILE RECORD INPUT;
F1: FORMAT(E(1Ø,Ø));
F2: FORMAT(E(9,4));
    READ FILE(KARTE) INTO(STR);
    IF KA='A' THEN FL=F1; ELSE FL=F2;
    GET STRING(ZW) EDIT (SUB)(R(FL));
```

Gegenüber der Befehlsfolge des Beispiels in Abschnitt 6.5. wurde lediglich der gesamte Eingabebereich als Struktur vereinbart und die Eingabe durch einen Befehl READ an Stelle eines Befehls GET durchgeführt. Bei häufiger wiederholter Abarbeitung dieser Befehle ergeben sich daraus jedoch günstigere Abarbeitungszeiten.

7.5.2. Ausgabe mit Aufbereitung der Daten

Bei der satzweisen Datenübertragung ist der Inhalt eines auszugebenden Satzes *vor* Verwendung eines Befehls WRITE auf den Speicherplätzen einer Satzvariablen bzw. *nach* der Ausführung eines Befehls LOCATE innerhalb des Ausgabepuffers zusammenzustellen (Abschnitt 7.2.). Die Übertragung auf das externe Speichermedium erfolgt jeweils in unveränderter Form. Handelt es sich nun bei der Ausgabe um eine Druckliste, so ist folglich jede Druckzeile zeichenweise im Hauptspeicher in der gleichen Form aufzubauen, wie sie auf dem Papier erscheinen soll. Bei der reihenweisen Datenübertragung werden die Größen, deren Werte ausgegeben werden sollen, durch eine Datenliste bestimmt. Die notwendige Aufbereitung der einzelnen Ausgabewerte und ihre Umwandlung aus der internen Darstellungsform wird automatisch auf Grund geeigneter Formatangaben im Ausgabebefehl oder standardmäßiger Festlegungen vorgenommen. Zur Durchführung der gleichen Operationen unter Verwendung der satzweisen Datenübertragung stehen dem Programmierer im wesentlichen zwei Möglichkeiten zur Verfügung.

Die erste Möglichkeit besteht darin, daß als Satzvariable bzw. bei der pufferinternen Zusammenstellung des Satzes als basisbezogene Größe eine Struktur verwendet wird, deren Elemente entsprechend der erforderlichen zeichenweisen Darstellung innerhalb einer Druckzeile als Zeichenketten oder Abbildungsvariable vereinbart werden. Jedes Strukturelement beschreibt auf diese Weise einen Ausgabewert oder gegebenenfalls einen Zwischenraum, die gesamte Struktur die vollständige Druckzeile. Zeichenketten verwendet man dabei für Werte, die intern bereits in zeichenweiser Darstellung vorliegen, Abbildungsvariable zur Beschreibung derselben für arithmetische Werte.

Die zeichenweise Aufbereitung der Druckzeile wird dann bei Verwendung eines Befehls WRITE für die Ausgabe vor dessen Abarbeitung durch eine Folge von Zuordnungsbefehlen bewirkt, die auf der linken Seite jeweils eines der Strukturelemente und auf der rechten Seite einen beliebigen Ausdruck enthalten. Der Wert des Ausdrucks wird folglich entsprechend der Beschreibung durch das betreffende Strukturelement in die Druckzeile eingetragen, wobei seine Umwandlung aus der jeweiligen internen Darstellungsform nach den allgemeinen Konvertierungsregeln (Anhang 1) erfolgt. Bei Verwendung eines Befehls LOCATE darf dagegen die Folge der Zuordnungsbefehle erst nach dessen Abarbeitung angegeben werden, da die betreffenden Zielgrößen Positionen innerhalb des Puffers darstellen.

Zu beachten ist dabei, daß auch die Zwischenräume zwischen den auszugebenden Werten einer Druckzeile in der verwendeten Struktur beschrieben werden müssen. Es dienen dazu im allgemeinen Strukturelemente, die als Zeichenketten vereinbart werden und als Anfangswert die leere Kette oder eine Folge von Leerzeichen erhalten; auf diese Weise sind hierfür jeweils keine weiteren Zuordnungen erforderlich.

Die zweite Möglichkeit besteht in der Verwendung eines Befehls der internen Datenübertragung mit Aufbereitung (Abschnitt 6.5.) zur Zusammenstellung der Druckzeile im Hauptspeicher. Ein solcher Befehl ist in der allgemeinen Form

PUT STRING(*Variable*) *Datenspezifikation*;

anzugeben und beinhaltet bezüglich der Aufbereitung der Daten die gleichen Möglichkeiten wie ein entsprechender Befehl der reihenweisen Ausgabe. Der einzige Unterschied kommt darin zum Ausdruck, daß er sich nicht auf den Ausgabestrom einer Ausgabedatei, sondern auf die Speicherplätze einer beliebigen Zeichenkettenvariablen bezieht. In einem Befehl WRITE ist folglich als Satzvariable eine Zeichenkette anzugeben, auf deren Speicherplätzen der Inhalt der auszugebenden Druckzeile vorher durch einen Befehl der internen Datenübertragung zusammengestellt wurde. Wird dagegen ein Befehl LOCATE verwendet, so muß die darin anzugebende basisbezogene Größe eine Zeichenkette in der Länge einer Druckzeile darstellen, und anschließend kann durch einen Befehl PUT STRING die entsprechende Aufbereitung erfolgen.

Wesentliche Unterschiede bezüglich der Abarbeitungszeiten bestehen zwischen den beiden Methoden nicht. Im allgemeinen ergeben sich jedoch verschiedene Vorteile bei der Verwendung der zweiten Form. Diese kommen beispielsweise darin zum Ausdruck, daß im Falle von F- oder E-Formaten in der Formatliste eines Befehls zur internen Datenübertragung die auszugebenden Werte automatisch gerundet werden, während bei der ersten Methode die Rundung jeweils in Verbindung mit den durchgeführten Zuordnungen selbst programmiert werden muß. Die Ausgabe von Druckzeilen mit unterschiedlichem Aufbau läßt sich ebenfalls wesentlich einfacher mit Hilfe der zweiten Methode realisieren. Sie kann dann stets durch den gleichen Befehl WRITE erfolgen, wenn man nur dafür sorgt, daß die angegebene Satzvariable vorher durch unterschiedliche Befehle der internen Datenübertragung ihren jeweiligen Inhalt erhält. Bei Verwendung der ersten Form müßte man dagegen mehrere unterschiedliche Strukturen vereinbaren und entsprechende Zuordnungen zu deren Elementen programmieren; dementsprechend wären auch unterschiedliche Ausgabebefehle erforderlich.

Neben diesen grundsätzlichen Gesichtspunkten sind bei der Verwendung der satzweisen Datenübertragung für die Ausgabe von Drucklisten noch folgende Besonderheiten gegenüber der reihenweisen Datenübertragung zu berücksichtigen:

— Jeder Satz einer Datei, deren Ausgabe über einen Drucker erfolgen soll, muß als erstes Zeichen ein Druckersteuerzeichen enthalten. Bei der reihenweisen Ausgabe wird dieses automatisch an die eigentlichen Ausgabedaten angefügt; es ergibt sich aus den in der Formatliste enthaltenen Steuerformaten oder entsprechenden Zusatzangaben im Ausgabebefehl bzw. auf Grund der formalen Einteilung des Ausgabestromes in einzelne Ausgabesätze. Im Unterschied dazu muß der Programmierer bei Verwendung der satzweisen Datenübertragung nicht nur den Inhalt der Druckzeile intern aufbereiten, sondern auch dafür sorgen, daß für das im ersten Byte der Satzvariablen befindliche Druckersteuerzeichen der richtige Wert für Zeilenvorschub oder Seitenwechsel eingetragen wird. Die Festlegung des dafür verwendeten Codes (Standard- oder Maschinencode) kann entweder im Attribut ENVIRONMENT der Dateivereinbarung oder auf den DD-Steuerkarten erfolgen.

— Bei der reihenweisen Datenübertragung wird beim Erreichen des Seitenendes automatisch die Bedingung ENDPAGE gesetzt, die standardmäßig den Übergang auf eine neue Seite bewirkt. Mit Hilfe eines entsprechenden ON-Befehls kann der Programmierer aber auch andere geeignete Maßnahmen zur Fortsetzung der Programmabarbeitung veranlassen. Bei der satzweisen Datenübertragung tritt diese Bedingung jedoch nicht auf; es sind folglich im Programm die Druckzeilen pro Seite zu zählen, und durch entsprechende Abfragen ist festzustellen, wann ein Seitenwechsel erforderlich ist. In Abhängigkeit davon kann der Übergang auf die nächste Seite, die Ausgabe der Überschrift und dergleichen programmiert werden.

— Bei der reihenweisen Datenübertragung hat man die Möglichkeit, durch Abarbeitung eines Ausgabebefehls beliebig viele Zeilen oder auch Seiten auszugeben; ein einziger Befehl kann z. B. die Ausgabe einer umfangreichen Matrix bewirken. Das Ende der Übertragung ist erst erreicht, wenn die Werte für sämtliche Elemente der Datenliste ausgegeben wurden. Bei der satzweisen Datenübertragung bewirkt dagegen die Abarbeitung eines Ausgabebefehls jeweils nur die Ausgabe einer einzigen Druckzeile. Für die Ausgabe einer Matrix wäre es folglich am günstigsten, eine Befehlsschleife zu programmieren, in der die Befehle zur Aufbereitung einer Zeile sowie der entsprechende Ausgabebefehl enthalten sind.

Auch bei der Ausgabe mehrzeiliger Überschriften treten Probleme dieser Art auf. Während man bei der reihenweisen Datenübertragung im allgemeinen dafür ebenfalls einen einzigen Befehl verwendet, vereinbart man bei der satzweisen Datenübertragung zweckmäßig die einzelnen Überschriftszeilen als Elemente eines Felds. Mit Hilfe des Attributs INITIAL ordnet man diesen die entsprechenden Texte zu und programmiert wiederum eine Befehlsschleife, in der jeweils ein Element des Felds einer Satzvariablen zugeordnet und anschließend die Ausgabe durchgeführt wird. Eine unmittelbare Verwendung der Feldelemente als Satzvariable ist nicht möglich, da indizierte Größen dafür nicht zulässig sind.

Trotz aller dieser Gesichtspunkte, die vom Programmierer bei Verwendung der satzweisen Datenübertragung für die Ausgabe von Drucklisten zu beachten sind und ihn deshalb vielleicht zögern lassen, von dieser Möglichkeit Gebrauch zu machen, ergeben sich bei umfangreichen Druckdateien auf diese Weise mitunter ganz beträchtliche Einsparungen an Rechenzeit und -kosten, so daß man in solchen Fällen ausschließlich darauf zurückgreifen sollte.

Beispiele

1. Analog zum Beispiel 1 von Abschnitt 6.2.3.3. werden in einem Befehlszyklus fortlaufend Sätze von einer Datei eingelesen, deren Inhalt jeweils in einer Struktur mit der Strukturvereinbarung

```
DCL 1 STR,2 (A CHAR(7), B DEC FIXED(7,2), C BIN FIXED(15),
             D CHAR(1), (E,F) DEC FIXED(5,1));
```

gespeichert wird. Die Elemente eines Satzes sollen auf einer Zeile so ausgegeben werden, daß für die arithmetischen Größen auch eventuelle Minuszeichen berücksichtigt werden und zwischen zwei Elementen stets mindestens zwei Leerzeichen auftreten. Der Wert von B soll gerundet mit nur einer Kommastelle ausgegeben werden. Bei Verwendung der satzweisen Ausgabe könnten dazu neben der Strukturvereinbarung folgende Befehle dienen:

```
DCL  LISTE FILE RECORD OUTPUT ENV (F(47) CTLASA),
     EIN FILE RECORD INPUT, CH CHAR(47);
     ON ENDFILE (EIN) GOTO M2;
M1:  READ FILE(EIN) INTO(STR);
     PUT STRING(CH) EDIT ('␣',STR)
        (A(1),A(7),F(10,1),F(8),X(2),A(1),2 F(9,1));
     WRITE FILE(LISTE) FROM(CH);
     GOTO M1;
M2:  END;
```

Ohne Verwendung eines Befehls der internen Datenübertragung müßte das Programm neben der Strukturvereinbarung etwa folgende Befehle enthalten:

```
DCL 1 CH,2 (CH1 CHAR(1) INIT('␣'), CH2 CHAR(7), CH3 PIC'(8)-V.9',
           CH4 PIC'(7)-9', CH5 CHAR(2) INIT('␣'), CH6 CHAR(1),
           (CH7,CH8) PIC'(7)-V.9'),
     EIN FILE RECORD INPUT,
     LISTE FILE RECORD OUTPUT ENV (F(47) CTLASA);
     ON ENDFILE(EIN) GOTO M2;
M1:  READ FILE(EIN) INTO(STR);
     CH2=A; CH3=ROUND(B,1); CH4=C; CH6=D; CH7=E; CH8=F;
     WRITE FILE(LISTE) FROM (CH);
     GOTO M1;
M2:END;
```

In beiden Fällen wird die Ausgabe fortlaufend ohne Berücksichtigung eines Seitenwechsels durchgeführt.

2. In Beispiel 2 von Abschnitt 6.4. wurde zur Erstellung einer Übersicht über die in einem bestimmten Zeitraum durch die verschiedenen Kunden eines Rechenzentrums in Anspruch genommenen Rechenzeiten und die dadurch entstandenen Kosten ein Programm unter Verwendung von Befehlen der reihenweisen Ein- und Ausgabe aufgestellt. Die gleiche Aufgabe soll nun unter aus-

schließlicher Verwendung der satzweisen Datenübertragung programmiert werden. Die betreffenden Befehle könnten dann etwa folgendermaßen lauten:

```
ABR:PROCEDURE;
    DCL 1 EIN1, 2 (PPREIS PIC'ZZZV99', E1 CHAR(2), ZEITRAUM
                  CHAR(15), REST CHAR(58)),
        1 EIN2, 2 (KNR CHAR(8), E1 CHAR(1), DATUM CHAR(8), E2
                  CHAR(1), PZEIT PIC'(5)Z', REST CHAR(57)),
        KARTE FILE RECORD INPUT,
        LISTE FILE RECORD OUTPUT ENV (F(39) CTLASA),
        UE(4) CHAR(39) INIT
          ('1ABRECHNUNG␣␣␣␣␣␣␣␣␣␣␣␣␣␣␣␣␣␣␣SEITE',
          'Ø␣KUNDEN-␣␣␣␣DATUM␣␣␣␣␣ZEIT␣␣␣␣␣KOSTEN',
          '␣␣␣␣NR.␣␣␣␣␣␣␣␣␣␣␣␣␣␣␣␣(MIN)␣␣␣␣␣␣␣(M)',
          '␣'),
        (ZEILE,UEC) CHAR(39), TEIL1 CHAR(9), RK LABEL,
        ZEIT FIXED(5), PREIS FIXED(5,2), NS PIC'ZZ9',
        (SZEIT,GESAMT) FIXED(7), KNRALT CHAR(8),
        (ANF,EOF) CHAR(1) INIT('Ø');
FOR:FORMAT (A(11),A(8),F(8),X(2),P'(6)Z9V,99');
    ON ENDFILE(KARTE) BEGIN; EOF='1'; GOTO SUM; END;
    NS=Ø; KNRALT='␣'; GESAMT=Ø; NANZ=6Ø;
    READ FILE(KARTE) INTO (EIN1);
    PREIS=PPREIS; SUBSTR(UE(1),13,15)=ZEITRAUM;
EIN: READ FILE(KARTE) INTO (EIN2);
    ZEIT=PZEIT;
    IF KNR¬=KNRALT THEN DO;
       IF ANF='Ø' THEN DO; ANF='1'; GOTO NEU; END;
SUM:   PUT STRING(ZEILE) EDIT('Ø','SUMME',SZEIT,SZEIT*PREIS)(R(FOR));
       NZ=2; RK=SZ; GOTO WR;
SZ:    GESAMT=GESAMT+SZEIT;
       IF EOF='1' THEN GOTO GES;
NEU:   TEIL1='-' ||KNR; KNRALT=KNR; NZ=3; SZEIT=Ø;
    END;
    ELSE DO; TEIL1='␣'; NZ=1; END;
ZEI: PUT STRING(ZEILE) EDIT (TEIL1,DATUM,ZEIT,ZEIT*PREIS)(R(FOR));
    SZEIT=SZEIT+ZEIT; RK=EIN; GOTO WR;
GES:PUT STRING(ZEILE) EDIT ('-','GESAMT',GESAMT,GESAMT*PREIS)
        (R(FOR));
    NZ=3; RK=EX; GOTO WR;
UEB:NS=NS+1; SUBSTR(UE(1),36,3)=NS; NANZ=5;
    DO I=1 TO 4; UEC=UE(I); WRITE FILE(LISTE) FROM(UEC); END;
WR: NANZ=NANZ+NZ; IF NANZ>6Ø THEN GOTO UEB;
    WRITE FILE(LISTE) FROM(ZEILE);
    GOTO RK;
EX: END;
```

Der Aufbau der einzelnen Ausgabezeilen erfolgt jeweils intern durch entsprechende PUT-Befehle der internen Datenübertragung. Eine andere Möglichkeit ergibt sich durch folgende Veränderungen: An Stelle der Vereinbarungen für die Zeichenkettenvariablen ZEILE und TEIL1 wird eine Struktur mit der Strukturvereinbarung

```
1 ZEILE,2 (TEIL1 CHAR(11), TEIL2 CHAR(8), TEIL3 PIC'(8)Z',
          TEIL4 CHAR(2) INIT('␣'), TEIL5 PIC'(6)Z9V,99')
```

eingeführt, und die Befehle mit den Befehlsmarken SUM, ZEI und GES sind durch folgende zu ersetzen:

```
SUM: TEIL1='Ø'; TEIL2='SUMME'; TEIL3=SZEIT; TEIL5=SZEIT*PREIS;
ZEI: TEIL2=DATUM; TEIL3=ZEIT; TEIL5=ZEIT*PREIS;
```

```
GES:TEIL1='-'; TEIL2='GESAMT'; TEIL3=GESAMT; TEIL5=GESAMT*PREIS;
```

Außerdem kann der Formatbefehl weggelassen werden. Die Struktur ZEILE beschreibt jeweils eine Druckzeile und wird durch die einzelnen Zuordnungen ausgefüllt.

7.6. Fehler- und Ausnahmebedingungen

Aus den verschiedensten Gründen kann es während der Abarbeitung eines Programms zum Auftreten von Fehlerzuständen kommen, die automatisch vom Betriebssystem registriert werden und meistens standardmäßig zum Abbruch führen. In vielen Fällen wird dabei eine entsprechende Fehlerbedingung gesetzt, durch deren Angabe in einem ON-Befehl der Programmierer eine von der standardmäßigen abweichende eigene Behandlung des betreffenden Fehlers veranlassen kann. Die diesbezüglichen Möglichkeiten werden ausführlich in Abschnitt 4.4. erläutert, in dem auch eine Beschreibung derjenigen Bedingungen enthalten ist, die sich nicht auf die Ausführung von Ein- oder Ausgabeoperationen beziehen.

Daneben können in Verbindung mit der satzweisen Datenübertragung noch folgende weitere Fehler- und Ausnahmebedingungen auftreten:

ENDFILE(*Dateibezeichnung*) beim Erreichen des Dateiendes,
KEY(*Dateibezeichnung*) beim Vorliegen von Schlüsselfehlern,
RECORD(*Dateibezeichnung*) beim Vorliegen von Satzlängenfehlern,
TRANSMIT(*Dateibezeichnung*) beim Auftreten von Übertragungsfehlern,
UNDEFINEDFILE(*Dateibezeichnung*) beim Fehlen notwendiger Dateiangaben.

Alle diese Bedingungen befinden sich stets im wirksamen Status, der auch nicht durch ein Bedingungspräfix verändert werden kann. Ihre Behandlung durch einen ON-Befehl ist jedoch in jedem Fall möglich. Dabei ist zu beachten, daß sich die Bedingungen jeweils nur auf die Datei beziehen, deren Bezeichnung in Klammern hinter dem betreffenden Schlüsselwort angegeben wurde. Für jede Datei ist folglich zur Behandlung der inhaltlich gleichen Bedingung ein gesonderter ON-Befehl erforderlich.

Die Bedingungen ENDFILE, TRANSMIT und UNDEFINEDFILE entsprechen in ihrer Bedeutung und Handhabung vollständig den gleichlautenden Bedingungen der reihenweisen Datenübertragung. Die Bedingung ENDFILE tritt auf, wenn das Ende einer sequentiell bearbeiteten Datei erreicht wurde. Sie wird noch nicht beim Lesen des letzten Satzes, sondern erst dann gesetzt, wenn danach ein weiterer Ausgabebefehl für diese Datei abgearbeitet werden soll. Die Bedingung TRANSMIT tritt auf, wenn es bei der Ausführung einer Ein- oder Ausgabeoperation zu Übertragungsfehlern kommt, die vom System nicht korrigiert werden können. Bezüglich der Behandlung dieser beiden Bedingungen kann auf die Ausführungen von Abschnitt 6.4. verwiesen werden. Die Bedingung UNDEFINEDFILE kann bei der Dateieröffnung auftreten, wenn zu diesem Zeitpunkt nicht alle für die Datei benötigten Angaben vorliegen. Nähere Ausführungen über diese Bedingung sind in Abschnitt 5.4. enthalten.

Konvertierungsfehler wie bei der reihenweisen Eingabe können bei der satzweisen Datenübertragung nicht auftreten. Unabhängig davon, ob der Inhalt eines Satzes den Attributen einer im Eingabebefehl angegebenen Satzvariablen entspricht oder nicht, wird dieser unverändert auf deren Speicherplätze übertragen. Erst bei der späteren Verwendung der Satzvariablen oder ihrer einzelnen Elemente zur Ausführung irgendwelcher Operationen kann es dann unter Umständen zu einem Datenfehler kommen, wenn keine Übereinstimmung zwischen der Darstellung des Wertes und den jeweiligen Attributen besteht. Das gleiche gilt für die pufferinterne Bearbeitung, bei der an Stelle einer Satzvariablen eine basisbezogene Größe zur Beschreibung des Satzinhalts verwendet wird. Eine spezielle Fehlerbedingung für Datenfehler existiert in PL1 allerdings nicht, so daß auch keine unmittelbare Behandlung durch einen ON-Befehl möglich ist und im allgemeinen nach der Ausgabe einer Fehlermeldung und dem Setzen der Systembedingung ERROR die Programmabarbeitung abgebrochen wird.

Die Bedingungen KEY und RECORD können nur bei der satzweisen Ein- und Ausgabe auftreten und werden im folgenden näher erläutert.

KEY(*Dateibezeichnung*)

Die Bedingung KEY(*Dateibezeichnung*) kann nur in Verbindung mit Ein- oder Ausgabebefehlen auftreten, die einen Quellenschlüssel enthalten; sie ist also auf regionale und indexsequentielle Dateien beschränkt. Mögliche Ursachen für das Setzen der Bedingung sind in folgenden Fällen gegeben:

— Es liegt ein Verstoß gegen die für die jeweilige Organisationsform geltenden Vorschriften zur Bildung des Quellenschlüssels vor. Bei regionalen Dateien ist das z. B. der Fall, wenn der Teil des Quellenschlüssels, der die Regionsnummer beinhaltet, sich nicht in einen entsprechenden numerischen Wert umwandeln läßt oder den höchsten Wert überschreitet, der sich aus dem für die Datei vereinbarten Speicherbereich ergibt. Bei indexsequentiellen Dateien liegt ein solcher Verstoß vor, wenn bei der Ausgabe von Sätzen mit eingebettetem Schlüssel dieser nicht mit dem im Ausgabebefehl angegebenen Quellenschlüssel übereinstimmt. Entspricht der Quellenschlüssel dagegen nicht der vereinbarten Schlüssellänge, so wird die Bedingung KEY nicht gesetzt; er wird vielmehr rechts mit Leerzeichen aufgefüllt, oder es werden überschüssige Zeichen abgeschnitten.

— Es ist in der Datei kein Satz enthalten, der dem Quellenschlüssel eines Befehls zum direkten Lesen, Überschreiben oder Löschen entspricht. Bei regionalen Dateien ist diese Möglichkeit allerdings auf den Typ 2 und 3 beschränkt, da beim Typ 1 die jeweilige Operation ausgeführt wird, auch wenn es sich um einen Pseudosatz handelt. Wird ein Quellenschlüssel zur Positionierung einer indexsequentiellen Datei auf einen bestimmten Satz verwendet und dieser ist nicht in der Datei enthalten, so wird die Bedingung KEY ebenfalls gesetzt. Soll die Positionierung durch die Angabe GENKEY im Attribut ENVIRONMENT der Dateivereinbarung auf eine bestimmte Schlüsselklasse erfolgen, so tritt die Fehlerbedingung nur dann auf, wenn kein Satz der durch den Quellenschlüssel festgelegten Schlüsselklasse vorhanden ist. In beiden Fällen wird die Datei außerdem auf ihren ersten Satz positioniert.

— Es wird beim sequentiellen Aufbau einer Datei nicht die erforderliche Sortierfolge eingehalten oder ein Quellenschlüssel in einem Ausgabebefehl angegeben, für den bereits ein Satz in der Datei enthalten ist. Für indexsequentielle Dateien kann dieser Fall sowohl bei deren Aufbau als auch beim Hinzufügen eines neuen Satzes auftreten. Bei regionalen Dateien ist diese Möglichkeit auf den sequentiellen Aufbau beschränkt. Da beim Typ 3 dieser Organisationsform eine Region jeweils eine Spur verkörpert, wird die Bedingung KEY in diesem Fall erst dann gesetzt, wenn eine Spur bereits vollständig besetzt ist und ein weiterer Satz mit der gleichen Regionsnummer ausgegeben werden soll.

— Ein Ausgabesatz kann nicht auf die Datei aufgenommen werden, weil der dafür vorgesehene Speicherbereich bereits vollständig belegt ist. Wurde bei regionalen Dateien die Angabe LIMCT auf der DD-Steuerkarte verwendet, so wird die Bedingung KEY bereits gesetzt, wenn in dem dadurch begrenzten Teil des Speicherbereichs kein Platz zur Aufnahme des Satzes vorhanden ist.

Die Standardmaßnahme beim Auftreten der Fehlerbedingung KEY besteht in der Ausgabe einer Fehlermeldung und dem anschließenden Setzen der Systembedingung ERROR, die im allgemeinen zum Abbruch der Programmabarbeitung führt. Wird dagegen ein ON-Befehl zur Behandlung der Bedingung KEY verwendet, so erfolgt die Programmfortsetzung nach normaler Beendigung der betreffenden ON-Einheit unmittelbar hinter dem Ein- oder Ausgabebefehl, der die Fehlerbedingung ausgelöst hat. Innerhalb der ON-Einheit kann man die Standardfunktion ONKEY verwenden, die keine Argumente benötigt und als Funktionswert eine Zeichenkette variabler Länge liefert, deren Wert der Schlüssel des betreffenden Satzes ist. Bei Verwendung der Funktion in anderem Zusammenhang ist ihr Funktionswert die leere Kette.

RECORD(*Dateibezeichnung*)

Die Bedingung RECORD(*Dateibezeichnung*) tritt auf, wenn unzulässige Abweichungen zwischen der Satzlänge und der Länge des jeweiligen Ein- oder Ausgabebereichs vorliegen. In Verbindung mit einer Eingabeoperation ist das bei fester Satzlänge der Fall, wenn der eingelesene Satz größer oder kleiner als die vereinbarte Satzlänge oder der angegebene Eingabebereich ist, bei variabler oder undefinierter Satzlänge nur dann, wenn der eingelesene Satz die vereinbarte maximale Satzlänge oder den angegebenen Eingabebereich überschreitet. In Verbindung mit einer Ausgabeoperation wird die Bedingung bei fester Satzlänge gesetzt, wenn der Ausgabebereich größer oder kleiner als die vereinbarte Satzlänge ist, bei variabler oder undefinierter Satzlänge nur dann, wenn die Länge der Satzvariablen die vereinbarte maximale Satzlänge überschreitet.

Unabhängig vom Auftreten der Fehlerbedingung wird jedoch in jedem Fall die betreffende Ein- oder Ausgabeoperation ausgeführt. Beim Lesen längerer Sätze gehen jeweils die überzähligen Zeichen des Satzes verloren, während beim Lesen kürzerer Sätze die letzten Bytes des Eingabebereichs ihren bisherigen Inhalt behalten. Bei zu großem Ausgabebereich wird der Inhalt der letzten Bytes nicht mit ausgegeben, während bei kleinerem Ausgabebereich die letzten Zeichen des Satzes einen undefinierten Inhalt haben.

Die Standardmaßnahme beim Auftreten der Fehlerbedingung RECORD besteht in der Ausgabe einer Fehlermeldung und dem anschließenden Setzen der Systembedingung ERROR, die im allgemeinen zum Abbruch der Programmabarbeitung führt. Wird dagegen ein ON-Befehl zur Behandlung der Bedingung verwendet, so erfolgt die Programmfortsetzung nach normaler Beendigung der betreffenden ON-Einheit unmittelbar hinter dem Ein- oder Ausgabebefehl, der die Fehlerbedingung ausgelöst hat. Da die Ein- oder Ausgabeoperation jeweils ausgeführt wurde, gibt man meist in einer ON-Einheit eine entsprechende Information aus, um Kenntnis von den vorgenommenen Kürzungen bzw. undefinierten Bestandteilen zu erhalten, und setzt dann die Programmabarbeitung fort. Will man auf eine solche Information verzichten, so kann der ON-

Befehl durchaus auch in einer Form ON RECORD(*Dateibezeichnung*); angegeben werden, der bewirkt, daß das Auftreten der Fehlerbedingung ignoriert wird.

Wird in einem Ein- oder Ausgabebefehl die zusätzliche Spezifikation EVENT(*Ereignisvariable*) angegeben (Abschnitt 7.1.), so werden während der Ausführung der betreffenden Datenübertragung die nachfolgenden Befehle so weit abgearbeitet, bis ein Befehl WAIT für die gleiche Ereignisvariable auftritt. Werden im Verlauf der Ein- oder Ausgabeoperation die Fehlerbedingungen ENDFILE, KEY, RECORD oder TRANSMIT gesetzt, so wird die dadurch hervorgerufene Programmunterbrechung nicht sofort, sondern erst bei Erreichen des Befehls WAIT wirksam. Es werden dann die vorhandenen ON-Einheiten für diese Fehlerbedingungen in der Reihenfolge ihres Auftretens bzw. die entsprechenden Maßnahmen der standardmäßigen Behandlung ausgeführt. Nach normaler Rückkehr von der letzten ON-Einheit wird die Programmabarbeitung mit dem auf den Befehl WAIT folgenden Befehl fortgesetzt.

Beispiele

1. Zwei starr fortlaufende Dateien mit einer Satzlänge von 144 Bytes, die nach den aufsteigenden Werten eines in den ersten 6 Bytes jedes Satzes befindlichen Ordnungsbegriffs sortiert sind, sollen gemischt werden, d. h., es soll aus ihren Sätzen eine gemeinsame Datei in der gleichen Sortierfolge aufgebaut werden. Das Programm könnte dazu folgende Befehle enthalten:

```
MISCH:PROCEDURE;
          DCL DAT1 FILE RECORD INPUT, DAT2 FILE RECORD INPUT,
              DATN FILE RECORD OUTPUT, (EIN1,EIN2) CHAR(144),
              NR1 CHAR(6) DEF EIN1, NR2 CHAR(6) DEF EIN2,
              (EOF1,EOF2) CHAR(1) INIT('Ø');
          OPEN FILE(DAT1), FILE(DAT2), FILE(DATN);
          ON ENDFILE(DAT1) BEGIN;
              IF EOF2='1' THEN GOTO EX;
              EOF1='1'; NR1=HIGH(6); GOTO M6; END;
          ON ENDFILE(DAT2) BEGIN;
              IF EOF1='1' THEN GOTO EX;
              EOF2='1'; NR2=HIGH(6); GOTO M5; END;
          READ FILE(DAT1) INTO(EIN1);
     M2:  READ FILE(DAT2) INTO(EIN2);
     M4:  IF NR1<NR2 THEN DO;
     M5:     WRITE FILE(DATN) FROM(EIN1);
             READ FILE(DAT1) INTO(EIN1);
             GOTO M4;
             END;
          ELSE DO;
     M6:     WRITE FILE(DATN) FROM(EIN2);
             GOTO M2;
             END;
     EX:  END;
```

Beim Erreichen des Dateiendes erhält jeweils der Schlüssel der beendeten Datei durch Verwendung der Standardfunktion HIGH den höchstmöglichen Inhalt, so daß alle folgenden Schlüssel der anderen Datei stets kleiner sind.

Eine andere Möglichkeit besteht in der Benutzung von Markenvariablen zur weiteren Steuerung des Ablaufs. Da die vorliegende Aufgabenstellung, in den verschiedensten Zusammenhängen, besonders häufig auftritt, soll auch diese Möglichkeit hier noch vollständig dargestellt werden:

```
MISCH:PROCEDURE;
          DCL DAT1 FILE RECORD INPUT, DAT2 FILE RECORD INPUT,
              DATN FILE RECORD OUTPUT, (EIN1,EIN2) CHAR(144),
```

```
                NR1 CHAR(6) DEF EIN1, NR2 CHAR(6) DEF EIN2,
                (EOF1,EOF2) CHAR(1) INIT('0'),
                L1 LABEL (M2,M4,M5), L2 LABEL (M4,M6);
           OPEN FILE(DAT1), FILE(DAT2), FILE(DATN);
           ON ENDFILE(DAT1) BEGIN;
                IF EOF2='1' THEN GOTO EX;
                EOF1='1'; L2=M6; GOTO M6;
                END;
           ON ENDFILE(DAT2) BEGIN;
                IF EOF1='1' THEN GOTO EX;
                EOF2='1'; L1=M5; GOTO M5;
                END;
           L1=M2; L2=M4;
     M1:   READ FILE(DAT1) INTO(EIN1);
           GOTO L1;
     M2:   L1=M4;
     M3:   READ FILE(DAT2) INTO(EIN2);
           GOTO L2;
     M4:   IF NR1<NR2 THEN DO;
     M5:      WRITE FILE(DATN) FROM(EIN1);
              GOTO M1;
              END;
           ELSE DO;
     M6:      WRITE FILE(DATN) FROM(EIN2);
              GOTO M3;
              END;
     EX:   END;
```

Hierbei entfallen die weiteren Vergleiche nach Erreichen des Endes einer Datei.

2. Es soll eine regionale Datei vom Typ 1 sequentiell über Lochkarteneingabe aufgebaut werden. Die Regionsnummer ist als Zeichenkette in den ersten 8 Spalten jeder Karte enthalten. Bei Fehlern in der Sortierfolge, die sich im Setzen der Fehlerbedingung KEY auswirken und durch den Fehlercode 53 gekennzeichnet sind, soll eine Fehlermeldung SORTIERFOLGEFEHLER, bei anderen Fehlern bezüglich des Schlüssels die Fehlermeldung SCHLUESSELFEHLER in Verbindung mit der jeweiligen Regionsnummer ausgegeben werden. Das Programm könnte dafür folgendermaßen lauten:

```
   REGAUF:  PROCEDURE;
            DCL REG1 FILE RECORD OUTPUT KEYED ENV(REGIONAL(1)),
                1 EIN, 2 (...),
                REGNR CHAR(8), TEXT CHAR(18);
            OPEN FILE(REG1); ON ENDFILE(SYSIN) GOTO EX;
            ON KEY(REG1) BEGIN;
                IF ONCODE=53 THEN TEXT='SORTIERFOLGEFEHLER';
                                  ELSE TEXT='SCHLUESSELFEHLER';
                PUT EDIT (REGNR,TEXT) (SKIP,A(9),A);
                GOTO LKEIN;
                END;
     LKEIN:GET EDIT (REGNR,EIN) (COLUMN(1),A(8),...);
           WRITE FILE(REG1) FROM(EIN) KEYFROM(REGNR);
           GOTO LKEIN;
       EX: END;
```

3. Es soll ein Änderungsdienst für eine indexsequentielle Datei organisiert werden, die ein Telefonverzeichnis darstellt. Als Satzschlüssel dient die 6stellige Nummer des jeweiligen Anschlusses, der Datenteil enthält zur Vereinfachung lediglich Name, Beruf und Anschrift. Die Aktualisierung der Datei wird über Lochkarten vorgenommen, die in den Spalten 1···6 jeweils den

Schlüssel und in Spalte 7 die Art der Aktualisierung enthalten. Es bestehen dafür folgende Möglichkeiten:

H Hinzufügen eines neuen Satzes. In den Spalten 8···37 stehen dann die Angaben zum Namen, in den Spalten 38···57 die zum Beruf, während auf einer zweiten Karte in den Spalten 8···47 die Anschrift enthalten ist.
E Vollständiges Ersetzen eines Satzes. Die weiteren Angaben entsprechen denen im Fall H.
L Löschen eines Satzes. Weitere Angaben entfallen.
A Änderung eines Satzes. Hier folgt in Spalte 8 ein weiteres Kennzeichen, das angibt, welcher Teil des Satzes geändert werden soll: N Name, B Beruf, A Anschrift. Anschließend folgen ab Spalte 9 die zugehörigen Angaben.

Die Eingabe der Lochkarten erfolgt unsortiert, die Bezugnahme auf die jeweiligen Datensätze folglich im direkten Zugriff.

Beim Auftreten der Fehlerbedingung KEY ist jeweils über eine Liste der Satzschlüssel, die vorgesehene Art der Aktualisierung und eine entsprechende Mitteilung auszugeben. Der Text dieser Mitteilung richtet sich nach der Art der Aktualisierung und dem auftretenden Fehlercode, wobei folgende Fälle über die Standardfunktion ONCODE gesondert behandelt werden sollen:

Fehlercode 51 Satz nicht gefunden,
52 Schlüssel für neuen Satz ist in der Datei bereits enthalten,
57 kein Platz in der Datei.

Ist beim Hinzufügen eines neuen Satzes der betreffende Schlüssel schon in der Datei enthalten, so soll der bisherige durch den neuen Satz überschrieben und die Mitteilung „Satz schon vorhanden — Ersetzung durchgeführt“ ausgegeben werden. Ist in der Datei kein Platz mehr für die Aufnahme eines Satzes vorhanden, so ist die Mitteilung „kein Platz mehr in der Datei“ auszugeben.

Ist bei den anderen Aktualisierungen der betreffende Satz nicht in der Datei enthalten, so ist folgendermaßen zu verfahren: Soll der Satz vollständig ersetzt werden, so ist statt dessen in Verbindung mit der Mitteilung „Satz nicht vorhanden — Neuzugang“ ein neuer Satz in die Datei aufzunehmen. Soll der Satz gelöscht oder teilweise verändert werden, so soll lediglich die Mitteilung „Operation nicht durchführbar, Satz nicht vorhanden“ erscheinen.

In allen anderen Fällen, in denen die Fehlerbedingung KEY auftritt, soll die Mitteilung „Falsche Schlüsselangabe“ ausgegeben werden. Die Fortsetzung der Programmabarbeitung erfolgt jeweils mit der Eingabe der nächsten Lochkarte. Das Programm könnte folgendermaßen lauten:

```
ISAKT:PROCEDURE;
      DCL IS FILE RECORD UPDATE KEYED DIRECT ENV (INDEXED),
          1 EIN,2 (NAME CHAR(30), BERUF CHAR(20),
                ANSCHRIFT CHAR(40)),
          1 EBER,2 (NA CHAR(30), BE CHAR(20), AN CHAR(40)),
          (ART,AKZ) CHAR(1), SCHL CHAR(6), AEND CHAR(40);
      ON ENDFILE (SYSIN) GOTO EX;
      ON KEY (IS) BEGIN;
         PUT EDIT (SCHL,ART)(SKIP,A(7),A(2));
         IF ART='H' THEN DO;
            IF ONCODE=52 THEN DO; PUT EDIT
               ('SATZ SCHON VORHANDEN - ERSETZUNG DURCHGEFUEHRT')(A);
               GOTO MRE; END;
            IF ONCODE=57 THEN PUT EDIT
               ('KEIN PLATZ MEHR IN DER DATEI')(A);
            ELSE
MF:            PUT EDIT ('FALSCHE SCHLUESSELANGABE')(A);
            GOTO LKEIN;
         END;
         ELSE DO;
            IF ONCODE=51 THEN DO;
               IF ART='E' THEN DO; PUT EDIT
                  ('SATZ NICHT VORHANDEN - NEUZUGANG')(A);
```

```
                        GOTO MWR; END;
                       ELSE DO; PUT EDIT
                   ('OPERATION NICHT DURCHFUEHRBAR,
                   SATZ NICHT VORHANDEN')(A);
                        GOTO LKEIN; END;
                   END;
                  ELSE GOTO MF;
                END;
             END;
LKEIN:       GET EDIT (SCHL,ART)(COLUMN(1),A(6),A(1));
             IF ART='A' THEN DO;
               GET EDIT (AKZ,AEND)(A(1),A(4Ø));
               READ FILE(IS) INTO(EBER) KEY(SCHL);
               IF AKZ='N' THEN NA=AEND;
                 ELSE IF AKZ='B' THEN BE=AEND;
                   ELSE AN=AEND;
               REWRITE FILE(IS) FROM(EBER) KEY(SCHL);
              END;
              ELSE IF ART='L' THEN DELETE FILE(IS) KEY(SCHL);
                ELSE DO; GET EDIT (EIN)(A(3Ø),A(2Ø),COLUMN(8),A(4Ø));
                  IF ART='H' THEN
MWR:                 WRITE FILE(IS) FROM(EIN) KEYFROM(SCHL);
                    ELSE
MRE:                 REWRITE FILE(IS) FROM(EIN) KEY(SCHL);
                END;
              GOTO LKEIN;
EX:           END;
```

8. Teilprogramme

Ein Programm zur rechentechnischen Realisierung eines Projekts besteht aus einer Folge von Befehlen, die zu einem unmittelbar zusammenhängenden Ganzen zusammengefaßt werden können. In vielen Fällen ist es jedoch zweckmäßiger, eine Untergliederung des Programms in mehrere Teilprogramme vorzunehmen, die jeweils eine relativ selbständige Einheit bilden und in bestimmter Folge hintereinander abzuarbeiten sind.

Ein wesentlicher Grund dafür besteht in der Schaffung und Verwendung von Teilprogrammen mit allgemeingültigem Charakter. Beispielsweise stellen doch die Algorithmen der Matrizenrechnung, der linearen Algebra oder der numerischen Mathematik, aber auch viele fachspezifische Berechnungen Operationen dar, die in zahlreichen Projekten immer wieder benötigt werden und dabei im allgemeinen stets nur einen Teil des jeweiligen Programms darstellen. Um zu vermeiden, daß in jedem Fall von neuem die gesamte Befehlsfolge programmiert und ausgetestet werden muß, empfiehlt sich hier die Schaffung entsprechender Teilprogramme, die in gleicher Weise als Teil eines beliebigen anderen Programms verwendet werden können. Ihre Programmierung erfolgt unabhängig von den bei jeder Anwendung eventuell unterschiedlichen Größen, und es ist jeweils nur die Einhaltung bestimmter Anschlußbedingungen erforderlich, durch die ein notwendiger Datenaustausch zwischen den einzelnen Teilprogrammen geregelt wird.

Auf diese Weise wird die allgemeine Anwendbarkeit von Befehlsfolgen gesichert und also beispielsweise erreicht, daß ein Teilprogramm zur Matrizeninversion für eine beliebige $n \times n$-Matrix einsetzbar ist. Ein anderer Programmierer, der einen bereits programmierten Algorithmus ebenfalls benötigt, kann dann diesen ohne weiteres in sein Programm einfügen, so daß Doppel- und Mehrfacharbeiten vermieden werden. Auf verschiedenen Gebieten (z. B. Verfahrenstechnik oder Statik) hat man sich in der Praxis von vornherein umfangreiche Bibliotheken von solchen Teilprogrammen angelegt und braucht für die Lösung bestimmter Aufgaben jeweils nur eine entsprechende Auswahl derselben zu einem Programm zusammenzusetzen. Im allgemeinen ist dann lediglich noch ein verbindender Rahmen erforderlich.

Eine Rolle können derartige Betrachtungen aber auch spielen, wenn eine allgemeine Anwendbarkeit in Verbindung mit anderen Programmen nicht vordergründig gegeben ist. Häufig treten doch innerhalb eines Programms an verschiedenen Stellen prinzipiell gleiche Berechnungen oder andere Operationen auf, bei denen jeweils nur einzelne Größen unterschiedlich sind. Obwohl es sich dabei unter Umständen um ganz spezielle Probleme handelt, kann es in solchen Fällen ebenfalls zweckmäßig sein, für die betreffende Befehlsfolge ein gesondertes Teilprogramm zu schreiben, auf das man dann von mehreren Stellen des Programms aus unter Bereitstellung der jeweils zu verwendenden Größen Bezug nimmt.

Ein weiterer Grund zur Bildung von Teilprogrammen ergibt sich bei größeren Projekten daraus, daß für sie meist eine inhaltliche Gliederung in eine Reihe von Teilproblemen vorliegt, deren Verbindung jeweils nur über einzelne Daten oder Dateien hergestellt wird. Durch Schaffung von Teilprogrammen können die einzelnen Teilprobleme unabhängig voneinander programmiert werden, und es ist ohne weiteres möglich, daß gleichzeitig mehrere Programmierer an einem Projekt arbeiten. Eine Abstimmung zwischen ihnen ist im allgemeinen nur in ganz geringem Umfang erforderlich. Auf diese Weise kann die Zeitdauer für die Programmierung größerer Probleme wesentlich reduziert werden, abgesehen davon, daß die Programme dadurch meistens auch übersichtlicher sind.

Durch die Verwendung von Teilprogrammen ergeben sich darüber hinaus auch Vorteile hinsichtlich einer effektiven Ausnutzung des zur Verfügung stehenden Speicherplatzes. Die in einem Teilprogramm vereinbarten Größen haben nur Gültigkeit innerhalb desselben, so daß die für sie erforderlichen Speicherplätze auch nur während der Abarbeitung des betreffenden Teilprogramms bereitgestellt werden. Mit seiner Beendigung werden sie wieder freigegeben und stehen beim Übergang zum nächsten Teilprogramm für die darin vereinbarten Größen zur Verfügung.

Auch auf die Testphase wirkt sich die Untergliederung eines Programms in einzelne Teilprogramme im allgemeinen positiv aus. Jedes Teilprogramm kann unmittelbar nach seiner Fertigstellung bereits getestet werden, ohne daß dazu auch schon die anderen Teile des Programms vorliegen müssen. Der Test für das gesamte Programm erstreckt sich dann lediglich noch auf das Zusammenspiel der einzelnen bereits ausgetesteten Teilprogramme. Auf diese Weise kann der Testaufwand mitunter beträchtlich reduziert werden, und es bestehen wesentlich bessere Voraussetzungen für eine schnelle Lokalisierung und Beseitigung von Fehlern.

Beim Übergang der Programmabarbeitung auf ein Teilprogramm sind vor Ausführung der zugehörigen Befehle jeweils verschiedene Operationen erforderlich, die als Prolog bezeichnet werden. Dazu gehört beispielsweise die Bereitstellung der Speicherplätze für die darin vereinbarten Größen, ihre eventuelle Initialisierung, die Berechnung von Ausdrücken, die in Verbindung mit dem Datenaustausch zu anderen Teilprogrammen angegeben wurden, und ähnliches. Analog sind nach Beendigung eines Teilprogramms verschiedene Operationen auszuführen, die als Epilog bezeichnet werden. Hierzu gehört zum Beispiel die Freigabe der bereitgestellten Speicherplätze sowie die Wiederherstellung von Bedingungen, die vor dem Übergang auf das Teilprogramm vorlagen. Alle diese Operationen werden automatisch ausgeführt und erfordern keine Aktivitäten seitens des Programmierers. Dieser sollte aber auf alle Fälle wissen, daß neben den zahlreichen Vorteilen, die sich aus der Verwendung von Teilprogrammen ergeben, stets derartige zusätzliche Operationen ausgeführt werden müssen. Anstelle häufiger Bezugnahmen auf ein Teilprogramm, dessen Abarbeitung stets mit den gleichen Größen erfolgt, kann es mitunter günstiger sein, die betreffende Befehlsfolge nicht als Teilprogramm zu programmieren, sondern jeweils durch einen entsprechenden Sprungbefehl anzusprechen.

8.1. Grundlagen für die Arbeit mit Teilprogrammen

Die Teilprogramme eines Programms werden im allgemeinen unabhängig voneinander als selbständige Einheiten programmiert. Mit Hilfe entsprechender Steuerkarten werden sie physisch zu einem Programm zusammengestellt und im Normalfall zu dessen Abarbeitung gemeinsam in den Hauptspeicher übertragen. Ihre logische Verbindung ergibt sich aus entsprechenden Angaben innerhalb der Teilprogramme; durch sie wird die Bezugnahme auf ein anderes Teilprogramm ausgelöst und damit die Abarbeitung seiner Befehlsfolge veranlaßt.

Dabei muß eines der Teilprogramme stets die Steuerung des gesamten Programmablaufs übernehmen. Dieses Teilprogramm wird als Hauptprogramm bezeichnet; in ihm beginnt die Abarbeitung und endet normalerweise auch hier. Ein nicht in mehrere Teilprogramme untergliedertes Programm stellt immer ein Hauptprogramm dar. Alle weiteren Teilprogramme können als Unterprogramme oder Funktionsprogramme geschrieben werden. Eine Bezugnahme auf sie ist unmittelbar vom Hauptprogramm oder untereinander möglich. Im Gegensatz zu einem Unterprogramm ist ein Funktionsprogramm stets mit der Bereitstellung eines Funktionswertes verbunden. Dieser Unterschied ist bereits beim Aufbau eines Teilprogramms entsprechend zu berücksichtigen und erfordert auch eine andere Form der Bezugnahme.

Bei sehr umfangreichen Programmen kann es vorkommen, daß nicht gleichzeitig alle Teilprogramme im Hauptspeicher untergebracht werden können. In solchen Fällen besteht die Möglichkeit, sogenannte Überlagerungsstrukturen zu bilden, bei denen einzelne Teilprogramme zunächst auf externen Datenträgern gespeichert und jeweils erst dann in den Hauptspeicher übertragen werden, wenn eine Bezugnahme auf sie erfolgt. Nach Beendigung ihrer Abarbeitung kann ihr Speicherplatz vom nächsten, in gleicher Weise in den Hauptspeicher übertragenen Teilprogramm belegt werden. Weder im Aufbau der Teilprogramme noch in der Bezugnahme auf sie ergeben sich daraus jedoch für den Programmierer irgendwelche Unterschiede gegenüber der sonst üblichen Verfahrensweise. Sämtliche diesbezüglichen Belange sind über entsprechende Steuerkarten zu realisieren.

Im Normalfall wird mit der Bezugnahme auf ein Teilprogramm bis zu dessen Beendigung die weitere Abarbeitung des Teilprogramms, das die Bezugnahme enthält, unterbrochen. Daneben ist jedoch auch eine asynchrone Abarbeitung möglich, bei der beide Teilprogramme parallel zueinander abgearbeitet werden können. Diese Möglichkeit wird allerdings in diesem Kapitel nicht behandelt; ausführliche Bemerkungen dazu sind in Abschnitt 9.4. enthalten.

8.1.1. Aufbau von Teilprogrammen

Bei der Untergliederung eines Programms in mehrere Teilprogramme hat jedes von diesen den prinzipiell gleichen äußeren Rahmen. Durch spezielle Befehle zu Beginn und am Ende eines Teilprogramms sind für den Compiler eindeutig die zugehörigen Befehle ersichtlich. Von vornherein kann man dabei durch die Vereinbarung mehrerer Eingangspunkte Voraussetzungen dafür schaffen, mit der Abarbeitung eines Teilprogramms an unterschiedlichen Stellen beginnen zu können. Verschiedene Möglichkeiten bestehen auch für die Beendigung von Teilprogrammen und die anschließende Fortsetzung der Programmabarbeitung.

Bestimmte Besonderheiten beim Aufbau eines Teilprogramms ergeben sich aus der Unterscheidung von Unterprogrammen und Funktionsprogrammen.

8.1.1.1. Allgemeiner Rahmen

Unabhängig davon, ob ein Teilprogramm im Zusammenwirken mit anderen Teilprogrammen zu betrachten ist oder allein das gesamte Programm darstellt, muß als erster Befehl desselben stets ein Vereinbarungsbefehl der allgemeinen Form

Befehlsmarke: PROCEDURE (*Parameterliste*) *Spezifikationen*;

angegeben werden. Für das Schlüsselwort PROCEDURE ist auch die Abkürzung PROC zulässig. Eine Befehlsmarke ist auf jeden Fall erforderlich; sie darf jedoch abweichend von den üblichen Regeln nur aus maximal 7 Zeichen bestehen und stellt die Bezeichnung des Teilprogramms dar. Durch eine Bezugnahme auf diese Bezeichnung kann das Teilprogramm aufgerufen und damit ein Übergang zur Abarbeitung seiner Befehle bewirkt werden. Wie für jeden anderen Befehl ist auch die Vergabe mehrerer Befehlsmarken möglich, die dann in gleicher Weise zum Aufruf des Teilprogramms verwendet werden können. Zulässig ist weiterhin die Angabe von Bedingungspräfixen (Abschnitt 4.4.1.), deren Gültigkeit sich in diesem Fall auf das gesamte Teilprogramm erstreckt. Die übrigen variablen Bestandteile der allgemeinen Form des Befehls PROCEDURE sind nicht unbedingt notwendig und können wahlweise benutzt werden.

Eine *Parameterliste* tritt nur auf, wenn bestimmte Größen beim Aufruf des Teilprogramms an dieses oder nach seiner Beendigung von ihm an das aufrufende Teilprogramm übergeben werden sollen. Da solche Größen bei der Programmierung eines Teilprogramms i. allg. noch nicht bekannt sind und auch jedesmal unterschiedlich sein können, werden für sie in den einzelnen Befehlen zunächst fiktive Bezeichnungen verwendet. Diese werden als Parameter bezeichnet und, durch Komma voneinander getrennt, in die Parameterliste aufgenommen. Beim Aufruf des Teilprogramms sind dafür jeweils entsprechende Argumente anzugeben, die diejenigen Größen darstellen, unter deren Verwendung die für die Parameter programmierten Operationen tatsächlich ausgeführt werden sollen. Nähere Ausführungen über den Charakter von Parametergrößen und ihre Beziehungen zu den Argumenten sind in Abschnitt 8.3.2. enthalten.

Die *Spezifikationen* beinhalten verschiedene Angaben zur Kennzeichnung spezieller Eigenschaften des jeweiligen Teilprogramms und entfallen, wenn solche Vereinbarungen nicht benötigt werden. Im einzelnen bestehen dafür folgende Möglichkeiten:

OPTIONS(MAIN)

Diese Spezifikation ist für solche Teilprogramme anzugeben, die als Hauptprogramm verwendet werden sollen. In jedem Programm muß folglich mindestens ein Teilprogramm damit versehen sein; das gilt auch in den Fällen, in denen keine Untergliederung in mehrere Teilprogramme vorliegt. Das Betriebssystem erhält auf diese Weise die Mitteilung, mit welchem Teilprogramm die gesamte Abarbeitung beginnen soll. Wurde die Spezifikation für mehrere Teilprogramme angegeben, so wird die Abarbeitung mit demjenigen von ihnen begonnen, das physisch als erstes in der Folge der Teilprogramme auftritt.

RETURNS(*Attribute*)

Durch die in Klammern anzugebenden Attribute kann mit Hilfe dieser Spezifikation der Typ des Funktionswertes festgelegt werden, wenn mit der Abarbeitung eines Teilprogramms die Übergabe eines solchen an das aufrufende Teilprogramm verbunden ist. Nähere Erläuterungen dazu sind in Abschnitt 8.1.1.2. enthalten.

RECURSIVE

Diese Spezifikation beinhaltet die Festlegung, daß das betreffende Teilprogramm rekursiv aufgerufen werden kann.

ORDER oder **REORDER**

Diese Spezifikationen beziehen sich auf die Art und Weise, in der vom Compiler das aus der Übersetzung hervorgehende Maschinenprogramm generiert wird. In jedem Fall wird dabei eine Optimierung hinsichtlich der erzeugten Anweisungen angestrebt. Bei Verwendung der Spezifikation ORDER, die auch der standardmäßigen Behandlung entspricht, wird diese jedoch nur soweit durchgeführt, daß die sich nach den Regeln der Programmiersprache aus den angegebenen PL1-Befehlen ergebende Folge von Operationen auch von den Anweisungen in der Maschinensprache exakt eingehalten wird. Die Spezifikation REORDER bewirkt dagegen eine weitergehende Optimierung, die unter Umständen auch eine Umordnung der auszuführenden Operationen zur Folge hat, wenn dadurch das gleiche Resultat mit höherer Effektivität erzielt werden kann. Daraus ergibt sich allerdings der Nachteil, daß bei Programmunterbrechungen auf Grund auftretender Fehlerbedingungen nicht in jedem Fall die richtige Fortsetzung entsprechend der ursprünglichen Folge der PL1-Befehle gewährleistet ist.

Als letzter Befehl eines Teilprogramms ist stets ein gesonderter Befehl

END; oder END *Befehlsmarke*;

erforderlich. Bei Verwendung der zweiten Form muß die anzugebende Befehlsmarke allerdings die des Befehls PROCEDURE sein; enthält dieser mehrere Befehlsmarken, so kann irgendeine von ihnen benutzt werden. Die zwischen den beiden Befehlen PROCEDURE und END befindlichen Befehle stellen den eigentlichen Inhalt des Teilprogramms dar, der aus beliebigen ausführbaren, aber auch aus Vereinbarungsbefehlen bestehen kann.

Der Aufruf eines Teilprogramms unter Angabe seiner Bezeichnung bewirkt, daß die Programmabarbeitung mit dem ersten Befehl desselben fortgesetzt wird. Daneben kann man jedoch auch Möglichkeiten schaffen, die Bezugnahme auf ein Teilprogramm so vornehmen zu können, daß dessen Abarbeitung mit einem anderen als dem ersten Befehl beginnt. Voraussetzung dafür ist, daß innerhalb des Teilprogramms durch Befehle der allgemeinen Form

Befehlsmarke: ENTRY (*Parameterliste*) *Spezifikation*;

die ebenfalls eine aus maximal 7 Zeichen bestehende Befehlsmarke haben müssen, weitere *Eingangspunkte* vereinbart werden. Die Befehlsmarke des Befehls PROCEDURE wird dann als primärer Eingangsname des betreffenden Teilprogramms bezeichnet, während die Befehlsmarken der Befehle ENTRY sogenannte sekundäre Eingangsnamen darstellen. Durch den Aufruf eines Teilprogramms unter Angabe eines solchen Eingangsnamens beginnt dessen Abarbeitung mit dem Befehl, der auf den damit versehenen Befehl ENTRY folgt.

Auch bei der Vereinbarung eines sekundären Eingangspunkts kann wahlweise eine Parameterliste angegeben werden. Diese hat die gleiche Bedeutung wie im Befehl PROCEDURE und bezieht sich jeweils auf den Aufruf des Teilprogramms unter Angabe des betreffenden Eingangsnamens. Die Parameterlisten verschiedener Eingangspunkte eines Teilprogramms können sich dabei durchaus in den darin enthaltenen Parametergrößen und deren Anzahl unterscheiden. Es ist auch ohne weiteres möglich, daß in einem Teilprogramm Eingangspunkte mit und ebenfalls Eingangspunkte ohne Parameterliste auftreten.

Als Spezifikation ist in einem Befehl ENTRY lediglich eine Angabe der Form RETURNS (*Attribute*) zulässig, durch die in gleicher Weise wie beim Befehl PROCEDURE der Typ eines Funktionswertes festgelegt werden kann, der mit der Abarbeitung des Teilprogramms unter Bezugnahme auf den sekundären Eingangsnamen verbunden ist.

Während ein Befehl PROCEDURE stets den ersten Befehl eines Teilprogramms bildet, darf ein Befehl ENTRY im Prinzip an jeder beliebigen Stelle eines Teilprogramms angegeben werden. Lediglich innerhalb von Befehlsschleifen (Abschnitt 4.3.) oder Befehlsblöcken (Abschnitt 8.2.2.) ist die Vereinbarung sekundärer Eingangspunkte nicht möglich. Wird ein Befehl ENTRY während der fortlaufenden Abarbeitung der Befehlsfolge eines Teilprogramms erreicht, so wird er ignoriert und wirkt wie ein Leerbefehl.

Beispiele

1. Der Inhalt der Datensätze einer Datei DAT, die jeweils aus 10 Festkommagrößen mit den Attributen FIXED(7,2) bestehen, ist zu Kontrollzwecken auszudrucken. Ein entsprechendes Programm soll ohne Verwendung weiterer Teilprogramme aufgestellt werden und bildet folglich ein Hauptprogramm. Seine vollständige Befehlsfolge könnte lauten:

```
DRUCK:PROC OPTIONS(MAIN);
      DCL DAT FILE RECORD INPUT, EIN(10) FIXED(7,2);
      ON ENDFILE (DAT) GOTO M2;
   M1: READ FILE (DAT) INTO (EIN);
      PUT EDIT (EIN) (F(12,2));
      GOTO M1;
   M2: END;
```

2. In einem Programm werden an verschiedenen Stellen Winkel in Bogenmaß berechnet, deren Werte in einer Darstellung durch Grad, Minuten und Sekunden ausgegeben werden sollen. Ihr Wertebereich verläuft von $-360°$ bis $+360°$. Zwischen den einzelnen Bestandteilen soll jeweils eine Stelle frei gelassen werden. Minuten und Sekunden sind darüber hinaus stets mit führenden Nullen, die Sekunden außerdem mit 2 Kommastellen auszugeben.

Zur Vereinfachung der Programmierung wird für die Aufbereitung der Winkel in der gewünschten Darstellungsform und deren Ausgabe ein Teilprogramm aufgebaut, das an jeder Stelle des Programms, an der diese Operationen ausgeführt werden sollen, aufgerufen wird, und dem dabei jeweils der Wert des Winkels in Bogenmaß zu übergeben ist. Die Befehle dieses Teilprogramms könnten folgendermaßen aussehen:

```
UP:PROCEDURE (WI);
   DCL WI FLOAT(16), GR FIXED(3), MIN FIXED(2),
       SEK FIXED(4,2), W FIXED(9,2);
   W=WI*206264.806247E0+SIGN(WI)*0.005;
   GR = W/3600; W = W - GR*3600;
   MIN = W/60; SEK = W - MIN*60;
   PUT EDIT (GR,MIN,SEK)(F(5),P'Z99',P'Z99V,99');
   END UP;
```

Für den jeweils an das Teilprogramm zu übergebenden Winkel in Bogenmaß wurde die fiktive Bezeichnung WI eingeführt und in die Parameterliste aufgenommen. Durch Multiplikation mit der angegebenen Konstanten wird der Winkel in Sekunden umgerechnet und dabei auf zwei Kommastellen gerundet. Anschließend wird die entsprechende Aufbereitung durchgeführt; durch die verwendeten P-Formate ohne Vorzeichensymbole wird erreicht, daß bei negativen Winkeln das Minuszeichen nur für die Gradangabe, nicht aber für Minuten und Sekunden ausgegeben wird.

3. Will man im vorangegangenen Beispiel auch die Möglichkeit zulassen, daß der Winkel nicht in Bogenmaß, sondern bereits in Sekunden entsprechend den Attributen der Größe W vorgegeben werden kann, so müßte lediglich die Umrechnung von Bogen- in Gradmaß entfallen, während die weitere Befehlsfolge des Teilprogramms ohne weiteres verwendet werden könnte. Man führt deshalb zweckmäßig einen zweiten Eingangspunkt ein und schreibt das Teilprogramm in folgender Form:

```
UP: PROCEDURE(WI);
    DCL WI FLOAT(16), GR FIXED(3), MIN FIXED(2),
         SEK FIXED(4,2), (W,Z) FIXED(9,2);
    W = WI*206264.806247E0+SIGN(WI)*0.005; GOTO M;
UQ: ENTRY (Z); W=Z;
 M: GR = W/3600; W = W - GR*3600;
    MIN = W/60; SEK = W - MIN*60;
    PUT EDIT (GR,MIN,SEK)(F(5),P'Z99',P'Z99V,99');
    END UP;
```

Liegt der auszugebende Winkel in Bogenmaß und Gleitkommadarstellung vor, so müßte das Teilprogramm unter dem Eingangsnamen UP aufgerufen werden; der im Anschluß an die Umrechnung in Sekunden folgende Befehl ENTRY wird dann bei der fortlaufenden Befehlsabarbeitung übergangen. Liegt jedoch der Winkel in Sekunden und Festkommadarstellung vor, so ist das Teilprogramm unter Angabe des Eingangsnamens UQ aufzurufen; die Abarbeitung beginnt dann also erst hinter der Umrechnung in Sekunden mit der Zuordnung zur Variablen W.

8.1.1.2. Unterschiede zwischen Unterprogrammen und Funktionsprogrammen

Der in Abschnitt 8.1.1.1. beschriebene allgemeine Rahmen gilt grundsätzlich für jedes Teilprogramm. Dennoch kann der Programmierer zwei hinsichtlich ihrer Handhabung unterschiedliche Arten von Teilprogrammen schreiben: Unterprogramme und Funktionsprogramme. Beide Arten unterscheiden sich in erster Linie in der Form ihres Aufrufs und der Programmfortsetzung nach erfolgter Abarbeitung; eine ausführliche Beschreibung der diesbezüglich bestehenden Möglichkeiten und ihrer Wirkung ist in Abschnitt 8.1.2. enthalten. Aber auch beim Aufbau eines Teilprogramms sind bereits bestimmte Unterschiede zu berücksichtigen, die im Zusammenhang mit seiner Beendigung und der anschließenden Rückkehr in das aufrufende Teilprogramm stehen.

Die Beendigung eines *Unterprogramms* wird im allgemeinen dadurch bewirkt, daß der seine Befehlsfolge abschließende END-Befehl erreicht wird. Es ist aber auch möglich, das Ende der Abarbeitung eines Unterprogramms und damit die Rückkehr in das aufrufende Teilprogramm durch einen Befehl der Form

```
RETURN;
```

zu veranlassen. Dieser Befehl kann in einem Unterprogramm mehrfach angegeben werden und wird vor allem dann benutzt, wenn in Abhängigkeit von bestimmten Bedingungen seine Abarbeitung an mehreren Stellen beendet sein kann. Die gleiche Wirkung hat allerdings ein statt dessen programmierter Sprung zum END-Befehl des Unterprogramms, der dann natürlich eine Befehlsmarke haben müßte.

Im Unterschied zu einem Unterprogramm ist die Beendigung eines *Funktionsprogramms* stets mit der Übergabe eines Funktionswerts an das aufrufende Teilprogramm verbunden. Da dieser in irgendeiner Weise bei der Rückkehr aus einem Funktionsprogramm spezifiziert werden muß, kann dessen Beendigung auch nicht durch den abschließenden END-Befehl erreicht werden. Dieser Befehl dient hier lediglich als Mitteilung für den Compiler über das Ende der zugehörigen Befehlsfolge. Ein Funktionsprogramm muß vielmehr mindestens einen Befehl der allgemeinen Form

RETURN (*Ausdruck*);

enthalten. Die Abarbeitung dieses Befehls bewirkt die Berechnung des angegebenen Ausdrucks, falls es sich nicht von vornherein um eine Konstante oder eine Variable handelt, die Beendigung des Funktionsprogramms und den Übergang zu dem Teilprogramm, von dem aus die Bezugnahme erfolgte. In diesem steht der Wert des Ausdrucks als Funktionswert unmittelbar zur Verfügung. Ergibt sich der Funktionswert in Abhängigkeit von bestimmten Bedingungen oder aus anderen Gründen in unterschiedlicher Weise, so können innerhalb des Funktionsprogramms mehrere Befehle RETURN (*Ausdruck*); angegeben werden, die jeweils einen anderen Ausdruck enthalten, aber ansonsten bei ihrer Abarbeitung in gleicher Weise wirksam werden. Die Angabe eines Befehls RETURN ohne einen dazugehörigen Ausdruck ist in einem Funktionsprogramm nicht zulässig.

Standardmäßig ergibt sich der Typ des von einem Funktionsprogramm nach dessen Abarbeitung übergebenen Funktionswertes analog zu dem einer nicht explizit vereinbarten Variablen in Abhängigkeit vom Anfangsbuchstaben des Eingangsnamens, über den der Aufruf erfolgte. Beginnt dieser mit einem der Buchstaben I···N, so wird der Funktionswert, falls erforderlich, vor seiner Übergabe automatisch in eine duale Festkommagröße mit den Attributen BINARY FIXED(15) umgewandelt; andernfalls erhält der Funktionswert die Attribute DECIMAL FLOAT(6) und stellt folglich eine Gleitkommagröße mit einfacher Mantissenlänge dar. Bei Vorhandensein mehrerer Eingangspunkte in einem Funktionsprogramm kann entsprechend den verschiedenen Eingangsnamen der Funktionswert durchaus von unterschiedlichem Typ sein.

Soll der Typ des Funktionswerts jedoch nicht diesen standardmäßigen Festlegungen entsprechen, so ist im betreffenden Befehl PROCEDURE oder ENTRY des Funktionsprogramms als Spezifikation eine Vereinbarung der Form

RETURNS (*Attribute*)

anzugeben. Diese gilt nur für den jeweiligen Eingangspunkt und enthält in Klammern die durch wenigstens ein Leerzeichen voneinander getrennten einzelnen Datenattribute zur Beschreibung des Funktionswerts. Unabhängig vom Typ des angegebenen Ausdrucks wird dessen Wert bei der Ausführung eines Befehls RETURN (*Ausdruck*); stets nach den allgemeinen Konvertierungsregeln in die so vereinbarten Datenattribute umgewandelt und dann als Funktionswert übergeben. Durch unterschiedliche Spezifikationen kann für jeden Eingangspunkt ein anderer Typ für den Funktionswert festgelegt werden. Es ist auch ohne weiteres möglich, für einzelne Eingangspunkte eines Funktionsprogramms eine entsprechende Spezifikation anzugeben, während das für andere nicht der Fall ist und der Typ des Funktionswerts dann standardmäßig bestimmt wird.

Beispiele

1. Ein Funktionsprogramm, das für eine übergebene Größe x den Funktionswert $x^2 + \sqrt{1 + 2x + 3x^2}$ in Gleitkommaform mit verlängerter Mantisse liefert, könnte folgender-

maßen aussehen:

```
FP:PROCEDURE (X) RETURNS (FLOAT(16));
    RETURN (X*X+SQRT(1E0+2E0*X+3E0*X*X));
  END FP;
```

2. In einem Programm werden an verschiedenen Stellen Funktionswerte benötigt, die sich folgendermaßen ergeben:

$$y = 2{,}31x + 1{,}15 \quad \text{für} \quad x \leqq 1{,}2$$
$$y = 5{,}64x - 2{,}08 \quad \text{für} \quad x > 1{,}2.$$

Für ihre Berechnung soll ein Funktionsprogramm geschrieben werden, in dem sowohl die zu übergebende Größe x als auch der Funktionswert dezimale Festkommagrößen mit 2 Kommastellen sind. Die Befehlsfolge des Funktionsprogramms könnte dann folgendes Aussehen haben:

```
FUNK:PROC (X) RETURNS (FIXED(6,2));
     DCL X FIXED (5,2);
     IF X>1.2 THEN RETURN (5.64*X-2.08);
               ELSE RETURN (2.31*X+1.15);
     END;
```

3. Ein Funktionsprogramm hat folgenden schematischen Aufbau:

```
AFP:PROCEDURE (X);
    :
 IFP:ENTRY (X);
    :
    RETURN (...);
    END AFP;
```

Da keine spezielle Vereinbarung für den Typ des Funktionswerts vorliegt, werden dessen Attribute standardmäßig in Abhängigkeit vom Anfangsbuchstaben des jeweiligen Eingangsnamens angenommen. Wird das Funktionsprogramm unter seinem primären Eingangsnamen AFP aufgerufen, so wird der Funktionswert folglich in eine Größe mit den Attributen DECIMAL FLOAT (6) umgewandelt, bei einem Aufruf unter dem sekundären Eingangsnamen IFP jedoch in eine Größe mit den Attributen BINARY FIXED (15).

4. Es soll ein allgemein verwendbares Funktionsprogramm mit der Bezeichnung REI zur Berechnung von $(1 + x)^{-\frac{1}{4}}$ für $|x| < 1$ nach der Reihenentwicklung

$$1 - \frac{1}{4}x + \frac{1 \cdot 5}{4 \cdot 8}x^2 - \frac{1 \cdot 5 \cdot 9}{4 \cdot 8 \cdot 12}x^3 + \frac{1 \cdot 5 \cdot 9 \cdot 13}{4 \cdot 8 \cdot 12 \cdot 16}x^4 - \cdots$$

geschrieben werden. Die Berechnung ist abzubrechen, sobald ein Summand dem Betrag nach kleiner als eine Größe ε ist, die an das Funktionsprogramm bei dessen Aufruf neben dem Wert von x zu übergeben ist. Das Funktionsprogramm könnte folgende Befehle enthalten:

```
REI:PROCEDURE (X,EPS):
     S,ZW,A=1E0; B=4E0;
M1:  ZW = -ZW*A/B*X;
     IF ABS(ZW)<EPS THEN RETURN(S);
     S = S + ZW;
     A=A+4E0; B=B+4E0;
     GOTO M1;
     END REI;
```

Für die einzelnen Summanden wird jeweils nur der Teil neu gebildet, der einen Unterschied zum vorangehenden Summanden darstellt. Auf Grund des Anfangsbuchstabens für den Eingangsnamen wird der Funktionswert als Gleitkommagröße mit einfacher Mantissenlänge betrachtet. Den gleichen Typ haben auch die beiden Parametergrößen, da hierfür keine gesonderte Vereinbarung vorliegt.

5. In einem Unterprogramm werden als Ausgangswerte für die Abarbeitung eines bestimmten Algorithmus zwei Größen X und A benötigt. Beide sind beim Aufruf des Unterprogramms an dieses zu übergeben und treten folglich in der Parameterliste auf. Es soll aber auch die Möglichkeit bestehen, das Unterprogramm verwenden zu können, wenn die Größe X noch nicht vorliegt. Es sind dann statt dessen die Werte für zwei Parametergrößen U und V zu übergeben, aus denen vor Ausführung der eigentlichen Berechnungen der Wert von X bestimmt wird. In beiden Fällen soll der betreffende Algorithmus allerdings nur abgearbeitet werden, wenn der Quotient X:A größer als 1,25 ist; andernfalls ist das Unterprogramm vorzeitig zu beenden. Alle genannten Größen sollen Festkommawerte mit zwei Kommastellen sein. Das Unterprogramm könnte dann etwa folgendermaßen aussehen:

```
UP: PROCEDURE (A,U,V);
    DCL (A,U,V,X) FIXED(7,2);
    :
    Berechnung von X=f(U,V)
    :
EP: ENTRY (A,X);
    IF X/A<=1.25 THEN RETURN;
    :
    Berechnungsalgorithmus
    :
EX: END UP;
```

Der IF-Befehl könnte auch in der Form

```
IF X/A<=1.25 THEN GOTO EX;
```

geschrieben werden; er hätte dann die gleiche Wirkung.

8.1.2. Bezugnahme auf Teilprogramme

Die Abarbeitung eines Programms wird stets durch das Betriebssystem auf Grund entsprechender Angaben auf den erforderlichen Steuerkarten veranlaßt und beginnt jeweils mit dem zum Hauptprogramm erklärten Teilprogramm. Sie ist beendet, wenn der END-Befehl dieses Hauptprogramms erreicht wurde. Ein Übergang der Abarbeitung auf die Befehle weiterer zum Programm gehöriger Teilprogramme ist jeweils gesondert zu programmieren. Diesbezügliche Angaben werden als Aufruf des Teilprogramms bezeichnet und sind unterschiedlich für Unterprogramme und Funktionsprogramme vorzunehmen. Unter Umständen besteht das Hauptprogramm lediglich aus einer Folge von Teilprogrammaufrufen und bewirkt damit deren aufeinanderfolgende Abarbeitung.

Die Möglichkeiten für den Aufruf eines Teilprogramms ergeben sich aus den Gültigkeitsbereichen seiner Eingangsnamen. Ausführliche Angaben dazu sind in Abschnitt 8.2.1.1. enthalten.

8.1.2.1. Aufruf von Unterprogrammen

Für den Aufruf eines Teilprogramms, das ein Unterprogramm darstellt, ist ein spezieller Befehl in der allgemeinen Form

CALL *Eingangsname*; bzw. CALL *Eingangsname* (*Argumentliste*);

zu verwenden. Als *Eingangsname* kann jeder primäre oder sekundäre Eingangsname eines Unterprogramms auftreten. Die Angabe einer *Argumentliste* ist dann erforderlich, wenn für den angesprochenen Eingangspunkt des Unterprogramms eine Parameterliste vereinbart wurde. Die darin enthaltenen Argumente stellen diejenigen Größen dar, die bei der Ausführung der Befehle des Unterprogramms an Stelle der fiktiven Parametergrößen tatsächlich verwendet werden sollen.

Die Ausführung des Befehls CALL bewirkt den Übergang der Programmabarbeitung zu dem angegebenen Eingangspunkt und die Durchführung von Maßnahmen zur Ersetzung der Parameter einer eventuell vorliegenden Parameterliste durch die angegebenen Argumente. Nach Beendigung des Unterprogramms wird im Normalfall die Programmabarbeitung im aufrufenden Teilprogramm mit dem auf den Befehl CALL folgenden Befehl fortgesetzt. Eine Abweichung davon kann dadurch zustandekommen, daß innerhalb des aufgerufenen Unterprogramms ein Sprungbefehl ausgeführt wird, dessen Sprungadresse aus dem Unterprogramm heraus zu einem beliebigen anderen Befehl des aufrufenden Teilprogramms führt. Eine weitere Ausnahme liegt dann vor, wenn in einem Unterprogramm ein Befehl STOP ausgeführt wird (Abschnitt 4.5.); dieser beendet dann nicht nur das betreffende Unterprogramm, sondern die gesamte Programmabarbeitung.

Der Aufruf eines Unterprogramms in der beschriebenen Form kann auch in Verbindung mit der Festlegung von Anfangswerten bei der Vereinbarung von Variablen (Abschnitt 2.2.1.) verwendet werden. Die Vereinbarung ist dann in der allgemeinen Form

DCL *Bezeichnung Attribute* INITIAL CALL *Eingangsname* (*Argumentliste*);

vorzunehmen und besagt, daß zum Zeitpunkt der Speicherplatzzuordnung für die unter der angegebenen Bezeichnung eingeführte Größe ein Aufruf des betreffenden Unterprogramms an der Stelle des angegebenen Eingangspunktes erfolgen und innerhalb desselben die Bestimmung und Zuordnung eines Anfangswertes (oder mehrerer, falls es sich um ein Feld handelt) ausgeführt werden soll. Im allgemeinen ist beim Aufruf des Unterprogramms die zu initialisierende Größe als Argument anzugeben, und das Unterprogramm muß die Zuordnung zu einer entsprechenden Parametergröße enthalten; bei internen Unterprogrammen (Abschnitt 8.2.1.) ist das allerdings nicht erforderlich, und die Argumentliste kann dann völlig entfallen.

Nicht verwendbar ist diese Form der Festlegung von Anfangswerten allerdings für Variable mit dem Speicherungsklassenattribut STATIC, da deren Speicherplatzzuordnung bereits vor Beginn der gesamten Abarbeitung erfolgt.

Beispiele

1. Ein Unterprogramm hat folgenden schematischen Aufbau:

```
EP1: PROCEDURE (A,B);
     :
EP2: ENTRY;
     :
     END;
```

Ein Aufruf unter Bezugnahme auf den primären Eingangspunkt des Unterprogramms müßte durch einen Befehl CALL erfolgen, der zwei Argumente für die beiden Parametergrößen A und B enthält, z. B.

```
CALL EP1 (X1,X2);
```

Soll jedoch der sekundäre Eingangspunkt des Unterprogramms aufgerufen werden, so ist keine Argumentliste anzugeben, und der Aufruf müßte in der Form

```
CALL EP2;
```

vorgenommen werden.

2. In einem Programm soll die Berechnung eines Werts $y = f(x)$ durch Reihenentwicklung erfolgen, wobei in Abhängigkeit vom Wert von x zwei unterschiedliche Verfahren zu verwenden sind. Beide Verfahren werden jeweils in einem Unterprogramm zur Verfügung gestellt und bei der Abarbeitung alternativ aufgerufen. Schematisch könnte das Programm dann folgendermaßen aussehen:

```
HP:   PROCEDURE OPTIONS(MAIN);
      :
      IF ABS(X)<1E0 THEN CALL SUB1(X,Y);
                    ELSE CALL SUB2(X,Y);
      :
      END;
SUB1: PROCEDURE (X,Y);
      :
      Algorithmus zur Berechnung nach dem 1. Verfahren
      :
      END;
SUB2: PROCEDURE (X,Y);
      :
      Algorithmus zur Berechnung nach dem 2. Verfahren
      :
      END;
```

3. Beim Aufruf eines Unterprogramms PROG wird diesem eine duale Festkommagröße als Argument übergeben. In Abhängigkeit davon ist in einem Unterprogramm ANF der Anfangswert für eine innerhalb von PROG vereinbarte Gleitkommavariable zu bestimmen. Die beiden Unterprogramme könnten dazu folgenden schematischen Aufbau haben:

```
PROG: PROCEDURE(N);
      DCL WERT FLOAT(16) INIT CALL ANF(N,WERT);
      :
      END;
ANF:  PROCEDURE (K,X);
      DCL X FLOAT(16);
      :
      Zuordnung eines Werts zu X in Abhängigkeit von K
      :
      END;
```

Beim Aufruf von ANF werden die dem Unterprogramm PROG übergebene Festkommagröße N sowie die zu initialisierende Größe WERT als Argumente angegeben. In Abhängigkeit vom Wert der Variablen N wird dann innerhalb von ANF der Anfangswert von WERT ermittelt und steht anschließend in PROG zur Verfügung.

4. Ein Programm wird aus 3 Unterprogrammen zusammengesetzt und könnte dann folgenden schematischen Aufbau haben:

```
HP:  PROCEDURE OPTIONS(MAIN);
     CALL UP1;
     CALL UP2;
     CALL UP3;
     END;
UP1: PROCEDURE;
     :
     END
UP2: PROCEDURE;
     :
     END;
UP3: PROCEDURE;
     :
     END;
```

8.1.2.2. Aufruf von Funktionsprogrammen

Für den Aufruf eines Teilprogramms, das ein Funktionsprogramm darstellt, wird kein spezieller Befehl verwendet. Da mit seiner Abarbeitung stets die Übergabe eines Funktionswerts verbunden ist, erfolgt der Aufruf eines Funktionsprogramms im allgemeinen in der Form

Eingangsname bzw. *Eingangsname* (*Argumentliste*)

als Operand eines Ausdrucks oder an einer Stelle irgendeines Befehls, an der ein Ausdruck stehen darf (z. B. in der Datenliste eines Ausgabebefehls, innerhalb einer Formatangabe oder zur Festlegung der Dimensionsgrenzen in einem Befehl ALLOCATE).

Als *Eingangsname* kann jeder primäre oder sekundäre Eingangsname eines Funktionsprogramms auftreten. Die Angabe einer *Argumentliste* ist dann erforderlich, wenn für den angesprochenen Eingangspunkt des Funktionsprogramms eine Parameterliste vereinbart wurde. Die darin enthaltenen Argumente stellen diejenigen Größen dar, die bei der Ausführung der Befehle des Funktionsprogramms an Stelle der fiktiven Parametergrößen tatsächlich verwendet werden sollen.

Äußerlich entspricht der Aufruf eines Funktionsprogramms mit einer Argumentliste der Angabe einer indizierten Variablen. Der Compiler erkennt den Unterschied daran, ob für die angegebene Bezeichnung eine Feldvereinbarung vorliegt oder nicht. Ist jedoch beim Aufruf eines Funktionsprogramms keine Argumentliste anzugeben, so ist der Aufruf vom Compiler nicht erkennbar. Die Bezeichnung des angesprochenen Eingangspunkts ist in diesem Fall daher im aufrufenden Teilprogramm explizit durch das Attribut ENTRY als solche zu vereinbaren:

DCL *Eingangsname* ENTRY;

Liegt eine entsprechende Vereinbarung nicht vor, so wird ein Funktionsprogrammaufruf ohne Angabe von Argumenten als Bezugnahme auf eine einfache Variable interpretiert, die dann implizit vereinbart wird. Die Ausführung eines Befehls, der einen Funktionsprogrammaufruf enthält, bewirkt den Übergang der Programmabarbeitung zu dem angegebenen Eingangspunkt und die Durchführung von Maßnahmen zur Ersetzung der Parameter einer eventuell vorliegenden Parameterliste durch die angegebenen Argumente. Nach Beendigung des Funktionsprogramms wird im Normalfall die Programmabarbeitung im aufrufenden Teilprogramm mit der weiteren Ausführung des Befehls fortgesetzt, der den Aufruf enthält, wobei an Stelle dieses Aufrufs der Funktionswert eingesetzt wird. Beim Verlassen des Funktionsprogramms durch einen Sprung erfolgt die Fortsetzung allerdings bei der darin angegebenen Sprungadresse, und der den Aufruf enthaltende Befehl wird nicht weiter abgearbeitet. Durch einen Befehl STOP innerhalb des Funktionsprogramms wird wie bei einem Unterprogramm die gesamte Programmabarbeitung beendet.

Für die weitere Verwendung des übergebenen Funktionswerts im aufrufenden Teilprogramm und die Generierung der entsprechenden Befehle bei seiner Übersetzung muß in ihm der Typ dieses Funktionswertes bekannt sein. Enthält der betreffende Eingangspunkt dafür keine gesonderte Vereinbarung, so ist auch im aufrufenden Teilprogramm eine solche nicht erforderlich; der Typ des Funktionswertes wird dann auch dort standardmäßig als duale Festkommagröße betrachtet, wenn der Eingangsname mit einem der Buchstaben I…N beginnt, andernfalls als dezimale Gleitkommagröße. Liegt jedoch eine davon abweichende Vereinbarung durch Angabe einer Spezifikation RETURNS(*Attribute*) im betreffenden Befehl PROCEDURE oder ENTRY des aufgerufenen Funktionsprogramms vor, so ist auch im aufrufenden Teilprogramm eine entsprechende Festlegung erforderlich, die in der allgemeinen Form

DCL *Eingangsname* RETURNS (*Attribute*);

vorzunehmen ist. Die jeweiligen Attribute beschreiben den Typ des Funktionswerts, der beim Aufruf des Funktionsprogramms unter dem angegebenen Eingangsnamen übergeben wird. Ein unter Umständen auf Grund des Fehlens einer Parameterliste für diesen Eingangsnamen ebenfalls erforderliches Attribut ENTRY kann dann weggelassen werden, da es implizit in der Angabe RETURNS mit enthalten ist. Werden mehrere Eingangspunkte eines Funktionsprogramms in einem Teilprogramm aufgerufen, so ist für jeden der zugehörigen Eingangsnamen eine solche Vereinbarung notwendig, sofern sich der Typ des Funktionswerts nicht standardmäßig aus dessen Bezeichnung ergibt.

Bei der Übersetzung und damit auch bei der Abarbeitung eines Teilprogramms wird stets davon ausgegangen, daß der übergebene Funktionswert eines darin aufgerufenen Funktionsprogramms den dafür getroffenen Vereinbarungen oder Standardannahmen entspricht. Die Speicherplätze des Funktionswerts werden dementsprechend interpretiert, so daß Nichtübereinstimmung in den Attributen des Funktionswerts im aufrufenden und im aufgerufenen Teilprogramm im allgemeinen zu fehlerhaften Ergebnissen führt. Lediglich in beschränktem Umfang sind auch hier gewisse Abweichungen möglich und sinnvoll, die sich in gleicher Weise wie bei der Überlagerung von Speicherplätzen (Abschnitt 2.4.2.) z. B. auf die Kommastellung oder eine andere Interpretation der Wertdarstellung beziehen können.

Die in Abschnitt 3.2. beschriebenen, zur Programmiersprache gehörigen Standardfunktionen stellen im Prinzip ebenfalls Funktionsprogramme dar und sind vom Programmierer in der gleichen Weise zu handhaben. Es gelten für sie lediglich folgende Besonderheiten:

— Standardfunktionen brauchen nicht erst programmiert zu werden, sondern stehen unter der für sie fest vergebenen Bezeichnung von vornherein zur Verfügung;

— mehrere Standardfunktionen können als Funktionswerte Felder oder Strukturen an das aufrufende Teilprogramm übergeben, was beim Aufruf von Funktionsprogrammen nicht zulässig ist;

— die Attribute der Funktionswerte von Standardfunktionen sind entweder standardmäßig festgelegt oder ergeben sich aus den Attributen der Argumente; eine Festlegung über eine Angabe RETURNS ist für sie nicht möglich.

Beispiele

1. Ein Funktionsprogramm hat folgenden schematischen Aufbau:

```
FP:  PROCEDURE;
     :
SEK: ENTRY (X);
     :
     RETURN (...);
     END;
```

Ein Teilprogramm, das dieses Funktionsprogramm über seinen primären Eingangspunkt aufruft, müßte einen Befehl

```
DCL FP ENTRY;
```

enthalten, weil für diesen Eingangspunkt keine Parameterliste vorliegt. Der Aufruf könnte dann beispielsweise in der Form

```
Z = FP*(A(I)—A(J));
```

erfolgen. Wäre die Vereinbarung mit dem Attribut ENTRY nicht vorhanden, so würde in diesem Befehl der Operand FP als Variable betrachtet werden.

Für einen Aufruf über den sekundären Eingangspunkt ist eine gesonderte Vereinbarung nicht erforderlich; dafür ist aber ein Argument anzugeben, das den Parameter X ersetzt. Ein Aufruf wäre dann z. B. in der Form

```
IF SEK(WERT)<Ø THEN GOTO FEHL;
```

möglich.

2. Ein Funktionsprogramm hat folgenden schematischen Aufbau:

```
FKT:PROC (CH) RETURNS(CHAR(1Ø));
     DCL CH CHAR(5);
     ⋮
     RETURN (...);
     END;
```

Der Funktionswert ist eine Zeichenkette der Länge 10, während der Parameter CH stellvertretend für ein beim Aufruf anzugebendes Argument in Form einer Zeichenkette der Länge 5 steht. In einem Teilprogramm, das einen Aufruf des Funktionsprogramms FKT enthält, muß eine Vereinbarung

```
DCL FKT RETURNS (CHAR(1Ø));
```

angegeben werden, um den Typ des übergebenen Funktionswerts zu beschreiben. Der Aufruf könnte beispielsweise in der Form

```
PUT EDIT (FKT(ZK))(A(1Ø));
```

als Datenlistenelement erfolgen; im Funktionsprogramm wird dann an Stelle des Parameters CH die als Argument angegebene Größe ZK verwendet.

3. In einem Programm werden Lochkarten eingelesen, deren Inhalt vor seiner Verarbeitung geprüft werden soll. Enthält eine Lochspalte ein nichtnumerisches Zeichen, so ist eine Fehlermeldung auszugeben, aus der hervorgeht, auf welcher Karte und in welcher Spalte der Fehler auftrat.

Für die Durchführung der Kontrolle soll ein Funktionsprogramm geschrieben werden, das als Funktionswert beim Vorliegen eines Fehlers die betreffende Lochspaltennummer und sonst den Wert 0 liefert. Parameter des Funktionsprogramms ist lediglich ein Feld von 80 Elementen mit dem Attribut CHAR(1), das die 80 Zeichen der eingelesenen Lochkarte enthält. Das gesamte Programm könnte dann etwa folgendermaßen aussehen:

```
HP:  PROC OPTIONS(MAIN);
     DCL FP RETURNS (BIN FIXED),
         C(8Ø) CHAR(1), CX CHAR(8Ø) DEF C;
     ON ENDFILE (SYSIN) GOTO END;
     N=Ø;
M1:  GET EDIT (CX)(A(8Ø)); N=N+1;
     IF FP(C)>Ø THEN DO;
        PUT SKIP EDIT ('FEHLER␣IN␣DER',N,'.KARTE,␣SPALTE',
            FP(C),':␣',CX)(A,F(3),A,F(3),2A);
        GOTO M1;
     END;
     ⋮
     Verarbeitung des Karteninhalts
     ⋮
     GOTO M1;
END: END HP;
FP:  PROC (X) RETURNS(BIN FIXED);
     DCL X(8Ø) CHAR(1);
```

```
        DO I=1 TO 80;
           IF X(I)<'0' THEN RETURN (I);
        END;
        RETURN (0);
        END FP;
```

In dieser Form wird allerdings das Funktionsprogramm beim Vorliegen eines Fehlers zweimal vom Hauptprogramm aufgerufen: der 1. Aufruf erfolgt zur Durchführung des Vergleichs und ist für jede Karte erforderlich; der 2. Aufruf ist in der Datenliste enthalten und wird im Falle eines Fehlers ausgeführt. Es wäre deshalb besser, im Hauptprogramm an Stelle des hinter dem Befehl mit der Befehlsmarke M1 angegebenen Befehls folgendes zu schreiben:

```
    K=FP(C); IF K>0 THEN DO;
       PUT SKIP EDIT ('FEHLER␣IN␣DER',N,'.KARTE,␣SPALTE',
           K,':␣',CX)(A,F(3),A,F(3),2 A);
```

Auf diese Weise ist stets nur ein einmaliger Aufruf des Funktionsprogramms erforderlich.

4. Als Beispiel für ein rekursiv aufrufbares Teilprogramm könnte folgendes Funktionsprogramm zur Berechnung von

$$\binom{n}{m} = \frac{n \cdot (n-1) \cdot (n-2) \cdot \ldots \cdot (n-m+1)}{m \cdot (m-1) \cdot (m-2) \cdot \ldots \cdot 1}$$

dienen:

```
    FNM: PROC (N,M) RECURSIVE;
         DCL (N,M) FLOAT(6);
         IF M=1E0 THEN RETURN (N);
                  ELSE RETURN (N/M*FNM(N-1,M-1));
         END;
```

Durch den wiederholten rekursiven Aufruf des Funktionsprogramms FNM mit jeweils um 1 verringerten Argumenten werden die Quotienten

$$\frac{n}{m}, \frac{n-1}{m-1}, \frac{n-2}{m-2}, \ldots$$

miteinander multipliziert. Die Aufruffolge ist erst dann beendet, wenn der Nenner den Wert 1 hat. Zur Vermeidung von Genauigkeitsverlusten wird die gesamte Berechnung in Gleitkommaform durchgeführt; auch für die Argumente sind beim Aufruf des Funktionsprogramms entsprechende Gleitkommagrößen anzugeben.

5. An diesem Beispiel sollen die Unterschiede zwischen einem Funktionsprogramm und einem Unterprogramm hinsichtlich des Aufrufs und der Übergabe der Resultate gegenübergestellt werden.

In einem Programm soll eine Verzweigung in Abhängigkeit vom Vorzeichen des Wertes $y = (x^2 - 3)/(x + 2)$ erfolgen. Die Berechnung dieses Werts soll durch den Aufruf eines entsprechenden Teilprogramms veranlaßt werden. x und y stellen dabei dezimale Festkommagrößen mit 2 Kommastellen dar. Die Programmierung könnte folgendermaßen ausgeführt werden:

Verwendung eines Funktionsprogramms	Verwendung eines Unterprogramms
HP: PROC OPTIONS(MAIN; DCL X FIXED (6,2), FP RETURNS(FIXED(6,2)); ⋮ IF FP(X)<0 THEN GOTO M50; ELSE GOTO M70; ⋮ END; FP: PROC(X) RETURNS(FIXED(6,2)); DCL X FIXED (6,2); RETURN ((X*X-3)/(X+2)); END;	HP: PROC OPTIONS(MAIN); DCL (X,Y) FIXED(6,2); ⋮ CALL UP (X,Y); IF Y < 0 THEN GOTO M50; ELSE GOTO M70; ⋮ END; UP: PROC (X,Y); DCL (X,Y) FIXED (6,2); Y = (X*X-3) /(X+2); END;

Während bei Verwendung eines Unterprogramms zwei Parameter erforderlich sind, wird bei einem Funktionsprogramm nur ein solcher benötigt, da der Funktionswert nach Beendigung des Funktionsprogramms an der Stelle des Aufrufs ohne weiteres zur Verfügung steht.

8.1.2.3. Verwendung von Gruppenbezeichnungen

Für Teilprogramme mit mehreren Eingangspunkten besteht die zusätzliche Möglichkeit eines Aufrufs unter Verwendung einer Gruppenbezeichnung. Diese stellt einen Sammelbegriff für alle oder nur einen Teil der Eingangsnamen dieses Teilprogramms dar und ist im aufrufenden Teilprogramm durch einen Befehl der allgemeinen Form

DCL *Gruppenbezeichnung* GENERIC (*Eingangsname*$_1$ ENTRY (*Attributliste*$_1$), *Eingangsname*$_2$ ENTRY (*Attributliste*$_2$), ...);

zu vereinbaren. Für jeden Eingangspunkt, der zur Gruppe gehören soll, ist dessen *Eingangsname*, das Attribut ENTRY und, falls er eine Parameterliste enthält, außerdem eine *Attributliste* anzugeben. Die Attributliste muß in der Reihenfolge der Parameterliste die im betreffenden Teilprogramm für jeden Parameter geltenden Attribute enthalten, wobei Dimensionsgrenzen, Kettenlängen sowie Dateiattribute keine Rolle spielen und nicht erforderlich sind. Bei Feldern muß allerdings die Anzahl der Dimensionen aus der Attributliste hervorgehen. Für Parameter, die Eingangsnamen darstellen, ist in der Attributliste das Attribut ENTRY anzugeben. Liegt für einen Eingangspunkt keine Parameterliste vor, so entfällt auch die Angabe der Attributliste. Eine Einschränkung besteht darin, daß die Namen von Eingangspunkten mit Parametern, die Strukturen oder Felder von Strukturen sind, in der Vereinbarung einer Gruppenbezeichnung nicht auftreten dürfen.

Die angegebenen Attributlisten für die zur Gruppe gehörigen Eingangsnamen müssen unterschiedlich sein, und es darf folglich auch nur ein Eingangsname ohne Attributliste auftreten. Handelt es sich um Eingangsnamen eines Funktionsprogramms, so kann außerdem jeweils noch eine Angabe RETURNS(*Attribute*) zur Beschreibung des Funktionswerts erforderlich sein.

Beim Aufruf des Teilprogramms unter der vereinbarten *Gruppenbezeichnung* wird jeweils einer der zur Gruppe gehörigen Eingangspunkte automatisch ausgewählt. Dazu ist es erforderlich, daß beim Aufruf eine Argumentliste angegeben wird, deren Argumente in ihren Attributen und in der Anzahl mit den Angaben der Attributliste eines zur Gruppe gehörigen Eingangsnamens übereinstimmen; fehlt für einen Eingangsnamen eine Attributliste, so ist auch ein Aufruf ohne Argumentliste möglich. Der Übergang der Programmabarbeitung erfolgt jeweils zu demjenigen Eingangspunkt, für den die verlangte Übereinstimmung besteht.

Trotz der Zugehörigkeit zu einer Gruppe ist für jeden der betreffenden Eingangspunkte auch ein Aufruf in der üblichen Weise unter Angabe seines Eingangsnamens möglich. Allerdings ist für einen Eingangsnamen, der in der Vereinbarung einer Gruppenbezeichnung auftritt, nicht noch eine gesonderte Vereinbarung mit dem Attribut ENTRY oder RETURNS zulässig.

Beispiele

1. Ein Unterprogramm hat folgenden schematischen Aufbau:

```
UPA: PROC (CH,A);
     DCL CH CHAR(1Ø), A FIXED(7), X FLOAT(16);
     ⋮
```

```
         :
UPB:  ENTRY;
         :
UPC:  ENTRY (N);
         :
      END;
```

In einem anderen Teilprogramm des gleichen Programms sind folgende Befehle enthalten:

```
TP: PROCEDURE;
    DCL UP GENERIC (UPA ENTRY (CHAR,FIXED(7)), UPB ENTRY,
                    UPC ENTRY (BIN FIXED));
    DCL KETTE CHAR(10), Q FLOAT(16), U FIXED(7);
    :
    CALL UP;
    :
    CALL UP (KETTE,U);
    :
    CALL UP (MY);
    :
```

Die einzelnen Aufrufe des Unterprogramms unter der eingeführten Gruppenbezeichnung UP haben folgende Wirkung: der 1. Aufruf bezieht sich auf den Eingangsnamen UPB, da kein Argument angegeben wurde; der 2. Aufruf bezieht sich auf den Eingangsnamen UPA und der 3. Aufruf auf den Eingangsnamen UPC, weil jeweils die Attribute der angegebenen Argumente mit denen der betreffenden Attributliste übereinstimmen.

2. Ein Funktionsprogramm hat folgenden schematischen Aufbau:

```
FKT1:PROC (X) RETURNS(FLOAT(16));
      DCL (X,Y) FIXED(5,1), Z CHAR(12);
      :
FKT2:ENTRY (Z,Y,X);
      :
FKT3:ENTRY RETURNS(FIXED(7,2));
      :
      END FKT1;
```

In einem anderen Teilprogramm des gleichen Programms sind folgende Befehle enthalten:

```
TP: PROCEDURE;
    DCL U FIXED(5,1). FP GENERIC
         (FKT1 ENTRY (FIXED(5,1)) RETURNS(FLOAT(16)),
          FKT2 ENTRY (CHAR(12),FIXED(5,1),FIXED(5,1)),
          FKT3 ENTRY RETURNS (FIXED(7,2)));
    :
    A = FP*ZET;
    B = FKT1(U)-ALPHA;
    C = 1E0/FP(1614.9);
    :
```

Bei der Berechnung von A wird der Eingangsname FKT3 aufgerufen, weil die Gruppenbezeichnung FP ohne Argumentliste angegeben wurde. Zur Berechnung von B wird der Eingangsname FKT1 unmittelbar und zur Berechnung von C über die Gruppenbezeichnung aufgerufen.

8.2. Festlegung von Gültigkeitsbereichen

Grundsätzlich wird eine Größe im Programm durch die explizite oder implizite Vereinbarung einer Bezeichnung eingeführt, die nach den dafür geltenden Regeln (Abschnitt 1.2.) weitgehend beliebig vom Programmierer gewählt werden kann.

Eine explizite Vereinbarung liegt dann vor, wenn eine Bezeichnung

— in einem Befehl DECLARE angegeben wird,
— als Befehlsmarke auftritt oder
— in einer Parameterliste enthalten ist.

Eine implizite Vereinbarung wird für die Größen vorgenommen, für die keine explizite Vereinbarung vorliegt. In einigen Fällen ergibt sie sich aus dem Zusammenhang, in dem die Bezeichnung in einem Befehl verwendet wird. So erfolgt z. B. eine implizite Vereinbarung als

— Datei, wenn die Bezeichnung in einem Ein- oder Ausgabebefehl oder einem ON-Befehl zur Behandlung einer Fehler- oder Ausnahmebedingung der Ein- und Ausgabe auftritt;
— Eingangsname eines Teilprogramms, wenn die Bezeichnung in einem Zusammenhang auftritt, der eindeutig den Aufruf eines Teilprogramms darstellt;
— Zeigervariable, wenn die Bezeichnung hinter dem Attribut BASED oder dem Schlüsselwort SET angegeben wird.

Ist eine solche eindeutige Festlegung nicht möglich, so werden nicht explizit vereinbarte Bezeichnungen implizit als arithmetische Größen vereinbart, deren Typ sich in Abhängigkeit vom Anfangsbuchstaben ihrer Bezeichnung ergibt (Abschnitt 2.2.1.).

In Verbindung mit der Gliederung eines Programms in einzelne Teilprogramme, in denen jeweils auch explizite und implizite Vereinbarungen enthalten sein können, ist für jede eingeführte Bezeichnung deren Gültigkeitsbereich zu berücksichtigen, der denjenigen Teil des Programms umfaßt, in dem unter dieser Bezeichnung eine bestimmte Größe angesprochen und für die Ausführung von Operationen verwendet werden kann. Der Gültigkeitsbereich kann jeweils auf ein einziges Teilprogramm beschränkt sein, sich aber auch über mehrere Teilprogramme erstrecken. Innerhalb eines Teilprogramms können darüber hinaus durch die Bildung interner Teilprogramme und Befehlsblöcke Größen mit lokalem Gültigkeitsbereich vereinbart werden, durch die sich weitere Möglichkeiten einer rationellen rechentechnischen Verarbeitung ergeben.

Für die Festlegungen zur Behandlung auftretender Fehler- und Ausnahmebedingungen (Abschnitt 4.4.) gelten bei Verwendung mehrerer Teilprogramme analoge Beziehungen wie für die eingeführten Bezeichnungen.

8.2.1. Externe und interne Teilprogramme

Neben der Frage, ob eine Bezeichnung explizit oder implizit vereinbart wurde, ist für die Bestimmung ihres Gültigkeitsbereichs die Stellung des die Vereinbarung enthaltenden Teilprogramms im Rahmen des gesamten Programms von ausschlaggebender Bedeutung. Ein Teilprogramm kann innerhalb eines Programms entweder als externes oder als internes Teilprogramm auftreten. In beiden Fällen gelten die gleichen Regeln für seinen Aufbau und die Form, in der es aufzurufen ist. Wesentliche Unterschiede bestehen jedoch u. a. hinsichtlich der Aufrufmöglichkeiten und der Gültigkeit der in ihnen vereinbarten Bezeichnungen.

8.2.1.1. Stellung und Aufrufmöglichkeiten

Ein Teilprogramm ist ein externes Teilprogramm, wenn es in keinem anderen enthalten ist. Es wird dann auch völlig unabhängig von anderen Teilprogrammen übersetzt. Unter Verwendung entsprechender Steuerkarten können durch das Betriebssystem mehrere externe Teilprogramme zu einem Programm zusammengefügt werden, deren Übersetzung zu ganz unterschiedlichen Zeitpunkten erfolgte. Hauptprogramme müssen stets externe Teilprogramme sein.

Ein internes Teilprogramm ist dagegen stets Bestandteil eines externen Teilprogramms und wird auch zusammen mit diesem übersetzt. In jedem externen Teilprogramm können ohne weiteres mehrere interne Teilprogramme auftreten. Es sind aber auch Ineinanderschachtelungen der Art möglich, daß interne Teilprogramme ihrerseits wiederum andere interne Teilprogramme vollständig enthalten.

Ein internes Teilprogramm kann innerhalb des umgebenden externen oder eines umgebenden anderen internen Teilprogramms hinter dem abschließenden Semikolon jedes beliebigen Befehls stehen. Seine Position hat keinerlei Einfluß auf seine Abarbeitung, die in jedem Fall nur auf Grund eines entsprechenden Aufrufs erfolgt. Wird bei der fortlaufenden Befehlsabarbeitung eines Teilprogramms der Befehl PROCEDURE eines internen Teilprogramms erreicht, so wird dieses vollständig umgangen und die Abarbeitung mit dem auf den zugehörigen END-Befehl folgenden Befehl fortgesetzt. Im allgemeinen ist es aus Gründen der Übersichtlichkeit zweckmäßig, interne Teilprogramme unmittelbar vor dem abschließenden END-Befehl des umgebenden Teilprogramms zu plazieren. Außerdem empfiehlt es sich, bei Ineinanderschachtelungen von Teilprogrammen in den jeweiligen END-Befehlen die Befehlsmarke des zugehörigen Befehls PROCEDURE anzugeben.

Die Stellung eines Teilprogramms im gesamten Programm bestimmt auch die Möglichkeiten für seinen Aufruf. Mit Ausnahme des Hauptprogramms kann ein externes Teilprogramm von jeder Stelle eines anderen externen Teilprogramms aus aufgerufen werden. Der Aufruf eines internen Teilprogramms ist dagegen grundsätzlich nur innerhalb des externen Teilprogramms möglich, in dem es enthalten ist; ein Aufruf seitens anderer externer Teilprogramme ist nicht möglich. Darüber hinaus ergeben sich weitere Einschränkungen bei einer Ineinanderschachtelung von Teilprogrammen. Ein internes Teilprogramm kann dann nur innerhalb desjenigen Teilprogramms aufgerufen werden, zu dem es unmittelbar gehört. Diese Möglichkeit besteht auch für ein anderes, ebenfalls im gleichen umfassenden Teilprogramm enthaltenes internes Teilprogramm, falls darin die Bezeichnung des Eingangspunkts nicht für eine andere Größe neu vereinbart wurde. Wird im Falle der Ineinanderschachtelung von zwei Teilprogrammen das innere durch einen Sprungbefehl verlassen, der auch aus dem äußeren herausführt, so werden damit gleichzeitig beide beendet.

Für Teilprogramme, deren Befehl PROCEDURE die Spezifikation RECURSIVE enthält, besteht zusätzlich die Möglichkeit, sich selbst aufzurufen.

Beispiele

1. An Hand des folgenden Programmschemas sollen die Möglichkeiten des Aufrufs externer und interner Teilprogramme erläutert werden:

```
P1:PROCEDURE OPTIONS(MAIN);
   :
   P2:PROCEDURE;
      :
      P3:PROCEDURE;
         :
         END P3;
      :
      END P2;
   :
   P4:PROCEDURE;
      :
      END P4;
   :
   END P1;
P5:PROCEDURE;
   :
   END P5;
```

In dieser Folge von Teilprogrammen stellen P1 und P5 externe, P2, P3 und P4 interne Teilprogramme dar. Zwischen den Teilprogrammen von P1 bestehen folgende Aufrufmöglichkeiten: Das Teilprogramm P1 kann P2 und P4 aufrufen, aber nicht P3, da dieses in P2 enthalten ist; entsprechend darf P4 nur das Teilprogramm P2 aufrufen. Das Teilprogramm P2 kann P3 und P4 aufrufen, P3 lediglich das Teilprogramm P4.

Von sämtlichen Teilprogrammen P1, P2, P3 und P4 kann P5 aufgerufen werden, da dieses ein anderes externes Teilprogramm darstellt. P5 darf jedoch keines der anderen Teilprogramme aufrufen, da P1 als Hauptprogramm vereinbart wurde und alle anderen darin enthalten sind.

2. In dem in Abb. 6 auf S. 337 angegebenen Schema, das aus 2 externen und mehreren internen Teilprogrammen besteht, wird der Ablauf der gesamten Abarbeitung erläutert. Die Abarbeitungsfolge der einzelnen Teilprogramme wird durch die rechts des Schemas angegebenen durchgehenden Linien zum Ausdruck gebracht.

8.2.1.2. Gültigkeit von Vereinbarungen

Für die in einem Teilprogramm vereinbarten Bezeichnungen gelten in Abhängigkeit davon, ob es sich um ein externes oder internes Teilprogramm handelt, folgende Regeln bezüglich ihrer Gültigkeitsbereiche:

— Bezeichnungen, die in einem externen Teilprogramm explizit oder implizit vereinbart werden, haben Gültigkeit innerhalb des gesamten Teilprogramms einschließlich aller darin eventuell enthaltenen internen Teilprogramme, falls in diesen für die gleiche Bezeichnung nicht eine neue explizite Vereinbarung enthalten ist.

— Bezeichnungen, die in einem internen Teilprogramm explizit vereinbart werden, haben Gültigkeit nur innerhalb desselben einschließlich aller weiteren eventuell in ihnen enthaltenen internen Teilprogramme, falls in diesen für die gleiche Bezeichnung nicht eine neue explizite Vereinbarung enthalten ist.

— Bezeichnungen, die in einem internen Teilprogramm implizit vereinbart werden, sind nicht nur in diesem, sondern auch innerhalb des gesamten umgebenden externen Teilprogramms gültig.

Aus diesen Regeln geht hervor, daß die in einem externen Teilprogramm vereinbarten Größen in ihrem Gültigkeitsbereich stets auf dieses beschränkt sind. In verschiedenen externen Teilprogrammen eines Programms können folglich die gleichen

```
EINS: PROCEDURE OPTIONS (MAIN);
        :
        CALL VIER;
        :
        ZWEI: PROCEDURE;
                :
                CALL DREI;
                :
                DREI: PROCEDURE;
                        :
                        CALL VIER;
                        :
                        END DREI;
                :
                END ZWEI;
        :
        CALL ZWEI;
        :
        END EINS;
VIER: PROCEDURE;
        :
        CALL FUENF;
        :
        FUENF: PROCEDURE;
                :
                END FUENF;
        :
        END VIER;
```

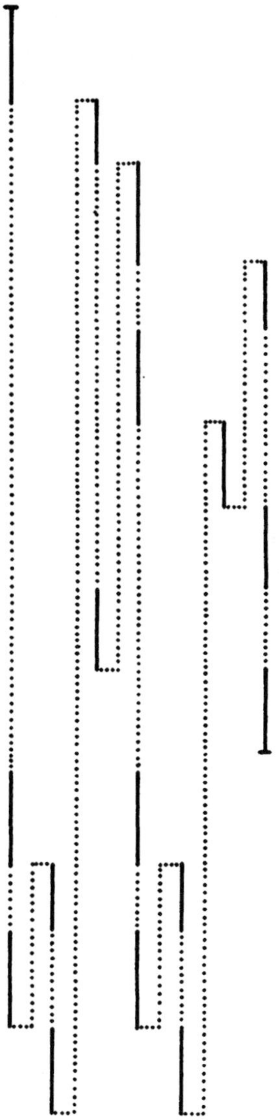

Abb. 6. Programmschema

Bezeichnungen für unterschiedliche Größen verwendet werden, ohne daß damit zwischen ihnen irgendeine Beziehung entsteht, weil jede ihren eigenen, abgeschlossenen Gültigkeitsbereich hat. Werden die externen Teilprogramme eines Programms von unterschiedlichen Programmierern geschrieben, so brauchen diese also auch keine Rücksicht darauf zu nehmen, welche Bezeichnungen jeder in seinem Teilprogramm benutzt. Möglichkeiten für einen von diesen Regeln abweichenden Zugriff mehrerer Teilprogramme zu den Werten einer Größe werden in Abschnitt 8.3. beschrieben.

Andererseits zeigen die aufgeführten Regeln deutlich die Vorteile interner Teilprogramme. In diesen sind dann sämtliche Bezeichnungen des umgebenden externen Teilprogramms gültig und die betreffenden Größen damit weiterhin verwendbar, ohne daß für sie eine Vereinbarung erfolgen muß, während zusätzlich die Möglichkeit besteht, neue Größen zu vereinbaren, die nur innerhalb des internen Teilprogramms gültig sind. Wird dabei in einem internen Teilprogramm eine Bezeichnung explizit vereinbart, für die auch im zugehörigen externen oder einem umgebenden anderen internen Teilprogramm eine explizite oder implizite Vereinbarung enthalten ist, so handelt es sich dabei trotz der gleichen Bezeichnung um zwei unterschiedliche Größen. Innerhalb des internen Teilprogramms mit der neuen Vereinbarung wird unter dieser Bezeichnung stets eine neue Größe verstanden, während eine Bezugnahme auf die in den umgebenden Teilprogrammen vereinbarten Größen mit der gleichen Bezeichnung nicht möglich ist. Bezeichnungen, die in mehreren internen Teilprogrammen eines externen Teilprogramms auftreten, ohne daß dafür irgendeine explizite Vereinbarung getroffen wurde, beziehen sich dagegen auf die gleiche Größe.

Besonders ist noch hervorzuheben, daß die Vergabe einer Befehlsmarke stets eine explizite Vereinbarung darstellt. In einem internen Teilprogramm können also durchaus die gleichen Befehlsmarken verwendet werden wie in dem Teilprogramm, in dem es enthalten ist. Die tatsächliche Sprungadresse bei Ausführung eines Sprungbefehls, der sich auf eine solche im gesamten Programm mehrfach auftretende Befehlsmarke bezieht, ergibt sich dann daraus, im Gültigkeitsbereich welcher der gleichlautenden Befehlsmarken der Sprungbefehl auftritt.

Beispiele

1. Ein Programm hat folgenden schematischen Aufbau:

```
P1:PROCEDURE OPTIONS(MAIN);                    ─┐
   DCL K CHAR(6);                                │
   :                                             │
   Y = B/2EØ+SQRT(X);                            │
   :                                             │
   P2:PROCEDURE;                              ─┐ │
      DCL K CHAR(6), A BIT(16);                │ │
      :                                        │ │
   M1:...                                      │ │
      :                                        │ │
      END P2;                                 ─┘ │
   :                                             │
   P3:PROCEDURE;                              ─┐ │
      DCL (A,B) FIXED(5);                      │ │
      :                                        │ │
      IF X*X-Y*Y<Ø THEN GOTO M1;               │ │
      :                                        │ │
      END P3;                                 ─┘ │
   :                                             │
   END P1;                                      ─┘
P4:PROCEDURE;                                   ─┐
   :                                             │
M1:X = 1EØ/(U*U-U);                              │
   :                                             │
   GOTO M1;                                      │
   END P4;                                      ─┘
```

Die Gültigkeitsbereiche der auftretenden Bezeichnungen ergeben sich folgendermaßen:

A wird im Teilprogramm P2 als Bitkette vereinbart und hat als solche nur innerhalb desselben Gültigkeit. Innerhalb von P3 stellt diese Bezeichnung eine dezimale Festkommagröße dar.

B bezeichnet innerhalb von P3 eine dezimale Festkommagröße, im gesamten übrigen Teil von P1 eine implizit vereinbarte Gleitkommavariable.

K stellt in P1, P2 und P3 eine Zeichenkette der Länge 6 dar. Durch die neue Vereinbarung in P2 handelt es sich innerhalb dieses Teilprogramms jedoch um eine andere Größe als in den beiden anderen Teilprogrammen.

M1: der Sprungbefehl in P3 mit der Sprungadresse M1 bezieht sich weder auf die Befehlsmarke in P2 noch die in P4, da diese jeweils nur lokale Gültigkeit für die betreffenden Teilprogramme haben. Der Befehl ist deshalb nur dann zulässig, wenn noch ein Befehl mit der Marke M1 in dem außerhalb von P2 liegenden Teil von P1 (einschließlich des Teilprogramms P3) auftritt. Der Sprungbefehl in P4 bezieht sich auf die in diesem Teilprogramm enthaltene Befehlsmarke.

U stellt eine implizit vereinbarte Gleitkommavariable dar, die nur innerhalb des Teilprogramms P4 gültig ist.

X wird nicht explizit vereinbart und stellt folglich innerhalb des gesamten Hauptprogramms P1 einschließlich seiner internen Teilprogramme die gleiche Gleitkommavariable dar. Die implizite Vereinbarung unter der gleichen Bezeichnung in P4 führt eine andere Gleitkommavariable ein, da hier ein externes Teilprogramm vorliegt.

Y wird implizit vereinbart und stellt innerhalb des gesamten Hauptprogramms P1 die gleiche Gleitkommavariable dar.

2. Ein Programm hat folgenden schematischen Aufbau:

```
P1:PROCEDURE OPTIONS(MAIN);
   DCL CH CHAR(20), B FIXED(5,1), X FLOAT(16);
   :
   Z=1E0-SIN(X);
   K=1;
   :
P2:PROCEDURE;
      DCL A FIXED(7,2),B CHAR(12),CH CHAR(1),
          K BIN FIXED(15);
      :
      P3:PROCEDURE;
         DCL CH CHAR(20) VAR, X FLOAT(16);
         :
        M:IF Z=1.5E0 THEN GOTO M1; ELSE GOTO M5;
       M1:K=K+1;
         :
         END P3;
      :
   M1:...
      :
      END P2;
M5:M=M+1;
   :
   END P1;
```

Die Gültigkeitsbereiche der auftretenden Bezeichnungen ergeben sich folgendermaßen:

A stellt eine dezimale Festkommagröße dar, die nur innerhalb von P2 einschließlich P3 gültig ist.

B bezeichnet innerhalb des Hauptprogramms mit Ausnahme des Teilprogramms P2 eine dezimale Festkommagröße; innerhalb von P2 einschließlich P3 wird darunter jedoch eine Zeichenkette verstanden.

CH verkörpert in allen drei Teilprogrammen jeweils unterschiedliche Zeichenketten.

K wird im Hauptprogramm implizit als duale Festkommagröße vereinbart. Diese gilt allerdings nur außerhalb des gesamten Bereichs von P2, da in diesem eine explizite Vereinbarung vorliegt und unter K eine andere duale Festkommagröße verstanden wird. Die Verwendung von K innerhalb von P3 bezieht sich auf die in P2 vereinbarte Größe:

M stellt innerhalb des gesamten Programms mit Ausnahme von P3 eine duale Festkommavariable dar; in P3 bezeichnet M dagegen eine Befehlsmarke.

M1 verkörpert Befehlsmarken in P2 und P3. Der Sprung zu M1 bezieht sich auf die in P3 angegebene Befehlsmarke.

M5 stellt eine Befehlsmarke des Hauptprogramms dar, auf die im gesamten Programm Bezug genommen werden kann, da keine weitere Vereinbarung dafür vorliegt. Der Sprung zu M5 im Teilprogramm P3 bezieht sich folglich auch auf diesen Befehl; seine Ausführung beendet damit die beiden Teilprogramme P2 und P3.

X bezeichnet im gesamten Programm eine Gleitkommavariable mit verlängerter Mantisse; auf Grund der erneuten Vereinbarung wird innerhalb von P3 darunter jedoch eine andere Größe dieses Typs als im übrigen Teil des Programms verstanden.

Z wird implizit als Gleitkommavariable mit einfacher Mantissenlänge vereinbart und gilt daher im gesamten Programm. Die Befehle, in denen diese Bezeichnung auftritt, beziehen sich folglich stets auf die gleiche Größe.

Für allgemeine mathematische Verfahren (z. B. Lösung von Gleichungssystemen, Regressionsanalyse, numerische Integration) oder bestimmte fachspezifische Algorithmen, die unter verschiedenen Bedingungen anzuwenden sind, wird man, da diese meist nur einen Teil eines umfangreicheren Programms darstellen, gewöhnlich externe Teilprogramme schreiben. Sie sind damit völlig unabhängig von den sonstigen, im jeweiligen Programm verwendeten Bezeichnungen einsetzbar. Externe Teilprogramme werden auch dann entstehen, wenn größere Projekte entsprechend ihrer inhaltlichen Gliederung in verschiedene, in sich abgeschlossene Teilprogramme zerlegt und von mehreren Programmierern bearbeitet werden.

Interne Teilprogramme wird man vor allem verwenden, wenn bestimmte Abschnitte eines Programms mehrfach und vielleicht unter Verwendung unterschiedlicher Größen in gleicher Weise abgearbeitet werden sollen, andererseits aber keine unmittelbare Allgemeingültigkeit für ihre Anwendung in anderen Programmen gegeben ist.

Entsprechend den Regeln für die Gültigkeitsbereiche von Bezeichnungen erfolgt auch die *Speicherplatzzuordnung* für sämtliche Größen mit dem Speicherungsklassenattribut AUTOMATIC. Sie wird jeweils erst dann vorgenommen, wenn die Programmabarbeitung auf das Teilprogramm übergeht, das ihre Vereinbarung enthält. Mit Beendigung desselben werden die betreffenden Speicherplätze wieder freigegeben und stehen damit für andere Zuordnungen zur Verfügung. Beim wiederholten Aufruf des gleichen Teilprogramms findet stets eine erneute Speicherplatzzuordnung für die darin vereinbarten Größen statt. Dabei besteht zu den Speicherplätzen der vorangegangenen Zuordnung keinerlei Beziehung und folglich auch kein Zugriff zu den beim letzten Aufruf für diese Größen gespeicherten Werten. Vereinbarte Anfangswerte werden jeweils von neuem zugeordnet.

Auch beim rekursiven Aufruf von Teilprogrammen wird für die darin vereinbarten Größen mit dem Speicherungsklassenattribut AUTOMATIC bei jedem Aufruf erneut Speicherplatz zugeordnet und damit eine neue Generation dieser Größen angelegt. Es handelt sich dabei praktisch um das gleiche Prinzip, das bei der mehrfachen Zuordnung von Speicherplatz durch Befehle ALLOCATE für kontrollierte Variable Verwendung findet (Abschnitt 2.4.3.1.). Die Werte, die beim vorherigen Aufruf angelegt wurden, bleiben zwar erhalten, im Zugriff stehen unter der betreffenden Bezeichnung aber jeweils nur die Werte der zuletzt angelegten Generation. Erst mit der Beendigung eines rekursiv aufgerufenen Teilprogramms steht die vorangehende Generation von Werten wieder zur Verfügung. Nicht betroffen von diesen Regelungen sind Größen mit dem Speicherungsklassenattribut STATIC. Sie erhalten ihren Speicherplatz bereits vor Beginn der Abarbeitung des gesamten Programms, unabhängig davon, in welchem Teilprogramm ihre Vereinbarung erfolgt. Lediglich zu diesem Zeitpunkt wird auch ein für sie vereinbarter Anfangswert gespeichert. Die erfolgte Zuordnung bleibt bis zum Ende des gesamten Programms erhalten, so daß beim mehrfachen Aufruf eines Teilprogramms in diesem Fall auch noch die Werte der vorangegangenen Abarbeitung desselben zur Verfügung stehen.

Für Größen mit dem Speicherungsklassenattribut CONTROLLED oder BASED wird die Speicherplatzzuordnung und -freigabe vollständig dem Programmierer durch Verwendung von Befehlen ALLOCATE und FREE überlassen. Es entfällt für sie folglich auch die automatische Freigabe der zugeordneten Speicherplätze bei Beendigung eines Teilprogramms. Die Möglichkeit des Zugriffs zu den betreffenden Werten ist allerdings trotzdem abhängig vom jeweiligen Gültigkeitsbereich dieser Größen.

Beispiel. Ein Programm enthält folgende Befehle:

```
HP: PROCEDURE OPTIONS(MAIN);
    ⋮
    CALL TP;
    ⋮
    CALL TP;
    ⋮
    CALL TP;
    ⋮
    END;
TP: PROCEDURE;
    DCL K FIXED(5) INIT(1),
        L FIXED(5) INIT(Ø) STATIC;
    ⋮
    K=K+2;
    L=L+2;
    PUT EDIT (K,L) (F(2));
    ⋮
    END;
```

Das Unterprogramm TP, in dem jeweils die Werte der darin vereinbarten und veränderten Größen K und L ausgegeben werden, wird dreimal vom Hauptprogramm aufgerufen. Liegen keine weiteren Ausgabeoperationen vor, so ergibt sich dabei folgendes Druckbild:

```
␣3␣2␣3␣4␣3␣6
```

Der Wert von K wird bei jedem Aufruf wieder auf 1 gesetzt, während der Wert von L gegenüber dem vorherigen Aufruf unverändert bleibt.

In analoger Weise gelten die Regeln zur Bestimmung von Gültigkeitsbereichen auch für die Festlegungen, die sich auf Fehler- und Ausnahmebedingungen beziehen. Ein Bedingungspräfix, das für einen Befehl PROCEDURE angegeben wird, hat Gültigkeit innerhalb des gesamten Teilprogramms einschließlich aller weiteren darin enthaltenen internen Teilprogramme, falls nicht durch ein Bedingungspräfix für die gleiche Bedingung in deren Befehl PROCEDURE eine andere Festlegung getroffen wird. Ein Bedingungspräfix, das für einen einzelnen Befehl innerhalb eines Teilprogramms angegeben wird, gilt dagegen jeweils nur für diesen Befehl. In gleicher Weise haben die Festlegungen in einer ON-Einheit zur Behandlung von Fehler- und Ausnahmebedingungen nur Gültigkeit innerhalb des Teilprogramms, in dem der betreffende ON-Befehl steht, einschließlich aller darin enthaltenen weiteren Teilprogramme, falls dort nicht neue Festlegungen dafür getroffen werden. Mit Beendigung eines Teilprogramms werden die darin enthaltenen Festlegungen wieder durch diejenigen ersetzt, die vor dem Übergang der Programmabarbeitung zu ihm für die betreffende Bedingung galten.

Außerdem besteht die Möglichkeit, die durch einen ON-Befehl innerhalb eines Teilprogramms getroffenen Festlegungen noch vor dessen Beendigung wieder zu annullieren. Es steht dafür der Befehl

REVERT *Bedingung*;

zur Verfügung. Seine Abarbeitung bewirkt, daß das Auftreten der angegebenen Bedingung nicht mehr nach den Festlegungen eines im betreffenden Teilprogramm enthaltenen ON-Befehls, sondern so behandelt wird, wie es den Festlegungen vor dem Übergang zur Abarbeitung des Teilprogramms entsprach.

Beispiel. Ein Programm hat folgenden schematischen Aufbau:

```
(SIZE): P1: PROC OPTIONS(MAIN);
            ON SIZE BEGIN; ...; END;
            :
            CALL P2 (Q1,Q2);
            ON ZERODIVIDE GOTO FEHLER;
            :
            CALL P2 (X,Y);
            :
(NOSIZE):   P2:PROCEDURE(U,V);
                ON ZERODIVIDE GOTO M16;
                :
                REVERT ZERODIVIDE;
                :
            M16:...
                :
                END P2;
            :
      FEHLER:...
            :
            END;
        P3:PROCEDURE;
            :
            END;
```

Vom Hauptprogramm P1 wird zweimal das interne Unterprogramm P2 aufgerufen, welches die Festlegung enthält, daß beim Auftreten eines Division durch 0 eine Verzweigung zum Befehl M16 dieses Unterprogramms erfolgen soll. Die Festlegung gilt auf Grund des Befehls REVERT jedoch nur für den ersten Teil des Unterprogramms, während für den übrigen Teil beim Auftreten der Bedingung die jeweilige Festlegung im Hauptprogramm Anwendung findet. Beim ersten Aufruf besteht diese in der Ausführung der Standardmaßnahme, beim zweiten in einem Sprung zum Befehl FEHLER.

Innerhalb des Unterprogramms P3 gelten die Festlegungen aus dem Hauptprogramm nicht, da es sich hierbei um ein externes Teilprogramm handelt; das Auftreten der Bedingung ZERODIVIDE wird darin folglich standardmäßig behandelt.

Die Bedingung SIZE wird beim Überschreiten des Wertebereichs einer arithmetischen Größe in allen Teilen des Hauptprogramms P1 mit Ausnahme des darin enthaltenen internen Unterprogramms P2 gesetzt, so daß die dafür festgelegten Maßnahmen ausgeführt werden können.

8.2.2. Bildung interner Befehlsblöcke

Zur Vereinbarung lokal gültiger Größen besteht neben der Verwendung interner Teilprogramme eine weitere Möglichkeit durch die Bildung von internen Befehlsblöcken. Diese stellen bestimmte Befehlsfolgen dar, die vollständig in einem externen oder internen Teilprogramm enthalten sein müssen und bezüglich ihrer Abarbeitung wie ein einzelner Befehl behandelt werden. Hinsichtlich der Vereinbarung neuer Größen und der Bereitstellung entsprechender Speicherplätze haben jedoch interne Befehlsblöcke die gleichen Eigenschaften wie interne Teilprogramme. Unterschiede gegenüber diesen bestehen vor allem in der Art und Weise des Übergangs der Programmabarbeitung sowie in der fehlenden Möglichkeit der Angabe einer Parameterliste.

Innerhalb eines Programms können interne Befehlsblöcke überall dort auftreten, wo auch ein anderer Befehl angegeben werden kann, beispielsweise auch als Teil eines zusammengesetzten Befehls. Ihre Vereinbarung erfolgt durch einen Befehl

BEGIN; bzw. BEGIN *Spezifikation*;

der den Anfang eines Befehlsblocks kennzeichnet und nicht unbedingt eine Befehlsmarke haben muß. Die darauffolgenden, zum Befehlsblock gehörigen Befehle werden wie bei einem Teilprogramm durch einen Befehl

END; oder END *Befehlsmarke*;

abgeschlossen. Bei Angabe einer Befehlsmarke muß es sich um die des Befehls BEGIN handeln.

Die Angabe einer Parameterliste ist für einen Befehlsblock nicht möglich. In gleicher Weise wie bei einem Teilprogramm kann jedoch durch eine Spezifikation ORDER oder REORDER festgelegt werden, in welcher Form eine Optimierung der bei der Übersetzung erzeugten Anweisungen in der Maschinensprache durchgeführt werden soll (Abschnitt 8.1.1.1.).

Ein spezieller Aufruf ist für einen internen Befehlsblock im Unterschied zu einem Teilprogramm nicht erforderlich. Der Übergang der Programmabarbeitung auf die Befehle eines Befehlsblocks erfolgt vielmehr stets dann, wenn der betreffende Befehl BEGIN im Rahmen der normalen Abarbeitungsfolge erreicht wird, im allgemeinen also nach Ausführung des unmittelbar davorstehenden Befehls oder durch einen Sprungbefehl. Die Beendigung des Befehlsblocks tritt normalerweise mit dem Erreichen des zugehörigen END-Befehls ein; die Programmabarbeitung wird dann mit dem auf diesen folgenden Befehl fortgesetzt. Eine Möglichkeit für die Beendigung eines Befehlsblocks besteht natürlich auch in der Ausführung eines Sprungbefehls, der zu einem außerhalb des Blocks liegenden Befehl führt. Ein Sprung von einem Befehl außerhalb eines Befehlsblocks zu einem Befehl innerhalb desselben ist dagegen nicht zulässig.

So wie bei internen Teilprogrammen ist auch eine Ineinanderschachtelung von Befehlsblöcken möglich. Ein Befehlsblock kann folglich seinerseits einen oder auch mehrere andere vollständige Befehlsblöcke enthalten. Werden mehrere ineinandergeschachtelte Befehlsblöcke an der gleichen Stelle abgeschlossen, so daß die einzelnen END-Befehle unmittelbar aufeinanderfolgen, so ist zur Vereinfachung die Angabe nur eines einzigen END-Befehls zulässig, der dann allerdings die Befehlsmarke des äußersten abzuschließenden Blocks enthalten muß. Mit seiner Abarbeitung werden automatisch auch alle darin enthaltenen Blöcke beendet. Enthält bei einer Ineinanderschachtelung von zwei Befehlsblöcken der innere einen Sprungbefehl, der auch aus dem äußeren herausführt, so bewirkt dessen Abarbeitung ebenfalls die Beendigung beider Blöcke. Analoge Beziehungen gelten für den Fall, daß interne Teilprogramme in einem Befehlsblock enthalten sind; ein Aufruf derselben ist dann allerdings nur innerhalb dieses Befehlsblocks möglich.

Bezüglich der Vereinbarung von Bezeichnungen und deren Gültigkeitsbereichen gelten für einen internen Befehlsblock dieselben Festlegungen wie für ein internes Teilprogramm. Das gleiche ist auch für die Bereitstellung von Speicherplätzen für die in einem Befehlsblock vereinbarten Größen sowie deren Freigabe der Fall. Der Hauptvorteil der Anwendung von Befehlsblöcken besteht deshalb in der Möglichkeit, innerhalb der sequentiellen Befehlsabarbeitung Größen explizit vereinbaren zu können, die nur für den Bereich einer bestimmten Folge von Befehlen gültig sind, während andererseits ohne weiteres die im umgebenden Teilprogramm vereinbarten Größen verwendet werden können. Durch eine Ineinanderschachtelung von Befehlsblöcken kann eine weitere Gliederung der Gültigkeitsbereiche erzielt werden.

Unter Umständen ergeben sich daraus verschiedene Möglichkeiten für eine effektivere Ausnutzung des vorhandenen Speicherplatzes. Werden z. B. in einem Programm an einer Stelle die Elemente eines größeren Felds benötigt und an einer anderen Stelle die eines weiteren, so kann man die Bereitstellung der Speicherplätze für diese Datenmengen und deren Abarbeitung jeweils insteparaten Befehlsblöcken durchführen. Nach Abarbeitung des ersten Blocks wird der darin für das erste Feld vereinbarte Speicherplatz wieder freigegeben und steht damit im nächsten Befehlsblock für das andere Feld zur Verfügung.

Auch bezüglich der Gültigkeit von Festlegungen zur Behandlung von Fehler- und Ausnahmebedingungen durch ON-Befehle innerhalb eines Befehlsblocks gelten die gleichen Regeln und Möglichkeiten wie innerhalb eines internen Teilprogramms. Analog hat ein für einen Befehl BEGIN angegebenes Bedingungspräfix Gültigkeit für den gesamten Befehlsblock einschließlich aller eventuell darin enthaltenen anderen Befehlsblöcke oder internen Teilprogramme, für die nicht durch ein Bedingungspräfix für die gleiche Bedingung in deren erstem Befehl eine andere Festlegung getroffen wurde.

Andererseits treten Befehlsblöcke häufig auch als ON-Einheiten in Befehlen zur Behandlung von Fehler- und Ausnahmebedingungen auf, wenn die betreffende Maßnahme die Ausführung mehrerer Befehle beinhaltet. Der Befehl BEGIN eines solchen Blocks darf dann allerdings keine Befehlsmarke haben, und es ist folglich auch nicht möglich, seine Abarbeitung durch einen Sprungbefehl zu veranlassen. Ein Übergang zu den Befehlen des Blocks wird vielmehr stets automatisch beim Auftreten der betreffenden Bedingung vorgenommen, wenn diese sich im wirksamen Status befindet. Die Fortsetzung nach Erreichen des zugehörigen END-Befehls erfolgt nach bestimmten, für die verschiedenen Bedingungen zum Teil unterschiedlichen Festlegungen. In Abschnitt 4.4. wurde bereits von dieser Möglichkeit der Verwendung von Befehlsblöcken Gebrauch gemacht.

Beispiele

1. In einem Programm sind drei Felder größeren Umfangs zu bearbeiten, die jedoch nicht gleichzeitig im Hauptspeicher zur Verfügung stehen müssen. Es werden deshalb drei interne Befehlsblöcke gebildet, in denen jeweils nur eins dieser Felder vereinbart wird, und das Programm hat dann folgenden schematischen Aufbau:

```
HP:PROCEDURE OPTIONS(MAIN);
 :
    BEGIN;
    DCL X(30,120) FLOAT(16);
     :
    END;
 :
    BEGIN;
    DCL TX(100) CHAR(125);
     :
    END;
 :
    BEGIN;
    DCL A(50,90) FIXED(9,2);
     :
    END;
 :
END HP;
```

Mit dem Übergang der Programmabarbeitung zu dem ersten Befehlsblock werden für das Feld X 28800 Bytes bereitgestellt, die jedoch nach Verlassen des Blocks wieder freigegeben werden. Analog wird in den beiden anderen Befehlsblöcken mit den 12500 Speicherplätzen des Felds TX bzw. den 22500 Speicherplätzen des Felds A verfahren. Ohne die Bildung der Befehlsblöcke wären für die drei Felder dagegen 63800 Bytes zur gleichen Zeit erforderlich.

2. Für das in Abb. 7, S. 346, angegebene Programmschema wird die Abarbeitungsfolge der einzelnen Teilprogramme und Befehlsblöcke durch die rechts vom Schema angegebenen durchgehenden Linien zum Ausdruck gebracht. Die Gültigkeitsbereiche einiger auftretender Bezeichnungen ergeben sich folgendermaßen:

A stellt im Hauptprogramm mit Ausnahme des internen Teilprogramms P2 eine Bitkette der Länge 5 dar. In P2 wird dagegen unter dieser Bezeichnung eine dezimale Festkommagröße vereinbart, die aber nicht innerhalb des in diesem Unterprogramm enthaltenen Blocks B2 gültig ist, weil darin A wiederum eine Bitkette der Länge 5 bezeichnet, die jedoch in keinerlei Beziehung zu der im Hauptprogramm vereinbarten steht.

C bezeichnet jeweils unterschiedliche dezimale Festkommagrößen im Hauptprogramm P1 sowie im externen Unterprogramm P3.

D verkörpert eine Zeichenkettenvariable, die nur innerhalb des Befehlsblocks B1 gültig ist.

M stellt innerhalb des Befehlsblocks B2 eine Befehlsmarke dar, während im übrigen Teil des Hauptprogramms P1 darunter eine duale Festkommagröße verstanden wird.

X bezeichnet im gesamten Hauptprogramm P1 mit Ausnahme des Unterprogramms P2 eine Gleitkommavariable mit einfacher Mantissenlänge (implizite Vereinbarung), während P2 dafür eine Vereinbarung als Zeichenkette enthält. Im Eingangspunkt P3A des externen Unterprogramms wird mit X eine Parametergröße bezeichnet; es entsteht dadurch aber keinerlei Beziehung zu den anderen gleichlautenden Größen.

Y stellt im gesamten Hauptprogramm P1 auf Grund der impliziten Vereinbarung eine Gleitkommavariable dar.

Die Bedingung SIZE ist nur innerhalb des Befehlsblocks B2 im wirksamen Status.

```
P1: PROCEDURE OPTIONS (MAIN);
    DCL A BIT(5), C FIXED(7);
    :
    CALL P3A (DX);
    :
    B1: BEGIN;
        DCL D CHAR (12Ø);
        :
        CALL P2 (U,V);
        X=(AØ-BØ)**M;
        :
        P2: PROCEDURE (X1,X2);
            DCL A FIXED(7,2), X CHAR(4);
            :
            Y=Z1/(1EØ-ALPHA);
    (SIZE): B2: BEGIN;
                DCL A BIT(5);
                :
              M: CALL P3;
                :
                END B2;
            :
            END P2;
        :
        END B1;
    :
    X=SIN(Y);
    :
    END P1;
P3: PROCEDURE;
    DCL C FIXED(7);
    :
P3A: ENTRY (X);
    :
    END P3;
```

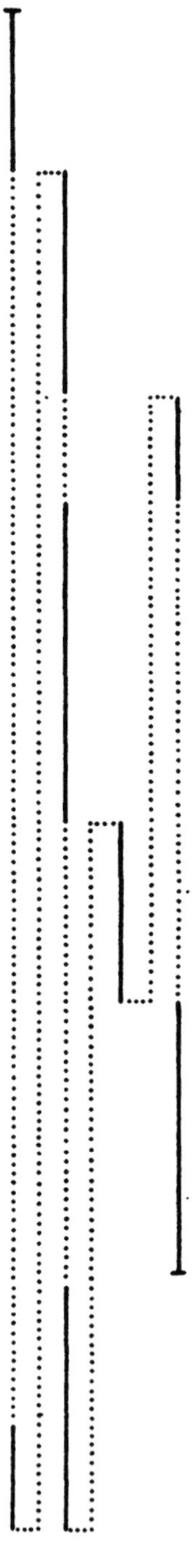

Abb. 7. Programmschema

8.2.3. Gültigkeit von Standardfunktionen

Die Standardfunktionen (Abschnitt 3.2.) stehen dem Programmierer normalerweise ohne weitere Vereinbarungen als Bestandteile der Programmiersprache zur Verfügung. An Hand der für sie festgelegten Bezeichnungen wird eine Bezugnahme auf sie automatisch vom Compiler erkannt, wenn für diese Bezeichnung nicht eine andere explizite Vereinbarung vorliegt. Die Bezeichnungen der Standardfunktionen stellen ja wie sämtliche Schlüsselwörter keine reservierten Bezeichnungen dar und können daher vom Programmierer ohne weiteres zur Vereinbarung beliebiger anderer Größen verwendet werden. Im Gültigkeitsbereich einer solchen Vereinbarung ist dann der Aufruf der jeweiligen Standardfunktion nicht möglich.

Ist ein solcher Aufruf jedoch erforderlich, so kann man für den Teil des Programms, in dem die Standardfunktion benötigt wird, einen gesonderten Befehlsblock bilden und darin die betreffende Bezeichnung durch Angabe des Attributs

BUILTIN

explizit als die einer Standardfunktion vereinbaren. Damit wird festgelegt, daß innerhalb des Befehlsblocks die bisherige Vereinbarung für diese Bezeichnung nicht mehr gilt und folglich auch nicht auf die entsprechende Größe Bezug genommen werden kann, sondern daß statt dessen darunter die entsprechende Standardfunktion zu verstehen ist. In gleicher Weise könnte die Vereinbarung mit dem Attribut BUILTIN natürlich auch innerhalb eines für den betreffenden Teil des Programms aufgebauten internen Teilprogramms angegeben werden. Diese Möglichkeit ist jedoch im allgemeinen ungünstiger, weil dann stets ein entsprechender Aufruf erforderlich wäre.

Beispiel

Ein Programm hat folgenden schematischen Aufbau:

```
HP:PROCEDURE OPTIONS(MAIN);                 ─┐
   :                                          │
   UP: PROCEDURE;                        ─┐   │
       DCL (Z,SIN(5)) CHAR(10);           │   │
       :                                  │   │
   M1: Z=SIN(I);                          │   │
       :                                  │   │
       BL1:BEGIN;                    ─┐   │   │
           DCL SIN BUILTIN;           │   │   │
           :                          │   │   │
       M2:Y=SIN(ALPHA);               │   │   │
           :                          │   │   │
           END BL1;                  ─┘   │   │
       :                                  │   │
       END UP;                           ─┘   │
   :                                          │
M3:W=1E0/SIN(X);                              │
   :                                          │
   END HP;                                   ─┘
```

Das Unterprogramm UP enthält unter der Bezeichnung SIN, die auch für die Standardfunktion zur Berechnung von $\sin x$ verwendet wird, die Vereinbarung eines Felds von Zeichenkettenvariablen. Im Befehl M1 wird der Variablen Z ein Element dieses Felds zugeordnet. Innerhalb des im Unterprogramm UP enthaltenen Befehlsblocks wird jedoch die Standardfunktion benötigt, so daß darin für die Bezeichnung SIN eine erneute Vereinbarung mit dem Attribut BUILTIN erforderlich ist. Das vorher unter dieser Bezeichnung vereinbarte Feld kann damit innerhalb des Blocks nicht angesprochen werden, und die Zuordnung im Befehl M2 erfolgt unter Verwendung eines Funktionswerts der Standardfunktion. Der Ausdruck SIN(X) im Befehl M3 stellt ebenfalls einen Aufruf der Standardfunktion dar, da die Vereinbarung des Felds SIN nur innerhalb von UP gültig ist und dieser Befehl sich außerhalb desselben befindet.

Analog ist zu verfahren, wenn ein eigenes Funktionsprogramm unbedingt die Bezeichnung einer Standardfunktion erhalten soll. Um eine eindeutige Unterscheidung von einer Bezugnahme auf die Standardfunktion mit der gleichen Bezeichnung zu ermöglichen, muß dann das Teilprogramm oder der Befehlsblock, in dem das Funktionsprogramm aufgerufen wird, eine Vereinbarung dieser Bezeichnung mit dem Attribut ENTRY enthalten. Ist innerhalb desselben jedoch auch ein Aufruf der Standardfunktion erforderlich, so kann man für den betreffenden Teil des Programms wieder einen Befehlsblock oder ein internes Teilprogramm bilden und darin die Bezeichnung der Standardfunktion mit dem Attribut BUILTIN vereinbaren. Ein Aufruf unter Angabe dieser Bezeichnung stellt dann innerhalb desselben stets einen Aufruf der Standardfunktion dar.

Beispiel

Ein Programm besteht neben dem Hauptprogramm aus einem externen Funktionsprogramm, das die Bezeichnung ABS tragen soll und als Funktionswert eine Zeichenkette der Länge 10 liefert. Da in einem Teil des Hauptprogramms jedoch auch die Standardfunktion zur Bestimmung des Absolutbetrags benötigt wird, hat das Programm folgenden schematischen Aufbau:

```
PROG:PROC OPTIONS(MAIN);                    ┐
     DCL ABS ENTRY RETURNS(CHAR(10));       │
     :                                      │
  M1:Y=ABS(X);                              │
     :                                      │
     BB: BEGIN;                          ┐  │
         DCL ABS BUILTIN;                │  │
         :                               │  │
         END BB;                         ┘  │
     :                                      │
     END PROG;                              ┘
 ABS:PROC (A) RETURNS(CHAR(10));            ┐
     :                                      │
     RETURN (...);                          │
     END ABS;                               ┘
```

Das Hauptprogramm PROG enthält zunächst die Vereinbarung, daß unter der Bezeichnung ABS nicht die gleichlautende Standardfunktion, sondern der Eingangsname eines anderen Funktionsprogramms zu verstehen ist; im Befehl mit der Marke M1 wird dieses auch aufgerufen. Das Schlüsselwort ENTRY könnte bei der Vereinbarung auch weggelassen werden, da es implizit im Attribut RETURNS mit enthalten ist. Innerhalb des angegebenen Befehlsblocks stellt jedoch ein Aufruf unter der Bezeichnung ABS auf Grund der Vereinbarung mit dem Attribut BUILTIN stets eine Bezugnahme auf die Standardfunktion dar.

8.3. Datenaustausch zwischen Teilprogrammen

Für den ordnungsgemäßen Ablauf eines in mehrere Teilprogramme untergliederten Programms reichen im allgemeinen die Möglichkeiten, die sich aus den in Abschnitt 8.2. beschriebenen Festlegungen ergeben, nicht aus. Im Zusammenhang mit dem Übergang von einem Teilprogramm zum anderen ist es vielmehr in den meisten Fällen erforderlich, zur Herstellung der inhaltlichen Verbindung einzelne Größen zwischen den Teilprogrammen auszutauschen. Neben den im jeweiligen Teilprogramm vereinbarten und damit nur darin gültigen Größen muß also auch ein Zugriff zu solchen Größen realisiert werden können, die in einem anderen Teilprogramm vereinbart wurden.

Nach den bisherigen Gültigkeitsregeln bestehen derartige Möglichkeiten nur insofern, als innerhalb von internen Teilprogrammen sämtliche Größen des zugehörigen externen Teilprogramms sowie eventuell umgebender anderer interner Teilprogramme ebenfalls verwendet werden können. Ansonsten könnte eine Datenübertragung nur unter Verwendung extern gespeicherter Dateien durchgeführt werden. Aus diesem Grunde wurden zwei zusätzliche Möglichkeiten geschaffen, um auf einfache und rationelle Weise einen Datenaustausch auch zwischen externen Teilprogrammen oder nicht ineinandergeschachtelten internen Teilprogrammen veranlassen zu können.

Die erste Möglichkeit besteht in der Vereinbarung von externen Größen, deren Gültigkeitsbereich sich über mehrere Teilprogramme erstrecken und auch auf das gesamte Programm ausgedehnt werden kann. Einschränkungen ergeben sich hierbei allerdings für allgemeingültige Teilprogramme, die in beliebigen Programmen einsetzbar sein sollen.

Die zweite Möglichkeit beinhaltet die Vereinbarung der auszutauschenden Größen innerhalb eines Teilprogramms zunächst als fiktive Parameter, die beim Aufruf des Teilprogramms jeweils durch entsprechende Argumente zu ersetzen sind. Zwischen Parametern und Argumenten wird dann in Verbindung mit dem Übergang der Programmabarbeitung eine Adreßbeziehung hergestellt, durch die ein Zugriff auf die betreffenden Größen auch im aufgerufenen Teilprogramm stattfinden kann. Diese Methode ist vor allem in solchen Fällen günstig, in denen die Abarbeitung eines Teilprogramms für beliebige unterschiedliche Größen möglich sein soll.

Beide Möglichkeiten können in einem Programm ohne weiteres nebeneinander auftreten, sofern sie sich nicht auf die gleichen Größen beziehen. Ihre Wahl hängt im allgemeinen vom Charakter der in den Datenaustausch einzubeziehenden Größen ab.

8.3.1. Vereinbarung externer Größen

Standardmäßig erhält jede in einem Teilprogramm oder Befehlsblock vereinbarte Größe das Gültigkeitsattribut INTERNAL (abgekürzt INT). Dieses besagt, daß es sich um eine zum betreffenden Teilprogramm oder Befehlsblock interne Größe handelt und ihre Gültigkeit und damit Verwendbarkeit auf den Teil des gesamten Programms beschränkt ist, der sich nach den in Abschnitt 8.2.1.2. angegebenen Regeln bezüglich der Gültigkeitsbereiche ergibt. Explizite Vereinbarungen gelten folglich nur im Bereich des externen oder internen Teilprogramms bzw. des internen Befehlsblocks, in dem sie enthalten sind, implizite Vereinbarungen dagegen jeweils im gesamten zugehörigen externen Teilprogramm. Über den Rahmen eines externen Teilprogramms geht der Gültigkeitsbereich jedoch in beiden Fällen nicht hinaus.

Eine Ausnahme bilden allerdings Vereinbarungen von Dateien sowie Eingangsnamen von externen Teilprogrammen. Sie erhalten das Attribut EXTERNAL und werden als externe Größen betrachtet, deren Gültigkeit sich auf das gesamte Programm erstreckt. Die gleiche Dateibezeichnung in verschiedenen externen Teilprogrammen bezieht sich folglich stets auf dieselbe Datei, und es resultiert daraus auch die Möglichkeit, externe Teilprogramme von jeder Stelle des Programms aus aufrufen zu können.

Durch eine explizite Vereinbarung unter Angabe des Gültigkeitsattributs

EXTERNAL (abgekürzt EXT)

kann der Programmierer jedoch auch jeder beliebigen anderen Größe, deren Bezeichnung dann allerdings aus nicht mehr als maximal 7 Zeichen bestehen darf, den Status einer externen Größe verleihen. Für Unterstrukturen oder Strukturelemente darf das Attribut EXTERNAL allerdings nicht vergeben werden.

Es werden auf diese Weise die Voraussetzungen geschaffen, daß sich der Gültigkeitsbereich vereinbarter Größen über mehrere externe Teilprogramme, mehrere nicht ineinandergeschachtelte interne Teilprogramme oder Befehlsblöcke oder gegebenenfalls über das gesamte Programm erstrecken kann. Während die Vereinbarung der gleichen Bezeichnung in mehreren Teilprogrammen oder Befehlsblöcken sich sonst jeweils auf unterschiedliche Größen bezieht, ist das für externe Größen nicht der Fall. In allen Teilprogrammen oder Befehlsblöcken des gesamten Programms, die für die gleiche Bezeichnung eine explizite Vereinbarung mit dem Attribut EXTERNAL enthalten, bezieht sich diese stets auf die gleiche Größe. Ihr Gültigkeitsbereich ergibt sich aus der Vereinigung der durch die einzelnen Vereinbarungen nach den üblichen Regeln gebildeten Gültigkeitsbereiche. Will man in mehreren externen Teilprogrammen auf dieselbe Größe Bezug nehmen, so ist also lediglich in jedem von ihnen eine Vereinbarung ihrer Bezeichnung mit dem Attribut EXTERNAL erforderlich. Enthält dagegen ein Teilprogramm oder Befehlsblock für diese Bezeichnung eine Vereinbarung ohne das Attribut EXTERNAL, so handelt es sich dabei um eine andere, interne Größe, die ihren eigenen beschränkten Gültigkeitsbereich hat.

Die Grundlage für die Realisierung des Zugriffs auf externe Größen durch mehrere externe Teilprogramme bildet die standardmäßige Vergabe des Speicherungsklassenattributs STATIC für sie. Ihre Speicherplatzzuordnung erfolgt also jeweils vor Beginn der Programmabarbeitung und bleibt bis zu deren Beendigung erhalten. Für Größen mit dem Attribut EXTERNAL ist deshalb die Angabe eines anderen Speicherungsklassenattributs nicht zulässig. Da sich jede Bezugnahme auf eine externe Größe stets auf den gleichen Speicherplatz bezieht, sollten die Attribute der einzelnen im Programm dafür enthaltenen Vereinbarungen übereinstimmen; eine diesbezügliche Kontrolle durch den Compiler ist auf Grund der unabhängigen Übersetzung externer Teilprogramme nicht möglich. Bei Kenntnis der internen Darstellungsformen kann man allerdings in analoger Weise wie bei der Überlagerung von Speicherplätzen (Abschnitt 2.4.2.) in gewissem Umfang durch abweichende Attributangaben bewußt zum Beispiel unterschiedliche Kommastellungen berücksichtigen oder andere unterschiedliche Interpretationen des Speicherplatzinhalts veranlassen. Strukturen, die mit dem Attribut EXTERNAL versehen werden sollen, müssen bei jeder Vereinbarung bezüglich der Strukturierung und der Attribute der Strukturelemente übereinstimmen; unterschiedlich dürfen allerdings die Bezeichnungen der Unterstrukturen und der Strukturelemente sein.

Beispiele

1. Ein Programm besteht aus drei externen Teilprogrammen: dem Hauptprogramm P1 und den beiden Unterprogrammen P2 und P3. Die Gleitkommavariable X und die duale Festkommavariable Y werden sowohl in P1 als auch in P3 benötigt, X außerdem noch in P2. Das Programm

enthält daher für diese Variablen entsprechende Vereinbarungen als externe Größen und hat folgenden schematischen Aufbau:

```
P1:PROC OPTIONS(MAIN);
   DCL (X, Y BIN FIXED(15)) EXTERNAL;
   :
   END;
P2:PROCEDURE;
   DCL X EXT, Y CHAR(25);
   :
   END;
P3:PROCEDURE;
   DCL (X, Y BIN FIXED(15)) EXT;
   :
   END;
```

Im Unterprogramm P2 wird die Bezeichnung Y für eine Zeichenkettenvariable vergeben, da hier die gleichlautende externe Größe nicht benötigt wird. Zwischen beiden Größen besteht keinerlei Beziehung.

2. Ein Programm hat folgenden schematischen Aufbau:

```
PROG1:PROC OPTIONS(MAIN);                          ─────┐
      DCL QQ FLOAT(16) EXTERNAL;                        │
      :                                                 │
      PROG2:PROCEDURE;                             ───┐ │
            :                                         │ │
            BL:BEGIN;                              ─┐ │ │
               DCL QQ FLOAT(16) EXT;                │ │ │
               :                                    │ │ │
               END;                                ─┘ │ │
         QQ:Z=A*B/1E2;                                │ │
            :                                         │ │
            PROG3:PROCEDURE;                       ─┐ │ │
                  DCL QQ FLOAT(16) EXT;             │ │ │
                  :                                 │ │ │
                  END PROG3;                       ─┘ │ │
            :                                         │ │
            END PROG2;                             ───┘ │
      :                                                 │
      END PROG1;                                   ─────┘
```

Die externe Gleitkommavariable QQ steht im gesamten Hauptprogramm PROG1 mit Ausnahme des internen Teilprogramms PROG2 zur Verfügung. Innerhalb von PROG2 ist eine Bezugnahme darauf nur in dem darin enthaltenen Befehlsblock BL und dem internen Teilprogramm PROG3 möglich; im restlichen Teil von PROG2 gilt für QQ die explizite Vereinbarung als Befehlsmarke.

Bei der Gliederung eines größeren Programms in mehrere externe Teilprogramme, die nicht allgemeingültigen Charakter haben, sondern jeweils nur einen abgeschlossenen Teil der gesamten Problematik beinhalten, reichen die durch die Verwendung externer Größen geschaffenen Möglichkeiten des Datenaustauschs im allgemeinen aus. Alle Größen, die ein Teilprogramm von einem anderen zu übernehmen oder an dieses zu übergeben hat, können in solchen Fällen als externe Größen vereinbart und damit beiden oder auch noch weiteren Teilprogrammen zugänglich gemacht werden. Zu berücksichtigen ist dabei allerdings, daß der Speicherplatz für externe Größen während der gesamten Programmabarbeitung zugeordnet bleibt. Ist das für die Abarbeitung gar nicht erforderlich, so können sich daraus bei umfangreichen Feldern unter Umständen Nachteile ergeben.

Für Teilprogramme, die allgemeingültigen Charakter haben und damit in gleicher Weise in verschiedenen Programmen benutzt werden können, stellt die Verwendung externer Größen im allgemeinen keine akzeptable Lösung dar. Vereinbart man die an ein solches Teilprogramm zu übergebenden und die von ihm zu übernehmenden Größen mit dem Attribut EXTERNAL, so wäre es erforderlich, daß auch im aufrufenden Teilprogramm dafür dieselben Bezeichnungen verwendet werden. Diese Forderung stellt jedoch nicht nur eine unangenehme Einschränkung dar, sondern kann sich besonders bei Verwendung mehrerer Teilprogramme dieser Art in einem Programm nachteilig auswirken und unter Umständen deren Zusammenspiel ganz und gar verhindern. In vielen Fällen ergeben sich dann weitere Nachteile, wenn das gleiche Teilprogramm innerhalb eines Programms mehrfach aufgerufen wird und die jeweils zu übergebenden bzw. zu übernehmenden Größen sich unterscheiden.

8.3.2. Parameter und Argumente

Neben der Vereinbarung externer Größen gibt es noch eine weitere, flexibler anwendbare Möglichkeit, Werte zwischen einzelnen Teilprogrammen auszutauschen. Ihr Grundprinzip besteht darin, daß innerhalb eines Teilprogramms für die vom aufrufenden Teilprogramm zu übernehmenden oder ihm zu übergebenden Größen, die ja zu diesem Zeitpunkt noch nicht bekannt sind und bei jedem Aufruf außerdem unterschiedlich sein können, fiktive Bezeichnungen eingeführt werden. Diese werden als Parameter bezeichnet, in der üblichen Weise vereinbart und zur Programmierung der sich auf die betreffenden Größen beziehenden Operationen verwendet. Speicherplätze werden für sie jedoch nicht bereitgestellt, denn bei der Abarbeitung des Teilprogramms sind die Operationen jeweils unter Verwendung von Größen des jeweiligen aufrufenden Teilprogramms auszuführen. Die bei der Übersetzung der betreffenden Befehle erzeugten Anweisungen in der Maschinensprache enthalten auch nicht wie gewöhnlich die Hauptspeicheradressen der als Operanden oder in anderer Weise auftretenden Größen, sondern statt dessen einen Bezug auf eine jeweils erst beim Aufruf des Teilprogramms vorliegende Adresse. Für jeden Parameter eines Teilprogramms ist deshalb bei dessen Aufruf ein entsprechendes Argument anzugeben, das die tatsächlich zu verwendende Größe darstellt. Ihre Adresse wird automatisch an das aufgerufene Teilprogramm übergeben, so daß darin die unter Verwendung der fiktiven Parameter programmierten Befehle jeweils mit den angegebenen Argumenten ausgeführt werden.

8.3.2.1. Allgemeines Prinzip des Austauschs

Die Vereinbarung von Parametern für ein Teilprogramm erfolgt in Form von Parameterlisten

$$(p_1, p_2, \ldots, p_n)$$

die in den Befehlen PROCEDURE und ENTRY (Abschnitt 8.1.1.1.) auftreten können. Die einzelnen Parameter p_i dürfen einfache Variable, Felder, Strukturen, Dateien oder Eingangsnamen von Teilprogrammen sein; Konstanten, indizierte Variable oder Elemente von Strukturen sind als Parameter nicht zulässig und im Prinzip auch nicht sinnvoll. Jede Parameterliste bezieht sich stets nur auf den Eingangspunkt, für den sie angegeben wurde; unterschiedliche Eingangspunkte können durchaus auch unterschiedliche Parameterlisten enthalten. Die Anzahl der Parameter für jeden Eingangspunkt darf maximal 64 betragen. Die Funktionswerte von Funktionsprogrammen, die bei deren Beendigung im aufrufenden Teilprogramm unmittelbar zur Verfügung stehen, sind nicht mit in die Parameterliste aufzunehmen.

Im allgemeinen wird man die Vereinbarungen für sämtliche Parameter wie die aller sonstigen Größen an den Anfang eines Teilprogramms schreiben, unabhängig davon, ob sie in der Parameterliste des Befehls PROCEDURE oder eines Befehls ENTRY auftreten. Für Parameter, die in den Parameterlisten mehrerer Eingangspunkte eines Teilprogramms auftreten, darf nur eine einzige Vereinbarung angegeben werden. Liegt für einen Parameter keine explizite Vereinbarung vor, so wird in jedem Fall eine implizite Vereinbarung entsprechend dem Anfangsbuchstaben seiner Bezeichnung vorgenommen. Nicht zulässig ist es, Parameter mit einem Attribut DEFINED oder BASED zu vereinbaren und damit anderen Größen zu überlagern; sie dürfen auch nicht als Basis für eine solche Überlagerung dienen. Des weiteren darf für Parameter nicht eines der Speicherungsklassenattribute AUTOMATIC oder STATIC angegeben werden, während das Attribut CONTROLLED für Parametergrößen durchaus zulässig ist. Der Grund für diese Einschränkungen ist im fiktiven Charakter der Parameter zu suchen.

Wurde für den betreffenden Eingangspunkt, unter dem ein Teilprogramm aufgerufen wird, eine Parameterliste vereinbart, so müssen die im konkreten Fall an Stelle der fiktiven Parameter zu verwendenden Größen des aufrufenden Teilprogramms in einer entsprechenden Argumentliste

$$(a_1, a_2, \ldots, a_n)$$

in Verbindung mit dem Aufruf angegeben werden. Die einzelnen Argumente a_i können Konstanten, Variable, zusammengesetzte Ausdrücke, Befehlsmarken, Felder, Strukturen, Dateien oder Eingangsnamen von Teilprogrammen sein. Mit dem Aufruf des Teilprogramms werden diesem die Adressen der angegebenen Argumente übermittelt und in den generierten Anweisungen, die eine Bezugnahme auf einen Parameter enthalten, substituiert. Jedem Parameter wird damit praktisch der Speicherplatz des entsprechenden Arguments zugeordnet, und bei Abarbeitung des Teilprogramms stehen folglich an Stelle der fiktiven Parameter die konkreten Argumente zur Verfügung. Jeder Befehl des aufgerufenen Teilprogramms, der auf eine der Parametergrößen Bezug nimmt, führt die betreffende Operation tatsächlich mit dem jeweiligen Argument aus. Dabei ist zu beachten, daß alle Wertzuweisungen, die für fiktive Parameter programmiert wurden, in Wirklichkeit Zuordnungen zu den Argumenten sind und deren bisherigen Inhalt verändern; nach Beendigung des Teilprogramms sind solche Veränderungen dann im aufrufenden Teilprogramm entsprechend zu berücksichtigen.

Das Ersetzen der Parameter durch die jeweiligen Argumente erfolgt elementweise in der Reihenfolge ihrer Angabe. Das i-te Argument der Argumentliste ersetzt stets den i-ten Parameter der Parameterliste. Zwischen den Argumenten in der Argumentliste des aufrufenden Teilprogramms und denen der Parameterliste für den angesprochenen Eingangspunkt des aufgerufenen Teilprogramms muß folglich unbedingte Übereinstimmung in Anzahl und Reihenfolge bestehen.

Die Realisierung dieses Vorgangs erfolgt durch die Übergabe der Speicheradressen für die Argumente an das aufgerufene Teilprogramm und dessen Bezugnahme auf diese. In verschiedenen Fällen existiert allerdings für die angegebenen Argumente noch gar keine Speicheradresse; das gilt beispielsweise für zusammengesetzte Ausdrücke bzw. Ausdrücke, die einen Funktionsaufruf darstellen. Es wird dann jeweils ein Pseudoargument gebildet, indem vor dem Übergang auf das Teilprogramm zunächst der Ausdruck berechnet und für seine Speicherung entsprechender Speicherplatz angelegt wird, den der Programmierer zwar nicht unmittelbar ansprechen kann, dessen Adresse aber an das aufgerufene Teilprogramm übergeben wird. Eine Wertzuordnung für den betreffenden Parameter spiegelt sich dann auch nur in einer Veränderung des Werts dieses Pseudoarguments wider, nicht in den ursprünglichen Werten, die vielleicht zur Berechnung des Ausdrucks verwendet wurden. In gleicher Weise wird ein Pseudoargument für Konstanten sowie für solche Elemente eingerichtet, die in der Argumentliste für sich in Klammern eingeschlossen werden. Damit kann man z. B. verhindern, daß Wertzuordnungen während der Abarbeitung des Teilprogramms sich auf den Wert einer als Argument angegebenen Variablen auswirken.

Tritt eine Parametergröße in sehr vielen Befehlen eines Teilprogramms auf, so ist es zweckmäßig, sie zu Beginn einer anderen, im Teilprogramm vereinbarten Größe zuzuordnen und diese bei der Programmierung der einzelnen Befehle an Stelle des Parameters zu verwenden. Auf diese Weise kann man die erforderlichen Adreßrechnungen bei der Ausführung des Teilprogramms unter Umständen wesentlich verringern.

Durch die Programmierung der Befehle eines Teilprogramms unter Verwendung fiktiver Größen und die Möglichkeit, diese bei jedem Aufruf desselben durch konkrete, im aufrufenden Teilprogramm existierende Größen zu ersetzen und deren Gültigkeit damit auf das aufgerufene Teilprogramm zu übertragen, ist eine allgemeine Anwendbarkeit gewährleistet. Durch den Aufruf eines Teilprogramms unter Angabe unterschiedlicher Argumente kann mit dem gleichen Teilprogramm die Abarbeitung für unterschiedliche Größen vorgenommen werden.

Innerhalb von internen Teilprogrammen sind die in den umgebenden Teilprogrammen vereinbarten Größen ohne spezielle Vereinbarung ebenfalls gültig. Ist ein internes Teilprogramm immer wieder mit den gleichen Größen abzuarbeiten, so benötigt man hierfür folglich weder eine Parameterliste noch die Vereinbarung externer Größen. Wird aber ein internes Teilprogramm mehrfach aufgerufen, und die durchzuführenden Operationen sollen jeweils mit unterschiedlichen Größen ausgeführt werden, so ist auch in diesem Fall eine Parameterliste erforderlich. Über die Argumentliste werden dann in der gleichen Weise die jeweils zu verwendenden Größen bereitgestellt.

Beispiele

1. Ein Programm setzt sich aus folgenden Teilprogrammen zusammen:

```
HP: PROCEDURE OPTIONS(MAIN);
    Z1=1E1; Z2=5E0;
    CALL UP (FF(Z1,Z2),Z);
    PUT EDIT (Z)(F(5));
    END HP;
FF: PROCEDURE (X,Y);
     RETURN (X+Y);
    END FF;
UP: PROCEDURE (X,Y);
     Y=X**2;
    END UP;
```

Beim Aufruf des Unterprogramms UP im Hauptprogramm ist das erste Argument ein Funktionswert des Funktionsprogramms FF; dieses wird mit den Argumenten Z1 und Z2 aufgerufen und liefert den Funktionswert 15. Dieser Wert wird beim Übergang zum Unterprogramm UP quadriert und dem für den Parameter Y angegebenen Argument Z als Wert zugeordnet. Der Ausgabebefehl liefert also die Zeichenfolge ␣␣225.

2. Ein Programm besteht aus folgenden Teilprogrammen:

```
    HP:PROCEDURE OPTIONS(MAIN);
       ⋮
       A=SQRT(FK(FKK(6.2EØ,1.8EØ)));
       PUT EDIT (A)(F(5));
       ⋮
       END HP;
    FK:PROCEDURE (X);
         RETURN (2*X);
       END FK;
   FKK:PROCEDURE;
         RETURN (X+Y);
       END FKK;
```

Die Berechnung von A im Hauptprogramm enthält einen Bezug auf die Standardfunktion zur Berechnung der Quadratwurzel. Als Argument dieser Funktion ist ein Funktionswert des Funktionsprogramms FK angegeben. Das Argument für den Parameter X dieses Funktionsprogramms ist jedoch wiederum ein Funktionswert, und zwar der sich aus dem Funktionsprogramm FKK für die Argumente 6,2 und 1,8 ergebende Wert 8,0. Dieser ersetzt nun den Parameter X von FK, so daß dieses Funktionsprogramm den Funktionswert 16 liefert und im Hauptprogramm A schließlich den Wert 4 erhält, der dann auch ausgegeben wird.

3. Ein Programm enthält folgende Teilprogramme:

```
    HP:PROCEDURE OPTIONS(MAIN);
       ⋮
       X=1.5*F(2);
       PUT EDIT (X)(F(5));
       END;
    F: PROCEDURE(Z);
       DCL Z FIXED(1);
       B=3*Z;
       CALL UP (FW,B);
       RETURN (FW);
       END;
    UP:PROCEDURE(X,Z);
       X=5*Z;
       END;
```

Bei der Berechnung von X tritt als Operand ein Funktionswert des Funktionsprogramms F auf. Das angegebene Argument 2 ersetzt den fiktiven Parameter Z dieses Funktionsprogramms, so daß innerhalb desselben die Größe B den Wert 6 erhält. Diese wird nun als zweites Argument beim Aufruf des Unterprogramms UP angegeben und dort an Stelle des Parameters Z verwendet. Das für den anderen Parameter X des Unterprogramms angegebene Argument FW erhält folglich den Wert 30 auf Grund des Zuordnungsbefehls im Unterprogramm. Dieser Wert ist auch der Funktionswert von F und wird nach Multiplikation mit 1,5 der Variablen X im Hauptprogramm zugeordnet, in dem anschließend die Zeichenfolge ␣␣␣45 ausgegeben wird.

4. Ein Programm hat folgenden schematischen Aufbau:

```
    HP:PROCEDURE OPTIONS(MAIN);
       DCL KETTE CHAR(2Ø);
       ⋮
```

```
      ⋮
      CALL UP (3.14159265EØ,SUBSTR(KETTE,3,12));
      ⋮
      CALL UP (Z**2,(12)'&');
      ⋮
  UP: PROCEDURE (A,B);
      DCL A FLOAT(16), B CHAR(12);
      ⋮
      END UP;
      END HP;
```

Das Programm enthält zwei Aufrufe des internen Unterprogramms UP. Beim ersten Aufruf wird der fiktive Parameter A durch den Wert von π und der fiktive Parameter B durch eine Teilkette der Zeichenkettenvariablen KETTE ersetzt. Beim zweiten Aufruf stellt das erste Argument das Quadrat einer Gleitkommagröße Z dar, während als Argument für den Parameter B eine Zeichenkette angegeben wird, die aus 12 Zeichen & besteht.

Die Angabe einer Parameterliste ist auch für ein Hauptprogramm zulässig, darf dann allerdings nur einen einzigen Parameter enthalten, der eine Zeichenkette mit einer maximalen Länge von 100 Zeichen darstellt. Er kann wahlweise als Zeichenkettenvariable fester oder variabler Länge vereinbart werden.

Da ein Hauptprogramm nicht durch einen programmierten Befehl aufgerufen wird, sondern die Programmabarbeitung automatisch durch das Betriebssystem zu ihm übergeht, kann auch nicht in der üblichen Weise ein entsprechendes Argument für diesen Parameter angegeben werden. Die Übergabe eines aktuellen Werts für den fiktiven Parameter eines Hauptprogramms erfolgt daher in der Form, daß die für die Abarbeitung des Programms erforderliche EXEC-Steuerkarte zusätzlich eine Angabe PARM= *Argument* enthält (Abschnitt 10.1.2.). Es handelt sich in diesem Fall stets um eine konstante Größe, die an das Hauptprogramm übergeben wird. Alle sich auf den fiktiven Parameter beziehenden Operationen werden dann unter Verwendung dieses Werts ausgeführt. Die auf der EXEC-Steuerkarte angegebene Anzahl von Zeichen bestimmt dabei die aktuelle Länge des betreffenden Parameters. Bei Vereinbarung des Parameters mit fester Länge ist deshalb unbedingt auf Übereinstimmung mit dieser zu achten. Zur Vermeidung von Fehlern wird häufig für den Parameter eines Hauptprogramms eine Vereinbarung mit den Attributen CHAR(1ØØ) VARYING angegeben.

Beispiele

1. Zur Steuerung zweier Abarbeitungsvarianten eines Programms wird ein Zeichen als Parameter verwendet, das bei der Abarbeitung über die EXEC-Steuerkarte bereitzustellen ist. Das Programm könnte dann u. a. folgende Befehle enthalten:

```
PROG: PROC (PAR) OPTIONS(MAIN);
      DCL PAR CHAR(1);
      ⋮
      IF PAR='Ø' THEN GOTO VAR1;
                 ELSE GOTO VAR2;
      ⋮
      END PROG;
```

Die für die Ausführung erforderliche EXEC-Steuerkarte könnte dann etwa folgende Angaben enthalten:

`// EXEC PGM=××××××,PARM='1'` (vgl. Abschnitt 10.2.3.).

2. Für die Abarbeitung eines Hauptprogramms sind drei verschiedene Größen erforderlich, die über die EXEC-Steuerkarte bereitzustellen sind. Da das jedoch nur in Form einer Zeichenkette

möglich ist, ist für diese Größen eine Zeichenfolge anzugeben, die anschließend in die einzelnen Bestandteile zerlegt wird. Das Programm könnte dazu folgende Befehle enthalten:

```
HP:PROC (ZK) OPTIONS(MAIN);
    DCL ZK CHAR(10), PAR1 CHAR(6), PAR2 FIXED(3), PAR3 CHAR(1);
    GET STRING(ZK) EDIT (PAR1,PAR2,PAR3)(A(6),F(3),A(1));
    :
    END;
```

Zur Ausführung des Programms im unmittelbaren Anschluß an seine Übersetzung könnte z. B. folgende EXEC-Karte angegeben werden:

```
// EXEC PL1LFCLG,PARM.GO='TAB102␣32A'
```

Die angegebene Zeichenfolge wird dann der Größe ZK zugeordnet, und der anschließende Befehl bewirkt, daß PAR1 den Wert 'TAB102', PAR2 den Wert 32 und PAR3 den Wert 'A' erhält.

8.3.2.2. Spezielle Beziehungen zwischen Parametern und Argumenten

Als Parameter eines Teilprogramms können einfache Variable, Felder, Strukturen, Dateien sowie Eingangsnamen auftreten. Sie werden als fiktive Größen vereinbart und jeweils beim Aufruf durch entsprechende aktuelle Argumente ersetzt. Die Argumente der Argumentliste und die Parameter der Parameterliste müssen folglich in Anzahl und Reihenfolge übereinstimmen.

Darüber hinaus ist es natürlich von Bedeutung, daß die angegebenen Argumente auch geeignet sind, die betreffenden Parameter zu ersetzen und eine ordnungsgemäße Ausführung der für die Parameter programmierten Operationen zu gewährleisten. Der Programmierer muß deshalb wissen, was für Größen er in Abhängigkeit von der Art der Parameter und den für sie vereinbarten Attributen als Argumente angeben kann und in welcher Hinsicht entsprechende Übereinstimmungen erforderlich sind. Die nachfolgenden Ausführungen beschreiben die jeweils bestehenden Möglichkeiten und enthalten auch Hinweise auf verschiedene Fehler, die sich häufig in diesem Zusammenhang ergeben.

Unabhängig davon gelten bezüglich des Speicherungsklassenattributs zwischen Argumenten und Parametern folgende allgemeine Beziehungen: Das Speicherungsklassenattribut der beim Aufruf eines Teilprogramms angegebenen Argumente kann beliebig sein, wenn der betreffende Parameter nicht mit dem Attribut CONTROLLED als kontrollierte Größe vereinbart wurde. Hat ein Parameter jedoch das Attribut CONTROLLED, so muß auch das dafür angegebene Argument eine kontrollierte Größe sein; allerdings ist es nicht erforderlich, daß beim Aufruf des Teilprogramms für das Argument bereits eine Speicherplatzzuordnung vorliegt.

Einzelne Variable als Parameter

Ist der Parameter eine einzelne Variable, so kann das Argument ebenfalls eine Variable einschließlich eines Feld- oder Strukturelements sein, aber auch eine Konstante oder ein Ausdruck, der einen einzelnen Wert liefert. Dieser Ausdruck kann ohne weiteres den Funktionswert eines Funktionsprogramms oder einer Standardfunktion enthalten oder auch nur aus diesem bestehen; er wird vor dem Übergang auf das aufgerufene Teilprogramm jeweils berechnet, und sein Wert wird als Pseudoargument zur Verfügung gestellt.

Besondere Sorgfalt ist darauf zu legen, daß zwischen den Parametern der Parameterliste und den Argumenten der Argumentliste nicht nur in Anzahl und Reihenfolge

Übereinstimmung besteht, sondern auch in ihren Attributen. Diese Forderung ergibt sich zwangsläufig daraus, daß beim Aufruf des Teilprogramms stets nur eine Adreßrechnung stattfindet und die für die Parameter programmierten Operationen daraufhin in Wirklichkeit mit den Argumenten ausgeführt werden. Stimmen die beiden Größen in ihrem Typ nicht überein, so ist in keiner Weise eine entsprechende Konvertierung möglich. Die Speicherplätze der angegebenen Argumente werden bei der Abarbeitung des Teilprogramms in allen Befehlen, in denen auf die betreffenden Parameter Bezug genommen wird, so interpretiert, als würden sie der Darstellung gemäß den Attributen der Parameter entsprechen, unabhängig davon, ob eine solche Übereinstimmung tatsächlich vorliegt oder nicht.

Beispiel. In einem Programm sind u. a. die Größen α, β und γ nach folgenden Formeln zu berechnen:

$$\alpha = \frac{3p + q}{\sqrt{px^2 + qx + r}} \qquad \beta = \sqrt{2y^2 + 16y + x - 3}$$

$$\gamma = \sqrt{x^2 + ax + \sqrt{bx^2 + cx - 2}}.$$

Dabei soll für den in allen 3 Formeln enthaltenen Wurzelausdruck der allgemeinen Form $\sqrt{a_1z^2 + a_2z + a_3}$ ein entsprechendes Funktionsprogramm aufgestellt und bei der Programmierung der Formeln aufgerufen werden. Die Befehle des Haupt- und des Funktionsprogramms könnten dann folgendermaßen aussehen:

```
HP:PROCEDURE OPTIONS(MAIN);
   ⋮
   ALPHA=(3E0*P+Q)/FP(X,P,Q,R);
   BETA=FP(Y,2E0,16E0,(X-3E0));
   GAMMA=FP(X,1E0,A,FP(X,B,C,-2E0));
   ⋮
   END;
FP: PROCEDURE (Z,A1,A2,A3);
    RETURN (SQRT(A1*Z*Z+A2*Z+A3));
   END;
```

Als Argument für den 3. Parameter, der das Absolutglied a_3 verkörpert, wurde bei der Berechnung von GAMMA ein Ausdruck angegeben, der ebenfalls einen Funktionswert des Funktionsprogramms FP darstellt. Bei allen verwendeten Größen handelt es sich um Gleitkommawerte mit einfacher Mantissenlänge.

Vorsicht ist vor allem bei der Angabe von *Konstanten* als Argumente geboten. Eine Konstante muß stets so geschrieben werden, daß die sich aus ihrer Darstellungsform ergebenden Attribute mit denen des entsprechenden Parameters übereinstimmen. Das für sie gebildete Pseudoargument enthält ihren Wert in der sich gemäß diesen Attributen ergebenden Speicherungsform. Ist beispielsweise ein Parameter eine duale Festkommagröße, was besonders in Verbindung mit Matrizenoperationen häufig der Fall ist, so darf beim Aufruf nicht die Konstante 16 als Argument angegeben werden, da sie eine dezimale Festkommakonstante darstellt; deren gepackter Wert würde ansonsten bei der Abarbeitung des Teilprogramms als der einer dualen Festkommagröße interpretiert werden. Im allgemeinen wird man in solchen Fällen vor dem Aufruf des Teilprogramms die betreffende Konstante einer dualen Festkommavariablen zuordnen und diese dann in der Argumentliste angeben.

Ist sowohl die als Argument angegebene Konstante als auch der entsprechende Parameter eine dezimale Festkommagröße, so spielt die Anzahl der angegebenen Ziffern eine wesentliche Rolle. Wird z. B. ein Parameter mit den Attributen DECIMAL FIXED(2) vereinbart und in der Argumentliste dafür die einstellige Konstante 5 angegeben, so führt das zu einem Fehler. Auf Grund der Vereinbarung für den Parameter würde der Inhalt des zur Speicherung der Konstanten verwendeten sowie der des nachfolgenden Bytes als Wert des Arguments betrachtet; ein Abbruch der Abarbeitung wegen Datenfehlers wäre die Folge. Umgangen werden kann diese Schwierigkeit in einfacher Weise durch Angabe der Konstanten in der Form Ø5 mit einer führenden 0. Es liegt dann eine Darstellung vor, die auch für das betreffende Pseudoargument und damit zur Speicherung des Wertes die Attribute DECIMAL FIXED(2) ergibt.

Beispiel. Die folgende Übersicht enthält für Parameter mit verschiedenen Datenattributen jeweils eine Konstante, deren Angabe als Argument falsch wäre, sowie eine Konstante, die den Attributen des Parameters entsprechen würde.

Parameterattribute	falsch	richtig
DEC FIXED(5)	312	ØØ312
DEC FIXED(4,2)	14.1	14.1Ø
BIN FIXED(15)	12	11ØØB*)
FLOAT(6)	1ØØ	1E2
FLOAT(16)	3.19EØ	3.19ØØØØEØ

*) Sinnvoller wäre hier vielleicht vor dem Aufruf des Teilprogramms ein Befehl N=12; und die Angabe der Variablen N in der Argumentliste.

Analoge Überlegungen sind bei der Verwendung von *Ausdrücken* als Argumente erforderlich. Der Typ des für den Ausdruck berechneten Werts und damit des angelegten Pseudoarguments ergibt sich ja nach bestimmten Regeln (Abschnitt 3.1.) aus den Attributen der einzelnen Operanden und muß dann ebenfalls mit dem des Parameters übereinstimmen. Eine spezielle Regelung gilt, wenn ein als Argument angegebener Ausdruck lediglich den Funktionswert eines Funktionsprogramms darstellt, bei dessen Aufruf keine Argumente erforderlich sind. Trotz der in diesem Fall notwendigen Vereinbarung des betreffenden Eingangsnamens mit dem Attribut ENTRY ist aus der betreffenden Angabe dann nicht ersichtlich, ob ein Funktionswert dieses Funktionsprogramms oder die Bezeichnung des Eingangsnamens als Argument an das aufgerufene Teilprogramm übergeben werden soll. Handelt es sich um den Funktionswert, so ist deshalb die Bezeichnung des Eingangsnamens für sich in Klammern einzuschließen, z. B. in der Form

CALL UP((FKT)); oder CALL P4(A,(FP2),X);

Werden die Klammern in diesem Fall weggelassen, so wird an das aufgerufene Teilprogramm nicht der Funktionswert, sondern die Adresse des Eingangsnamens selbst übergeben.

Bei Parametern, die *Kettendaten* darstellen, spielt es auch eine Rolle, ob diese mit fester oder variabler Länge vereinbart wurden. Ist der Parameter eine Kette fester Länge, so muß auch das Argument eine Kette fester Länge sein; ist der Parameter eine Kette variabler Länge, so muß auch das Argument eine Kette variabler Länge sein.

Es können aber auch Kettendaten als Parameter verwendet werden, deren Länge beim Aufbau des Teilprogramms nicht konkret angegeben wird und variabel sein kann:

an Stelle der Kettenlänge ist dann bei der Vereinbarung des Parameters das Zeichen * anzugeben. Bei der Abarbeitung des Teilprogramms wird in diesem Fall für das betreffende, beim Aufruf angegebene Argument die für dieses vereinbarte Länge benutzt. Ist das Argument dabei eine Kette variabler Länge, so erfolgt die Abarbeitung nicht mit der aktuellen Kettenlänge derselben, sondern mit ihrer maximalen Länge. Hat der betreffende Parameter das Attribut CONTROLLED und stellt also eine kontrollierte Größe dar (Abschnitt 2.4.3.1.), so wird eine dafür programmierte Zuordnung von Speicherplatz durch einen Befehl ALLOCATE für das Argument in der dafür vereinbarten Länge vorgenommen, falls nicht dabei andere Festlegungen getroffen werden. Für Parameter mit dem Attribut CONTROLLED kann man aber auch bei ihrer Vereinbarung eine Variable oder einen Ausdruck an Stelle der Kettenlänge angeben. Deren Wert wird dann bei der Ausführung eines Befehls ALLOCATE im Teilprogramm berechnet und der entsprechende Speicherplatz in der sich daraus ergebenden Länge für das Argument zugeordnet.

Beispiele

1. Ein Unterprogramm enthält als Parameter eine Zeichenkette, deren Länge bei der Vereinbarung des Parameters nicht festgelegt wird:

```
UP:PROCEDURE (KETTE);
   DCL KETTE CHAR(*);
   :
   END UP;
```

Die für diesen Parameter innerhalb des Unterprogramms programmierten Operationen werden beim Aufruf durch das Hauptprogramm

```
HP:PROC OPTIONS(MAIN);
   DCL K1 CHAR(24), K2 CHAR(8);
   :
   CALL UP (K1);
   :
   CALL UP (K2);
   :
   END HP;
```

jeweils mit Zeichenketten in der für die angegebenen Argumente vereinbarten Länge durchgeführt, beim ersten Aufruf also mit einer Zeichenkette der Länge 24, beim zweiten mit einer Zeichenkette der Länge 8.

2. Ein Hauptprogramm und ein von diesem aufgerufenes Unterprogramm haben folgenden schematischen Aufbau:

```
HP:PROC OPTIONS(MAIN);
   DCL (A CHAR(4Ø), B BIT(*)) CTL;
   :
   I=32; CALL (A,B,I);
   :
   END;
UP:PROCEDURE (ZK,BK,N);
   DCL (ZK CHAR(*), BK BIT(N)) CTL;
   :
   ALLOCATE ZK, BK;
   :
   FREE ZK, BK;
   :
```

```
      :
      N=N+2;
      ALLOCATE ZK CHAR(10), BK;
      :
      FREE ZK, BK;
      END;
```

Die beiden Parameter des Unterprogramms sind Kettendaten und stellen kontrollierte Größen dar. Bei Abarbeitung des ersten Befehls ALLOCATE nach dem Aufruf des Unterprogramms erfolgt eine Speicherplatzzuordnung für die angegebenen Argumente in Höhe von 40 Bytes für die Zeichenkette A und 32 Bits für die Bitkette B. Nach Freigabe dieser Speicherplätze wird für die Argumente eine erneute Speicherplatzzuordnung vorgenommen, und zwar für die Zeichenkette A in einer Länge von 10 Bytes und für die Bitkette B in einer Länge von 34 Bits.

Stellt der Parameter eine *Markenvariable* dar, so kann als Argument eine ebensolche, aber auch eine Befehlsmarke des aufrufenden Teilprogramms angegeben werden.

Beispiel. In einem Programm sind vor der Ausführung verschiedener Operationen jeweils neunstellige Festkommagrößen, deren letzte Ziffer eine Prüfziffer darstellt, auf Richtigkeit zu kontrollieren. Die einzelnen Ziffern einschließlich der Prüfziffer sind dazu von links nach rechts mit den Faktoren 4, 8, 7, 5, 1, 2, 4, 8, 7 zu multiplizieren, und die Summe der Produkte muß dann ohne Rest durch 9 teilbar sein. Die Kontrolle soll in einem Unterprogramm erfolgen, das bei richtiger Prüfziffer den Übergang zur normalen Fortsetzung im aufrufenden Teilprogramm veranlaßt, beim Vorliegen eines Fehlers dagegen eine entsprechende Fehlermeldung ausgibt und zu einer Stelle verzweigt, die beim Aufruf jeweils an das Unterprogramm übermittelt wird.

Das betreffende Unterprogramm enthält folgende Befehle:

```
KONTR:PROCEDURE (Z,MV);
      DCL Z FIXED(9), MV LABEL, SUM FIXED(3), CH CHAR(9),
          ZIF(9) FIXED(1), GEW(9) FIXED(1) EXTERNAL;
      PUT STRING (CH) EDIT (Z)(F(9));
      GET STRING (CH) EDIT (ZIF)(F(1));
      SUM=0;
      DO I=1 TO 9; SUM=SUM+ZIF(I)*GEW(I); END;
      IF MOD(SUM,9)>0 THEN DO;
         PUT SKIP EDIT ('FALSCHER WERT:',Z)(A,F(10));
         GOTO MV; END;
      END;
```

Als Parameter tritt die zu prüfende Festkommagröße sowie eine Markenvariable für den Rücksprung nach einer Fehlermeldung auf; beim Aufruf des Unterprogramms sind dafür die entsprechenden Angaben bereitzustellen. Das Feld der Gewichtsfaktoren, mit denen die einzelnen Ziffern zu multiplizieren sind, wurde als externe Größe vereinbart. Das hat den Vorteil, daß seine Initialisierung nur einmal im aufrufenden Teilprogramm zu erfolgen braucht, nicht aber bei jedem Aufruf des Unterprogramms wiederholt werden muß. Außerdem kann das gleiche Feld dann eventuell auch noch in anderen Teilen des Programms verwendet werden.

Das Hauptprogramm könnte z. B. folgende Befehle mit entsprechenden Aufrufen des Unterprogramms enthalten:

```
HP:PROCEDURE OPTIONS(MAIN);
   DCL GEW(9) FIXED(1) EXT INIT (4,8,7,5,1,2,4,8,7),
       (ARTNR1,ARTNR2) FIXED(9);
   :
M13:GET EDIT (ARTNR1)(F(9));
   CALL KONTR (ARTNR1,M13);
   :
   Eingabe und Verarbeitung der Daten für ARTNR1
   :
```

```
      :
      GOTO M13;
      :
M77:GET EDIT (ARTNR2)(F(9));
      CALL KONTR (ARTNR2,M77);
      :
      Eingabe und Verarbeitung der Daten für ARTNR2
      :
      GOTO M77;
      END;
```

Beim Auftreten eines Fehlers erfolgt jeweils ein Übergang zur Eingabe der nächsten Nummer.

Felder als Parameter

Ist der Parameter ein Feld, so kann das Argument ebenfalls ein Feld, ein Teilfeld oder ein Feldausdruck sein. Beide müssen in der Anzahl der Dimensionen unbedingt übereinstimmen. Obwohl auch in diesem Fall kein Speicherplatz für den Parameter bereitgestellt wird, muß für ihn eine explizite Feldvereinbarung vorliegen. Diese ist erforderlich, um bei der Übersetzung des Teilprogramms die Berechnung der Speicherplätze für die in den einzelnen Befehlen verwendeten Feldelemente so vorzubereiten, daß sie nur noch von der Anfangsadresse des als Argument angegebenen Feldes abhängig sind. Während beim Aufruf des Teilprogramms nur die Anfangsadresse des Arguments, d. h. des ersten Elements, übergeben wird, erfolgt die Berechnung der Speicherplätze für die anderen Elemente stets nach der für den Parameter angegebenen Feldvereinbarung. Da die Ausdehnung der ersten Dimension in diese Berechnungen nicht eingeht (Abschnitt 2.3.1.), kann dafür ein beliebiger Wert angegeben werden. Für ein eindimensionales Feld A als Parameter genügt also im Teilprogramm die Feldvereinbarung DCL A(1); in jedem Fall. Bei mehrdimensionalen Feldern entsteht jedoch das Problem, die Grenzen für die anderen Dimensionen angeben zu müssen. Stimmen diese für Parameter und Argument nicht überein, so ergibt sich eine falsche Zuordnung der einzelnen Elemente.

Enthält z. B. ein Unterprogramm für einen Parameter B die Feldvereinbarung DCL B(1Ø,1Ø); und in einem Befehl tritt der Operand B(3,4) auf, so bezieht sich dieser auf Grund des Dimensionsattributs auf das 24. Element des Felds. Wird beim Aufruf des Unterprogramms als entsprechendes Argument nun ein Feld A mit der Feldvereinbarung DCL A(15,15); angegeben, so wird bei Ausführung des Unterprogramms in dem betreffenden Befehl ebenfalls das 24. Element des als Argument übergebenen Felds benutzt. Das ist aber in diesem Fall das Element $A_{2,9}$, so daß sich eine falsche Bezugnahme ergibt. Richtig wäre die Zuordnung andererseits geworden, wenn für den Parameter B die Feldvereinbarung DCL B(1,15); angegeben worden wäre.

Eine Möglichkeit, die Übereinstimmung in den für die Speicherplatzberechnung benötigten Dimensionsgrenzen zu erhalten, wäre die Vereinbarung der maximal dafür vorgesehenen Werte für den Parameter. Die beim Aufruf als Argument anzugebenden Felder müßten dann allerdings ebenfalls mit diesen maximalen Ausdehnungen dimensioniert werden, auch wenn sie vielleicht wesentlich geringeren Umfang haben. Von dieser Variante wird man deshalb nur selten Gebrauch machen.

Eine wesentlich effektivere Möglichkeit, die allerdings nicht für Parameter mit dem Speicherungsklassenattribut STATIC zulässig ist, besteht darin, bei der Vereinbarung mehrdimensionaler Parameter jeweils nur die Anzahl der Dimensionen, nicht aber deren Ausdehnung konkret festzulegen. An Stelle der Dimensionsgrenzen ist dann für jede

Dimension im Dimensionsattribut das Zeichen * anzugeben. Bei der Abarbeitung des Teilprogramms werden in diesem Fall diejenigen Dimensionsgrenzen verwendet, die für das beim Aufruf als Argument angegebene Feld vereinbart wurden. Das gleiche Unterprogramm zur Lösung linearer Gleichungssysteme kann auf diese Weise ohne weiteres für den Fall von 3 Gleichungen mit 3 Unbekannten, aber auch für ein System von 100 Gleichungen mit 100 Unbekannten verwendet werden, ohne daß für die Argumente in beiden Fällen die maximale Ausdehnung vereinbart werden muß.

Hat der betreffende Parameter das Attribut CONTROLLED und stellt also eine kontrollierte Größe dar (Abschnitt 2.4.3.1.), so wird eine dafür programmierte Zuordnung von Speicherplätzen durch einen Befehl ALLOCATE für das Argument in dem dafür vereinbarten Umfang vorgenommen, falls nicht dabei wieder andere Festlegungen getroffen werden. Man kann in einem solchen Fall aber auch bei der Vereinbarung des Parameters Variable oder Ausdrücke als Dimensionsgrenzen angeben. Deren Wert bestimmt dann bei der Ausführung eines Befehls ALLOCATE den Umfang des für das Argument bereitzustellenden Speicherplatzes.

Für die Übereinstimmung der Datenattribute zwischen Parametern und Argumenten gelten bei Feldern selbstverständlich die gleichen Forderungen wie für einzelne Variable.

Beispiele

1. Es soll ein Unterprogramm aufgestellt werden, in dem für die maximal 100 Elemente eines eindimensionalen Felds deren Mittelwert und Standardabweichung berechnet sowie der größte und der kleinste Wert bestimmt werden. An das Unterprogramm zu übergebende Größen sind folglich das betreffende Feld und die Anzahl seiner Elemente; als Ergebnis der Abarbeitung sind an das aufrufende Teilprogramm die 4 genannten Werte zu übergeben. Das Unterprogramm enthält damit insgesamt 6 Parameter und könnte folgendermaßen lauten:

```
STAT:PROC (X,N,XM,ABW,XMAX,XMIN);
      DCL X(1);
      XMIN=1E75; XMAX=-1E75; SUM,SUM2=Ø;
      DO I=1 TO N;
          Z=X(I);
          SUM=SUM+Z; SUM2=SUM2+Z*Z;
          IF XMIN>Z THEN XMIN=Z;
          IF XMAX<Z THEN XMAX=Z;
      END;
      XM=SUM/N;
      ABW=SQRT((SUM2-SUM**2/N)/(N-1));
      END;
```

Ein Aufruf dieses Unterprogramms könnte wie folgt vorgenommen werden:

```
HP:PROC OPTIONS(MAIN);
    DCL A(1ØØ);
    :
    CALL STAT (A,K,DURCH,STABW,WGR,WKL);
    :
    END;
```

Die Berechnungen werden jeweils an Hand der ersten K Elemente des Felds A vorgenommen. Die Größe Z wurde zusätzlich eingefügt, um weniger mit indizierten Größen, die noch dazu Parameter darstellen, arbeiten zu müsssn.

2. Es soll ein allgemein verwendbares Unterprogramm zur Multiplikation zweier Matrizen, deren Elemente Gleitkommagrößen mit einfacher Genauigkeit sind, aufgestellt werden. Die Be-

rechnung erfolgt gemäß

$$c_{ij} = \sum_{k=1}^{m} a_{ik} \cdot b_{kj} \qquad (i = 1, \ldots, l;\ j = 1, \ldots, n).$$

Die beiden als Operand verwendeten Matrizen A und B sowie die Produktmatrix C werden ebenso wie die ihre Dimensionierung (l, m), (m, n) und (l, n) bestimmenden Größen in die Parameterliste aufgenommen. Das Unterprogramm könnte dann folgendermaßen aussehen:

```
MAMU: PROC (A,B,C,L,M,N);
      DCL A(*,*), B(*,*), C(*,*);
      DO I=1 TO L;
         DO J=1 TO N;
            SUM=0;
            DO K=1 TO M; SUM=SUM+A(I,K)*B(K,J); END;
            C(I,J)=SUM;
         END;
      END;
      END MAMU;
```

Da für die verwendeten Felder im Unterprogramm nur die Anzahl der Dimensionen, aber nicht deren Ausdehnung festgelegt wurde, werden bei der Abarbeitung des Unterprogramms dafür jeweils die Angaben benutzt, die für die als Argument angegebenen Felder vereinbart wurden. Ein Hauptprogramm, das dieses Unterprogramm zweimal aufruft, könnte beispielsweise folgende Befehle enthalten:

```
HP:PROC OPTIONS(MAIN);
   DCL A1(20,10), A2(10,15), E1(20,15);
       B1(4,9), B2(9,2), E2(4,2);
   :
   L=20; M=10; N=15;
   CALL MAMU (A1,A2,E1,L,M,N);
   :
   L=4; M=9; N=2;
   CALL MAMU (B1,B2,E2,L,M,N);
   :
   END;
```

3. In einem Programm sind an verschiedenen Stellen alle Elemente der Zeile i eines zweidimensionalen Felds A durch dasjenige Element dieser Zeile zu dividieren, das den größten Wert hat. Dieses Element soll jeweils als Funktionswert eines Funktionsprogramms bereitgestellt werden. Die beiden Teilprogramme könnten dann folgendermaßen lauten:

```
  HP: PROC OPTIONS(MAIN);
      :
      VGL=ZMAX (A,N,I);
      DO J=1 TO N; A(I,J)=A(I,J)/VGL; END;
      :
      END HP;
ZMAX:PROC (Z,N,K);
      DCL Z(*,*);
      FW=Z(K,1);
      DO J=2 TO N; IF Z(K,J)>FW THEN FW=Z(K,J); END;
      RETURN (FW);
      END ZMAX;
```

Beim Aufruf des Funktionsprogramms ZMAX werden diesem das Feld A, das im Hauptprogramm entsprechend dimensioniert werden muß, die Anzahl N der Elemente pro Zeile sowie der Zeilenindex der betreffenden Zeile übergeben. Der Funktionswert wird anschließend einer Größe VGL zugeordnet und diese jeweils als Divisor verwendet. Die Dimensionsgrenzen für den Parameter Z innerhalb des Funktionsprogramms wurden nicht fest vereinbart, sondern werden bei der Abarbeitung entsprechend denen des Arguments berücksichtigt. Die beiden Größen N im Hauptprogramm und im Funktionsprogramm stellen formal zwei verschiedene Größen dar, auch wenn beim Aufruf die eine durch die andere ersetzt wird.

Da es sich jeweils um die Bearbeitung nur einer Zeile handelt, würde es auch genügen, im Funktionsprogramm ein eindimensionales Feld als Parameter zu verwenden und wie folgt zu schreiben:

```
ZMAX:PROC (Z,N);
     DCL Z(1);
     FW=Z(1);
     DO J=2 TO N; IF Z(J)>FW THEN FW=Z(J); END;
     RETURN (FW);
     END;
```

Der 3. Parameter wird in diesem Fall nicht benötigt. Die Auswahl der jeweiligen Zeile erfolgt beim Aufruf durch Angabe eines Teilfelds in der Form

```
VGL=ZMAX(A(I,*),N);
```

Schreibt man das Funktionsprogramm als internes Teilprogramm, so könnte das gesamte Programm folgendermaßen lauten:

```
HP:PROC OPTIONS(MAIN);
   DCL ZMAX ENTRY;
   :
   VGL=ZMAX;
   DO J=1 TO N; A(I,J)=A(I,J)/VGL; END;
   :
   ZMAX:PROCEDURE;
        FW=A(I,1);
        DO J=2 TO N; IF A(I,J)>FW THEN FW=A(I,J); END;
        RETURN (FW);
        END ZMAX;
   END HP;
```

Da hier die Elemente des Felds A ebenso wie die Größen I und N ohne weitere Vereinbarung im Funktionsprogramm zur Verfügung stehen, sind keine Parameter und entsprechend beim Aufruf auch keine Argumente erforderlich. Das Hauptprogramm muß allerdings jetzt für ZMAX eine Vereinbarung als Eingangsname enthalten.

Strukturen als Parameter

Ist der Parameter eine Struktur, so kann das Argument ebenfalls eine Struktur, eine Unterstruktur oder ein Strukturausdruck sein. Beide müssen in ihrer hierarchischen Gliederung übereinstimmen, wobei allerdings die Stufennummern unterschiedlich sein können; aus ihnen muß sich jeweils nur die gleiche Strukturierung ergeben. Für die Elemente der als Parameter und Argumente verwendeten Strukturen gelten die gleichen Forderungen bezüglich der Übereinstimmung in den Datenattributen wie für einzelne Variable.

Beispiel. Ein Unterprogramm enthält u. a. folgende Befehle:

```
UP: PROCEDURE (STR);
    DCL 1 STR, 2 MY FLOAT(16),
               2 USTR, 3 ((A,B,C) FIXED(5)),
               2 KK CHAR(12);
    :
    END;
```

Ein Aufruf des Unterprogramms könnte durch folgendes Hauptprogramm vorgenommen werden:

```
HP:PROC OPTIONS(MAIN);
   DCL 1 STRUK, 4 U FLOAT(16),
               3 MST, 10 K1 FIXED(5), 9 K2 FIXED(5),
                      8 K3 FIXED(5),
               3 K CHAR(12);
   :
   CALL UP (STRUK);
   :
```

Die angegebenen Stufennummern der Struktur STRUK ergeben die gleiche hierarchische Gliederung, wie sie für den Parameter STR vereinbart wurde.

Dateien als Parameter

Ist der Parameter eine fiktive Dateibezeichnung, so muß auch das Argument eine Dateibezeichnung sein. Die Abarbeitung des betreffenden Teilprogramms erfolgt dann stets gemäß der Dateivereinbarung für das Argument, während eventuell für den Parameter angegebene Dateiattribute ignoriert werden. Der Grund dafür besteht darin, daß Dateibezeichnungen stets als externe Größen betrachtet werden und die betreffenden Angaben daher auch in dem aufgerufenen Teilprogramm zur Verfügung stehen.

Beispiel. In Abhängigkeit von einem Kartenkennzeichen sollen die Daten einer Lochkarten-Eingabedatei auf zwei unterschiedliche Drucklisten ausgegeben werden. Die einheitliche Aufbereitung der auszugebenden Daten und die Durchführung der Ausgabe sind dabei in einem Unterprogramm vorzunehmen, dem die Bezeichnung der jeweiligen Ausgabedatei als Argument zu übergeben ist. Das Programm könnte etwa folgendes Aussehen haben:

```
HP:PROCEDURE OPTIONS(MAIN);
   DCL DRU1 FILE PRINT ENV(F(133)),
       DRU2 FILE PRINT ENV(F(133)),
       KKZ CHAR(1), EIN CHAR(79) EXT;
   ON ENDFILE (SYSIN) GOTO M2;
M1:GET EDIT (KKZ,EIN)(A(1),A(79));
   IF KKZ='1' THEN CALL AUSGABE(DRU1);
              ELSE CALL AUSGABE(DRU2);
   GOTO M1;
M2:END;
AUSGABE:PROCEDURE (DRU);
   DCL DRU FILE, EIN CHAR(79) EXT;
   :
   Aufbereitung der Daten
   :
   PUT FILE (DRU) EDIT (...)(...);
   END AUSGABE;
```

Eingangsnamen als Parameter

Ist der Parameter der Eingangsname eines fiktiven Unterprogramms oder Funktionsprogramms, das innerhalb des Teilprogramms aufgerufen wird, so ist dieser explizit mit dem Attribut ENTRY zu vereinbaren. Das gleiche ist der Fall für das im aufrufenden Teilprogramm dafür anzugebende Argument, das ein entsprechender Eingangsname eines tatsächlich vorliegenden Teilprogramms sein muß. Beim Aufruf wird dann nicht ein Funktionswert desselben, sondern die Adresse des betreffenden Eingangspunkts übergeben, und der Aufruf des fiktiven Teilprogramms bewirkt folglich den Übergang der Programmabarbeitung zu diesem Eingangspunkt.

Von dieser Möglichkeit macht man beispielsweise Gebrauch, wenn in einem Teilprogramm Funktionswerte eines anderen, beliebig wählbaren und damit zunächst fiktiven Teilprogramms benötigt werden, dessen konkrete Spezifizierung jeweils erst beim Aufruf über ein entsprechendes Argument erfolgt. Dabei ist zu beachten, daß mit Ausnahme der mathematischen Standardfunktionen Bezeichnungen von Standardfunktionen nicht als Argumente für solche Parameter verwendet werden dürfen.

Beispiel. Es soll ein Funktionsprogramm SIMP zur Berechnung bestimmter Integrale nach der SIMPSONschen Regel

$$\int_a^b f(x)\,dx = \frac{\Delta x}{3}\,(f(a) + 4f(a + \Delta x) + 2f(a + 2\Delta x) + 4f(a + 3\Delta x) + \cdots$$
$$+ 4f(a + (n - 1)\,\Delta x) + f(b))$$

aufgestellt werden. Beim Aufruf des Funktionsprogramms sind jeweils die Integrationsgrenzen a und b sowie die Anzahl n der Teilintervalle zu übergeben; n muß dabei eine gerade Zahl sein. Um die allgemeine Anwendbarkeit des Funktionsprogramms zu gewährleisten, wird zur Berechnung der benötigten Funktionswerte des Integranden ein gesondertes Funktionsprogramm verwendet. Bei der Programmierung von SIMP tritt dieses zunächst als fiktiver Eingangsname auf, der beim Aufruf durch den Eingangsnamen eines bei der Programmabarbeitung ebenfalls bereitzustellenden Funktionsprogramms spezifiziert werden muß.

Das Funktionsprogramm SIMP könnte dann etwa folgendermaßen lauten:

```
SIMP:PROC (INT,A,B,N) RETURNS (FLOAT(16));
     DCL INT ENTRY RETURNS (FLOAT(16)), (XINT,DX) FLOAT(16);
     XINT=INT(A)+INT(B);
     DX=(B-A)/N;  C=4E0;
     DO I=1 TO N-1;
          XINT=XINT+C*INT(A+I*DX);
          IF C=4E0 THEN C=2E0; ELSE C=4E0;
     END;
     RETURN (XINT*DX/3E0);
     END SIMP;
```

Soll mit diesem Funktionsprogramm beispielsweise das Integral $\int_a^b \frac{\cos x}{x}\,dx$ berechnet werden, wobei die Eingabe der Werte a, b und n über Lochkarten erfolgt, so wären neben SIMP noch ein Hauptprogramm, das dessen Aufruf und die Bereitstellung der Argumente für die Parameter enthält, sowie ein Funktionsprogramm erforderlich, das die Berechnung der Werte des Integranden durchführt:

```
HP:PROC OPTIONS(MAIN);
     DCL SIMP RETURNS(FLOAT(16));
     DCL COSX ENTRY RETURNS(FLOAT(16));
     GET LIST (A,B,N);
     PUT EDIT (SIMP(COSX,A,B,N))(E(16,8));
     END HP;
COSX:PROC (X) RETURNS(FLOAT(16));
          RETURN (COS(X)/X);
        END COSX;
```

Das Attribut ENTRY in der Vereinbarung von COSX im Hauptprogramm könnte auch weggelassen werden, da es im Attribut RETURNS implizit mit enthalten ist.

8.3.2.3. Verwendung von Parameterattributlisten

Um in jedem Fall abzusichern, daß die beim Aufruf eines Teilprogramms angegebenen Argumente in ihren Attributen mit denen des jeweiligen Parameters übereinstimmen, kann man im aufrufenden Teilprogramm eine Parameterattributliste in der Form

DCL *Eingangsname* ENTRY (*Parameterattributliste*);

für jeden angesprochenen Eingangspunkt vereinbaren. Das Schlüsselwort ENTRY besagt, daß es sich um den Eingangsnamen eines Teilprogramms handelt, und in der nachfolgenden Liste werden die Attribute angegeben, die für die Parameter des betreffenden Eingangspunkts vereinbart wurden. Die Folgen der Attributangaben für die einzelnen Parameter werden jeweils durch Komma voneinander getrennt und beziehen sich auf die Parameter in der Reihenfolge ihres Auftretens in der Parameterliste.

Die Verwendung einer solchen Vereinbarung bewirkt, daß beim Aufruf des betreffenden Eingangspunkts die angegebenen Argumente, falls erforderlich, vor dem Übergang der Programmabarbeitung automatisch in den Typ umgewandelt werden, der den in der Parameterattributliste für den jeweiligen Parameter angegebenen Attributen entspricht. Eine Übereinstimmung in den Attributen zwischen den Elementen der Parameter- und denen der Argumentliste ist in diesem Fall also nicht von vornherein erforderlich; es muß lediglich gewährleistet sein, daß eine Umwandlung der angegebenen Argumente in den Typ der Parameter möglich ist. Der aus der Umwandlung hervorgegangene Wert wird jeweils als Pseudoargument an das aufgerufene Teilprogramm übergeben.

Vor allem dann, wenn zusammengesetzte Ausdrücke oder Konstanten als Argumente angegeben werden, ist es zweckmäßig, eine Parameterattributliste zu verwenden. Die in Abschnitt 8.3.2.2. beschriebenen Fehler, die in solchen Fällen sehr leicht auftreten können, werden auf diese einfache Weise ausgeschaltet. Dabei muß die Parameterattributliste eines Eingangspunktes nicht unbedingt für jeden Parameter desselben entsprechende Attributangaben enthalten. Wird eine solche Absicherung der Übereinstimmung für ein Argument nicht für erforderlich gehalten, so ist in der Parameterattributliste für den betreffenden Parameter lediglich das abschließende Komma zu schreiben, wenn noch weitere Angaben folgen, so daß die Korrespondenz zwischen den einzelnen Angaben erhalten bleibt.

Stellt ein Parameter ein Feld dar, so ist in der Parameterattributliste auch ein Dimensionsattribut anzugeben; dieses muß wie in einer gewöhnlichen Feldvereinbarung stets das erste Attribut sein, während die Reihenfolge der anderen beliebig sein kann. Ist ein Parameter eine Struktur, so ist ein sog. Strukturrumpf in der Parameterattributliste erforderlich, der wie eine Strukturvereinbarung aussieht, aber nicht die Bezeichnungen, sondern jeweils nur die Stufennummern und die Attribute der einzelnen Strukturelemente enthält. Die Stufennummern müssen dabei nicht unbedingt unmittelbar mit denen der als Parameter im Teilprogramm vereinbarten Struktur übereinstimmen; es muß sich daraus lediglich die gleiche Strukturierung und damit der gleiche logische Aufbau ergeben. Außerdem ist zu beachten, daß übereinstimmende Attribute oder Stufennummern innerhalb der Parameterattributliste nicht ausgeklammert werden dürfen.

Für Parameter, die Dateien darstellen, ist in der Parameterattributliste lediglich das Attribut FILE, für Eingangsnamen das Attribut ENTRY anzugeben.

Durch die Verwendung einer Parameterattributliste erweitern sich auch die Möglichkeiten für die Angabe von Argumenten für bestimmte Parameter. So ist es zum Beispiel zulässig, für einen Parameter, der eine Kette fester Länge darstellt, als Argument eine Kette variabler Länge anzugeben, wenn in der Parameterattributliste für den betreffenden Parameter eine Kette fester Länge vereinbart wird. Bei Feldern oder Strukturen, die als Parameter auftreten, ist es bei Verwendung einer Parameterattributliste auch möglich, als Argument eine einzelne Größe in Form einer Konstanten, einer Variablen oder eines Ausdrucks anzugeben. Es wird dann entsprechend dem in der Parameterattributliste für den Parameter angegebenen Dimensionsattribut bzw. Strukturrumpf ein Pseudoargument gebildet, und jedes Element desselben erhält den gleichen als Argument angegebenen Wert.

Im Unterschied zu Parameterattributlisten haben die Attributlisten in Verbindung mit der Vereinbarung einer Gruppenbezeichnung mit Hilfe des Attributs GENERIC (Abschnitt 8.1.2.3.) eine andere Bedeutung. Sie bewirken in keiner Weise eine Umwandlung der angegebenen Argumente in den durch die Attribute bestimmten Typ, sondern dienen nur zur Auswahl des jeweiligen Eingangspunktes an Hand dieser Attribute, wenn der Aufruf unter Angabe der Gruppenbezeichnung erfolgte. Wird jedoch ein zu einer Gruppe gehöriger Eingangspunkt unmittelbar durch Angabe seines Eingangsnamens aufgerufen, so wird die Attributliste wie eine Parameterattributliste in der oben beschriebenen Form verwendet, und die angegebenen Argumente werden gegebenenfalls in den Typ der Attribute umgewandelt.

Beispiele

1. Ein Unterprogramm enthält zwei Eingangspunkte UP und EP, für die jeweils auch eine Parameterliste vorliegt, sowie folgende Vereinbarungen für die darin enthaltenen Parameter:

```
UP: PROCEDURE (FELD,UPRO,STR,KETTE);
    DCL FELD(4) FIXED(5), KETTE CHAR(12) VAR,
        (XX,YY) FLOAT(16), UPRO ENTRY,
        1 STR, 2 CC CHAR(20),
               2 USTR, 3 (U1 FIXED(7,2),U2 PIC '(8)9');
    :
EP: ENTRY (XX,YY,FELD);
    :
    END UP;
```

In einem Hauptprogramm wird das Unterprogramm an beiden Eingangspunkten aufgerufen. Um die Übereinstimmung der beim Aufruf angegebenen Argumente mit den Parametern des Unterprogramms zu sichern, wird für jeden Eingangspunkt eine entsprechende Parameterattributliste vereinbart:

```
HP: PROCEDURE OPTIONS(MAIN);
    DCL UP ENTRY ((4) FIXED,ENTRY,1, 2 CHAR(20), 2, 3 FIXED(7,2),
        3 PIC'(8)9', CHAR(12) VAR),
        EP ENTRY (,,(4) FIXED);
    :
    CALL UP (...,...,...,...);
    :
    CALL EP (...,...,...);
    :
```

Beim Aufruf des Eingangspunkts UP wird hiernach das erste angegebene Argument als ein Feld von 4 Festkommagrößen, das zweite als Eingangsname, das dritte als Struktur mit den angegebenen Attributen der Strukturelemente und das vierte als Zeichenkette variabler Länge bereitgestellt. Beim Aufruf des Eingangspunkts EP wird für die ersten beiden Argumente keine Umwandlung vorgenommen, so daß sie von vornherein als Gleitkommagrößen mit verlängerter Mantisse vorliegen müssen, während das dritte Argument wieder als Feld von 4 Festkommagrößen übergeben wird.

2. Ein Unterprogramm hat folgenden Aufbau:

```
UP:PROCEDURE (A,B,C);
   DCL A FIXED(5), C CHAR(15);
   :
   END;
```

Ein Hauptprogramm enthält zwei Aufrufe dieses Unterprogramms, wobei dessen Parameter jeweils durch unterschiedliche Argumente ersetzt werden:

```
HP:PROCEDURE OPTIONS(MAIN);
   DCL CH CHAR(15), W FIXED(5), FELD(10);
   :
   CALL UP (14,X**2,CH);
   :
   CALL UP (W+2,FELD(4),'***');
   :
   END;
```

In beiden Fällen werden Ausdrücke als Argumente angegeben, deren Werte entsprechend den Regeln zu ihrer Berechnung nicht mit den Attributen der Parameter des Unterprogramms übereinstimmen. Das Gleiche ist der Fall für die beiden als Argument angegebenen Konstanten. Um die daraus resultierenden Fehler zu vermeiden, ist es erforderlich, in das Hauptprogramm einen Befehl

```
DCL UP ENTRY (FIXED(5),FLOAT(6),CHAR(15));
```

aufzunehmen.

9. Spezielle Möglichkeiten

In diesem Kapitel werden einige spezielle Möglichkeiten beschrieben, die dem PL1-Programmierer zur Verfügung stehen, zwischen denen jedoch keine unmittelbare Beziehung existiert. Es handelt sich dabei um

— die Nutzung von bestimmten Komponenten des Betriebssystems durch den Aufruf von Standardunterprogrammen, die eine entsprechende Verbindung herstellen;

— die Verwendung der PL1-Makrosprache, mit deren Hilfe Programme modifiziert und in verschiedener Weise aus bereits vorliegenden Befehlsfolgen zusammengestellt werden können;

— Sprachelemente von PL1 zur Realisierung interner Verkettungen von Datenelementen, die bei der Bearbeitung von Stücklisten und ähnlichen Problemen eine Rolle spielen;

— Sprachelemente von PL1 zur Durchführung des Multiaufgabenbetriebs, der es ermöglicht, mehrere Teilprogramme eines Programms parallel abzuarbeiten.

Die Nutzung dieser Möglichkeiten ist zum überwiegenden Teil auf spezielle Problemklassen beschränkt und sollte nur beim Vorliegen entsprechender Kenntnisse über das Betriebssystem Verwendung finden.

9.1. Bezugnahme auf Komponenten des Betriebssystems

In der PL1-Programmbibliothek des Betriebssystems sind einige Teilprogramme enthalten, die in analoger Weise wie die Standardfunktionen dem PL1-Programmierer als Standardunterprogramme zugänglich sind. Ihr Aufruf erfolgt in der üblichen Weise durch einen Befehl CALL unter wahlweiser Angabe einer Argumentliste. In den meisten Fällen besteht die Möglichkeit der Bezugnahme auf mehrere Eingangspunkte.

Die Bedeutung dieser Standardunterprogramme besteht darin, daß durch sie innerhalb eines PL1-Programms eine Verbindung zu verschiedenen Komponenten des Betriebssystems hergestellt werden kann, die ansonsten automatisch unter bestimmten Bedingungen oder über entsprechende Steuerkarten wirksam werden. Sie dienen zur Unterstützung bei der Fehlersuche, zur Steuerung der Abarbeitung von Programmfolgen sowie zur Sicherung von Wiederanlaufmöglichkeiten inmitten eines Programms, falls dieses auf Grund eines Fehlers beendet werden mußte. Unter Berücksichtigung der häufig notwendigen Sortierung von Datensätzen nach verschiedenen Kriterien ist innerhalb eines PL1-Programms auch ein Aufruf des betreffenden Verarbeitungsprogramms des Betriebssystems möglich.

9.1.1. Aufruf verschiedener Systemprogramme

Ohne spezielle Vereinbarungen können in einem PL1-Programm einige Systemprogramme aufgerufen und damit die entsprechenden Bestandteile des Betriebssystems nutzbar gemacht werden. Mit ihrer Hilfe ist es möglich, die Druckausgabe eines Teils des Hauptspeicherinhalts, die Festlegung eines Rückkehrcodes zur Steuerung der Abarbeitung nachfolgender Programme sowie das Setzen von Prüfpunkten zu veranlassen. Der Aufruf kann jeweils in der gleichen Weise wie der eines gewöhnlichen Unterprogramms erfolgen.

Ausgabe des Hauptspeicherinhalts

Vom Betriebssystem wird beim Abbruch der Programmabarbeitung auf Grund eines Fehlers zur Erleichterung der Fehlersuche automatisch ein Hauptspeicherausdruck veranlaßt, wenn unter den verwendeten Steuerkarten eine DD-Steuerkarte (Abschnitt 10.1.3.) mit dem Dateinamen SYSABEND oder SYSUDUMP zur Beschreibung einer entsprechenden Ausgabedatei enthalten ist. Durch den Aufruf eines Unterprogramms mit den 4 Eingangsnamen IHEDUMP, IHEDUMJ, IHEDUMT und IHEDUMC kann man eine Druckausgabe des Hauptspeicherinhalts auch vom Programm aus anfordern. Hiervon wird man vor allem Gebrauch machen, wenn eine fehlerhafte Abarbeitung vorliegt und die Lokalisierung des Fehlers mit anderen Methoden nicht gelungen ist.

Die Wahl des jeweiligen Eingangspunkts hängt davon ab, in welchem Umfang der Hauptspeicherauszug benötigt wird und ob die Programmabarbeitung anschließend fortgesetzt werden soll oder nicht. Im einzelnen bewirken:

IHEDUMP Ausgabe des gesamten Hauptspeicherbereichs, der vom betreffenden Programm belegt wird, und anschließender Abbruch der Programmabarbeitung;

IHEDUMJ Ausgabe wie bei IHEDUMP, anschließend jedoch Fortsetzung der Programmabarbeitung;

IHEDUMT Ausgabe des Hauptspeicherbereichs, der von dem Teilprogramm belegt wird, das den Aufruf des Unterprogramms enthält, und anschließender Abbruch der Programmabarbeitung;

IHEDUMC Ausgabe wie bei IHEDUMT, anschließend jedoch Fortsetzung der Programmabarbeitung.

Die Ausgabe des Hauptspeicherinhalts erfolgt über eine Datei PL1DUMP, für die vom Anwender eine entsprechende DD-Steuerkarte bereitzustellen ist; eine Dateivereinbarung im Programm ist für sie nicht erforderlich. Wahlweise kann beim Aufruf des Unterprogramms unter einem der aufgeführten Eingangsnamen auch ein Argument angegeben werden, das einen ganzzahligen Wert im Bereich von 0 ··· 127 darstellt. Dieser Wert erscheint dann in der Überschrift der ausgegebenen Liste mit dem Hauptspeicherinhalt. Zur Unterscheidung wird man diese Möglichkeit dann nutzen, wenn innerhalb eines Zyklus oder an verschiedenen Stellen eines Programms ein entsprechender Ausdruck angefordert wird. Die Verwendung eines Arguments erfordert allerdings eine Vereinbarung des aufgerufenen Eingangsnamens unter Angabe einer Parameterattributliste (Abschnitt 8.3.2.3.) in der Form

```
DCL IHEDUM× ENTRY (BINARY FIXED(31));
```

Wird kein Argument angegeben, so erscheint in der Überschrift jeweils der Wert 0.

Beispiel. Innerhalb einer 4mal zu durchlaufenden Befehlsschleife werden bestimmte Berechnungen durchgeführt. Im Anschluß daran ist jeweils ein Ausdruck des Hauptspeicherinhalts auszugeben, falls der Wert einer Größe A negativ ist; die Programmabarbeitung ist anschließend fortzusetzen. Zur Kennzeichnung soll der Wert der Laufvariablen in der Überschrift der Liste erscheinen. Die entsprechenden Befehle könnten dann folgendermaßen lauten:

```
DCL IHEDUMC ENTRY (BINARY FIXED(31));
DO I=1 TO 4;
   :
Durchführung von Berechnungen
   :
IF A<Ø THEN CALL IHEDUMC(I);
   :
END;
```

Festlegung eines Rückkehrcodes

Vom Betriebssystem wird nach Ausführung eines Programms ein Rückkehrcode in Abhängigkeit davon gebildet, ob die betreffende Abarbeitung erfolgreich beendet wurde (Rückkehrcode = 0) oder bestimmte Fehler aufgetreten sind (Rückkehrcode > 0). Dementsprechend wird automatisch entschieden, ob nachfolgende Programme ausgeführt werden oder die Abarbeitung abgebrochen wird. Durch Verwendung eines COND-Parameters auf den JOB- oder EXEC-Steuerkarten (Abschnitt 10.1.) besteht die Möglichkeit, eigene Festlegungen bezüglich dieser Entscheidung zu treffen.

Durch den Aufruf des Unterprogramms IHESARC kann man einen Rückkehrcode auch vom Programm aus in Abhängigkeit von bestimmten Bedingungen oder Zusammenhängen festlegen. Der Aufruf erfolgt in der allgemeinen Form

CALL IHESARC (*Ausdruck*);

und der Wert des als Argument angegebenen Ausdrucks stellt den jeweiligen Rückkehrcode dar, der im Bereich von 0—4095 liegen muß. Außerdem ist für das aufgerufene Unterprogramm eine Vereinbarung unter Angabe einer Parameterattributliste (Abschnitt 8.3.2.3.) erforderlich.

Durch die Festlegung eines Rückkehrcodes kann man programmseitig darauf Einfluß nehmen, ob nachfolgende Programme abgearbeitet werden oder nicht. Eine Auswertung dieses Rückkehrcodes kann allerdings ebenfalls nur über den COND-Parameter auf den JOB- oder EXEC-Steuerkarten vorgenommen werden. Beim Auftreten von Fehlern in der Programmabarbeitung ist zu beachten, daß der vom Betriebssystem gebildete Rückkehrcode jeweils zu dem vom Programmierer festgelegten addiert wird.

Beispiel. Ein Programm enthält u. a. folgende Befehle:

```
DCL IHESARC ENTRY (BINARY FIXED(31)), SCH CHAR(1);
   :
IF SCH>'1' THEN CALL IHESARC(1ØØ);
   :
```

Wenn der Schalter SCH einen Wert hat, der größer als '1' ist, so wird der Rückkehrcode auf 100 gesetzt. Durch einen COND-Parameter auf der EXEC-Steuerkarte für das nachfolgende Programm kann nun die Bedingung formuliert werden, daß dessen Abarbeitung beim Auftreten eines Rückkehrcodes $\geqq 100$ unterbleiben soll.

Setzen von Prüfpunkten

Bei einem Abbruch der Programmabarbeitung auf Grund eines Fehlers ist es normalerweise erforderlich, diese, gegebenenfalls nach Ausführung entsprechender Korrekturen, zu einem späteren Zeitpunkt erneut von Anfang an zu wiederholen. Für Programme mit großen Laufzeiten kann auf diese Weise ein sehr hoher zusätzlicher Aufwand eintreten. Mit Hilfe eines Unterprogramms IHECKPT besteht daher die Möglichkeit, von vornherein Vorkehrungen für die Verringerung des Aufwandes in einem solchen Fall zu treffen.

Durch einen Aufruf des Unterprogramms ohne Angabe von Argumenten kann man veranlassen, daß zu bestimmten Zeitpunkten während der Programmausführung sämtliche Informationen über den aktuellen Stand der Abarbeitung auf einer starr fortlaufenden Datei SYSCHK, für deren Beschreibung eine entsprechende DD-Steuerkarte erforderlich ist, gespeichert werden. Eine derartige Ausgabe wird als Setzen eines Prüfpunkts bezeichnet, die betreffende Datei als Prüfpunktdatei. Die ausgegebenen Informationen beinhalten die vom Programm belegten Hauptspeicherbereiche, die Registerinhalte sowie bestimmte Systemsteuerungsdaten und ermöglichen es, im Fall eines späteren Programmabbruchs die erneute Abarbeitung mit einem solchen Prüfpunkt beginnen zu können und nicht von Anfang an wiederholen zu müssen. Die gespeicherten Informationen werden dann wieder in den Hauptspeicher übertragen und ergeben damit den gleichen Zustand, der beim Setzen des Prüfpunkts vorlag. Auch die vom Programm benutzten Dateien auf Magnetband oder Direktzugriffsspeicher werden automatisch entsprechend positioniert. Für Dateien, die eine Übertragung über Kartenleser oder Drucker darstellen, ist das allerdings nicht möglich. Zu beachten ist weiterhin, daß Aktualisierungsdateien beim Wiederanlauf einen anderen Inhalt haben können, wenn nach dem Setzen des Prüfpunkts darin entsprechende Veränderungen vorgenommen wurden.

Der Aufruf des Unterprogramms ist auch unter dem Eingangsnamen IHECKPS möglich und erlaubt dann die Angabe von maximal 4 Argumenten in der Form

CALL IHECKPS (a_1, a_2, a_3, a_4);

Diese haben im einzelnen folgende Bedeutung:

Argument a_1: Bezeichnung der Prüfpunktdatei als Zeichenkettenkonstante oder Ausdruck, dessen Wert eine Zeichenkette darstellt. Die DD-Steuerkarte für die Prüfpunktdatei ist dann mit diesem Dateinamen zu versehen. Standardannahme: 'SYSCHK'.

Argument a_2: Bezeichnung für den jeweiligen Prüfpunkt als Zeichenkettenkonstante oder Ausdruck, dessen Wert eine Zeichenkette darstellt. Die maximale Länge dieser Bezeichnung beträgt 16 Zeichen. Standardannahme: systeminterne Bezeichnung.

Argument a_3: Kennzeichnung der Organisationsform der Prüfpunktdatei als Zeichenkettenkonstante der Länge 2, wofür folgende Angaben zulässig sind:

'PS' für starr fortlaufende Dateien,

'PO' für untergliederte Dateien (diese Form ist in PL1 sonst nicht anwendbar; vgl. Abschnitt 10.1.3.).

Standardannahme: 'PS'.

Argument a_4: Bezeichnung einer Variablen mit den Attributen BINARY FIXED(31), der nach Beendigung der Prüfpunktausgabe ein Rückkehrcode zugewiesen wird, der eine Aussage über die erfolgreiche Ausführung dieser Operation darstellt. Standardmäßig steht der Rückkehrcode nicht zur Verfügung.

Die Argumente können wahlweise weggelassen werden, wenn auch alle nachfolgenden nicht angegeben werden sollen; für die fehlenden Argumente werden dann die entsprechenden Standardannahmen wirksam. Der Aufruf des Unterprogramms unter dem Eingangsnamen IHECKPT entspricht daher einem Aufruf durch CALL IHECKPS ('SYSCHK','','PS');

Grundsätzlich kann das Setzen von Prüfpunkten in zwei verschiedenen Formen durchgeführt werden:

— Setzen einfacher Prüfpunkte. Die Informationen für einen Prüfpunkt überschreiben jeweils die für den vorangehenden ausgegebenen. Nur die Informationen des letzten Prüfpunkts stehen folglich für einen Wiederanlauf zur Verfügung.

— Setzen mehrfacher Prüfpunkte. Die für die einzelnen Prüfpunkte auszugebenden Informationen werden nacheinander in die Prüfpunktdatei geschrieben. Ein Wiederanlauf kann mit jedem der verfügbaren Prüfpunkte beginnen. Um eine eindeutige Bezugnahme zu ermöglichen, sind dafür allerdings Aufrufe von IHECKPS erforderlich, bei denen jeweils unterschiedliche Prüfpunktbezeichnungen als Argument auftreten müssen.

Welche der beiden Formen gewählt wird, muß ebenso wie die generelle Festlegung zum Setzen von Prüfpunkten aus entsprechenden Angaben der JOB-Steuerkarte hervorgehen. Das Gleiche gilt für eine Wiederholung der Abarbeitung, bei der darauf angegeben werden muß, mit welchem Prüfpunkt diese beginnen soll. Mit gewissen Einschränkungen kann allerdings auch ein automatischer Wiederanlauf veranlaßt werden, worauf hier jedoch nicht näher eingegangen werden kann; beim Auftreten eines Fehlers beginnt der Wiederanlauf dann nach entsprechendem Eingriff durch den Bediener mit dem zuletzt gesetzten Prüfpunkt.

Beispiel. Ein Programm enthält u. a. folgende Befehle:

```
⋮
CALL IHECKPS ('PRUEF','NR.␣1','PS',RCODE);
IF RCODE>Ø THEN GOTO FEHL;
⋮
```

Bei der Abarbeitung des Programms ist eine DD-Steuerkarte für die starr fortlaufende Datei PRUEF anzugeben; der durch diesen Aufruf ausgegebene Prüfpunkt erhält die Bezeichnung NR.␣1. Der Rückkehrcode nach der Prüfpunktausgabe wird einer Variablen RCODE zugeordnet; bei nicht ordnungsgemäßer Ausgabe soll zu einem Befehl mit der Befehlsmarke FEHL gesprungen werden.

9.1.2. Aufruf des Sortierprogramms

Zu den Verarbeitungsprogrammen des Betriebssystems gehört ein Sortierprogramm, das es ermöglicht, die Sätze von starr fortlaufenden Dateien nach beliebigen Merkmalen auf- oder absteigend zu sortieren. Gewöhnlich erfolgt der Aufruf dieses Sortierprogramms in einem gesonderten Jobschritt durch eine Steuerkarte der Form // EXEC SORT (vgl. Abschnitt 10.1.2.). Der gesamte Ablauf stellt dann im allgemeinen die aufeinanderfolgende Abarbeitung von drei Programmen dar: in einem Programm wird zunächst die zu sortierende Datei aufgebaut, nach Beendigung desselben die Sortierung mit Hilfe des Sortierprogramms vorgenommen und anschließend ein weiteres Programm ausgeführt, das die Ausgabedatei der Sortierung als Eingabe zur weiteren Bearbeitung benutzt.

Daneben besteht jedoch auch die Möglichkeit, innerhalb eines PL1-Programms unmittelbar auf das Sortierprogramm Bezug zu nehmen. Der Aufruf eines Unterprogramms

IHESRT× bewirkt, daß die Programmabarbeitung auf das Sortierprogramm übergeht und nach Ausführung der Sortierung im gleichen Programm mit dem auf den Aufruf folgenden Befehl fortgesetzt wird. Durch Einsetzen der Buchstaben A, B, C oder D für × können vier unterschiedliche Eingangsnamen des Sortierprogramms angesprochen werden.

Unabhängig von dem jeweiligen Eingangspunkt ist der Aufruf des Sortierprogramms stets unter Angabe von mindestens 4 Argumenten a_i in der Form

CALL IHESRT× (a_1, a_2, a_3, a_4);

vorzunehmen. Diese Argumente enthalten alle für die Durchführung der Sortierung erforderlichen Festlegungen und haben im einzelnen folgende Bedeutung:

Argument a_1: Das 1. Argument dient zur Beschreibung der Sortierbegriffe, d. h. der Elemente in den Datensätzen, nach denen die Sortierung erfolgen soll. Seine Angabe erfolgt im allgemeinen als Zeichenkettenkonstante, es kann dafür aber durchaus auch eine Zeichenkettenvariable oder ein Ausdruck mit einem entsprechenden Wert verwendet werden. Die allgemeine Form dieses Arguments lautet:
beim Vorliegen eines einzigen Sortierbegriffs:

'␣SORT␣FIELDS=(p_1, l_1, f_1, r_1)␣'

beim Vorliegen mehrerer Sortierbegriffe:

'␣SORT␣FIELDS=$(p_1, l_1, f_1, r_1, p_2, l_2, f_2, r_2, \ldots)$␣'

Außer den angegebenen Leerzeichen, die in dieser Form vorgeschrieben sind, dürfen keine weiteren Leerzeichen auftreten. Die einzelnen Angaben bedeuten:

p_i erste Byteposition des Sortierbegriffs innerhalb des Datensatzes. Die Zählung der Bytes beginnt bei Sätzen fester Länge im 1., bei Sätzen variabler Länge auf Grund der 4 davor befindlichen Bytes mit Längeninformationen im 5. Byte. Bei Sortierbegriffen, die Bitketten darstellen, kann sich die Position inmitten eines Bytes befinden und ist dann in der Form $p.q$ anzugeben, wobei p die Byteposition und q die Bitposition innerhalb des Bytes bezeichnen; eine Angabe 14.6 besagt folglich, daß der Sortierbegriff im 6. Bit des 14. Bytes beginnen soll.

l_i Länge des Sortierbegriffs in Bytes. Bei Sortierbegriffen, die Bitketten darstellen und deren Position durch $p.q$ festgelegt wurde, ist die Länge in der Form $l.k$ anzugeben, wobei l die Anzahl der Bytes und k die Anzahl der zusätzlichen Bits bezeichnen; eine Angabe 2.4 besagt folglich, daß die Länge 2 Bytes und 4 Bits beträgt.

f_i interne Darstellungsform des Sortierbegriffs. Es sind dafür folgende Angaben zulässig:

CH	Zeichenkette,	FI	duale Festkommagröße,
BI	Bitkette,	PD	dezimale Festkommagröße,
ZD	numer. Abbildungsvariable,	FL	Gleitkommagröße.

In den Fällen CH bzw. BI erfolgt die Sortierung entsprechend der Sortierfolge der Zeichen bzw. Dualziffern, in allen anderen Fällen entsprechend der algebraischen Werte unter Berücksichtigung des Vorzeichens.

s_i Sortierrichtung. Es bestehen dafür folgende Möglichkeiten:

A aufsteigende Sortierfolge D absteigende Sortierfolge

Auf die Angaben für den ersten und obersten Sortierbegriff folgen anschließend die entsprechenden Angaben für den eventuellen zweiten usw. Maximal können 64 Sortierbegriffe festgelegt werden, die sich auf beliebige Teile des Datensatzes beziehen können. Ist die interne Darstellungsform für alle verwendeten Sortierbegriffe gleich, so kann jeweils die Angabe f_i weggelassen und durch eine Angabe FORMAT=f hinter der schließenden Klammer ersetzt werden. Das gesamte Argument hat dann folgendes Aussehen:

'␣SORT␣FIELDS=(p_1, l_1, s_1, p_2, l_2, s_2, ...),FORMAT=f␣'

Auf einige weitere zusätzliche Angaben, die in diesem Zusammenhang zulässig sind, kann hier nicht näher eingegangen werden.

Beispiele

```
CALL IHESRTA ('␣SORT␣FIELDS=(5,6,CH,A)␣', ...);
CALL IHESRTB ('␣SORT␣FIELDS=(81,4,FL,D,12.4,1.5,BI,A)␣', ...);
CALL IHESRTC ('␣SORT␣FIELDS=(120,2,A,61,5,A),FORMAT=CH␣'; ...);
```

Argument a_2: Das 2. Argument dient zur Beschreibung der Sätze, die in die Sortierung eingehen bzw. deren Ergebnis darstellen. Seine Angabe erfolgt im allgemeinen als Zeichenkettenkonstante, es kann dafür aber durchaus auch eine Zeichenkettenvariable oder ein Ausdruck mit einem entsprechenden Wert verwendet werden. Die allgemeine Form dieses Arguments lautet:

bei Sätzen fester Länge:

'␣RECORD␣TYPE=F,LENGTH=(l_1, l_2, l_3)␣'

bei Sätzen variabler Länge:

'␣RECORD␣TYPE=V,LENGTH=(l_1, l_2, l_3, l_4, l_5)␣'

Außer den angegebenen Leerzeichen, die in dieser Form vorgeschrieben sind, dürfen weitere Leerzeichen nicht auftreten. Die einzelnen Angaben l_i bedeuten:

l_1 feste oder maximale Länge der Eingabesätze.

l_2 feste oder maximale Länge der zu sortierenden Sätze. Diese Angabe ist nur erforderlich, wenn die Satzlänge der Eingabesätze vor der Sortierung verändert werden soll; sonst gilt $l_2 = l_1$.

l_3 feste oder maximale Länge der Ausgabesätze. Diese Angabe ist nur erforderlich, wenn die Satzlänge nach der Sortierung verändert werden soll; sonst gilt $l_3 = l_2$.

l_4 minimale Länge der Eingabesätze. Beim Fehlen dieser Angabe wird dafür die Summe der Längen für die Sortierbegriffe verwendet, mindestens jedoch der Wert 18.

l_5 durchschnittliche Länge der Eingabesätze. Beim Fehlen dieser Angabe wird dafür das arithmetische Mittel aus l_1 und l_4 verwendet.

Unbedingt erforderlich ist lediglich die Angabe von l_1; die nachfolgenden Werte können auch weggelassen werden, wenn sie mit den angegebenen Standardwerten übereinstimmen sollen. An Stelle von '␣RECORD␣TYPE=x,LENGTH=(l_1)␣' ist dann auch die Schreibweise '␣RECORD␣TYPE=x,LENGTH=l_1␣' zulässig. Zwischen zwei angegebenen Werten weggelassene sind durch ihr abschließendes Komma zu kennzeichnen. Die Angaben l_1 und l_5 sollten bei Sätzen variabler Länge möglichst angegeben werden, da sie zur Erhöhung der Effektivität der Sortierung beitragen können.

Beispiele

```
CALL IHESRTA (...,'␣RECORD␣TYPE=F,LENGTH=85␣', ...);
CALL IHESRTB (...,'␣RECORD␣TYPE=F,LENGTH=(110,,95)␣', ...);
CALL IHESRTD (...,'␣RECORD␣TYPE=V,LENGTH=(94,,,52,66)␣', ...);
```

Argument a_3: Das 3. Argument dient zur Festlegung der für das Sortierprogramm zur Verfügung zu stellenden Hauptspeichergröße in Bytes. Der entsprechende Parameter des Sortierprogramms hat die Attribute BINARY FIXED(31); im allgemeinen wird man als Argument einen entsprechenden arithmetischen Wert angeben.

Argument a_4: Das 4. Argument gibt eine Variable an, die den Rückkehrcode des Sortierprogramms aufnimmt. Dieser hat bei erfolgreicher Beendigung den Wert 0, beim Auftreten eines Fehlers den Wert 16. Der entsprechende Parameter des Sortierprogramms hat die Attribute BINARY FIXED(31); im allgemeinen wird das Argument folglich eine arithmetische Variable dieses Typs sein.

Zur Vermeidung von Fehlern bei der Übergabe der Argumente empfiehlt es sich, für den aufgerufenen Eingangsnamen des Sortierprogramms eine Vereinbarung unter Angabe einer Parameterattributliste (Abschnitt 8.3.2.3.) ins Programm aufzunehmen, die folgendermaßen aussehen könnte:

DCL IHESRTA (CHAR(k_1),CHAR(k_2),BIN FIXED(31),BIN FIXED(31));

k_1 und k_2 stellen dabei die Länge der für die ersten beiden Argumente verwendeten Zeichenketten dar.

Für die Übergabe der zu sortierenden Sätze vom PL1-Programm an das Sortierprogramm bestehen folgende zwei Möglichkeiten:

— Die Sätze werden in Form einer starr fortlaufend organisierten Datei SORTIN bereitgestellt, deren Eröffnung und Abschluß im Sortierprogramm vorgenommen werden.

— Die Sätze werden einzeln durch ein vom Sortierprogramm aufgerufenes und vom Anwender zu schreibendes Funktionsprogramm bereitgestellt, dessen Eingangsname als weiterer Parameter beim Aufruf des Sortierprogramms anzugeben ist. Als Funktionswert wird bei jedem Aufruf ein Satz in Form einer Zeichenkette an das Sortierprogramm übergeben; bei Zeichenketten variabler Länge wird automatisch ein Satzlängenfeld von 4 Bytes vorangestellt. Außerdem ist jedes Mal durch einen Aufruf des Systemprogramms IHESARC (Abschnitt 9.1.1.) ein Rückkehrcode zu bestimmen. Der Rückkehrcode 12 besagt, daß ein weiterer Satz für die Sortierung als Funktionswert bereitgestellt wird, während der Rückkehrcode 8 angibt, daß die Übergabe der Sätze beendet ist und die Sortierung damit beginnen kann. Von dieser Form wird man vor allem dann Gebrauch machen, wenn nur bestimmte Sätze in die Sortierung eingehen sollen, deren Auswahl im betreffenden Funktionsprogramm in Abhängigkeit von irgendwelchen Bedingungen erfolgt.

Für die Übergabe der sortierten Sätze vom Sortierprogramm an das PL1-Programm bestehen ebenfalls zwei analoge Möglichkeiten:

— Die Sätze werden in Form einer starr fortlaufend organisierten Datei SORTOUT bereitgestellt, deren Eröffnung und Abschluß im Sortierprogramm vorgenommen werden.

— Die Sätze werden einzeln an ein vom Sortierprogramm aufgerufenes und vom Anwender zu schreibendes Unterprogramm übergeben, dessen Eingangsname als weiterer Parameter beim Aufruf des Sortierprogramms anzugeben ist. Für jeden aus der Sortierung hervorgegangenen Satz wird das Unterprogramm aufgerufen und ihm als Argument in Form einer Zeichenkette der Satzinhalt übergeben. Nach Übergabe des letzten Satzes wird die Programmabarbeitung mit dem auf den Aufruf des Sortierprogramms folgenden Befehl fortgesetzt. Durch Festlegung eines Rückkehrcodes mit Hilfe des Systemprogramms IHESARC kann innerhalb des Unterprogramms entschieden werden, ob die Übergabe der sortierten Sätze fortgeführt oder beendet werden soll. Der Rückkehrcode 4 besagt, daß weitere Sätze übertragen werden sollen, während der Rückkehrcode 8 die gleiche Wirkung hat wie das Erreichen des letzten Satzes, unabhängig davon, ob noch weitere sortierte Sätze zur Verfügung stehen. Wird kein Rückkehrcode festgelegt, so gilt standardmäßig der Wert 4.

Aus der Form, in der die zu sortierenden Sätze dem Sortierprogramm übergeben und wie von diesem die sortierten Sätze dem PL1-Programm zur Verfügung gestellt werden, ergibt sich jeweils der zu verwendende Eingangsname für den Aufruf des Sortierprogramms. Er kann aus folgender Übersicht entnommen werden:

	Ausgabedatei SORTOUT	Ausgabe über Unterprogramm
Eingabedatei SORTIN	IHESRTA	IHESRTC
Eingabe über Funktionsprogramm	IHESRTB	IHESRTD

Als fünftes Argument ist beim Aufruf der Eingangsnamen IHESRTB und IHESRTD jeweils die Bezeichnung des betreffenden Funktionsprogramms, beim Aufruf von IHESRTC die des betreffenden Unterprogramms anzugeben. Bei IHESRTD ist außerdem als 6. Parameter die Bezeichnung des Unterprogramms, über das die Ausgabe erfolgen soll, erforderlich. In der Parameterattributliste ist für diese zusätzlichen Argumente das Attribut ENTRY anzugeben.

Beispiel

```
DCL IHESRTB ENTRY (CHAR(25),CHAR(26),BIN FIXED(31),BIN FIXED(31),
                   ENTRY);
    :
CALL IHESRTB ('␣SORT␣FIELDS=(1,10,CH,A)␣',
  '␣RECORD␣TYPE=F,LENGTH=128␣', 50000, NCODE, FPSOR);
    :
```

Bei der Abarbeitung eines Programms, das den Aufruf des Sortierprogramms enthält, sind für die von diesem benutzten Dateien entsprechende DD-Steuerkarten bereitzustellen. Das betrifft zunächst die Datei SORTIN mit den zu sortierenden Sätzen bzw. die Datei SORTOUT mit den sortierten Sätzen, falls diese verwendet werden, sowie mindestens drei für die Sortierung benötigte Zwischenspeicherdateien mit den Dateinamen SORTWK01, SORTWK02 und SORTWK03 auf Magnetband oder Direktzugriffsspeicher. Wahlweise können noch weitere Dateien dieser Art mit den Dateinamen SORTWK04, SORTWK05 usw. verwendet werden. Außerdem ist eine Steuerkarte für die Datei SORTLIB, die die Systembibliothek beschreibt, in der das Sortierprogramm enthalten ist, sowie die Datei SYSOUT erforderlich, über die die Ausgabe von Informationen durch das Sortierprogramm erfolgt.

Wird das Sortierprogramm in einem PL1-Programm an mehreren Stellen aufgerufen, und werden dabei unterschiedliche Dateien benutzt, so sind die Dateinamen auf den DD-Steuerkarten für SORTIN, SORTOUT und SORTWKØ*x* so zu ändern, daß jeweils eine eindeutige Zuordnung zu jedem Aufruf möglich ist. Dazu sind die ersten 4 Zeichen SORT dieser Dateinamen durch eine entsprechende, einheitliche andere Zeichenfolge zu ersetzen, die als weiteres Argument beim Aufruf des Sortierprogramms anzugeben ist. Dieses Argument stellt eine Zeichenkette dar, deren erste 4 Zeichen dann an Stelle der Zeichenfolge SORT in den betreffenden Dateinamen auftreten müssen; enthält das Argument weniger Zeichen, so werden jeweils weniger Zeichen ersetzt.

Zu beachten ist dabei, daß beim Aufruf des gleichen Eingangsnamens in einem Programm stets die gleiche Anzahl von Argumenten anzugeben ist. Im Falle der Beibehaltung der Zeichenfolge SORT in den ersten 4 Zeichen der Dateinamen bei einem Aufruf kann dann die leere Kette als Argument angegeben werden.

Beispiel

```
        :
CALL IHESRTA ('␣SORT␣FIELDS=(11,6,ZD,A,4,2,CH,A)␣',
        '␣RECORD␣TYPE=F,LENGTH=8Ø␣', NBYTES, NRK, '');
        :
CALL IHESRTA ('␣SORT␣FIELDS=(1,22,CH,A)␣',
        '␣RECORD␣TYPE=F,LENGTH=127␣', NBYTES, NRK, 'SATZ');
        :
```

Für den ersten Aufruf des Sortierprogramms sind DD-Steuerkarten mit den Dateinamen SORTIN, SORTOUT und SORTWKØ*x*, für den zweiten Aufruf entsprechende mit den Dateinamen SATZIN, SATZOUT und SATZWKØ*x* erforderlich.

Zusammenfassende Beispiele zum Aufruf des Sortierprogramms

1. Über Lochkarten werden Daten eingelesen und daraus die Sätze einer starr fortlaufenden Ausgabedatei zusammengestellt, die nach Beendigung der Lochkarteneingabe sortiert werden sollen. Anschließend soll im gleichen Programm eine sequentielle Bearbeitung der Ausgabesätze der Sortierung vorgenommen werden. Das betreffende Programm könnte folgendermaßen lauten:

```
SORTP:PROCEDURE OPTIONS(MAIN);
      DCL (SORTIN,SORTOUT) FILE RECORD,
          (NN,RUECK) BIN FIXED(31), (EIN,AUS) CHAR(124);
      ON ENDFILE (SYSIN) GOTO M12;
      OPEN FILE (SORTIN) OUTPUT;
   M6: GET EDIT (...)(...);
      :
       Prüfung der Eingabewerte und Zusammenstellung eines Satzes
      :
      WRITE FILE(SORTIN) FROM(AUS);  GOTO M6;
  M12:CLOSE FILE (SORTIN); NN=4ØØØØ;
      CALL IHESRTA (' SORT FIELDS=(25,6,CH,A) ',
          ' RECORD TYPE=F,LENGTH=124 ', NN, RUECK);
      OPEN FILE (SORTOUT) INPUT;
      ON ENDFILE (SORTOUT) GOTO END;
  M3Ø:READ FILE (SORTOUT) INTO (EIN);
      :
      Verarbeitung der sortierten Sätze
      :
      GOTO M3Ø;
  END:END SORTP;
```

2. Alle Sätze einer Magnetbanddatei DAT, die im 36. Byte das Zeichen 'L' enthalten, sollen in aufsteigender Folge nach einem in den Bytes 16…18 befindlichen Ordnungsbegriff und innerhalb desselben nach einem weiteren Ordnungsbegriff in den Bytes 1…6 sortiert werden. Nach der fehlerfreien Sortierung soll eine Bearbeitung dieser Sätze durchgeführt werden. Ein entsprechendes Programm könnte folgendermaßen lauten:

```
   HP:PROCEDURE OPTIONS(MAIN);
      DCL IHESRTB ENTRY (CHAR(39), CHAR(26), BIN FIXED(31),
                BIN FIXED(31), ENTRY),
          IHESARC ENTRY (BIN FIXED(31)),
          FKT RETURNS (CHAR(144)),
          SORTOUT FILE RECORD, NRK BIN FIXED(31),
          SATZ CHAR(144), BYTE36 CHAR(1) DEF SATZ POS(36);
      CALL IHESRTB (' SORT FIELDS=(16,3,A,1,6,A),FORMAT=CH ',
          ' RECORD TYPE=F,LENGTH=144 ', 50000, NRK, FKT);
     IF NRK > 0 THEN DO;
        PUT EDIT ('ABBRUCH WEGEN FEHLERHAFTER SORTIERUNG')(A);
        STOP; END;
      OPEN FILE (SORTOUT) INPUT;
      ON ENDFILE (SORTOUT) GOTO MX;
   M4:READ FILE (SORTOUT) INTO (SATZ);
        :
        Bearbeitung der sortierten Sätze
        :
      GOTO M4;
  FKT:PROCEDURE RETURNS (CHAR(144));
      DCL DAT FILE RECORD INPUT;
      ON ENDFILE (DAT) GOTO EOF;
   F1:READ FILE (DAT) INTO (SATZ);
      IF BYTE36¬='L' THEN GOTO F1;
      CALL IHESARC (12);
      RETURN (SATZ);
  EOF:CALL IHESARC (8);
      END FKT;
  MX: END HP;
```

3. Die Sätze einer starr fortlaufenden Datei haben eine Länge von 128 Bytes und sind entsprechend der Folge von Dualziffern in den Bytes 48…49 absteigend zu sortieren. Die sortierten Sätze sollen in Abhängigkeit davon, ob in den ersten beiden Bytes die Zeichen '00' stehen oder nicht, einer unterschiedlichen Bearbeitung unterzogen werden. Das Programm könnte dazu folgendermaßen lauten:

```
   HP:PROCEDURE OPTIONS(MAIN);
      DCL IHESRTC ENTRY (CHAR(25),CHAR(26),BIN FIXED(31),
          BIN FIXED(31),ENTRY),
          IHESARC ENTRY (BIN FIXED(31)),
          UP ENTRY, RCODE BIN FIXED(31);
      CALL IHESRTC (' SORT FIELDS=(48,2,BI,D) ',
        ' RECORD TYPE=F,LENGTH=128 ', 60000, RCODE, UP);
   UP:PROCEDURE (SATZ);
      DCL SATZ CHAR(128), CHAR2 CHAR(2) DEF SATZ,
          ANF CHAR(1) STATIC INIT ('0');
        IF ANF='0' THEN DO; ANF='1';
          IF RCODE=16 THEN DO; CALL IHESARC(8); GOTO EX; END;
          END;
       IF CHAR2¬='00' THEN DO;
            :
```

```
                ⋮
        Bearbeitung des Satzes
                ⋮
        END;
        ELSE DO;
                ⋮
        Bearbeitung des Satzes
                ⋮
        END;
        CALL IHESARC (4);
     EX:END UP;
        END HP;
```

Beim ersten Aufruf des Unterprogramms, d. h. nach der Übergabe des ersten sortierten Satzes vom Sortierprogramm an das Unterprogramm, wird geprüft, ob die Sortierung erfolgreich abgeschlossen wurde. Ist das nicht der Fall, so wird die Abarbeitung beendet.

9.2. Verwendung der PL1-Makrosprache

Die PL1-Makrosprache ist eine in sich geschlossene Sprache, die zur Modifizierung beliebiger, in der äußeren Form von PL1-Programmen (also normalerweise in den Positionen 2—72 von 80 Bytes langen Sätzen) vorliegender Texte dient. Im allgemeinen bestehen diese aus PL1-Befehlen und/oder -Befehlsteilen und werden durch Modifizierung in ein den konkreten Anforderungen des Anwenders angepaßtes vollständiges PL1-Programm umgewandelt. Durch Anwendung der Makrosprache können Teile des Textes durch andere Zeichenfolgen ersetzt und damit beispielsweise Befehle vervollständigt oder neue Befehle ergänzt werden. Daneben können aber auch in einen vorliegenden Text extern gespeicherte Zeichenfolgen eingefügt werden, und es besteht die Möglichkeit, eventuell in Abhängigkeit von bestimmten Bedingungen nur einzelne Teile des Textes für das zu erzeugende PL1-Programm zu verwenden.

Die jeweilige Modifizierung wird durch entsprechende Makrobefehle bewirkt, die in dem betreffenden Text enthalten sein müssen. Dabei handelt es sich um bestimmte Anweisungen in der Makrosprache, die in einer zur gewöhnlichen Programmiersprache PL1 analogen Form gebildet werden und durch ein vorangehendes Zeichen % gekennzeichnet sind. Die allgemeine Form eines Makrobefehls lautet:

%*Befehlsmarke*: *Schlüsselwort weitere Angaben*;

Eine Befehlsmarke ist wie in der gewöhnlichen Programmiersprache wahlweise verwendbar; bei der nachfolgenden allgemeinen Beschreibung der einzelnen Befehle wird sie daher nicht gesondert angegeben. Zwischen dem vorangehenden Zeichen % und dem nachfolgenden eigentlichen Befehl können beliebig viele Leerzeichen stehen.

Der gesamte, in beliebiger Aneinanderreihung aus Makrobefehlen und anderen Zeichenfolgen bestehende Text muß durch den Makrointerpreter bearbeitet werden, der einen Bestandteil des PL1-Compilers darstellt und auch als Vorübersetzer bezeichnet wird. Sein Aufruf erfolgt in der gleichen Weise wie der des PL1-Compilers unter zusätzlicher Angabe der Auswahlbedingung MACRO (Abschnitt 10.2.2.). Die Bearbeitung durch den Makrointerpreter besteht in der Übernahme von Teilen des ursprünglichen Textes, der sofortigen Interpretation und Ausführung der auftretenden Makrobefehle sowie der Realisierung der durch sie bewirkten Modifizierungen. Im Ergebnis steht ein entsprechender Ausgabetext zur Verfügung, der dann in der üblichen Weise anschließend durch den Compiler übersetzt werden kann, vorausgesetzt, daß er eine entsprechende Folge zulässiger PL1-Befehle darstellt.

9.2.1. Möglichkeiten für die Veränderung von Programmtexten

Die Grundlage für die Veränderung von Teilen eines Programmtextes bildet die Vereinbarung von *Makrovariablen* und die Zuordnung von Werten zu ihnen. Eine solche Vereinbarung erfolgt in der allgemeinen Form

%DECLARE *Bezeichnung Attribut*;

wobei für das Schlüsselwort DECLARE auch die Abkürzung DCL zulässig ist. Die *Bezeichnung* kann in der üblichen Weise gebildet werden und darf aus maximal 31 Zeichen bestehen. Ein *Attribut* ist auf jeden Fall anzugeben. Es stehen dafür allerdings nur die beiden Möglichkeiten

CHARACTER (abgekürzt CHAR) oder FIXED

zur Verfügung; ein Längen- oder Genauigkeitsattribut existiert nicht. Makrovariable mit dem Attribut CHARACTER sind Zeichenketten variabler Länge, deren maximale Länge nicht vereinbart wird, während Makrovariable mit dem Attribut FIXED stets dezimale Festkommagrößen mit dem Genauigkeitsattribut (5,0) darstellen. Durch einen Befehl %DECLARE in der Form

%DECLARE *Bezeichnung*$_1$ *Attribut*$_1$, *Bezeichnung*$_2$ *Attribut*$_2$, ...;

können gleichzeitig mehrere Vereinbarungen getroffen werden, wobei auch ein Ausklammern des Attributs erlaubt ist.

Durch die Vereinbarung einer Makrovariablen in einem Befehl %DECLARE kann diese in nachfolgenden Makrobefehlen verwendet werden. Ihr Gültigkeitsbereich umfaßt den gesamten Text mit Ausnahme von Makrofunktionsprogrammen, in denen unter der gleichen Bezeichnung eine erneute Vereinbarung enthalten ist.

Die Zuordnung eines Werts zu einer Makrovariablen ist nur durch einen Makrozuordnungsbefehl in der allgemeinen Form

%*Makrovariable*=*Makroausdruck*;

möglich. Als Operanden eines *Makroausdrucks* können dabei Konstanten oder Makrovariable verwendet werden; ihre Verknüpfung kann durch sämtliche bei der Bildung von Ausdrücken in der gewöhnlichen Programmiersprache PL1 zulässigen Operatoren mit Ausnahme des Potenzierens erfolgen. Unter Umständen bildet aber auch eine einzelne Konstante oder Makrovariable allein den gesamten Makroausdruck. Konstanten dürfen dabei nur in der üblichen Weise in Form von Zeichen- oder Bitkettenkonstanten sowie ganzzahligen dezimalen Festkommakonstanten auftreten, die aus maximal 5 Ziffern bestehen. Die Berechnung des Wertes für den angegebenen Ausdruck und dessen Zuordnung zu der Makrovariablen auf der linken Seite erfolgt in der gleichen Weise wie in der gewöhnlichen Programmiersprache; eventuelle Datenumwandlungen finden nach den allgemeinen Konvertierungsregeln (Anhang 1) statt.

Vor der Ausführung von arithmetischen Operationen werden sämtliche Operanden, die nicht von vornherein das Attribut DECIMAL FIXED(5) haben, entsprechend umgewandelt. Als Operanden verwendete Zeichenketten müssen die zeichenweise Darstellung einer aus maximal 5 Ziffern bestehenden ganzzahligen Festkommagröße enthalten, die allerdings rechts und links von Leerzeichen umgeben sein kann. Das Ergebnis jeder arithmetischen Operation hat ebenfalls das Attribut DECIMAL FIXED(5). Bei der weiteren Verarbeitung von Zwischenergebnissen oder bei der Durchführung von Divisionen kann es natürlich sehr leicht zu Fehlern kommen, wenn man diese Festlegungen nicht beachtet.

Die Umwandlung einer Festkommagröße in eine Zeichenkette erfolgt, falls erforderlich, zunächst in das Genauigkeitsattribut (5) und anschließend nach den allgemeinen Konvertierungsregeln in eine Zeichenkette der Länge 8. Innerhalb des Zeichenkettenwertes einer Makrovariablen darf kein Zeichen % auftreten.

Beispiel

```
%DECLARE ABC CHARACTER;
%DCL (X,Y,Z) FIXED, (CH,CK) CHAR;
  ⋮
%X=16; %CH='A+B';
%ABC='IF A=Ø THEN DO; N1=N1+1; GOTO M8; END;';
  ⋮
```

Die Vereinbarung einer Makrovariablen und die Zuordnung eines Werts für sie hat entsprechende Auswirkungen auf die Modifizierung des vorliegenden Textes. Der Makrointerpreter bearbeitet den Text in sequentieller Folge, wobei die auftretenden Makrobefehle sofort ausgeführt werden. Die Teile des Textes, die keine Makrobefehle darstellen, werden daraufhin untersucht, ob in ihnen eine Bezeichnung auftritt, die mit einer der bis dahin vereinbarten Makrovariablen übereinstimmt. Ist das nicht der Fall, so wird der betreffende Teil des Textes unverändert in den Ausgabetext übernommen. Ist aber eine solche Bezeichnung vorhanden, so wird diese im ursprünglichen Text durch den aktuellen Wert der Makrovariablen ersetzt. Anschließend wird der ersetzte Text seinerseits in der gleichen Weise untersucht, so daß unter Umständen weitere Ersetzungen auftreten, bevor dieser Teil ebenfalls in den Ausgabetext übernommen wird. Nicht durchgeführt wird eine Ersetzung allerdings innerhalb von Kommentaren.

Hat die Makrovariable, die eine solche Ersetzung bewirkt, das Attribut CHARACTER, so wird ihre Bezeichnung im ursprünglichen Text durch eine Zeichenfolge ersetzt, die sich aus ihrem Zeichenkettenwert zuzüglich je eines an Anfang und Ende angefügten Leerzeichens ergibt. Hat die betreffende Makrovariable das Attribut FIXED, so findet zunächst eine Konvertierung nach den üblichen Regeln in eine Zeichenkette der Länge 8 statt, und deren Wert wird, ebenfalls an Anfang und Ende um je ein Leerzeichen ergänzt, an Stelle der Variablenbezeichnung in den ursprünglichen Text eingetragen.

Beispiele

1. Die Bearbeitung der Befehlsfolge

```
%DCL (E1,E2) CHARACTER;
%E2='5*Z'; %E1='E2-12';
R=E1Ø+E1;
```

durch den Makrointerpreter bewirkt, daß in dem Zuordnungsbefehl für R zunächst die Bezeichnung E1 durch den Zeichenkettenwert der gleichnamigen Makrovariablen ersetzt und damit die Zeichenfolge

```
R=E1Ø+␣E2-12␣;
```

gebildet wird. Die darin enthaltene Bezeichnung E2 wird anschließend ebenfalls ersetzt und in den Ausgabetext folglich der Befehl

```
R=E1Ø+␣␣5*Z␣−12␣;
```

übernommen.

2. Die Bearbeitung der Befehlsfolge

```
%DECLARE I FIXED;
%I=3;
A(I)=Z**2;
```

durch den Makrointerpreter bewirkt, daß die Bezeichnung I durch den in eine Zeichenkette umgewandelten Wert der Makrovariablen I ersetzt und damit in den Ausgabetext der Befehl

```
A(␣␣␣␣␣␣␣3␣)=Z**2;
```

übernommen wird.

3. Die Bearbeitung der Befehlsfolge

```
%DECLARE (ORG,DATEI) CHAR;
%ORG='INDEXED';
%DATEI='BESTAND';
DCL DATEI FILE RECORD INPUT ENV(ORG);
```

durch den Makrointerpreter bewirkt die Aufnahme des Befehls

```
DCL␣␣BESTAND␣␣FILE␣RECORD␣INPUT␣ENV(␣INDEXED␣);
```

in den Ausgabetext.

Soll im weiteren Verlauf der Bearbeitung eines Textes durch den Makrointerpreter beim Auftreten der Bezeichnung einer Makrovariablen keine entsprechende Ersetzung mehr bewirkt werden, so ist für diese Bezeichnung ein Makrobefehl der allgemeinen Form

%DEACTIVATE *Bezeichnung*;

anzugeben; für das Schlüsselwort DEACTIVATE ist auch die Abkürzung DEACT zulässig. Die Makrovariable mit dieser Bezeichnung behält dann allerdings weiterhin ihren Wert und kann wie bisher in anderen Makrobefehlen verwendet werden; auch eine neue Wertzuordnung ist möglich. Beim Auftreten der Bezeichnung in den Teilen des Textes, die keine Makrobefehle darstellen, entfällt jedoch die Ersetzung durch den Wert der Makrovariablen, und diese Teile werden unverändert in den Ausgabetext übernommen. Entsprechende Festlegungen können auch gleichzeitig für mehrere Makrovariable in einem einzigen Befehl %DEACTIVATE getroffen werden. Der Befehl ist dann in der Form

%DEACTIVATE $\textit{Bezeichnung}_1$, $\textit{Bezeichnung}_2$, ...;

anzugeben.

Durch einen Makrobefehl der Form

%ACTIVATE *Bezeichnung*;

für dessen Schlüsselwort auch die Abkürzung ACT zulässig ist, kann man im weiteren Verlauf veranlassen, daß eine solche Makrovariable erneut für die Modifizierung des Textes wirksam wird. Beim anschließenden Auftreten der Bezeichnung im Text wird diese also wiederum durch den Wert der Makrovariablen ersetzt. Wie beim Befehl %DEACTIVATE können auch hier gleichzeitig mehrere Makrovariable erneut hinsichtlich ihrer Ersetzungseigenschaft aktiviert werden.

Beispiel. Die Abarbeitung der Befehlsfolge

```
%DCL (A,C) CHAR, (B,FK) FIXED;
%A='SQRT'; %B=1; %C='SIN(X)'; %FK=162;
%DEACTIVATE A,FK;
A=B−C;
%FK=(FK−17)*B;
%ACTIVATE A; %DEACTIVATE C;
Z=A(1EØ−C**2);
%A='TAB(I)';
%ACTIVATE FK;
C=A*FK*1E−6;
```

durch den Makrointerpreter ergibt folgenden Ausgabetext:

```
A=␣␣␣␣␣␣␣␣␣1␣−␣SIN(X)␣;
Z=␣SQRT␣(1EØ−C**2);
C=␣TAB(I)␣*␣␣␣␣␣␣␣145␣*1E−6;
```

Neben der Einführung von Makrovariablen besteht auch die Möglichkeit, Funktionen in der Makrosprache zu vereinbaren, die nur während der Interpretation durch den Makrointerpreter angesprochen werden können. Eine solche Vereinbarung erfolgt durch einen Befehl

%DCL *Bezeichnung* ENTRY(*Parameterattributliste*) RETURNS(*Attribut*);

Die angegebene Bezeichnung benennt die betreffende Funktion, die innerhalb des Textes in Form eines internen Makrofunktionsprogramms auftreten muß. Hinter dem Schlüsselwort RETURNS ist auf jeden Fall eines der Attribute CHARACTER oder FIXED anzugeben, die in gleicher Weise wie bei einer Makrovariablen den Typ des Funktionswerts beschreiben. Außer bei Funktionen ohne Parameterliste muß in der Vereinbarung ebenfalls eine Parameterattributliste enthalten sein (Abschnitt 8.3.2.3.), aus der die Anzahl der Parameter des Funktionsprogramms hervorgeht. Wahlfrei ist dagegen die Angabe der Attribute CHARACTER oder FIXED für die Parameter. Werden sie nicht angegeben, so sind zur Bestimmung der Anzahl außer für den letzten Parameter entsprechende Kommas zu schreiben; bei nur einem Parameter kann folglich ein leeres Klammernpaar auftreten.

Als einzige Standardfunktion kann im Sinne eines Makrofunktionsprogramms die Funktion SUBSTR (Abschnitt 3.2.3.) verwendet werden. Diese wird jedoch nicht durch einen Befehl %DECLARE, sondern grundsätzlich durch einen Befehl %ACTIVATE SUBSTR; vereinbart. Entsprechend kann diese Vereinbarung auch durch einen Befehl %DEACTIVATE SUBSTR; wieder aufgehoben werden.

Beispiele

1.
```
%DECLARE FP1 ENTRY (CHAR,CHAR) RETURNS(CHAR),
         FP2 ENTRY (,,) RETURNS(FIXED);
```

Hiermit werden unter den Bezeichnungen FP1 und FP2 zwei Makrofunktionsprogramme vereinbart. FP1 enthält zwei Parameter, die jeweils Zeichenketten darstellen, und liefert als Funktionswert ebenfalls eine Zeichenkette. FP2 besitzt dagegen 3 Parameter, über deren Typ allerdings keine Aussage getroffen wird; sein Funktionswert ist eine dezimale Festkommagröße.

2.
```
%DECLARE F1 ENTRY (␣) RETURNS(CHAR),
         F2 ENTRY (,,FIXED,) RETURNS(CHAR);
```

Hiermit werden unter den Bezeichnungen F1 und F2 zwei Makrofunktionsprogramme vereinbart, deren Funktionswerte Zeichenketten sind. Während F1 nur einen Parameter besitzt, der nicht

näher spezifiziert ist, werden in F2 vier Parameter verwendet, deren dritter eine dezimale Festkommagröße darstellt.

Die Angabe des *Makrofunktionsprogramms* selbst erfolgt in der Form

%*Befehlsmarke*: PROCEDURE (*Parameterliste*) RETURNS (*Attribut*);
⋮
%END *Befehlsmarke*;

Der Befehl %PROCEDURE, für den auch die Abkürzung %PROC zulässig ist, muß auf alle Fälle eine Befehlsmarke haben und die Festlegung des Typs für den Funktionswert enthalten; hinter dem Schlüsselwort RETURNS ist zu diesem Zweck eines der Attribute CHARACTER oder FIXED anzugeben. Die Verwendung einer Parameterliste ist wie in der gewöhnlichen Programmiersprache wahlfrei; sie kann aus maximal 15 Parametern bestehen, die sämtlich Makrovariable darstellen. Eine im Befehl %END angegebene Befehlsmarke muß stets die des Befehls %PROCEDURE sein; sie kann aber auch weggelassen werden.

Die zwischen %PROCEDURE und %END befindlichen Befehle bilden das Makrofunktionsprogramm und müssen ausschließlich Makrobefehle sein, die in diesem Fall allerdings ohne das vorangehende Zeichen % zu schreiben sind. Sie können unter anderem auch Vereinbarungen von Makrovariablen und entsprechende Zuordnungen beinhalten; die Gültigkeit dieser Variablen ist dabei auf die Befehle des Funktionsprogramms beschränkt. Lediglich die Befehle %ACTIVATE, %DEACTIVATE und %PROCEDURE dürfen innerhalb eines Makrofunktionsprogramms nicht auftreten. Die Bestimmung des Funktionswerts wird nach dem üblichen Prinzip durch einen Befehl der Form

RETURN (*Makroausdruck*);

vorgenommen. Der Wert des angegebenen Makroausdrucks wird vor der Bereitstellung des Funktionswerts in das für diesen vereinbarte Attribut umgewandelt.

Im Unterschied zur Behandlung der sonstigen Makrobefehle bewirkt das Auftreten eines Makrofunktionsprogramms während der Textbearbeitung durch den Makrointerpreter nicht dessen unmittelbare Ausführung. Dazu ist stets innerhalb eines Makrobefehls ein entsprechender Funktionsaufruf in der gleichen Form wie in der gewöhnlichen Programmiersprache erforderlich. Auf Grund eines solchen Aufrufs werden die Befehle des Makrofunktionsprogramms ausgeführt und der Funktionswert dann in dem betreffenden Makrobefehl weiter verwendet. Als Argumente sind jeweils Makroausdrücke anzugeben.

Tritt die Bezeichnung eines Makrofunktionsprogramms innerhalb der Textteile auf, die keine Makrobefehle darstellen, so wird ebenfalls ein Aufruf bewirkt, und der Funktionswert ersetzt diese Bezeichnung in der gleichen Weise wie eine Makrovariable. Die angegebenen Argumente werden jeweils einschließlich sämtlicher Leerzeichen als Zeichenkettenkonstanten betrachtet, sind aber nicht in Apostrophe einzuschließen. Diese ersetzende Wirkung eines Makrofunktionsprogramms kann durch einen Befehl %DEACTIVATE aufgehoben und durch einen Befehl %ACTIVATE wieder aktiviert werden. Ein Aufruf der Makrofunktion innerhalb eines anderen Makrobefehls wird davon jedoch nicht berührt.

Beispiel. Im Verlauf der Bearbeitung eines Textes durch den Makrointerpreter soll die weitere Fortsetzung auf Grund einer Verzweigung in Abhängigkeit von bestimmten Beziehungen zwischen zwei Makrovariablen erfolgen, die in einem Makrofunktionsprogramm ausgewertet werden, das als Funktionswert eine Zeichenkette mit dem Wert 'Ø' oder '1' liefert. Der betreffende Text könnte dann beispielsweise folgendermaßen lauten:

```
%DECLARE (X,Y,N) FIXED,
    FP ENTRY (FIXED,FIXED) RETURNS(CHAR);
%N=2;
%IF FP(X,Y)='Ø' %THEN %GOTO M12; %ELSE %GOTO M24;
    :
%FP: PROCEDURE (A,B) RETURNS(CHAR);
    DECLARE (A,B) FIXED;
    IF (A-B)*A+(A+B)*N>4*B THEN RETURN ('Ø');
                           ELSE RETURN ('1');
    %END FP;
    :
```

Der Befehl %IF kann innerhalb der Makrosprache in der gleichen Weise verwendet werden wie der Befehl IF in der gewöhnlichen Programmiersprache; seine nähere Beschreibung folgt in Abschnitt 9.2.2.

9.2.2. Möglichkeiten für die Zusammenstellung von Programmtexten

Die Bearbeitung durch den Makrointerpreter beginnt jeweils am Anfang des vorliegenden Textes und wird sequentiell fortgeführt; sie ist beendet, wenn das letzte Zeichen desselben erreicht wurde. Durch die Angabe verschiedener Makrobefehle innerhalb des Textes besteht die Möglichkeit, die Textbearbeitung zu steuern und eine davon abweichende Abarbeitungsfolge zu veranlassen, sowie extern gespeicherte Textteile an beliebigen Stellen einzufügen. Auf diese Weise können z. B. bestimmte Teile des Textes überhaupt nicht angesprochen und damit weggelassen oder andere wiederum mehrfach abgearbeitet werden, und es kann auf fertige Programmteile zurückgegriffen werden. Im einzelnen stehen dafür folgende Makrobefehle zur Verfügung:

Makrobefehle zum Einfügen von Textteilen

Neben den bisher beschriebenen Modifizierungen durch das Ersetzen auftretender Bezeichnungen von Makrovariablen oder Makrofunktionsprogrammen können auch externe, auf Direktzugriffsspeichern befindliche Texte in den vom Makrointerpreter zu bearbeitenden Text eingefügt werden. Ein solcher Text muß stets einen Bestand einer untergliederten Datei (Bibliothek) bilden. Dabei handelt es sich um eine von PL1 sonst nicht anwendbare Dateiorganisationsform, die aus mehreren, wie starr fortlaufende Dateien gespeicherten Teilbeständen besteht, für die neben dem Namen der Bibliothek auch ein gesonderter Bestandsname vergeben wird. Nähere Erläuterungen zu derartigen Bibliotheken sind in Abschnitt 10.1.3. enthalten.

Um einen als Teilbestand gespeicherten Text in den vom Makrointerpreter bearbeiteten Text einfügen zu können, ist in diesem ein Makrobefehl

%INCLUDE *Bibliotheksname* (*Bestandsname*);

anzugeben, der allerdings nicht innerhalb eines Makrofunktionsprogramms auftreten darf. Zur Beschreibung der angegebenen Bibliothek ist eine entsprechende DD-Steuerkarte erforderlich. Befindet sich der Text allerdings in der Systembibliothek SYSLIB, so entfällt der Bibliotheksname, und der Befehl kann in der verkürzten Form

%INCLUDE *Bestandsname*;

geschrieben werden. Sollen mehrere, gesondert gespeicherte Texte hintereinander eingefügt werden, so kann man die Namen der betreffenden Teilbestände, durch Komma voneinander getrennt, im gleichen Befehl %INCLUDE aufführen.

Der durch %INCLUDE eingefügte Text kann sowohl Makrobefehle als auch andere Zeichenfolgen enthalten. Er wird nicht unmittelbar in den Ausgabetext eingefügt, sondern zunächst genauso wie der gesamte übrige Text vom Makrointerpreter bearbeitet. Die dabei auftretenden Makrobefehle werden also sofort ausgeführt, und es werden unter Umständen entsprechende Ersetzungen vorgenommen. Enthält der eingefügte Text seinerseits wiederum %INCLUDE-Befehle, so ergibt sich eine Ineinanderschachtelung eingefügter Texte, die dann analog bearbeitet werden.

Beispiel. In einer Bibliothek mit der Bezeichnung DBS sind die Strukturvereinbarungen zur Beschreibung des Satzaufbaus verschiedener Dateien als gesonderte Teilbestände gespeichert. Bei der Zusammenstellung eines PL1-Programms AUSW unter Benutzung des Makrointerpreters soll nun die als Teilbestand STR4 gespeicherte Vereinbarung in den Programmtext eingefügt werden, wobei die Bezeichnung STR für die Struktur durch die Bezeichnung ESATZ zu ersetzen ist. Das betreffende Programm könnte dann folgende Befehle enthalten:

```
AUSW:PROC OPTIONS(MAIN);
        %DECLARE STR CHAR;
        %STR='ESATZ';
        %INCLUDE DBS(STR4);
           ⋮
```

Ist der Inhalt des Teilbestands STR4 der Text

```
DCL 1 STR,2 (E1 CHAR(5), E2 FIXED(7,2), E3(5) FIXED(5,2),
            (E4,E5) CHAR(1), E6 CHAR(28));
```

so beginnt der vom Makrointerpreter erstellte Ausgabetext folgendermaßen:

```
AUSW:PROC OPTIONS(MAIN);
        DCL 1  ESATZ ,2 (E1 CHAR(5), E2 FIXED(7,2), E3(5) FIXED(5,2),
                        (E4,E5) CHAR(1), E6 CHAR(28));
```

Makrosprungbefehle

Die Ausführung eines Makrobefehls der Form

%GOTO *Befehlsmarke*;

bewirkt analog zu einem gewöhnlichen Sprungbefehl (Abschnitt 4.1.), daß der Makrointerpreter anschließend mit der Bearbeitung des durch die angegebene Befehlsmarke gekennzeichneten Makrobefehls fortfährt. Diese Befehlsmarke darf allerdings nicht die eines Makrofunktionsprogramms sein, während andererseits durchaus die eines Leerbefehls zulässig ist, der dann in der Form

%*Befehlsmarke*:;

anzugeben wäre. Innerhalb eines Makrofunktionsprogramms darf als Sprungadresse eines Makrosprungbefehls keine Befehlsmarke verwendet werden, die sich außerhalb des Funktionsprogramms befindet. In einem durch %INCLUDE eingefügten Text darf die Sprungadresse andererseits eine außerhalb oder innerhalb desselben befindliche Befehlsmarke sein. Es ist aber nicht zulässig, mit Hilfe eines Makrosprungbefehls zu einem Befehl innerhalb eines eingefügten Textes zu springen.

Beispiel. Ein zur Bearbeitung durch den Makrointerpreter bereitgestellter Text hat u. a. folgenden Inhalt:

```
   ⋮
A=B+C;
%GOTO M4;
IF A<Ø THEN DO; ...; END;
%M4:;
Z=(A+BETA)/N;
```

Mit der Ausführung des Befehls %GOTO M4; erfolgt ein Sprung in der Bearbeitung durch den Makrointerpreter zu dem mit der Befehlsmarke M4 versehenen Makroleerbefehl, wodurch bewirkt wird, daß die angegebene Behandlung für den Fall eines negativen Wertes von A nicht mit in den Ausgabetext übernommen wird. Dieser enthält vielmehr aus dem vorliegenden Text lediglich die beiden aufeinanderfolgenden Befehle

```
A=B+C;
Z=(A+BETA)/N;
```

Makrobefehle für bedingte Verzweigungen

Die Abarbeitung eines Makrobefehls der Form

%IF Makroausdruck %THEN *Makrobefehl*$_1$
%ELSE *Makrobefehl*$_2$

bewirkt, daß der Makrointerpreter die weitere Bearbeitung des Textes in Abhängigkeit vom Wert eines Makroausdrucks vornimmt. Es handelt sich also um eine bedingte Verzweigung, die in der gleichen Weise wie in der gewöhnlichen Programmiersprache PL1 (Abschnitt 4.2.) gehandhabt wird. *Makrobefehl*$_i$ stellt jeweils einen einzelnen Makrobefehl oder eine Folge von solchen dar; in letzterem Fall ist zusätzlich ein Befehl %DO; vor dem ersten und ein Befehl %END; hinter dem letzten Befehl dieser Folge anzugeben. Nicht zulässig sind in diesem Zusammenhang allerdings die Befehle %DECLARE und %PROCEDURE.

Der Wert des angegebenen Makroausdrucks wird berechnet und anschließend nach den allgemeinen Konvertierungsregeln in eine Bitkette umgewandelt. Enthält diese wenigstens einmal die Dualziffer 1, so wird die Bearbeitung mit dem %THEN-Zweig, d. h. mit der Ausführung von *Makrobefehl*$_1$ fortgesetzt, während der %ELSE-Zweig übersprungen wird. Enthält die Bitkette nur Dualziffern 0, so wird der %THEN-Zweig übersprungen und anschließend der %ELSE-Zweig, d. h. *Makrobefehl*$_2$ ausgeführt. Handelt es sich bei dem jeweiligen Zweig nicht um einen Makrosprungbefehl, so wird anschließend die weitere Bearbeitung durch den Makrointerpreter hinter dem Befehl %IF fortgesetzt.

Wie in der gewöhnlichen Programmiersprache kann der jeweilige %ELSE-Zweig weggelassen werden, ebenso wie es zulässig ist, einen Makroleerbefehl als Makrobefehl$_i$ anzugeben. Weiterhin können auch Ineinanderschachtelungen von %IF-Befehlen auftreten, die dadurch entstehen, daß ein %THEN- oder %ELSE-Zweig wiederum aus einem solchen Befehl besteht.

Beispiel. Soll der im Beispiel für den Makrosprungbefehl unbedingt ausgelassene Textteil mit den Befehlen zur Behandlung im Fall eines negativen Wertes von A nur dann in den Ausgabetext übertragen werden, wenn eine Makrovariable SCH den Wert '1' hat, so könnte der betreffende Text folgendermaßen formuliert werden:

```
   ⋮
A=B+C;
```

```
%IF SCH='1' %THEN %DO;
    IF A<0 THEN DO; ...; END;
%END;
Z=(A+BETA)/N;
```

Makrobefehlsschleifen

Analog zur gewöhnlichen Programmiersprache kann man auch in der PL1-Makrosprache Befehlsschleifen verwenden, die durch eine Laufanweisung gesteuert werden (Abschnitt 4.3.). Sie sind in der allgemeinen Form

%DO *Makrovariable* = m_1 TO m_2 BY m_3;
⋮
%END;

zu programmieren. Als Laufvariable ist eine Makrovariable zu verwenden, die Größen m_1, m_2 und m_3 stellen jeweils Makroausdrücke dar. Ihre Werte dienen in der üblichen Weise zur Steuerung der Durchläufe durch die Befehlsschleife, und es sind auch alle verkürzten Formen der Laufanweisung zulässig. Der zwischen %DO und %END liegende Text kann sowohl Makrobefehle als auch andere Zeichenfolgen enthalten. Die Abarbeitung der Befehlsschleife ermöglicht es damit, den gleichen Text mehrfach in den Ausgabetext einzufügen, wobei normalerweise eine Modifizierung in der Form stattfindet, daß bestimmte Teile des Textes jeweils durch den Wert der Laufvariablen ersetzt werden.

Durch das Auftreten weiterer Makrobefehlsschleifen innerhalb einer solchen kann auch eine entsprechende Ineinanderschachtelung gebildet werden. Die Möglichkeiten für die Ausarbeitung von Sprüngen in die einzelnen Befehlsschleifen einer solchen Ineinanderschachtelung entsprechen denen der gewöhnlichen Programmiersprache.

Beispiel. Auf Grund der Bearbeitung des Textes

```
%DCL I FIXED, N FIXED;
%N=4;
%DO I=1 TO N;
A(I)=B(I)+C(I);
%END;
```

durch den Makrointerpreter wird ein Ausgabetext mit folgendem Inhalt zusammengestellt:

```
A(⌣⌣⌣⌣⌣⌣⌣⌣1⌣)=B(⌣⌣⌣⌣⌣⌣⌣⌣1⌣)+C(⌣⌣⌣⌣⌣⌣⌣⌣1⌣);
A(⌣⌣⌣⌣⌣⌣⌣⌣2⌣)=B(⌣⌣⌣⌣⌣⌣⌣⌣2⌣)+C(⌣⌣⌣⌣⌣⌣⌣⌣2⌣);
A(⌣⌣⌣⌣⌣⌣⌣⌣3⌣)=B(⌣⌣⌣⌣⌣⌣⌣⌣3⌣)+C(⌣⌣⌣⌣⌣⌣⌣⌣3⌣);
A(⌣⌣⌣⌣⌣⌣⌣⌣4⌣)=B(⌣⌣⌣⌣⌣⌣⌣⌣4⌣)+C(⌣⌣⌣⌣⌣⌣⌣⌣4⌣);
```

9.2.3. Beispiele zur Anwendung der Makrosprache

Die Eigenschaft des Makrointerpreters, alle Bezeichnungen eines Programms in bestimmter Weise verändern zu können, findet vor allem Anwendung zur Korrektur von PL1-Programmen. Von größerer Bedeutung ist jedoch seine Fähigkeit, extern gespeicherte Befehlsfolgen in ein Programm einfügen zu können. Es ergibt sich daraus die Möglichkeit, Programme aus Bausteinen zusammenzusetzen, ohne daß durch ständige Aufrufe von Unterprogrammen oder Funktionsprogrammen die Effektivität der Abarbeitung beeinträchtigt wird. Der Aufwand für die Programmierung häufig wiederkehrender ähnlicher Aufgaben kann auf diese Weise beträchtlich gesenkt werden, und mitunter ist es lediglich erforderlich, einen Programmrahmen zu schreiben, innerhalb desselben die einzelnen Bausteine durch entsprechende Aktionen des Makrointerpreters angeordnet werden können.

In diesem Zusammenhang ist es auch in verschiedenen Fällen mit gutem Erfolg gelungen, auf der Grundlage der PL1-Makrosprache spezielle Anwendersprachen zu entwickeln, die auf fachgebietsspezifische Probleme ausgerichtet sind oder zur Bearbeitung bestimmter abgegrenzter Aufgabenkomplexe dienen. So könnte man sich z. B. eine solche Anwendersprache zur Lösung von Problemen der mathematischen Statistik vorstellen, wo vielleicht einzelne Sprachelemente u. a. zur Berechnung von Mittelwert und Standardabweichung, zur Ermittlung von Korrelationskoeffizienten oder zur Durchführung von Signifikanztests geschaffen werden. Eine Anwendersprache könnte andererseits aber auch ein allgemeines Auswertungssystem darstellen, bei dem die Sprachelemente vielleicht u. a. die Synchronisation der Sätze verschiedener Eingabedateien, die Berücksichtigung von Selektionsbedingungen, die Realisierung von Gruppenwechseln oder die Zusammenstellung der Druckzeilen bewirken.

In jedem Fall handelt es sich dabei darum, daß der Anwender ohne konkrete Kenntnisse der Programmierung in einer unmittelbar problembezogenen, leicht erlern- und handhabbaren Form entsprechende Angaben formulieren kann und daraufhin durch den Makrointerpreter die jeweiligen Befehlsfolgen zur Realisierung dieser Anforderungen zu einem Programm zusammengestellt werden. Aber auch beim Vorliegen von Programmierkenntnissen ergeben sich daraus wesentliche Erleichterungen, weil die einzelnen Befehle jeweils nicht neu programmiert werden müssen. Voraussetzung ist natürlich, daß vorher in Verbindung mit der Entwicklung der Anwendersprache von erfahrenen Programmierern entsprechende Befehlsfolgen zusammengestellt und als Teilbestände in eine Bibliothek aufgenommen werden.

Im Rahmen dieses Buchs ist eine umfassende Darstellung dieser Nutzungsmöglichkeiten der PL1-Makrosprache nicht möglich. Die beiden folgenden, vereinfachten Beispiele können aber dazu dienen, sich einen prinzipiellen Eindruck davon zu verschaffen.

1. Es soll ein Programm geschrieben werden, das aus Eingabedaten, die über Lochkarten bereitgestellt werden, eine entsprechende Magnetbanddatei zusammenstellt. Zur Vereinfachung wird angenommen, daß jeweils sämtliche Daten eines Satzes auf einer einzigen Lochkarte untergebracht werden können. Das Programm soll in gleicher Weise für den Aufbau verschiedener Dateien verwendbar sein, für die dann natürlich auch ein unterschiedlicher Kartenaufbau zu berücksichtigen ist. Alle für die einzelnen Dateien spezifischen Angaben werden daher als Bestände einer Bibliothek BIB gespeichert, so daß sie von dort aus in das Programm eingefügt werden können. Diese Angaben beinhalten zunächst den Satzaufbau der Magnetbanddatei sowie entsprechende Informationen über die Darstellung der Eingabewerte auf der Lochkarte. Außerdem sollen durch sie für den Aufbau jeder Datei maximal drei Auswahlbedingungen festgelegt werden können, die sich auf eine Kontrolle der Eingabewerte beziehen und so zu formulieren sind, daß bei ihrer Erfüllung kein Satz ausgegeben wird.

Ein entsprechendes Programm könnte dann unter Verwendung des Makrointerpreters folgendermaßen formuliert werden:

```
%DCL (BED1,BED2,BED3) CHARACTER;
%BED1='␣'; %BED2='␣'; %BED3='␣';
AUFBAU: PROC OPTIONS(MAIN);
```

```
DCL DAT FILE RECORD OUTPUT, KARTE FILE RECORD INPUT,
    LKEIN CHAR(8Ø);
RF:FORMAT
  | %INCLUDE BIB(Bestandsname); |
ON ENDFILE(KARTE) GOTO EX;
M1:READ FILE(KARTE) INTO(LKEIN);
GET STRING(LKEIN) EDIT (MBAUS)(R(RF));
%IF BED1='␣' THEN GOTO MAK1;
IF BED1 THEN GOTO M1;
%IF BED2='␣' THEN GOTO MAK1;
IF BED2 THEN GOTO M1;
%IF BED3='␣' THEN GOTO MAK1;
IF BED3 THEN GOTO M1;
%MAK1:;
WRITE FILE (DAT) FROM (MBAUS);
GOTO M1;
EX:END;
```

Der eingerahmte Befehl ist jeweils vom Anwender in die übrige Kartenfolge einzufügen, wobei als Bestandsname die Bezeichnung des Teilbestands der Bibliothek BIB einzusetzen ist, der die für die Erstellung der gewünschten Datei erforderlichen spezifischen Angaben enthält. Diese müssen zunächst eine von einem Semikolon gefolgte Formatliste mit den Formatangaben zur Beschreibung der Eingabedaten und anschließend die Vereinbarung einer Struktur MBAUS für den Aufbau der Magnetbandsätze enthalten. Treten für die betreffende Datei bestimmte Auswahlbedingungen auf, so sind diese anschließend in der Form %BED1='*Auswahlbedingung*$_1$';,%BED2='*Auswahlbedingung*$_2$'; und %BED3='*Auswahlbedingung*$_1$'; anzugeben.

Nehmen wir an, daß beispielsweise der Teilbestand DAT5 den Text

```
(A(5),F(8),2 A(1),2 F(7,2),X(2),A(22));
DCL 1 MBAUS,2 (A1 CHAR(5), A2 FIXED(7), (A3,A4) CHAR(1),
        A5(2) FIXED(5,2), A6 CHAR(22));
%BED1='A2 > 1ØØ'; %BED2='A5(2)-A5(1) >=1.Ø5';
```

enthält, so ist in die Kartenfolge ein entsprechender Befehl %INCLUDE BIB(DAT5); einzufügen, und der vom Makrointerpreter erstellte Ausgabetext hat dann folgendes Aussehen:

```
AUFBAU: PROC OPTIONS(MAIN);
DCL DAT FILE RECORD OUTPUT, KARTE FILE RECORD INPUT,
    LKEIN CHAR(8Ø);
RF:FORMAT
(A(5),F(8),2 A(1),2 F(7,2),X(2),A(22));
DCL 1 MBAUS,2 (A1 CHAR(5), A2 FIXED(7), (A3,A4) CHAR(1),
    A5(2) FIXED(5,2), A6 CHAR(22));
ON ENDFILE(KARTE) GOTO EX;
M1:READ FILE(KARTE) INTO(LKEIN);
```

```
GET STRING(LKEIN) EDIT (MBAUS)(R(RF));
IF A2 > 100 THEN GOTO M1;
IF A5(2)-A5(1) >=1.05 THEN GOTO M1;
WRITE FILE (DAT) FROM (MBAUS);
GOTO M1;
EX:END;
```

2. In diesem Beispiel sollen durch Nutzung einer Anwendersprache bestimmte Vereinfachungen der Programmierung geschaffen werden. Die Anwendersprache bezieht sich dabei auf verschiedene Matrizenoperationen, für die entsprechende Befehlsfolgen als Teilbestände einer Bibliothek MATR gespeichert wurden. Die Bibliothek enthält u. a. folgende Bestände:

MULTV Multiplikation einer Matrix mit einem Vektor
MULTM Multiplikation zweier Matrizen
INV Inversion einer Matrix

Die einzelnen Befehlsfolgen könnten beispielsweise folgendermaßen lauten:

```
MULTV:
        DO I=1 TO M; C(I)=0;
            DO J=1 TO N; C(I)=C(I)+A(I,J)*B(J); END;
        END;
```

Es wird also eine Matrix mit der Bezeichnung A und der Ausdehnung (M,N) mit einem Vektor B aus N Elementen multipliziert und das Produkt in einem Vektor C aus M Elementen gespeichert.

```
MULTM:
        DO I=1 TO M;
            DO J=1 TO N; C(I,J)=0;
                DO K=1 TO L; C(I,J)=C(I,J)+A(I,K)*B(K,J); END;
            END;
        END;
```

Für die beiden zu multiplizierenden Matrizen werden die Bezeichnungen A und B und die Ausdehnungen (M,L) bzw. (L,N) angenommen. Die Produktmatrix mit der Bezeichnung C hat entsprechend die Ausdehnung (M,N).

```
INV:
        C=O; DO J=1 TO N;C(J,J)=1E0;END;
        DO I=2 TO N; I1=I-1;
            DO J=I TO N;
                DO K=1 TO I-2;A(J,I1)=A(J,I1)+A(J,K)*A(K,I1);END;
                A(J,I1)=-A(J,I1)/A(I1,I1);
            END;
            DO K=1 TO I1;
                DO J=I TO N;A(I,J)=A(I,J)+A(I,K)*A(K,J);END;
                DO J=1 TO I1;C(I,J)=C(I,J)+A(I,K)*C(K,J);END;
            END;
        END;
```

```
DO K=1 TO N;
   DO I=N TO 1 BY -1;
      DO J=I+1 TO N;C(I,K)=C(I,K)-A(I,J)*C(J,K);END;
      C(I,K)=C(I,K)/A(I,I);
   END;
END;
```

Für die zu invertierende Matrix wird die Bezeichnung A und die Ausdehnung (N,N) angenommen. Die inverse Matrix hat die Bezeichnung C und die gleiche Ausdehnung.

Kommt innerhalb eines Programms eine solche Matrizenoperation vor, so könnte die Befehlsfolge einfach durch einen Befehl

%INCLUDE MATR(*Bestandsname*);

in das Programm eingefügt werden, so daß sich dafür eine eigene Programmierung erübrigt. Ohne weitere Angaben ist das allerdings nur dann möglich, wenn die Bezeichnungen für die betreffenden Felder und ihre Ausdehnungen mit denen übereinstimmen, die in diesen Befehlsfolgen verwendet werden. Ist das nicht der Fall, so müßten noch vor dem Befehl %INCLUDE entsprechende Vereinbarungen vorgenommen werden. Zum Ersetzen der Bezeichnungen beziehen sich diese auf gleichnamige Makrovariable, während die Werte für die Ausdehnungen unmittelbar den Variablen M, N oder L zugeordnet werden können. Soll beispielsweise eine Matrizenmultiplikation mit den beiden Matrizen MAT1 und MAT2 in den Ausdehnungen (15,20) bzw. (20,7) durchgeführt werden und eine Produktmatrix ERG ergeben, so wären folgende Befehle erforderlich:

```
%A='MAT1'; %B='MAT2'; %C='ERG';
M=15; N=7; L=20;
%INCLUDE MATR(MULTM);
```

Die Bezeichnungen A, B und C werden dann in der eingefügten Befehlsfolge durch die neuen Bezeichnungen ersetzt, während die Bezeichnungen M, N und L erhalten bleiben. Voraussetzung ist allerdings, daß vorher entsprechende Makrovariable vereinbart wurden. Es empfiehlt sich daher, von vornherein am Anfang einen Befehl

```
%DECLARE (A,B,C) CHARACTER;
```

ins Programm aufzunehmen, durch den diese Voraussetzung dann für jede Matrizenoperation erfüllt ist. Will man unbedingt auch die Bezeichnungen M, N und L ersetzen, weil diese vielleicht in anderem Zusammenhang im Programm verwendet werden sollen, so müßten auch dafür entsprechende Makrovariable vereinbart und die Zuordnungen zu diesen vorgenommen werden.

Ein Programm, das die Inverse einer Matrix bildet, die sich als Produkt zweier Matrizen A und B ergibt, und diese anschließend mit einem Vektor RS multipliziert, könnte unter Benutzung dieser Anwendersprache folgendermaßen als Text für den Makrointerpreter geschrieben werden:

```
  %DECLARE (A,B,C) CHARACTER,
MAOP:PROCEDURE OPTIONS(MAIN);
  DCL A(30,50), B(50,30), C(30,30), INV(30,30), (RS,X) (30);
  GET EDIT (A,B,RS) (...);
```

```
M=3Ø; N=3Ø; L=5Ø;
%INCLUDE MATR(MULTM);
%A='C'; %C='INV';
%INCLUDE MATR(INV);
%A='INV'; %B='RS'; %C='X';
%INCLUDE MATR(MULTV);
PUT EDIT (X)(...);
END;
```

Nach der Bearbeitung dieses Textes durch den Makrointerpreter ergibt sich folgender Text, der dann das eigentliche PL1-Programm zur Lösung der Aufgabe darstellt:

```
MAOP:PROCEDURE OPTIONS(MAIN);
      DCL A(3Ø,5Ø), B(5Ø,3Ø), C(3Ø,3Ø), INV(3Ø,3Ø), (RS,X)(3Ø);
      GET EDIT (A,B,RS)(...);
      M=3Ø; N=3Ø; L=5Ø;
      DO I=1 TO M;
         DO J=1 TO N; C(I,J)=Ø;
            DO K=1 TO L; C(I,J)=C(I,J)+A(I,K)*B(K,J); END;
         END;
      END;
       INV =Ø; DO J=1 TO N; INV (J,J)=1EØ;END;
      DO I=2 TO N; I1=I-1;
         DO J=I TO N;
            DO K=1 TO I-2; C (J,I1)= C (J,I1)+ C (J,K)* C (K,I1);END;
             C (J,I1)=- C (J,I1)/ C (I1,I1);
         END;
         DO K=1 TO  I1;
          DO J=I TO N; C (I,J)= C (I,J)+ C (I,K)* C (K,J);END;
          DO J=1 TO I1; INV (I,J)= INV (I,J)+ C (I,K)* INV (K,J);END;
         END;
   END;
   DO K=1 TO N
      DO I=N TO 1 BY -1;
         DO J=I+1 TO N; INV (I,K)= INV (I,K)- C (I,J)* INV (J,K);END;
          INV (I,K)= INV (I,K)/ C (I,I);
      END;
   END;
   DO I=1 TO M; X (I)=Ø;
        DO J=1 TO N; X (I)= X (I)+ INV (I,J)* RS (J); END;
   END;
   PUT EDIT (X)(...);
   END;
```

9.3. Verkettung von Datenelementen

Die einfachste Form einer Verkettung einzelner Datenelemente stellen Zusammenfassungen in Form von Feldern oder Strukturen dar (Abschnitt 2.3.). Die Verbindung zwischen ihnen ergibt sich hier durch entsprechende Indexkombinationen bzw. die Anordnung der elementaren Bestandteile innerhalb der Struktur. Verkettungen größerer Dateneinheiten treten zwischen den Sätzen verschiedener Dateien auf, und vor allem im Zusammenhang mit Datenbanken sind solche Beziehungen von Bedeutung. Sie werden im allgemeinen durch die Verwendung spezieller Verbindungsdateien, durch Indextabellen oder dadurch hergestellt, daß in den Datenteil der Sätze Satzschlüssel aufgenommen werden, die sich auf eine andere Datei beziehen.

Unter Verwendung spezieller Sprachelemente von PL1 kann eine Verkettung zwischen beliebigen Dateneinheiten auch innerhalb des Hauptspeichers realisiert werden. Es ist dazu lediglich erforderlich, daß die zu verkettenden Einheiten als basisbezogene Größen definiert und in beliebiger Folge in einen speziell zu vereinbarenden Speicherbereich übertragen werden. Jede Dateneinheit kann dabei aus einem einzelnen Datenelement bestehen oder aber, wie die Elemente eines Datensatzes, eine Zusammenfassung mehrerer Datenelemente darstellen, die in bestimmtem logischem Zusammenhang stehen. Die Verkettung, die im allgemeinen nach der auf- oder absteigenden Sortierfolge eines oder mehrerer Ordnungsbegriffe erfolgt, aber auch nach beliebigen anderen Kriterien vorgenommen werden kann, wird dadurch hergestellt, daß für jede Einheit zusätzlich zu den Daten jeweils noch Informationen über die logisch nächstfolgende oder vorhergehende Einheit gespeichert werden. Trotz der willkürlichen Aufeinanderfolge innerhalb des Bereichs bilden die einzelnen Dateneinheiten auf diese Weise eine Kette und können, wenn deren Anfang bekannt ist, in der dem Verkettungskriterium entsprechenden Reihenfolge angesprochen werden.

Die Durchführung von Verkettungen dieser Art ist in der Literatur häufig unter dem Begriff Listenbearbeitung anzutreffen, und die verketteten Dateneinheiten werden dabei als Listenelemente bezeichnet. Der Grund dafür ist wohl in der Tatsache zu suchen, daß die Anwendung dieser Möglichkeiten in erster Linie für die Herstellung von Stücklisten genutzt wird. Da jedoch der Begriff Liste bereits in verschiedenen anderen Zusammenhängen innerhalb der Programmiersprache verwendet wird, soll im folgenden von dieser Bezeichnung kein Gebrauch gemacht werden.

9.3.1. Verkettung durch absolute Adressen

Die Bereitstellung des für eine solche Verkettung erforderlichen Speicherbereichs erfolgt durch die Vereinbarung einer Bereichsvariablen in der Form

DECLARE *Bezeichnung* AREA(n);

Unter der angegebenen *Bezeichnung* wird damit ein Bereich festgelegt, dessen Größe in Bytes durch den Wert von n bestimmt wird. Im allgemeinen wird man dafür einen konstanten Wert angeben, und der für die Bereichsvariable insgesamt zur Verfügung gestellte Speicherplatz beträgt dann $n + 16$ Bytes. Die zusätzlichen Bytes, die der Programmierer nicht ansprechen kann, stellen einen Bereichskennsatz dar und enthalten Informationen über die jeweilige Belegung des Bereichs. Fehlt die Angabe (n) bei der Vereinbarung einer Bereichsvariablen, so wird standardmäßig $n = 1000$ angenommen.

Die Bereichsvariable kann auch als basisbezogene (Attribut BASED) oder kontrollierte (Attribut CONTROLLED) Größe vereinbart werden, für die jeweils durch einen Befehl ALLOCATE Speicherplatz zugeordnet wird. Im Fall einer kontrollierten Größe kann für den Umfang *n* des Bereichs bei dessen Vereinbarung auch eine Variable oder ein zusammengesetzter Ausdruck angegeben werden; analog zur Festlegung von Dimensionsgrenzen oder Kettenlängen wird dann die Bereichsgröße bei Ausführung des Befehls ALLOCATE durch den Wert des Ausdrucks bzw. der Variablen bestimmt. Außerdem kann man auch hier von vornherein vereinbaren, daß die Bereichsgröße erst bei der Speicherplatzzuordnung festgelegt wird. Der Befehl ALLOCATE muß dann eine entsprechende Spezifikation (*n*) hinter der Bezeichnung der Bereichsvariablen enthalten, während im Vereinbarungsbefehl für *n* das Zeichen * einzusetzen ist. Durch die programmgesteuerte Speicherplatzzuordnung hat man auf diese Weise die Möglichkeit, den Speicherplatz für eine Bereichsvariable im jeweils benötigten Umfang anzufordern. Ist die Bereichsvariable das letzte Element einer basisbezogenen Struktur, so besteht eine weitere Möglichkeit der dynamischen Festlegung der Bereichsgröße durch die Vereinbarung der Bereichsvariablen mit dem Attribut REFER (Variable). Nähere Ausführungen über diese verschiedenen Möglichkeiten sind in Abschnitt 2.4.3.2. enthalten.

Stellt die Bereichsvariable eine Parametergröße eines Teilprogramms dar, so ist im Vereinbarungsbefehl für die Größe des Bereichs auch das Zeichen * zulässig. Der tatsächliche Wert von *n* ergibt sich dann beim Aufruf des Teilprogramms aus der Größe des betreffenden Arguments, das ebenfalls eine Bereichsvariable sein muß.

Beispiel

DCL BER1 AREA(3500), BER2 AREA, BER3 AREA(*) CTL;

Für die Bereichsvariable BER1 werden entsprechend dieser Vereinbarungen 3500 Bytes, für die Bereichsvariable BER2 dagegen nur 1000 Bytes bereitgestellt. BER3 stellt eine kontrollierte Bereichsvariable dar, für die Speicherplatz durch einen Befehl ALLOCATE unter zusätzlicher Angabe des benötigten Umfangs zuzuordnen ist. Beispielsweise könnte das in der Form

ALLOCATE BER3(2000);

erfolgen.

Die zu verkettenden Dateneinheiten sind stets als basisbezogene Größen zu vereinbaren. Die Bereitstellung von Speicherplatz für sie in einem als Bereichsvariable vereinbarten Speicherbereich erfolgt durch einen Befehl ALLOCATE, der in diesem Fall die zusätzliche Angabe IN (*Bereichsvariable*) enthalten muß. Durch einen Befehl

ALLOCATE *Bezeichnung* IN (*Bereichsvariable*);

wird folglich der unter der angegebenen Bezeichnung vereinbarten basisbezogenen Größe entsprechender Speicherplatz innerhalb des Speicherbereichs für die angegebene Bereichsvariable zugeordnet und dessen Anfangsadresse als Wert der mit der basisbezogenen Größe verknüpften Zeigervariablen festgehalten. Die Zuordnung erfolgt jeweils auf den ersten freien Speicherplatz innerhalb des Bereichs; entsprechende Informationen entnimmt das System aus dem zur Bereichsvariablen gehörigen Bereichskennsatz. Eine Bezugnahme auf diesen Speicherplatz ist durch Verwendung der Bezeichnung der basisbezogenen Größe oder ihrer Elemente möglich.

Durch eine Angabe des Befehls in der Form

ALLOCATE *Bezeichnung* IN (*Bereichsvariable*) SET (*Zeigervariable*);

bei der die Reihenfolge der Angaben IN (*Bereichsvariable*) und SET (*Zeigervariable*) gleichgültig ist, kann man auch eine neue Generation der basisbezogenen Größe bilden. Die Speicheradresse innerhalb des Bereichs wird dann einer Zeigervariablen zugeordnet, die mit der bei der Vereinbarung der basisbezogenen Größe angegebenen nicht übereinstimmt. Der Zugriff auf eine solche Generation bzw. eines ihrer Elemente erfordert die Qualifizierung der Bezeichnung durch die bei der Speicherplatzzuordnung mit dieser Generation verbundenen Zeigervariablen in der Form Zeigervariable—>Bezeichnung (Abschnitt 2.4.3.).

Analog kann der für eine basisbezogene Größe in einem Bereich bereitgestellte Speicherplatz wieder freigegeben werden. Es ist dazu ein Befehl der allgemeinen Form

FREE *Bezeichnung* IN (*Bereichsvariable*);

erforderlich. Der damit freigegebene Speicherplatz steht für weitere Zuordnungen innerhalb des Bereichs anschließend wieder zur Verfügung; entsprechende Informationen über die freigegebenen Teile des Bereichs gehen aus den Angaben des Bereichskennsatzes hervor. Liegen für eine basisbezogene Größe innerhalb des Bereichs mehrere Generationen vor, deren Speicheradressen durch unterschiedliche Zeigervariable festgehalten wurden, so muß auch die Freigabe einer solchen Größe durch eine entsprechende Qualifizierung der Bezeichnung in der Form

FREE *Zeigervariable—>Bezeichnung* IN (*Bereichsvariable*);

vorgenommen werden, wobei die mit der jeweiligen Generation verbundene Zeigervariable anzugeben ist.

Eine Freigabe sämtlicher Belegungen eines Bereichs kann durch Verwendung der Standardfunktion EMPTY erfolgen, für die keine Argumente angegeben sind. Ihr Funktionswert ist ein Bereich der Größe 0, und dessen Zuordnung zu einer Bereichsvariablen mit Hilfe eines gewöhnlichen Zuordnungsbefehls führt zum Löschen des gesamten Bereichs. Mit der Zuordnung von Speicherplatz für basisbezogene oder kontrollierte Bereichsvariable durch einen Befehl ALLOCATE wird von vornherein bewirkt, daß der betreffende Speicherbereich gelöscht ist.

Wird bei der Zuordnung von Speicherplatz für eine basisbezogene Größe in einem Bereich festgestellt, daß darin kein ausreichender Platz mehr zur Verfügung steht, so wird die Fehlerbedingung AREA gesetzt. Diese ist stets im wirksamen Status, der auch nicht durch ein Bedingungspräfix verändert werden kann. Die standardmäßige Behandlung besteht in der Ausgabe einer Fehlermeldung und dem Setzen der Systembedingung ERROR, die normalerweise zum Abbruch der Abarbeitung führt. Durch einen ON-Befehl (Abschnitt 4.4.) kann man aber auch eine gesonderte Behandlung dieser Bedingung vornehmen; nach der normalen Rückkehr aus der betreffenden ON-Einheit wird dann ein erneuter Versuch unternommen, die Speicherplatzzuordnung zu realisieren. Die in der ON-Einheit programmierten Maßnahmen werden also im allgemeinen in der Freigabe von Speicherplätzen im Bereich oder beispielsweise in der Bildung einer neuen Generation für die Bereichsvariable bestehen. Gesetzt werden kann die Bedingung AREA auch durch einen Befehl SIGNAL AREA;. Nach Rückkehr von der ON-Einheit wird dann die Abarbeitung mit dem darauffolgenden Befehl fortgesetzt.

Beispiel

```
DCL AR AREA(2500), (ZG1,ZG2) POINTER,
    1 STR BASED(ZG1),2 (A FIXED(7), ...);
```

```
ON AREA GOTO FEHL;
AR=EMPTY;
ALLOCATE STR IN (AR);
      :
ALLOCATE STR IN (AR) SET (ZG2);
      :
FREE ZG2->STR IN (AR);
      :
FREE STR;
```

Nachdem der gesamte Bereich zunächst gelöscht wurde, bewirkt die erste Zuordnung für die basisbezogene Struktur STR, daß die Anfangsadresse des für sie im Bereich AR bereitgestellten Speicherplatzes als Wert der Zeigervariablen ZG1 festgehalten wird; zur Bezugnahme auf das Element A dieser Struktur ist lediglich die Bezeichnung A anzugeben. Die zweite Zuordnung bewirkt die Bereitstellung von Speicherplatz für eine zweite Generation der Struktur STR innerhalb des Bereichs, deren Anfangsadresse den Wert der Zeigervariablen ZG2 darstellt; zur Bezugnahme auf das Element A dieser Struktur ist folglich eine Angabe der Form ZG2->A erforderlich. Durch die angegebenen Befehle FREE wird später zunächst die zweite Generation und danach die erste wieder freigegeben. Beim Auftreten der Fehlerbedingung AREA erfolgt eine Verzweigung zum Befehl mit der Befehlsmarke FEHL.

Die Bereitstellung der Speicherplätze für die einzelnen Dateneinheiten innerhalb des Bereichs erfolgt entsprechend der Abarbeitung der betreffenden ALLOCATE-Befehle in inhaltlich ungeordneter Reihenfolge. Nach dem Löschen einer Dateneinheit wird auch der dadurch frei gewordene Speicherplatz bei den nächsten Anforderungen mit berücksichtigt.

Die Zusammenfassung der Dateneinheiten in einem speziell vereinbarten Bereich hat jedoch den Sinn, auf einfache Weise zwischen ihnen eine Verkettung herstellen zu können, die eine geordnete Aufeinanderfolge auf Grund irgendeines Kriteriums darstellt. Unter Beibehaltung der ungeordneten physischen Speicherung wird diese Verkettung dadurch realisiert, daß zu jeder Dateneinheit zusätzlich noch entsprechende Informationen hinzugefügt werden. Diese können z. B. in der Speicheradresse der nächstfolgenden oder der vorangehenden Dateneinheit als Wert einer Zeigervariablen bestehen; man spricht dann von einer Vorwärts- oder Rückwärtskettung. Ausgehend von der ersten bzw. letzten Dateneinheit der Kette, deren Adresse im allgemeinen gesondert gespeichert werden muß, kann man an Hand dieser Informationen sukzessiv alle nachfolgenden bzw. vorangehenden Dateneinheiten in der gewünschten Reihenfolge erhalten. Durch Speicherung beider Adressen ist auch eine Verkettung in beiden Richtungen möglich. Ebenso könnte man in der gleichen Weise zu einer Dateneinheit auch mehrere nachfolgende oder vorangehende Dateneinheiten innerhalb des Bereichs bestimmen; es müßten lediglich die entsprechenden Speicheradressen dem eigentlichen Datenteil hinzugefügt werden. Die Form der Verkettung kann damit prinzipiell vollständig dem zu lösenden Problem angepaßt werden.

Soll eine Bezugnahme auf die Dateneinheiten nur in der Reihenfolge der Kette vorgenommen werden und nicht außerdem noch ein beliebiger einzelner Zugriff zu ihnen möglich sein, so kann die Speicherplatzbereitstellung innerhalb des Bereichs ohne weiteres jeweils unter Verwendung der gleichen Zeigervariablen erfolgen. Die Speicheradresse wird dann in der gemäß der Verkettung vorangehenden oder nachfolgenden Dateneinheit gespeichert und erlaubt damit von dieser aus den Zugriff als Bestandteil der Kette.

Das Eintragen der zur Verkettung erforderlichen Informationen für die einzelnen

Dateneinheiten muß der Programmierer allerdings selbst veranlassen. Beim Hinzufügen einer Dateneinheit ist diese in die logische Folge innerhalb der Kette einzufügen, was in einer Veränderung der zusätzlichen Informationen in der vorangehenden und/oder nachfolgenden Dateneinheit zum Ausdruck kommen muß. Analog ist beim Streichen einer Dateneinheit mit Hilfe eines Befehls FREE zu verfahren. Zu jedem Zeitpunkt müssen die Informationen zu den einzelnen Dateneinheiten so beschaffen sein, daß die aktuelle und lückenlose Bereitstellung der Kette gewährleistet ist.

Eine gesonderte Kennzeichnung ist dabei für das letzte Glied einer Verkettung erforderlich, für das ja z. B. bei einer Vorwärtskettung keine Adresse einer nachfolgenden Dateneinheit vorhanden ist. Im allgemeinen belegt man dann die betreffende Information in dieser Dateneinheit unter Verwendung der Standardfunktion

NULL

(Abschnitt 3.2.4.), die ohne Angabe von Argumenten aufzurufen ist, mit einem fiktiven Adreßwert, der keine konkrete Hauptspeicheradresse darstellt. Durch eine Abfrage nach diesem Funktionswert kann man bei der Bearbeitung der Kette jeweils feststellen, ob noch weitere Kettenglieder folgen oder das Ende der Kette erreicht ist.

Beispiele

1. In einem Bereich von 1800 Bytes sollen mehrere Dateneinheiten gespeichert werden, deren Inhalt über Lochkarten eingegeben wird und für die eine Vorwärtskettung gemäß aufsteigender Werte eines 10stelligen Ordnungsbegriffs OB aufzubauen ist. Ein entsprechendes Programm könnte dazu folgende Befehle enthalten:

```
LIST:PROCEDURE OPTIONS(MAIN);
     DCL BEREICH AREA(1800),
        1 DATEIN BASED(PTEIN), 2 (FOLG PTR, OB CHAR(10), ...),
        (KETTANF, PTEIN, ZGA, ZGE) POINTER;
     ON ENDFILE (SYSIN) GOTO FORT;
     KETTANF=NULL; BEREICH=EMPTY;
  M1:GET EDIT (...)(...);
     ALLOCATE DATEIN IN (BEREICH);
        :
     Zusammenstellung der Dateneinheit DATEIN aus den eingelesenen Werten
        :
     IF KETTANF=NULL THEN DO;
       /* ERSTE DATENEINHEIT IM BEREICH */
       KETTANF=PTEIN; FOLG=NULL; END;
     ELSE DO; ZGA=NULL; ZGE=KETTANF;
       /* BESTIMMUNG DER POSITION IN DER KETTE */
  M3:   IF OB<ZGE->OB THEN DO;  /* POSITION GEFUNDEN */
        FOLG=ZGE;
        IF ZGA=NULL THEN KETTANF=PTEIN;
           /* DATENEINHEIT WIRD KETTENANFANG */
          ELSE ZGA->FOLG=PTEIN;
           /* DATENEINHEIT WIRD EINGEORDNET */
       END;
       ELSE IF ZGE->FOLG=NULL THEN DO;
         /* DATENEINHEIT WIRD KETTENENDE */
         ZGE->FOLG=PTEIN; FOLG=NULL; END;
       ELSE DO; /* WEITERE SUCHE IN DER KETTE */
         ZGA=ZGE; ZGE=ZGE->FOLG; GOTO M3; END;
     END;
```

```
        GOTO M1;
    FORT:...
              ⋮
    weitere Bearbeitung der Kette
              ⋮
```

Jede Dateneinheit enthält zunächst eine Zeigervariable mit der Information über die folgende Dateneinheit, danach den Ordnungsbegriff OB sowie weitere, nicht näher spezifizierte Datenelemente. Die Adresse des jeweiligen Kettenanfangs wird als Wert einer Zeigervariablen KETTANF gespeichert; entspricht dieser dem Funktionswert der Standardfunktion NULL, so ist der Bereich noch leer, und eine neue Dateneinheit wird zum ersten und bisher einzigen Glied der Kette. Sind schon Dateneinheiten im Bereich vorhanden, so muß eine neue Dateneinheit durch Vergleich mit ihnen entsprechend der Reihenfolge der Verkettung eingeordnet werden. Ist der Wert des Ordnungsbegriffs der neuen Dateneinheit kleiner als der des zum Vergleich benutzten Kettenglieds, so erfolgt ihre Einordnung vor der betreffenden Dateneinheit; stellte diese bisher den Kettenanfang dar, so beginnt die Kette von nun an mit der neuen Dateneinheit. Ist der Wert des Ordnungsbegriffs der neuen Dateneinheit größer als der des zum Vergleich benutzten Kettenglieds, so ist der Vergleich mit dem nächsten Kettenglied fortzusetzen, wenn es sich nicht bereits um das Kettenende handelte. Ist das jedoch der Fall, so wird die neue Dateneinheit zum neuen Kettenende.

Während die Zeigervariable ZGE jeweils die Adresse der für den laufenden Vergleich verwendeten Dateneinheit darstellt, beinhaltet die Zeigervariable ZGA die der vorangehenden.

2. Im Rahmen der weiteren Bearbeitung der in Beispiel 1 aufgebauten Verkettung soll die Möglichkeit bestehen, durch Eingabe eines Werts für den Ordnungsbegriff, nach dem die Verkettung durchgeführt wurde, die diesem Wert entsprechende Dateneinheit in der Kette zu streichen und den von ihr belegten Platz freizugeben. Das Aufsuchen dieser Dateneinheit beginnt mit dem ersten Glied der Kette und wird entsprechend der Verkettung fortgesetzt. Es könnten dafür folgende Befehle verwendet werden:

```
         ⋮
       GET EDIT (OBL)(SKIP,A(10));
       ZGA=NULL; ZGE=KETTANF;
    M8:IF OBL=ZGE->OB THEN DO;
        /* DATENEINHEIT WURDE GEFUNDEN */
        IF ZGA=NULL THEN KETTANF=ZGE->FOLG;
                    ELSE ZGA->FOLG=ZGE->FOLG;
        FREE ZGE->DATEIN IN (BEREICH);
       END;
       ELSE DO; IF OBL<ZGE->OB THEN GOTO M10;
            /* FORTSETZUNG DER SUCHE */
            ZGA=ZGE; ZGE=ZGE->FOLG;
            IF ZGE=NULL THEN
    M10:        PUT EDIT ('DATENEINHEIT␣ZU␣'||OBL||'␣NICHT␣VORHANDEN')
                         (SKIP,A);
            ELSE GOTO M8;
       END;
         ⋮
```

Wird bei dem Vergleich in der Reihenfolge der Verkettung die zu streichende Dateneinheit gefunden, so wird die darin gespeicherte Adresse der nachfolgenden Einheit entweder der neue Kettenanfang oder die Folgeadresse der vorangehenden Dateneinheit. Danach kann der betreffende Teil des Speicherbereichs freigegeben werden. Entspricht die für den Vergleich herangezogene Dateneinheit nicht der zu streichenden, so wird der Vergleich mit dem nächstfolgenden Glied der Kette fortgesetzt, wenn es sich nicht bereits um das Kettenende handelte. Es wird dann eine entsprechende Fehlermeldung ausgegeben. Das gleiche ist der Fall, wenn ein größerer Wert des Ordnungsbegriffs auftritt, ohne daß die zu streichende Einheit bisher gefunden wurde.

9.3.2. Verkettung durch relative Adressen

Verknüpfungen mit irgendwelchen Operatoren oder Umwandlungen in einen anderen Datentyp sind für Bereichsvariable nicht möglich. Es können jedoch folgende Operationen mit Bereichsvariablen ausgeführt werden, die sich auf deren gesamten Speicherplatz beziehen, ohne daß die darin befindlichen Dateneinheiten einzeln angesprochen werden:

— Zuordnung einer Bereichsvariablen zu einer anderen durch einen Zuordnungsbefehl. Der Speicherbereich für die Zielgröße, d. h. die Bereichsvariable auf der linken Seite des Zuordnungsbefehls, wird dann zunächst automatisch gelöscht, und anschließend wird der belegte Teil der Bereichsvariablen auf der rechten Seite dorthin übertragen. Dabei bleibt die bisherige relative Stellung aller Dateneinheiten in der ursprünglichen Bereichsvariablen erhalten und schließt auch die gelöschten Dateneinheiten mit ein. Anschließend können in den neuen Bereich noch weitere Dateneinheiten aufgenommen werden, wenn entsprechender Platz zur Verfügung steht. Reicht allerdings der Platz im Zielbereich bereits für die Zuordnung nicht aus, so wird auch in diesem Fall die Fehlerbedingung AREA gesetzt, und der Inhalt des Bereichs ist dann unbestimmt. Nach normaler Rückkehr aus einer ON-Einheit für diese Bedingung erfolgt die Fortsetzung mit dem auf den Zuordnungsbefehl folgenden Befehl.

— Satzweise Ausgabe einer Bereichsvariablen auf eine Datei bzw. Eingabe derselben von einer Datei. Die Bereichsvariable ist dann als Satzvariable in einem Ein- oder Ausgabebefehl anzugeben, der die Übertragung eines den gesamten Bereich umfassenden Satzes bewirkt. Dabei ist zu berücksichtigen, daß jeweils auch der Bereichskennsatz mit aus- oder eingegeben wird, obwohl er nicht mit zur Satzvariablen gehört; für die Satzlänge muß daher die Beziehung Satzlänge = Bereichslänge + 16 gelten. Ist das nicht der Fall, so wird die Fehlerbedingung RECORD gesetzt (Abschnitt 7.6.). Normalerweise ist man allerdings gezwungen, zusammen mit der Bereichsvariablen auch noch die Information über den Kettenanfang bzw. das Kettenende (je nach Richtung der Verkettung) aus- bzw. einzugeben. Die Satzvariable bildet dann im allgemeinen eine Struktur, die neben der Bereichsvariablen diese Angaben enthält, die dann natürlich ebenfalls in der Satzlänge zu berücksichtigen sind.

Bei der Durchführung derartiger Operationen mit dem Inhalt einer Bereichsvariablen tritt allerdings ein Problem auf, das die zur Realisierung der Verkettung der einzelnen Dateneinheiten zusammen mit den eigentlichen Daten gespeicherten Informationen betrifft. Die Angaben über die nachfolgenden oder vorangehenden Dateneinheiten wurden bisher aus den entsprechenden absoluten Hauptspeicheradressen derselben gebildet. Bei der Zuordnung eines Bereichs zu einem anderen oder bei seiner Übertragung von einem externen Speichermedium kann über diese Informationen, die ja Adressen innerhalb des ursprünglichen Bereichs darstellen, natürlich kein Zugriff mehr realisiert werden. Es ist daher erforderlich, in solchen Fällen Zeigervariablen einer anderen Art zu verwenden, deren Werte Adressen relativ zum Anfang eines Bereichs sind, unabhängig davon, wo sich der Bereich im Hauptspeicher befindet. Diese Variablen, für die jeweils 4 Bytes benötigt werden, sind folglich stets an eine Bereichsvariable gebunden und werden durch das Attribut OFFSET in der Form

DECLARE *Bezeichnung* OFFSET (*Bereichsvariable*);

vereinbart. Voraussetzung dazu ist allerdings, daß die als Bezugspunkt angegebene Bereichsvariable eine basisbezogene Größe darstellt. Speichert man als Informationen zur Verkettung der einzelnen Dateneinheiten an Stelle der bisherigen absoluten Hauptspeicheradressen entsprechende relative Adressen als Werte einer mit dem Attribut OFFSET vereinbarten Variablen, so beziehen sich diese nach einer Übertragung des Bereichs zwar jeweils auf eine andere Anfangsadresse, ermöglichen jedoch unter Berücksichtigung derselben nach wie vor den Zugriff zu den einzelnen Gliedern der Kette.

Wird durch einen Befehl ALLOCATE einer basisbezogenen Größe Speicherplatz innerhalb eines Bereichs zugeordnet, so erhält man zunächst in jedem Fall die absolute Speicheradresse dieser Dateneinheit als Wert einer mit dem Attribut POINTER vereinbarten Zeigervariablen. Durch Zuordnung derselben zu einer Zeigervariablen mit dem Attribut OFFSET wird diese Adresse jedoch in eine relative Adresse umgewandelt. Ein Zuordnungsbefehl

OFFSET-*Variable*=POINTER-*Variable*;

bewirkt, daß von der absoluten Hauptspeicheradresse, die den Wert der Variablen auf der rechten Seite darstellt, die Anfangsadresse des Speicherbereichs der Bereichsvariablen subtrahiert wird, auf die sich die auf der linken Seite stehende OFFSET-Variable bezieht. Die so entstandene relative Adresse wird dann als Information zur Realisierung der Verkettung in die nachfolgende bzw. vorangehende Dateneinheit eingetragen. Ein Befehl dieser Art ist die einzige Möglichkeit, einer mit dem Attribut OFFSET vereinbarten Zeigervariablen einen Wert zuzuordnen.

Beim Zugriff zu den einzelnen Dateneinheiten der Kette ist unabhängig davon, ob inzwischen eine Verlegung des betreffenden Speicherbereichs stattgefunden hat, dieser Vorgang in umgekehrter Folge zu wiederholen. Da die zur Bestimmung der nachfolgenden oder vorangehenden Dateneinheit vorliegenden relativen Adressen noch nicht einen Zugriff zu diesen ermöglichen, ist vorher die Zuordnung der betreffenden OFFSET-Variablen zu einer mit dem Attribut POINTER vereinbarten Zeigervariablen vorzunehmen. Ein Zuordnungsbefehl

POINTER-*Variable*=OFFSET-*Variable*;

bewirkt, daß der relative Adreßwert der Variablen auf der rechten Seite zur Anfangsadresse der mit ihr verbundenen Bereichsvariablen addiert und die so entstehende absolute Adresse der Zeigervariablen auf der linken Seite zugeordnet wird. Unter Verwendung dieser Variablen ist dann ohne weiteres ein Zugriff auf die betreffende Dateneinheit möglich.

Natürlich benötigt man bei Verwendung von OFFSET-Variablen zur Realisierung der Verkettung auch ein entsprechendes Äquivalent für den durch die Standardfunktion NULL bestimmten fiktiven Adreßwert, durch den das Ende der Verkettung gekennzeichnet wird. Dieses steht in Form der Standardfunktion NULLO zur Verfügung, die ebenfalls ohne Angabe von Argumenten aufzurufen ist, und deren Funktionswert eine fiktive relative Adresse darstellt, die sich auf keinen tatsächlichen Speicherplatz bezieht und nur einer OFFSET-Variablen zugeordnet werden kann.

Bei Verwendung von Teilprogrammen können beide Arten von Zeigervariablen auch als Parameter auftreten, für die als Argument dann ebenfalls Variablen dieses Typs anzugeben sind. Dabei besteht die Möglichkeit, durch entsprechende Angaben in einer

Parameterattributliste (Abschnitt 8.3.2.3.) automatisch Umwandlungen zwischen beiden Arten analog zu denen im Falle eines Zuordnungsbefehls zu veranlassen. Wird als Argument eine POINTER-Variable angegeben, und in der Parameterattributliste steht das Attribut OFFSET(*Bereichsvariable*), so wird vor der Übergabe der Wert des Arguments aus einer absoluten in eine relative Adresse umgewandelt; analog wird bei Angabe einer OFFSET-Variablen als Argument und dem Attribut POINTER in der Parameterattributliste die vorliegende relative Adresse vor der Übergabe in eine absolute Adresse umgewandelt. Eine entsprechende Umwandlung findet in der gleichen Weise für den Funktionswert statt, wenn in der Vereinbarung desselben mit Hilfe des Attributs RETURNS und bei seiner Bestimmung in einem Befehl RETURN entsprechend unterschiedliche Zeigervariablen auftreten.

Beispiel. Das unter Verwendung von Zeigervariablen mit dem Attribut POINTER betrachtete Beispiel für den Aufbau einer Verkettung innerhalb eines Bereichs wird im Folgenden unter Verwendung von Zeigervariablen mit dem Attribut OFFSET dargestellt. Anschließend soll der gesamte Bereich auf die Speicherplätze einer anderen Bereichsvariablen übertragen werden und von dort aus eine Ausgabe der Werte des mit den einzelnen Dateneinheiten verbundenen Ordnungsbegriffs in der Reihenfolge der Verkettung erfolgen. Das Programm dazu könnte folgendermaßen lauten:

```
KETT:PROCEDURE OPTIONS(MAIN);
     DCL BEREICH AREA(1800) BASED(PTBER),
         BEREICH2 AREA(2000) BASED(PTBER2),
         1 DATEIN BASED(PTEIN),
           2 (FOLG OFFSET(BEREICH), OB CHAR(10), ...),
         1 DATEIN2 BASED(PTEIN2),
           2 (FOLG2 OFFSET(BEREICH2), OB2 CHAR(10), ...),
         KETTANF OFFSET(BEREICH), KETTANF2 OFFSET(BEREICH2),
         (PTBER,PTBER2, PTEIN,PTEIN2,ZGA,ZGE) POINTER;
     ON ENDFILE (SYSIN) GOTO FORT;
     ALLOCATE BEREICH; KETTANF=NULLO;
  M1:GET EDIT (...)(...);
     ALLOCATE DATEIN IN(BEREICH);
         :
     Zusammenstellung der Dateneinheit DATEIN
      aus den eingelesenen Werten
         :
     IF KETTANF=NULLO THEN DO;
        KETTANF=PTEIN; FOLG=NULLO; END;
     ELSE DO; ZGA=NULL; ZGE=KETTANF;
 M3:     IF OB<ZGE->OB THEN DO; FOLG=ZGE;
         IF ZGA=NULL THEN KETTANF=PTEIN;
                          ELSE ZGA->FOLG=PTEIN;
        END;
        ELSE IF ZGE->FOLG=NULLO THEN DO;
              ZGE->FOLG=PTEIN; FOLG=NULLO; END;
        ELSE DO; ZGA=ZGE; ZGE=ZGE->FOLG; GOTO M3; END;
     END;
     GOTO M1;
FORT:ALLOCATE BEREICH2;
     BEREICH2=BEREICH;
     KETTANF2=KETTANF;
     PTEIN2=KETTANF2;
 M12:PUT EDIT (OB2)(SKIP,A);
     IF FOLG2¬=NULLO THEN DO; PTEIN2=FOLG2; GOTO M12; END;
     END KETT;
```

Nach der Übertragung des Bereichs sind die beiden nachfolgenden Befehle KETTANF2=KETTANF; und PTEIN2=KETTANF2; unbedingt erforderlich. Im ersten Befehl wird lediglich die relative Adresse einer anderen OFFSET-Variablen zugeordnet, während im zweiten Befehl dazu die Anfangsadresse des neuen Bereichs, der den Wert der Zeigervariablen PTBER2 darstellt, addiert wird. Eine statt dessen programmierte Zuordnung PTEIN2=KETTANF; wäre falsch, weil hier zum relativen Wert von KETTANF die Anfangsadresse des ursprünglichen Bereichs addiert werden würde.

9.4. Arbeit im Multiaufgabenbetrieb

Auf Grund des beträchtlichen Unterschieds zwischen den in hoher Geschwindigkeit ausgeführten internen Operationen und der relativ langsamen Ein- und Ausgabe werden die Möglichkeiten einer EDVA bei der Abarbeitung eines Programms häufig sehr uneffektiv ausgenutzt. Durch die parallele Abarbeitung mehrerer Programme im Multiprogrammbetrieb, bei dem während der Wartezeiten auf die Beendigung von Ein- und Ausgabeoperationen für das eine Programm die Zentraleinheit inzwischen für andere Programme zur Verfügung steht, kann dieser Diskrepanz in gewissem Umfang entgegengetreten werden.

Analog besteht darüber hinaus die Möglichkeit einer parallelen Abarbeitung und abwechselnden Nutzung der Zentraleinheit auch für die einzelnen Teilprogramme eines Programms, soweit es sich nicht um Funktionsprogramme handelt. Eine solche Arbeitsweise wird als Multiaufgabenbetrieb bezeichnet und setzt bei Programmierung in PL1 die Ausbaustufe MVT des Betriebssystems OS/ES voraus.

9.4.1. Bildung und Synchronisierung von Aufgaben

Werden die Möglichkeiten des Multiaufgabenbetriebs nicht genutzt, so stellt die Ausführung eines Programms eine einzige Aufgabe dar, auch wenn es aus mehreren externen Teilprogrammen besteht. Man spricht in diesem Fall von einer synchronen Abarbeitung, die darin zum Ausdruck kommt, daß mit dem Aufruf eines Unterprogramms bis zu seiner Beendigung die Ausführung des aufrufenden Teilprogramms unterbrochen wird. Demgegenüber wird bei Verwendung des Multiaufgabenbetriebs zu Beginn der Abarbeitung zunächst eine Hauptaufgabe gebildet, die der Ausführung des Hauptprogramms entspricht, und mit jedem Aufruf eines externen oder internen Unterprogramms entsteht für dessen Ausführung eine gesonderte Aufgabe. Ruft ein solches Unterprogramm seinerseits wiederum andere Unterprogramme auf, so kann damit die Bildung weiterer Aufgaben veranlaßt werden. Der wesentlichste Effekt dieser Aufteilung in einzelne Aufgaben besteht darin, daß deren Abarbeitung asynchron verläuft; das aufrufende Teilprogramm wird dabei nicht unterbrochen, sondern parallel zu dem aufgerufenen fortgesetzt.

Die Steuerung der asynchronen Abarbeitung durch das Betriebssystem erfolgt an Hand von Prioritäten im Wertebereich von 0 bis 234, die den einzelnen Aufgaben zugeordnet werden. Auf ihrer Grundlage steht den parallel auszuführenden Aufgaben die Zentraleinheit zur Verfügung, wobei eine Aufgabe mit höherer Priorität jeweils den Vorrang hat. Durch die Möglichkeit, vom Programm aus die Priorität einer Aufgabe zu verändern, kann der Programmierer von sich aus in die Steuerung der Programmabarbeitung eingreifen.

Obwohl für ein einzelnes Programm durch Anwendung des Multiaufgabenbetriebs nicht unbedingt eine höhere Effektivität erzielt wird, ergibt sich daraus eine beträchtliche Verbesserung in der gesamten Auslastung der Zentraleinheit sowie der Ein- und Ausgabekanäle. Allerdings setzt eine solche Arbeitsweise seitens des Programmierers ein etwas anderes Herangehen an die Zerlegung eines Programms in Teilprogramme voraus, als das sonst der Fall ist. Beim Multiaufgabenbetrieb muß er dabei vor allem berücksichtigen, welche Operationen aus inhaltlicher Sicht parallel zueinander ablaufen können und welche andererseits hintereinander durchgeführt werden müssen.

Soll ein PL1-Programm unter den Bedingungen des Multiaufgabenbetriebs ablaufen, so müssen die dazugehörigen externen Teilprogramme im Befehl PROCEDURE die Spezifikation OPTIONS(TASK) enthalten, sofern diese Tatsache nicht aus anderen Angaben innerhalb des Teilprogramms hervorgeht. Für das Hauptprogramm, das bereits eine Spezifikation OPTIONS(MAIN) enthält (Abschnitt 8.1.1.1.), ist dann in Klammern hinter dem Schlüsselwort OPTIONS, durch Komma voneinander getrennt, sowohl MAIN als auch TASK anzugeben. In der gleichen Weise kann zusammen mit TASK auch eine Angabe REENTRANT in der Spezifikation enthalten sein. Sie ist erforderlich, wenn das betreffende Unterprogramm gleichzeitig durch mehrere Aufgaben aufgerufen werden kann, die jeweils eine Abarbeitung mit eigenen Daten erfordern. Bei der Übersetzung des Teilprogramms werden dann entsprechende Maschinenbefehle erzeugt, die eine parallele Anwendung des Teilprogramms gewährleisten. Die Vereinbarung von Variablen mit dem Speicherungsklassenattribut STATIC ist natürlich in einem solchen Teilprogramm nicht möglich.

Beispiele

```
HP: PROCEDURE OPTIONS(MAIN,TASK);
UP: PROC (X,Y) OPTIONS(TASK,REENTRANT);
```

Der Aufbau eines asynchron abzuarbeitenden Teilprogramms ist in der üblichen, in Kapitel 8 beschriebenen Weise vorzunehmen; spezielle Befehle sind höchstens zum Zwecke der Synchronisierung der Abarbeitung unter Umständen erforderlich. Zusätzliche Angaben werden jedoch beim Aufruf eines solchen Unterprogramms benötigt, der in der allgemeinen Form

CALL *Eingangsname* (*Argumentliste*) *Zusatzangaben*;

erfolgen muß. Zulässige Zusatzangaben sind:

TASK (*Bezeichnung*)
PRIORITY (*Ausdruck*)
EVENT (*Ereignisvariable*)

Ihre Bedeutung liegt in der Festlegung von Prioritäten sowie in vorbereitenden Maßnahmen zur Synchronisierung zwischen den einzelnen Aufgaben. Das Vorhandensein mindestens einer dieser Zusatzangaben bewirkt, daß für das aufgerufene Unterprogramm eine gesonderte Aufgabe gebildet und diese an die laufende Aufgabe angeschlossen wird, d. h., beide Aufgaben werden asynchron zueinander ausgeführt. Die Argument/Parameter-Beziehungen gelten dabei in der üblichen Form (Abschnitt 8.3.2.); die Argumente müssen allerdings so beschaffen sein, daß es nicht zur Bildung von Pseudoargumenten kommt.

Es ist auch ohne weiteres zulässig, beim Aufruf eines Unterprogramms mehrere Zusatzangaben zu verwenden. Ihre Reihenfolge ist dann gleichgültig, und ihre Trennung voneinander erfolgt durch mindestens ein Leerzeichen. Liegt andererseits keine Zusatzangabe vor, so wird das betreffende Unterprogramm synchron zum aufrufenden Teilprogramm abgearbeitet.

Die *Festlegung der Priorität* für die durch den Aufruf des Unterprogramms angeschlossene Aufgabe kann durch die Zusatzangaben

PRIORITY (*Ausdruck*) oder TASK (*Bezeichnung*)

vorgenommen werden. Dabei handelt es sich stets um eine relative Priorität bezüglich der den Befehl CALL enthaltenden laufenden Aufgabe. Die absolute Priorität der angeschlossenen Aufgabe ergibt sich stets aus der Addition der für sie festgelegten relativen Priorität zur absoluten Priorität der laufenden Aufgabe. Die relative Priorität kann dabei positiv oder negativ sein, so daß die angeschlossene Aufgabe eine höhere oder niedrigere Priorität haben kann. Sie darf allerdings nicht die über Steuerkarten festzulegende Priorität der Hauptaufgabe überschreiten. Ist das der Fall, so wird sie auf diesen Maximalwert zurückgesetzt. Ergibt sich eine negative absolute Priorität, so wird diese auf den Wert 0 gesetzt.

Bei Verwendung der Zusatzangabe PRIORITY (*Ausdruck*) wird die relative Priorität der angeschlossenen Aufgabe unmittelbar durch den ganzzahligen Wert des angegebenen Ausdrucks bestimmt. Bei Verwendung der Zusatzangabe TASK (*Bezeichnung*) ergibt sie sich aus dem Wert einer Aufgabenvariablen mit der angegebenen Bezeichnung, die damit gleichzeitig auch der angeschlossenen Aufgabe als Bezeichnung zugeordnet wird. Sind beide Zusatzangaben vorhanden, so wird die Priorität durch die Angabe PRIORITY (*Ausdruck*) festgelegt. Wurde dagegen keine von beiden angegeben, so erhält die angeschlossene Aufgabe die Priorität der laufenden. Das gleiche ist der Fall, wenn die Zusatzangabe nur in der Form TASK ohne zugehörige Bezeichnung vorliegt; es wird dann lediglich zum Ausdruck gebracht, daß die Abarbeitung des Unterprogramms asynchron erfolgen soll.

Eine Aufgabenvariable kann mit Hilfe des Attributs TASK in der Form

DECLARE *Bezeichnung* TASK;

explizit vereinbart oder implizit durch das Auftreten in der Zusatzangabe eingeführt werden. Sie benötigt Speicherplatz im Umfang von 28 Bytes und enthält als Wert eine duale Festkommagröße mit dem Genauigkeitsattribut (15,Ø), die eine relative Priorität darstellt. Die Zuordnung eines solchen Werts zu einer Aufgabenvariablen ist nur unter Verwendung der Pseudovariablen PRIORITY möglich; durch einen Befehl

PRIORITY (*Aufgabenvariable*)=*Ausdruck*;

erhält die als Argument angegebene Aufgabenvariable eine relative Priorität zugeordnet, die dem ganzzahligen Wert des auf der rechten Seite stehenden Ausdrucks entspricht.

Die mit der Zusatzangabe TASK(*Bezeichnung*) verbundene Zuordnung einer Bezeichnung für die angeschlossene Aufgabe ist vor allem dann erforderlich, wenn ihre Priorität im weiteren Verlauf der Abarbeitung von einer anderen Aufgabe aus geändert werden soll. Diese Möglichkeit wird ebenfalls mit Hilfe der Pseudovariablen PRIORITY realisiert. Die Änderung des Wertes der betreffenden Aufgabenvariablen bewirkt dann auch eine Änderung der Priorität der damit verbundenen Aufgabe. Will man innerhalb einer Aufgabe die Priorität derselben ändern, so ist für die Pseudovariable kein Argument anzugeben und die Zuordnung eines neuen Werts einfach in der Form

PRIORITY=*Ausdruck*;

vorzunehmen.

Durch Verwendung der Standardfunktion PRIORITY(*Aufgabenvariable*), die stets mit einem Argument aufzurufen ist, kann man jederzeit während der Programmabarbeitung die aktuelle relative Priorität einer Aufgabe erhalten, der bei ihrer Bildung eine Bezeichnung mit Hilfe der Zusatzangabe TASK(*Bezeichnung*) zugeordnet wurde. Der Funktionswert stellt jeweils die Differenz zwischen der absoluten Priorität der mit der angegebenen Aufgabenvariablen verbundenen Aufgabe und der den Aufruf der Standardfunktion enthaltenden laufenden Aufgabe als Festkommagröße mit dem Genauigkeitsattribut (15,Ø) dar.

Beispiel

```
DECLARE AUV TASK;
   :
CALL UP1 (A) TASK(AUV) PRIORITY(2);
   :
CALL UP2 PRIORITY(—3);
   :
PRIORITY(AUV)=—1;
```

Beim Aufruf des Unterprogramms UP1 erhält die damit gebildete Aufgabe eine höhere Priorität als die laufende, während für die beim Aufruf von UP2 gebildete Aufgabe eine niedrigere Priorität festgelegt wird. Im Verlauf der weiteren Abarbeitung wird die Priorität der Aufgabe, die mit der Aufgabenvariablen AUV verbunden ist und die Abarbeitung des Unterprogramms UP1 beinhaltet, so verändert, daß sie ebenfalls niedriger ist als die der laufenden Aufgabe.

Unabhängig von den jeweiligen Prioritäten können durch die Zusatzangabe

EVENT (*Ereignisvariable*)

Maßnahmen zur Synchronisierung parallel ablaufender Aufgaben getroffen werden. Die Ausführung der mit dem Aufruf des Unterprogramms gebildeten neuen Aufgabe wird damit als Ereignis definiert, das mit der angegebenen Ereignisvariablen verbunden wird. Eine Ereignisvariable kann mit Hilfe des Attributs EVENT in der Form

DECLARE *Bezeichnung* EVENT;

explizit vereinbart oder implizit durch ihr Auftreten in der Zusatzangabe eingeführt werden. Sie benötigt Speicherplatz im Umfang von 32 Bytes und hat einen Beendigungswert, der eine Bitkette der Länge 1 darstellt, sowie einen Zustandswert mit den Attributen BINARY FIXED (15). Die Verwendung dieses Variablentyps wurde bereits in Abschnitt 4.5. in Verbindung mit einer programmgesteuerten Unterbrechung des Programmablaufs durch einen Befehl DISPLAY sowie in Abschnitt 7.1. in Verbindung mit der asynchronen Abarbeitung von Befehlen der satzweisen Ein- und Ausgabe beschrieben.

Mit dem Aufruf des Unterprogramms wird der Beendigungswert der Ereignisvariablen auf 'Ø'B (nicht beendet) und ihr Zustandswert auf 0 (nicht unnormal beendet) gesetzt. Nach Beendigung der Aufgabe erhält die Variable den Beendigungswert '1'B (beendet), bei unnormaler Beendigung dazu den Zustandswert 1. Mit Hilfe der Standardfunktionen COMPLETION(*Ereignisvariable*) bzw. STATUS(*Ereignisvariable*) kann man jederzeit während der Programmabarbeitung den Beendigungs- bzw. Zustandswert einer Ereignisvariablen und damit entsprechende Auskünfte über den Stand der Ausführung der betreffenden Aufgabe erhalten. Durch Zuordnungen zu gleichnamigen Pseudovariablen besteht weiterhin die Möglichkeit, beide Werte vom Programm aus zu verändern.

Die Synchronisierung parallel ablaufender Aufgaben erfordert neben deren Verknüpfung mit einer Ereignisvariablen außerdem stets die Verwendung eines Befehls der allgemeinen Form

WAIT (*Ereignisvariable*);

innerhalb der den Befehl CALL enthaltenden Aufgabe. Beim Erreichen dieses Befehls wird die weitere Abarbeitung des betreffenden Teilprogramms solange unterbrochen, bis die angegebene Ereignisvariable den Beendigungswert '1'B hat und die damit verbundene Aufgabe folglich beendet ist. Die Verbindung zwischen der Ereignisvariablen und der Aufgabe wird damit aufgehoben, und die Ereignisvariable steht wieder für eine Verwendung in Verbindung mit anderen Ereignissen zur Verfügung. Es ergibt sich daraus allerdings auch die Einschränkung, daß auf das Eintreten des gleichen Ereignisses nicht von mehreren Aufgaben gewartet werden kann.

Eine erweiterte Form des Befehls WAIT lautet:

WAIT (*Ereignisvariable*$_1$, *Ereignisvariable*$_2$, ..., *Ereignisvariable*$_n$) (*Ausdruck*);

Beim Erreichen eines Befehls dieser Form ist die weitere Abarbeitung des betreffenden Teilprogramms vom Eintreten mehrerer Ereignisse, d. h. der Beendigung mehrerer Aufgaben, abhängig. Die Angabe (*Ausdruck*) ist dabei wahlweise verwendbar. Ist sie nicht vorhanden, so wird die Abarbeitung mit dem auf den Befehl WAIT folgenden Befehl erst dann fortgesetzt, wenn alle angegebenen Ereignisvariablen den Beendigungswert '1'B haben. Ansonsten bestimmt der ganzzahlige Wert des Ausdrucks die Anzahl der Ereignisse, die mindestens beendet sein müssen, damit diese Fortsetzung erfolgt. Zu diesem Zeitpunkt noch nicht beendete Aufgaben gelten erst dann als beendet, wenn für die gleiche Ereignisvariable wieder ein Befehl WAIT auftritt. Ist der Wert des angegebenen Ausdrucks < 0, so wirkt der Befehl wie ein Leerbefehl; ergibt sich ein Wert $> n$, so wird statt dessen n verwendet.

Von der Zusatzangabe EVENT(*Ereignisvariable*) wird man beim Aufruf eines asynchron abzuarbeitenden Unterprogramms vor allem dann Gebrauch machen, wenn eine Aufgabe zunächst unabhängig von parallel ablaufenden, angeschlossenen anderen Aufgaben abgearbeitet werden kann, zu einem bestimmten Zeitpunkt jedoch von der Beendigung derselben abhängig ist, weil ihr Ergebnis für die weitere Abarbeitung benötigt wird. Durch einen Befehl WAIT muß dann dafür gesorgt werden, daß die Beendigung dieser Aufgabe abgewartet wird. Mit Hilfe von Zusatzangaben der Form EVENT(*Ereignisvariable*) und entsprechende WAIT-Befehle ist der Programmierer praktisch in der Lage, jede Aufgabe mit jeder anderen zu synchronisieren.

Beispiel

```
DECLARE E1 EVENT, AUF TASK;
    :
CALL UP1 TASK(AUF) EVENT(E1);
    :
CALL UP2 EVENT(E2);
    :
WAIT (E1,E2);
    :
```

Mit dem Aufruf der beiden Unterprogramme sind jeweils Ereignisvariable verbunden, wobei E2 implizit vereinbart wird. Da die Ergebnisse ihrer Abarbeitung im weiteren Verlauf der ursprünglichen Aufgabe benötigt werden, wird ein Befehl WAIT angegeben. Dieser bewirkt, daß die Fortsetzung der Abarbeitung erst nach Beendigung beider Unterprogramme erfolgt.

Wäre die Fortsetzung möglich, wenn wenigstens eines der Unterprogramme beendet ist, so könnte der Befehl WAIT in der Form

```
WAIT (E1,E2)(1);
```

angegeben werden.

Eine weitere Möglichkeit zur Steuerung des parallelen Ablaufs mehrerer Aufgaben ist durch die Verwendung eines Befehls

DELAY (*Ausdruck*);

gegeben. In der Ausführung der Aufgabe, die diesen Befehl enthält, tritt bei dessen Erreichen eine Unterbrechung ein, deren Dauer durch den ganzzahligen Wert des angegebenen Ausdrucks in Millisekunden bestimmt wird.

Beispiel

```
DELAY (N+10);
```

Die Abarbeitung dieses Befehls bewirkt die Unterbrechung der betreffenden Aufgabe für die Dauer von 30 Millisekunden, wenn die Variable N den Wert 20 hat.

Das normale *Ende einer Aufgabe* liegt dann vor, wenn der abschließende Befehl END des durch CALL aufgerufenen Unterprogramms oder ein Befehl RETURN innerhalb desselben erreicht wird. Bei Verknüpfung der Aufgabe mit einer Ereignisvariablen wird dann deren Beendigungswert auf '1'B (beendet) und ihr Zustandswert auf 0 (normal beendet) gesetzt. Gleichzeitig damit werden aber auch alle angeschlossenen Aufgaben beendet. Zur Vermeidung von Fehlern sollte die Programmierung deshalb so durchgeführt werden, daß vor Beendigung einer Aufgabe stets auf die Beendigung sämtlicher angeschlossener Aufgaben durch Verwendung eines entsprechenden Befehls WAIT gewartet wird. Damit kann man vermeiden, daß angeschlossene Aufgaben unter Umständen nicht bis zu ihrem Ende ausgeführt werden.

Daneben bestehen noch verschiedene Möglichkeiten für die unnormale Beendigung einer Aufgabe, die bei Verknüpfung mit einer Ereignisvariablen durch deren Zustandswert 1 (unnormal beendet) zum Ausdruck kommt. Eine solche liegt vor, wenn

— ein Befehl STOP in irgendeiner Aufgabe des Programms erreicht wird (Abschnitt 4.5.);
— ein Befehl EXIT in der betreffenden Aufgabe erreicht wird;
— die Aufgabe beendet wird, von der aus der Anschluß der Aufgabe erfolgte.

Während ein Befehl STOP stets zum Abbruch des gesamten Programms führt, bewirkt ein Befehl

```
EXIT;
```

lediglich die sofortige Beendigung der Aufgabe, in der er enthalten ist und damit natürlich auch aller eventuell angeschlossenen Aufgaben. Wird ein Befehl EXIT innerhalb der Hauptaufgabe erreicht, so hat er die gleiche Wirkung wie der Befehl STOP; außerdem wird in diesem Fall die Systembedingung FINISH gesetzt, die standardmäßig zur Ausgabe einer Fehlermeldung und dem Abbruch der Programmabarbeitung führt. Das gleiche ist bei normaler Rückkehr von einer entsprechenden ON-Einheit der Fall; lediglich beim Setzen der Bedingung durch einen Befehl SIGNAL FINISH; wird die Abarbeitung in der üblichen Weise mit dem darauffolgenden Befehl fortgesetzt.

Beispiel

```
UP: PROCEDURE (A) OPTIONS(TASK);
      ⋮
    CALL SUB (C,X) EVENT (EE) TASK(T);
      ⋮
    WAIT (EE);
    END UP;
```

Um zu sichern, daß bei der Beendigung des Unterprogramms UP auch das in diesem zur asynchronen Abarbeitung aufgerufene Unterprogramm SUB beendet ist, wird unmittelbar vor dem END-Befehl von UP ein entsprechender WAIT-Befehl angegeben.

9.4.2. Bezugnahme auf Daten und Dateien

Bezüglich der Gültigkeitsbereiche für die in den einzelnen Teilprogrammen vereinbarten Bezeichnungen gelten bei der Arbeit im Multiaufgabenbetrieb die gleichen Regeln wie im normalen Betrieb (Abschnitt 8.2.1.2.). Auf eine Variable oder eine Datei kann folglich in jedem Teilprogramm zugegriffen werden, in dem ihre Bezeichnung gültig ist, so daß die Möglichkeit besteht, daß bestimmte Daten von mehreren Aufgaben gemeinsam benutzt werden.

Bei der Verwendung von kontrollierten Größen (Abschnitt 2.4.3.1.) ist allerdings zu beachten, daß in einer angeschlossenen Aufgabe nur die letzte in der den Aufruf enthaltenden Aufgabe erfolgte Speicherplatzzuordnung bekannt ist; ein Zugriff auf eventuell vorliegende andere Generationen ist innerhalb der angeschlossenen Aufgabe nicht möglich. Alle nach dem Aufruf erfolgenden weiteren Speicherplatzzuordnungen sind jeweils nur innerhalb der Aufgabe bekannt, die den betreffenden Befehl ALLOCATE enthält.

Vor allem in Verbindung mit Wertzuordnungen sollte der Programmierer stets dafür sorgen, daß nicht von mehreren Aufgaben zur gleichen Zeit auf eine Variable Bezug genommen wird. Die Befehle WAIT und gegebenenfalls DELAY stehen für diese Zwecke zur Verfügung. Durch entsprechende WAIT-Befehle kann er auch absichern, daß von einer Aufgabe nicht Größen angesprochen werden, für die erst später in einer anderen Aufgabe eine Wertzuordnung erfolgt.

Bei der gemeinsamen Nutzung von Dateien durch mehrere Aufgaben ist zu beachten, daß eine Datei nicht in einer Aufgabe abgeschlossen werden darf, in der sie nicht auch eröffnet wurde. Man sollte aber generell von dieser Möglichkeit nicht Gebrauch machen, da es hierbei leicht zu Schwierigkeiten in Verbindung mit der Behandlung von Fehlerbedingungen kommen kann. Speziell für Aktualisierungsdateien mit direktem Zugriff (Dateiattribute RECORD UPDATE DIRECT KEYED) stellt auch die Programmiersprache PL1 bestimmte Elemente zur Verfügung, durch deren Anwendung verhindert werden kann, daß mehrere Aufgaben gleichzeitig mit demselben Satz arbeiten. Durch Angabe des zusätzlichen Attributs

EXCLUSIVE (abgekürzt EXCL)

in der Dateivereinbarung einer solchen Datei wird bewirkt, daß ein von ihr gelesener Satz für die betreffende Aufgabe reserviert wird; nur in ihr kann er folglich ersetzt oder gelöscht werden. Für alle anderen Aufgaben ist der Satz zeitweilig gesperrt und kann dort weder gelesen noch ersetzt oder gelöscht werden. Die Aufhebung der Sperre erfolgt automatisch nach dem Zurückschreiben oder Löschen des Satzes innerhalb der Aufgabe, für die er reserviert wurde bzw. nach normaler Rückkehr von einer entsprechenden ON-Einheit. Bei unnormaler Rückkehr von einer ON-Einheit (Ausführung eines Sprungbefehls, der aus der ON-Einheit herausführt) muß der Programmierer selbst dafür sorgen, daß der betreffende Satz freigegeben wird. Eine weitere Möglichkeit, die Sperre eines Satzes für andere Aufgaben aufzuheben, besteht in der Ausführung eines Befehls

UNLOCK FILE (*Dateibezeichnung*) KEY (*Ausdruck*);

Dieser Befehl bewirkt keine Datenübertragung, sondern hebt lediglich eine bestehende Reservierung auf und gibt den Satz damit wieder für alle Aufgaben frei. Hinter dem Schlüsselwort KEY ist der zur Identifikation des jeweiligen Satzes erforderliche Quellenschlüssel (Abschnitt 5.2.) anzugeben.

Soll auf die Sperre eines gelesenen Satzes verzichtet werden, weil vielleicht kein Ersetzen oder Löschen beabsichtigt ist, so ist im Eingabebefehl zusätzlich das Schlüsselwort NOLOCK anzugeben:

READ FILE (*Dateibezeichnung*) INTO(*Satzvariable*) KEY(*Ausdruck*) NOLOCK;

Der betreffende Satz steht dann ohne weiteres anschließend für andere Aufgaben zur Verfügung, obwohl die Datei das Attribut EXCLUSIVE hat.

Beispiel. In einem asynchron abzuarbeitenden Unterprogramm werden über Lochkarten die Schlüssel verschiedener Sätze einer indexsequentiellen Datei angegeben. Für jeden dieser Schlüssel wird der betreffende Satz von der Datei gelesen und nach Ausführung verschiedener Operationen gelöscht, wenn für einen Schalter SCH der Wert 'Ø' vorliegt. Andernfalls bleibt der Satz unverändert in der Datei enthalten, und die Abarbeitung wird mit dem nächsten Schlüsselwert fortgesetzt. Vor der gesamten Abarbeitung ist ein Satz von der Datei einzulesen, dessen Schlüssel aus 8 Nullen besteht und der bestimmte Informationen für die weitere Abarbeitung enthält. Das betreffende Unterprogramm könnte dazu u. a. folgende Befehle enthalten:

```
    DCL ISDAT FILE RECORD UPDATE DIRECT KEYED ENV (INDEXED)
             EXCLUSIVE, SCHL CHAR(8), SCH CHAR(1),
             (EIN, EINØ) CHAR(12Ø);
    ON ENDFILE (SYSIN) GOTO FORT;
    READ FILE (ISDAT) INTO (EINØ) KEY ((8)'Ø') NOLOCK;
M1: GET EDIT (SCHL)(A(8));
    READ FILE (ISDAT) INTO (EIN) KEY (SCHL);
      ⋮
    IF SCH='Ø' THEN DELETE FILE (ISDAT) KEY (SCHL);
             ELSE UNLOCK FILE (ISDAT) KEY (SCHL);
    GOTO M1;
FORT:
      ⋮
```

Nach der Eingabe eines Schlüsselwerts wird der betreffende Satz gelesen und auf Grund des Attributs EXCLUSIVE in der Dateivereinbarung für den Zugriff durch andere Aufgaben gesperrt. Die Aufhebung der Sperre erfolgt entweder nach Ausführung des Befehls zum Löschen des Satzes oder, wenn diese Operation nicht ausgeführt werden soll, durch einen Befehl UNLOCK. Für den zu Beginn zunächst eingelesenen Satz wird auf Grund der Angabe NOLOCK keine Sperre für andere Aufgaben bewirkt.

Die Beendigung einer Aufgabe hat zur Folge, daß die in ihr vereinbarten Größen ihre Gültigkeit verlieren und eine Reihe weiterer Maßnahmen wirksam wird:

— Speicherplätze für kontrollierte Größen, die innerhalb der Aufgabe durch einen Befehl ALLOCATE zugeordnet wurden, werden freigegeben.

— Speicherplätze für basisbezogene Größen, die innerhalb der Aufgabe durch einen Befehl ALLOCATE zugeordnet wurden, werden ebenfalls freigegeben, wenn sich diese nicht innerhalb eines Bereichs befinden (Abschnitt 9.3.), der in einer anderen Aufgabe vereinbart wurde.

— Dateien, die während der Ausführung der Aufgabe eröffnet und noch nicht abgeschlossen wurden, werden abgeschlossen.

— Ein- und Ausgabeoperationen, die in der Aufgabe begonnen, aber noch nicht beendet wurden, werden, falls sie mit einer Ereignisvariablen verbunden sind, durch den Beendigungswert '1'B und den Zustandswert 1 als „unnormal beendet" gekennzeichnet; das Resultat der betreffenden Operation ist unbestimmt.

Die Durchführung dieser Maßnahmen ist unabhängig davon, ob eine normale oder eine unnormale Beendigung der Aufgabe vorliegt.

10. Beziehungen zum Betriebssystem OS/ES

Mit der Fertigstellung eines Programms zur Lösung eines bestimmten Problems nach einem geeigneten Algorithmus ist formal die Arbeit des Programmierers beendet. Tatsächlich muß er darüber hinaus jedoch auch noch dafür sorgen, daß das Programm übersetzt und getestet und schließlich so aufbereitet wird, daß es für die Abarbeitung zur Verfügung steht und damit die Realisierung der zu lösenden Aufgabe ermöglicht. Nachdem die eigentliche Programmierung zunächst am Schreibtisch erfolgen konnte, sind für die Ausführung dieser weiteren Aufgaben die Dienste einer EDVA in Anspruch zu nehmen, deren sämtliche Operationen stets unter der Regie eines Betriebssystems ablaufen.

Unter dem Betriebssystem ist neben einigen Verarbeitungsprogrammen vor allem ein Komplex von Programmen zur Steuerung der gesamten Arbeit einer EDVA zu verstehen. Diese Programme sind stets zugriffsbereit und befinden sich entweder ständig im Hauptspeicher oder innerhalb von Systembibliotheken auf Direktzugriffsspeichern. Die Steuerungsprogramme organisieren unter anderem die Zuordnung entsprechender Hauptspeicherbereiche für die abzuarbeitenden Programme, deren Übertragung in den Hauptspeicher und den Übergang zu ihrer Ausführung, die Koordinierung des Ablaufs bei der gleichzeitigen Abarbeitung mehrerer Programme (Multiprogramming), die Ausgabe von Systemnachrichten und die Behandlung auftretender Unterbrechungen sowie die Verständigung mit dem Bediener. Sie veranlassen und steuern auch die Zuordnung von peripheren Ein- und Ausgabegeräten zu den jeweiligen Dateien, die Zuordnung von Bereichen auf den Datenträgern und deren Positionierung, die Bereitstellung entsprechender Zugriffsmethoden und die Durchführung von Operationen, die bei der Eröffnung oder beim Abschluß von Dateien erforderlich sind, sowie die Realisierung der Datenübertragung zwischen den peripheren Geräten und dem Hauptspeicher (Kanalsteuerung). Die zum Betriebssystem gehörigen Verarbeitungsprogramme umfassen unter anderem die Compiler für die einzelnen Programmiersprachen, den Programmverbinder und den Lader zur Aufbereitung übersetzter Programme zum Zwecke der Ausführung, außerdem Sortier-, Testhilfs- und andere Dienstprogramme sowie Programme zur Erkennung und Behandlung auftretender Fehler.

Natürlich ist es nicht möglich, in dieses Buch über die Programmiersprache PL1 umfassende Ausführungen zum Betriebssystem und seiner Arbeitsweise aufzunehmen. Es muß diesbezüglich auf die jeweilige Systemliteratur verwiesen werden. Um jedoch auch ohne deren Studium wenigstens die Durchführung einiger grundlegender Arbeiten unter Verwendung einer EDVA zu ermöglichen, wird in diesem Kapitel dargestellt, in welcher Weise der Programmierer dazu mit dem Betriebssystem in Verbindung treten und seine benötigten Dienste anfordern kann. Dabei ist zu berücksichtigen, daß im allgemeinen jeder Automatentyp mit einem spezifischen Betriebssystem arbeitet, während die Programmiersprache PL1 und damit auch die in ihr geschriebenen Programme unabhängig von einer speziellen EDVA sind und lediglich das Vorhandensein eines entsprechenden Compilers erfordern. Die nachfolgenden Ausführungen beziehen sich daher ausschließlich auf ein konkretes Betriebssystem, und zwar auf das Betriebssystem OS/ES in der Ausbaustufe MFT (Multiprogrammbetrieb mit einer festen Anzahl von Aufgaben), das bei den Anlagen vom Typ ES 1040 und ES 1055 überwiegend Verwendung findet. Beim Vorliegen der weiteren Ausbaustufe MVT (Multiprogrammbetrieb mit einer variablen Anzahl von Aufgaben) ergeben sich diesbezüglich nur geringfügige Veränderungen.

Grundsätzlich sei darauf hingewiesen, daß die Ausführungen zum Betriebssystem in jedem Fall nur einen kurzen Auszug darstellen, der die wesentlichsten Möglichkeiten beinhaltet. Diese sind zwar für die angegebenen Zwecke ohne zusätzliche Kenntnisse unmittelbar in der beschriebenen Form verwendbar, darüber hinaus werden jedoch durch das Betriebssystem noch zahlreiche weitere spezielle Möglichkeiten zur Verfügung gestellt, auf die hier aber nicht näher eingegangen werden kann.

10.1. Anweisungen an das Betriebssystem

Für jede mit Hilfe einer EDVA zu lösende Aufgabe oder Teilaufgabe muß der Programmierer die Dienste des jeweiligen Betriebssystems in Anspruch nehmen und demzufolge einen entsprechenden „Arbeitsauftrag" erteilen. Dieser wird als Job bezeichnet und beinhaltet im allgemeinen die aufeinanderfolgende Abarbeitung mehrerer in einem logischen Zusammenhang stehender Arbeitsgänge, die jeweils die Ausführung eines vom Programmierer selbst geschriebenen oder eines vom System bereitgestellten Programms umfassen und als Jobschritte bezeichnet werden.

Die Zusammenstellung eines Jobs wird durch Angabe entsprechender Jobsteueranweisungen vorgenommen, die in der vom Betriebssystem interpretierbaren Jobsteuersprache formuliert werden müssen. Sie enthalten Angaben über die benötigten Komponenten des Betriebssystems, Anforderungen von erforderlichen Datenträgern sowie verschiedene Steuerinformationen für den Zeitpunkt der Abarbeitung. Die Bereitstellung der Jobsteueranweisungen erfolgt im allgemeinen in Form von Steuerkarten, die zu einer als Eingabestrom bezeichneten Kartenfolge zusammengestellt und dem Betriebssystem zur Bearbeitung übergeben werden.

In der allgemeinen Form haben die einzelnen Anweisungen bzw. Steuerkarten folgendes Aussehen:

//Bezeichnung Schlüsselwort Operanden

Nach den beiden Schrägstrichen in Spalte 1 und 2 kann ab Spalte 3 eine *Bezeichnung* angegeben werden, deren Bedeutung für die einzelnen Arten von Steuerkarten unterschiedlich ist. In einigen Fällen ist die Angabe einer solchen Bezeichnung vorgeschrieben, in den meisten Fällen kann wahlweise davon Gebrauch gemacht werden.

Auf die Bezeichnung bzw. beim Fehlen einer solchen auf die beiden Schrägstriche folgt nach mindestens einem Leerzeichen ein *Schlüsselwort*, das die Steuerkartenart festlegt. Im Folgenden werden lediglich die für den PL1-Programmierer wichtigsten Arten behandelt:

— die JOB-Steuerkarten, die den Beginn eines Jobs kennzeichnen und verschiedene Festlegungen für denselben enthalten;

— die EXEC-Steuerkarten, die den Beginn eines Jobschritts kennzeichnen und den Aufruf eines auszuführenden Programms beinhalten;

— die DD-Steuerkarten, die zur Beschreibung der Datenträger für die verwendeten Dateien sowie zur Festlegung verschiedener Dateieigenschaften erforderlich sind.

Als Schlüsselwort für diese Steuerkarten ist jeweils JOB, EXEC bzw. DD anzugeben. Nach wenigstens einem weiteren Leerzeichen folgt auf das Schlüsselwort der Operandenteil der Anweisung, der die jeweiligen konkreten Festlegungen beinhaltet und im allgemeinen aus mehreren durch Komma voneinander getrennten Parameterangaben besteht. Der Operandenteil darf sich bis einschließlich Spalte 71 erstrecken, und es dürfen in ihm grundsätzlich keine Leerzeichen auftreten. Bei umfangreichem Operandenteil ist auch eine Fortsetzung auf einer oder mehreren Folgekarten möglich. Die Angaben müssen dann an beliebiger Stelle zunächst mit einem auf einen Parameter oder Unterparameter folgenden Komma enden und werden auf der nächsten Karte fortgesetzt, die dann in den beiden ersten Spalten wieder zwei Schrägstriche enthalten muß, während die weiteren Angaben des Operandenteils in einer der Spalten 4—16 beginnen müssen.

Den Abschluß eines Jobs bildet stets eine Steuerkarte, die lediglich aus den beiden Schrägstrichen in den ersten beiden Spalten besteht und sonst keine weiteren Eintragungen enthält. Fehlt eine solche Steuerkarte, so wird das Ende des Jobs automatisch mit dem Auftreten der nächsten JOB-Steuerkarte im Eingabestrom erkannt.

10.1.1. JOB-Steuerkarten

Eine JOB-Steuerkarte ist stets als erste Steuerkarte eines Jobs erforderlich. Durch sie wird für den Job ein Name festgelegt, unter dem er im Rahmen des Betriebssystems bearbeitet wird, und es werden verschiedene dafür erforderliche Festlegungen getroffen, die in allen zugehörigen Jobschritten gültig sind. Die allgemeine Form einer JOB-Steuerkarte lautet

//*Jobname* JOB *Abrechnungsinformation, Programmierername, weitere Angaben*

Der *Jobname* kann aus maximal 8 alphanumerischen Zeichen gebildet werden, wobei allerdings das erste Zeichen stets alphabetisch sein muß. Die *Abrechnungsinformation* und der *Programmierername* sind in dieser Reihenfolge als erste im Operandenteil anzugeben. Werden dazu keine Angaben gemacht, so sind zumindest die abschließenden Kommas erforderlich, falls weitere Angaben folgen. Die Abrechnungsinformation wird vom jeweiligen Rechenzentrum verbindlich vorgeschrieben; im allgemeinen handelt es sich um eine entsprechende Kunden- oder Auftragsnummer, die vom System für die Abrechnung des jeweiligen Jobs benutzt wird. Der folgende Programmierername darf maximal 20 Zeichen umfassen; er muß in Apostrophe eingeschlossen werden, wenn darin Sonderzeichen (außer Punkte) auftreten.

Weitere Parameter können anschließend, durch Komma voneinander getrennt, in beliebiger Reihenfolge im Operandenteil angegeben werden. Die wesentlichsten Möglichkeiten werden im folgenden näher beschrieben.

CLASS-Parameter

Durch eine Angabe in der allgemeinen Form

CLASS=*k*

wird der Job einer bestimmten Jobklasse *k* zugeordnet. Die einzelnen Jobklassen, die innerhalb eines Rechenzentrums beliebig durch die Buchstaben A—O gekennzeichnet werden können, unterscheiden sich vor allem in der Größe des zur Verfügung stehenden Hauptspeicherplatzes und ergeben sich aus der Aufteilung des gesamten Hauptspeichers in einzelne Teilbereiche zur Durchführung des Multiprogrammbetriebs. Standardmäßig wird stets Jobklasse A zugeordnet.

COND-Parameter

Mit Hilfe einer Angabe der allgemeinen Form

COND=*Bedingung* bzw.
COND=(*Bedingung*$_1$, *Bedingung*$_2$, ..., *Bedingung*$_n$)

mit $1 \leqq n \leqq 8$ kann man festlegen, daß die Ausführung der einzelnen Jobschritte in Abhängigkeit von der erfolgreichen Ausführung der vorangehenden erfolgen soll. Durch einen Rückkehrcode wird nach Beendigung eines Jobschrittes jeweils Auskunft über den Erfolg seiner Abarbeitung gegeben; eine Modifikation dieses Rückkehrcodes kann auch durch das Programm vorgenommen werden (Abschnitt 9.1.). Die Angabe eines COND-Parameters bewirkt, daß anhand der darin enthaltenen Bedingung(en) nach Beendigung jedes Jobschrittes der jeweilige Rückkehrcode ausgewertet und daraufhin eine Entscheidung darüber getroffen wird, ob der nächste Jobschritt auszuführen oder der Job abzubrechen ist.

Die einzelnen Bedingungen im COND-Parameter sind jeweils in der Form

(*Vergleichswert, Vergleichsoperator*)

zu formulieren. Als *Vergleichswert* kann dabei einer der Werte 0—4095 angegeben werden, als *Vergleichsoperator* eines der Schlüsselwörter GT, GE, LT, LE, EQ oder NE. Letztere haben die gleiche Bedeutung wie die bei der Arbeit im 48-Zeichensatz an Stelle der Operatoren von Vergleichsausdrücken zu verwendenden gleichlautenden Äquivalente (Abschnitt 1.1.). Die Auswertung erfolgt jeweils in der Weise, daß der angegebene Vergleichswert durch den Vergleichsoperator mit dem jeweiligen Rückkehrcode in Beziehung gebracht wird. Ist die Bedingung erfüllt, so wird der Job abgebrochen, ist sie nicht erfüllt, so wird der nächste Jobschritt ausgeführt. Werden mehrere Bedingungen angegeben, so wird der Job abgebrochen, wenn eine von ihnen erfüllt ist.

Beispiele

COND=(12,EQ) Der Job wird abgebrochen, wenn der Rückkehrcode eines Jobschritts den Wert 12 hat.

COND=(8,LT) Der Job wird abgebrochen, wenn ein Jobschritt einen Rückkehrcode > 8 liefert.

COND=((12,GT),(17,LE)) Nach Beendigung eines Jobschritts wird der Job nur dann nicht abgebrochen, wenn dessen Rückkehrcode die Bedingung $12 \leqq$ Rückkehrcode $\leqq 16$ erfüllt.

REGION-Parameter

Durch eine Angabe in der allgemeinen Form

REGION=*n*K

wird für die Abarbeitung des Jobs ein zusammenhängender Bereich im Hauptspeicher angefordert, dessen Größe *n*-mal 1024 Bytes beträgt. *n* muß der Bedingung $1 \leqq n \leqq 16383$ genügen; bei ungeradem Wert wird *n* automatisch um 1 erhöht. Von Bedeutung ist dieser Parameter vor allem bei der Arbeit mit der Ausbaustufe MVT des Betriebssystems OS/ES.

Beispiel. REGION=8ØK

TIME-Parameter

Dieser Parameter legt eine obere Grenze für die Zeit fest, in der von dem Job die Zentraleinheit in Anspruch genommen wird (CPU-Zeit). Er ist in der allgemeinen Form

TIME=*m* oder TIME=(*m*, *s*)

zu schreiben, wobei *m* eine Angabe in Minuten und *s* eine Angabe in Sekunden darstellen. Soll die Begrenzung nur in Sekunden festgelegt werden, so entfällt der Wert von *m*, das darauffolgende Komma ist jedoch anzugeben. Nach Erreichen der durch den TIME-Parameter festgelegten oberen Grenze für die CPU-Zeit wird der Job abgebrochen. Man kann sich auf diese Weise vor langen Laufzeiten und damit hohen Kosten schützen, die ihre Ursache vielleicht in der ständigen Wiederholung eines Befehlszyklus auf Grund eines Fehlers haben. Wird der TIME-Parameter nicht angegeben, so ist die Joblaufzeit nicht begrenzt; es gilt allerdings für die einzelnen Jobschritte eine bei der Systemgenerierung festgelegte maximale Zeitschranke.

Beispiele

TIME=4 maximale Laufzeit 4 Minuten,
TIME=(2,3Ø) maximale Laufzeit 2 Minuten und 30 Sekunden,
TIME=(,4Ø) maximale Laufzeit 40 Sekunden.

Zusammenfassende Beispiele für JOB-Steuerkarten

1. //TESTØ1 JOB 3Ø832164,H.SCHOCH,CLASS=B,COND=(9,LE)
2. //DATEIAUF JOB ,LORENZ,CLASS=A,TIME=5

10.1.2. EXEC-Steuerkarten

Eine EXEC-Steuerkarte ist stets als erste Steuerkarte eines Jobschritts erforderlich. Sie beinhaltet den Aufruf eines vom Programmierer geschriebenen oder eines Systemprogramms, dessen Abarbeitung anschließend unter der Steuerung des Betriebssystems veranlaßt wird. Daneben können verschiedene, nur für den betreffenden Jobschritt gültige Festlegungen getroffen werden. Die allgemeine Form einer EXEC-Steuerkarte lautet:

//*Jobschrittname* EXEC PGM-*Parameter*, *weitere Angaben*

oder

//*Jobschrittname* EXEC PROC-*Parameter*, *weitere Angaben*

Der *Jobschrittname* ist wahlweise verwendbar und nur dann erforderlich, wenn in einem späteren Jobschritt ein Rückbezug auf diesen vorgenommen werden soll. Er ist in der gleichen Weise wie der Jobname aus maximal 8 alphanumerischen Zeichen zu bilden.

Der Operandenteil muß als erstes stets entweder einen PGM- oder einen PROC-Parameter enthalten. Im Anschluß daran können weitere Parameter in beliebiger Reihenfolge, durch Komma voneinander getrennt, angegeben werden. Die wesentlichsten Parameter werden im folgenden näher beschrieben.

PGM-Parameter

Der PGM-Parameter hat die allgemeine Form

PGM=*Programmname*

Das aufgerufene Programm muß sich unter dem angegebenen Namen in der Systembibliothek SYS1.LINKLIB oder einer vom Anwender angelegten Privatbibliothek befinden und kann von dort beliebig oft durch eine entsprechende EXEC-Steuerkarte in den Hauptspeicher geladen und ausgeführt werden. Bei Verwendung einer Privatbibliothek ist in der Steuerkartenfolge eine DD-Steuerkarte mit dem Dateinamen JOBLIB oder STEPLIB anzugeben, die eine Beschreibung dieser Bibliothek enthält (Abschnitt 10.1.3.).

Eine weitere Möglichkeit für die Angabe des PGM-Parameters lautet

PGM=*.*Jobschrittname.Dateiname*

Sie wird dann angewendet, wenn das auszuführende Programm in einem vorangehenden Jobschritt des gleichen Jobs entstand und in eine temporäre Bibliothek aufgenommen wurde. Es ist dann der Name dieses Jobschritts sowie der Dateiname der DD-Steuerkarte anzugeben, durch die die Aufnahme in die temporäre Bibliothek festgelegt wurde.

Beispiele

```
// EXEC PGM=TRFORM
//SCHRITT2 EXEC PGM=*.SCHRITT1.PROG1
```

PROC-Parameter

Der PROC-Parameter hat die allgemeine Form

PROC=*Prozedurname*

und kann auch in einer verkürzten Form verwendet werden, bei der lediglich der Prozedurname anzugeben ist. Unter einer Prozedur ist stets eine Folge von EXEC- und DD-Steuerkarten zu verstehen. Im allgemeinen handelt es sich dabei um katalogisierte Prozeduren, die in der Systembibliothek SYS1.PROCLIB gespeichert sind; nähere Ausführungen dazu sind in Abschnitt 10.2.1. enthalten. Es ist aber auch möglich, eigene Prozeduren in den Eingabestrom aufzunehmen. Der Aufruf einer Prozedur durch die Angabe des PROC-Parameters auf einer EXEC-Steuerkarte bewirkt, daß an Stelle dieser EXEC-Steuerkarte die Folge der in der Prozedur enthaltenen Jobsteueranweisungen abgearbeitet wird.

Beispiele

```
//SCHR1 EXEC PL1LFCG
// EXEC PROC=PL1LFC
```

COND-Parameter

Mit Hilfe des COND-Parameters kann man in gleicher Weise wie für den gesamten Job durch eine solche Angabe auf der JOB-Steuerkarte auch für den betreffenden Jobschritt festlegen, daß seine Ausführung in Abhängigkeit von der erfolgreichen Beendigung eines oder mehrerer vorangehender Jobschritte erfolgen soll. Beispielsweise ist es zweckmäßig, die Ausführung eines Programms nur im Falle einer erfolgreichen Übersetzung desselben in einem vorangehenden Jobschritt vorzunehmen.

Die Entscheidung darüber, ob ein Jobschritt ausgeführt oder der betreffende Job abgebrochen werden soll, wird auch hier durch die Auswertung einer oder mehrerer angegebener Bedingungen getroffen, die sich auf den Rückkehrcode vorangehender Jobschritte beziehen. Der COND-Parameter hat daher wie auf der JOB-Steuerkarte die allgemeine Form

COND=*Bedingung*

oder

COND=(*Bedingung*$_1$, *Bedingung*$_2$, ..., *Bedingung*$_n$)

mit $1 \leq n \leq 8$. Jede der Bedingungen ist in einer der beiden Formen

a) (*Vergleichswert*, *Vergleichsoperator*)

oder

b) (*Vergleichswert*, *Vergleichsoperator*, *Jobschrittname*)

anzugeben. In gleicher Weise wie auf der JOB-Steuerkarte kann für den Vergleichswert einer der Werte 0—4095 und für den Vergleichsoperator eines der Schlüsselwörter GT, GE, LT, LE, EQ oder NE eingesetzt werden.

Bei Verwendung der Form a) wird der Vergleichswert durch den Vergleichsoperator mit dem Rückkehrcode jedes vorangehenden Jobschrittes in Beziehung gebracht. Ist in wenigstens einem Fall die Bedingung erfüllt, so wird der Job abgebrochen; andernfalls wird der die Bedingung enthaltende Jobschritt ausgeführt. Bei Verwendung der Form b) wird für den Vergleich nur der Rückkehrcode des durch den angegebenen Jobschrittnamen bezeichneten Jobschritts in der gleichen Weise verwendet. Soll der Vergleich mit dem Rückkehrcode eines in einem vorangehenden Jobschritt abgearbeiteten Prozedurschritts durchgeführt werden, so ist statt des Jobschrittnamens jeweils eine Angabe Jobschrittname.Prozedurschrittname erforderlich.

Beispiele

```
//  EXEC  PGM=PROG12,COND=(2000,EQ)
//SCHR5 EXEC PGM=AUSWAHL,COND=((4,LT,SCHR3),(2000,EQ))
//ST4   EXEC  PGM=PROG4,COND=(4,LT,ST3.GO)
```

Zusätzlich besteht die Möglichkeit, in der EXEC-Steuerkarte für einen Jobschritt eine Bedingung der Form

COND=EVEN oder COND=ONLY

anzugeben. Beide werden nur wirksam, wenn irgendein Jobschritt des betreffenden Jobs nicht normal beendet wurde. Normalerweise wird in diesem Fall der gesamte Job abgebrochen. Durch eine Angabe COND=EVEN wird jedoch verlangt, daß der Jobschritt auch ausgeführt wird, wenn ein vorangehender Jobschritt nicht normal beendet wurde. Die Angabe COND=ONLY dagegen ist dann zu verwenden, wenn ein Jobschritt nur bei nicht normaler Beendigung vorangehender Jobschritte ausgeführt werden soll, zum Beispiel zum Zwecke der Fehlerbehandlung.

Wird durch eine EXEC-Steuerkarte eine Prozedur aufgerufen, so bezieht sich die Angabe eines COND-Parameters in der bisher beschriebenen Form auf sämtliche Prozedurschritte, d. h., er gilt für alle in der Prozedur enthaltenen EXEC-Anweisungen. Soll er sich nur auf einen einzelnen Prozedurschritt beziehen, so ist die Angabe in der Form

COND.*Prozedurschrittname*= ...

vorzunehmen.

Beispiel. // EXEC PL1LFCG,COND.GO=(8,LT,PL1L)

Wird sowohl auf der JOB-Steuerkarte als auch auf der EXEC-Steuerkarte ein COND-Parameter angegeben, so werden für den betreffenden Jobschritt zunächst die Bedingungen der JOB- und erst danach die der EXEC-Steuerkarte ausgewertet.

PARM-Parameter

Durch diesen Parameter können für Systemprogramme (z. B. den Compiler) speziell festgelegte Auswahlbedingungen zur Steuerung ihrer Ausführung angegeben werden; bei Anwenderprogrammen erfolgt damit die Übergabe eines Arguments für einen Parameter, der für das zum Hauptprogramm erklärte Teilprogramm vereinbart wurde (Abschnitt 8.3.2.1.). Die Angabe des PARM-Parameters erfolgt in der Form

PARM='...'

wobei innerhalb der Apostrophe eine Zeichenkette von maximal 100 Zeichen angegeben werden kann. Handelt es sich dabei um die Angabe von Auswahlbedingungen für ein Systemprogramm, so sind diese jeweils durch Komma voneinander zu trennen; wird nur eine Auswahlbedingung angegeben, so können die umschließenden Apostrophe auch weggelassen werden.

Beinhaltet die EXEC-Steuerkarte den Aufruf einer Prozedur, so ist der Parameter in der Form

PARM.*Prozedurschrittname*='...'

anzugeben und bezieht sich lediglich auf den betreffenden Prozedurschritt.

Beispiele

```
// EXEC PGM=PROG1Ø,PARM='1.5'
// EXEC PL1LFCLG,PARM.GO='ABC'
// EXEC PL1LFCG,PARM.PL1L='LOAD,XREF'
```

In gleicher Weise wie auf der JOB-Steuerkarte können auch auf EXEC-Steuerkarten REGION- und TIME-Parameter angegeben werden, die sich dann nur auf den betreffenden Jobschritt beziehen. Eine Zeitbeschränkung auf der JOB-Steuerkarte hat allerdings gegenüber einer solchen auf der EXEC-Steuerkarte vorrangige Wirkung; ist sie abgelaufen, so wird der Jobschritt beendet, auch wenn seine spezielle Zeitgrenze noch nicht erreicht worden ist.

10.1.3. DD-Steuerkarten

Im Anschluß an die einen Jobschritt oder Prozedurschritt beginnende EXEC-Steuerkarte ist für jede Datei, die in dem damit aufgerufenen Programm angesprochen wird, eine DD-Steuerkarte erforderlich. Diese hat die allgemeine Form

//*Dateiname* DD *Dateiangaben*

und enthält Angaben über den Datenträger für eine Datei sowie verschiedene Eigenschaften zur Dateibeschreibung.

Der *Dateiname* ist die Bezeichnung, unter der die Datei im betreffenden Programm vereinbart wurde. In einem PL1-Programm geschieht das im allgemeinen mit Hilfe einer Dateivereinbarung, ist aber auch über die TITLE-Angabe bei der Dateieröffnung (Abschnitt 5.4.2.) möglich. Über den Dateinamen wird die Verbindung zwischen den

Angaben der DD-Steuerkarte und dem für die Datei aufgebauten Datensteuerblock hergestellt.

Die einzelnen Dateiangaben werden durch Komma voneinander getrennt und können in beliebiger Reihenfolge auftreten. Die wichtigsten zulässigen Parameter werden im folgenden beschrieben.

DSNAME-Parameter

Der DSNAME-Parameter ist für Dateien auf Magnetband oder Direktzugriffsspeicher zulässig und enthält eine Dateiidentifikation. Diese wird bei neu aufgebauten Dateien in den Dateikennsatz eingetragen und dient bei bereits existierenden Dateien zur Kontrolle des richtigen Datenbestands. Die Angabe des Parameters erfolgt im allgemeinen in der Form

DSNAME=*Dateiidentifikation*

wobei an Stelle des Schlüsselworts DSNAME auch die Abkürzung DSN verwendet werden kann.

Im Normalfall besteht die *Dateiidentifikation* aus maximal 8 alphanumerischen Zeichen, deren erstes alphabetisch sein muß. Man kann jedoch auch mehrere solcher Zeichenfolgen durch jeweils einen Punkt miteinander verbinden und die Dateiidentifikation auf diese Weise auf insgesamt maximal 44 Zeichen ausdehnen. Für temporäre Dateien, die nur während der Abarbeitung eines Jobs oder Jobschritts benötigt werden und nach dessen Beendigung nicht mehr zur Verfügung stehen, ist die Angabe des DSNAME-Parameters nicht erforderlich; das System bildet dann von sich aus eine interne Dateiidentifikation. Man kann in diesem Fall aber auch einen Pseudonamen als Identifikation angeben, der mit einem oder zwei Zeichen & beginnt und bei Rückbezügen auf vorangehende Jobschritte Verwendung finden kann.

Beispiele

```
DSNAME=ISDAT1
DSN=&&ZWSP
DSN=K44.PROG1.D3
```

UNIT-Parameter

Durch den UNIT-Parameter wird dem System die Art des Datenträgers mitgeteilt, der für die betreffende Datei verwendet werden soll. Seine Angabe kann in der Form

UNIT=*Gerätetypname* oder UNIT=*Gerätegruppe*

vorgenommen werden; möglich ist jedoch auch die Angabe einer konkreten Geräteadresse.

Ein *Gerätetypname* stellt eine 4stellige Nummer dar, unter der im allgemeinen verschiedene Geräte des gleichen Typs zusammengefaßt werden. Durch seine Angabe fordert der Anwender für die Datei ein beliebiges Gerät dieses Typs an, das dann vom System automatisch zugeordnet wird. Die allgemein üblichen Gerätetypnamen lauten:

5010 für Magnetbänder,
5061 für Wechselplattenspeicher,
7030 für Drucker,
6010 für Lochkartenleser,
6020 für Lochstreifenleser,
7010 für Lochkartenstanzer,
7020 für Lochstreifenstanzer.

Eine *Gerätegruppe* stellt eine aus maximal 8 alphanumerischen Zeichen gebildete Bezeichnung dar, unter der verschiedene Gerätetypen zusammengefaßt werden, die für bestimmte Dateien eine gleichartige Bearbeitung gestatten und daher alternativ verwendet werden können. Beispielsweise ist für starr fortlaufende Dateien in gleicher Weise die Verwendung von Magnetbändern oder Direktzugriffsspeichern möglich. Namen von Gerätegruppen können bei der Systemgenerierung beliebig eingeführt werden; am häufigsten werden die Bezeichnungen

SYSDA für beliebige Direktzugriffsspeicher und
SYSSQ für Magnetband oder Direktzugriffsspeicher

benutzt. Bei Angabe einer Gerätegruppe im DSNAME-Parameter wird vom System automatisch der betreffenden Datei ein beliebiges Gerät dieser Gruppe zugeordnet. Über den UNIT-Parameter kann auch für Dateien, die sich über mehrere Datenträger erstrecken, deren Anzahl festgelegt werden. Der Parameter muß dann in der Form

UNIT=(*Gerätetypname* bzw. *Gerätegruppe, Anzahl*)

angegeben werden.

Beispiele

UNIT=SYSDA
UNIT=(5010,2)

VOLUME-Parameter

Der VOLUME-Parameter ist nur für Dateien auf Magnetbändern oder Direktzugriffsspeichern zulässig und legt den konkreten Datenträger fest, auf dem sich die Datei befindet bzw. auf dem sie gespeichert werden soll. Handelt es sich dabei um eine gezielte Anforderung, d. h. einen Datenträger mit einer speziellen, maximal 6 Zeichen langen Kennzeichnung, die als Datenträgerarchivnummer bezeichnet wird, so ist der Parameter in der Form

VOLUME=SER=*Datenträgerarchivnummer*

anzugeben, wobei an Stelle des Schlüsselworts VOLUME auch die Abkürzung VOL benutzt werden kann. Werden mehrere Datenträger für eine Datei benötigt, so sind diese in der Form

VOLUME=SER=(*Datenträgernummer*$_1$, *Datenträgernummer*$_2$, ...)

in Klammern hintereinander aufzuführen. Eine solche gezielte Anforderung ist stets erforderlich, wenn es sich um eine bereits existierende Datei handelt. Bei einer Datei, die im betreffenden Jobschritt erst aufgebaut wird, ist dagegen auch eine ungezielte Anforderung möglich; der VOLUME-Parameter ist dann wegzulassen, und das System ordnet irgendeinen dem UNIT-Parameter entsprechenden geeigneten Datenträger zu.

Beziehen sich mehrere Dateien eines Jobschritts auf den gleichen Datenträger oder wird ein Datenträger in einem anderen Jobschritt des gleichen Jobs erneut angesprochen, so kann der VOLUME-Parameter als Rückbezugnahme formuliert werden und hat dann folgendes Aussehen:

VOL=REF=*.*Dateiname*

wenn es sich um einen Datenträger handelt, der im gleichen Jobschritt bereits einer anderen Datei zugeordnet wurde;

VOL=REF=*.*Jobschrittname.Dateiname*

wenn es sich um einen Datenträger handelt, der innerhalb des gleichen Jobs in einem vorangehenden Jobschritt einer Datei zugeordnet wurde;

VOL=REF=*.*Jobschrittname.Prozedurschrittname.Dateiname*

wenn es sich um einen Datenträger handelt, der innerhalb des gleichen Jobs in einem Prozedurschritt eines die betreffende Prozedur aufrufenden Jobschritts einer Datei zugeordnet wurde.

Bei einer solchen Rückbezugnahme werden die entsprechenden Informationen bezüglich des Datenträgers aus dem VOLUME-Parameter der DD-Steuerkarte für die Datei entnommen, auf die der Bezug durch Angabe ihres Dateinamens erfolgt. Ein Rückbezug ist auch auf temporäre Dateien sowie auf Dateien möglich, die ihrerseits selbst wiederum im VOLUME-Parameter einen Rückbezug enthalten.

Beispiele

```
VOLUME=SER=PL0047
VOL=SER=(MB1002,MB1003)
VOL=REF=*.STEP1.DAT1
VOL=REF=*.SCHR2.GO.AUSGABE
```

DISP-Parameter

Durch den DISP-Parameter wird dem System mitgeteilt, welchen Zustand die Datei zu Beginn des Jobschritts hat und was mit ihr nach normaler und nach unnormaler Beendigung desselben geschehen soll. Die Angabe, die nur für Dateien auf Magnetbändern oder Direktzugriffsspeichern Bedeutung hat, ist in der allgemeinen Form

DISP=(*Ausgangszustand,normale Disposition,bedingte Disposition*)

vorzunehmen.

Der *Ausgangszustand* gibt in erster Linie an, ob die Datei zu Beginn des Jobschritts schon existiert oder in ihm erst erzeugt werden soll. Es bestehen dafür folgende Möglichkeiten:

NEW wenn die Datei im Jobschritt erst erzeugt wird;

OLD wenn die Datei bereits existiert und nur dem vorliegenden Job zur Verfügung stehen soll;

SHR wenn die Datei bereits existiert und ein gleichzeitiger Zugriff durch parallel ablaufende Jobs zugelassen wird;

MOD wenn die Datei erweitert werden soll (möglich bei starr fortlaufenden oder indexsequentiellen Dateien durch Anfügen neuer Datensätze an das bisherige Dateiende); existiert sie noch gar nicht, so wird statt dessen automatisch NEW angenommen.

Die *normale Disposition* gibt an, was mit der Datei bei normaler Beendigung des Jobschritts geschehen soll. Es bestehen dafür folgende Möglichkeiten:

DELETE wenn die Datei aufgegeben werden soll. Bei Magnetbanddateien wird das Band daraufhin zurückgespult, bei Direktzugriffsspeichern wird die Datei im Datenträgerinhaltsverzeichnis (VTOC) gestrichen und der von ihr belegte Speicherplatz freigegeben; ein späterer Zugriff ist nicht mehr möglich.

KEEP wenn die Datei erhalten bleiben soll. Bei Magnetbanddateien wird das Band daraufhin zurückgespult und entladen, bei Direktzugriffsspeichern bleibt die Datei unverändert im Datenträgerinhaltsverzeichnis erhalten, so daß ein späterer Zugriff jederzeit möglich ist. Diese Angabe ist nicht zulässig für temporäre Dateien.

PASS wenn die Datei weitergeleitet werden soll. Diese Angabe ist dann erforderlich, wenn die Datei in einem späteren Jobschritt des gleichen Jobs wieder benötigt wird.

Eine bis zum Jobende weitergeleitete Datei, für die keine andere Disposition angegeben wurde, bleibt nur dann erhalten, wenn sie vor Jobbeginn bereits existierte; andernfalls wird sie aufgegeben.

Die *bedingte Disposition* gibt an, was mit der Datei bei unnormaler Beendigung des Jobschritts geschehen soll. Es bestehen dafür die Möglichkeiten DELETE und KEEP, die beide die gleiche Bedeutung wie für die normale Disposition haben.

Die Angaben zur Disposition können im DISP-Parameter auch weggelassen werden. Standardmäßig wird dann mit Beendigung eines Jobschritts die normale Disposition folgendermaßen vorgenommen: Dateien mit dem Ausgangszustand NEW werden aufgegeben, Dateien, die schon existierten, bleiben erhalten, sofern sie nicht weitergeleitet wurden; letztere bleiben nur dann erhalten, wenn sie bereits zu Jobbeginn existierten. Beim Fehlen der bedingten Disposition wird für sie die gleiche Behandlung vorgesehen wie für die normale Disposition. Fehlen beide Dispositionen, so können die umschließenden Klammern weggelassen werden.

Beispiele

DISP=(MOD,KEEP)
DISP=OLD
DISP=(NEW,PASS,DELETE)

LABEL-Parameter

Der LABEL-Parameter soll hier nur in seiner hauptsächlichen Verwendung in Verbindung mit Magnetbanddateien erläutert werden. Durch ihn kann man in der Form

LABEL=*n*

die Dateifolgenummer auf einem Magnetband festlegen, wobei *n* eine ganze Zahl sein muß. Diese legt fest, die wievielte von mehreren auf einem Magnetband befindlichen Dateien zu bearbeiten ist bzw. als wievielte eine Datei darauf zu speichern ist. Fehlt der LABEL-Parameter, so wird standardmäßig stets LABEL=1 angenommen.

Weitere Angaben zu diesem Parameter beziehen sich auf die Kennsatzverarbeitung und den Kennwortschutz, worauf hier jedoch nicht näher eingegangen werden kann.

SPACE-Parameter

Der SPACE-Parameter ist nur für Dateien auf Direktzugriffsspeichern zulässig und beinhaltet die Anforderung des auf dem Datenträger benötigten Speicherplatzes für eine Datei, die neu aufgebaut oder erweitert werden soll. Die allgemeine Form des Parameters lautet im Normalfall

SPACE=(*Maßeinheit*,*Primärmenge*) oder
SPACE=(*Maßeinheit*,(*Primärmenge*,*Sekundärmenge*))

Zur Angabe der *Maßeinheit* für die angeforderte Speicherplatzmenge bestehen folgende Möglichkeiten:

CYL Anforderung in Zylindern,
TRK Anforderung in Spuren,
Blocklänge in Bytes Anforderung in Blöcken.

Primär- und *Sekundärmenge* stellen ganzzahlige Werte dar. Zunächst wird für die Datei das durch die angegebene Primärmenge bestimmte Vielfache der Maßeinheit bereitgestellt. Reicht dieser Platz bei der Erstellung der Datei nicht aus, so kann er noch mehrfach automatisch um ein durch die Sekundärmenge bestimmtes Vielfaches der Maßeinheit erweitert werden. Wird keine Sekundärmenge angegeben, so ist eine Erweiterung des der Datei zugeordneten Speicherplatzes nicht möglich. Soll eine starr fortlaufende Datei durch Anfügen von Sätzen erweitert werden (DISP=MOD), so kann ein SPACE-Parameter mit einer neuen Sekundärmenge vereinbart werden.

Bei indexsequentiellen Dateien ist die Vereinbarung einer Sekundärmenge nicht möglich. Statt dessen ist in diesem Fall die Anzahl *n* von Zylindern für den Indexbereich festzulegen und der gesamte Parameter in der Form

SPACE=(*Maßeinheit*,(*Primärmenge*,,*n*))

zu schreiben.

Zusätzlich kann in Verbindung mit dem SPACE-Parameter auch noch ein Unterparameter RLSE angegeben werden, der bewirkt, daß der Speicherplatz wieder freigegeben wird, der zwar zunächst für die Datei auf Grund der Anforderung bereitgestellt, aber bei ihrem Aufbau oder ihrer Erweiterung gar nicht benötigt wurde.

Beispiele

```
SPACE=(CYL,15)
SPACE=(TRK,(66,4),RLSE)
SPACE=(1024,(80,10))
SPACE=(CYL,(30,,1))
```

DCB-Parameter

Der DCB-Parameter enthält in Form verschiedener Unterparameter Angaben zur Dateibeschreibung bzw. -bearbeitung, die dazu dienen, weitere Informationen in den mit der Vereinbarung einer Datei im Programm aufgebauten Datensteuerblock einzutragen. Im Programm sollten jeweils nur die wesentlichsten und vor allem unveränderlichen Eigenschaften der Datei von vornherein festgelegt werden, um eine Abarbeitung unter verschiedenen gerätetechnischen oder sonstigen Voraussetzungen gewährleisten zu können. Alle möglicherweise variablen Angaben sind über die DD-Steuerkarten bereitzustellen. Zum Zeitpunkt der Dateieröffnung noch nicht durch entsprechende, im Programm vereinbarte Festlegungen belegte Felder im Datensteuerblock versucht das System durch Informationen aus den DD-Steuerkarten auszufüllen. Ein Überschreiben von Vereinbarungen aus dem Programm durch solche aus den DD-Steuerkarten ist jedoch nicht möglich. Bei bereits existierenden Dateien werden anschließend immer noch nicht belegte Felder des Datensteuerblocks durch Angaben aus den Dateikennsätzen aufgefüllt, die folglich für solche Dateien im allgemeinen weder im Programm noch in den DD-Steuerkarten angegeben werden sollten.

Die allgemeine Form der Angabe des DCB-Parameters lautet

DCB=($Unterparameter_1$, $Unterparameter_2$, ..., $Unterparameter_n$)

bzw., wenn nur ein einziger Unterparameter vorliegt,

DCB=*Unterparameter*

Aus der Vielzahl der möglichen Unterparameter werden im folgenden nur die für den PL1-Programmierer wesentlichsten ausgewählt und beschrieben.

Unterparameter DSORG

Dieser Unterparameter beschreibt die Dateiorganisation in der Form

DSORG=××

wobei × × eine Abkürzung darstellt, die folgendermaßen für die einzelnen Möglichkeiten anzugeben ist:

PS für starr fortlaufende Dateien,
IS für indexsequentielle Dateien,
DA für regionale Dateien.

Fehlt der Unterparameter DSORG, so wird standardmäßig die starr fortlaufende Dateiorganisation angenommen.

Unterparameter RECFM

Dieser Unterparameter beschreibt das Satzformat in der Form

RECFM= × bzw. RECFM= × ×... ×

wobei für × jeweils ein Zeichen einzusetzen ist, das als Abkürzung für ein bestimmtes Satzformat dient; es können mehrere Zeichen unmittelbar hintereinander angegeben werden. Die wichtigsten Abkürzungen lauten:

F feste Satzlänge, B Blockung von Sätzen,
V variable Satzlänge, S Segmentierung von Sätzen,
U undefinierte Satzlänge, T möglicher Spurüberlauf.

Zusätzlich kann für Dateien, die über einen Drucker ausgegeben werden sollen, in diesem Zusammenhang der Typ des verwendeten Druckersteuerzeichens festgelegt werden:

A Standardcode, M Maschinencode.

Wahlweise können die betreffenden Angaben auch durch die Angaben zum Satzformat im Attribut ENVIRONMENT der Dateivereinbarung festgelegt werden; bei bereits existierenden Dateien sind sie aus den Standardkennsätzen zu entnehmen. Liegt für eine neu aufzubauende Datei keine entsprechende Angabe vor, so wird standardmäßig RECFM=U angenommen.

Beispiele

RECFM=FB geblockte Sätze fester Länge,
RECFM=VBS geblockte Sätze variabler Länge mit Segmentierung,
RECFM=UA Sätze undefinierter Satzlänge, deren erstes Zeichen ein Druckersteuerzeichen im Standardcode darstellt.

Unterparameter LRECL

Dieser Unterparameter enthält die Satzlänge in der Form

LRECL=n

wobei für n bei Sätzen fester Länge die einheitliche Anzahl von Bytes, bei Sätzen variabler oder undefinierter Länge die maximale Anzahl von Bytes pro Satz einzusetzen ist. Bei Sätzen variabler Länge sind dabei die vom System automatisch angefügten 4 Bytes mit Längeninformationen zu berücksichtigen, bei indexsequentiellen Dateien die sich eventuell aus der Stellung des Schlüssels ergebenden Anfügungen (Abschnitt 5.2.3.1.).

Wahlweise kann die Satzlänge auch durch die Angabe zum Satzformat im Attribut ENVIRONMENT der Dateivereinbarung festgelegt werden; bei bereits existierenden Dateien ist sie aus den Standardkennsätzen zu entnehmen. Liegt für eine neu aufzubauende Datei keine entsprechende Angabe vor, so wird standardmäßig die Blocklänge als Satzlänge verwendet und damit eine ungeblockte Speicherung vorgenommen.

Unterparameter BLKSIZE

Dieser Unterparameter enthält die Blocklänge in der Form

BLKSIZE=*n*

wobei für *n* bei Sätzen fester Länge die einheitliche Anzahl von Bytes, bei Sätzen variabler oder undefinierter Länge die maximale Anzahl von Bytes pro Block einzusetzen ist. Dabei sind wie beim Unterparameter LRECL die bei Sätzen variabler Länge zusätzlich angefügten Bytes mit Längeninformationen sowie die entsprechenden Festlegungen für indexsequentielle Dateien zu berücksichtigen.

Wahlweise kann die Blocklänge auch durch die Angabe zum Satzformat im Attribut ENVIRONMENT der Dateivereinbarung festgelegt werden; bei bereits existierenden Dateien ist sie aus den Standardkennsätzen zu entnehmen. Für neu aufzubauende Dateien muß eine Angabe zur Blocklänge entweder im Programm oder auf der DD-Steuerkarte unbedingt vorliegen; bei ungeblockten Sätzen kann dann jedoch der Unterparameter LRECL weggelassen werden.

Unterparameter BUFNO

Dieser Unterparameter legt in der Form

BUFNO=*n*

mit $1 \leq n \leq 255$ die Anzahl der für die Datei zu verwendenden Ein- oder Ausgabepuffer fest. Wahlweise kann statt dessen auch die Angabe BUFFERS(*n*) im Attribut ENVIRONMENT der Dateivereinbarung verwendet werden. Beim Fehlen einer entsprechenden Angabe wird standardmäßig BUFNO=2 angenommen.

Unterparameter KEYLEN

Durch diesen Unterparameter wird für indexsequentielle oder regionale Dateien die Länge des Satzschlüssels in der Form

KEYLEN=*n*

festgelegt, wobei $1 \leq n \leq 255$ gilt. Wahlweise kann statt dessen auch die Angabe KEYLENGTH(*n*) im Attribut ENVIRONMENT der Dateivereinbarung verwendet werden. Bei bereits existierenden Dateien kann die Schlüssellänge auch aus den Standardkennsätzen entnommen werden.

Unterparameter RKP

Dieser Unterparameter gibt für indexsequentielle Dateien durch

RKP=*n*

die relative Position des Schlüssels innerhalb des Datensatzes an, wobei die Zählung der Positionen mit 0 beginnt. Bei nicht in den Datenteil eingefügtem Satzschlüssel ist für Dateien mit fester Satzlänge RKP=Ø, für Dateien mit Sätzen variabler Länge RKP=4 anzugeben. Diese Werte werden auch standardmäßig angenommen, wenn keine Angaben über die Stellung des Schlüssels vorliegen. Bei bereits existierenden Dateien kann die Angabe aus den Standardkennsätzen entnommen werden; wahlweise ist dafür aber auch eine Angabe KEYLOC(*n*) im Attribut ENVIRONMENT der Dateivereinbarung zulässig.

Unterparameter CYLOFL

Für indexsequentielle Dateien kann durch diesen Unterparameter in der Form

CYLOFL=n

die Anzahl der Überlaufspuren pro Zylinder festgelegt werden. Bei bereits existierenden Dateien kann diese Angabe auch aus den Dateikennsätzen entnommen werden.

Unterparameter NTM

Für indexsequentielle Dateien kann durch diesen Unterparameter in der Form

NTM=n

festgelegt werden, ab welcher Größe des Zylinderindex ein Hauptindex im Adreßverzeichnis angelegt werden soll. Zusätzlich ist in diesem Fall aber auch noch der Unterparameter OPTCD=M anzugeben. Bei einer Angabe NTM=3 wird automatisch ein Hauptindex angelegt, wenn die Anzahl der für den Zylinderindex benötigten Spuren mindestens 3 beträgt.

Unterparameter LIMCT

Dieser Parameter ist nur für regionale Dateien vom Typ 2 und 3 zulässig und legt in der Form

LIMCT=n

eine Suchgrenze für das erweiterte Suchen fest. Kann ein Satz nicht in die aus dem Satzschlüssel ermittelte Spur aufgenommen werden oder ist er nicht in dieser enthalten, so kann die Suche nach einem freien Platz bzw. nach dem betreffenden Satz noch in weiteren n Spuren fortgesetzt werden. Zusätzlich ist in diesem Fall auch noch die Angabe des Unterparameters OPTCD=E erforderlich. Wird der Unterparameter LIMCT nicht angegeben, so wird die Suche jeweils über die gesamte Datei ausgedehnt.

Unterparameter OPTCD

Durch diesen Unterparameter können verschiedene Festlegungen zur Dateibearbeitung getroffen werden, die in der Form

OPTCD=× bzw. OPTCD=××...×

anzugeben sind. × stellt jeweils ein Zeichen dar, das als Abkürzung für eine bestimmte Bearbeitung gilt; mehrere, sich nicht widersprechende Angaben können unmittelbar aufeinanderfolgen. Die wesentlichsten Möglichkeiten lauten:

- E Erweitertes Suchen zum Auffinden von Speicherplatz für einen Satz bzw. zum Auffinden eines Satzes bei regionalen Dateien vom Typ 2 oder 3. Dieser Unterparameter ist stets in Verbindung mit dem Unterparameter LIMCT anzugeben,
- I Verwendung eines unabhängigen Überlaufbereichs für indexsequentielle Dateien,
- L Betrachtung derjenigen Sätze einer indexsequentiellen Datei als gelöschte Sätze, die im ersten Byte des Datenteils den dualen Inhalt 11111111 enthalten,
- M Bildung eines Hauptindex für eine indexsequentielle Datei in Abhängigkeit von dem Unterparameter NTM,
- W Durchführung einer Schreibprüfung bei der Ausgabe von Sätzen auf Direktzugriffsspeicher,
- Y Speicherung von Überlaufsätzen bei indexsequentiellen Dateien in Zylinderüberlaufbereichen.

Beispiele

OPTCD=MILY Bei einer indexsequentiellen Datei sollen sowohl Zylinder- als auch unabhängige Überlaufbereiche verwendet und durch 11111111 im ersten Byte gekennzeichnete Sätze als gelöscht betrachtet werden. Außerdem ist gegebenenfalls ein Hauptindex zu bilden.

OPTCD=EW Bei der Erstellung einer regionalen Datei soll das erweiterte Suchen Verwendung finden und eine Schreibprüfung durchgeführt werden.

Unterparameter CODE

Dieser Unterparameter gibt für Lochstreifendateien in der Form

CODE=×

durch ein Zeichen den betreffenden Code an, der verwendet wurde bzw. verwendet werden soll. Einige der bestehenden Möglichkeiten für × lauten:

N DKOI-Code (keine Codeumwandlung erforderlich),
M Soemtron-528-Code (R300-Code),
T Fernschreibcode,
A ASCII-Code.

Beispiele für den DCB-Parameter

1. DCB=(RECFM=FB,LRECL=120,BLKSIZE=480,BUFNO=3)

Festlegung der starr fortlaufenden Dateiorganisation mit dem Satzformat F(480,120) und Abarbeitung unter Verwendung von drei Puffern.

2. DCB=(DSORG=IS,RECFM=F,BLKSIZE=136,KEYLEN=10,RKP=6,CYLOFL=1, OPTCD=YL)

Festlegung der indexsequentiellen Dateiorganisation mit dem Satzformat F(136) und einem eingebetteten, 10stelligen Schlüssel, der im 7. Byte des Datenteils beginnt. Für die Überlaufsätze werden Zylinderüberlaufbereiche verwendet, und als gelöscht gekennzeichnete Sätze bleiben unberücksichtigt.

3. DCB=BLKSIZE=80

Hier wird nur ein Unterparameter für eine starr fortlaufende Datei angegeben, so daß die umschließenden Klammern wegfallen können. Satz- und Blocklänge werden mit 80 Bytes festgelegt.

Zusammenfassende Beispiele für DD-Steuerkarten

1. Es ist die DD-Steuerkarte für eine aufzubauende indexsequentielle Datei SPAR1 anzugeben, die unter der Dateiidentifikation KONTEN1 auf dem Wechselplattenspeicher mit der Archivnummer WPS007 gespeichert werden soll. Für die Datei ist Speicherplatz im Umfang von 25 Zylindern sowie einem Zylinder für den Indexbereich anzufordern; nicht benötigter Platz soll am Ende freigegeben werden. Während die Angaben zum Satzformat einschl. Satz- und Blocklänge bereits im Programm vereinbart wurden, ist über die DD-Steuerkarte dem System noch mitzuteilen, daß der 7stellige Satzschlüssel im Datenteil ab dem 22. Byte enthalten ist. Als Überlaufbereich soll eine Spur jedes Zylinders benutzt werden. Die DD-Steuerkarte für diese Datei könnte folgendermaßen aussehen:

```
//SPAR1 DD DSN=KONTEN1,UNIT=5061,VOL=SER=WPS007,DISP=(NEW,KEEP),
//         SPACE=(CYL,(25,,1),RLSE),DCB=(DSORG=IS,KEYLEN=7,RKP=21,
//         CYLOFL=1,OPTCD=Y)
```

2. Es ist die DD-Steuerkarte für eine als Zwischenspeicher benutzte starr fortlaufende Datei ZW anzugeben, die in einem vorangehenden Jobschritt STEP1 unter dem gleichen Dateinamen aufgebaut wurde und als Identifikation den Pseudonamen &KORR trägt. Die Datei soll an einen

weiteren Jobschritt weitergeleitet werden, und bei ihrer Abarbeitung sind 3 Eingabepuffer zu verwenden. Die DD-Steuerkarte könnte für diese Datei folgendermaßen aussehen:

```
//ZW DD DSN=&KORR,UNIT=SYSSQ,VOL=REF=*.STEP1.ZW,DISP=(OLD,PASS),
//          DCB=BUFNO=3
```

(die Angaben zu Satzformat, Satzlänge und Blocklänge werden aus dem Standardkennsatz entnommen).

Spezielle DD-Steuerkarten sind für Dateien zu verwenden, die unmittelbar in Kartenform in den Eingabestrom eingefügt werden oder beispielsweise eine Druckerausgabe beinhalten. Auch für die Arbeit mit untergliederten Dateien sind verschiedene Angaben erforderlich, die von den bisherigen Ausführungen abweichen.

Steuerkarten für Dateien im Eingabestrom

Im Eingabestrom befindliche Dateien werden vom Systemeingabeprogramm zunächst auf Direktzugriffsspeicher übertragen und bei der Programmabarbeitung dann von dort eingelesen. Für sie ist eine Steuerkarte der Form

//*Dateiname* DD * oder //*Dateiname* DD DATA

zu verwenden. Der Unterschied beider Formen besteht darin, daß sich bei Angabe von DATA unter den Datenkarten auch Steuerkarten befinden können, die im anderen Fall das Ende der Eingabe bewirken würden. Bei Verwendung der Standardeingabedatei ist als Dateiname die Bezeichnung SYSIN anzugeben; bei Verwendung unterschiedlicher Dateinamen können auch durchaus mehrere Dateien im Eingabestrom enthalten sein. Das Ende einer Datei im Eingabestrom wird in jedem Fall durch das Auftreten einer Steuerkarte mit dem Inhalt

/*

in den beiden ersten Spalten erreicht. Bei Dateien, für die auf der DD-Steuerkarte * angegeben wurde, kann diese Karte allerdings entfallen; das Ende der Eingabe wird dann mit dem Auftreten der ersten nachfolgenden Steuerkarte angenommen.

Hinter der Angabe * bzw. DATA können auf der DD-Steuerkarte nach einem Komma noch weitere Festlegungen bezüglich der Abspeicherung der eingelesenen Daten auf dem Direktzugriffsspeicher angegeben werden. Diese erfolgen in der Form des DCB-Parameters und können die Unterparameter BLKSIZE und BUFNO enthalten. Diese Angaben werden allerdings nur dann berücksichtigt, wenn sie die in den Systemeingabeprogrammen für die gleichen Belange spezifizierten Angaben nicht überschreiten.

Beispiel für zwei aufeinanderfolgende Eingabedateien im Eingabestrom.

```
//D1 DD DATA
   :
1. Eingabedatei
   :
/*
//D2 DD *,DCB=BLKSIZE=80
   :
2. Eingabedatei
   :
/*
```

Steuerkarten für Ausgabedateien

Für Dateien, die über einen Drucker oder Stanzer ausgegeben werden sollen, findet zunächst ebenfalls eine Zwischenspeicherung auf einem Direktzugriffsspeicher statt, von wo aus die auszugebenden Daten dann mit Hilfe von Systemausgabeprogrammen eingelesen werden. Für eine solche Datei ist lediglich eine DD-Steuerkarte der Form

//*Dateiname* DD SYSOUT= ×

anzugeben, wobei × eine bestimmte Ausgabeklasse kennzeichnet. Für die einzelnen Ausgabeklassen können die Buchstaben A—Z und die Ziffern Ø—9 verwendet werden; der Anwender muß sich diesbezüglich mit den spezifischen Festlegungen des jeweiligen Rechenzentrums vertraut machen. In den Ausgabeklassen werden jeweils Ausgabedaten eines bestimmten Typs zusammengefaßt. Beispielsweise wird für den Drucker eine andere Ausgabeklasse verwendet als für den Stanzer; andere Ausgabeklassen unterscheiden sich wiederum hinsichtlich der Papierbreite, der Anzahl der Durchschläge usw.

Die einer Ausgabeklasse zugehörenden Ausgabedaten bilden einen Ausgabestrom, der auf dem Direktzugriffsspeicher zwischengespeichert wird; dabei kann für mehrere Ausgabedateien des gleichen Programms durchaus die gleiche Ausgabeklasse verwendet werden, ohne daß es zu einer Vermischung der Daten kommt. Die Ausgabe von Systemnachrichten erfolgt standardmäßig über die Ausgabeklasse A.

In der gleichen Weise wie bei Dateien im Eingabestrom kann im Anschluß an die Angabe SYSOUT= ×, durch ein Komma von dieser getrennt, noch ein entsprechender DCB-Parameter folgen, durch den die Anzahl der pro Zeile auszugebenden Zeichen in Form von Block- und Satzlänge sowie die Pufferanzahl für die Zwischenspeicherung festgelegt werden kann. Außerdem ist es möglich, durch eine zusätzliche Angabe OUTLIM=*n* den Umfang einer Ausgabedatei zu begrenzen. Der laufende Job wird dann nach Ausgabe von *n* Blöcken abgebrochen. Auf diese Weise kann man sich vor allem während der Testphase eines Programms vor der Ausgabe umfangreicher Drucklisten schützen, die vielleicht auf Grund eines logischen Fehlers im Programm und eines dadurch verursachten ständigen Durchlaufs durch einen Zyklus entsteht.

Beispiel

```
//AUS DD SYSOUT=A,OUTLIM=48ØØ,DCB=BLKSIZE=132
```

Steuerkarten für untergliederte Dateien

Bestimmte Besonderheiten bezüglich der erforderlichen DD-Steuerkarten sind auch für Dateien einer Dateiorganisationsform zu beachten, die innerhalb von PL1-Programmen nicht verwendet werden kann, aber vom Betriebssystem für die Anlage von Bibliotheken benutzt wird. Es handelt sich dabei um sog. untergliederte Dateien, die nur auf Direktzugriffsspeichern angelegt werden können und normalerweise mehrere einzeln abrufbare Datenbestände enthalten. Diese werden als Bestände der untergliederten Datei bezeichnet und entsprechen jeweils starr fortlaufenden Dateien.

Beim Aufbau einer untergliederten Datei ist im DCB-Parameter der betreffenden DD-Steuerkarte die Dateiorganisationsform durch den Unterparameter DSORG=PO zu beschreiben. In der üblichen Weise erhält die Datei durch den DSNAME-Parameter eine Dateiidentifikation, und alle danach eingefügten Bestände erhalten einen gesonderten Bestandsnamen, der bei seiner Aufnahme in die Datei sowie bei einem späteren

Zugriff in Klammern hinter der Dateiidentifikation anzugeben ist; der DSNAME-Parameter hat dann also die Form

DSNAME=*Dateiidentifikation*(*Bestandsname*)

Das Auffinden des betreffenden Bestands erfolgt an Hand eines zusammen mit der Datei gespeicherten Datenbestandsverzeichnisses, in dem jeder einzelne Bestand mit seiner Speicheradresse eingetragen ist. Dieses Verzeichnis besteht aus 256 Bytes großen Verzeichnisblöcken, die jeweils Angaben für etwa 5 Bestände enthalten und deren Anzahl beim Aufbau der untergliederten Datei im SPACE-Parameter in der Form

SPACE=(*Maßeinheit*,(*Primärmenge*,*Sekundärmenge*,*Anz. Verzeichnisblöcke*))

festzulegen ist.

Für die Speicherung von Programmen, die mehrfach abgearbeitet werden sollen, ist grundsätzlich die Verwendung von untergliederten Dateien (Bibliotheken) erforderlich. Neben der Systembibliothek SYS1.LINKLIB, die die von vielen Anwendern häufig benutzten Programme enthält und unmittelbar zur Verfügung steht, kann sich jeder Anwender selbst noch entsprechende Privatbibliotheken anlegen und darin seine Programme als Bestände speichern. Der Aufruf solcher in einer Privatbibliothek befindlicher Programme erfordert neben einer EXEC-Steuerkarte der Form // EXEC PGM=*Bestandsname* zusätzlich die Verwendung einer speziellen DD-Steuerkarte zur Beschreibung der betreffenden Bibliothek, die mit dem Dateinamen JOBLIB oder STEPLIB zu versehen ist. Eine Steuerkarte

//JOBLIB DD ...

beschreibt eine Bibliothek, die für die Dauer des gesamten Jobs zugeordnet ist; sie muß unmittelbar hinter der JOB-Steuerkarte des betreffenden Jobs angegeben werden. Wird in einem zugehörigen Jobschritt durch einen PGM-Parameter ein Programm aufgerufen, so wird nach diesem zuerst in der Privatbibliothek und erst danach in der Systembibliothek gesucht. Eine Steuerkarte

//STEPLIB DD ...

beschreibt eine Bibliothek, die nur für die Dauer eines Jobschritts zur Verfügung steht; sie muß unmittelbar auf die den Jobschritt beginnende EXEC-Steuerkarte folgen und wird im betreffenden Jobschritt genauso verwendet wie eine durch eine DD-Steuerkarte mit dem Dateinamen JOBLIB beschriebene Datei im gesamten Job. Beispiele für die Anwendung untergliederter Dateien sind in Abschnitt 10.2.3. enthalten.

10.2. Zusammenstellung von Steuerkarten

Für jeden Job ist vom Anwender eine Reihe von Steuerkarten mit Jobsteueranweisungen zusammenzustellen. Die Kartenfolgen der einzelnen Jobs bilden einen fortlaufenden Eingabestrom für das Betriebssystem. Der Inhalt der Steuerkarten und ihre Aufeinanderfolge sind von der Aufgabe abhängig, die durch die EDVA bearbeitet werden soll.

Der vorliegende Abschnitt beschreibt in erster Linie die Zusammenstellung der Steuerkarten für die Übersetzung von PL1-Programmen sowie für deren Ausführung. Bei der Anforderung einer Übersetzung kann ein in Lochkartenform vorliegendes Programm mit in den Eingabestrom der Steuerkarten eingefügt werden. Die Steuerkartenfolge für die Ausführung eines Programms richtet sich danach, in welcher Form das Programm vorliegt und welcher Aufbereitung es bereits unterzogen wurde. Daten, die bei der Abarbeitung des Programms über Lochkarten eingelesen werden sollen, können ebenfalls in den Eingabestrom eingefügt werden.

Verschiedene Folgen von Jobsteueranweisungen, die in gleicher Weise immer wieder benötigt werden, wurden als abrufbare Einheiten in eine Systembibliothek aufgenommen. Sie werden als katalogisierte Prozeduren bezeichnet und liegen z. B. für die Übersetzung von PL1-Programmen sowie deren Aufbereitung und anschließende Ausführung vor. Bei der Beschreibung der Kartenzusammenstellung wird im folgenden vor allem auf die Benutzung dieser Prozeduren und ihre eventuelle Modifikation orientiert, da auf diese Weise der Aufwand für die Erstellung der Steuerkarten wesentlich reduziert werden kann.

10.2.1. Katalogisierte Prozeduren

Bei der Zusammenstellung von Jobs, die die Übersetzung von Programmen und/oder deren Umwandlung in eine abarbeitungsfähige Form beinhalten, sind jeweils zahlreiche Steuerkarten erforderlich, von denen sich der überwiegende Teil jedoch stets wiederholt. Das betrifft zum Beispiel die EXEC-Steuerkarten, die den Aufruf des Compilers oder des Programmverbinders bewirken, sowie die DD-Steuerkarten für die von diesen Systemprogrammen benötigten Arbeitsdateien. Zur Verringerung der Schreibarbeit für den Programmierer und damit auch zur Einschränkung von Fehlerquellen wurden deshalb einige besonders häufig wiederkehrende Folgen von Steuerkarten zu sogenannten katalogisierten Prozeduren zusammengefaßt und in einer speziellen Systembibliothek SYS1.PROCLIB gespeichert. Von dieser können sie in jedem Job unter einem festgelegten Namen in der Form

//*Jobschrittname* EXEC *Prozedurname*

abgerufen werden; die Angabe eines Jobschrittnamens kann dabei auch entfallen. Die Wirkung einer solchen Bezugnahme besteht darin, daß die EXEC-Steuerkarte durch die in der Prozedur enthaltene Folge von Jobsteueranweisungen ersetzt wird und diese unmittelbar anschließend abgearbeitet werden. Eine katalogisierte Prozedur kann dabei ohne weiteres mehrere EXEC-Anweisungen und damit mehrere Jobschritte enthalten, die dann als Prozedurschritte bezeichnet werden.

Für die Arbeit mit PL1-Programmen stehen folgende 6 katalogisierte Prozeduren zur Verfügung, die allerdings von den einzelnen Rechenzentren auch in geringfügig veränderter Form in die Systembibliothek aufgenommen worden sein können.

Katalogisierte Prozedur PL1LFC: Übersetzung eines PL1-Programms

```
//PL1L      EXEC PGM=IEMAA,PARM='LOAD,NODECK',REGION=52K
//SYSPRINT DD   SYSOUT=A
//SYSLIN    DD   DSNAME=&&LOADSET,DISP=(MOD,PASS),UNIT=SYSSQ,
//               SPACE=(80,(250,100))
//SYSUT3    DD   DSNAME=&&SYSUT3,UNIT=SYSDA,SPACE=(80,(250,250)),
//               DCB=BLKSIZE=80
//SYSUT1    DD   DSNAME=&&SYSUT1,SPACE=(1024,(60,60),,CONTIG),
//               UNIT=SYSDA,SEP=(SYSUT3,SYSLIN),DCB=BLKSIZE=1024
```

Katalogisierte Prozedur PL1LFCL: Übersetzung und Verbindung eines PL1-Programms

```
//PL1L     EXEC PGM=IEMAA,PARM='LOAD,NODECK',REGION=52K
//SYSPRINT DD   SYSOUT=A
//SYSLIN   DD   DSNAME=&&LOADSET,DISP=(MOD,PASS),UNIT=SYSSQ,
//              SPACE=(80,(250,100))
//SYSUT3   DD   DSNAME=&&SYSUT3,UNIT=SYSDA,SPACE=(80,(250,250)),
//              DCB=BLKSIZE=80
//SYSUT1   DD   DSNAME=&&SYSUT1,SPACE=(1024,(60,60),,CONTIG),
//              UNIT=SYSDA,SEP=(SYSUT3,SYSLIN),DCB=BLKSIZE=1024
//LKED     EXEC PGM=IEWL,PARM='XREF,LIST',COND=(8,LT,PL1L),
//              REGION=96K
//SYSLIB   DD   DSNAME=SYS1.PL1LIB,DISP=SHR
//SYSLMOD  DD   DSNAME=&&GOSET(GO),DISP=(MOD,PASS),UNIT=SYSDA,
//              SPACE=(1024,(50,20,1))
//SYSUT1   DD   DSNAME=&&SYSUT1,SPACE=(1024,(200,20)),UNIT=SYSDA,
//              DCB=BLKSIZE=1024,SEP=(SYSLMOD,SYSLIB)
//SYSPRINT DD   SYSOUT=A
//SYSLIN   DD   DSNAME=&&LOADSET,DISP=(OLD,DELETE)
//         DD   DDNAME=SYSIN
```

Katalogisierte Prozedur PL1LFCG: Übersetzung und Ausführung eines PL1-Programms

```
//PL1L     EXEC PGM=IEMAA,PARM='LOAD,NODECK',REGION=52K
//SYSPRINT DD   SYSOUT=A
//SYSLIN   DD   DSNAME=&&LOADSET,DISP=(MOD,PASS),UNIT=SYSSQ,
//              SPACE=(80,(250,100))
//SYSUT3   DD   DSNAME=&&SYSUT3,UNIT=SYSDA,SPACE=(80,(250,250)),
//              DCB=BLKSIZE=80
//SYSUT1   DD   DSNAME=&&SYSUT1,SPACE=(1024,(60,60),,CONTIG),
//              UNIT=SYSDA,SEP=(SYSUT3,SYSLIN),DCB=BLKSIZE=1024
//GO       EXEC PGM=LOADER,PARM='MAP,PRINT',REGION=96K,
//              COND=(8,LT,PL1L)
//SYSLIB   DD   DSNAME=SYS1.PL1LIB,DISP=SHR
//SYSLIN   DD   DSNAME=&&LOADSET,DISP=(OLD,DELETE)
//SYSLOUT  DD   SYSOUT=A
//SYSPRINT DD   SYSOUT=A
```

Katalogisierte Prozedur PL1LFCLG: Übersetzung, Verbindung und Ausführung eines PL1-Programms

```
//PL1L     EXEC PGM=IEMAA,PARM='LOAD,NODECK',REGION=52K
//SYSPRINT DD   SYSOUT=A
//SYSLIN   DD   DSNAME=&&LOADSET,DISP=(MOD,PASS),UNIT=SYSSQ,
//              SPACE=(80,(250,100))
//SYSUT3   DD   DSNAME=&&SYSUT3,UNIT=SYSDA,SPACE=(80,(250,250)),
//              DCB=BLKSIZE=80
//SYSUT1   DD   DSNAME=&&SYSUT1,SPACE=(1024,(60,60),,CONTIG),
//              UNIT=SYSDA,SEP=(SYSUT3,SYSLIN),DCB=BLKSIZE=1024
```

```
//LKED      EXEC  PGM=IEWL,PARM='XREF,LIST',COND=(8,LT,PL1L),
//                REGION=96K
//SYSLIB      DD  DSNAME=SYS1.PL1LIB,DISP=SHR
//SYSLMOD DD      DSNAME=&&GOSET(GO),DISP=(MOD,PASS),UNIT=SYSDA,
//                SPACE=(1024,(50,20,1))
//SYSUT1      DD  DSNAME=&&SYSUT1,SPACE=(1024,(200,20)),UNIT=SYSDA,
//                DCB=BLKSIZE=1024,SEP=(SYSLMOD,SYSLIB)
//SYSPRINT DD     SYSOUT=A
//SYSLIN      DD  DSNAME=&&LOADSET,DISP=(OLD,DELETE)
//            DD  DDNAME=SYSIN
//GO        EXEC  PGM=*.LKED.SYSLMOD,COND=((8,LT,LKED),(8,LT,PL1L))
//SYSPRINT DD     SYSOUT=A
```

Katalogisierte Prozedur PL1LFLG: Verbindung und Ausführung eines übersetzten PL1-Programms

```
//LKED      EXEC  PGM=IEWL,PARM='XREF,LIST',REGION=96K
//SYSLIB      DD  DSNAME=SYS1.PL1LIB,DISP=SHR
//SYSLMOD DD      DSNAME=&&GOSET(GO),DISP=(MOD,PASS),UNIT=SYSDA,
//                SPACE=(1024,(50,20,1))
//SYSUT1      DD  DSNAME=&&SYSUT1,DCB=BLKSIZE=1024,UNIT=SYSDA,
//                DCB=BLKSIZE=1024,SEP=(SYSLMOD,SYSLIB)
//SYSPRINT DD     SYSOUT=A
//SYSLIN      DD  DDNAME=SYSIN
//GO        EXEC  PGM=*.LKED.SYSLMOD,COND=(8,LT,LKED)
//SYSPRINT DD     SYSOUT=A
```

Katalogisierte Prozedur PL1LFG: Ausführung eines übersetzten PL1-Programms

```
//GO        EXEC  PGM=LOADER,PARM='MAP,PRINT',REGION=96K
//SYSLIB      DD  DSNAME=SYS1.PL1LIB,DISP=SHR
//SYSLOUT DD      SYSOUT=A
//SYSPRINT DD     SYSOUT=A
```

Die durch PARM-Parameter in den EXEC-Anweisungen einer katalogisierten Prozedur getroffenen Festlegungen können durch einen entsprechenden PARM-Parameter in der die Prozedur aufrufenden EXEC-Steuerkarte verändert werden. Die Angaben der PARM-Parameter innerhalb der Prozedur werden auf diese Weise allerdings nicht modifiziert, sondern stets vollständig überschrieben; eine Kombination mit den neuen Angaben ist also nicht möglich. Weiterhin ist zu beachten, daß sich eine Angabe PARM='...' beim Aufruf einer Prozedur jeweils nur auf den ersten Prozedurschritt bezieht, während für die weiteren Prozedurschritte die PARM-Angaben ignoriert und statt dessen die betreffenden Standardannahmen verwendet werden. Soll ein PARM-Parameter für einen bestimmten Prozedurschritt gelten, so muß er in der Form PARM.*Prozedurschrittname*='...' angegeben werden. Eine solche Form ist z. B. erforderlich zur Angabe eines Arguments, das einen für das Hauptprogramm vereinbarten Parameter ersetzen soll (Abschnitt 8.3.2.); die Parameterangabe bezieht sich dann stets auf den Prozedurschritt GO, der die Ausführung des Programms beinhaltet.

Beispiele

PARM.PL1L='LOAD,XREF'
PARM.GO='ABC'

In gleicher Weise kann eine Veränderung des COND-Parameters in den EXEC-Anweisungen einer katalogisierten Prozedur vorgenommen werden. Ein COND-Parameter in der die Prozedur aufrufenden EXEC-Anweisung überschreibt dann die betreffenden Angaben der Prozedur. Im Unterschied zum PARM-Parameter gilt allerdings eine Angabe COND=... für sämtliche Prozedurschritte, während sich eine Angabe der Form COND.*Prozedurschrittname*=... nur auf den bezeichneten Prozedurschritt bezieht.

Beispiel. COND.GO=(4,LT,PL1L)

Veränderungen sind auch in den DD-Anweisungen einer katalogisierten Prozedur möglich, und es können zu jedem Prozedurschritt DD-Anweisungen hinzugefügt werden.

Zur Veränderung einer in einer Prozedur auftretenden DD-Anweisung

//*Dateiname* DD ...

ist im Anschluß an die die Prozedur aufrufende EXEC-Steuerkarte eine DD-Steuerkarte in der Form

//*Prozedurschrittname.Dateiname* DD ...

anzugeben. Für die betreffende Datei des Prozedurschrittes gelten dann die Festlegungen dieser DD-Anweisung.

Beispiel.

//PL1L.SYSLIN DD UNIT=5010,VOL=SER=MB2700,DISP=(NEW,PASS),DSN=PTX

Hinzufügungen von DD-Anweisungen sind im allgemeinen für die Eingabedatei, die das betreffende Programm in einer entsprechenden Form enthält, sowie für sämtliche im Programm vereinbarten und bei seiner Abarbeitung angesprochenen Dateien erforderlich. Sie sind ebenfalls als Steuerkarten in der Form

//*Prozedurschrittname.Dateiname* DD ...

anzugeben.

Beispiel.

//GO.DATEI1 DD UNIT=5061,VOL=SER=MPL125,DISP=OLD,DSN=BEWEG

Dabei ist zu beachten, daß sämtliche ersetzenden und hinzugefügten DD-Steuerkarten stets in der Reihenfolge der einzelnen Prozedurschritte erscheinen müssen. Außerdem sind innerhalb eines Prozedurschrittes stets zuerst die ersetzenden DD-Steuerkarten in der Reihenfolge der betreffenden DD-Anweisungen innerhalb der Prozedur und erst danach in beliebiger Reihenfolge die DD-Steuerkarten anzugeben, die hinzugefügt werden sollen.

10.2.2. Übersetzung von PL1-Programmen

Die Übersetzung eines PL1-Programms erfordert die Verwendung einer EXEC-Steuerkarte zum Aufruf des PL1-Compilers sowie die Angabe mehrerer DD-Steuerkarten für die vom Compiler benutzten Arbeitsdateien. Unter einem Programm ist dabei stets entsprechend den Ausführungen von Kapitel 8 ein externes Teilprogramm zu verstehen, das durchaus mehrere interne Teilprogramme enthalten kann.

Eine Zusammenfassung der für die Übersetzung erforderlichen Steuerkarten stellt die katalogisierte Prozedur PL1LFC dar, die nur aus einem einzigen Prozedurschritt mit dem Namen PL1L besteht und in der Form

//*Jobschrittname* EXEC PL1LFC

aufgerufen werden kann. Hinzuzufügen ist jeweils noch eine DD-Steuerkarte für die Eingabedatei SYSIN, in der für den Compiler die Befehle des zu übersetzenden PL1-Programms, des sogenannten Quellenprogramms, bereitzustellen sind. Im allgemeinen wird es sich dabei um 80spaltige Lochkarten handeln. Diese können unmittelbar in den Eingabestrom aufgenommen werden, so daß dieser im Anschluß an die EXEC-Steuerkarte zum Aufruf der Prozedur folgende Karten enthält:

```
//PL1L.SYSIN DD *,DCB=BLKSIZE=8Ø
  ⋮
 PL1-Quellenprogramm
  ⋮
/*
```

Es ist aber auch möglich, die Befehlsfolge des Programms in analoger Form als Sätze einer starr fortlaufenden Datei von Magnetband oder Direktzugriffsspeicher einzulesen. Auf den Aufruf der Prozedur müßte dann eine DD-Steuerkarte der Form

//PL1L.SYSIN DD UNIT=... ,VOL=SER=... ,DISP=OLD,DSN=...

folgen, die eine Beschreibung des betreffenden Datenträgers und eventuell verschiedene andere Dateiangaben enthält.

Das Ergebnis der Übersetzung eines PL1-Programms durch den Compiler wird als Objektmodul bezeichnet und stellt eine der Assemblersprache ähnliche Folge von Anweisungen dar. Dieser Objektmodul kann allerdings noch nicht unmittelbar ausgeführt werden, sondern ist vorher einer entsprechenden Bearbeitung durch den Programmverbinder oder den Lader zu unterziehen (Abschnitt 10.2.3.). Das ist unter anderem deshalb erforderlich, da in ihm noch verschiedene Bezugnahmen auf weitere, in einer Systembibliothek befindliche Module enthalten sind, deren Anweisungsfolge noch in den Objektmodul einzufügen ist.

Bei unveränderter Verwendung der katalogisierten Prozedur PL1LFC stellt der Objektmodul eine temporäre, starr fortlaufend organisierte Datei SYSLIN dar und steht folglich nach Abschluß des Jobs nicht mehr zur Verfügung. Soll der Objektmodul jedoch erhalten bleiben, um bei einer späteren Weiterbearbeitung nicht erneut eine Übersetzung durchführen zu müssen, so ist für die Datei SYSLIN eine entsprechende DD-Steuerkarte anzugeben, die dann die in der Prozedur enthaltene ersetzt:

//PL1L.SYSLIN DD UNIT=... ,VOL=SER=... ,DISP=(NEW,KEEP),DSN=...

Bei Speicherung des Objektmoduls auf einem Direktzugriffsspeicher ist noch ein entsprechender SPACE-Parameter anzugeben, bei Speicherung auf Magnetband gegebenenfalls ein LABEL-Parameter. Zu beachten ist dabei, daß diese Steuerkarte, bei der es sich um eine Ersetzung handelt, im Eingabestrom stets vor der Steuerkarte //PL1L.SYSIN DD ... angegeben werden muß, da diese zur Prozedur hinzugefügt wird.

Wurden bei der Übersetzung vom Compiler Fehler festgestellt, so werden diese nach ihrer Schwere geordnet und jeweils durch eine Fehlermeldung unter Angabe des Schweregrades, einer Fehlernummer sowie eines erläuternden Textes ausgedruckt. Für den Schweregrad gibt es folgende Kennzeichnungen:

T Abbruchfehler (Rückkehrcode 16)
Beim Auftreten eines solchen Fehlers wird die Übersetzung abgebrochen.

S schwerer Fehler (Rückkehrcode 12)
Der betreffende Befehl oder ein Teil davon wird ignoriert, die weitere Übersetzung jedoch fortgesetzt.

E Fehler (Rückkehrcode 8)
Hierbei handelt es sich um Fehler, die vom Compiler korrigiert werden, mitunter jedoch auch lediglich um die Verwendung von Sprachelementen, die bei unzureichender Kenntnis der internen Abläufe sehr leicht zu Fehlern führen können (z. B. bei Überlagerungen); bei entsprechender Berücksichtigung der betreffenden Vorgänge liegt in diesem Fall kein Fehler vor.

W Warnung (Rückkehrcode 4)
Obwohl der betreffende Befehl syntaktisch richtig ist, wird durch diese Meldung darauf hingewiesen, daß unter Umständen ein Fehler vorliegen könnte.

Der höchste bei der Übersetzung aufgetretene Rückkehrcode bestimmt den Rückkehrcode des gesamten Jobschritts. Im allgemeinen ist beim Vorliegen von Fehlermeldungen des Schweregrads E und W, d. h. bis zum Rückkehrcode 8, die spätere Ausführung des Objektmoduls ohne weiteres möglich; der Programmierer sollte sich allerdings trotzdem jeweils Klarheit darüber verschaffen, warum die betreffende Mitteilung ausgedruckt wurde. Bei Fehlern des Schweregrads S oder T ist auf jeden Fall vor einer weiteren Bearbeitung eine Korrektur und erneute Übersetzung vorzunehmen.

Wurden bei der Übersetzung keinerlei Fehler oder Warnungen festgestellt, so wird statt der Liste der Fehlermeldungen eine Mitteilung

NO ERRORS OR WARNINGS DETECTED.

ausgegeben, und der Prozedurschritt erhält den Rückkehrcode 0.

Neben diesen Informationen werden vom Compiler in Verbindung mit der Übersetzung eines Programms zahlreiche weitere Mitteilungen über die Standardausgabedatei SYSPRINT bereitgestellt, deren Umfang der Anwender nach eigenem Ermessen bestimmen kann. Es stehen ihm dafür sowie für die gesamte Arbeit des Compilers eine Reihe von Auswahlbedingungen zur Verfügung. Einige von ihnen werden bei der Systemgenerierung im jeweiligen Rechenzentrum festgelegt oder standardmäßig angenommen. Über den PARM-Parameter kann der Programmierer aber auch von sich aus geeignete Bedingungen auswählen und für die Dauer eines Jobschritts wirksam werden lassen.

Nachfolgend wird eine Übersicht über die wesentlichsten Auswahlbedingungen gegeben, die jeweils durch ein Schlüsselwort gekennzeichnet sind. Wahlweise kann statt dessen aber auch die in Klammern hinter diesem Schlüsselwort angegebene Abkürzung verwendet werden. Die unterstrichenen Auswahlbedingungen sind standardmäßig wirksam; alle anderen gelten nur durch Festlegungen bei der Systemgenerierung oder durch den Programmierer.

Auswahlbedingungen für die Arbeit des Compilers

STMT (ST)

Die Auswahlbedingung STMT veranlaßt den Compiler, in den Objektmodul zusätzliche Anweisungen einzufügen, durch die beim Auftreten eines Fehlers während der Abarbeitung die betreffende Befehlsnummer des Quellenprogramms bestimmt und zusammen mit der Fehlermeldung ausgegeben werden kann. Die Verwendung dieser Auswahlbedingung erhöht allerdings den Speicherplatzbedarf und die Ausführungszeit wesentlich.

CHAR60 (C60) oder CHAR48 (C48)

Diese Auswahlbedingungen geben an, ob das Programm im 60- oder im 48-Zeichensatz geschrieben ist. Bei Angabe von CHAR48 werden aber auch alle eventuell auftretenden Zeichen des 60-Zeichensatzes richtig erkannt.

LOAD (LD)

Die Auswahlbedingung LOAD bewirkt, daß der Objektmodul in der Form in die Datei SYSLIN übertragen wird, die den Anforderungen des Programmverbinders oder Laders für eine weitere Bearbeitung entspricht.

DECK (D)

Die Auswahlbedingung DECK bewirkt, daß der Objektmodul im Format 80-spaltiger Lochkarten auf die Datei SYSPUNCH ausgegeben wird; er kann in dieser Form ebenfalls für eine spätere Bearbeitung durch den Programmverbinder oder Lader benutzt werden.

Auswahlbedingungen bei Benutzung des Makrointerpreters

MACRO (M)

Durch die Auswahlbedingung MACRO wird festgelegt, daß vor der Übersetzung durch den Compiler eine Bearbeitung des Programms durch den Makrointerpreter erforderlich ist.

COMP (C)

Die Auswahlbedingung COMP bewirkt, daß die vom Makrointerpreter erzeugte Befehlsfolge anschließend durch den Compiler übersetzt wird.

MACDCK (MD)

Die Auswahlbedingung MACDCK bewirkt, daß die vom Makrointerpreter erzeugte Befehlsfolge in Lochkartenform auf SYSPUNCH ausgegeben wird.

Auswahlbedingungen für die Ausgabe von Informationen

SOURCE (S)

Die Auswahlbedingung SOURCE bewirkt, daß die dem Compiler zur Übersetzung übergebene Befehlsfolge ausgedruckt wird. Dabei handelt es sich entweder um das ursprüngliche Quellenprogramm oder das Ergebnis der Bearbeitung durch den Makrointerpreter.

SOURCE2 (S2)

Die Auswahlbedingung SOURCE2 bewirkt, daß bei Verwendung des Makrointerpreters die betreffenden Eingabebefehle ausgedruckt werden.

NEST (NT)

In die durch die Auswahlbedingung SOURCE erzeugte Liste der Befehle werden bei Verwendung der Auswahlbedingung NEST entsprechende Angaben aufgenommen, aus denen die Ineinanderschachtelung von Blöcken, Befehlsgruppen oder Befehlsschleifen hervorgeht. Die Übersichtlichkeit eines Programms erhöht sich damit beträchtlich.

ATR (A)

Die Auswahlbedingung ATR bewirkt die Ausgabe eines Verzeichnisses, in dem in alphabetischer Reihenfolge alle im Quellenprogramm auftretenden Bezeichnungen durch Angabe ihrer Attribute aufgeführt werden. Für alle vereinbarten Felder und Strukturen wird außerdem die Größe der benötigten Hauptspeicherbereiche in Bytes ausgegeben.

XREF (X)

Die Auswahlbedingung XREF bewirkt die Ausgabe eines Verzeichnisses, das die gleichen Angaben wie im Falle der Auswahlbedingung ATR, zusätzlich jedoch noch die Nummern der Befehle enthält, in denen die jeweilige Bezeichnung auftritt. In die Programmdokumentation sollte man auf jeden Fall ein solches Verzeichnis aufnehmen, da es für spätere Änderungen wertvolle Dienste leistet.

LIST (L)

Die Auswahlbedingung LIST bewirkt die Auflistung des vom Compiler erzeugten assemblerähnlichen Objektmoduls, wobei jeweils angegeben wird, welche Folge von Anweisungen aus jedem PL1-Befehl entstanden ist.

FLAGW (FW) oder FLAGE (FE) oder FLAGS (FS)

Durch diese Auswahlbedingungen wird festgelegt, ab welchem Schweregrad die Ausgabe der vom Compiler festgestellten Fehler erfolgen soll; die Fehlermeldungen für Fehler mit niedrigerem Schweregrad werden dann unterdrückt. Während z. B. bei Angabe von FLAGW bzw. standardmäßig alle Fehler ausgegeben werden, bleiben bei Verwendung der Auswahlbedingung FLAGE die Fehler des Schweregrades W bei der Ausgabe unberücksichtigt.

Will der Programmierer andere Auswahlbedingungen als die verwenden, die bei der Systemgenerierung festgelegt wurden bzw. standardmäßig gelten oder in der EXEC-Anweisung zum Aufruf des Compilers innerhalb der katalogisierten Prozedur enthalten sind, so muß er beim Aufruf der Prozedur einen entsprechenden PARM-Parameter angeben. Der Aufruf hat dann die Form

//*Jobschrittname* EXEC PL1LFC,PARM='$a_1,a_2,\ldots,a_n$'

Die Größen a_i bedeuten einzelne Auswahlbedingungen; es können dafür jeweils die vollen Schlüsselwörter, aber auch die Abkürzungen angegeben werden. Die auf diese Weise spezifizierten Auswahlbedingungen überschreiben die in der EXEC-Anweisung innerhalb der Prozedur enthaltenen.

Mit Ausnahme von CHAR*xx* und FLAG*x* können sämtliche Auswahlbedingungen auch mit dem Vorsatz NO versehen werden; bei Verwendung der Abkürzung ist lediglich der Buchstabe N voranzustellen. Die Angabe einer Auswahlbedingung in dieser Form ist in erster Linie dann sinnvoll, wenn eine standardmäßig geltende Auswahlbedingung unwirksam werden soll. Wird nur eine einzige Auswahlbedingung im PARM-Parameter angegeben, so können die umschließenden Apostrophe weggelassen werden.

Beispiel

```
//STEP1 EXEC PL1LFC,PARM='LOAD,NODECK,XREF,FLAGE'
```

Unter Verwendung der Abkürzungen könnte dafür auch

```
//STEP1 EXEC PL1LFC,PARM='LD,ND,X,FE'
```

geschrieben werden, ebenso wie eine Kombination von vollen Schlüsselwörtern und Abkürzungen zulässig wäre.

Sollen mehrere Programme hintereinander übersetzt werden, so könnte man entsprechend mehrere Jobschritte bilden und darin jeweils durch eine EXEC-Steuerkarte einen Aufruf der katalogisierten Prozedur PL1LFC vornehmen. Man kann das gleiche aber auch durch einen einmaligen Aufruf der Prozedur und damit des Compilers erreichen. Es ist dazu lediglich vor dem zweiten und allen weiteren zu übersetzenden Programmen an Stelle eines erneuten Aufrufs der Prozedur eine Steuerkarte der Form

* PROCESS bzw. * PROCESS ('Liste von Auswahlbedingungen')

anzugeben. Das Symbol * muß jeweils in Spalte 1 stehen. Die auf der EXEC-Steuerkarte angegebenen Auswahlbedingungen gelten in diesem Fall nur für die Übersetzung des ersten Programms; für alle weiteren Programme sind sie jeweils auf der PROCESS-Karte anzugeben. Die für die einzelnen Programme erzeugten Objektmodule werden fortlaufend hintereinander auf die Datei SYSLIN ausgegeben. Handelt es sich um mehrere zu einem Programm zusammenzufassende Teilprogramme, so können diese von hier aus insgesamt durch den Programmverbinder oder Lader weiter bearbeitet werden.

Beispiel

```
//SCHR1 EXEC PL1LFC,PARM='LOAD,NODECK,XREF,FE'
//PL1L.SYSIN DD *,DCB=BLKSIZE=80
        :
   1. Programm
        :
/*
* PROCESS ('LOAD,NODECK,ATR')
//PL1L.SYSIN DD *,DCB=BLKSIZE=80
        :
   2. Programm
        :
/*
```

Bei der Übersetzung des zweiten Programms sind die Auswahlbedingungen XREF und FLAGE nicht mehr wirksam; dagegen wird die durch ATR bewirkte Informationsliste ausgegeben.

Zusammenfassendes Beispiel zur Übersetzung eines PL1-*Programms.* Es ist ein Programm zu übersetzen, das in Lochkartenform in den Eingabestrom eingefügt wird. Dabei soll ein Verzeichnis der verwendeten Bezeichnungen ausgedruckt werden und die Auswahlbedingung STMT wirksam sein. Der Objektmodul soll unter der Dateiidentifikation PROG2 auf einem Magnetband mit der Archivnummer BAND05 als 3. Datei gespeichert werden. Der gesamte Job könnte folgendermaßen lauten:

```
//UEBERS JOB 50220012,H.MUELLER,CLASS=B
//      EXEC  PL1LFC,PARM='LD,ND,A,ST'
//PL1L.SYSLIN DD UNIT=5010,VOL=SER=BAND05,DISP=(NEW,KEEP),
//          DSN=PROG2,LABEL=3
//PL1L.SYSIN DD *,DCB=BLKSIZE=80
        :
```

```
        ⋮
    Quellenprogramm
        ⋮
/*
//
```

10.2.3. Ausführung von PL1-Programmen

Der aus der Übersetzung eines PL1-Programms entstandene Objektmodul stellt noch kein abarbeitungsfähiges Programm dar. Die erzeugte Anweisungsfolge enthält noch eine Reihe von Bezugnahmen auf andere, in Systembibliotheken verfügbare Module (z. B. zur Durchführung von Konvertierungen oder Ein- und Ausgabeoperationen), die erst noch in das Programm eingefügt werden müssen. Weiterhin ist gegebenenfalls die Verbindung zwischen mehreren vorliegenden externen Teilprogrammen sowie die Bezugnahme auf externe Größen herzustellen. Diese und weitere Operationen zur Aufbereitung des Objektmoduls können wahlweise durch zwei unterschiedliche Systemprogramme durchgeführt werden, den Lader oder den Programmverbinder.

Der *Lader* erzeugt aus dem Objektmodul ein im Hauptspeicher stehendes, ausführbares Programm und veranlaßt dessen anschließende sofortige Abarbeitung im gleichen Jobschritt. Eine wiederholte Anwendung des Programms zu einem späteren Zeitpunkt verlangt, daß wiederum vom jeweiligen Objektmodul oder dem Quellenprogramm ausgegangen und eine erneute Bearbeitung durch den Lader vorgenommen wird.

Der *Programmverbinder* erzeugt aus dem Objektmodul einen ausführbaren Lademodul, der im nächsten Jobschritt, aber auch in einem neuen Job zu einem anderen Zeitpunkt in den Hauptspeicher geladen und ausgeführt werden kann. Er wird stets als Bestand einer untergliederten Datei gespeichert und steht damit für beliebig häufige Anwendungen zur Verfügung, ohne daß eine erneute Bearbeitung durch den Programmverbinder erfolgen muß. Soll der Lademodul nicht aufgehoben werden, so kann man zur Speicherung eine temporäre Datei benutzen.

Während der Testphase sowie bei Programmen, die nur einmalig abgearbeitet werden sollen, ist die Anwendung des Laders am zweckmäßigsten, da dieser einen Jobschritt weniger und damit weniger Dateiarbeit beinhaltet. Bei Programmen, die mehrfach angewendet werden sollen, wird man nach Beendigung des Tests im allgemeinen mit Hilfe des Programmverbinders einen Lademodul erstellen und diesen in einer Privatbibliothek abspeichern.

Die Folge der für die Ausführung eines Programms erforderlichen Steuerkarten ist davon abhängig, ob das Programm als Quellenprogramm, als Objektmodul oder als Lademodul vorliegt und ob die Herstellung des ausführbaren Programms durch Verwendung des Programmverbinders oder des Laders erfolgen soll.

Ausführung eines als PL1-Quellenprogramm vorliegenden Programms

Soll ein Programm ausgeführt werden, das noch in seiner ursprünglichen Form als Quellenprogramm vorliegt, so muß es zunächst übersetzt und anschließend entweder durch den Lader in eine ausführbare Form gebracht oder durch den Programmverbinder zu einem Lademodul umgewandelt werden. Es stehen dafür die katalogisierten Prozeduren PL1LFCG und PL1LFCLG zur Verfügung.

Bei Verwendung des Laders ist eine EXEC-Steuerkarte der Form

//*Jobschrittname* EXEC PL1LFCG

zu benutzen; die aufgerufene Prozedur besteht aus den beiden Prozedurschritten PL1L zur Übersetzung und GO zum Laden und Ausführen des Programms.

Bei Verwendung des Programmverbinders ist eine EXEC-Steuerkarte der Form

//*Jobschrittname* EXEC PL1LFCLG

zu benutzen; die aufgerufene Prozedur besteht aus den drei Prozedurschritten PL1L zur Übersetzung, LKED zur Programmverbindung und GO zur Programmausführung.

Zu der aufgerufenen katalogisierten Prozedur muß in beiden Fällen zunächst wieder wie bei der alleinigen Übersetzung (Abschnitt 10.2.2.) eine DD-Steuerkarte für die Datei SYSIN im Prozedurschritt PL1L hinzugefügt werden, die das jeweilige Quellenprogramm enthält. Liegt dieses in Lochkartenform im Eingabestrom vor, so müssen auf die EXEC-Steuerkarte folgende Karten folgen:

```
//PL1L.SYSIN DD *,DCB=BLKSIZE=80
      ⋮
  Quellenprogramm
      ⋮
/*
```

Liegt das Programm dagegen auf einem Magnetband oder einem Direktzugriffsspeicher vor, so ist die betreffende Datei durch eine Steuerkarte der Form

//PL1L.SYSIN DD UNIT=...,VOL=SER=...,DISP=OLD,DSN=...

zu beschreiben.

Im Anschluß an die sich auf das Quellenprogramm beziehenden Karten des Eingabestroms sind für sämtliche, vom jeweiligen Programm bei seiner Abarbeitung angesprochenen Dateien entsprechende DD-Steuerkarten anzugeben; dazu zählen auch Dateien, die Eingabedaten im Eingabestrom darstellen. Da sich diese DD-Steuerkarten alle auf den Prozedurschritt GO beziehen, sind die im Programm verwendeten Dateinamen jeweils mit dem Vorsatz GO. zu versehen.

Beispiele

```
//GO.DATEI1 DD UNIT=5061,VOL=SER=MP0124,DISP=(OLD,KEEP),DSN=ART4
//GO.DATEI2 DD UNIT=5010,VOL=SER=MB1122,DISP=NEW,DSN=&ZWDAT
//GO.KARTE  DD *,DCB=BLKSIZE=80
      ⋮
Eingabedaten
      ⋮
/*
```

Da die katalogisierten Prozeduren in den einzelnen Rechenzentren unterschiedlich aufgebaut werden können, sollte man darauf achten, in welcher Abhängigkeit vom Ergebnis der Übersetzung die weiteren Prozedurschritte ausgeführt werden (COND-Parameter). Häufig wird in den Prozeduren der Parameter COND=(4,LT,PL1L) angegeben, d. h., die Ausführung und die Programmverbindung unterbleiben, wenn der Rückkehrcode aus der Übersetzung größer als 4 ist. Fehler der Schwere E, die normalerweise durchaus eine ordnungsgemäße weitere Bearbeitung des Objektmoduls erlauben, würden dann einen Abbruch des Jobs herbeiführen. Es ist in solchen Fällen daher im allgemeinen zweckmäßig, in den Aufruf der katalogisierten Prozedur einen entsprechenden Parameter aufzunehmen und beispielsweise eine Steuerkarte der Form

//*Jobschrittname* EXEC PL1LFCG,COND.GO=(8,LT,PL1L)

zu benutzen. Hiermit wird die Ausführung des Prozedurschritts GO nur dann verhindert, wenn ein Rückkehrcode vorliegt, der größer als 8 ist, also nur beim Auftreten von schweren oder Abbruchfehlern. Sollen für den Compiler bestimmte Auswahlbedingungen angegeben werden, so ist außerdem auf der EXEC-Steuerkarte eine Angabe PARM.PL1L='.....' erforderlich. Ist dagegen ein Argument für einen für das Hauptprogramm vereinbarten Parameter zu übergeben, so muß die Angabe in der Form PARM.GO='.....' erfolgen. Dabei ist zu beachten, daß bei Verwendung des Laders innerhalb der Apostrophe zunächst ein Schrägstrich, vor dem noch bestimmte Auswahlbedingungen für den Lader stehen können, anzugeben ist und erst danach das Argument folgt. Bei Verwendung des Programmverbinders sind lediglich die Zeichen des Arguments anzugeben. Soll beispielsweise das Zeichen '1' als Argument an das auszuführende Hauptprogramm übergeben werden, so müßte man bei Verwendung des Laders

```
// EXEC PL1LFCG,PARM.GO='/1'
```

schreiben, bei Verwendung des Programmverbinders dagegen

```
// EXEC PL1LFCLG,PARM.GO='1'
```

Zusammenfassendes Beispiel für die Ausführung eines Quellenprogramms

Es soll ein als PL1-Quellenprogramm vorliegendes Programm ausgeführt werden, das den Aufbau einer indexsequentiellen Datei ISDAT beinhaltet und neben den Sätzen einer Magnetbanddatei MBEIN außerdem Daten aus dem Eingabestrom einliest. Dem Hauptprogramm ist ein Zeichen als Argument für einen vereinbarten Parameter zu übergeben. Die erforderlichen Steuerkarten für einen entsprechenden Job könnten bei Verwendung des Laders folgendermaßen lauten:

```
//PROJ42 JOB 50148800,P.SCHULZE,CLASS=B
//   EXEC  PL1LFCG,COND.GO=(8,LT,PL1L),PARM.GO='/1'
//PL1L.SYSIN DD *,DCB=BLKSIZE=80
     :
  Quellenprogramm
     :
/*
//GO.ISDAT DD UNIT=5061,VOL=SER=MP0075,DISP=(NEW,KEEP),
//   DSN=STAMM,DCB=(DSORG=IS,RKP=6,KEYLEN=10,RECFM=FB,
//   BLKSIZE=1270,LRECL=127),SPACE=(CYL,(45,,2))
//GO.MBEIN DD UNIT=5010,VOL=SER=MB1280,DISP=OLD,DSN=BAND2
//GO.SYSIN DD *,DCB=BLKSIZE=80
     :
  Eingabedaten
     :
/*
//
```

Ausführung eines als Objektmodul vorliegenden Programms

Soll ein Programm ausgeführt werden, das bereits übersetzt wurde und als Objektmodul vorliegt, so muß es noch durch den Lader in eine ausführbare Form gebracht oder durch den Programmverbinder zu einem Lademodul umgewandelt werden. Es stehen dafür die katalogisierten Prozeduren PL1LFG und PL1LFLG zur Verfügung.

Bei Verwendung des Laders ist eine EXEC-Steuerkarte der Form

//*Jobschrittname* EXEC PL1LFG

zu benutzen; die aufgerufene Prozedur besteht nur aus dem Prozedurschritt GO zum Laden und Ausführen des Programms.

Bei Verwendung des Programmverbinders ist eine EXEC-Steuerkarte der Form

//*Jobschrittname* EXEC PL1LFLG

zu benutzen; die aufgerufene Prozedur besteht aus den zwei Prozedurschritten LKED zur Programmverbindung und GO zur Programmausführung.

Außerdem muß zum jeweiligen ersten Prozedurschritt eine DD-Steuerkarte für die den Objektmodul enthaltende Datei SYSLIN hinzugefügt werden. Auf die EXEC-Steuerkarte folgt also bei Benutzung des Laders eine Steuerkarte der Form

//GO.SYSLIN DD UNIT=...,VOL=SER=...,DISP=OLD,DSN=...

bei Verwendung des Programmverbinders dagegen eine Steuerkarte

//LKED.SYSLIN DD UNIT=...,VOL=SER=...,DISP=OLD,DSN=...

Darauf folgen in der gleichen Weise wie bei der Verwendung eines Quellenprogramms als Ausgangspunkt die DD-Steuerkarten für die bei der Abarbeitung des Programms angesprochenen Dateien, wobei auch hier der Dateiname stets den Vorsatz GO. erhalten muß.

Auch bezüglich der Übergabe eines Arguments für einen Parameter des Hauptprogramms gelten die bereits bei Verwendung eines Quellenprogramms beschriebenen Ausführungen.

Beispiel. Es soll ein auf einem Magnetband mit der Archivnummer MB1271 unter der Dateiidentifikation MOD412 gespeicherter Objektmodul unter Verwendung des Programmverbinders zur Ausführung gebracht werden. Dabei ist ein aus 3 Zeichen bestehendes Argument bereitzustellen, das einen für das Hauptprogramm vereinbarten Parameter ersetzen soll. Bei der Ausführung des Programms werden eine Eingabedatei EINGAB und eine Ausgabedatei AUSGAB benutzt. Der gesamte Job könnte folgendermaßen aussehen:

```
//XYZ JOB 15000046,A.MEIER,CLASS=A
//   EXEC PL1LFLG,PARM.GO='123'
//LKED.SYSLIN DD UNIT=5010,VOL=SER=MB1271,DISP=OLD,
//               DSN=MOD412
//GO.EINGAB DD UNIT=5010,VOL=SER=MB6666,DISP=OLD,
//               DSN=SFDAT
//GO.AUSGAB DD UNIT=5061,VOL=SER=PL0005,DISP=(NEW,KEEP),
//               DSN=PERS4,SPACE=(CYL,12)
```

Ausführung eines als Lademodul vorliegenden Programms

Ist ein Programm ausgetestet und soll nicht nur ein einziges Mal verwendet werden, so erzeugt man mit Hilfe des Programmverbinders einen Lademodul und speichert diesen in einer Bibliothek, d. h. als Bestand einer untergliederten Datei. Von dort aus kann er dann zu beliebiger Zeit und beliebig oft zur Ausführung in den Hauptspeicher geladen werden. Zur Erstellung und Abspeicherung des Lademoduls steht die katalogisierte Prozedur PL1LFCL zur Verfügung, die aus den beiden Prozedurschritten PL1L zur Übersetzung und LKED zur Programmverbindung besteht und in der Form

//*Jobschrittname* EXEC PL1LFCL

aufzurufen ist. Der Aufruf kann noch ergänzt werden um einen Parameter der Form PARM.PL1L='...' sowie einen COND-Parameter, der die Abarbeitung des zweiten Prozedurschritts in Abhängigkeit vom Rückkehrcode des Compilers festlegt.

Zu der aufgerufenen Prozedur muß zunächst wieder wie bei der alleinigen Übersetzung (Abschnitt 10.2.2.) eine DD-Steuerkarte für die Datei SYSIN im Prozedurschritt PL1L hinzugefügt werden, die das jeweilige Quellenprogramm enthält. Liegt dieses in Lochkartenform im Eingabestrom vor, so müssen auf die EXEC-Steuerkarte folgende weiteren folgen:

```
//PL1L.SYSIN DD *,DCB=BLKSIZE=80
     :
  Quellenprogramm
     :
/*
```

Liegt dagegen das Programm auf einem Magnetband oder Direktzugriffsspeicher vor, so ist die betreffende Datei durch eine Steuerkarte

```
//PL1L.SYSIN DD UNIT=...,VOL=SER=...,DISP=OLD,DSN=...
```

zu beschreiben.

Außerdem ist eine DD-Steuerkarte für die Datei SYSLMOD im Prozedurschritt LKED erforderlich, die den vom Programmverbinder erzeugten Lademodul aufnimmt. In den katalogisierten Prozeduren, in denen der Programmverbinder aufgerufen wird, handelt es sich dabei stets um eine temporäre Bibliothek, und der Lademodul steht folglich nach Beendigung des Jobs nicht mehr zur Verfügung. Soll nun der Lademodul erhalten bleiben, so ist er als Bestand in eine Privatbibliothek aufzunehmen und dafür eine entsprechende DD-Steuerkarte anzugeben.

Beispiel

```
//LKED.SYSLMOD DD UNIT=5061,VOL=SER=MP0275,DISP=(OLD,KEEP),
//         DSN=PRVBIB(PROG6)
```

Der Lademodul wird unter dem Bestandsnamen PROG6 in die untergliederte Datei mit der Identifikation PRVBIB aufgenommen.

Nach der Speicherung des Lademoduls in einer untergliederten Datei kann dieser jederzeit ohne Bezugnahme auf eine katalogisierte Prozedur in der Form

// EXEC PGM=*Programmname*

zur Ausführung abgerufen werden. Als Programmname ist jeweils der Name des Bestands anzugeben, der den betreffenden Lademodul enthält. Außerdem ist allerdings noch eine DD-Steuerkarte für die verwendete Bibliothek erforderlich, die entweder unter dem Dateinamen JOBLIB unmittelbar hinter der JOB-Steuerkarte oder unter dem Dateinamen STEPLIB unmittelbar hinter der EXEC-Steuerkarte folgen muß (Abschnitt 10.1.3.). Zur Ausführung des im vorangegangenen Beispiel abgespeicherten Lademoduls könnten also folgende Steuerkarten angegeben werden:

```
// EXEC PGM=PROG6
//STEPLIB DD UNIT=5061,VOL=SER=MP0275,DSN=PRVBIB,
//             DISP=(OLD,KEEP)
```

Hinter der EXEC-Steuerkarte mit dem PGM-Parameter bzw. einer danach folgenden DD-Steuerkarte mit dem Dateinamen STEPLIB sind noch die DD-Steuerkarten für die bei der Ausführung des Programms angesprochenen Dateien anzugeben. Da es sich in diesem Fall nicht um einen Prozedurschritt handelt, ist auf ihnen der Dateiname nicht mit dem Vorsatz GO. zu versehen. Beachten sollte man dabei, daß auch für die Ausgabe über die Standardausgabedatei eine entsprechende DD-Steuerkarte mit dem Dateinamen SYSPRINT erforderlich ist; in den katalogisierten Prozeduren ist eine solche jeweils von vornherein mit enthalten. Selbst wenn das Programm keine entsprechende Ausgabedatei enthält, wird diese für die Ausgabe der Systemnachrichten benötigt.

Beispiel. In einem Job soll für ein Quellenprogramm zur Lösung linearer Gleichungssysteme ein Lademodul erstellt und in einer untergliederten Datei LADBIB unter dem Bestandsnamen GLSYST gespeichert werden. In einem anderen Job soll das Programm zur Ausführung kommen, wobei eine temporäre Zwischendatei mit dem Dateinamen ZWDAT benutzt wird und die Eingabe von Lochkarten aus dem Eingabestrom auftritt. Die Ausgabe der Ergebnisse soll über die Standardausgabedatei erfolgen. Die Kartenfolge für die beiden Jobs könnte dann folgendermaßen aussehen:

```
//JOB1 JOB 12345678,MUXMANN,CLASS=B
//       EXEC PL1LFCL,COND.LKED=(8,LT,PL1L)
//PL1L.SYSIN DD  *,DCB=BLKSIZE=8Ø
       ⋮
 Quellenprogramm
       ⋮
/*
//LKED.SYSLMOD DD UNIT=5Ø61,VOL=SER=WPS1Ø6,DISP=(OLD,KEEP),
//        DSN=LADBIB(GLSYST)
//

//JOB2 JOB 12345678,MUXMANN,CLASS=B
//JOBLIB DD UNIT=5Ø61,VOL=SER=WPS1Ø6,DISP=OLD,DSN=LADBIB
//        EXEC PGM=GLSYST
//ZWDAT DD UNIT=5Ø1Ø,VOL=SER=MB1234,DISP=(NEW,DELETE),
//               DSN=&NGL
//SYSPRINT DD SYSOUT=A
//SYSIN DD  *,DCB=BLKSIZE=8Ø
       ⋮
 Eingabedaten
       ⋮
/*
//
```

Anhang 1. Konvertierungsregeln

Unter Konvertierung versteht man die Umwandlung eines Datenelements von einer Darstellungsform in eine andere, die in PL1 für alle Typen von arithmetischen, Ketten- oder numerischen Abbildungsdaten möglich ist. Konvertierungen treten vor allem auf bei der Berechnung zusammengesetzter Ausdrücke mit Operanden unterschiedlichen Typs, bei der Ausführung von Zuordnungsbefehlen, wenn der Wert des Ausdrucks auf der rechten Seite im Typ nicht mit dem der Zielgröße auf der linken Seite übereinstimmt, und bei der reihenweisen Ein- und Ausgabe durch die Formatangaben sowie die eventuellen Unterschiede zwischen dem Format und dem Typ des zugehörigen Elements in der Datenliste. Konvertierungen können aber auch auf Grund bestimmter Forderungen bezüglich des Typs von Werten erforderlich sein, die für spezielle Angaben innerhalb eines Befehls verwendet werden, wie z. B. bei Indexangaben, Ausdrücken im Dimensionsattribut eines Befehls ALLOCATE, Angaben in Verbindung mit einem Befehl RETURN oder Argumentangaben beim Aufruf von Teilprogrammen, für die eine Parameterattributliste vorliegt.

In jedem Fall wird die Konvertierung automatisch veranlaßt. Durch die unterschiedlichen Darstellungsmöglichkeiten der einzelnen Datentypen kann es dabei allerdings unter Umständen zu Genauigkeitsverlusten und damit zu Wertänderungen kommen. So läßt sich beispielsweise der Zahlenwert 0,1 in dezimaler Festkommaform ohne weiteres exakt darstellen, während das in dualer Form nicht möglich ist.

Die nachfolgenden Konvertierungsregeln geben jeweils das Ergebnis der Umwandlung von einem Datentyp in einen anderen an, das in dieser Form auch zur Ausführung weiterer Operationen verwendet wird. Liegt jedoch eine Zielgröße mit vorgegebenem Genauigkeits- bzw. Längenattribut vor (z. B. bei einem Zuordnungsbefehl oder einem Befehl der Ein- und Ausgabe), so findet nach der Konvertierung jeweils noch die entsprechende Zuordnung nach den in Abschnitt 3.3.2. beschriebenen Regeln statt.

Umwandlung zwischen arithmetischen und/oder numerischen Abbildungsdaten

Die Umwandlung von arithmetischen Daten unter Veränderung von Zahlenbasis oder Kommadarstellung erfolgt gemäß nachstehender Übersicht. Darin ist dargestellt, wie sich die Genauigkeitsattribute für die umgewandelten Größen jeweils in Abhängigkeit von den Genauigkeitsattributen der Ausgangsgrößen ergeben; die betreffenden Werte sind ausschlaggebend für das eventuelle Auftreten von Genauigkeitsverlusten bei der Durchführung der Konvertierung. Die in den Angaben zum Genauigkeitsattribut auftretende Größe k stellt eine Konstante mit dem Wert $\frac{1}{\lg 2} \approx 3{,}32$ dar.

Numerische Abbildungsdaten werden jeweils als dezimale Größen betrachtet, deren Kommadarstellung und Genauigkeitsattribute aus den vereinbarten Abbildungssymbolen hervorgehen, und in der gleichen Weise wie diese behandelt.

Ausgangsgröße	Ergebnis der Konvertierung
BINARY FIXED (m,n)	DECIMAL FIXED $\left(1+\frac{m}{k},\frac{n}{k}\right)$ BINARY FLOAT (m) DECIMAL FLOAT $\left(\frac{m}{k}\right)$
DECIMAL FIXED (m,n)	BINARY FIXED $(1+m\cdot k, n\cdot k)$ BINARY FLOAT $(m\cdot k)$ DECIMAL FLOAT (m)
BINARY FLOAT(m)	BINARY FIXED*) DECIMAL FIXED*) DECIMAL FLOAT $\left(\frac{m}{k}\right)$
DECIMAL FLOAT (m)	BINARY FIXED*) DECIMAL FIXED*) BINARY FLOAT $(m\cdot k)$

*) Das Genauigkeitsattribut für das Ergebnis der Konvertierung richtet sich nach dem konkreten Wert der Ausgangsgröße im Rahmen der maximalen Genauigkeit $(31, n)$ für duale und $(15, n)$ für dezimale Festkommagrößen. Überschreitet der Gleitkommawert diese maximale Genauigkeit, so wird die Fehlerbedingung SIZE gesetzt (Abschnitt 4.4.2.).

An Stelle eines sich bei der Multiplikation mit k oder der Division durch k ergebenden gebrochenen Werts ist im Genauigkeitsattribut jeweils die nächsthöhere ganze Zahl zu verwenden. Außerdem ist zu beachten, daß die der internen Darstellungsform jedes Typs entsprechenden maximalen Werte nicht überschritten werden dürfen:

$m = 15$ für DECIMAL FIXED, $m = 31$ für BINARY FIXED,
$m = 16$ für DECIMAL FLOAT, $m = 53$ für BINARY FLOAT.

Ergibt sich für das Genauigkeitsattribut nach der Konvertierung ein größerer Wert, so wird statt dessen der Maximalwert verwendet. Bezüglich des Zahlenwerts kann es dabei unter Umständen zum Verlust führender Ziffern und damit zum Setzen der Fehlerbedingung SIZE kommen, die sich allerdings standardmäßig nicht im wirksamen Status befindet.

Genauigkeitsverluste können vor allem bei der Umwandlung nicht ganzzahliger Festkommagrößen von einer Basis in die andere, aber auch bei der Umwandlung von Gleitkomma- in Festkommagrößen auftreten. Zwischen Gleitkommagrößen mit unterschiedlicher Basis findet keine eigentliche Konvertierung statt; es wird höchstens eine Verlängerung oder Verkürzung der Mantisse vorgenommen.

Erfordert die Konvertierung eine Änderung der Zahlenart, so gilt:

REAL → COMPLEX: Anfügen eines Imaginärteils mit dem Wert 0,
COMPLEX → REAL: Wegfall des Imaginärteils.

Beispiele

Ausgangsgröße	Wert	Ergebnis der Konvertierung	Wert
DEC FIXED (5)	300	BIN FIXED (18)	300
BIN FIXED (15)	604	DEC FIXED (6)	604
DEC FIXED (7,2)	4175,5	DEC FLOAT (7)	4175,5
DEC FIXED (5,2)	312,75	BIN FIXED (18,7)	312,75
BIN FIXED (15,7)	13,78125	DEC FIXED (6,3)	13,781
DEC FIXED (2,1)	4,1	BIN FIXED (8,4)	4,0625
CPLX DEC FLOAT (6)	3,17−0,24i	DEC FLOAT (6)	3,17

Umwandlung von arithmetischen Daten in Zeichenketten

Für arithmetische Größen mit dezimaler Basis wird eine Zeichenkette gebildet, deren Länge sich aus dem vorliegenden Genauigkeitsattribut ergibt und in die rechtsbündig der betreffende Wert zeichenweise eingetragen wird. Arithmetische Größen mit dualer Basis werden zunächst nach den Konvertierungsregeln zwischen arithmetischen Daten in entsprechende dezimale Größen umgewandelt und dann in der gleichen Weise behandelt.

Ausgangsgröße	Ergebnis der Konvertierung
DECIMAL FIXED (m, n) mit $m \geq n, n \geq 0$	CHAR $(m+3)$
DECIMAL FIXED (m, n) mit $m < n$ oder $n < 0$	CHAR $(m+3+s)$
DECIMAL FLOAT (m)	CHAR $(m+6)$

Bei dezimalen Festkommagrößen mit $m \geqq n, n \geqq 0$ erfolgt die Darstellung des Werts innerhalb der Zeichenkette in Form einer dezimalen Festkommakonstanten (Abschnitt 2.1.1.). Führende Nullen mit Ausnahme der ersten Stelle links vom Komma werden durch Leerzeichen ersetzt.

Bei dezimalen Festkommagrößen mit $m < n$ oder $n < 0$ erfolgt die Darstellung in der Form $z...z$F $\pm r$. Dabei bezeichnen $z...z$ die signifikanten Ziffern des arithmetischen Wertes ohne Dezimalpunkt und $\pm r$ einen Exponenten, der dem Wert $-n$ entspricht und damit so bestimmt wird, daß die angegebene Ziffernfolge mit $10^{\pm r}$ zu multiplizieren ist. Die für r benötigte Ziffernanzahl (maximal drei) stellt den Wert von s zur Bestimmung der Zeichenkettenlänge dar.

Bei Gleitkommagrößen erfolgt die Darstellung des Werts ohne Rundung gemäß dem Format E(w, d, s) mit $w = m + 6$, $d = m - 1$ und $s = m$.

Bei komplexen arithmetischen Ausgangsgrößen hat die aus der Konvertierung hervorgehende Zeichenkette die um 1 erhöhte doppelte Länge wie für entsprechende reelle Größen. Real- und Imaginärteil werden für sich in der beschriebenen Weise in die entsprechende zeichenweise Darstellung umgewandelt; die sich für den Imaginärteil ergebende Konstante wird dabei allerdings linksbündig und damit unmittelbar an den Realteil anschließend eingetragen und außerdem von einem Buchstaben I gefolgt.

Beispiele

Ausgangsgröße	Wert	Ergebnis der Konvertierung	Wert
DEC FIXED (3)	7	CHAR(6)	'␣␣␣␣␣7'
BIN FIXED (15)	2096	CHAR(9)[1]	'␣␣␣␣␣2Ø96'
DEC FIXED (5,1)	−371,4	CHAR(8)	'␣␣−371.4'
BIN FIXED (7,7)	0,28125	CHAR(7)[2]	'␣␣Ø.281'
DEC FLOAT (5)	$27132 \cdot 10^8$	CHAR(11)	'␣2.7132E+12'
DEC FIXED (3,−2)	−52600	CHAR(7)	'−526F+2'
DEC FIXED (2,5)	0,00074	CHAR(6)	'␣74F−5'
CPLX DEC FIXED (4,2)	0,89−1,02i	CHAR(15)	'␣␣␣Ø.89−1.Ø2I␣␣'

[1]) nach Zwischenkonvertierung in den Typ DECIMAL FIXED (6)
[2]) nach Zwischenkonvertierung in den Typ DECIMAL FIXED (4, 3)

Bei Zuordnung des umgewandelten Werts zu einer als Zeichenkette vereinbarten Größe können in Abhängigkeit von deren Längenattribut durchaus rechts einige Zeichen unberücksichtigt bleiben bzw. noch Leerzeichen angefügt werden.

Umwandlung von numerischen Abbildungsdaten in Zeichenketten

In diesem Fall wird der sich aus den vereinbarten Abbildungssymbolen für die betreffende Größe ergebende Zeichenkettenwert unmittelbar als Zeichenkette verwendet. Bei komplexen Abbildungsdaten werden die Darstellungen für Real- und Imaginärteil unmittelbar miteinander verkettet; ein Buchstabe I wird allerdings nicht angefügt.

Beispiele

Ausgangsgröße	Wert	Ergebnis der Konvertierung	Wert
PIC'ZZ9V99'	76,15	CHAR(5)	'␣7615'
PIC'S9.V9999ES99'	$1{,}7369 \cdot 10^{-14}$	CHAR(11)	'+1.7369E−14'

Bei Zuordnung des umgewandelten Werts zu einer als Zeichenkette vereinbarten Größe können in Abhängigkeit von deren Längenattribut durchaus rechts einige Zeichen unberücksichtigt bleiben bzw. noch Leerzeichen angefügt werden.

Umwandlung arithmetischer oder numerischer Abbildungsdaten in Bitketten

Der ganzzahlige Anteil für den Absolutbetrag des vorliegenden arithmetischen Werts wird, falls er nicht bereits in dieser Form vorliegt, in eine entsprechende Größe mit dualer Basis umgewandelt. Die Bitfolge dieser dualen Größe wird unmittelbar als Bitkette verwendet. Der gebrochene Anteil des ursprünglichen Werts bleibt unberücksichtigt; bei komplexen Daten geht jeweils nur der Realteil in die Umwandlung ein. Die Länge der sich aus der Konvertierung ergebenden Bitkette geht aus folgender Übersicht hervor:

Ausgangsgröße	Ergebnis der Konvertierung
DECIMAL FIXED (m,n)	BIT $((m-n)\cdot k)$
BINARY FIXED (m,n)	BIT $(m-n)$
DECIMAL FLOAT (m)	BIT $(m\cdot k)$
BINARY FLOAT (m)	BIT (m)

k stellt dabei den konstanten Wert $\frac{1}{\lg 2} \approx 3{,}32$ dar. An Stelle eines bei der Multiplikation mit k entstehenden gebrochenen Werts ist im Längenattribut der Bitkette jeweils die nächsthöhere ganze Zahl zu verwenden.

Die maximale Länge der entstehenden Bitkette beträgt 31. Ergibt sich aus dem Genauigkeitsattribut der Ausgangsgröße ein größerer Wert, so bleiben die linken Bits unberücksichtigt. Im Fall $n \geqq m$ ist das Ergebnis der Konvertierung die leere Kette.

Beispiele

Ausgangsgröße	Wert	Ergebnis der Konvertierung	Wert
DEC FIXED (5,2)	−21,75	BIT(1Ø)	'ØØØØ1Ø1Ø1'B
BIN FIXED (15)	181	BIT(15)	'ØØØØØØØ1Ø11Ø1Ø1'B
DEC FLOAT (3)	−1,25	BIT(1Ø)	'ØØØØØØØØØ1'B
PIC 'Z9V,9'	27,6	BIT(7)	'ØØ11Ø11'B

Bei Zuordnung des umgewandelten Werts zu einer als Bitkette vereinbarten Größe können in Abhängigkeit von deren Längenattribut durchaus rechts einige Bits unberücksichtigt bleiben bzw. noch Dualziffern 0 angefügt werden.

Umwandlung von Zeichenketten in arithmetische oder numerische Abbildungsdaten

Eine solche Umwandlung ist nur dann möglich, wenn die Zeichenkette die zeichenweise Darstellung einer arithmetischen Konstanten in einer der dafür zulässigen Formen oder eines aus einer reellen und einer imaginären Konstanten gebildeten komplexen Ausdrucks (wobei zwischen beiden Teilen kein Leerzeichen auftreten darf!) enthält. Vor und hinter der Konstanten bzw. dem komplexen Ausdruck können in der Zeichenkette noch beliebig viele Leerzeichen stehen. Beim Vorliegen eines anderen Inhalts wird die Fehlerbedingung CONVERSION gesetzt. Zu beachten ist dabei, daß auch eine nur aus Leerzeichen bestehende Zeichenkette diese Fehlerbedingung hervorruft, da der Inhalt nicht der Darstellung einer Konstanten entspricht. Die leere Kette ergibt dagegen den arithmetischen Wert 0.

Entspricht der Typ der in der Zeichenkette enthaltenen Konstanten nicht dem der jeweiligen Zielgröße, so erfolgt eine entsprechende Konvertierung gemäß den Umwandlungsregeln zwischen arithmetischen und/oder numerischen Abbildungsdaten.

Beispiel. Ausgangsgröße: CHAR(9) , Wert: '␣␣1.324␣␣' ,
Ergebnis der Konvertierung: DEC FIXED (4,3) , Wert: 1,324 .

Umwandlung von Zeichenketten in Bitketten

Diese Umwandlung ist nur möglich, wenn der Inhalt der Zeichenkette ausschließlich aus den Zeichen Ø und 1 in beliebiger Folge besteht; andernfalls wird die Fehlerbedingung CONVERSION gesetzt. Von links nach rechts werden die einzelnen Zeichen dementsprechend in die Dualziffern 0 bzw. 1 umgewandelt, so daß sich eine Bitkette der gleichen Länge ergibt. Die leere Zeichenkette wird in die leere Bitkette umgewandelt.

Beispiel. Ausgangsgröße: CHAR(7) , Wert: '1Ø111Ø1' ,
Ergebnis der Konvertierung: BIT(7) , Wert: '1Ø111Ø1'B .

Bei der Zuordnung des umgewandelten Werts zu einer als Bitkette vereinbarten Größe können in Abhängigkeit von deren Längenattribut durchaus einige Bits unberücksichtigt bleiben bzw. noch Dualziffern 0 rechts angefügt werden.

Umwandlung von Bitketten in arithmetische oder numerische Abbildungsdaten

Die Bits der Bitkette werden zunächst als Dualziffern einer ganzzahligen dualen Festkommagröße ohne Vorzeichen betrachtet, deren Genauigkeitsattribut (m) dem Längenattribut (m) der Bitkette entspricht, wenn $m \leqq 56$ gilt. Dabei handelt es sich vorerst um einen internen Wert; anschließend wird dieser gemäß den Umwandlungsregeln zwischen arithmetischen und/oder numerischen Abbildungsdaten einer weiteren Konvertierung in den Typ der Zielgröße unter Berücksichtigung der dafür geltenden maximalen Werte für das Genauigkeitsattribut unterzogen. Bei $m > 56$ bleiben die linken Bits der Bitkette unberücksichtigt. Das Ergebnis der Konvertierung ist auf diese Weise stets ein positiver Wert. Die leere Bitkette wird in den arithmetischen Wert 0 umgewandelt.

Beispiel. Ausgangsgröße: BIT(8) , Wert: 'Ø1ØØ11Ø1'B ,
Ergebnis der Konvertierung: BIN FIXED(8) , Wert: 77 .

Umwandlung von Bitketten in Zeichenketten

Die einzelnen Dualziffern 0 und 1 des Bitkettenwerts werden von links nach rechts in die Zeichen Ø und 1 umgewandelt, so daß sich eine Zeichenkette der gleichen Länge ergibt. Die leere Bitkette wird in die leere Zeichenkette umgewandelt.

Beispiel. Ausgangsgröße: BIT(5) , Wert: '11ØØ1'B ,
Ergebnis der Konvertierung: CHAR(5) , Wert: '11ØØ1'.

Bei der Zuordnung des umgewandelten Werts zu einer als Zeichenkette vereinbarten Größe können in Abhängigkeit von deren Längenattribut durchaus rechts einige Zeichen unberücksichtigt bleiben bzw. noch Leerzeichen angefügt werden.

Anhang 2.
Übersicht über die zulässigen Abkürzungen

Für einige der zur Programmiersprache PL1 gehörigen Schlüsselwörter können wahlweise auch Abkürzungen verwendet werden. Die nachstehende Übersicht gibt an, für welche Schlüsselwörter eine solche Möglichkeit in welcher Weise besteht.

ACTIVATE	ACT	INITIAL	INIT
AUTOMATIC	AUTO	INTERNAL	INT
BINARY	BIN	OVERFLOW	OFL
BUFFERED	BUF	PICTURE	PIC
CHARACTER	CHAR	POINTER	PTR
COLUMN	COL	POSITION	POS
COMPLEX	CPLX	PRECISION	PREC
CONTROLLED	CTL	PROCEDURE	PROC
CONVERSION	CONV	SEQUENTIAL	SEQL
DEACTIVATE	DEACT	STRINGRANGE	STRG
DECIMAL	DEC	SUBSCRIPTRANGE	SUBRG
DECLARE	DCL	UNALIGNED	UNAL
DEFINED	DEF	UNBUFFERED	UNBUF
ENVIRONMENT	ENV	UNDEFINEDFILE	UNDF
EXCLUSIVE	EXCL	UNDERFLOW	UFL
EXTERNAL	EXT	VARYING	VAR
FIXEDOVERFLOW	FOFL	ZERODIVIDE	ZDIV

Anhang 3. Zusammenstellung englischer Fachausdrücke

Da weitere Literatur über die Programmiersprache PL1 häufig nur in englischer Sprache vorliegt, werden in der folgenden Zusammenstellung für eine Reihe englischer Fachausdrücke und andere in diesem Zusammenhang auftretende Wörter die im vorliegenden Buch verwendeten deutschen Begriffe angegeben. Ausgenommen wurden dabei solche Wörter, deren Bedeutung auf Grund der in beiden Sprachen weitgehend übereinstimmenden Schreibweise ohne weiteres ersichtlich ist (z. B. program, parameter, variable, format, attribute).

abbreviation	Abkürzung
abnormal	nicht normal
access	Zugriff
aggregation	Zusammenfassung
alignment	Ausrichtung
allocation	Zuteilung, Zuordnung
alphameric	alphanumerisch
ambiguous	mehrdeutig
arbitrary	willkürlich, beliebig
area	Bereich
area variable	Bereichsvariable
argument list	Argumentliste
array	Feld
array declaration	Feldvereinbarung
array expression	Feldausdruck
ascending	aufsteigend
assignment	Zuordnung
assumption	Annahme
asterisk	Stern
attach	anschließen
available	verfügbar
backwards	rückwärts
base	Basis
based variable	basisbezogene Variable
begin block	interner Befehlsblock
binary	dual
bit by bit	bitweise
bit string	Bitkette
blank	Leerzeichen
blocking	Blockung
block size	Blocklänge
Boolean operation	logische Operation
bound	Grenze
boundary	Begrenzung

branch	Verzweigung, Zweig
break character	Unterstreichungszeichen
buffer	Puffer
buffered	gepuffert
built-in function	Standardfunktion
by default	standardmäßig
call	aufrufen
card image	Kartenabbild
card puncher	Kartenstanzer
card reader	Kartenleser
carriage control	Vorschubsteuerung
central processing unit (CPU)	Zentraleinheit
chain	Kette
channel	Kanal
character	Zeichen
character set	Zeichensatz
character string	Zeichenkette
check	prüfen
check point	Prüfpunkt
close	abschließen
collating sequence	Sortierfolge
column	Spalte
comment	Kommentar
comparison	Vergleich
compilation	Übersetzung
completion value	Beendigungswert
complex	komplex
composite symbol	zusammengesetztes Symbol
compound statement	zusammengesetzter Befehl
computation	Berechnung
concatenation	Verkettung
condition	Bedingung
condition prefix	Bedingungspräfix
conditional	bedingt
conjunction	logischer Durchschnitt
consecutive	starr fortlaufend
console	Bedieneinheit
control	Steuerung
control card	Steuerkarte
control character	Steuerzeichen
control format	Steuerformat
control variable	Laufvariable
controlled variable	kontrollierte Variable
conversion	Konvertierung, Umwandlung
core	Kernspeicher
corresponding defining	korrespondierendes Überlagern
count	zählen
create	aufbauen, erstellen
cross section	Teilfeld
current	laufend, aktuell
cycle	Zyklus, Schleife
data	Daten
data aggregation	Datenzusammenfassung
data format	Datenformat
data item	Datenelement
data list	Datenliste

data set	Datenbestand
data specification	Datenspezifikation
data transmission	Datenübertragung
deblock	entblocken
decimal digit	Dezimalziffer
decimal point	Dezimalpunkt, Komma
deck	Stapel
declaration	Vereinbarung, Definition
default attribute	Standardattribut
default value	Standardwert
define	definieren
delay	verzögern
delete	löschen
delimiter	Begrenzungszeichen
density	Dichte
descending	absteigend
description	Beschreibung
device	Gerät
digit	Ziffer
direct access	Direktzugriff
direct access unit	Direktzugriffsspeicher
disable	außer Kraft setzen
disjunction	logische Vereinigung
disk unit	Plattenspeichereinheit
display	anzeigen
divide	dividieren, einteilen
dummy argument	Pseudoargument
dummy record	Pseudosatz
dump	Speicherauszug
duration	Dauer
editing	Aufbereitung
editing character	Einfügungszeichen
embedded key	eingebetteter Schlüssel
empty	leer
enable	in Kraft setzen
end of file	Dateiende
end of page	Seitenende
entry name	Eingangsname
entry point	Eingangspunkt
equal	gleich
error	Fehler
error condition	Fehlerbedingung
error message	Fehlermeldung
evaluation	Berechnung
even	geradzahlig
event	Ereignis
event variable	Ereignisvariable
exceed	überschreiten
exceptional condition	Ausnahmebedingung
execution	Ausführung
expression	Ausdruck
extent	Ausdehnung, Speicherbereich
external	extern
false	falsch
field	Bereich
file	Datei

file declaration	Dateivereinbarung
file name	Dateibezeichnung
fixed point	Festkomma
flag	Kennzeichnung
floating point	Gleitkomma
flow chart	Programmablaufplan
format item	Formatelement
format list	Formatliste
format statement	Formatbefehl
fractional part	gebrochener Anteil
free	freigeben
function procedure	Funktionsprogramm
gap	Satzlücke
generic name	Gruppenbezeichnung
greater than	größer als
handling	Behandlung
heading	Überschrift
hierarchy	Rangordnung
identifier	Bezeichnung
imaginary part	Imaginärteil
include	einfügen
increase	erhöhen
increment	Zuwachs, Erhöhung
indexed	indexsequentiell
initial value	Anfangswert
input	Eingabe
input field	Eingabebereich
input stream	Eingabestrom
insertion character	Einfügungszeichen
integer	ganzzahlig
intermediate result	Zwischenergebnis
internal	intern
interrupt	Unterbrechung
invalid	unzulässig
invoke	aufrufen
item	Element, Einheit
job control	Jobsteuerung
key	Schlüssel
key class	Schlüsselklasse
keylength	Schlüssellänge
keyword	Schlüsselwort
label	Befehlsmarke
label variable	Markenvariable
language	Sprache
leading zero	führende Null
left adjusted	linksbündig
length	Länge
length attribute	Längenattribut
less than	kleiner als
letter	Buchstabe
level	Stufe, Ebene
level number	Stufennummer
library	Bibliothek
line	Zeile
link	verbinden

linkage editor	Programmverbinder
list processing	Listenverarbeitung
listing	Auflistung
load	laden
load module	Lademodul
locate mode	Zeigermodus
location	Speicherplatz
lock	sperren
logical	logisch
loop	Schleife
lower bound	untere Grenze
magnetic disk	Magnetplatte
magnetic tape	Magnetband
main procedure	Hauptprogramm
major structure	Hauptstruktur
major task	Hauptaufgabe
mantissa	Mantisse
master index	Hauptindex
member	Bestand, Glied
memory	Speicher
message	Meldung, Nachricht
minor structure	Unterstruktur
mode	Zahlenart
move mode	Transportmodus
multiple	vielfach
multiply	multiplizieren
multitasking	Mehraufgabenbetrieb
nesting	Ineinanderschachtelung
null statement	Leerbefehl
null string	leere Kette
number	Anzahl, Nummer, Zahl
object module	Objektmodul
occur	auftreten
odd	ungeradzahlig
on-unit	ON-Einheit
open	eröffnen
operateur	Bediener
operating system	Betriebssystem
option	Auswahlbedingung
optional	wahlweise
order	Reihenfolge
output	Ausgabe
output field	Ausgabebereich
output stream	Ausgabestrom
overflow	Überlauf
overlay defining	Überlagerung
overpunch	Überlochung
packed	gepackt
padd	auffüllen
page	Seite
paper tape	Lochstreifen
parameter attribute list	Parameterattributliste
parameter list	Parameterliste
parenthesis	Klammer
partitioned data set	untergliederte Datei
pass	übergeben

percent character	Prozentzeichen
period	Punkt
picture character	Abbildungssymbol
picture variable	Abbildungsvariable
point	Punkt
pointer variable	Zeigervariable
precision	Genauigkeit
preprocessor	Makrointerpreter, Vorübersetzer
preprocessor statement	Makrobefehl
print	drucken
printer control character	Druckersteuerzeichen
priority	Priorität
procedure	Teilprogramm
processing	Verarbeitung
pseudo variable	Pseudovariable
punch	stanzen
punched card	Lochkarte
qualified name	qualifizierte Bezeichnung
question mark	Fragezeichen
quotation mark	Apostroph
random access	wahlfreier Zugriff
range	Wertebereich
read	lesen
real	reell
real part	Realteil
record	Satz
recorded key	gespeicherter Schlüssel
record oriented transmission	satzweise Datenübertragung
record size	Satzlänge
record variable	Satzvariable
reference	Bezugnahme
region number	Regionsnummer
regional	regional
relationship	Beziehung, Verhältnis
remote format item	R-Format-Element
repetition factor	Wiederholungsfaktor
replace	ersetzen
reply	beantworten
restart	Wiederanlauf
restriction	Beschränkung
result	Ergebnis
retrieve	wiederfinden, zugreifen
return	zurückkehren
return code	Rückkehrcode
returned value	Funktionswert
rewind	zurückspulen
rewrite	zurückschreiben
right adjusted	rechtsbündig
round	runden
row	Zeile
rule	Regel
scale	Kommadarstellung
scaling factor	Größenordnungsfaktor
scope	Gültigkeitsbereich
scratch	streichen
section	Abschnitt

segmentation	Segmentierung
sequence	Folge
sequential	sequentiell, fortlaufend
separate	gesondert
sign	Vorzeichen
signed	mit Vorzeichen versehen
significant digit	gültige Ziffer
size	Größe
slash	Schrägstrich
source key	Quellenschlüssel
source program	Quellenprogramm
space	Bereich, Zwischenraum
square root	Quadratwurzel
special character	Sonderzeichen
standard file	Standarddatei
statement	Befehl
statement label	Befehlsmarke
status	Status, Zustand
status value	Zustandswert
step	Jobschritt
storage	Speicher, Speicherung
storage class	Speicherungsklasse
store	speichern
stream oriented transmission	reihenweise Datenübertragung
string	Kette
structure	Struktur
structure expression	Strukturausdruck
subparameter	Unterparameter
subprogram	Teilprogramm
subroutine procedure	Unterprogramm
subscript	Index
subsequent	aufeinanderfolgend
substring	Teilkette
subtask	Unteraufgabe
suppress	unterdrücken
switch	Schalter
table	Tabelle
tape mark	Bandmarke
tape unit	Bandeinheit
target	Zielgröße
task	Aufgabe
temporary	zeitweilig
termination	Beendigung
time	Zeit
track	Spur
track index	Spurindex
track overflow	Spurüberlauf
translate	übersetzen
transmission	Übertragung
true	wahr
truncation	Abtrennung
unbuffered	ungepuffert
unconditional	unbedingt
undefined	undefiniert
underflow	Unterschreitung
unit	Einheit

unsigned	ohne Vorzeichen
update	aktualisieren
update file	Aktualisierungsdatei
upper bound	obere Grenze
valid	zulässig
value	Wert
varying length	variable Länge
volume	Datenträger
volume table of content (VTOC)	Datenträgerinhaltsverzeichnis
wait	warten
while	solange, während
width	Breite
write	schreiben
zero suppression	Nullenunterdrückung

Anhang 4. Übungsaufgaben

Die folgenden Übungsaufgaben, für die in Anhang 5 auch die Lösungen angegeben werden, können zur Unterstützung vor allem beim Selbststudium der Programmiersprache dienen. Mit ihrer Hilfe sollte am Ende eines Kapitels überprüft werden, inwieweit die darin behandelten Sprachelemente in ihrer Anwendung beherrscht werden. Es empfiehlt sich daher, die Lösung der Aufgaben folgendermaßen vorzunehmen:

nach Kapitel 2 Aufgaben 1—31,
nach Kapitel 3 Aufgaben 32—66,
nach Kapitel 4 Aufgaben 67—105,
nach Kapitel 5 Aufgaben 106—116,
nach Kapitel 6 Aufgaben 117—146,
nach Kapitel 7 Aufgaben 147—156,
nach Kapitel 8 Aufgaben 157—171,
nach Kapitel 9 Aufgaben 172—175.

1. Welche der folgenden Bezeichnungen sind unzulässig und warum:

a) ALPHA b) *AZ* c) ZÄHLER d) X_Y_Z e) 5MAL f) U␣V g) PERS–NR h) H2SO4

2. Schreiben Sie folgende Zahlenwerte als dezimale Festkomma- und als dezimale Gleitkommakonstanten:

a) 6,27 b) -43 c) $16{,}4 \cdot 10^{3}$ d) -1 e) 0,1 f) 10^{22} g) $0{,}2 \cdot 10^{-6}$ h) $-0{,}0004$ i) -10^{-8}
j) 0,000007 k) $-5 \cdot 10^{-8}$ l) 9000000

3. Geben Sie eine Darstellung für folgende imaginären bzw. komplexen Werte an:

a) $-0{,}03i$ b) $-0{,}1 + 0{,}0002i$ c) $1{,}24 \cdot 10^{-6}i$ d) $2{,}14 - 1{,}6i$

4. Welche der folgenden Konstanten sind fehlerhaft und warum:

a) 1.Ø11B b) E12 c) −1.1E−1 d) 1,5E+4 e) 2.35␣E−2 f) 1Ø21B g) 16.4E h) ØØ7
i) .96E5 j) 111Ø1E4B k) −2E−Ø.4 l) 1.6E1Ø5

5. Geben Sie folgende Zahlenwerte als duale Festkommakonstanten an:

a) 26 b) −41 c) 19 d) 101

6. Geben Sie den dezimalen Zahlenwert der folgenden Konstanten sowie die aus ihrer Darstellung hervorgehenden Attribute an:

a) 136 b) 3E−4 c) .ØØØ38 d) 1E−4B e) 215EØ f) 17.9261 g) −11B h) 1E1 i) 1E3B
j) 11Ø1 k) .1B l) .11E1

7. Geben Sie die aus der Darstellung folgender Kettenkonstanten hervorgehenden Attribute an:

a) '1'B b) '1B' c) '1"B' d) '(3)1B' e) (3)'1'B f) '1␣␣1' g) '(3)1'B h) (3)'1'B'

8. Geben Sie Vereinbarungsbefehle für folgende Variablen an:

a) eine dezimale Festkommagröße A mit 11 signifikanten Ziffern, von denen 3 rechts vom Komma stehen. Anfangswert: 0;

b) eine Gleitkommagröße **B** mit verlängerter Mantisse. Anfangswert: 10^{-6};

c) eine duale Festkommagröße **C** mit maximal 4stelligen Werten. Anfangswert: 10;

d) eine ganzzahlige dezimale Festkommagröße **D**, deren Werte maximal 7stellig, die letzten 3 Ziffern aber stets 0 sind. Anfangswert: 32000;

e) eine komplexe Gleitkommagröße **E** mit maximal 6 signifikanten Dezimalziffern für Real- und Imaginärteil. Anfangswert: 0,1 + 0,2i;

f) eine Zeichenkettenvariable **F** mit variabler Länge von maximal 20 Zeichen. Anfangswert: **'HERBERT'**;

g) eine Bitkettenvariable **G** mit einer Länge von 120 Bits, deren Anfangswert vollständig aus Dualziffern 0 gebildet wird;

h) eine Zeichenkettenvariable **H** mit einer Länge von 8 Bytes, wobei die ersten 4 sowie das letzte Byte beliebige Zeichen enthalten dürfen, das 5. und 6. Byte dagegen nur numerische oder Leerzeichen und das vorletzte Byte nur alphabetische oder Leerzeichen. Als Anfangswert ist eine Zeichenkette festzulegen, die aus 8 Leerzeichen besteht;

i) eine numerische Abbildungsvariable **I**, deren numerischer Wert eine Festkommagröße mit 5 Stellen vor und 2 Stellen hinter dem Komma darstellt, während im Zeichenkettenwert ein negatives Vorzeichen rechts von der letzten Ziffer stehen und die Kommastellung durch Einfügen eines Kommas zum Ausdruck kommen soll. Die letzten 3 Ziffern des ganzzahligen Anteils sind von evtl. davor stehenden Ziffern durch ein Leerzeichen zu trennen, und bis auf die erste Stelle vor dem Komma sind führende Nullen zu unterdrücken. Als Anfangswert soll der Wert 4000 festgelegt werden.

9. Geben Sie an, wieviel Bytes zur Speicherung folgender Variablen benötigt werden:

a) **DCL A DEC FIXED(10,2);**
b) **DCL B DEC FIXED (2,7);**
c) **DCL C DEC FIXED(5,−3);**
d) **DCL D BIN FIXED (12);**
e) **DCL E BIN FIXED (27,10);**
f) **DCL F DEC FLOAT (12);**
g) **DCL G DEC FLOAT (4);**
h) **DCL H BIN FLOAT (16);**
i) **DCL I PIC'ZZV.99S';**
j) **DCL J PIC'(7)9E−99';**
k) **DCL K PIC'9.(5)9K−−9';**
l) **DCL L DEC FIXED(5,1) CPLX;**
m) **DCL M BIT(56);**
n) **DCL N CHAR(122);**

10. Geben Sie die vollständige Liste der Attribute für die folgendermaßen vereinbarten Variablen sowie die Anzahl der für sie benötigten Bytes an:

a) **DCL A FIXED (7,2);** b) **DCL B FLOAT (8);** c) **DCL C BINARY;**
d) **DCL D DECIMAL (5);** e) **DCL E CPLX;** f) **DCL F FIXED;**

Machen Sie die gleichen Angaben für die ohne jede Vereinbarung verwendeten Variablen **Q** und **IDA**.

11. Wie sieht der Zeichenkettenwert einer Abbildungsvariablen mit dem numerischen Wert 19,27 aus, wenn bei ihrer Vereinbarung folgende Abbildungssymbole angegeben wurden:

a) **'9999V99'** b) **'Z999V99'** c) **'(4)ZV99'** d) **'ZZVZZ'** e) **'(3)Z,9V99'** f) **'(3)ZV,(2)9'**
g) **'9,999V99'** h) **'Z.ZZZV99'** i) **S.SSSV99'** j) **'+ZZ,ZVZZ'** k) **'ZZ9BV99'** l) **'9.9.V99'**

12. Wie sieht der Zeichenkettenwert einer Abbildungsvariablen mit dem numerischen Wert −7,14 aus, wenn bei ihrer Vereinbarung folgende Abbildungssymbole angegeben wurden:

a) **'SZZZ9V,99'** b) **'−−−−−−V.99'** c) **'+++++V.99'**
d) **'SS,SV,99'** e) **'**9V.99−'** f) **'SSSVSS'**

13. Der auf dem Speicherplatz einer dezimalen Festkommavariablen gespeicherte Wert hat folgende interne Darstellung:

00000000 00010010 00111100

Welcher Dezimalzahl entspricht dieser Wert, wenn die betreffende Variable mit folgenden Attributen vereinbart wurde:

a) **FIXED(5,2)** b) **FIXED(5,4)** c) **FIXED(5)** d) **FIXED(5,8)** e) **FIXED(5,5)** f) **FIXED(5,−2)**?

14. Geben Sie die interne Darstellung der für die folgenden Variablen vereinbarten Anfangswerte an:

a) DCL A DEC FIXED (5,2) INIT (−26.14); b) DCL B BIN FIXED (15,1) INIT (222.5);
c) DCL C FLOAT(6) INIT (1Ø6.3125); d) DCL D PIC'ZZ9V,9' INIT (16.4);
e) DCL E CHAR (3) INIT ('PL1'); f) DCL F BIT (16) INIT ((4)'1ØØ1'B);

15. Geben Sie die Feldvereinbarung für ein zweidimensionales Feld K an, das der Matrix

$$\begin{pmatrix} 1 & 3 & -2 \\ 0 & 6 & 4 \end{pmatrix}$$

entsprechen soll und dessen Elemente als ganzzahlige duale Festkommagrößen gespeichert werden. Die angegebenen Werte sollen als Anfangswerte des Feldes festgelegt werden. Geben Sie weiterhin an, wie

a) auf die Elemente $K_{2,2}$ bzw. $K_{1,3}$ Bezug genommen werden kann;
b) die 3. Spalte der Matrix als Teilfeld angesprochen werden kann.

16. Geben Sie eine Feldvereinbarung an für

a) eine Matrix aus 6 Zeilen und 14 Spalten, deren Elemente dezimale Festkommagrößen mit 5 Stellen vor und 1 Stelle nach dem Komma darstellen und sämtlich den Anfangswert 0 haben sollen;
b) ein eindimensionales Feld von Bitketten der Länge 1, das 60 Elemente umfaßt, die abwechselnd die Dualziffern 0 und 1 als Anfangswerte erhalten sollen;
c) ein eindimensionales Feld von Zeichenketten der Länge 1, das 15 Elemente umfaßt, von denen die ersten vier den Anfangswert '*' erhalten sollen;
d) eine zweidimensionale Tabelle von Gleitkommagrößen, die aus 10 Zeilen und 15 Spalten besteht. Als Zeilenindizes für die einzelnen Elemente sollen dabei die Werte 0···9, als Spaltenindizes die Werte −7, ..., +7 verwendet werden. Die Elemente der 2. Tabellenzeile sollen alle den Anfangswert 10^{-6} erhalten, während für die anderen Elemente kein Anfangswert festgelegt wird.

17. Geben Sie eine Feldvereinbarung für folgende Tabelle an, deren Elemente jeweils ein einzelnes Zeichen darstellen:

	11	12	13	14	15	16
0	'A'	'B'	'C'	'D'	'E'	'F'
1	'G'	'H'	'I'	'J'	'K'	'L'
2	'M'	'N'	'O'	'P'	'Q'	'R'
3	'S'	'T'	'U'	'V'	'W'	'Z'

Als Anfangswerte für dieses Feld sollen die angegebenen Zeichen festgelegt werden, als Zeilen- bzw. Spaltenindizes für die Bezugnahme auf die einzelnen Elemente sind die links von der Tabelle bzw. oberhalb derselben angegebenen laufenden Nummern zu verwenden. Geben Sie weiterhin an, wie

a) auf die Feldelemente Bezug genommen werden kann, die die Buchstaben P, L, I, E und S zum Inhalt haben;
b) auf die Teilfelder Bezug genommen werden kann, die aus den Elementen der 5. Spalte bzw. denen der 2. Zeile gebildet werden.

18. Wieviel Speicherplätze werden für die durch folgenden Befehl vereinbarten Felder benötigt:

```
DCL K(1Ø,2,−4:4), XX(Ø:3,25), AB(8:15)CHAR(12), Z(16,4)FIXED,
    LØ(3,12)BIT(6), P(2,3,4)PIC'−−−9V,99',
    C(61:69,−2:Ø) CPLX FLOAT(16);
```

19. Geben Sie an, in welcher Reihenfolge die einzelnen Elemente eines durch den Befehl **DCL F(Ø:2,4,7:8);** vereinbarten Felds intern gespeichert werden.

20. Welche Anfangswerte werden durch folgende Befehle festgelegt:

a) **DCL Q(4) FIXED(5,1) INIT(17.4,*,22.6,−5.8);**
b) **DCL TEXT(3) CHAR(6) INIT('BESSER','IST','BESSER');**
c) **DCL X(1Ø) FLOAT INIT (2.1,Ø,3.5,(5)Ø);**
d) **DCL KK(1Ø) INIT ((5)(32,48));**
e) **DCL ABC(2Ø)CHAR(6) INIT((6)'A',(12)(6)'B',(7)(1)'C');**

21. Wieviel Bytes werden zur Speicherung der folgenden Felder benötigt:

DCL B1(44) BIT(2), B2(44) BIT(2) ALIGNED, B3(44) BIT(2) UNAL;

22. Ein Programm enthält folgende Feldvereinbarungen:

DCL A(3,3)FIXED(3) INIT(12,24,−19,8Ø,23,11,−71,1Ø2,93),
B(2,2,3)FIXED(3) INIT(6,71,2ØØ,−9Ø,18,66,1Ø,25,17,−31,−32,61);

Welche Werte enthalten die nachstehenden Teilfelder:

a) **A(*,1)** b) **A(2,*)** c) **B(*,2,2)** d) **B(1,2,*)** e) **B(*,*,3)** f) **B(1,*,*)** g) **B(2,*,3)**

23. Geben Sie eine Strukturvereinbarung an, die folgender gegliederten Struktur entspricht:

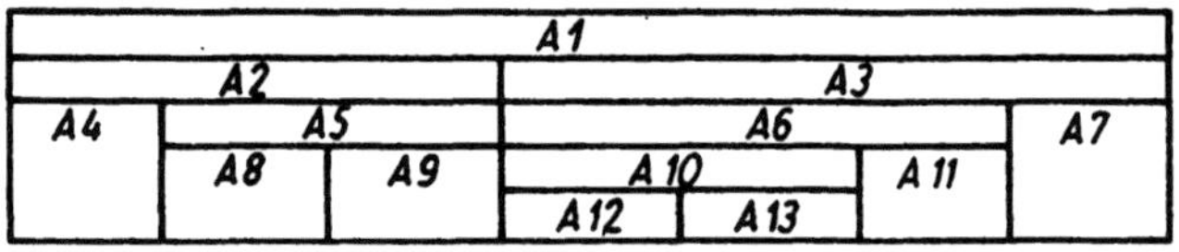

Mit Ausnahme der Elemente **A4** und **A13**, die Zeichenketten der Länge 4 darstellen, sind alle anderen Bestandteile ganzzahlige dezimale Festkommagrößen mit maximal 5 Ziffern. Für **A11** ist dabei der Anfangswert 0 festzulegen. Geben Sie weiterhin an,

a) wieviel Speicherplatz für die Struktur benötigt wird;
b) wie eine weitere Struktur **STR** vereinbart werden kann, die den gleichen Aufbau wie die Unterstruktur **A6** hat und deren Elemente auch in ihren Bezeichnungen und Attributen mit denen von **A6** übereinstimmen sollen;
c) wie die Elemente **A12** beider Strukturen angesprochen werden können.

24. Ein Programm enthält die Strukturvereinbarung

DCL 1 A,2 B,3 C,3 D,6 E,5 F,2 (G,H),2 P,5 Q,3 R,5 S,4 T,3 U;

a) Wieviel Speicherplatz wird für die Struktur benötigt?
b) Geben Sie die voll qualifizierte Bezeichnung für eine Bezugnahme auf die Elemente **E**, **H**, **S** und **U** an.
c) Wieviel Speicherplatz benötigen folgende im gleichen Programm vereinbarte Strukturen:

DCL 1 ST1 LIKE P, 1 ST2 LIKE R, 1 ST3(2) LIKE B;

d) Geben Sie zulässige Bezeichnungen für eine Bezugnahme auf die Elemente von **ST3** in der Reihenfolge ihrer Speicherung an.

25. Ein Programm enthält folgenden Vereinbarungsbefehl:

DCL 1 ST(3,2), 2 (X FIXED(7), Y(4)CHAR(2), Z FIXED(3,1));

a) Wieviel Speicherplatz benötigt dieses Feld von Strukturen?
b) Geben Sie alle Möglichkeiten für eine Bezugnahme auf die Elemente **Z** sowie Y_2 des durch die Indexkombination 3,1 gekennzeichneten Teils dieses Felds an.

26. Geben Sie einen Vereinbarungsbefehl für

a) eine Zeichenkettenvariable **ZK** an, die aus 24 Zeichen besteht, wobei eine gesonderte Bezugnahme auf die Folge der Zeichen 5···9 unter der Bezeichnung **TZK** möglich sein soll;

b) eine Bitkettenvariable BK der Länge 14 an, für die außerdem die Möglichkeit bestehen soll, auf jedes einzelne Bit gesondert zugreifen zu können;

c) eine dezimale Festkommagröße A mit maximal 11 Stellen vor und 2 Stellen hinter dem Komma an, auf deren Speicherplätze außerdem durch eine Zeichenkettenvariable Bezug genommen werden soll;

d) eine Gleitkommagröße X mit verlängerter Mantisse an, deren Exponententeil auch als Bitkette zur Verfügung stehen soll;

e) ein eindimensionales Feld A von 15 Zeichenketten der Länge 32 an, bei dem zusätzlich für jedes Element auch ein Zugriff auf die Folge der Bytes 11···24 möglich ist;

f) eine Zeichenkette CH4 der Länge 4 an, die verschiedenen Größen überlagert werden kann. Die jeweilige Basis der Überlagerung soll aus dem Wert einer Zeigervariablen PCH4 hervorgehen. Außerdem soll das 1. Byte von CH4 jeweils gesondert angesprochen werden können.

27. Ein Programm enthält eine Strukturvereinbarung der Form

```
DCL 1 STR,2 A FIXED(7), 2 B, 3 (C CHAR(4), D CHAR(10)),
          2 E CHAR(12), 2 F CHAR(20));
```

Geben Sie weitere Vereinbarungen an, die es ermöglichen, zusätzlich zu den Bezugnahmen auf die einzelnen Elemente dieser Struktur unter der Bezeichnung BB auf die Aufeinanderfolge der Zeichen für die Größen C und D sowie unter der Bezeichnung FF auf die Zeichen 4···9 von F Bezug zu nehmen.

28. Wie läßt sich bewirken, daß auf eine dezimale Festkommagröße mit maximal 2 Stellen vor und 3 Stellen hinter dem Komma sowohl unter der Bezeichnung A als auch unter der Bezeichnung ALPHA Bezug genommen werden kann?

29. Ein Programm enthält folgende Vereinbarungen:

```
DCL A(15,15), X(6,4,10), C(100);
```

Durch entsprechende weitere Vereinbarungen soll erreicht werden, daß ein Feld AD der 10. Spalte von A, ein Feld XD dem durch den Wert 3 für den ersten Index gekennzeichneten, zweidimensionalen Teilfeld von X sowie ein Feld CD den Elementen $C_5, C_{10}, C_{15}, \ldots, C_{100}$ des Feldes C überlagert wird.

30. Für eine Matrix MAT aus Gleitkommawerten soll eine programmgesteuerte Speicherplatzzuordnung vorgenommen werden; die Dimensionsgrenzen ergeben sich dabei aus den zu diesem Zeitpunkt aktuellen Werten der Variablen M und N. Gleichzeitig soll auch die Speicherplatzzuordnung für eine Zeichenkette der Länge 10 erfolgen, für die als Anfangswert eine Folge von 10 Leerzeichen festgelegt wird. Geben Sie einen entsprechenden Vereinbarungsbefehl, den Befehl zur Speicherplatzzuordnung sowie den zur späteren Freigabe des Speicherplatzes an.

31. Für ein eindimensionales Feld X mit 400 Elementen in Gleitkommadarstellung soll Speicherplatz für drei gleichzeitig im Zugriff befindliche Generationen angelegt werden. Später sind zunächst die 2. und 3. Generation und zum Programmabschluß die 1. Generation freizugeben.

32. Formulieren Sie in PL1 arithmetische Ausdrücke für folgende Beziehungen:

a) $a + \frac{2b}{c}$, b) $\frac{3{,}84x + 10^4}{0{,}368x + 10^4}$, c) $\left(\frac{1 + x}{1 - x}\right)^2$, d) $\frac{a}{b + c} + \frac{d}{c^2}$, e) $12a^2bc^3$,

f) $4 \cdot \sqrt{x - 1}$, g) $y^2 + \frac{4}{3}x^2$, h) $\frac{a_{i-1} + 2a_i + a_{i+1}}{4}$.

33. Welche Beziehungen stellen folgende arithmetischen Ausdrücke dar:

a) (A−B)**(2/3) b) (A−B)**2/3 c) A−B**2/3 d) 1−A/B**3 e) P**2/A−1 f) P*Q/2*Z**3

34. Ein Programm enthält folgende Vereinbarungen:

```
DCL A DEC FIXED(5,2), B DEC FIXED(7,3), C DEC FLOAT(2),
    D BIN FLOAT(12), E DEC FIXED(7,2), F BIN FIXED(16);
```

Geben Sie die Attribute für den Wert der nachstehenden Ausdrücke an, die aus den vereinbarten Variablen gebildet wurden:

a) A+B b) C*D c) E/F

35. Ein Programm enthält folgende Vereinbarungen:

DCL B BIT(6) INIT('1Ø111Ø'B), C BIT(3) INIT('11Ø'B),
D BIT(4) INIT('Ø1Ø1'B);

Geben Sie die sich daraus ergebenden Werte für folgende logische Ausdrücke an:

a) ¬B b) B|C c) B&C d) B&¬C e) B&C|D f) B&(C|D).

36. Geben Sie einen logischen Ausdruck an, dessen Wert in allen geraden Positionen mit den entsprechenden Bits einer Bitkette BK der Länge 10 übereinstimmt, während alle anderen Bits die Dualziffer 0 enthalten.

37. Bestimmen Sie die Werte des logischen Ausdrucks L1&¬L2|L3 unter Zugrundelegung folgender Werte für die mit dem Attribut BIT(1) vereinbarten Operanden:

	a)	b)	c)	d)	e)
L1	'Ø'B	'1'B	'Ø'B	'Ø'B	'1'B
L2	'Ø'B	'Ø'B	'1'B	'1'B	'1'B
L3	'Ø'B	'Ø'B	'Ø'B	'1'B	'1'B

38. Geben Sie die Werte für folgende Vergleichsausdrücke an, deren Operanden jeweils durch konstante Größen dargestellt werden:

a) 'OTTO'>='MAX' b) 'OTTO'>='OTTOKAR' c) '11Ø1'B>='BETA'
d) −4.1>=−2.15 e) 10.5>7.8 f) 'ABCD'>'ABC' g) '1'B>'MAX' h) '*27'>'#12'
i) '1.25'¬<'11Ø'B j) 1.25¬<−12 k) 4¬<'11Ø'B l) 'MIN'¬<'MINNA'.

39. Geben Sie einen logischen Ausdruck an, der nur dann den logischen Wert '1'B besitzt, wenn

a) eine Zeichenkette SCH den Wert 'Ø' hat oder eine Größe I negativ ist;

b) eine Größe A positiv ist und eine Größe B nicht den Wert 100 überschreitet, oder wenn die Werte von A und B gleich sind;

c) eine Größe A mindestens doppelt so groß, aber höchstens dreimal so groß wie eine Größe B ist.

40. Der 10stellige Wert eines Ordnungsbegriffs wurde von einer Lochkarte eingelesen. Auf Grund einer früheren Datenorganisation kann dabei der Fall eintreten, daß die Lochspalte für die erste Ziffer noch zusätzlich eine Lochung 0 enthält, so daß auch die erste Stelle des Wertes das dieser doppelten Lochung entsprechende Zeichen darstellt. Zur weiteren Bearbeitung soll bewirkt werden, daß in einem solchen Fall aus diesem Zeichen die jeweilige Ziffer erzeugt wird und damit der richtige Wert des Ordnungsbegriffs vorliegt.

41. Welchen Wert haben die Ausdrücke a) '111ØØØ'B+4 b) '111ØØØ'+4?

42. Ordnen Sie einer Zeichenkette TEXT die Information

ES WURDEN × × × FEHLER FESTGESTELLT

zu, wobei für × × × der Wert einer Variablen NF eingesetzt werden soll, für die eine entsprechende Vereinbarung anzugeben ist.

43. Ein Programm enthält folgende Vereinbarungen:

DCL X BIT(3), Y FIXED(5,1), Z BIN FIXED(15);

Von welchem Typ ist der Wert der aus diesen Größen gebildeten kombinierten Ausdrücke
a) X&4<Y*Z b) (X&Y)<4*Z

44. Erläutern Sie die schrittweise Abarbeitungsfolge für den Ausdruck

(X+Y)*12<MAX&A=B/N**2|A<X.

45. Welche Werte erhält eine durch DCL A FIXED(5,2); vereinbarte Variable auf Grund folgender Zuordnungen:

a) A=23.19; b) A=−4.6371; c) A=25; d) A=4163.9; e) A=Ø.ØØ5; f) A='11Ø1'B; g) A='␣6.411␣␣'; h) A=82E−4;

46. Welche Werte erhält eine durch DCL CH CHAR(7); vereinbarte Variable auf Grund folgender Zuordnungen:

a) CH='1Ø1'B; b) CH='MARKE'; c) CH='MAGDEBURG'; d) CH=172;

47. Welche Zeichenkettendarstellung ergibt sich für eine numerische Abbildungsvariable nach der Zuordnung des Wertes 38,16, wenn bei ihrer Vereinbarung folgende Folge von Abbildungssymbolen angegeben wurde:

a) '9999' b) 'Z999' c) '(4)Z' d) 'ZZVZ' e) '(3)Z,9' f) '(3)ZV,(3)9' g) '9.999V99'
h) S.SSSV99' i) '+ZZZ,VZ' j) 'ZZ9BV999'

48. Welche Werte haben die Variablen A, B und C nach Abarbeitung folgender Befehle:

```
DCL (A,B,C) FIXED(2);
A=5; B=−A; C=A/B−1; C=C+1; B=B*B+C; A=A**2−B;
B=B−C+A; C=B*C; B=B/2; A=C/B+12;
```

49. Welche Werte erhalten die einzelnen Bestandteile der Struktur A auf Grund folgender Befehle:

```
DCL 1 A, 2 B, 3 C FIXED(3), 3 D BIT (9),
         2 E, 3 F FIXED(5,2), 3 G PIC'999.9';
A=26.7;
```

50. Welche Werte erhalten die einzelnen Bestandteile der Struktur STR auf Grund folgender Befehle:

```
DCL 1 STR, 2 (A CHAR(5), B BIT(2), C BIT(4), D PIC '(3)9V9',
              E FIXED(3));
STR='1Ø1'B;
```

51. Welche Werte haben die Elemente der beiden Felder X und K nach Abarbeitung folgender Befehle:

```
DCL X(4) FIXED(5,1), K(3);
I=1; J=Ø; X(I+J)=4.2; K(I+2)=X(I+J)−1.5; J=J+1;
K(I+J)=1.72; X(2*J)=K(I+J)/K(3);
X(4)=X(I)−K(I+J)/4; I=I+2; X(I)=X(I+1)*2;
K(J)=X(I)+8; K(I−1)=X(I+1)/X(J);
```

52. Gegeben sind 2 Bitketten A und B der gleichen Länge. Geben Sie die Befehle an, durch die in Abhängigkeit von der Bitfolge der Bitkette B bestimmte Stellen der Bitkette A in folgender Weise verändert werden:

a) Jedes Bit, das in B mit 1 belegt ist, soll auch in A mit 1 belegt sein;
b) Jedes Bit, das in B mit 0 belegt ist, soll in A mit 1 belegt sein;
c) Jedes Bit, das in B mit 1 belegt ist, soll in A mit 0 belegt sein;
d) Jedes Bit, das in B mit 0 belegt ist, soll auch in A mit 0 belegt sein.

Alle anderen Stellen von A sollen jeweils unverändert bleiben.

53. Für einen Betrieb sollen auf der Grundlage der Produktionsergebnisse der Jahre 1978−82, die als Elemente eines Felds PR zur Verfügung stehen, folgende Kennziffern berechnet werden:

a) die durchschnittliche jährliche Produktion (DJP);
b) die durchschnittliche jährliche Zunahme der Produktion (DJZ);
c) das durchschnittliche jährliche Wachstumstempo (DWT);
d) die Produktion, die für die Jahre 1983 (P83) und 1987 (P87) zu erwarten ist, wenn das Wachstumstempo unverändert beibehalten wird;

e) das jährliche Wachstumstempo (WT), das gegenüber 1982 erforderlich ist, um 1987 eine vorgegebene Produktion Q zu erreichen.

54. Als Werte der Variablen A, ALPHA und GAMMA liegen in einem Programm für ein Dreieck die Länge der Seite a sowie die Größen der Winkel α und γ in Grad vor. Aus diesen Angaben sollen die Seitenlängen b und c, der Winkel β sowie der Flächeninhalt FL berechnet werden.

55. Schreiben Sie Befehle für folgende Formeln, wobei angenommen werden soll, daß alle Operanden als Gleitkommagrößen vereinbart wurden:

a) $z = e^{\frac{2}{\sqrt{x}}}$ b) $v = \frac{1}{\cos x} + \lg\left|\tan\frac{x}{2}\right|$ c) $z = \frac{e^{ax} - e^{-ax}}{2} \cdot \sin(x+b)$

d) $b = \frac{r^2}{4} \cdot \ln\left|v + \sqrt{v^2 - r^2}\right|$ e) $y = e^{3\cdot|\sin 2x|}$ f) $d = x \cdot \arctan\frac{x}{a} - \frac{a}{2}\ln(a^2 + x^2)$

56. Geben Sie die Befehle an, die zur Durchführung von Berechnungen nach der Formel $y = 3x^4 - 2x^3 + 1{,}5x - 6$ unter Zugrundelegung der Standardfunktion POLY erforderlich sind.

57. Welche Werte haben die Variablen U, V, W, X, Y, Z nach Abarbeitung folgender Befehle:

```
DCL A FIXED(5,2), X FIXED(5,1), (U,V,W,Y,Z) FIXED;
A=-8.67; U=CEIL(A); V=FLOOR(A); W=TRUNC(A);
X=ROUND(A,1); Y=ROUND(A,1); Z=ROUND(A,-1);
```

58. Welche Werte haben die Variablen X1, X2 und X3 sowie KOMP nach Abarbeitung folgender Befehle:

```
DCL KOMP COMPLEX;
KOMP=4EØ-3EØI;
X1=REAL(KOMP); X2=IMAG(KOMP); X3=ABS(KOMP);
KOMP=CONJG(KOMP);
```

59. Welchen Wert hat die Variable Z2 nach Abarbeitung folgender Befehle:

```
DCL 1 STR, 2 (STA CHAR(3), STB CHAR(7) INIT('ROBOTER')),
      Z1 CHAR(7) INIT('DALIBOR'), Z2 CHAR(1Ø) INIT('SCHACH'),
      Z3 CHAR(5) INIT('R␣F␣T'), Z4 CHAR(4), ZV CHAR(1Ø) VAR;
IA=INDEX(Z1,'BO'); ZV=SUBSTR(Z1,IA);
IA=VERIFY(Z3,'RFT'); IE=LENGTH(ZV); Z4=ZV;
STA=SUBSTR(Z2,IA+1,IE); STB=TRANSLATE(STB,'PEK',Z4);
SUBSTR(STB,7,1)=Z3; Z2=STRING(STR);
```

60. Geben Sie die Befehle zur Durchführung folgender Operationen an:

a) der Wert einer Größe A soll dem Betrag nach um 0,005 erhöht werden;

b) es soll das Maximum der Werte 1, $\sqrt{x}$, $\frac{1}{a}$ und $z - u$ einer Größe VGL zugeordnet werden;

c) der auf die 3. Kommastelle gerundete Wert einer Festkommagröße X soll einer Variablen Y zugeordnet werden;

d) der auf die 3. Kommastelle gerundete Wert einer Gleitkommagröße A soll einer Variablen Z zugeordnet werden;

e) die Elemente eines Felds A mit der Feldvereinbarung DCL A(6,4) FIXED(5); sollen modulo 12 umgerechnet werden.

61. Geben Sie die Befehle zur Durchführung folgender Operationen an:

a) Eine Zeichenkettenvariable X der Länge 5 soll als Wert den Inhalt der Bytes 3…7 einer Zeichenkettenvariablen CH erhalten.

b) Die letzten 30 Zeichen einer Zeichenkettenvariablen Z der Länge 45 sollen einer Zeichenkettenvariablen CH zugeordnet werden.

c) Es soll ein Text aus den Zeichen A—1Ø— und den unmittelbar anschließenden Ziffern einer maximal 4stelligen Zahl gebildet und einer Zeichenkettenvariablen KK zugeordnet werden. Die

Zahl steht zeichenweise rechtsbündig auf dem Speicherplatz einer Zeichenkettenvariablen C, ihre tatsächliche Ziffernanzahl liegt als Wert einer Variablen IA vor.

d) Eine Zeichenkettenvariable ZK soll daraufhin untersucht werden, auf welcher Position ein auf jeden Fall darin enthaltenes Zeichen '?' zum ersten Mal auftritt; die Nummer dieser Position soll zum Wert der Variablen K werden, das Zeichen selbst ist innerhalb der Zeichenkette durch das Zeichen 'Ø' zu ersetzen.

e) Innerhalb einer Zeichenkettenvariablen TEXT sollen sämtliche Zeichen # durch Leerzeichen und alle Zeichen ¤ durch M ersetzt werden, während alle anderen Zeichen unverändert bleiben.

f) Der Wert einer Bitkette BK soll als logische Verknüpfung zweier Bitketten B1 und B2 bestimmt werden. Dabei soll sich die Dualziffer 1 ergeben, wenn die entsprechenden Bits beider Operanden ungleich sind, und die Dualziffer 0, wenn die entsprechenden Bits übereinstimmen.

62. Es soll eine Aufbereitung des Datums als Wert einer Variablen DATUM in der Form erfolgen, daß für den Monat die entsprechende Bezeichnung eingesetzt wird, die von der nachfolgenden Jahreszahl durch nur ein Leerzeichen zu trennen ist. Beispielsweise könnte der Inhalt der Variablen dann die Zeichenkette 14.AUGUST 1984 oder 24.MAI 1985 sein.

63. Geben Sie die Befehle für folgende Zuordnungen an:

a) Auf den Speicherplatz einer Gleitkommavariablen A soll ein dualer Inhalt gebracht werden, der der internen Darstellung von 4 aufeinanderfolgenden Leerzeichen entspricht.

b) Auf den Speicherplatz einer Zeichenkettenvariablen ZKV der Länge 1 soll ein Zeichen gebracht werden, das nicht zum Zeichensatz gehört und die duale Darstellung 00111001 hat.

c) Auf den Speicherplatz einer Variablen A mit den Attributen DEC FIXED(5,2) soll der Wert 17,3 in interner Darstellung gebracht werden.

d) Als 4. Bit einer Bitkettenvariablen BK soll die Dualziffer 1 gespeichert werden, wenn für eine Größe A die Beziehung A>1ØØ gilt. Ansonsten soll das 4. Bit mit der Dualziffer 0 belegt werden.

64. Geben Sie die Befehle für folgende Zuordnungen an:

a) Das 3. Bit einer Bitkette B1 der Länge 12 soll den gleichen Inhalt erhalten, den in einer Bitkette B2 der Länge 8 das 6. Bit hat.

b) Das 4. Bit einer Bitkette BK der Länge 7 soll den Wert 1 erhalten, wenn der Wert einer Variablen A zwischen 0,1 und 15,0 liegt, ansonsten den Wert 0.

65. Ein Programm enthält die Feldvereinbarung DCL A(1Ø,25) FIXED(7);. Geben Sie die Befehle an, die bewirken, daß

a) die gesamte Matrix A den Wert 0 erhält;

b) alle Elemente der 4. Zeile von A den Wert 100 erhalten;

c) den Elementen der 20. Spalte von A die Werte eines Vektors V mit der Feldvereinbarung DCL V(1Ø); zugeordnet werden.

66. Welche Werte haben die Elemente des Felds A nach Abarbeitung folgender Befehle:

```
DCL A(2,3) FIXED(3) INIT (2,3,1,4,6,7),
    B(2,3) FIXED(3) INIT (1,7,3,5,8,4);
A=(A+B)**2-A(1,1);
```

67. In einem Programm soll die Fortsetzung der Programmabarbeitung in Abhängigkeit vom Wert einer Größe k erfolgen, und zwar für $k = 1$ beim Befehl mit der Marke M12, für $k = 2$ beim Befehl mit der Marke M27 und für $k = 3$ beim Befehl mit der Marke M34.

68. Ergibt ein Vergleich, daß der Wert von A größer oder gleich dem Wert von B ist, so soll die Fortsetzung der Programmabarbeitung mit dem Befehl X=C; erfolgen. Ist das nicht der Fall, so soll vorher noch der Wert von K um 1 erhöht werden.

69. Ein Schalter SCH soll den Wert '1' erhalten, wenn die Werte zweier Größen X und Y beide gleich dem einer dritten Größe A sind, andernfalls den Wert 'Ø'.

70. In Abhängigkeit von den Werten zweier Größen i und j sollen in einem Programm folgende Verzweigungen durchgeführt werden:

- zum Befehl mit der Marke M1 bei $i = 0$, $j = 0$;
- zum Befehl mit der Marke M2 bei $i = 0$, $j \neq 0$;
- zum Befehl mit der Marke M3 bei $i \neq 0$.

71. Programmieren Sie folgenden Ausschnitt aus einem Programmablaufplan:

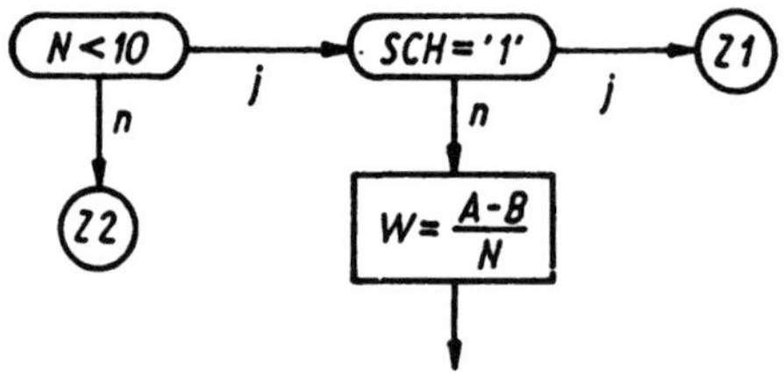

72. Die Programmfortsetzung soll bei einem Befehl mit der Marke GERADE erfolgen, wenn der Wert einer ganzzahligen dualen Festkommagröße I gerade ist, sonst beim Befehl mit der Marke UNGERADE.

73. In einem Großhandelslager werden die täglich eingehenden Bestellungen für eine Reihe fortlaufend numerierter Artikel bearbeitet. Es stehen dazu intern gespeicherte Tabellen zur Verfügung, die für jeden Artikel i den verfügbaren Bestand $BESTAND_i$, die bisher aufgetretene Fehlmenge $FEHL_i$ sowie den Preis $PREIS_i$ enthalten. Beim Vorliegen einer Bestellung MENGE für den Artikel i wird der Bestand entsprechend reduziert, wenn die bestellte Menge verfügbar ist. Ist sie nicht voll verfügbar, so wird nur die vorhandene Menge geliefert, während der Rest als Fehlmenge registriert wird. Letzteres gilt auch dann, wenn kein Bestand mehr vorhanden ist. Außerdem soll in diesem Zusammenhang der Tagesumsatz berechnet werden. Geben Sie die entsprechenden Befehle zur Bearbeitung einer einzelnen Bestellung als Teil eines diesbezüglichen Programms an.

74. Ein Programm soll die Lösung quadratischer Gleichungen der Form $ax^2 + bx + c = 0$ enthalten, wobei die Koeffizienten a, b und c als Werte entsprechender Gleitkommagrößen zur Verfügung stehen. Die beiden Wurzeln der Gleichung sollen als Werte der komplexen Variablen C1 und C2 gespeichert werden.

75. Programmieren Sie folgenden Ausschnitt aus einem Programmablaufplan:

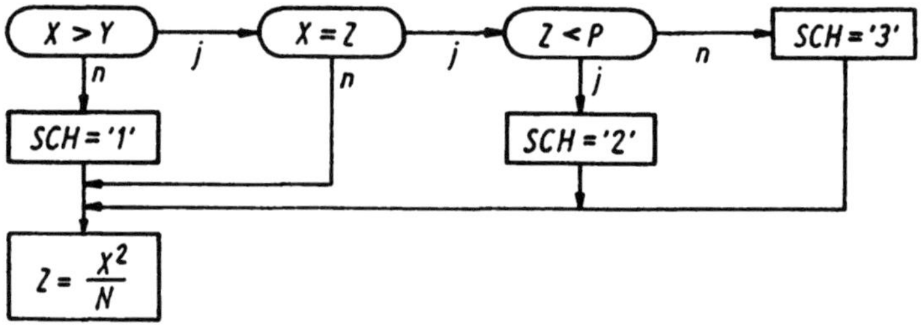

76. Es soll der Wert einer Größe y nach der Reihenentwicklung

$$y = x - \frac{x^3}{3} + \frac{x^5}{5} - \frac{x^7}{7} + \frac{x^9}{9} - \cdots$$

aus dem Wert einer Größe x berechnet werden, wobei für x die Beziehung $|x| < 1$ gelten soll. Im Fall eines Werts x mit $|x| \geqq 1$ soll zu einem Befehl mit der Marke FEHL gesprungen werden. Die Berechnung soll so lange fortgesetzt werden, bis der Betrag eines Summanden kleiner als 10^{-7} ist; die weitere Abarbeitung soll dann bei einem Befehl mit der Marke FORT erfolgen.

77. Programmieren Sie folgenden Ausschnitt aus einem Programmablaufplan:

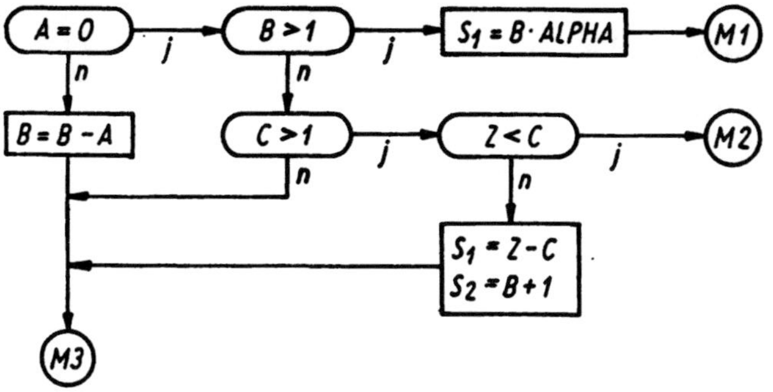

78. Geben Sie die Befehle zur Berechnung der Summe $s = \sum_{i=1}^{20} (a_i - b_i)^2$ an.

79. Welche Werte haben die Elemente des Felds L nach Abarbeitung folgender Befehle:

K=0; DO I=1 TO 3; K=K+2; L(I)=I*I+K*K; END;

80. Wieviel Durchläufe ergeben sich für die mit folgendem Befehl beginnende Befehlsschleife:

DO I=6 TO 9,12,17,20 TO 40 BY 4,49,50 BY 3 WHILE(I<66),81;

81. Es soll bestimmt werden, wieviel Elemente eines eindimensionalen Felds X mit 500 Elementen einen Wert haben, der kleiner als 10 ist, und wieviel Elemente einen Wert haben, der größer als 70 ist.

82. Geben Sie die Befehle zur Berechnung des Produkts $p = \prod_{i=1}^{n} a_i$ an.

83. Geben Sie die Befehle an, durch die die Diagonalelemente einer Matrix 10×10 mit den Elementen eines Vektors A belegt werden und alle übrigen Elemente den Wert 0 erhalten.

84. In einer Matrix A mit der Feldvereinbarung DCL A(15,20); sollen die Elemente der 3. und der 1. Spalte ihre Plätze tauschen. Geben Sie entsprechende Befehle an, die diese Aufgabe mit möglichst wenig zusätzlichem Speicherplatz lösen.

85. Geben Sie die Befehle zur Multiplikation einer Matrix A mit der Feldvereinbarung DCL A(12,15); mit einem Vektor V mit der Feldvereinbarung DCL V(15); an. Das Ergebnis soll in einem Feld R gespeichert werden.

86. Berechnen Sie für eine Matrix mit der Feldvereinbarung DCL U(72,15); die Zeilensummen und die Spaltensummen und speichern Sie diese in einem Vektor Z bzw. S.

87. In einem Feld X von 50 Elementen soll das Element mit dem höchsten Wert seinen Platz mit dem ersten Element tauschen.

88. Geben Sie die Befehle zur Berechnung von $p = \binom{m}{n}$ an.

89. Gegeben sei eine Matrix mit der Feldvereinbarung DCL U(20,10);. Ein Vektor V soll berechnet werden, dessen Elemente V_i gleich der Summe der in der Matrix U in der Zeile i und den Spalten 4···6 sowie 9 und 10 stehenden Elemente sind.

90. Geben Sie die Befehle zur Berechnung von $s = \sum_{i=1}^{n} \sum_{k=1}^{i-1} x_{ik}$ an.

91. Von einer Lochkarte wird der 14stellige Wert eines Ordnungsbegriffs OB eingelesen. Vor seiner weiteren Verwendung sollen auf den Positionen 2, 7 und 10 eventuell stehende Leerzeichen durch das Zeichen 'Ø' ersetzt werden.

92. Berechnen Sie die Werte der Gaußschen Fehlerfunktion für die Argumente

$0 < x \leqq 1$ mit der Schrittweite 0,05,
$1 < x \leqq 3$ mit der Schrittweite 0,1,
$3 < x \leqq 10$ mit der Schrittweite 0,5.

Speichern Sie die berechneten Werte hintereinander als Elemente eines Vektors GAUSS.

93. In einem Programm liegt eine Tabelle TAB1 mit 20 und eine Tabelle TAB2 mit 30 Werten eines 5stelligen Ordnungsbegriffs in aufsteigender Sortierfolge vor. Aus den Werten beider Tabellen soll eine neue Tabelle TAB aufgebaut werden, die sämtliche 50 Werte des Ordnungsbegriffs ebenfalls in aufsteigender Sortierfolge beinhaltet. Die ursprünglichen Tabellen werden anschließend nicht weiter benötigt.

94. Geben Sie die Befehle zur Berechnung eines Polynoms

$$y = c_1x + c_2x^3 + c_3x^5 + c_4x^7 + c_5x^9 + c_6x^{11}$$

an, wobei die Koeffizienten c_i als Elemente eines Vektors C vorliegen.

95. Es soll bestimmt werden, wie oft und in welchen Positionen innerhalb einer Zeichenkette ZK der Länge 40 ein Punkt auftritt. Das Ergebnis dieser Untersuchung soll in einem Vektor K gespeichert werden, dessen erstes Element die betreffende Anzahl enthält und dessen weitere Elemente die einzelnen Positionen enthalten.

96. Eine Zeichenkettenvariable ZK mit den Attributen CHAR(123) enthält einen Text, der aus 3 Teilen mit einer maximalen Länge von je 40 Zeichen besteht; das Ende jedes Teils ist durch ein zusätzliches Zeichen # gekennzeichnet. Der Inhalt der 3 Teile soll linksbündig auf den Speicherplätzen eines Felds DR gespeichert werden.

97. Es soll der Wert der Funktion $y = \sum_{n=1}^{\infty} (-1)^n \cdot \frac{3^n + 4^n}{4{,}5 \cdot 6^n}$ berechnet werden. Die Berechnung ist abzubrechen, sobald ein Summand dem Betrag nach kleiner als 10^{-6} ist. Für die weiteren Untersuchungen soll die Anzahl n der Summanden zur Verfügung stehen

98. Die monatlichen Produktionswerte eines Betriebs in den letzten 5 Jahren sind in zeitlicher Reihenfolge als Elemente eines Vektors PR gespeichert. Zu berechnen sind die Elemente eines Vektors D, der die sich daraus ergebenden durchschnittlichen Produktionswerte für jeden Monat enthält.

99. In Abhängigkeit vom Volumen v ergibt sich für die Beförderung bestimmter Transportgüter ein unterschiedlicher Tarif pro 100 km Entfernung:

$$\begin{aligned}
\text{Tarif } &t_1 \text{ für } v \leqq a_1,\\
&t_2 \text{ für } a_1 < v \leqq a_2,\\
&t_3 \text{ für } a_2 < v \leqq a_3,\\
&\vdots\\
&t_{11} \text{ für } a_{10} < v.
\end{aligned}$$

Die Werte t_i bzw. a_i sind als Elemente zweier Vektoren T bzw. A gespeichert. Geben Sie die Befehle zur Berechnung des jeweiligen Tarifs an.

100. Die Lösung eines gestaffelten Gleichungssystems erfolgt nach

$$x_i = \left(b_i - \sum_{k=i+1}^{n} a_{ik}x_k\right) : a_{ii},$$

wobei die Größen a_{ik} die Elemente der Koeffizientenmatrix und die Größen b_i die des Vektors der Absolutglieder sind. Die Auflösung des Gleichungssystems beginnt mit der letzten Gleichung und verläuft von unten nach oben. Geben Sie die für ein entsprechendes System von 30 Gleichungen erforderlichen Befehle an.

101. Zur Inversion einer Matrix soll ein Programm verwendet werden, das voraussetzt, daß in jeder Zeile der Absolutbetrag des Diagonalelements größer ist als die Summe der Absolutbeträge der übrigen Elemente. Für die Matrix A mit der Feldvereinbarung DCL A(25,25); soll die Erfüllung dieser Bedingung geprüft werden. Im Fall der Nichterfüllung in einer Zeile soll es zur Ausgabe einer Fehlermeldung und zum anschließenden Abbruch der Programmabarbeitung kommen. Geben Sie dafür die entsprechenden Befehle an, wobei der Ausgabebefehl nur verbal zu beschreiben ist.

102. In einem Programm soll beim Auftreten eines Konvertierungsfehlers die diesen Fehler bewirkende Zeichenfolge ausgedruckt und anschließend durch den Wert 0 ersetzt werden, so daß die Abarbeitung fortgesetzt werden kann. Geben Sie die dafür erforderlichen Befehle an, wobei der Ausgabebefehl nur verbal zu beschreiben ist.

103. Die Elemente eines Vektors TX mit der Feldvereinbarung DCL TX (12Ø) CHAR(24); sollen im 15. Byte eine Kennzeichnung durch das Zeichen E enthalten. Geben Sie die Befehle an, die zur Prüfung dieses Kennzeichens benötigt werden und die Ausgabe einer Fehlermeldung über die Bedieneinheit bewirken, wenn die betreffende Kennzeichnung nicht vorliegt. Auch im Fall eines Fehlers soll die Prüfung der weiteren Elemente fortgesetzt werden.

104. In einem Programm RECH soll die Bedingung ZERODIVIDE in den unwirksamen Status versetzt und damit nicht geprüft werden. Eine Ausnahme davon soll lediglich für einen Befehl Z=A(I)/(B(I)−3*X); gelten; hier ist im Fall einer Division durch 0 der Größe Z ein Wert 10^{50} zuzuordnen, aus dem dann im weiteren Verlauf das Auftreten der Bedingung ersichtlich ist. Geben Sie die zur Berücksichtigung dieser Festlegungen erforderlichen Befehle an.

105. In einem Programm soll die Ausgabe einer bestimmten Liste wahlweise erfolgen und jeweils durch den Bediener auf Grund entsprechender Angaben auf dem Abarbeitungsauftrag veranlaßt werden. Es wird daher im Verlauf der Abarbeitung eine Meldung über die Bedieneinheit ausgegeben, und der Bediener muß daraufhin ein vereinbartes Schlüsselwort eingeben, das angibt, ob die Liste gedruckt werden soll (Schlüsselwort J) oder nicht (Schlüsselwort N). Bei Angabe von N soll im Programm anschließend ein Sprung zu einem Befehl mit der Befehlsmarke M64 ausgeführt werden. Geben Sie die erforderlichen Befehle an,

a) wenn die Abarbeitung unterbrochen werden soll, bis die Antwort des Bedieners vorliegt;

b) wenn die Abarbeitung nicht unterbrochen werden soll, sondern zunächst das arithmetische Mittel der Elemente eines Vektors X mit der Feldvereinbarung DCL X(15Ø); berechnet und erst danach die Antwort des Bedieners bearbeitet bzw. auf sie gewartet werden soll.

106. Geben Sie für die starr fortlaufende, die indexsequentielle und die regionale Dateiorganisationsform an, welche Möglichkeiten für den Dateiaufbau sowie das Lesen, Ändern, Hinzufügen oder Löschen von Datensätzen im sequentiellen und im direkten Zugriff bestehen. Kreuzen Sie dazu in der folgenden Tabelle die Felder mit den durchführbaren Operationen an.

Organisationsform	sequentiell					direkt				
	Aufbauen	Lesen	Ändern	Hinzufügen	Löschen	Aufbauen	Lesen	Ändern	Hinzufügen	Löschen
starr fortlaufend										
indexsequentiell										
regional										

107. Geben Sie die schematische Darstellung des in Abb. 3 (S. 174) dargestellten Ausschnitts einer regionalen Datei an, in der nacheinander folgende Veränderunen vorgenommen wurden: Hinzufügen 29710, Löschen 01270, Löschen 58148, Hinzufügen 60316, Hinzufügen 18622, Löschen 72123, Hinzufügen 72365. Die angegebenen Nummern stellen jeweils den Wert des Ordnungsbegriffs für den betreffenden Satz dar.

108. Geben Sie die schematische Darstellung des in Abb. 5 (S. 182) dargestellten Ausschnitts einer indexsequentiellen Datei an, in der nacheinander folgende Veränderungen vorgenommen wurden: Hinzufügen 304, Löschen 298, Hinzufügen 225, Hinzufügen 330, Löschen 240, Hinzufügen 282, Hinzufügen 290, Löschen 220, Hinzufügen 336. Zur Vereinfachung soll dabei angenommen werden, daß sämtliche ausgelagerten Sätze auf der Folgespur untergebracht werden können.

109. Geben Sie für eine starr fortlaufend organisierte Ausgabedatei der satzweisen Datenübertragung die Angaben zum Satzformat im Attribut ENVIRONMENT der Dateivereinbarung an, wenn

a) der Datenteil eine feste Länge von 190 Bytes hat und die Sätze ungeblockt gespeichert werden sollen;
b) der Datenteil eine feste Länge von 190 Bytes hat und jeweils 4 Sätze zu einem Block zusammengefaßt werden sollen;
c) der Datenteil variable Länge von maximal 250 Bytes hat und die Sätze ungeblockt ohne Segmentierung gespeichert werden sollen;
d) der Datenteil variable Länge von maximal 250 Bytes hat und die Sätze geblockt ohne Segmentierung gespeichert werden sollen; mindestens 3 Sätze sollen in einem Block untergebracht werden können;
e) der Datenteil maximal 600 Bytes umfaßt und die Sätze mit undefinierter Satzlänge gespeichert werden sollen;
f) der Datenteil variable Länge von maximal 800 Bytes hat und die Sätze einzeln mit Segmentierung in Blöcken zu maximal 500 Bytes gespeichert werden sollen.

110. Geben Sie für eine indexsequentielle Ausgabedatei die Angaben zum Satzformat im Attribut ENVIRONMENT der Dateivereinbarung an, wenn der Datenteil eine feste Länge von jeweils 120 Bytes hat, die Schlüssellänge 8 Bytes beträgt und

a) der Schlüssel im Datenteil enthalten ist und die Sätze ungeblockt gespeichert werden sollen;
b) der Schlüssel nicht im Datenteil enthalten ist und die Sätze ungeblockt gespeichert werden sollen;
c) der Schlüssel im Datenteil enthalten ist und jeweils 4 Sätze zu einem Block zusammengefaßt werden sollen;
d) der Schlüssel nicht im Datenteil enthalten ist und jeweils 4 Sätze zu einem Block zusammengefaßt werden sollen.

111. Geben Sie für eine indexsequentielle Ausgabedatei die Angaben zum Satzformat im Attribut ENVIRONMENT der Dateivereinbarung an, wenn der Datenteil variable Länge von maximal 180 Bytes hat, die Schlüssellänge 8 Bytes beträgt und

a) der Schlüssel im Datenteil enthalten ist und die Sätze ungeblockt gespeichert werden sollen;
b) der Schlüssel nicht im Datenteil enthalten ist und die Sätze ungeblockt gespeichert werden sollen;
c) der Schlüssel im Datenteil enthalten ist und die Sätze zu Blöcken zusammengefaßt werden sollen, die mindestens 3 Sätze aufnehmen können;
d) der Schlüssel nicht im Datenteil enthalten ist und die Sätze zu Blöcken zusammengefaßt werden sollen, die mindestens 3 Sätze aufnehmen können.

112. Geben Sie Dateivereinbarungen für folgende starr fortlaufende Dateien an:

a) Ausgabedatei mit 3 Ausgabepuffern und einer Satzlänge von maximal 440 Bytes. Die Speicherung der Sätze soll ohne zusätzliche Längeninformationen erfolgen.
b) Aktualisierungsdatei mit Sätzen fester Länge von 2500 Bytes, deren Ein- und Ausgabe ungepuffert erfolgen soll.
c) Eingabedatei, deren Sätze in rückwärtiger Folge eingelesen werden sollen.
(In den Fällen b) und c) sollen die Angaben zum Satzformat aus den Standardkennsätzen entnommen werden.)

113. Kreuzen Sie in nachfolgender Tabelle an, welche Satzformate für die einzelnen Dateiorganisationsformen zulässig sind:

Organisationsform	feste Länge		variable Länge ohne Segm.		variable Länge mit Segm.		undefinierte Länge
	ungebl.	geblockt	ungebl.	geblockt	ungebl.	geblockt	
starr fortlaufend							
indexsequentiell							
regional Typ 1							
regional Typ 2							
regional Typ 3							

114. Geben Sie Dateivereinbarungen für folgende indexsequentielle Dateien an:

a) Ausgabedatei mit geblockten Sätzen fester Länge, deren Datenteil 220 Bytes umfaßt und darin in den Bytes 13···22 den 10stelligen Schlüssel enthält. Die Blöcke sollen jeweils 5 Sätze umfassen.
b) Aktualisierungsdatei mit direktem Zugriff, für die der Zylinderindex in den Hauptspeicher übertragen werden soll.
c) Eingabedatei mit sequentiellem Zugriff, für die eine Positionierung nach Schlüsselklassen möglich sein soll.
(In den Fällen b) und c) sollen die Angaben zum Schlüssel und zum Satzformat aus den Standardkennsätzen entnommen werden.)

115. Geben Sie Dateivereinbarungen für folgende regionale Dateien an:

a) Ausgabedatei vom Typ 1 mit sequentiellem Zugriff und Sätzen fester Länge von je 92 Bytes.
b) Ausgabedatei vom Typ 3 mit direktem Zugriff, deren gespeicherter Schlüssel 12 Bytes umfaßt und deren Sätze variable Länge von maximal 144 Bytes haben.
c) Aktualisierungsdatei vom Typ 2 mit direktem Zugriff; die Angaben zum Satzformat und zum Schlüssel sollen dabei aus den Standardkennsätzen entnommen werden.

116. In einem Programm soll mit Hilfe einer Datei LISTE eine Druckausgabe realisiert werden, die die Ausgabe von 110 Druckzeichen pro Zeile beinhaltet. Vereinbaren Sie eine entsprechende Datei

a) der reihenweisen Datenübertragung und legen Sie dabei in der Dateivereinbarung auch die Anzahl der Druckzeichen pro Zeile fest;
b) der reihenweisen Datenübertragung und legen sie die Anzahl der Druckzeichen pro Zeile in Verbindung mit der Dateieröffnung fest;
c) der satzweisen Datenübertragung, für die Druckersteuerzeichen im Standardcode verwendet werden sollen.

117. Geben Sie einen Ausgabebefehl mit dem Schlüsselwort LIST für folgende Teile einer durch DCL M(16,16); vereinbarten Matrix an:

a) gesamte Matrix, zeilenweise; b) gesamte Matrix, spaltenweise; c) Elemente in der Diagonale von links oben nach rechts unten; d) Elemente in der Diagonale von links unten nach rechts oben; e) Elemente der 4. Spalte; f) Elemente der 12. Zeile; g) Elemente der 3 letzten Spalten, spaltenweise; h) Elemente in den Zeilen 4, 8, 12 und 16, zeilenweise; i) Elemente mit gerader Spaltennummer, zeilenweise.

118. Welche Elemente eines Felds mit der Feldvereinbarung DCL A(15,24); werden durch folgende Befehle ausgegeben:

a) PUT LIST ((A(I,16) DO I=1 TO 16)); b) PUT LIST (A(5,*));
c) PUT LIST ((A(2,3) DO I=1 TO 4)); d) PUT LIST (((A(I,J) DO J=2,5) DO I=1 TO 15));
e) PUT LIST (A(14,22)); f) PUT LIST (((A(I,J) DO J=1 TO 6) DO I=1 TO 12));
g) PUT LIST (((A(J,I) DO I=1 TO 6) DO J=1 TO 12));
h) PUT LIST (((A(I,J) DO I=1 TO 15 BY 2) DO J=1Ø, 22 TO 24));

119. Welche der folgenden Ein- und Ausgabebefehle enthalten Fehler und worin bestehen diese:

a) PUT LIST (46,46)(F(12)); b) PUT EDIT (46,46)(F(12)); c) GET EDIT (K1,K2,K3)(3 A);
d) GET LIST (I,J,K*K); e) GET DATA (A,B,C,D); f) PUT EDIT ((X(I) DO I=1 TO N));
g) PUT EDIT ((A DO I=1 TO 5))(F(6)); h) GET LIST ((M(K), K=1 TO 25));
i) PUT EDIT (MAT(5,J) DO J=1 TO 1Ø); j) GET DATA ((X(I) DO I=1 TO N));

120. Schreiben Sie die folgende Formatliste ohne Verwendung von Wiederholungsfaktoren:

(SKIP,2 (F(7),F(4,1),2 (A(3),F(5,1))));

121. Der Eingabebereich für eine Größe enthält die Zeichen 61Ø24. Welche Werte ergeben sich beim Einlesen dieser Zeichen unter Verwendung folgender Formate:

a) F(5,2) b) F(5,4) c) F(5) d) F(5,7) e) F(5,Ø,2) f) F(5,3,–2) g) A(5) h) C(F(2,2),F(3,1))

122. Der Eingabebereich für eine Größe enthält die Zeichen 1437E–2. Welche Werte ergeben sich beim Einlesen dieser Zeichen unter Verwendung folgender Formate:

a) E(7,Ø) b) E(7,2) c) E(7,5) d) F(7,2)

Welche Werte ergeben sich für die gleichen Formate, wenn der Eingabebereich die Zeichen 1.43E–2 enthält?

123. Eine Lochkarte enthält ab Spalte 1 folgende Zeichen:

7.1Ø2␣␣12.36Ø–379.9

Welche Werte werden den in der Datenliste angegebenen Variablen durch folgende Befehle zugeordnet:

a) GET EDIT ((X(I) DO I=1 TO 6))
(F(3),F(4,2,5),F(4,3),F(2,5),F(3,1),F(3,Ø,–3));
b) GET EDIT (A,B,C,D,E,F)
(F(2,Ø),F(3,2),F(6),F(2,2,–3),F(4,3),F(2));
c) GET EDIT (((Z(I,J) DO I=1 TO 3) DO J=1 TO 2))
(F(5,2),F(1),F(3,3),F(4,2),F(2,Ø,2),F(4,Ø));

124. Eine Lochkarte enthält ab Spalte 1 folgende Zeichen:

7.46E–Ø1–8.41–2.274E+Ø2

Welche Werte werden den in der Datenliste angegebenen Variablen durch folgende Befehle zugeordnet:

a) GET EDIT (A,B,C,D)(E(8,Ø),E(7,2),E(3,3),E(5,Ø));
b) GET EDIT (A,B,C,D)(E(3,2),E(5,2),E(5,5),E(1Ø,Ø));

125. Eine Lochkarte enthält ab Spalte 1 folgende Zeichen:

625␣**XYZ**11Ø12

Welche Werte werden den Elementen der in der Datenliste angegebenen Struktur ST mit der Strukturvereinbarung

DCL 1 ST,2 (A FIXED(4,1), B CHAR(4), C BIT(2), D FIXED(3));

durch die folgenden Befehle zugeordnet:

a) GET EDIT (ST)(F(4,2),X(2),A(3),X(2),B(3),X(1),F(1));
b) GET EDIT (ST)(F(4),A(7),B(1),X(1),F(3));

126. Geben Sie die Befehle zum Einlesen der Werte für die Festkommavariablen A, B, C und D an, wenn diese, mit Angabe eines Dezimalpunkts, jeweils in einem Eingabebereich von 8 Spalten stehen, und zwar

a) alle hintereinander auf einer Lochkarte;
b) jeder auf einer gesonderten Lochkarte;
c) die Werte von A, B und C auf der ersten Karte hintereinander, der Wert von D auf der zweiten Karte.

127. Die Elemente einer Matrix A mit der Feldvereinbarung DCL A(10,10); sollen durch einen Befehl GET EDIT (A)(R(FC)); eingelesen werden. Wieviel Lochkarten sind dafür erforderlich, wenn der Formatbefehl mit der Befehlsmarke FC folgendes Aussehen hat:

a) FC: FORMAT (5 F(10)); b) FC: FORMAT (F(10)); c) FC: FORMAT (COL(1),5 F(10));
d) FC: FORMAT (COL(1),F(10)); e) FC: FORMAT (5 F(10),SKIP);

128. Eine Lochkarte enthält ab Spalte 1 die Lochungen folgender Zeichen:

24␣␣25,26,,27␣␣28

Welche Werte haben die Elemente eines Felds F nach Abarbeitung folgender Befehle:

```
DCL F(6) FIXED INIT (1,2,3,4,5,6);
GET LIST (F);
```

129. In einem Betrieb soll eine statistische Auswertung von Meßreihen durchgeführt werden, deren Werteumfang bei jeder Anwendung des Programms unterschiedlich sein kann. Die Eingabe erfolgt über Lochkarten in der Form, daß jeweils auf einer Karte 10 Werte in Festkommadarstellung mit Angabe eines Dezimalpunkts (maximal 3 Stellen vor und 2 Stellen hinter diesem) in Eingabebereichen zu je 8 Spalten stehen (die letzte Karte kann natürlich weniger Werte enthalten). Zusätzlich soll als erste eine Karte bereitgestellt werden, auf der in den ersten 4 Spalten die Anzahl der folgenden Eingabewerte steht, die dann in einem Feld X zu speichern sind. Geben Sie die entsprechenden Befehle an, wenn

a) das Programm für das Feld X eine Feldvereinbarung für den maximal möglichen Umfang von 2000 Elementen enthält;
b) erst nach Vorliegen der Werteanzahl Speicherplatz für das Feld im dafür erforderlichen Umfang zugeordnet wird.

130. In einem Programm werden 2 Lochkarten eingelesen, die in den Spalten 1···3 das Kartenkennzeichen 301 bzw. 302 enthalten. Anschließend folgt in den Spalten 4 und 5 jeweils die Anzahl der auf der Karte enthaltenen 2stelligen positiven Werte, die bei jeder Anwendung des Programms unterschiedlich sein kann (maximal 37). Die von beiden Karten gelesenen Werte sollen fortlaufend hintereinander als Elemente eines eindimensionalen Feldes X gespeichert werden. Bei der Eingabe soll geprüft werden, ob die beiden Karten das richtige Kartenkennzeichen enthalten und sich in der richtigen Reihenfolge befinden. Beim Auftreten eines diesbezüglichen Fehlers soll eine Fehlermeldung in der Form

KARTENKENNZEICHEN DER ×.KARTE: ×××

ausgegeben und die Abarbeitung abgebrochen werden. Beim Auftreten von Konvertierungsfehlern soll für das betreffende Element der Wert −1 gespeichert und die Abarbeitung fortgesetzt werden.

131. Geben Sie den Inhalt der Ausgabebereiche für die beiden Variablen A und B mit den Werten A: 7,8305 und B: −61,76 an, wenn zu ihrer Ausgabe folgende Formate verwendet werden:

a) F(11,0) b) E(11,0) c) F(11,2) d) E(11,2) e) F(11,4) f) E(11,4) g) F(11,3,3) h) E(11,3,3)

132. Die Variablen A, B, C, D und E haben folgende Werte:

A: 67,39 B: −1,945 C: 0,0052 D: 0,99 E: 161,9

Welches Druckbild ergibt sich durch Abarbeitung folgender Befehle:

a) PUT EDIT (A,B,C,D,E)
(E(10,1,3),X(2),F(7,2),X(2),F(6,4),F(5),F(8,2,−2));

b) PUT EDIT (A,B,C,D,E)
(E(12,4,4),F(6,3,−2),X(1),F(2,0,4),F(6,3),E(12,4));

c) PUT EDIT (A,B,C,D,E) (P'(4)ZV,99',X(2),P'---9V999',X(3),
P'SZ9V,999',P'ZBZZ9,V99S',X(3),P'(5)Z');

133. Welches Druckbild ergibt sich durch Abarbeitung folgender Befehle:

```
DCL 1 STR,2 (A FIXED(4.2), B CHAR(3), C BIT(3), X);
A=17.65; B='ABC'; C='110'B; X=1.739;
PUT EDIT (STR)(F(7,1),X(3),A(4),B,X(2),E(10,3,5));
PUT EDIT (STR)(COL(3),F(2),A(1),X(4),B(5),F(7,2,3));
PUT EDIT (STR)(X(2),F(3),SKIP,A(6),B(2),E(12,2));
```

134. Welches Druckbild ergibt sich durch Abarbeitung folgender Befehle:

```
DCL 1 ST, 2 (A FIXED(3), B CHAR(4), C FIXED(4));
FC:FORMAT (F(4),X(2),A(6));
A=327; B='*PS*'; C=1024;
PUT EDIT (ST)(R(FC));
PUT EDIT (ST)(SKIP,R(FC),F(6));
```

135. Welches Druckbild ergibt sich durch Abarbeitung folgender Befehle:

```
DCL LISTE FILE PRINT ENV (F(5));
DCL 1 STR,2 (A FIXED(3), B CHAR(5), C BIT(1), D);
A=291; B='++*++'; C='1'B; D=1.732;
PUT FILE(LISTE) EDIT (STR)(F(5),A,B(3),X(8),E(11,3));
```

136. Welches Druckbild ergibt sich durch Abarbeitung folgender Befehle:

```
DCL (X1,X2,X3) FIXED(4,2), X4 FIXED(5,1), X5 FIXED(2,5);
X1=3; X2=4.1; X3=12.48; X4=0.25; X5=0.00026;
PUT SKIP LIST ('LISTE','110'B,X1,X2,X3,X4,214.3,X5);
```

137. Auf einer neuen Seite der Druckdatei LISTE soll ab Zeile 4 eine zweizeilige Überschrift ausgegeben werden, deren erste Zeile folgenden Inhalt hat:

ab Spalte 1: VEB WERKZEUGMASCHINEN LEIPZIG
ab Spalte 51: PLANERFUELLUNG
ab Spalte 88: JAHR 19××

(Die letzten beiden Ziffern der Jahreszahl sollen als Werte einer Zeichenkettenvariablen JAHR zur Verfügung stehen.)
In der 2. Zeile soll lediglich ab Spalte 54 der Text ×.QUARTAL stehen, wobei × den Wert einer dualen Festkommavariablen IQ darstellt.

138. In einem Programm sollen die Werte eines Felds Z mit der Feldvereinbarung DCL Z(5,4) CHAR(60); zeilenweise in der Form

Z(×,×) = ×××××... ××

auf die Standardausgabedatei ausgegeben werden. Die Symbole × stellen die jeweiligen Indizes bzw. die Zeichen der auszugebenden Kettenwerte dar. Jedes Element soll auf einer gesonderten Zeile stehen. Die gesamte Ausgabe soll in Zeile 5 beginnen, die ersten Zeichen ab Spalte 20. Geben Sie einen entsprechenden Ausgabebefehl an,

a) wenn die Zeilen für die 20 Elemente des Felds unmittelbar aufeinanderfolgen;
b) wenn nach je 4 Elementen ein Zwischenraum von einer Zeile auftritt.

139. Die Funktionswerte $z = (x^2 + 0{,}3xy)^2$ sollen für alle ganzzahligen Kombinationen von $x = 1, \ldots, 5$ und $y = 1, \ldots, 5$ berechnet werden. Die Ergebnisse sind in Form einer Tabelle zu

drucken, deren Zeilen jeweils die beiden Argumentwerte und den Funktionswert enthalten. Dabei soll die Reihenfolge so gewählt werden, daß zunächst jeder Wert x mit sämtlichen Werten y kombiniert wird. Die erste Zeile für einen neuen x-Wert soll ab Spalte 16 eine Ausgabe der Form

X = × Y = × Z = ××××,××

beinhalten, während in den nachfolgenden Zeilen jeweils nur die Werte von y und z anzugeben sind. Vor dem Übergang zu einem neuen x-Wert soll eine Zeile Zwischenraum auftreten.

140. In einem Großhandelslager werden die Lagerorte für die einzelnen Artikel durch eine 7stellige Zahl in dezimaler Festkommadarstellung bezeichnet, deren Ziffern folgende Bedeutung haben:

Ziffer 1: Nummer der Lagerhalle; Ziffer 2: Nummer der Etage; Ziffern 3 und 4: Nummer des Regals; Ziffer 5: Fachhöhe; Ziffern 6 und 7: Fachnummer. Geben Sie die Befehle an, die bewirken, daß

a) bei einer Druckausgabe des Lagerorts dessen einzelne Bestandteile jeweils durch 2 Leerzeichen voneinander getrennt werden;

b) die einzelnen Bestandteile des Lagerortes als Werte von entsprechenden Variablen gesondert zur Verfügung stehen.

141. Ein Programm enthält folgende Befehle:

```
DCL A FIXED(4,1), B CHAR(7), C BIT(3), D CPLX FIXED(4,3), E FIXED(1,5),
    F BIN FIXED(15), G CHAR(3), H FLOAT(6), I PIC '---99V9';
A=-321; B='EPSILON'; C='1Ø1'B; D=-Ø.12+1.4Ø6I; E=Ø.ØØØØ9;
F=1Ø48; G='A''B'; H=27.985; I=312.6;
```

Welche Ausgabebereiche ergeben sich für die einzelnen Variablen bei Abarbeitung eines Befehls

```
PUT DATA (A,B,C,D,E,F,G,H,I);
```

142. Geben Sie die Befehle zur Bestimmung der Quersumme einer 10stelligen Zahl an, die als Wert der Variablen Z in gepackter Darstellung gespeichert ist.

143. Eine Matrix X mit dem Umfang 40×60 enthält sehr viele Nullen, so daß die Eingabe ihrer Werte jeweils nur Angaben zu den von 0 verschiedenen Elementen enthält. Geben Sie dafür

a) einen entsprechenden Eingabebefehl mit dem Schlüsselwort LIST an;

b) einen entsprechenden Eingabebefehl mit dem Schlüsselwort DATA an.

Erläutern Sie außerdem die jeweils erforderliche Bereitstellung der Eingabewerte. Nach Beendigung der Eingabe soll durch analoge Ausgabebefehle eine formlose, aber noch einigermaßen übersichtliche Ausgabe der von 0 verschiedenen Elemente mit ihren Indizes erfolgen.

144. In einem Programm werden über eine Eingabedatei KARTE Lochkarten eingelesen, deren Anzahl unbekannt ist und die jeweils 80 Ziffern enthalten. Diese sollen in einem Feld mit der Feldvereinbarung DCL X(8Ø) FIXED(1); gespeichert und danach unmittelbar verarbeitet werden. Für die Angabe in jeder Spalte gibt es einen maximal zulässigen Wert, der für die einzelnen Spalten unterschiedlich ist. Diese Werte werden zu Beginn des Programms ebenfalls über eine Lochkarte eingelesen und in einem Feld MAXW gespeichert. Bei der Eingabe soll geprüft werden, ob eine Ziffer den jeweils zulässigen Höchstwert überschreitet. Ist das der Fall, so soll keine Bearbeitung der betreffenden Karte erfolgen, sondern statt dessen eine Fehlermeldung über eine Datei FMELD ausgegeben werden. In dieser sollen die laufende Nummer der Karte (wobei die erste Karte mit den Maximalwerten nicht mitzuzählen ist), die Nummer der fehlerhaften Spalte, der gesamte Karteninhalt und darunter die 80 Maximalwerte in folgender Form enthalten sein:

```
×××. KARTE FALSCH    GELOCHT:          ××××...××
 (××. SPALTE)        MAXIMALWERTE:     ××××...××
```

Damit ist auf einfache Weise ein Vergleich auf weitere Unstimmigkeiten in der Lochung möglich. Zwischen zwei solchen Fehlermeldungen soll sich jeweils eine Leerzeile befinden.

145. Für einen Handelsbetrieb soll eine Inventurliste gedruckt werden, die für jeden Artikel den gegenwärtigen Bestand ausweist. Grundlage dafür ist eine Stammdatei STAMM, auf der in interner Darstellungsform für jeden Artikel ein Satz gespeichert ist, der in den ersten 3 Bytes

in gepackter Darstellung die 5stellige Artikelnummer, in den nächsten 4 Bytes den maximal 6stelligen Bestand und danach weitere 121 Bytes mit verschiedenen in diesem Programm nicht benötigten Angaben enthält. Da die satzweise Ein- und Ausgabe erst in Kapitel 7 beschrieben wird, soll der entsprechende Eingabebefehl nur verbal beschrieben werden. Er stellt jeweils den Inhalt eines Satzes in einer den Satzaufbau beschreibenden Struktur SATZ zur Verfügung. Das Ende der Eingabe wird durch die Bedingung ENDFILE wie bei der reihenweisen Datenübertragung kenntlich gemacht. Für jeden Artikel sind Artikelnummer und Bestand in der Form

×× ××× ××××××

über eine Druckdatei INVLIS auszugeben; die ersten beiden Ziffern der Artikelnummer, die die Artikelgruppe kennzeichnen, sollen von den folgenden Ziffern durch ein Leerzeichen getrennt werden. Pro Zeile sollen die Angaben für jeweils 6 Artikel ausgegeben werden, zwischen den Angaben für zwei Artikel sollen 6 Leerzeichen stehen. Beim Wechsel der Artikelgruppe ist nach einer Leerzeile auf einer neuen Zeile fortzufahren.

Als Überschrift soll die Druckliste auf jeder Seite den Text INVENTURLISTE ab Spalte 40, das Datum ab Spalte 58 sowie die Seitennummer in der Form SEITE ××× ab Spalte 110 enthalten. Die Seitennummer ist stets 3stellig mit eventuell führenden Nullen auszugeben. Nach einer Leerzeile folgt anschließend eine Zeile mit dem sich 6mal wiederholenden Text NR.␣BESTAND, der jeweils über dem Leerzeichen zwischen der 2. und 3. Stelle der Artikelnummer beginnt. Auf eine weitere Leerzeile folgen dann die Angaben für die einzelnen Artikel. Pro Seite sollen insgesamt 65 Zeilen ausgegeben werden.

146. In Auswertung von Angaben zur Berufszählung soll eine nach Bezirken aufgeschlüsselte Übersicht über die Anzahl der in 90 verschiedenen Berufsgruppen ausgebildeten Werktätigen gedruckt werden. Dabei soll davon ausgegangen werden, daß in ungeordneter Folge Lochkarten mit entsprechenden Angaben vorliegen, die folgenden Inhalt haben: Sp. 1 und 2 Berufsgruppe; Sp. 3···6 Kreisnummer; Sp. 7···11 Anzahl. Die Bezirksnummer stellt jeweils die ersten beiden Stellen der Kreisnummer dar. Da die Erfassung kreisweise vorgenommen wurde, die Ausgabe aber bezirksweise erfolgen soll, können mehrere Karten pro Berufsgruppe und Bezirk vorliegen. Die Ausgabe soll sortiert nach Berufsgruppen und innerhalb derselben nach Bezirken in der Form

```
            Sp. 7          Sp. 16        Sp. 25
             ↓               ↓             ↓
            BERUFS-        BEZIRK        ANZAHL
             GR.
          Leerzeile →
              ××             ××           ×××××
                             ××           ×××××
                             ××           ×××××
                     ⋮
```

erfolgen. Für die einzelnen Berufsgruppen sind allerdings nur die Bezirke aufzuführen, in denen auch entsprechend ausgebildete Werktätige vorhanden sind. Pro Berufsgruppe ist im Anschluß an eine Leerzeile eine Summenzeile auszugeben, in der an Stelle der Bezirksnummer das Wort SUMME steht. Zum Abschluß der gesamten Liste soll in der gleichen Weise die Gesamtsumme mit Angabe des Texts GESAMT an Stelle der Bezirksnummer ausgegeben werden. Die Nummer der Berufsgruppe soll jeweils nur in der ersten zugehörigen Zeile stehen. Die Nummern für Berufsgruppe und Bezirk sind stets 2stellig mit eventuell führenden Nullen auszugeben.

Die angegebene Überschrift soll auf jeder Seite erscheinen; auf der ersten Seite ist zuvor außerdem noch eine Gesamtüberschrift mit dem Text BERUFSGRUPPEN PRO BEZIRK ab Spalte 7 auszugeben.

147. Aus einer Magnetbanddatei mit Sätzen von 170 Bytes Länge, die nach einem in den ersten 10 Bytes enthaltenen Ordnungsbegriff sortiert sind, soll eine indexsequentielle Datei aufgebaut werden, deren Schlüssel dieser Ordnungsbegriff darstellt; er soll nicht mit in den Datenteil aufgenommen werden. Alle Sätze, für die im 62. Byte ein zeichenweise gespeicherter Wert größer als 3 ist, sind nicht mit in die indexsequentielle Datei zu übernehmen. Geben Sie die entsprechenden Befehle an, wenn

a) die Eingabe unter Verwendung einer Satzvariablen erfolgt;

b) die Eingabe pufferintern durchgeführt wird.

148. Die Sätze einer indexsequentiellen Datei ISD enthalten hintereinander folgende Werte: A FIXED(5), B CHAR(1), C CHAR(4), D(3) FLOAT(6), E CHAR(26), F FIXED(9,2). Die Größe C stellt den Schlüsselbegriff dar.

a) Es sollen alle Sätze von ISD auf ein Magnetband übertragen werden, für die der Wert von C im Bereich 5000—5999 liegt und die Größe B entweder das Zeichen X oder Y enthält.

b) Es sollen die gleichen Sätze wie im Fall a), jedoch ohne den Teil ausgegeben werden, der den Wert der Variablen F darstellt.

Sind im angegebenen Bereich keine Sätze vorhanden, so soll eine entsprechende Fehlermeldung über die Standardausgabedatei ausgegeben werden. 10 Sätze der Magnetbanddatei sollen jeweils zu einem Block zusammengefaßt werden.

149. Geben Sie für folgende Aufgabenstellungen die entsprechenden Vereinbarungen sowie die erforderlichen Ausgabebefehle an:

a) Ein Feld mit der Feldvereinbarung DCL X(5Ø,12); soll als Satz auf eine Magnetbanddatei ausgegeben werden.

b) Es soll zunächst wie im Fall a) das Feld X und anschließend als 2. Satz ein Feld Z mit der Feldvereinbarung DCL Z(25) CHAR(56); auf die gleiche Datei ausgegeben werden.

c) Die beiden unter a) und b) vereinbarten Felder X und Z sollen als ein gemeinsamer Satz ausgegeben werden.

d) Die Elemente des unter a) vereinbarten Felds X sollen so auf eine regionale Datei vom Typ 1 ausgegeben werden, daß jede Zeile einen Satz darstellt und das gesamte Feld damit die Regionen 0···49 belegt.

Geben Sie dabei in der Dateivereinbarung für die Ausgabedatei ein geeignetes Satzformat an.

150. Die Sätze einer indexsequentiellen Datei haben eine Länge von 120 Bytes und als Schlüssel eine 9stellige Zahl in gepackter Darstellung. In allen Sätzen, bei denen das 45. Byte das Zeichen Z enthält, soll dieses durch das Zeichen A ersetzt werden. Über eine Liste sollen formlos unter der Überschrift LISTE DER VERAENDERTEN SAETZE die Schlüsselwerte der geänderten Sätze ausgegeben werden. Geben Sie dafür entsprechende Befehle an, wenn

a) der Schlüssel im Datenteil in den Bytes 7···11 enthalten ist;

b) der Schlüssel nicht im Datenteil enthalten ist;

c) die Ausgabe wie im Fall b), aber pufferintern durchgeführt wird.

151. Es soll eine Mangetbanddatei aufgebaut werden, deren Datensätze hintereinander folgende Größen enthalten: W1 FIXED(9), W2 FIXED(6), W3 CHAR(3), W4 FIXED(5), W5 FIXED(5), W6 CHAR(12). Je 20 Sätze sollen zu einem Block zusammengefaßt werden. Die Daten zum Aufbau der Sätze werden über eine Lochkartendatei KARTE eingelesen, wobei jede Lochkarte in folgender Anordnung die Angaben für einen Satz enthält: Sp. 1···10 W1, Sp. 11···17 W2, Sp. 18···20 W3, Sp. 30···35 W4, Sp. 36···41 W5, Sp. 44···55 W6. Nach dem Aufbau der Datei sollen die Sätze fortlaufend gelesen und über eine Datei DRUCK ausgegeben werden, jeder Satz auf eine neue Zeile. Zwischen den Ausgabebereichen zweier benachbarter Werte sollen sich jeweils zwei Leerstellen befinden, wobei auch eine Stelle für das Vorzeichen vorzusehen ist. Geben Sie die entsprechenden Befehle an, wenn

a) Ein- und Ausgabe unter Verwendung von Satzvariablen erfolgen;

b) Ein- und Ausgabe pufferintern erfolgen;

c) die Ausgabe pufferintern und die Eingabe in rückwärtiger Reihenfolge unter Verwendung einer Satzvariablen erfolgt;

d) Ein- und Ausgabe wie im Fall a), aber ohne Verwendung von Befehlen der reihenweisen Datenübertragung durchgeführt werden.

152. Die Sätze einer Datei STAMM enthalten hintereinander folgende Größen: A CHAR(6), B CHAR(2), C FIXED(9,2), D FIXED(9,2), E CHAR(4), F FIXED(7,2), G CHAR(22). Die Sätze sind nach den Werten des Ordnungsbegriffs mit der Bezeichnung A in aufsteigender Folge sortiert und sollen durch Angaben aus einer Lochkartendatei aktualisiert werden. Die Lochkarten enthalten jeweils im ersten Byte einen Code, der die Art der durchzuführenden Aktualisierung zum Ausdruck bringt: Ø Löschen des Satzes, 1 Hinzufügen eines neuen Satzes, 2 Verändern des Satzes.

Ihr weiterer Aufbau lautet folgendermaßen: Sp. 2···7 A, Sp. 8 und 9 B, Sp. 10···20 C, Sp. 21···31 D, Sp. 32···35 E, Sp. 36···44 F, Sp. 45···66 G. Die Werte von C, D und F werden jeweils mit einem Dezimalpunkt angegeben.

In jedem Fall ist neben dem Aktualisierungscode noch der Wert des Ordnungsbegriffs erforderlich. Beim Hinzufügen eines neuen Satzes gilt dasselbe auch für alle anderen Bestandteile. Bei einer Änderung sind jeweils nur die zu verändernden Felder zu belegen, während für das Löschen eines Satzes keine weiteren Angaben benötigt werden. Am Ende der Aktualisierung ist eine Übersicht über die Anzahl der gelöschten, veränderten und hinzugefügten Sätze auszugeben. Geben Sie entsprechende Befehle an, wenn

a) die Datei STAMM eine Magnetbanddatei darstellt, die folglich als neuer Datenbestand aufgebaut werden muß, und die Lochkarten nach den Werten des Ordnungsbegriffs A sortiert sind. Kann eine auszuführende Aktualisierung nicht vorgenommen werden, weil z. B. ein zu löschender oder zu verändernder Satz in der Datei nicht enthalten ist oder ein als Zugang vorgesehener Satz bereits vorhanden ist, so soll die betreffende Lochkarte übergangen werden.

b) die Datei STAMM eine regionale Datei vom Typ 3 darstellt und die Lochkarten in unsortierter Folge vorliegen. Die Sätze von STAMM enthalten in diesem Fall nicht den Wert des Ordnungsbegriffs A, sondern dieser stellt den Schlüssel der Datensätze dar. Er soll Werte im Bereich von 200000 bis 650000 umfassen, aber viele Lücken enthalten. Die Regionsbestimmung soll nach dem Divisionsrestverfahren unter Verwendung der Primzahl 97 als Divisor erfolgen. Für alle nicht ausführbaren Aktualisierungen soll eine entsprechende Mitteilung ausgegeben werden. Außerdem ist bei Sätzen, die hinzugefügt werden sollen, aber schon vorhanden sind, der bisherige Satz völlig durch den neuen Inhalt zu ersetzen, und Sätze, für die eine Änderung vorgesehen ist, die aber gar nicht in der Datei enthalten sind, sollen wie Neuzugänge betrachtet und in den Datenbestand aufgenommen werden.

153. In einem Versandhandelsbetrieb existiert eine indexsequentielle Bestandsdatei, deren Sätze für einen Artikel folgende 4 Angaben enthalten: spezielle Kennzeichnung (2 Zeichen), Artikelnummer (7 Zeichen), Ersatzartikelnummer (7 Zeichen), Bestandsmenge (9stellig in gepackter Darstellung). Existiert für einen Artikel kein Ersatzartikel, so werden statt dessen Nummer Leerzeichen gespeichert. Die Artikelnummer stellt den Satzschlüssel der Datei dar, die auf Grund von Bestellungen aktualisiert werden soll. Die Bestellungen liegen als Sätze einer nach Artikelnummern sortierten, starr fortlaufenden Datei vor, deren Sätze jeweils folgende Angaben enthalten: Artikelnummer (7 Zeichen), Bestellmenge (5stellig in gepackter Darstellung), Kundennummer (7 Zeichen). Für jeden Artikel können mehrere Sätze mit Bestellmengen auftreten.

Eine Bestellung soll nur dann realisiert werden, wenn die volle Bestellmenge geliefert werden kann; der Bestand ist dann um die bestellte Menge zu reduzieren. Ist jedoch eine volle Auslieferung nicht möglich, so wird die Bestellung nach Möglichkeit vollständig durch Lieferung des Ersatzartikels befriedigt. Für jede Bestellung ist ein Satz auf eine Datei LIEF auszugeben, der folgende Angaben enthält: Kundennummer, Artikelnummer, bestellte Menge sowie ein Kennzeichen, das bei Lieferung das Zeichen L, bei Nichtlieferung das Zeichen N darstellt. Bei Lieferung eines Ersatzartikels ist dessen Nummer im Satz anzugeben, bei Nichtlieferung in jedem Fall die Nummer des bestellten Artikels.

154. Für die Durchführung von Bedarfsvorhersagen soll eine Datei ZEIT mit Zeitreihen vorbereitet werden. Ausgangspunkt dazu sind zwei Dateien JAHR1 und JAHR2, die beide in aufsteigender Folge nach einer aus 5 Zeichen gebildeten Artikelnummer sortiert sind und außerdem in ihren Datensätzen neben dieser Nummer 12 maximal 7stellige Monatsumsatzwerte in gepackter Darstellung enthalten. Es muß allerdings nicht jeder Artikel auf beiden Dateien vorkommen. Alle Sätze der aufzubauenden Datei ZEIT enthalten in den ersten 2 Bytes zunächst die Länge des gesamten Satzes und anschließend 5 Bytes für die Artikelnummer. Ist der Artikel auf beiden Dateien JAHR1 und JAHR2 vorhanden, so folgen anschließend die Umsatzwerte aus den betreffenden Sätzen in der angegebenen Reihenfolge. Ist ein Artikel nur auf einer Datei vorhanden, so wird in den Ausgabesatz hinter der Artikelnummer zunächst ein Kennzeichen aufgenommen, das die Zeichen 1 bzw. 2 enthält, je nachdem, ob der Artikel auf der Datei JAHR1 oder JAHR2 vorkommt. Danach folgen dann die Umsatzwerte des betreffenden Jahres. Die Sätze der Datei erhalten auf diese Weise unterschiedliche Satzlängen, die jeweils aus dem Inhalt der ersten beiden Bytes hervorgehen.

155. Durch Eingabe der Sätze der in Aufgabe 154 aufgebauten Datei soll eine Übersicht in folgender Form gedruckt werden:

	Sp. 6 ↓ ARTIKEL	Sp. 16 ↓ 1.JAHR	Sp. 25 ↓ 2.JAHR	
Leerzeile →				
	×××××	×	×	(wenn beide Jahre vorliegen)
	×××××	—	×	(wenn nur 2. Jahr vorliegt)
	×××××	×	—	(wenn nur 1. Jahr vorliegt)

Pro Druckzeile sind entsprechend dieser Form die Angaben für 3 Artikel nebeneinander auszugeben.

156. Schreiben Sie ein Programm entsprechend der Aufgabenstellung von Aufgabe 146 und verwenden Sie dabei für die Lochkarteneingabe sowie die Druckausgabe ausschließlich Befehle der satzweisen Datenübertragung. Pro Seite sollen 62 Zeilen ausgegeben werden.

157. Schreiben Sie ein Funktionsprogramm zur Berechnung eines Funktionswerts y in Abhängigkeit von dem jeweils angegebenen Argument x nach den Formeln

$$y = \begin{cases} 1 + \sqrt{1 + x^2} & \text{für } x < 0, \\ 0 & x = 0, \\ 1 - \sqrt{1 + x^2} & x > 0. \end{cases}$$

Argument und Funktionswert sollen Gleitkommagrößen mit einfacher Mantissenlänge sein.

158. In einem Programm sind u. a. Berechnungen nach folgenden Formeln durchzuführen:

$$a = x + 2{,}55 \cdot \left(x + x^2 + \frac{1}{x}\right), \qquad b = 2{,}55 \cdot \left(1 + x + (1 + x)^2 + \frac{1}{1 + x}\right),$$

$$c = 2{,}55 \cdot \left((x - y)^3 + (x - y)^6 + \frac{1}{(x - y)^3}\right), \quad d = (x - 1)^2 + 2{,}55 \cdot \left(\frac{1}{x} + \frac{1}{x^2} + x\right).$$

Schreiben Sie ein Funktionsprogramm zur Berechnung des in jeder Formel auftretenden allgemeinen Ausdrucks

$$2{,}55 \cdot \left(z + z^2 + \frac{1}{z}\right)$$

und geben Sie die Befehle zur Berechnung von a, b, c und d in einem Hauptprogramm unter Bezugnahme auf dieses Funktionsprogramm an, wobei sämtliche Variable sowie der Funktionswert Gleitkommagrößen mit doppelter Genauigkeit darstellen sollen.

159. Ein Funktionsprogramm soll die Verkettung dreier als Argumente bei seinem Aufruf anzugebender Zeichenketten der Länge 4 durchführen und das Ergebnis als Funktionswert bereitstellen. Geben Sie die entsprechenden Befehle für dieses Funktionsprogramm sowie die notwendigen Vereinbarungen für ein Hauptprogramm an, das einen Aufruf des Funktionsprogramms enthält.

160. Schreiben Sie ein Unterprogramm zur Berechnung der Richtungscosinus CA, CB und CC für einen Punkt $P(x_1, x_2, x_3)$, wobei die Koordinaten x_i Gleitkommagrößen sind und die Elemente eines Vektors bilden:

$$\mathrm{CA} = \frac{x_1}{\sqrt{x_1^2 + x_2^2 + x_3^2}}, \qquad \mathrm{CB} = \frac{x_2}{\sqrt{x_1^2 + x_2^2 + x_3^2}}, \qquad \mathrm{CC} = \frac{x_3}{\sqrt{x_1^2 + x_2^2 + x_3^2}}.$$

Die drei Richtungscosinus sollen als einzelne Variable an das aufrufende Teilprogramm übergeben werden.

161. Schreiben Sie ein Unterprogramm, das für eine quadratische Matrix von maximal 20 Zeilen und Spalten die Summe der Absolutglieder der Elemente einer vorgegebenen Zeile *k* mit Ausnahme des Diagonalelements berechnet.

162. Ein Unterprogramm hat folgenden Rahmen:

```
UP: PROC (A,B,K,X);
    DCL A FIXED(6,2), B FIXED;
    :
    END;
```

a) Wie muß der Befehl zum Aufruf des Unterprogramms lauten, wenn als Argumente für dessen 4 Parameter folgende konstante Werte angegeben werden sollen:

für A: 1,6 für B: 37 für K: 18 für X: 6,25

b) Wie müßte eine Parameterattributliste aussehen, damit beim Aufruf die Konstanten in gewöhnlicher dezimaler Schreibweise angegeben werden können?

163. Welcher Wert wird bei der Abarbeitung des folgenden Programms ausgedruckt:

```
HP:PROC OPTIONS(MAIN);
   DCL FP ENTRY, X EXTERNAL;
     X=5E0; CALL UP (FP,Z,(FP)); PUT EDIT (Z)(F(5,2));
   END;
UP:PROC (F,Z,B);
   DCL F ENTRY;  Z=F*B*4E0;
   END;
FP:PROC;
   DCL X EXTERNAL; RETURN(X/SQRT(X*X-9E0));
   END;
```

164. Welcher Wert wird bei der Abarbeitung des folgenden Programms ausgedruckt:

```
HP:PROC OPTIONS(MAIN);
   DCL F RETURNS (FIXED(3));
   X=F(F(005)); PUT EDIT (X)(F(5));
   END;
 F:PROC (Z) RETURNS(FIXED(3));
   DCL Z FIXED(3);
   RETURN (2*Z);
   END;
```

165. In einem Programm treten verschiedene Felder mit folgenden Feldvereinbarungen auf:

```
DCL A(120)CHAR(40), B(150)FIXED(9), C(30,40)FIXED(9,2),
    D(160) FLOAT(16), E(70,10), F(20,10)CHAR(15);
```

Die Felder A, B und D werden zur gleichen Zeit, die Felder E und F gemeinsam zu einem späteren Zeitpunkt angesprochen. Anschließend wird das Feld C benutzt, wobei gleichzeitig keines der anderen Felder mehr benötigt wird.

Führen Sie durch die Bildung interner Befehlsblöcke soweit wie möglich eine Reduzierung des für die angegebenen Felder benötigten Speicherplatzes durch und stellen Sie die dafür erforderliche Anzahl von Bytes der gegenüber, die ohne Einteilung in solche Blöcke notwendig wäre.

166. Schreiben Sie zur Berechnung des Werts $y = \frac{1}{\sqrt{1 + x^2}}$ für ein vorgegebenes x

a) ein Funktionsprogramm,
b) ein Unterprogramm.

Geben Sie in beiden Fällen auch den Rahmen des aufrufenden Hauptprogramms an, wenn dort der Wert von y zur Berechnung von $z = \ln(1 + y^2)$ verwendet werden soll.

167. Die Lagrangesche Interpolationsformel ermittelt für eine Folge von n vorgegebenen Wertepaaren (x_i, y_i) ein Polynom n-ten Grades, dessen Funktionswerte für $x = x_i$ mit y_i übereinstimmen. Die Berechnung des Polynoms erfolgt nach der Formel

$$y = \sum_{i=1}^{n} L_i(x) \cdot y_i \quad \text{mit} \quad L_i(x) = \frac{\prod\limits_{\substack{k=1 \\ (k \neq i)}}^{n} (x - x_k)}{\prod\limits_{\substack{k=1 \\ (k \neq i)}}^{n} (x_i - x_k)}.$$

Schreiben Sie ein internes Funktionsprogramm, das für ein vorgegebenes Argument den sich aus diesem Polynom ergebenden Funktionswert berechnet, wenn davon ausgegangen wird, daß die Größen x_i und y_i als Elemente von mit dem Dimensionsattribut (3Ø) vereinbarten Vektoren X und Y im aufrufenden Teilprogramm vorliegen.

168. Schreiben Sie ein Unterprogramm, das bei vorgegebenem Argument x die Berechnung der beiden Werte z_1 und z_2 nach den Formeln

$$z_1 = a_1 \cdot \sin x + a_2 \cdot \sin^3 x + a_3 \cdot \sin^5 x + a_4 \cdot \sin^7 x$$
$$z_2 = b_1 \cdot \sin^2 x + b_2 \cdot \sin^4 x + b_3 \cdot \sin^6 x + b_4 \cdot \sin^8 x$$

durchführt, wobei die Koeffizienten a_i und b_i als konstante Werte in entsprechenden Feldern innerhalb des Unterprogramms vorliegen. Das Argument beim Aufruf des Unterprogramms soll wahlweise in Grad oder in Bogenmaß angegeben werden können.

169. In welcher Reihenfolge werden die Befehle des folgenden Programms abgearbeitet:

```
M1:PROC OPTIONS(MAIN);
   :
M2:...
   M3:PROCEDURE;
      :
   M4:CALL M9;
   M5:...
      :
   M6:END M3;
M7:...
   :
M8:...
   M9:PROCEDURE;
      :
   M1Ø:END M9;
M11:...
   :
M12:CALL M3;
M13:...
   :
M14:END M1;
```

170. In welcher Reihenfolge werden die Befehle des folgenden Programms abgearbeitet:

```
M1:PROC OPTIONS(MAIN);
   :
M2:...
   M3:PROCEDURE;
      :
   M4:END M3;
M5:...
   :
```

```
M6:...
   M7: BEGIN;
        ⋮
   M8: CALL M3;
   M9: ...
        ⋮
   M1Ø:END M7;
M11:...
     ⋮
M12:END M1;
```

171. Welche Gültigkeitsbereiche ergeben sich für die in folgendem Programm auftretenden Variablen:

```
HP:PROCEDURE OPTIONS(MAIN);
   DCL A BIT(1), B CHAR(12), C FIXED, D EXTERNAL;
   ⋮
   B1:BEGIN;
      DCL B FLOAT;
      ⋮
      X=SIN(B);  CALL UP;
      ⋮
      END B1;
   ⋮
   FP:PROCEDURE;
      DCL A FIXED(7,2);
      ⋮
      Y=...
      ⋮
      B2:BEGIN;
         DCL A BIT(1), X CHAR(4);
         ⋮
         END B2;
      ⋮
      B3:BEGIN;
         DCL D FLOAT;
         ⋮
         X=SIN(Y);
         ⋮
         END B3;
      ⋮
      END FP;
   END HP;
UP:PROCEDURE;
   DCL D EXT, C FIXED;
   ⋮
   END UP;
```

172. Geben Sie den erforderlichen Befehl zum Aufruf des Unterprogramms IHESRTA an, wenn die zu sortierenden Sätze

a) feste Länge und einen durch die Strukturvereinbarung

```
DCL 1 STR,2 (A1 CHAR(5), A2 FIXED(7,2), A3 CHAR(5), A4 BIT(2),
      A5 FIXED(5,2), A6 CHAR(6Ø));
```

zu beschreibenden Satzinhalt haben und die Sortierung aufsteigend nach den Werten der Größe A2 und innerhalb derselben nach denen von A4 erfolgen soll;

b) feste Länge und einen durch die Strukturvereinbarung

```
DCL 1 STR,2 (B1 FIXED(7), B2 CHAR(3), B3 CHAR(17), B4 FIXED(9),
    B5 CHAR(3Ø));
```

zu beschreibenden Satzinhalt haben und die Sortierung zunächst aufsteigend nach den ersten 4 Bytes von B3, danach absteigend nach dem 3. und 4. Byte von B5 und schließlich wiederum aufsteigend nach den Werten von B2 erfolgen soll und die aus der Sortierung hervorgehenden Sätze um den Teil B5 reduziert werden;

c) variable Länge haben und ihr vorderer Teil in jedem Fall hintereinander die Größen C1(3) FLOAT(6), C2 CHAR(12), C3 PIC'99V,99' enthält, auf die noch mindestens 25 und maximal 120 weitere Bytes folgen können, und die Sortierung jeweils aufsteigend nach der Größe $C1_1$ und innerhalb derselben nach der Größe C3 erfolgen soll. Als durchschnittliche Satzlänge werden 80 Bytes geschätzt.

173. Von einer Datei BETR werden Sätze eingelesen, deren Aufbau durch folgende Struktur beschrieben werden kann:

```
1 SATZ,2 (TX CHAR(45), (IST,SOLL) FIXED(7), INFO CHAR(4Ø))
```

Die ersten 45 Bytes enthalten Angaben zur Bezeichnung eines Betriebs, darauf folgen je ein Ist- und ein Sollwert bezüglich der Planerfüllung sowie weitere, in diesem Programm nicht benötigte Informationen. Es sind diejenigen Betriebe auszuwählen, deren Planerfüllung unter 95% liegt; für sie ist eine Ausgabedatei zusammenzustellen, deren Sätze die Angaben zur Betriebsbezeichnung sowie anschließend, auf zwei Kommastellen gerundet, die prozentuale Planerfüllung beinhalten. Die Sätze dieser Datei sind aufsteigend nach der Planerfüllung zu sortieren, und anschließend sollen für die 20 Betriebe mit der schlechtesten Planerfüllung die darin enthaltenen Angaben über die Standardausgabedatei ausgedruckt werden. Verlief die Sortierung nicht ordnungsgemäß, so soll eine Ausgabe des gesamten Hauptspeicherbereichs, der vom betreffenden Programm belegt wird, veranlaßt werden.

174. Welcher Ausgabetext wird vom Makrointerpreter aus folgenden Befehlen erzeugt:

```
HP:PROC OPTIONS(MAIN);
    %DCL W CHAR, I FIXED;
    DCL L(15);
    %DEACTIVATE I,W; %I=12;
    %W='PUT EDIT(Z)(E(12,4));Q';
    GET LIST(L,K,I); N=K-I;
    %DCL K CHAR;
    %MK: K='L(I)'; W=(I-K)/N;
    %I=I+3;
    %IF I<=15 %THEN %DO;
      %ACTIVATE I; %DEACTIVATE K;
      Z=(I-K)/W;
      %ACTIVATE W; %GOTO MK;
      %END;
    PUT EDIT (Q)(E(15,4));
    END;
```

175. Analog zur Aufgabenstellung von Beispiel 1 in Abschnitt 9.3.1. soll für die einzelnen Dateneinheiten eine Vorwärts- und Rückwärtskettung durchgeführt werden, so daß auf die Glieder der Kette sowohl in aufsteigender als auch in absteigender Folge zugegriffen werden kann. In den Dateneinheiten ist dazu die Adresse der nachfolgenden und die Adresse der vorangehenden Dateneinheit zu speichern. Nach dem Aufbau der Kette sollen die Ordnungsbegriffe der einzelnen Dateneinheiten in absteigender Folge ausgedruckt werden.

Anhang 5. Lösungen der Übungsaufgaben

1. b) * ist nicht zulässig; c) Ä gehört nicht zum Zeichensatz; e) erstes Zeichen muß alphabetisch sein; f) Leerzeichen nicht zulässig; g) — ist nicht zulässig.

2. Dezimale Festkommakonstanten: a) 6.27 b) —43 c) 164ØØ d) —1 e) .1 f) nicht möglich g) .ØØØØØØ2 h) —.ØØØ4 i) —.ØØØØØØØ1 j) Ø.ØØØØØ7 k) —.ØØØØØØØ5 l) 9ØØØØØØ

Dezimale Gleitkommakonstanten: a) 627E—2 b) —43EØ c) 16.4E3 d) —1EØ e) 1E—1 f) 1E22 g) .2E—6 h) —.4E—3 i) —1E—8 j) 7E—6 k) —5E—8 l) 9E6

3. a) —Ø.Ø3I b) —.1+.ØØØ2I c) 1.24E—6I d) 2.14—1.6I

4. b) Mantisse fehlt d) Komma nicht zulässig e) Leerzeichen nicht zulässig f) in dualen Konstanten nur Ziffern 0 und 1 erlaubt g) Exponent fehlt k) Exponent nicht ganzzahlig l) Exponent zu groß.

5. a) 11Ø1ØB b) —1Ø1ØØ1B c) 1ØØ11B d) 11ØØ1Ø1B

6. a) DEC FIXED(3) Wert: 136 b) DEC FLOAT(1) Wert: 0,0003 c) DEC FIXED(5,5) Wert: 0,00038 d) BIN FLOAT(1) Wert: 0,0625 e) DEC FLOAT(3) Wert: 215 f) DEC FIXED(6,4) Wert: 17,9261 g) BIN FIXED(2) Wert: —3 h) DEC FLOAT(1) Wert: 10 i) BIN FLOAT(1) Wert: 8 j) DEC FIXED(4) Wert: 1101 k) BIN FIXED(1,1) Wert: 0,5 l) DEC FLOAT(2) Wert: 1,1

7. a) BIT(1) b) CHAR(2) c) CHAR(3) d) CHAR(5) e) BIT(3) f) CHAR(4) g) unzulässige Darstellung h) CHAR(6).

8. a) DECLARE A FIXED(11,3) INIT(Ø); b) DCL B FLOAT(16) INIT(1E—6); c) DCL C BIN FIXED INIT (1Ø); d) DCL D FIXED(4,—3) INIT(32ØØØ); e) DCL E CPLX FIOAT(6) INIT(.1+.2I); f) DCL F CHAR(2Ø) VAR INIT ('HERBERT'); g) DCL G BIT(12Ø) INIT ((12Ø)'Ø'B); h) DCL H PIC'(4)X99AX' INIT((8)'⌣'); i) DCL I PIC 'ZZBZZ9V,99—' INIT (4ØØØ);

9. a) 6, b) 2, c) 3, d) 2, e) 4, f) 8, g) 4, h) 4, i) 6, j) 11, k) 10, l) 6, m) 7, n) 122.

10. a) REAL DEC FIXED(7,2) 4 Bytes, b) REAL DEC FLOAT(8) 8 Bytes, c) REAL BIN FLOAT(21) 4 Bytes, d) REAL DEC FLOAT(5) 4 Bytes, e) CPLX DEC FLOAT(6) 8 Bytes, f) REAL DEC FIXED(5) 3 Bytes, Q: REAL DEC FLOAT(6) 4 Bytes, IDA: REAL BIN FIXED (15) 2 Bytes.

11. a) ØØ1927 b) ⌣Ø1927 c) ⌣⌣1927 d) 1927 e) ⌣⌣1,927 f) ⌣19,27 g) Ø.Ø1927 h) ⌣⌣⌣1927 i) ⌣⌣+1927 j) +⌣1,927 k) ⌣19⌣27 l) 1.9.27

12. a) —⌣⌣⌣7,14 b) ⌣⌣⌣—7.14 c) ⌣⌣⌣⌣7.14 d) ⌣⌣—7,14 e) **7.14— f) ⌣—714

13. a) 1,23 b) 0,0123 c) 123 d) 0,00000123 e) 0,00123 f) 12300

14. a) 00000010 01100001 01001101 b) 00000001 10111101
c) 01000010 01101010 01010000 00000000 d) 01000000 11110001 11110110 01101011 11110100
e) 11010111 11010011 11110001 f) 10011001 10011001

15. DCL K(2,3) INIT (1,3,—2,Ø,6,4);
a) K(2,2) K(1,3) b) K(*,3).

16. a) DCL MAT(6,14) DEC FIXED(5,1) INIT((84)Ø);
b) DCL BFELD(6Ø) BIT(1) INIT((3Ø)('Ø'B,'1'B));
c) DCL CH(15) CHAR(1) INIT ((4)(1)'*');
d) DCL GK(Ø:9,−7:7) INIT ((15)*, (15)1E−6);

17. DCL TAB(Ø:3,11:16) CHAR(1) INIT ('A','B','C', ..., 'Z');
Zur Vereinfachung kann man auch eine die gesamte Tabelle umfassende Zeichenkette einführen, für sie einen geschlossenen Anfangswert festlegen und das Feld dann dieser Zeichenkette überlagern:

```
DCL TABC CHAR(24) INIT('ABCDEFGHIJKLMNOPQRSTUVWZ'),
      TAB(Ø:3,11:16) CHAR(1) DEF TABC;
```

a) TAB(2,14) TAB(1,16) TAB(1,13) TAB(Ø,15) TAB(3,11)
b) TAB(*,15) TAB(1,*)

18. K 360 Bytes, XX 400 Bytes, AB 96 Bytes, Z 192 Bytes, LØ 27 Bytes, P 168 Bytes, C 432 Bytes.

19. F_{017} F_{018} F_{027} F_{028} F_{037} F_{038} F_{047} F_{048} F_{117} F_{118} F_{127} F_{128} F_{137} F_{138} F_{147} F_{148} F_{217} F_{218} F_{227} F_{228} F_{237} F_{238} F_{247} F_{248}

20. a) Q_1: 17,4 Q_3: 22,6 Q_4: −5,8 Q_2 erhält keinen Anfangswert
b) $TEXT_1$: 'BESSER' $TEXT_2$: 'IST⌣⌣⌣' $TEXT_3$: 'BESSER'
c) X_1: 2,1 X_2: 0 X_3: 3,5 X_4, ..., X_8: 0, X_9 und X_{10} erhalten keinen Anfangswert
d) KK_1,KK_3,KK_5,KK_7,KK_9: 32 KK_2,KK_4,KK_6,KK_8,KK_{10}: 48
e) ABC_1: 'AAAAAA' ABC_2,ABC_3,...,ABC_{13}: 'BBBBBB' ABC_{14},ABC_{15},...,ABC_{20}: 'C⌣⌣⌣⌣⌣'

21. B1: 11 Bytes, B2: 44 Bytes, B3: 11 Bytes.

22. a) (12 80 −71), b) (80 23 11), c) (18 −32), d) (−90 18 66),
e) $\begin{pmatrix} 200 & 66 \\ 17 & 61 \end{pmatrix}$, f) $\begin{pmatrix} 6 & 71 & 200 \\ -90 & 18 & 66 \end{pmatrix}$, g) (17 61).

```
23. DCL 1 A1, 2 A2, 3 A4 CHAR(4), 3 A5, 4 ((A8,A9) FIXED(5)),
                 2 A3, 3 A6, 4 A1Ø, 5 (A12 FIXED(5), A13 CHAR(4)),
                                4 A11 FIXED(5) INIT(Ø),
                          3 A7 FIXED(5);
```

a) 23 Bytes, b) DCL 1 STR LIKE A6; c) A1.A12 STR.A12

24. a) 36 Bytes (alle Elemente sind Gleitkommagrößen), b) A.B.D.E A.H A.P.R.S A.P.U
c) ST1: 16 Bytes, ST2: 8 Bytes, ST3: 24 Bytes,
d) ST3.C(1) oder ST3(1).C ST3.E(1) oder ST3(1).E
ST3.F(1) oder ST3(1).F ST3.C(2) oder ST3(2).C
ST3.E(2) oder ST3(2).E ST3.F(2) oder ST3(2).F

25. a) 84 Bytes, b) ST(3,1).Z ST(3).Z(1) ST.Z(3,1) ST(3,1,2).Y ST(3,1).Y(2) ST(3).Y(1,2) ST.Y(3,1,2)

26. a) DCL ZK CHAR(24), TZK CHAR(5) DEF ZK POS(5);
b) DCL BF(14) BIT(1), BK BIT(14) DEF BF;
c) DCL A FIXED(13,2), AC CHAR(7) DEF A;
d) DCL X FLOAT(16), BX BIT(8) DEF X;
e) DCL A(15) CHAR(32), AD(15) CHAR(14) DEF A POS(11);
f) DCL CH4 CHAR(4) BASED (PCH4), CH1 CHAR(1) BASED (PCH4);

27. DCL 1 DSTR DEF STR, 2 (L1 CHAR(4), BB CHAR(14) L2 CHAR(15), FF CHAR(6));
L1 und L2 bezeichnen jeweils die „Lücken", d. h. die Teile von STR, die nicht durch andere Größen überlagert werden.

28. DCL A FIXED(5,3), ALPHA FIXED(5,3) DEF A,

```
29. DCL AD(15) DEF A(1SUB,1Ø), XD(4,1Ø) DEF X(3,1SUB,2SUB),
        CD(2Ø) DEF C(1SUB*5);
```

```
30. DCL (MAT(*,*) FLOAT(6), ZK CHAR(1Ø)) CONTROLLED;
    ALLOCATE MAT(M,N), ZK INIT((1Ø)'⌣');
    FREE MAT, ZK;
```

31. DCL X(4ØØ) BASED(P1), (P1,P2,P3) PTR;
ALLOCATE X, X SET (P2), X SET(P3);
FREE P2–>X, P3–>X;
FREE X;

32. a) A+2*B/C b) (3.84*X+1E4)/(.368*X+1E4) c) ((1+X)/(1–X))**2 d) A/(B+C)+D/C**2 e) 12*A**2*B*C**2 f) 4*(X–1EØ)**0.5 oder 4*SQRT(X–1EØ) g) Y**2+4/3*X**2 h) (A(I–1)+2*A(I)+A(I+1))/4

33. a) $\sqrt[3]{(a-b)^2}$, b) $\frac{(a-b)^2}{3}$, c) $a - \frac{b^2}{3}$, d) $1 - \frac{a}{b^3}$, e) $\frac{p^2}{a} - 1$, f) $\frac{p \cdot q}{2} \cdot z^3$.

34. a) DECIMAL FIXED(8,3) b) BIN FLOAT(12) c) BIN FIXED(31,13)

35. a) 'Ø1ØØØ1'B b) '11111Ø'B c) '1ØØØØØ'B d) 'ØØ1ØØØ'B e) '11Ø1ØØ'B f) '1ØØ1ØØ'B

36. BK&(5)'Ø1'B

37. a) 'Ø'B b) '1'B c) 'Ø'B d) '1'B e) '1'B

38. a) '1'B b) 'Ø'B c) '1'B d) 'Ø'B e) '1'B f) '1'B g) '1'B h) 'Ø'B i) 'Ø'B j) '1'B k) 'Ø'B l) 'Ø'B

39. a) SCH='Ø'|I<Ø b) (A>Ø&B<=1ØØ)|A=B c) A>=2*B&A<=3*B

40. DCL OB CHAR(1Ø), BK BIT(8) DEF OB;
BK=BK|'1111ØØØØ'B

41. a) 60, b) 111004.

42. DCL NF PIC 'ZZ9';
TEXT='ES WURDEN⌣'||NF||'⌣FEHLER⌣FESTGESTELLT';

43. a) Bitkette der Länge 3, b) Bitkette der Länge 1.

44. X+Y → Z_1 N**2 → Z_2 Z_1*12 → Z_3 B/Z_2 → Z_4 Z_3<MAX → Z_5 A=Z_4 → Z_6 A<X → Z_7 Z_5&Z_6 → Z_8 Z_8|Z_7 → Wert des gesamten Ausdrucks

45. a) 23,19 b) –4,63 c) 25 d) 163,9 e) 0 f) 13 g) 6,41 h) 0

46. a) '1Ø1⌣⌣⌣⌣' b) 'MARKE⌣⌣' c) 'MAGDEBU' d) '⌣⌣⌣172⌣'

47. a) ØØ38 b) ⌣Ø38 c) ⌣⌣38 d) 381 e) ⌣⌣3,8 f) ⌣38,16Ø g) Ø.Ø3816 h) ⌣⌣+3816 i) +⌣38,1 j) ⌣38⌣16Ø

48. A: 10 B: 13 C: –26.

49. C: 26 D: 'ØØ11Ø1ØØØ'B F: 26,7 G: arithm. 26, Kettenwert 'ØØ2.6'

50. A: '1Ø1⌣⌣' B: '1Ø'B C: '1Ø1Ø'B D: arithm. 5, Kettenwert 'ØØ5Ø' E: 5

51. K_1: 15 K_2: 0 K_3: 2 X_1: 4,2 X_2: 0,5 X_3: 7,8 X_4: 3,9

52. a) A=A|B; b) A=A|¬B; c) A=A&¬B; d) A=A&B;

53. DJP=SUM(PR)/5EØ; DJZ=(PR(5)–PR(1))/4EØ;
ZW=(PR(5)/PR(1))**25E–2; DWT=ZW*1E2;
P83=PR(5)*ZW; P87=PR(5)*ZW**5; WT=(Q/P(5))**2E–1*1E2;

Wegen der Wurzelberechnungen wurden sämtliche Werte standardmäßig als Gleitkommagrößen vereinbart.

54. BETA=18E1–ALPHA–GAMMA;
C=SIND(GAMMA)*A/SIND(ALPHA);
B=SQRT(A*A+C*C–2EØ*A*C*COSD(BETA));
ZW=(A+B+C)/2EØ; FL=SQRT(ZW*(ZW–A)*(ZW–B)*(ZW–C));

55. a) Z=EXP(2EØ/SQRT(X)); b) V=1EØ/COS(X)+LOG1Ø(ABS(TAN(X/2EØ)));
c) Z=5E–1*(EXP(A*X)–EXP(–A*X))*SIN(X+B);
d) B=R*R/4EØ*LOG(ABS(V+SQRT(V*V–R*R)));
e) Y=EXP(3EØ*ABS(SIN(3EØ*X))); f) D=X*ATAN(X,A)–5E–1*A*LOG(A*A+X*X);

56. DCL A(Ø:4) INIT (–6EØ,1.5EØ,Ø,–2EØ,3EØ);
Y=POLY(A,X);

57. U: —8 V: —9 W: —8 X: —8,7 Y: —8 Z: —10

58. X1: 4 X2: —3 X3: 5 KOMP: 4 + 3i

59. 'HACKEPETER'

60. a) A=A+SIGN(A)*Ø.ØØ5; b) VGL=MAX(1EØ,SQRT(X),1EØ/A,Z—U);
c) Y=ROUND(X,3); d) Z=A+SIGN(A)*5E—4; e) A=MOD(A,12);

61. a) X=SUBSTR(CH,3,5); b) CH=SUBSTR(Z,16);
c) KK='A—1Ø—'||SUBSTR(C,5—IA,IA); (KK wird zweckmäßig durch DCL KK CHAR(9) VAR; vereinbart);
d) K=INDEX(ZK,'?'); SUBSTR(ZK,K,1)='Ø'; e) TEXT=TRANSLATE(TEXT,'␣M','#¤');
f) BK=BOOL(B1,B2,'Ø11Ø'B);

```
62. DCL DATUM CHAR(17) VAR, MONT CHAR(1Ø)VAR,
    1 STDAT, 2 ((JAHR,MONAT,TAG) CHAR(2)), DAT CHAR(6) DEF STDAT,
    MON(12) CHAR(1Ø) INIT('JANUAR','FEBRUAR','MAERZ','APRIL','MAI',
       'JUNI','JULI','AUGUST','SEPTEMBER','OKTOBER','NOVEMBER','DEZEMBER');
    DAT=DATE; I=MONAT; IA=INDEX(MON(I),'␣');
    MONT=SUBSTR(MON(I),1,IA); DATUM=TAG||'.'||MONT||'.19'|| JAHR;
```

(für die Speicherung der Monatsnamen wurden 10 Bytes verwendet, damit für jedes Element ein Leerzeichen vorhanden ist, aus dessen Auftreten die Länge der Bezeichnung ermittelt werden kann).

63. a) UNSPEC(A)=(4)'Ø1ØØØØØØ'B; b) UNSPEC(ZKV)='ØØ111ØØ1'B;
c) UNSPEC(A)='ØØØØØØØ1Ø111ØØ11ØØØØ11ØØ'B; d) SUBSTR(BK,4,1)=A>1ØØ;

64. a) SUBSTR(B1,3,1)=SUBSTR(B2,6,1);
b) SUBSTR(BK,7,1)=A>Ø,1&A<15;

65. a) A=Ø; b) A(4,*)=1ØØ; c) A(*,2Ø)=V;

66. A_{11}: 7 A_{12}: 93 A_{13}: 9 A_{21}: 74 A_{22}: 189 A_{23}: 114

```
67. DCL MK(3) LABEL INIT (M12,M27,M34);
    ⋮
    GOTO MK(K);
68. IF A<B THEN K=K+1; X=C;
69. IF X=A THEN IF Y=A THEN SCH='1'; ELSE SCH='Ø'; ELSE SCH='Ø';
oder: IF X=A&Y=A THEN SCH='1'; ELSE SCH='Ø';
70. IF I THEN GOTO M3;
         ELSE IF J THEN GOTO M2; ELSE GOTO M1;
71. IF N<1Ø THEN IF SCH='1' THEN GOTO Z1;
                               ELSE;
              ELSE GOTO Z2;
    W=(A—B)/N;
oder: IF N>=1Ø THEN GOTO Z2; ELSE IF SCH='1' THEN GOTO Z1;
    W=(A—B)/N;
72. J=I/2; IF J*2=I THEN GOTO GERADE; ELSE GOTO UNGERADE;
oder: IF SUBSTR(UNSPEC(I),16,1)='Ø'B THEN GOTO GERADE;
                               ELSE GOTO UNGERADE;
oder: DCL IC BIT(16) DEF I;
    IF SUBSTR(IC,16,1)='Ø'B THEN GOTO GERADE; ELSE GOTO UNGERADE;
73. IF MENGE<=BESTAND(I) THEN DO;
                  BESTAND(I)=BESTAND(I)—MENGE;
                  UMSATZ=UMSATZ+MENGE*PREIS(I); END;
     ELSE IF BESTAND(I)>Ø THEN DO;
                  UMSATZ=UMSATZ+BESTAND(I)*PREIS(I);
                  FEHL(I)=MENGE—BESTAND(I); BESTAND(I)=Ø; END;
      ELSE FEHL(I)=FEHL(I)+MENGE;
```

74.
```
DCL (C1,C2) COMPLEX;
  :
Z=-B/(2E0*A); DK=Z*Z-C/A;
IF DK<0 THEN DO; REAL(C1)=Z; IMAG(C1)=SQRT(-DK);
                 C2=CONJG(C1); END;
   ELSE DO; W=SQRT(DK); C1=Z+W; C2=Z-W; END;
```

75.
```
IF X>Y THEN IF X=Z THEN IF Z<P THEN SCH='2';
   ELSE SCH='3'; ELSE; ELSE SCH='1';
Z=X*X/N;
```

76.
```
IF ABS(X)>=1E0 THEN GOTO FEHL;
Y, ZW=X; ZN=3E0; X2=X*X;
MM: ZW=-ZW*X2; ZU=ZW/ZN;
IF ABS(ZU)<1E-7 THEN GOTO FORT;
Y=Y+ZU; ZN=ZN+2E0; GOTO MM;
```

oder

```
IF ABS(X)>=1E0 THEN GOTO FEHL;
ZW, ZU=X; ZN=1E0; X2=X*X; Y=0;
DO WHILE (ABS(ZU)>=1E-7);
   Y=Y+ZU; ZN=ZN+2E0; ZW=-ZW*X2; ZU=ZW/ZN;
END;
```

77.
```
IF A=0 THEN IF B>1 THEN DO; S(1)=B*ALPHA; GOTO M1; END;
   ELSE IF C>1 THEN IF Z<C THEN GOTO M2;
     ELSE DO; S(1)=Z-C; S(2)=B+1; END;
       ELSE; ELSE B=B-A;
M3: ...
```

78.
```
S=0; DO I=1 TO 20; S=S+(A(I)-B(I))**2; END;
```

79. L_1: 5 L_2: 20 L_3: 45

80. 20 Durchläufe für folgende Werte von I: 6, 7, 8, 9, 12, 17, 20, 24, 28, 32, 36, 40, 49, 50, 53, 56, 59, 62, 65, 81.

81.
```
K,L=0; DO I=1 TO 500;
  IF X(I)<10 THEN K=K+1; ELSE IF X(I)>70 THEN L=L+1;
END;
```

82.
```
P=1; DO I=1 TO N; P=P*A(I); END;
```

83.
```
DCL B(10,10), A(10); B=0; DO I=1 TO 10; B(I,I)=A(I); END;
```

84.
```
DO I=1 TO 15; Z=A(I,1); A(I,1)=A(I,3); A(I,3)=Z; END;
```

85.
```
DO I=1 TO 12; R(I)=0;
   DO J=1 TO 15; R(I)=R(I)+A(I,J)*V(J); END;
END;
```

86.
```
DCL U(72,15), Z(72), S(15);
Z=0; S=0;
DO J=1 TO 15; DO I=1 TO 72;
   Z(I)=Z(I)+U(I,J); S(J)=S(J)+U(I,J); END; END;
```

87.
```
DCL X(50); XMAX=X(1); J=1;
DO I=2 TO 50; IF X(I)>XMAX THEN DO; XMAX=X(I); J=I; END; END;
X(J)=X(1); X(1)=XMAX;
```

88.
```
P=M; M1=M+1; DO I=2 TO N; P=P*(M1-I)/I; END;
```

89.
```
DCL V(20), U(20,10);
DO I=1 TO 20; V(I)=0;
   DO J=4 TO 6,9,10; V(I)=V(I)+U(I,J); END;
END;
```

90.
```
S=0; DO I=1 TO N; DO K=1 TO I-1; S=S+X(I,K); END; END;
```

91.
```
DCL OB CHAR(14), OBC(14) CHAR(1) DEF OB;
DO I=2,7,10; IF OBC(I)='␣' THEN OBC(I)='0'; END;
```

92.
```
DCL GAUSS(54); J=0;
DO X=5E-2 TO 1E0 BY 5E-2, 1.1E0 TO 3E0 BY 1E-1, 3.5E0 TO 1E1 BY 5E-1;
    J=J+1; GAUSS(J)=ERF(X);
END;
```

93.
```
DCL (TAB1(20), TAB2(30), TAB(50)) CHAR(5);
I,J=1; K=0;
M1: IF TAB1(I)<TAB2(J) THEN DO;
        K=K+1; TAB(K)=TAB1(I);
        IF I<20 THEN I=I+1; ELSE TAB1(20)=HIGH(5);
        END;
    ELSE DO; K=K+1; TAB(K)=TAB2(J);
        IF J<30 THEN J=J+1; ELSE TAB2(30)=HIGH(5);
        END;
    IF K<50 THEN GOTO M1;
```

94.
```
XX=X; X2=X*X; Y=0;
DO I=1 TO 6; Y=Y+C(I)*XX; XX=XX*X2; END;
```

95.
```
DCL ZK CHAR(40), ZKF(40) CHAR(1) DEF ZK, K(41);
N=0; I=2;
DO J=1 TO 40;
    IF ZK(J)='.' THEN DO; N=N+1; K(I)=J; I=I+1; END;
END; K(1)=N;
```

96.
```
DCL ZK CHAR(123), CH(123) CHAR(1) DEF ZK, DR(3) CHAR(40);
IA=1; DO J=1 TO 3; DO I=IA TO 123;
    IF CH(I)='#' THEN DO; DR(J)=SUBSTR(ZK,IA,I-IA);
                          IA=I+1; GOTO M2; END; END;
M2: END;
```

97.
```
A1,A2=1E0; A3=4.5E0; Y=0; EL=1E0;
DO N=1 BY 1 WHILE (ABS(EL)>=1E-6);
    A1=A1*3E0; A2=A2*4E0; A3=-A3*6E0; EL=(A1+A2)/A3; Y=Y+EL;
END; N=N-1;
```

Der Wert von N gibt die Anzahl der Summanden an, die Variable Y den Funktionswert.

98.
```
DCL (PR(60), D(12), Z) FIXED(9,2);
DO K=1 TO 12; Z=0;
    DO I=K TO 60 BY 12; Z=Z+PR(I); END; D(K)=Z/5;
END;
```

99.
```
DCL T(11) FIXED(5,2), A(10) FIXED(7,1), V FIXED(7,1);
DO I=1 TO 10; IF V<=A(I) THEN GOTO M1; END;
M1: TARIF=T(I);
```

100.
```
DCL A(30,30), B(30), X(30);
DO I=30 TO 1 BY -1; S=B(I);
    DO K=I+1 TO 30; S=S-A(I,K)*X(K); END;
X(I)=S/A(I,I); END;
```

101.
```
DO I=1 TO 25; S=ABS(A(I,I));
    DO J=1 TO 25; IF J=I THEN GOTO M4; S=S-ABS(A(I,J));
M4: END;
    IF S<=0 THEN DO; Druck der Fehlermeldung; STOP; END;
END;
Fortsetzung der Abarbeitung
```

102.
```
ON CONVERSION BEGIN; Drucke ONSOURCE; ONSOURCE='0'; END;
```

103.
```
DCL TX(12Ø) CHAR(24), PI PIC 'ZZ9';
DO I=1 TO 12Ø;
    IF SUBSTR(TX(I),15,1)¬='E' THEN DO; PI=I; DISPLAY
     ('UNGUELTIGES␣KENNZEICHEN␣IM␣'||PI||'.ELEMENT'); END;
END;
```

104.
```
(NOZDIV):RECH:PROCEDURE;
   ON ZDIV BEGIN; Z=1E5Ø; GOTO M26; END;
     :
   (ZDIV): Z=A(I)/(B(I)-3*X);
M26: ...
```

105. a)
```
DCL SCHL CHAR(1);
  :
DISPLAY ('DRUCKLISTE ERFORDERLICH?') REPLY(SCHL);
IF SCHL='N' THEN GOTO M64;
  :
```

b)
```
DCL X(15Ø), SCHL CHAR(1), EE EVENT;
  :
DISPLAY('DRUCKLISTE ERFORDERLICH?') REPLY(SCHL) EVENT(EE);
AR=Ø; DO I=1 TO 15Ø; AR=AR+X(I); END; AR=AR/15Ø;
WAIT (EE);
IF SCHL='N' THEN GOTO M64;
```

106.

×	×	×	×[1]	–	–	–	–	–	–
×	×	×	×[1]	×	–	×	×	×	×
×	×	×	–	–	×	×	×	×	×

[1]) Das Hinzufügen kann nur im Anschluß an den letzten Datensatz erfolgen, ein Einfügen von Sätzen in den Datenbestand ist unmöglich.

107. ⋮

Spur 4	51156	24164	72364	PS	26815
Spur 5	72847	18622	72365	51157	42722
Spur 6	36216	22961	21274	96466	60316
Spur 7	PS	99359	80320	45375	29710

⋮

108.

		3	4	5	6	7	8	
Spur 0	...	218	245	281	297	316	338	...
		221	249	285	300	320	342	
		19/3	19/8	19/10	19/2	19/7	19/11	

⋮

Spur 3	189	194	197	200	202	204	205	206	218
Spur 4	225	227	231	233	236	239	PS	244	245
Spur 5	255	257	270	273	274	276	278	279	281
Spur 6	288	289	290	291	292	294	295	296	297
Spur 7	303	304	305	306	308	311	314	315	316
Spur 8	325	326	327	328	330	333	335	336	338

⋮

Spur 19	285	300	221	284	PS	320	319	249	342	282	341
	–	–	–	19/1	–	–	19/6	–	–	19/4	19/9

109. a) F(19Ø) b) F(76Ø,19Ø) c) V(258) d) V(766,254) e) U(6ØØ) f) VS(5ØØ,8Ø4)

110. a) F(12Ø) b) F(12Ø) c) F(48Ø,12Ø) d) F(512,128)

111. a) V(188) b) V(196) c) V(556,184) d) V(58Ø,192)

112. a) DCL STF1 FILE RECORD OUTPUT ENV(U(44Ø) BUFFERS(3));
b) DCL STF2 FILE RECORD UPDATE UNBUFFERED;
c) DCL STF3 FILE RECORD INPUT BACKWARDS;

113.

×	×	×	×	×	×	×
×	×	×	×	–	–	–
×	–	–	–	–	–	–
×	–	–	–	–	–	–
×	–	×	–	–	–	×

114. a) DCL IS1 FILE RECORD OUTPUT SEQL KEYED ENV(INDEXED KEYLENGTH(1Ø) KEYLOC(13) F(11ØØ,22Ø));
b) DCL IS2 FILE RECORD UPDATE DIRECT KEYED ENV (INDEXED INDEXAREA);
c) DCL IS3 FILE RECORD INPUT SEQL KEYED ENV (INDEXED GENKEY);

115. a) DCL REGA FILE RECORD OUTPUT SEQL ENV(REGIONAL(1) F(92));
b) DCL REGB FILE RECORD OUTPUT DIRECT KEYED ENV (REGIONAL(3) KEYLENGTH(12) V(144));
c) DCL REGC FILE RECORD UPDATE DIRECT KEYED ENV (REGIONAL(2));

116. a) DCL LISTE FILE PRINT ENV (F(111));
b) DCL LISTE FILE PRINT;
OPEN FILE(LISTE) LINESIZE(11Ø);
c) DCL LISTE FILE RECORD OUTPUT ENV (F(111) CTLSTD);

117. a) PUT LIST (M); b) PUT LIST (((M(I,J) DO I=1 TO 16) DO J=1 TO 16));
c) PUT LIST ((M(I,I) DO I=1 TO 16));
d) PUT LIST ((M(I,17–I) DO I=16 TO 1 BY –1));
oder PUT LIST ((M(17–I,I) DO I=1 TO 16));
e) PUT LIST (M(*,4)); oder PUT LIST ((M(I,4) DO I=1 TO 16));
f) PUT LIST (M(12,*)); oder PUT LIST ((M(12,J) DO J=1 TO 16));
g) PUT LIST (((M(I,J) DO I=1 TO 16) DO J=14 TO 16));
h) PUT LIST (((M(I,J) DO J=1 TO 16) DO I=4 TO 16 BY 4));
i) PUT LIST (((M(I,J) DO J=2 TO 16 BY 2) DO I=1 TO 16));

118. a) Die Elemente der 16. Spalte, b) die Elemente der 5. Zeile, c) viermal das Element A_{23}, d) die Elemente in den Spalten 2 und 5, zeilenweise, e) das Element $A_{14,22}$, f) die Elemente in den Zeilen 1—12 und den Spalten 1—6, zeilenweise, g) wie f), h) die Elemente mit ungeraden Zeilennummern, die in der Spalte 10 sowie in den letzten drei Spalten stehen, spaltenweise.

119. a) Ein Befehl PUT LIST enthält keine Formatliste, c) in Eingabebefehlen kann nicht die verkürzte Form des A-Formats verwendet werden, d) die Datenliste eines Eingabebefehls darf keine Ausdrücke enthalten, f) ein Befehl PUT EDIT muß stets eine Formatliste haben, h) in der Laufanweisung muß das Komma durch das Schlüsselwort DO ersetzt werden, i) es fehlt das Klammernpaar für die gesamte Datenliste, j) in der Kontrolliste eines Befehls GET DATA darf keine Laufanweisung stehen.

120. (SKIP,F(7),F(4,1),A(3),F(5,1),A(3),F(5,1),F(7),F(4,1),A(3),F(5,1),A(3),F(5,1))

121. a) 610,24 b) 6,1024 c) 61024 d) 0,0061024 e) 6102400 f) 0,61024 g) '61Ø24' h) 0,61+2,4i

122. a) 14,37 b) 0,1437 c) 0,0001437 d) unzulässig
Im Fall des veränderten Eingabebereichs ergibt sich für a)···c) der Wert 0,0143, da die Angabe von *d* im Format keine Rolle spielt; d) ist dann ebenfalls unzulässig.

123. a) X_1: 7,1 X_2: 2000 X_3: 12,3 X_4: 0,0006 X_5: –3,7 X_6: 0,0099
b) A: 7 B: 1,02 C: 12,3 D: 0,0006 E: –0,379 F: 0,9
c) Z_{11}: 7,102 Z_{21}: 0 Z_{31}: 0,012 Z_{12}: 0,36 Z_{22}: –300 Z_{32}: 79,9

124. a) A: 0,746 B: −0,0841 C: 0,27 D: 400
b) A: 7,4 B: 0,006 C: −8,41 D: −227.4

125. a) A: 6,2 B: 'XYZ⌣' C: '11'B D: 2 b) A: 625 B: '**XY' C: '1Ø'B D: 12

126. a) GET EDIT (A,B,C,D)(F(8)); b) GET EDIT (A,B,C,D)(COLUMN(1),F(8));
c) GET EDIT (A,B,C,D)(3 F(8),SKIP);

127. a) 13, b) 13, c) 20, d) 100, e) 20.

128. F_1: 24 F_2: 25 F_3: 26 F_4: 4 F_5: 27 F_6: 28

129. a)
```
DCL X(2ØØØ) FIXED(5,2);
GET EDIT (N)(F(4))((X(I) DO I=1 TO N))(SKIP,1Ø F(8));
```
b)
```
DCL X(*) FIXED(5,2) CONTROLLED;
GET EDIT (N)(F(4)); ALLOCATE X(N);
GET EDIT (X)(SKIP,1Ø F(8));
```

130.
```
DCL X(74) FIXED(2), KKZ CHAR(3);
ON CONVERSION ONSOURCE='-1';
GET EDIT (KKZ,N1)(A(3),F(2)); K=1;
IF KKZ='3Ø1' THEN GET EDIT ((X(I) DO I=1 TO N1))(F(2));
              ELSE GOTO FEHL;
GET EDIT (KKZ,N2)(SKIP,A(3),F(2)); K=2;
IF KKZ='3Ø2' THEN GET EDIT ((X(N1+I) DO I=1 TO N2))(F(2));
  ELSE DO;
FEHL: PUT EDIT ('KARTENKENNZEICHEN⌣DER⌣',K,'.KARTE:⌣',KKZ)
                 (A,F(1),2 A); STOP; END;
```

131.

	A	B		A	B
a)	⌣⌣⌣⌣⌣⌣⌣⌣⌣⌣8	⌣⌣⌣⌣⌣⌣⌣⌣−62	b)	⌣⌣⌣⌣⌣⌣8E+ØØ	⌣⌣⌣⌣⌣−6E+Ø1
c)	⌣⌣⌣⌣⌣⌣⌣7.83	⌣⌣⌣⌣⌣−61.76	d)	⌣⌣⌣7.83E+ØØ	⌣⌣−6.18E+Ø1
e)	⌣⌣⌣⌣⌣7.83Ø5	⌣⌣⌣−61.76ØØ	f)	⌣7.83Ø5E+ØØ	−6.176ØE+Ø1
g)	⌣⌣⌣783Ø.5ØØ	⌣−6176Ø.ØØØ	h)	⌣⌣⌣.783E+Ø1	⌣⌣−.618E+Ø2

132. a) ⌣⌣67.4E+ØØ⌣⌣⌣⌣−1.95⌣⌣Ø.ØØ52⌣⌣⌣⌣1⌣⌣⌣⌣1.62
b) ⌣⌣−.6739E+Ø2−Ø.Ø19⌣52⌣Ø.99Ø⌣⌣1.619ØE+Ø2
c) ⌣⌣67,39⌣⌣⌣⌣−1945⌣⌣⌣+⌣Ø,ØØ5⌣⌣⌣⌣Ø,99+⌣⌣⌣⌣⌣161

133. ⌣⌣⌣17.7⌣⌣⌣ABC⌣11Ø⌣⌣17.39ØE−Ø1
⌣⌣18A⌣⌣⌣⌣11Ø⌣⌣1739.ØØ⌣⌣⌣18
ABC⌣⌣⌣11⌣⌣⌣⌣1.74E+ØØ

134. ⌣327⌣⌣*PS*⌣⌣1Ø24
⌣327⌣⌣*PS*⌣⌣⌣⌣1Ø24

135. ⌣⌣29
1++*
++1⌣
⌣⌣⌣⌣
⌣⌣⌣⌣
⌣⌣⌣1
.732
E+ØØ

136. 1. Zeile: ab Sp. 1: LISTE
25: '11Ø'B
52: 3.ØØ
76: 4.1Ø
99: 12.48

2. Zeile: ab Sp. 6: Ø.2
27: 214.3
50: 26F−5

137.
```
PUT FILE (LISTE) PAGE LINE(4) EDIT
    ('VEB WERKZEUGMASCHINEN LEIPZIG', 'PLANERFUELLUNG', 'JAHR 19',
    JAHR, IQ, '.QUARTAL')(A,COL(51),A,COL(88),2 A,COL(54),F(1),A);
```

Die Formatliste könnte beispielsweise auch so lauten:

```
(A(5Ø),A(38),2 A,SKIP,X(53),F(1),A)   oder
(A,X(21),A,X(23),2 A,SKIP,X(53),F(1),A)
```

138. a)
```
PUT LINE(5) EDIT ((('Z(',I,',',J,')␣=␣',Z(I,J) DO J=1 TO 4)
      DO I=1 TO 5)) (COLUMN(2Ø),2 (A,F(1)),2 A);
```
b)
```
PUT LINE(3) EDIT ((('Z(',I,',',J,')␣=␣',Z(I,J) DO J=1 TO 4)
      DO I=1 TO 5)) (SKIP(2),4 (COL(2Ø),2 (A,F(1)),2 A));
```

139.
```
DO I=1 TO 5;
     PUT EDIT ('X=',I)(COLUMN(16),A,F(1));
   DO J=1 TO 5;
         Z=(I*I+.3*I*J)**2;
         PUT EDIT ('Y=',J,'Z=',Z)(COL(22),A,F(1),X(3),A,P'ZZZ9V,99');
   END;
   PUT SKIP(2);
END;
```

140. a)
```
DCL Z FIXED(7); PUT EDIT (Z)(P'9BB9BB99BB9BB99');
```
b)
```
DCL Z FIXED(7), ZZ CHAR(7), (LH,ET,FH) FIXED(1),
      (REG,FNR) FIXED(2);
PUT STRING(ZZ) EDIT (Z)(F(7));
GET STRING(ZZ)EDIT(LH,ET,REG,FH,FNR)(F(1),2 (F(1),F(2)));
```

141.
```
A=␣-321.Ø␣ B=EPSILON␣ C='1Ø1'B␣ D=␣-Ø.12Ø+1.4Ø6I␣
E=␣1F-5␣ F=␣␣␣␣␣1Ø48␣ G=A'B␣ H=␣2.7985ØE+Ø1␣ I=␣␣3126;
```

(Die einzelnen Ausgabebereiche werden auf die entsprechenden Druckpositionen ausgerichtet.)

142.
```
DCL Z FIXED(1Ø), ZZ CHAR(1Ø), ZI(1Ø) FIXED(1), QUER FIXED(2);
PUT STRING((ZZ) EDIT (Z)(F(1Ø));
GET STRING (ZZ) EDIT (ZI)(F(1));
QUER=Ø; DO I=1 TO 1Ø; QUER=QUER+ZI(I); END;
```

143. a)
```
DCL X(4Ø,6Ø);
 ON ENDFILE(SYSIN) GOTO FORT;
 X=Ø;
EIN: GET LIST (I,J,X(I,J));
 GOTO EIN;
FORT: DO I=1 TO 4Ø;
 DO J=1 TO 6Ø;
  IF X(I,J)¬=Ø THEN PUT SKIP LIST (I,J,X(I,J));
 END;
 END;
```

Für jedes von 0 verschiedene Element ist jeweils der Zeilenindex, der Spaltenindex sowie dessen Wert anzugeben. Die einzelnen Angaben sind durch Komma oder Leerzeichen voneinander zu trennen. Beispielsweise könnte eine Karte folgenden Inhalt haben:

```
1 , 5, 275      3,27,-1ØØ      23 41 17
```

Der Eingabebefehl würde dann folgende Zuordnungen bewirken:

$$X_{1,5} = 275, \quad X_{3,27} = -100, \quad X_{23,41} = 17.$$

b)
```
DCL X(4Ø,6Ø);
 ON ENDFILE(SYSIN) GOTO FORT;
 X=Ø;
EIN: GET DATA (X);
 GOTO EIN;
FORT: DO I=1 TO 4Ø;
 DO J=1 TO 6Ø;
  IF X(I,J)¬=Ø THEN PUT DATA (X(I,J));
 END;
 END;
```

Für jedes von 0 verschiedene Element ist jeweils eine Angabe der Form X(··,··)=Wert erforderlich. Die einzelnen Angaben sind durch Komma oder Leerzeichen voneinander zu trennen. Hinter dem letzten Eingabewert muß ein Semikolon stehen.

Die gleichen Zuordnungen wie im Fall a) könnten durch folgenden Karteninhalt bewirkt werden:

```
X(1,5)=275    X(3,27)=-1ØØ,    X(23,41)=17;
```

Die Ausgabe ist bei Verwendung eines Befehls mit dem Schlüsselwort DATA kürzer und übersichtlicher, da sie jeweils in der Form X(··,··)= ······· erfolgt, während bei Verwendung eines Befehls mit dem Schlüsselwort LIST jeweils die 3 Werte I, J, X(I,J) gesondert ausgegeben werden.

144.
```
   DCL KARTE FILE INPUT, FMELD FILE PRINT ENV(F(121)),
         (X(8Ø),MAXW(8Ø)) FIXED(1);
   ON ENDFILE (KARTE) GOTO M2;
   N=Ø; GET FILE (KARTE) EDIT (MAXW)(F(1));
M1:GET FILE (KARTE) EDIT (X)(F(1)); N=N+1;
   DO I=1 TO 8Ø;
      IF X(I)>MAXW(I) THEN DO; PUT FILE (FMELD) EDIT
        (N,'.␣KARTE␣FALSCH␣␣␣GELOCHT:',X,'(',I,
        '.␣SPALTE)␣␣␣␣␣MAXIMALWERTE:',MAXW)
      (SKIP(2),F(3),A,COL(36), 8Ø F(1), COL(4),A,F(2),A,X(2),8Ø F(1));
         GOTO M1; END;
   END;
     :
   Verarbeitung der Werte X_i
     :
   GOTO M1;
M2:END;
```

Besser ist es allerdings, die gesamte Eingabe und den Vergleich zeichenweise vorzunehmen und erst danach die Konvertierung durchzuführen. Das Programm müßte dann folgendermaßen lauten:

```
   DCL KARTE FILE INPUT, FELD FILE PRINT ENV(F(121)),
         X(8Ø) FIXED(1), MAXW(8Ø) CHAR(1), MAXC CHAR(8Ø) DEF MAXW,
         CHC(8Ø) CHAR(1), CH CHAR(8Ø) DEF CHC;
   ON ENDFILE (KARTE) GOTO M2;
   N=Ø; GET FILE (KARTE) EDIT (MAXC)(A(8Ø));
M1:GET FILE (KARTE) EDIT (CH)(A(8Ø)); N=N+1;
   DO I=1 TO 8Ø;
         IF CHC(I)>MAXW(I) THEN DO; PUT FILE (FMELD) EDIT
          (N,'.␣KARTE FALSCH␣␣␣GELOCHT:',CH,'(',I,
          '.␣SPALTE)␣␣␣␣␣MAXIMALWERTE:',MAXC)
         (SKIP(2),F(3),A, COL(36),A,COL(4),A,F(2),A,X(2),A);
          GOTO M1; END;
   END;
   GET STRING (CH) EDIT (X)(F(1));
     :
   Verarbeitung der Werte X_i
     :
   GOTO M1;
M2:END;
```

145.
```
   DCL INVLIS FILE PRINT ENV(F(121)), EINGABE FILE RECORD INPUT,
       1 SATZ,2 (ANR FIXED(5),BESTAND FIXED(6),REST CHAR(121)),
       1 STDAT,2 ((JAHR,MON,TAG,REST)CHAR(2)),DATUM CHAR(8) DEF STDAT,
       NR2 CHAR(1) DEF SATZ, NRV CHAR(1) INIT('␣');
   ON ENDPAGE (INVLIS) BEGIN;
       IF NS>Ø THEN PUT FILE (INVLIS) PAGE; NS=NS+1;
       PUT FILE (INVLIS) EDIT ('INVENTURLISTE',DATUM,'SEITE␣',NS,
```

```
            ('NR.␣␣BESTAND' DO I=1 TO 6),'␣') (COL(4Ø),A,COL(58),A,
            COL(11Ø),A,P'999',SKIP(2),6 (X(2),A(18)),SKIP,X(119),A);
    END;
    ON ENDFILE (EINGABE) GOTO EX;
    OPEN FILE (INVLIS) PAGESIZE(65);
    DATUM=DATE; DATUM=TAG||'.'||MON||'.'||JAHR;
    NS=Ø; NN=1; SIGNAL ENDPAGE (INVLIS);
   EIN: Eingabe eines Satzes von EINGABE nach SATZ
    IF NR2¬=NRV THEN DO; PUT FILE (INVLIS) SKIP(NN);
      NN=2; NRV=NR2; END;
    PUT FILE (INVLIS) EDIT (ANR,BESTAND,'␣')(P'99B999',F(8),A(6));
    GOTO EIN;
   EX:END;
```

146.
```
    DCL (TAB(9Ø,15),SUMME,GES)FIXED(7), ANZ FIXED(5),
          ANF CHAR(1) INIT('Ø');
    ON ENDPAGE(SYSPRINT) BEGIN;
          IF ANF='Ø' THEN ANF='1'; ELSE PUT PAGE;
          PUT EDIT ('BERUFS-␣␣BEZIRK␣␣␣ANZAHL','GR.')(COL(7),A,COL(9),A);
          PUT SKIP(2); END;
    ON ENDFILE(SYSIN) GOTO M2;
    TAB=Ø; GES=Ø;
    PUT EDIT ('BERUFSGRUPPEN␣PRO␣BEZIRK','␣')(COL(7),A(24));
    SIGNAL ENDPAGE(SYSPRINT);
  M1:GET EDIT (N1,N2,ANZ)(COL(1),2 F(2),X(2),F(5));
    TAB(N1,N2)=TAB(N1,N2)+ANZ;
    GOTO M1;
  M2: DO N1=1 TO 9Ø; SUMME=Ø;
          PUT EDIT (N1)(SKIP(2),X(8),P'99');
          DO N2=1 TO 15;
             IF TAB(N1,N2)>Ø THEN DO; SUMME=SUMME+TAB(N1,N2);
             PUT EDIT (N2,TAB(N1,N2))(COL(18),P'99',X(5),F(5)); END;
          END;
          PUT EDIT ('SUMME:',SUMME)(SKIP(2),COL(16),A,F(9));
          GES=GES+SUMME;
        END;
        PUT EDIT ('GESAMT:',GES)(SKIP(2),COL(16),A,F(8));
    END;
```

147. a)
```
       DCL MB FILE RECORD INPUT,
          IS FILE RECORD OUTPUT KEYED ENV(INDEXED),
          1 EIN,2 (SCHL CHAR(1Ø), SATZ CHAR(16Ø)),
          1 EIND DEF EIN,2 (E1 CHAR(61), KENNZ CHAR(1)),
          AUS CHAR(16Ø);
       ON ENDFILE(MB) GOTO M2;
    M1: READ FILE (MB) INTO (EIN);
         IF KENNZ<='3' THEN DO; AUS=SATZ;
           WRITE FILE (IS) FROM (AUS) KEYFROM (SCHL); END;
         GOTO M1;
    M2: END;
```

b)
```
       DCL MB FILE RECORD INPUT,
          IS FILE RECORD OUTPUT KEYED ENV(INDEXED),
          1 EIN BASED(P),2 (SCHL CHAR(1Ø), SATZ CHAR(16Ø)),
          1 EIND BASED(P), 2 (E1 CHAR(61),KENNZ CHAR(1)),
          AUS CHAR(16Ø);
       ON ENDFILE (MB) GOTO M2;
    M1:READ FILE (MB) SET (P);
        IF KENNZ<='3' THEN DO; AUS=SATZ;
```

```
        WRITE FILE (IS) FROM (AUS) KEYFROM (SCHL); END;
      GOTO M1;
   M2:END;
```

148. a)
```
DCL BAND FILE RECORD OUTPUT ENV(F(510,51)),
      ISD FILE RECORD INPUT ENV (INDEXED GENKEY) KEYED,
      1 EBER,2 (A FIXED(5),B CHAR(1),C CHAR(4),REST CHAR(43));
   ON ENDFILE (ISD) GOTO M2;
   ON KEY (ISD) BEGIN;
        PUT EDIT ('KEIN DATENSATZ VORHANDEN')(A); GOTO M2; END;
   READ FILE (ISD) INTO (EBER) KEY ('5');
 M1:  IF B='X'|B='Y' THEN WRITE FILE(BAND) FROM(EBER);
   READ FILE (ISD) INTO (EBER);
   IF C<'6000' THEN GOTO M1;
 M2:END;
```

b) Die Dateivereinbarung für die Datei BAND müßte jetzt das Satzformat F(460,46) enthalten. Zusätzlich sind die Vereinbarungen

```
DCL EBERC CHAR(46) DEF EBER, AUS CHAR(46);
```

ins Programm aufzunehmen, und der Befehl mit der Marke M1 ist folgendermaßen zu ersetzen:

```
M1:IF B='X'|B='Y' THEN DO; AUS=EBERC;
        WRITE FILE (BAND) FROM (AUS); END;
```

149. a)
```
DCL BAND FILE RECORD OUTPUT ENV(F(2400)), X(50,12);
   WRITE FILE(BAND) FROM (X);
```

b)
```
DCL BAND FILE RECORD OUTPUT ENV (V(2404)), X(50,12),
        Z(25) CHAR(56);
   WRITE FILE (BAND) FROM (X);
   WRITE FILE (BAND) FROM (Z);
```

c)
```
DCL BAND FILE RECORD OUTPUT ENV (F(3800)),
        1 STR.2 (X(50,12), Z(25) CHAR(56));
   WRITE FILE (BAND) FROM (STR);
```

d)
```
DCL REG FILE RECORD OUTPUT KEYED ENV(REGIONAL(1)F(48)),
   ZEILE CHAR(48) BASED (P), P PTR, X(50,12), REGNR PIC'(8)9';
   DO I=1 TO 50;
      P=ADDR(X(I,1)); REGNR=I-1;
      WRITE FILE (REG) FROM (ZEILE) KEYFROM (REGNR);
   END;
```

(Die Zeilen des Felds werden jeweils durch die basisbezogene Variable ZEILE überlagert.)

150. a)
```
DCL INDSEQ FILE RECORD UPDATE ENV (INDEXED),
      1 EIN,2 (E1 CHAR(6), SCHL FIXED(9), E2 CHAR(33),
               KENNZ CHAR(1), E3 CHAR(75));
   ON ENDFILE(INDSEQ) GOTO EX;
   PUT LIST ('LISTE DER VERAENDERTEN SAETZE'); PUT SKIP(2);
 LES: READ FILE (INDSEQ) INTO (EIN);
   IF KENNZ='Z' THEN DO; KENNZ='A';
      REWRITE FILE (INDSEQ) FROM (EIN);
      PUT LIST (SCHL); END;
   GOTO LES;
 EX:END;
```

b)
```
DCL INDSEQ FILE RECORD UPDATE ENV (INDEXED),
      1 EIN,2 (E1 CHAR(44), KENNZ CHAR(1), E2 CHAR(75)),
      SCHL FIXED(9), CSCHL CHAR(5) DEF SCHL;
   ON ENDFILE (INDSEQ) GOTO EX;
   PUT LIST ('LISTE DER VERAENDERTEN SAETZE'); PUT SKIP(2);
 LES:READ FILE (INDSEQ) INTO(EIN) KEYTO (CSCHL);
```

```
IF KENNZ='Z' THEN DO; KENNZ='A';
  REWRITE FILE (INDSEQ) FROM (EIN);
  PUT LIST (SCHL); END;
GOTO LES;
EX:END;
```

c)
```
DCL INDSEQ FILE RECORD UPDATE ENV (INDEXED),
1 EIN BASED(P),2 (E1 CHAR(44), KENNZ CHAR(1), E2 CHAR(75)),
  SCHL FIXED(9), CSCHL CHAR(5) DEF SCHL, P PTR;
ON ENDFILE (INDSEQ) GOTO EX;
PUT LIST ('LISTE DER VERAENDERTEN SAETZE'); PUT SKIP(2);
LES:READ FILE (INDSEQ) SET (P) KEYTO(SCHL);
   IF KENNZ='Z' THEN DO; KENNZ='A';
    REWRITE FILE (INDSEQ); PUT LIST (SCHL); END;
    GOTO LES;
EX:END;
```

151. a)
```
DCL BAND FILE RECORD ENV (F(600,30)), KARTE FILE INPUT,
      DRUCK FILE PRINT ENV (F(55)),
      1 STR,2 (W1 FIXED(9), W2 FIXED(6), W3 CHAR(3),
             (W4,W5) FIXED(5), W6 CHAR(12));
ON ENDFILE (KARTE) GOTO M2; OPEN FILE(BAND) OUTPUT;
M1: GET FILE(KARTE) EDIT (STR)
       (COL(1),(F(10),F(7),A(3),X(9),2 F(6),X(2),A(12));
     WRITE FILE(BAND) FROM(STR); GOTO M1;
M2: CLOSE FILE(BAND); OPEN FILE(BAND) INPUT;
     ON ENDFILE(BAND) GOTO M4;
M3: READ FILE (BAND) INTO (STR);
     PUT FILE(DRUCK) EDIT (STR)
         (F(10),F(9),X(2),A,2 F(8),X(2),A);
     GOTO M3;
M4: END;
```

b)
```
DCL BAND FILE RECORD ENV (F(600,30)),KARTE FILE INPUT,
      DRUCK FILE PRINT ENV (F(55)), ZG PTR,
      1 STR BASED (ZG),2 (W1 FIXED(9), W2 FIXED(6), W3 CHAR(3),
             (W4,W5) FIXED(5), W6 CHAR(12));
ON ENDFILE (KARTE) GOTO M2; OPEN FILE(BAND) OUTPUT;
M1:LOCATE STR FILE (BAND) SET (ZG);
    GET FILE(KARTE) EDIT (STR)
      (COL(1),(F(10),F(7),A(3),X(9),2 F(6),X(2),A(12));
    GOTO M1;
M2:CLOSE FILE(BAND); OPEN FILE(BAND) INPUT;
    ON ENDFILE (BAND) GOTO M4;
M3:READ FILE (BAND) SET (ZG);
    PUT FILE(DRUCK) EDIT (STR)
        (F(10),F(9),X(2),A,2 F(8),X(2),A);
    GOTO M3;
M4:END;
```

c)
```
DCL BAND FILE RECORD ENV (F(600,30)),KARTE FILE INPUT,
     DRUCK FILE PRINT ENV (F(55)),
      1 STR1 BASED (ZG),2 (W1 FIXED(9), W2 FIXED(6), W3 CHAR(3),
             (W4,W5) FIXED(5), W6 CHAR(12)),
      1 STR2 LIKE STR1;
ON ENDFILE(KARTE) GOTO M2; OPEN FILE(BAND) OUTPUT;
M1:LOCATE STR1 FILE(BAND) SET (ZG);
 GET FILE(KARTE) EDIT (STR1)
    (COL(1),(F(10),F(7),A(3),X(9),2 F(6),X(2),A(12));
 GOTO M1;
```

```
M2:CLOSE FILE(BAND); OPEN FILE(BAND) INPUT BACKWARDS;
 ON ENDFILE (BAND) GOTO M4;
M3:READ FILE(BAND) INTO (STR2);
 PUT FILE(DRUCK) EDIT (STR2)
    (F(1Ø),F(9),X(2),A,2 F(8),X(2),A);
 GOTO M3;
M4:END;
```

d)
```
DCL BAND FILE RECORD ENV (F(6ØØ,3Ø)),
      KARTE FILE INPUT RECORD ENV(F(55)),
      DRUCK FILE RECORD OUTPUT ENV(F(55) CTLSTD),
      1 STR,2 (W1 FIXED(9), W2 FIXED(6), W3 CHAR(3),
         (W4,W5) FIXED(5), W6 CHAR(12)),
      LKC CHAR(55);
 ON ENDFILE(KARTE) GOTO M2; OPEN FILE(BAND) OUTPUT;
M1:READ FILE(KARTE) INTO(LKC);
 GET STRING(LKC) EDIT (STR)
    (F(1Ø),F(7),A(3),X(9),2 F(6),X(2),A(12));
 WRITE FILE (BAND) FROM (STR);
 GOTO M1;
M2:CLOSE FILE(BAND); OPEN FILE (BAND) INPUT;
 ON ENDFILE (BAND) GOTO M4;
M3:READ FILE (BAND) INTO (STR);
 PUT STRING (LKC) EDIT ('␣',STR)
   (A(1),F(1Ø),F(9),X(2),A,2 F(8),X(2),A);
 WRITE FILE (DRUCK) FROM(LKC);
 GOTO M3;
M4:END;
```

152. a)
```
DCL STAMM FILE RECORD INPUT, NEU FILE RECORD OUTPUT,
   1 EIN,2 (A CHAR(6),B CHAR(2),(C,D) FIXED(9,2),E CHAR(4),
          F FIXED(7,2),G CHAR(22)),
   1 AUS,2 (AA CHAR(6),BA CHAR(2),(CA,DA)FIXED(9,2),EA CHAR(4),
          FA FIXED(7,2),GA CHAR(22)),
   1 ZW,2 (BC CHAR(2),(CC,DC) CHAR(11), EC CHAR(4),
           FC CHAR(9),GC CHAR(22)),
   CODE CHAR(1), (AK,HH) CHAR(6), RK LABEL(M2,M5);
 ON ENDFILE (SYSIN) BEGIN;
    IF A=HH THEN GOTO EX; ELSE DO; AK=HH; GOTO M4; END;
 END;
 ON ENDFILE (STAMM) BEGIN;
    IF AK=HH THEN GOTO EX; ELSE DO; A=HH; GOTO RK; END;
 END;
 HH=HIGH(6); NØ,N1,N2=Ø;
M1:   READ FILE(STAMM) INTO (EIN);
M2:   GET EDIT (CODE,AK)(COLUMN(1),A(1),A(6));
M3:   IF AK>A THEN DO; RK=M5;
M4:     WRITE FILE(NEU) FROM (EIN);
        READ FILE(STAMM) INTO (EIN); GOTO M3; END;
        ELSE IF AK<A THEN DO;
M5:     IF CODE='1' THEN DO;
        GET EDIT (BA,CA,DA,EA,FA,GA)(A(2),2 F(11),A(4),F(9),A(22));
        AA=AK; WRITE FILE (NEU) FROM (AUS); N1=N1+1; END;
        GOTO M2; END;
        ELSE DO; RK=M2; IF CODE='Ø' THEN NØ=NØ+1;
        ELSE IF CODE='2' THEN DO;
          GET EDIT(ZW)(A(2),2 A(11),A(4),A(9),A(22));
          IF BC¬='␣' THEN B=BC;
          IF CC¬='␣' THEN GET STRING (CC) EDIT (C)(F(11));
```

```
            IF DC¬='␣' THEN GET STRING (DC) EDIT (D)(F(11));
            IF EC¬='␣' THEN E=EC;
            IF FC¬='␣' THEN GET STRING (FC) EDIT (F)(F(9));
            IF GC¬='␣' THEN G=GC;
            WRITE FILE (NEU) FROM (EIN); N2=N2+1;
          END;
        GOTO M1;
        END;
    EX: PUT SKIP EDIT (NØ,'SAETZE GELOESCHT',
            N1,'SAETZE HINZUGEFUEGT',N2,'SAETZE GEAENDERT')
            (SKIP,F(5),X(1),A):
        END;
```

b)
```
    DCL STAMM FILE RECORD UPDATE DIRECT KEYED ENV(REGIONAL(3)),
      1 EIN,2 (B CHAR(2),(C,D)FIXED(9,2),E CHAR(4),F FIXED(7,2),G CHAR(22)),
      1 ZW,2 (BC CHAR(2),(CC,DC)CHAR(11),EC CHAR(4),FC CHAR(9),
            GC CHAR(22)),
      REGNR PIC'(8)9', CODE CHAR(1), SCHL CHAR(14), A CHAR(6);
    ON ENDFILE (SYSIN) GOTO EX;
    ON KEY (STAMM) BEGIN;
       IF CODE='Ø' THEN DO; PUT SKIP EDIT (A,
         ' SATZ ZUM LOESCHEN NICHT VORHANDEN')(A);GOTO M1; END;
       ELSE IF CODE='1' THEN DO; PUT SKIP EDIT (A,
         ' ERSETZUNG STATT NEUZUGANG')(A);GOTO M3; END;
       ELSE IF CODE='2' THEN DO; PUT SKIP EDIT (A.
       ' NEUZUGANG STATT AENDERUNG')(A);GOTO M2;END;
    END;
    NØ,N1,N2=Ø;
  M1:GET EDIT (CODE,A)(COL(1),A(1),A(6));
    REGNR=MOD(A,97); SCHL=A || REGNR;
    IF CODE='Ø' THEN DO;
      DELETE FILE(STAMM) KEY(SCHL); NØ=NØ+1; END;
     ELSE IF CODE='1' THEN DO;
  M2:  GET EDIT (EIN)(A(2),2 F(11),A(4),F(9),A(22));
       WRITE FILE (STAMM) FROM(EIN) KEYFROM(SCHL);N1=N1+1;END;
     ELSE IF CODE='2' THEN DO;
       READ FILE(STAMM) INTO(EIN) KEY(SCHL);
       GET EDIT (ZW)(A(2),2 F(11),A(4),F(9),A(22));
       IF BC¬='␣' THEN B=BC;
       IF CC¬='␣' THEN GET STRING (CC) EDIT (C)(F(11));
       IF DC¬='␣' THEN GET STRING (DC) EDIT (D)(F(11));
       IF EC¬='␣' THEN E=EC;
       IF FC¬='␣' THEN GET STRING (FC) EDIT (F)(F(9));
       IF GC¬='␣' THEN G=GC;
   M3: REWRITE FILE(STAMM) FROM (EIN) KEY (SCHL);N2=N2+1; END;
     GOTO M1;
    EX: PUT SKIP EDIT (NØ,'SAETZE GELOESCHT',N1,'SAETZE HINZUGEFUEGT',
          N2,'SAETZE GEAENDERT')(SKIP,F(5),X(1),A);
      END;
```

153.
```
    DCL BESTELL FILE RECORD INPUT, LIEF FILE RECORD OUTPUT,
        BSTANDS FILE RECORD UPDATE ENV(INDEXED),
        BSTANDD FILE RECORD UPDATE DIRECT KEYED ENV(INDEXED),
      1 STR1,2 (ARTNR CHAR(7),MENGE FIXED(5),KUNDNR CHAR(7)),
      1 STR2,2 (KK CHAR(2),ARTNR CHAR(7)INIT('␣'),ERSATZ CHAR(7),
          BEST FIXED(9)), 1 STR3 LIKE STR2, EOF CHAR(1) INIT('Ø'),
      1 STR4,2 (KDNR CHAR(7),ARTNR CHAR(7),MENGE FIXED(5),KENNZ CHAR(1));
    ON ENDFILE (BESTELL)DO; EOF='1'; GOTO M4; END;
  M1:READ FILE(BESTELL) INTO(STR1); GOTO M3;
```

```
M2:READ FILE(BSTANDS) INTO(STR2);
M3:IF STR2.ARTNR=STR1.ARTNR THEN DO;
M4:IF STR2.ARTNR¬=' ' THEN REWRITE FILE(BSTANDS);
   IF EOF='1' THEN GOTO EX; ELSE GOTO M2; END;
   KDNR=KUNDNR; STR4.MENGE=STR1.MENGE; STR4.ARTNR=STR1.ARTNR;
   IF STR2.BEST>=STR1.MENGE THEN DO;
      STR2.BEST=STR2.BEST-STR1.MENGE;
M5:   KENNZ='L';
M6:   WRITE FILE(LIEF) FROM(STR4); GOTO M1; END;
     ELSE IF STR2.ERSATZ='˽' THEN DO; M7: KENNZ='N'; GOTO M6; END;
     ELSE DO; READ FILE(BSTANDD) INTO(STR3) KEY(STR2.ERSATZ);
      IF STR3.BEST>=STR1.MENGE THEN DO;
      STR3.BEST=STR3.BEST-STR1.MENGE; REWRITE FILE(BSTANDD) FROM(STR3);
      STR4.ARTNR=STR3.ARTNR; GOTO M5; END;
      ELSE GOTO M7; END; EX:END
```

154.
```
DCL (JAHR1,JAHR2) FILE RECORD INPUT,
      ZEIT FILE RECORD OUTPUT ENV(U(103)),
   1 ZLANG,2 (L1 INIT(103),ANRZ CHAR(5),(Z1,Z2)CHAR(48)),
   1 ZKURZ,2 (L2 INIT(56),ANRK CHAR(5),KZJ CHAR(1),Z0 CHAR(48)),
   1 EIN1,2 (ANR1 CHAR(5),UMS1 CHAR(48)), HH CHAR(5),
   1 EIN2,2 (ANR2 CHAR(5),UMS2 CHAR(48)), RF LABEL(M2,M3);
  ON ENDFILE (JAHR1) BEGIN;
   IF ANR2=HH THEN GOTO EX; ELSE DO;ANR1=HH;GOTO RF;END; END;
  ON ENDFILE(JAHRE2) BEGIN;
   IF ANR1=HH THEN GOTO EX; ELSE DO;ANR2=HH;GOTO M3;END; END;
   RF=M2; HH=HIGH(5);
 M1: READ FILE(JAHR1) INTO(EIN1); GOTO RF;
 M2: READ FILE(JAHR2) INTO(EIN2);
 M3: IF ANR1=ANR2 THEN IF ANR1=HH THEN GOTO EX;
      ELSE DO; Z1=UMS1; Z2=UMS2; ANRZ=ANR1; RF=M2;
        WRITE FILE(ZEIT) FROM(ZLANG); GOTO M1; END;
      ELSE IF ANR1<ANR2 THEN DO; KZJ='1'; ANRK=ANR1; RF=M3;
      Z0=UMS 1; WRITE FILE(ZEIT) FROM(ZKURZ); GOTO M1; END;
        ELSE DO; KZJ='2'; ANRK=ANR2; Z0=UMS 2;
          WRITE FILE(ZEIT) FROM(ZKURZ); GOTO M2; END;
 EX:END;
```

155.
```
DCL ZEIT FILE RECORD INPUT, (K1,K2) CHAR(1),
   1 STR,2 (L1,ANRZ CHAR(5),(Z1,Z2) CHAR(48)),
   1 STRD DEF STR,2 (TEIL1 CHAR(7),KZJ CHAR(1),Z0 CHAR(48));
  PUT EDIT (('ARTIKEL˽˽˽1.JAHR˽˽˽2.JAHR' DO I=1 TO 3),'˽')(X(5),A);
  PUT SKIP(2); N=7; ON ENDFILE(ZEIT) GOTO EX;
 LES: READ FILE(ZEIT) INTO(STR);
  IF L1=103 THEN K1,K2='X';
    ELSE IF KZJ='1' THEN DO; K1='X'; K2='-'; END;
                       ELSE DO; K1='-'; K2='X'; END;
  PUT EDIT (ANRZ,K1,K2)(COLUMN(N),3 (A,X(8)));
  IF N=67 THEN N=7; ELSE N=N+30; GOTO LES;
 EX:END;
```

156.
```
DCL LK FILE RECORD INPUT, AUS FILE RECORD OUTPUT ENV(F(31) CTLSTD),
   (TAB(90,15),SUMME,GES)FIXED(7),ANZ FIXED(5),ANF CHAR(1)INIT('0'),
   1 STDRU,2 (STZ CHAR(9),DRN1 PIC'99',DR1 CHAR(7) INIT('˽'),
    DRN2 PIC'99', DR2 CHAR(4), DRANZ PIC'(7)Z'),
   1 STDD DEF STDRU,2 (DRUCK1 CHAR(12),DR1 CHAR(4),DRTX CHAR(8)),
   UEB0 CHAR(31) INIT('˽˽˽˽˽˽˽BERUFSGRUPPEN˽PRO˽BEZIRK'),
   UEB1 CHAR(31) INIT('0˽˽˽˽˽˽BERUFS-˽˽BEZIRK˽˽˽ANZAHL'),
   UEB2 CHAR(31) INIT('˽˽˽˽˽˽˽˽˽˽GR.'), EIN CHAR(80);
```

```
    ON ENDFILE (LK) GOTO M2;
    TAB=0; GES=0; WRITE FILE(AUS) FROM(UEB0); NZ=63; I0=2;
  M1: READ FILE(LK) INTO (EIN);
    GET STRING(EIN) EDIT (N1,N2,ANZ)(2 F(2),X(2),F(5));
    TAB(N1,N2)=TAB(N1,N2)+ANZ; GOTO M1;
  M2:DO N1=1 TO 90; SUMME=0; DRTX='␣';
          DO N2=1 TO 15;
           IF TAB(N1,N2)>0 THEN DO;
            IF SUMME=0 THEN DO; STZ='0';DRN1=N1;IA=2;END;
                          ELSE DO;DRUCK1='␣';IA=1;END;
            DRN2=N2; DRANZ=TAB(N1,N2);
            SUMME=SUMME+TAB(N1,N2); RK=M3; GOTO DRU;
            END;
  M3:     END;
       IF SUMME>0 THEN DO; DRUCK1='0';DRTX='SUMME:';DRANZ=SUMME;
        GES=GES+SUMME; IA=2; RK=M4; GOTO DRU; END;
  M4:END;
      DRTX='GESAMT:'; DRANZ=GES; RK=M5;
  DRU:IF NZ>63-IA THEN DO; STZ='0'; IA=2;
        WRITE FILE(AUS)FROM(UEB1);WRITE FILE(AUS)FROM(UEB2);
        NZ= I0+2; END;
     IF ANF='0' THEN DO;I0=0;ANF='1';SUBSTR(UEB1,1,1)='1';END;
     WRITE FILE(AUS) FROM(STDRU); NZ=NZ+IA; GOTO RK;
  M5:END;
```

157.
```
Y:PROCEDURE (X);
   IF X=0 THEN RETURN (0);
     ELSE DO; ZW=1E0+X*X; RETURN(1E0-SIGN(X)*SQRT(ZW)); END;
   END Y;
```

158.
```
HP:PROC OPTIONS(MAIN);
     DCL (A,B,C,D,X) FLOAT(16), FP RETURNS(FLOAT(16));
       :
     A=X+FP(X);  B=FP(X+1E0);  C=FP((X-Y)**3);
     D=(X-1E0)**2+FP(1E0/X);
       :
     END HP;
 FP:PROC (Z) RETURNS(FLOAT(16));
     DCL Z FLOAT(16);
     RETURN (2.55*(Z+Z*Z+1E0/Z));
     END FP;
```

159.
```
HP:PROC OPTIONS(MAIN);
     DCL (A,B,C) CHAR(4), FP RETURNS (CHAR(12));
       :
     END;
 FP:PROC (A,B,C) RETURNS(CHAR(12));
     DCL (A,B,C) CHAR(4);
     RETURN (A ||B|| C);
     END;
```

160.
```
UP: PROC (X,CA,CB,CC);
      DCL X(3);
      W=SQRT (X(1)**2+X(2)**2+X(3)**2);
      CA=X(1)/W; CB=X(2)/W; CC=X(3)/W;
      END;
```

161.
```
UP: PROC (A,K,N,SUM);
      DCL A(20,20); SUM=0;
      DO J=1 TO K-1, K+1 TO N;
```

```
        SUM=SUM+ABS(A(K,J));
    END;
    END;
```

Als Argumente beim Aufruf des Unterprogramms sind jeweils die zu bearbeitende Matrix A, die ausgewählte Zeilennummer K, der Wert N für die tatsächliche Anzahl von Zeilen und Spalten sowie eine Größe anzugeben, die anschließend die berechnete Summe aufnimmt.

162. a) CALL UP (0001.60, 00037, 10010B, 6.25E0);

b) Im Hauptprogramm müßte eine Vereinbarung

```
DCL UP ENTRY (FIXED(6,2),FIXED(5),BIN FIXED(15),FLOAT(6));
```

angegeben werden. Der Aufruf wäre dann in der Form CALL UP (1.6, 37, 18, 6.25); möglich.

163. ␣6.25

164. ␣␣␣20

165.
```
HP:PROC OPTIONS(MAIN);
   :
     BEGIN;
     DCL A(120)CHAR(40),B(150)FIXED(9),D(160)FLOAT(16);
     :
     END;
     BEGIN;
     DCL E(70,10), F(20,10) CHAR(15);
     :
     END;
     BEGIN;
     DCL C(30,40) FIXED(9,2);
     :
     END;
   :
   END;
```

Ohne Einteilung in interne Befehlsblöcke werden

$$4800 + 750 + 6000 + 1280 + 2800 + 3000 = 18630 \text{ Bytes}$$

für die vereinbarten Felder benötigt, nach der angegebenen Einteilung nur noch

$$\max(6830, 5800, 6000) = 6830 \text{ Bytes}.$$

166. a)
```
HP:PROC OPTIONS(MAIN);
   :
   Z = LOG(1E0+FP(X)**3);
   :
   END;
FP:PROC (X);
   RETURN (1E0/SQRT(1E0+X*X));
   END;
```

b)
```
HP:PROC OPTIONS(MAIN);
   :
   CALL UP(X,Y);
   Z=LOG(1E0+Y**3);
   :
   END;
UP:PROC (X,Y);
   Y=1E0/SQRT(1E0+X*X);
   END;
```

167.
```
HP:PROC OPTIONS(MAIN);
   DCL X(30), Y(30);
   :
   XLAGR:PROC (ARGX);
         FW=0;
         DO I=1 TO N; XL=1E0;
            DO K=1 TO N; IF K=I THEN GOTO MM;
               XL=XL*(ARGX-X(K))/(X(I)-X(K));
         MM:END;
            FW=FW+XL*Y(I);
         END;
         RETURN (FW);
         END XLAGR;
   :
   END HP;
```

168.
```
UP:PROC (XG,Z1,Z2);
   DCL A(4) INIT(...), B(4) INIT(...);
   Z=XG/57.2958E0; GOTO M;
EP:ENTRY (X,Z1,Z2); Z=X;
 M:Z1,Z2=0; S=SIN(Z); W=1E0;
   DO I=1 TO 4;
      W=W*S; Z1=Z1+A(I)*W;
      W=W*S; Z2=Z2+B(I)*W;
   END;
   END UP;
```
Bei Angabe des Arguments in Grad ist das Unterprogramm unter dem Eingangsnamen UP, sonst unter dem Eingangsnamen EP aufzurufen.

169. M1...M2, M7...M8, M11...M12, M3...M4, M9...M10, M5...M6, M13...M14.

170. M1...M2, M5...M6, M7...M8, M3...M4, M9...M10, M11...M12.

171. A: Im Hauptprogramm HP mit Ausnahme des internen Funktionsprogramms FP einschließlich der darin enthaltenen Befehlsblöcke Bitkette der Länge 1. Innerhalb von FP bezeichnet A außer im internen Block B2 eine dezimale Festkommagröße, während in B2 unter A wieder eine Bitkette der Länge 1 zu verstehen ist, die aber keine Beziehung zu der im Hauptprogramm vereinbarten hat.

B: Im gesamten Hauptprogramm HP mit Ausnahme des internen Blocks B1 eine Zeichenkette der Länge 12; innerhalb von B1 eine Gleitkommavariable mit einfacher Mantissenlänge.

C: Jeweils unterschiedliche ganzzahlige dezimale Festkommagrößen im Hauptprogramm HP und im externen Unterprogramm UP.

D: Die gleiche Gleitkommavariable im Hauptprogramm HP mit Ausnahme des internen Blocks B3 sowie im externen Unterprogramm UP. Innerhalb von B3 bezeichnet D eine andere, nur in diesem Block gültige Gleitkommavariable.

X: Im Hauptprogramm HP mit Ausnahme des internen Blocks B2 eine Gleitkommavariable mit einfacher Mantissenlänge (implizite Vereinbarung); innerhalb von B2 eine Zeichenkette der Länge 4.

Y: Gleitkommavariable mit einfacher Mantissenlänge im gesamten Hauptprogramm HP (implizite Vereinbarung).

172. a)
```
CALL IHESRTA ('␣SORT␣FIELDS=(6,4,FD,A,15,0.2,BI,A)␣',
     '␣RECORD␣TYPE=F,LENGTH=78␣', 40000, IRC);
```
b)
```
CALL IHESRTA ('␣SORT FIELDS=(8,4,A,32,2,D,5,3,A),FORMAT=CH␣',
     '␣RECORD␣TYPE=F,LENGTH=(59,,29)␣', 40000, IRC);
```
c)
```
CALL IHESRTA ('␣SORT FIELDS=(1,4,FL,A,25,5,ZD,A)␣',
     '␣RECORD␣TYPE=V,LENGTH=(153,,,58,80)␣', 40000, IRC);
```

173.
```
SP:PROCEDURE OPTIONS(MAIN);
   DCL IHESRTD ENTRY (CHAR(25),CHAR(25),BIN FIXED(31),
        BIN FIXED(31),ENTRY,ENTRY),
        IHESARC ENTRY (BIN FIXED(31)),
        IHEDUMJ ENTRY (BIN FIXED(31)),
        AUSW RETURNS(CHAR(48)), AUSG ENTRY,
        RK BIN FIXED(31);
   CALL IHESRTD ('␣SORT␣FIELDS=(46,3,PD,A)␣',
        '␣RECORD TYPE=F,LENGTH=48␣', 20000, RK, AUSW, AUSG);
   IF RK>0 THEN CALL IHEDUMJ(1);
 AUSW:PROCEDURE RETURNS(CHAR(48));
   DCL BETR FILE RECORD INPUT,
      1 SATZ,2 (TX CHAR(45), (IST,SOLL) FIXED(7), INFO CHAR(40)),
      1 ZW,2 (TEXT CHAR(45), ERF FIXED(5,2)),
      ZWC CHAR(48) DEF ZW;
   ON ENDFILE (BETR) GOTO EOF;
M1: READ FILE (BETR) INTO (SATZ);
   ERF=(IST/SOLL)*100+0.005;
   IF ERF>=95 THEN GOTO M1;
   TEXT=TX; CALL IHESARC(12);
   RETURN (ZWC);
 EOF: CALL IHESARC (8);
   END AUSW;
 AUSG:PROCEDURE (PAR);
   DCL PAR CHAR(48), P POINTER, I STATIC INIT(0),
      1 STR BASED(P),2 (TEXT CHAR(45), ERF FIXED(5,2));
   P=ADDR(PAR);
   PUT EDIT (TEXT,ERF)(SKIP,A(45),F(8,2)); I=I+1;
   IF I<20 THEN CALL IHESARC(4); ELSE CALL IHESARC(8);
   END AUSG;
  END SP;
```

174.
```
HP:PROC OPTIONS(MAIN);
    DCL L(15);
    GET LIST(L,K,I); N=K-I;
    W=(I-␣L(I)␣)/N;
    Z=(␣␣␣␣␣␣␣15␣-K)/W;
      PUT EDIT(Z)(E(12,4));Q␣=(␣␣␣␣␣␣␣15␣-K)/N;
    PUT EDIT (Q)(E(15,4));
    END;
```

175.
```
KETT:PROC OPTIONS(MAIN);
   DCL BEREICH AREA(1800),
      1 DATEIN BASED(PTEIN),2 (FOLGV PTR, FOLGR PTR, OB CHAR(10),...),
      (KETTANF,KETTEND,ZGA,ZGE) PTR;
   ON ENDFILE (SYSIN) GOTO FORT;
   KETTANF,KETTEND=NULL; BEREICH=EMPTY;
 M1:GET EDIT (...)(...);
   ALLOCATE DATEIN IN(BEREICH);
      :
   Zusammenstellung der Dateneinheit DATEIN
      :
   IF KETTANF=NULL THEN DO;
     KETTANF,KETTEND=PTEIN; FOLGV,FOLGR=NULL; END;
    ELSE DO; ZGA=NULL; ZGE=KETTANF;
 M3: IF OB<ZGE->OB THEN DO;
        FOLGV=ZGE; FOLGR=ZGA; ZGE->FOLGR=PTEIN;
        IF ZGA=NULL THEN KETTANF=PTEIN; ELSE ZGA->FOLGV=PTEIN;
```

```
    END;
  ELSE IF ZGE=KETTEND THEN DO;
        ZGE->FOLGV=PTEIN; KETTEND=PTEIN; FOLGV=NULL;
        FOLGR=ZGE;
    END;
  ELSE DO; ZGA=ZGE; ZGE=ZGE->FOLGV; GOTO M3; END;
  END;
  GOTO M1;
FORT: PTEIN=KETTEND;
  M4: PUT LIST (OB);
      IF FOLGR¬=NULL THEN DO; PTEIN=FOLGR; GOTO M4; END;
   END KETT;
```

Sachverzeichnis

Bei Fragen zur Produktsicherheit wenden Sie sich bitte an:
If you have any questions regarding product safety,
please contact:

Walter de Gruyter GmbH
Genthiner Straße 13
10785 Berlin
productsafety@degruyterbrill.com